헤드퍼스트
소프트웨어 아키텍처

라주 간디·마크 리처드·닐 포드 지음 | 유동환·최영수 옮김

치과에서 신경 치료를 받는 것보다 재미있고, 수많은 문서보다 더 깊은 통찰을 주는 소프트웨어 아키텍처 책이 있다면 얼마나 좋을까요? 꿈속에서나 가능한 일이겠죠?

O'REILLY® 한빛미디어

헤드 퍼스트 소프트웨어 아키텍처

소프트웨어 아키텍처 사고를 위한 학습 가이드! 효과적인 시스템 설계를 위한 사고법

초판 1쇄 발행 2025년 9월 19일

지은이 라주 간디, 마크 리처드, 닐 포드 / **옮긴이** 유동환, 최영수 / **펴낸이** 전태호
펴낸곳 한빛미디어(주) / **주소** 서울시 서대문구 연희로2길 62 한빛미디어(주) IT출판1부
전화 02-325-5544 / **팩스** 02-336-7124
등록 1999년 6월 24일 제25100-2017-000058호
ISBN 979-11-6921-392-9 93000

총괄 배윤미 / **책임편집** 박민아 / **기획 · 편집** 권소정 / **교정** 홍원규
디자인 박정우 전산편집 홍원규
영업 마케팅 송경석, 김형진, 장경환, 조유미, 한종진, 이행은, 김선아, 고광일, 성화정, 김한솔 / **제작** 박성우, 김정우

이 책에 대한 의견이나 오탈자 및 잘못된 내용은 출판사 홈페이지나 아래 이메일로 알려주십시오.
파본은 구매처에서 교환하실 수 있습니다. 책값은 뒤표지에 표시되어 있습니다.

한빛미디어 홈페이지 www.hanbit.co.kr / 이메일 ask@hanbit.co.kr

© HANBIT MEDIA INC. 2025.
Authorized Korean translation of the English edition of Head First Software Architecture
ISBN 9781449314330 © 2024 Defmacro Software L.L.C., Mark Richards and Neal Ford.
This translation is published and sold by permission of O'Reilly Media, Inc.,
the owner of all rights to publish and sell the same.

이 책의 저작권은 오라일리와 한빛미디어(주)에 있습니다.
저작권법에 의해 보호를 받는 저작물이므로 무단 복제 및 무단 전재를 금합니다.

지금 하지 않으면 할 수 없는 일이 있습니다.
책으로 펴내고 싶은 아이디어나 원고를 메일(writer@hanbit.co.kr)로 보내주세요.
한빛미디어(주)는 여러분의 소중한 경험과 지식을 기다리고 있습니다.

헌사

마크와 닐로부터

이 자료의 여러 초안을 인내심을 가지고 지켜봐 주신
모든 콘퍼런스 참석자분들께

(2004–2024)

라투로부터

아버지께

જય શ્રી કૃષ્ણ

(신 크리슈나의 영광을 기원합니다)

지은이 소개

라주 간디(Raju Gandhi)
마크 리처드(Mark Richards)
닐 포드(Neal Ford)

라주 간디

라주는 아키텍트이자 컨설턴트, 저자, 교사로, 전 세계의 콘퍼런스에서 정기적으로 초청받는 연사입니다. 그는 매사를 간단하게 유지해야 한다고 믿으며, 항상 '어떻게'보다는 '왜'를 이해하고 설명하는 접근 방식을 취합니다. 현재 오하이오주 콜럼버스에서 아내 미셸, 아들 메이슨과 미카, 딸 델핀, 그리고 세 마리의 털북숭이 가족 구성원인 버디, 스카이, 프린세스 자라와 함께 살고 있습니다. 그의 연락처는 RajuGandhi.com에서 확인할 수 있습니다.

마크 리처드

마크는 경험 많은 실무 소프트웨어 아키텍트이자, 개발자가 소프트웨어 아키텍트로 성장하는 여정을 돕는 웹사이트 DeveloperToArchitect.com의 창립자입니다. 1983년부터 소프트웨어 산업에 몸담아 왔으며, 애플리케이션, 통합 및 엔터프라이즈 아키텍처에 대한 풍부한 경험과 전문성을 보유하고 있습니다. 또한 여러 기술 서적을 집필하고 비디오 강의를 제작했습니다. 그중에는 『소프트웨어 아키텍처 101』(한빛미디어, 2021)과 닐 포드와 공저한 『소프트웨어 아키텍처 The Hard Parts』(한빛미디어, 2022)가 있습니다. 그는 교육에도 힘쓰며, 전 세계 수백 개의 콘퍼런스와 사용자 그룹에서 강연을 했습니다.

닐 포드

닐 포드는 글로벌 IT 컨설팅 회사, 'ThoughtWorks'의 이사이자 소프트웨어 아키텍트, 밈 랭글러(meme wrangler)[1]입니다. 그는 다수의 애플리케이션, 기사, 비디오 프레젠테이션의 설계자이자 개발자이며, 다양한 주제와 기술을 아우르며 점점 더 많은 책을 쓰고 편집하는 저자이자 편집자입니다. 그의 전문 분야는 대규모 엔터프라이즈 애플리케이션의 설계 및 구축입니다. 또한 국제적으로 인정받는 연사로, 전 세계 300개 이상의 개발자 콘퍼런스에서 강연했으며, 2,000회 이상의 프레젠테이션을 진행했습니다.

---

1. 옮긴이_ 닐 포드가 '밈 랭글러'라는 표현을 사용한 것은 그가 유머와 창의성을 통해 기술 관련 콘텐츠를 전달하는 데 능숙하다는 것을 빗댄 것입니다.

옮긴이 소개

유동환

책 쓰는 프로그래머. 연세대학교 정보대학원에서 경영정보학을 전공한 뒤, LG전자 CTO 선행 플랫폼 개발실에서 Chromium 기반의 웹 엔진을 개발하고 있습니다. 수년간 안드로이드 앱을 개발하다가 웹 엔진이라는 미들웨어 분야로 옮기면서 소프트웨어 아키텍처의 중요성을 깨닫게 되었습니다. 이 책은 2016년 첫 출간부터 10년간 매년 이어온 결실이라는 점에서 큰 의미가 있습니다.

『안드로이드를 위한 Gradle』(2016, 한빛미디어), 『RxJava 프로그래밍』(2017, 한빛미디어), 『처음 배우는 플러터』(2020, 한빛미디어)와 『코딩은 처음이라 with 자바』(2022, 영진닷컴)를 집필했고, 『자바로 배우는 핵심 자료구조와 알고리즘』(2018, 한빛미디어), 『자바와 JUnit을 활용한 실용주의 단위 테스트』(2019, 길벗), 『클린 코드의 기술』(2023, 영진닷컴), 『예제로 배우는 C++ STL』(2025, 영진닷컴) 등을 번역했습니다.

허영수

LG전자 자체 소프트웨어 플랫폼인 webOS 개발 초기부터 웹 엔진 컴포넌트 개발에 참여했으며, 아키텍트로도 활동했습니다. 2016년에는 미국 카네기멜론대학교 교육 과정을 수료하고 사내 공식 아키텍트 인증을 받았습니다. 또한 Google의 Chromium 개발자 행사인 BlinkOn에서 여러 차례 Chromium 관련 발표를 진행했습니다.

옮긴이의 말

AI 시대에 소프트웨어 아키텍처는 왜 공부해야 할까요? 저는 과거 자바 기반 안드로이드 앱을 개발했습니다. 당시 개발실 차원에서 각 앱의 아키텍처를 정리해 달라는 요청을 받았고, 제가 담당하던 앱의 아키텍처와 품질 속성을 작성해야 했습니다. 성능과 품질이라고 하면 출시를 위한 QA(Quality Assurance) 프로세스를 통과하는 것으로 이해할 수 있었지만, 그 외의 비기능 요구사항은 정의하기가 쉽지 않았습니다. 제가 앱 개발 초기부터 참여했음에도 불구하고 말입니다.

이 책에는 다양한 개발 프로젝트에 관한 가상 사례가 등장합니다. 2장은 래프터, 3장은 투 매니 스니커즈 앱, 4장은 모험적인 경매, 6장과 7장은 난&팝, 8장은 고잉 그린, 9장은 트립이지 여행 앱 등입니다. 독자 여러분께서는 각 사례의 아키텍트가 되어 어떤 부분을 고민하고, 또 어떻게 개선할 수 있을지 함께 공부하시기 바랍니다.

마지막으로 사랑하는 아내 지영과 딸 채연에게 깊은 감사를 전하며, 처음 함께 작업한 공동 역자 영수님과 한빛미디어 권소정 편집자님께도 진심으로 감사드립니다.

유동환
2025년 9월

소프트웨어 아키텍처의 중요성은 프로그래머라면 누구나 알고 있을 것입니다. 그러나 왜 중요한지, 그리고 무엇이 좋은 아키텍처인지를 설명하기란 결코 쉽지 않습니다. 저 역시 사내에서 운 좋게 소프트웨어 아키텍트 후보로 선발되어 미국 카네기멜론대학교에서 6주간 아키텍트 과정을 이수했지만, 여전히 그 본질과 중요성을 간결하게 설명하기는 쉽지 않았습니다.

많은 소프트웨어 아키텍처 관련 서적들은 어려운 용어와 이론에 치중해 읽기 부담스럽게 느껴지는 경우가 많습니다. 하지만 이 책은 다양한 실제 사례를 통해 복잡한 개념을 보다 쉽게 이해할 수 있도록 도와줍니다. 단순히 설명을 위해 억지로 만든 예시가 아니라, 현장에서 활용되는 대규모 소프트웨어를 단순화해 풀어내고 있어 독자가 자연스럽게 이론을 익힐 수 있도록 안내합니다.

이 책을 번역할 수 있는 소중한 기회를 주신 공동 역자 유동환님과 한빛미디어 관계자분들께 깊이 감사드립니다. 또한 지금의 저를 있게 해주신 부모님, 언제나 묵묵히 곁에서 응원해 주는 사랑하는 아내, 그리고 삶의 가장 큰 보람을 느끼게 해주는 소중한 아들에게도 이 자리를 빌려 감사의 마음을 전합니다.

허영수
2025년 9월

추천사

최근 AI의 발전으로 인해 더 이상 컴퓨터공학을 전공할 필요가 없다는 말까지 나오고 있습니다. 그러나 소프트웨어 개발자에게 소프트웨어 아키텍처는 오히려 더 중요해 질 것입니다. 단순한 기능 구현은 AI가 대신할 수 있지만, 문제 정의와 복잡한 비즈니스 로직 설계처럼 고유한 가치를 창출하는 영역은 여전히 개발자의 몫이기 때문입니다. AI가 생성한 코드에는 보안 취약점이나 비효율을 포함할 수 있어, 무엇이 옳은지를 판단하는 역량은 개발자에게 필수적입니다.

또한 AI가 제안한 설계가 실패했을 경우, 책임은 결국 사람에게 돌아옵니다. 데이터 프라이버시, 저작관, AI 모델의 편향성 같은 이슈를 기술 설계에 반영하는 것도 아키텍트의 중요한 역할입니다.

결국 AI 시대의 개발자는 손발은 가벼워지지만, 머리는 더 바빠집니다. 단순히 AI가 써준 코드를 사용하는 것이 아니라, 그 의도를 이해하고 개선해야 하며, 아키텍트는 설계 복잡성을 줄이는 동시에 비즈니스, 보안, 확장성까지 고려하는 전략가로서의 책임이 커집니다.

그런 의미에서 『헤드 퍼스트 소프트웨어 아키텍처』는 소프트웨어 아키텍처의 중요성과 특징을 다양한 비유와 사례를 통해 알게 쉽게 설명해 줍니다. AI가 아무리 발전하더라도 소프트웨어 개발자가 반드시 관여해야 하는 핵심 영역이 있다면, 그것이 바로 소프트웨어 아키텍처일 것입니다.

황성표
LG전자 Software Platform 연구소장(전무)

목차(요약)

	들어가며	xxiii
1	소프트웨어 아키텍처 쉽게 이해하기: 시작하기!	1
2	아키텍처 특성: 네 역량을 알라	41
3	소프트웨어 아키텍처의 두 가지 법칙: 모든 것은 트레이드오프다	81
4	논리적 컴포넌트: 구성 요소	123
5	아키텍처 스타일: 분류와 철학	167
6	레이어드 아키텍처: 관심사 분리하기	185
7	모듈러 모놀리스: 도메인 중심으로 생각하기	215
8	마이크로커널 아키텍처: 맞춤형으로 제작하기	247
9	직접 해보기: [트립이지] 여행 앱	277
10	마이크로서비스 아키텍처: 조금씩 단계별로	303
11	이벤트 기반 아키텍처: 비동기 모험	349
12	직접 해보기: 지식 테스트	403
13	부록 A. 미처 다루지 못한 것들: 다루지 못한 여섯 가지 주요 주제	427
	찾아보기	441

목차(실제)

들어가며

소프트웨어 아키텍처는 어렵기 때문에, 우리 뇌에서 배울 수 없다고 생각하게 됩니다. 우리 뇌는 "점심으로 무엇을 먹을지, 돼지에 날개가 있는지 등이 더 중요하고 이처럼 더 중요한 것에 집중하는 것이 낫다"고 속삭입니다. 좋은 소식은 소프트웨어 아키텍처가 배워야 할 중요한 기술이라고 생각하도록 뇌를 속일 수 있다는 것입니다. 이 장에서는 그 방법을 알려드리겠습니다.

이 책은 누구에게 필요할까요?	xxiv
여러분은 이렇게 생각하고 있을 겁니다	xxv
여러분의 뇌는 이렇게 생각합니다	xxv
메타인지: 생각에 관한 생각	xxvii
이 책의 구성	xxviii
여러분의 뇌를 정복하는 방법	xxix
이 책을 읽는 데 필요한 것	xxx
직접 해보기 장	xxxii
테크니컬 리뷰 팀	xxxiii
공동의 감사 인사	xxxiv
개인별 감사 인사	xxxv

1 시작하기

소프트웨어 아키텍처 쉽게 이해하기

소프트웨어 아키텍처는 시스템 성공의 핵심 요소입니다. 이 장에서는 소프트웨어 아키텍처를 쉽게 풀어 설명하고, 아키텍처의 여러 차원과, 아키텍처와 설계의 차이점을 배웁니다. 이 내용이 중요한 이유는 아키텍처 관행을 이해하고 적용함으로써 더 효과적이고 정확한 시스템 소프트웨어를 개발하는 데 도움이 되기 때문입니다. 즉 시스템이 더 효율적으로 동작할 뿐만 아니라, 비즈니스의 요구와 관심사도 충족시키고, 비즈니스와 기술적 환경이 지속적으로 변화할 때도 계속 운영할 수 있게 되기 때문입니다. 그럼 바로 시작해 보겠습니다.

소프트웨어 아키텍처 이해하기	2
건축 계획과 소프트웨어 아키텍처	3
소프트웨어 아키텍처 차원들	4
차원들의 퍼즐 맞추기	5
첫 번째 차원: 아키텍처 특성	6
두 번째 차원: 아키텍처 결정	8
세 번째 차원: 논리적 컴포넌트	10
네 번째 차원: 아키텍처 스타일	12
설계 관점	16
아키텍처 관점	17
아키텍처와 설계 사이	18
여러분이 내린 결정은 스펙트럼에서 어디에 위치하나요?	19
전략적 vs. 전술적	20
높은 수준 vs. 낮은 수준의 노력	22
중대한 vs. 덜 중대한 트레이드오프	24
모두 합하기	26
해냈습니다!	27

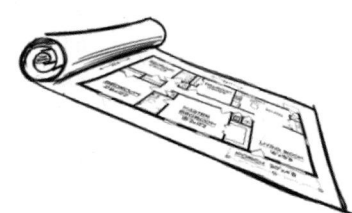

ix

2 아키텍처 특성

네 역량을 알라

아키텍처는 무엇을 지원해야 하나요? 아키텍처의 특성(아키텍처의 능력)은 모든 시스템의 기본적인 구성 요소입니다. 그것들이 없으면 아키텍처 결정을 내리거나, 아키텍처 스타일을 선택하거나, 심지어 논리적 아키텍처를 만드는 것도 어렵습니다.

이 장에서는 확장성, 신뢰성, 테스트 용이성 같은 일반적인 아키텍처 특성을 정의하는 방법을 배우고, 이 특성이 소프트웨어 아키텍처에 어떤 영향을 미치는지, 아키텍처 결정을 내리는 데 어떻게 도움이 되는지, 그리고 특정 상황에서 어떤 특성이 중요한지를 식별하는 방법을 배웁니다. 소프트웨어 아키텍처에 새로운 기능을 추가할 준비가 되었나요?

래프터 유발하기	42
아키텍처 특성은 무엇인가요?	44
아키텍처 특성 정의하기	45
아키텍처 특성은 비도메인 설계 고려사항을 명시한다	46
아키텍처 특성은 아키텍처 구조에 영향을 준다	47
오버엔지니어링을 막기 위해 아키텍처 특성을 제한한다	48
명시적과 암묵적 기능을 고려하세요	50
'~성'의 국제 동물원	51
프로세스 아키텍처 특성	52
구조적 아키텍처 특성	53
운영 아키텍처 특성	54
아키텍처 공통 특성	55
문제 도메인에서 아키텍처 특성 찾기	60
환경 인식을 통해 아키텍처 특성 도출하기	61
전체적인 도메인 지식을 활용하여 아키텍처 특성 도출하기	61
복합 아키텍처 특성	63
우선순위는 맥락을 따릅니다	64
해석에 빠지다	66
아키텍처 특성과 논리적 컴포넌트	68
도메인 고려사항과 아키텍처 특성 사이에서 균형 잡기	69
아키텍처 특성의 개수 제한하기	70

3 소프트웨어 아키텍처의 두 가지 법칙
모든 것은 트레이드오프다

'모범사례'가 없으면 어떻게 될까요? 모범사례의 장점은 어떤 목표를 달성하는 데 비교적 위험이 적은 방법이라는 점입니다. 모범사례를 '최고'라고 부르는 이유가 있습니다. 잘 작동하는 것을 알고 있으니 그냥 모범사례를 사용하면 되겠죠. 하지만 소프트웨어 아키텍처에서 빠르게 배우게 되는 한 가지는 이런 모범사례가 없다는 것입니다. 모든 상황을 신중하게 분석하고 결정을 내려야만 합니다. 또한 결정을 내린 '무엇'뿐만 아니라 '왜'도 함께 소통해야 합니다.

그러면 이 새로운 영역을 어떻게 탐험할 수 있을까요? 다행히 소프트웨어 아키텍트를 위한 믿고 따를 만한 법칙들이 있습니다. 이 장에서는 다양한 결정을 내릴 때 사용할 수 있는 트레이드오프를 분석하는 방법을 배우며, 아키텍처 결정 기록(architectural decision records)을 통해 결정에 대한 '어떻게'와 '왜'를 기록하는 방법도 소개합니다. 이 장이 끝날 때쯤이면 여러분은 소프트웨어 아키텍처라는 불확실한 영역을 탐색하는 도구를 가지게 될 것입니다.

스니커즈 앱으로 시작합니다	82
지금까지 무엇을 알았나요?	84
하위 서비스와 통신하기	86
트레이드오프 분석하기	87
트레이드오프 분석: 큐	88
트레이드오프 분석: 토픽	89
소프트웨어 아키텍처의 제1법칙	90
항상 트레이드오프로 돌아옵니다	92
아키텍처 결정하기	93
아키텍처를 결정하는 다른 요소는 무엇인가요?	94
소프트웨어 아키텍처의 제2법칙	96
아키텍처 결정 기록(ADR)	97
ADR 작성하기: 올바른 제목 선택하기	99
ADR 작성하기: 여러분의 상태는?	100
ADR 작성하기: 맥락 설정하기	104
ADR 작성하기: 결정 전달하기	105
ADR 작성하기: 결과 고려하기	107
ADR 작성하기: 거버넌스 보장하기	109
ADR 작성하기: 노트로 마무리하기	109
ADR의 이점	112
[투 매니 스니커즈]는 성공했다	113

4 논리적 컴포넌트 구성 요소

아키텍처를 만들어 볼 준비가 되었나요? 듣기에는 쉬워 보이지만, 제대로 하지 않으면 설계가 잘못된 마천루나 다리처럼 소프트웨어 시스템이 무너질 수 있습니다.

이 장에서는 논리적 컴포넌트를 식별하고 생성하는 여러 접근 방식을 제시합니다. 시스템의 기능적 구성 요소인 컴포넌트를 통해 시스템의 각 부분이 어떻게 맞물리는지를 설명합니다. 이 장에서 설명하는 기법을 사용하면 견고한 아키텍처를 만들 수 있으며 이를 통해 성공적인 소프트웨어 시스템을 구축할 수 있는 기초를 다질 수 있습니다. 안전모와 장갑을 착용하고 도구를 준비한 후 시작해봅시다.

논리적 컴포넌트 다시 보기	124
모험적인 경매가 온라인으로 진행됩니다	126
논리적 아키텍처 vs. 물리적 아키텍처	127
논리적 아키텍처 만들기	129
1단계: 초기 핵심 컴포넌트 식별하기	130
워크플로우 접근법	132
액터/액션 접근법	134
엔티티 함정	136
2단계: 요구사항을 컴포넌트에 할당하기	138
3단계: 역할과 책임 분석하기	140
응집력 유지하기	141
4단계: 아키텍처 특성 분석하기	142
입찰 수집 컴포넌트	144
컴포넌트 결합	145
내부 결합	146
외부 결합	147
결합도 측정	148
강하게 결합된 시스템	150
디미터의 법칙 적용하기	151
균형 잡기	153
컴포넌트에 대한 마무리	154

5 아키텍처 스타일
분류와 철학

세상에는 다양한 아키텍처 스타일이 있습니다. 각각의 스타일에는 존재하는 이유가 있으며 언제 어떻게 사용해야 하는지에 대한 철학이 있습니다. 스타일의 철학을 이해하면 해당 스타일이 자신의 도메인에 적합한지 판단하는 데 도움이 됩니다. 이 장에서는 소프트웨어 아키텍트로서 만나게 될 다양한 아키텍처 스타일들을 이해할 수 있도록 도와주는 틀을 제공합니다. 이 책의 나머지 부분에서는 이러한 아키텍처 스타일들에 대해 자세히 살펴볼 것입니다.

우리 함께 마지막 퍼즐 조각을 맞춰볼까요?

아키텍처 스타일은 정말 다양합니다	168
아키텍처 스타일의 세계	169
기술 관점 vs. 도메인 관점	170
배포 모델: 모놀리식 vs. 분산	172
모놀리식 배포 모델: 장점	174
모놀리식 배포 모델: 단점	175
분산 배포 모델: 장점	176
분산 배포 모델: 단점	177
이제 마무리입니다!	180

6 레이어드 아키텍처

관심사 분리하기

여러분이 마주한 문제가 단순하고 시간이 촉박한 상황이라면 굳이 아키텍처를 고려해야 할까요? 이는 여러분이 개발한 결과물을 얼마나 오래 유지하고 싶은지에 달려 있습니다. 결과물이 일회성이라면 크게 신경 쓸 필요가 없지만, 그게 아니라면 배포 속도에 제약을 주지 않으면서 어느 정도의 체계성과 이점도 제공하는 가장 단순한 아키텍처를 선택해야 합니다. 그럴 땐 레이어드 아키텍처(layered architecture)가 답이 될 수 있습니다. 이 아키텍처는 이해와 구현이 쉬우며 많은 개발자가 이미 아는 설계 패턴들을 지렛대 삼아 활용할 수 있기 때문입니다. 이 아키텍처의 레이어들을 하나씩 살펴보겠습니다.

[난&팝]: 신생 레스토랑 요구사항 정리하기	186
『헤드 퍼스트 디자인 패턴(개정판)』 다시 읽기	188
MVC 레이어화	189
레이어링하기	192
레이어를 코드로 변환하기	193
도메인, 컴포넌트와 레이어들	195
레이어드 아키텍처를 선택하는 이유	198
레이어, 현실 세계를 만나다: 물리적 아키텍처	199
물리적 아키텍처의 트레이드오프	200
도메인 변경에 대한 마지막 주의 사항	203
레이어드 아키텍처의 슈퍼파워	204
레이어드 아키텍처의 크립토나이트	205
레이어드 아키텍처 등급표	206
마무리하기	208

7 모듈러 모놀리스
도메인 중심으로 생각하기

모놀리스를 만드는 방법에는 여러 가지가 있습니다. 지금까지 살펴본 레이어드 아키텍처는 기술적 기준으로 정리된 구조입니다. 레이어드 모놀리스를 사용하면 꽤 멀리 갈 수 있지만, 여러 팀 간의 많은 소통과 조정을 필요로 할 때는 더 강력한 성능이 필요할 수 있습니다. 어쩌면 다른 아키텍처 스타일이 유용할 수도 있고요.

이 장에서는 모듈러 모놀리스(modular monolith) 아키텍처 스타일에 대해 알아봅니다. 이 스타일은 애플리케이션을 기술적인 관심사보다는 비즈니스 관심사에 따라 나눕니다. 이 장에서는 이것이 무엇을 의미하는지, 무엇을 조심해야 하는지 등 이 스타일과 관련된 모든 트레이드오프를 배우게 됩니다. 모듈러 모놀리스를 한번 살펴볼까요?

모듈러 모놀리스?	219
도메인 변경의 ~~어려움~~	221
왜 모듈러 모놀리스인가요?	222
코드를 보여주세요!	224
모듈을 모듈러하게	227
모듈성을 데이터베이스까지 확장하기	231
조인을 주의하기	233
모듈러 모놀리스의 슈퍼파워	234
모듈러 모놀리스의 크립토나이트	235
모듈러 모놀리스 등급표	236
[난&팝]에서 피자를 배달합니다!	238

8 마이크로커널 아키텍처
맞춤형으로 제작하기

한 번에 하나씩 사용자 맞춤형 경험을 만들 수 있습니다. 일부 아키텍처 스타일은 일부 기능에 특히 잘 맞는데, 마이크로커널 아키텍처는 맞춤형의 세계 챔피언입니다. 하지만 이 아키텍처는 다양한 종류의 애플리케이션에도 유용합니다. 한 번 이해하고 나면, 여러 곳에서 이 스타일이 사용되고 있다는 것을 알게 될 것입니다.
이제 사용자가 원하는 방식으로 사용할 수 있는 아키텍처에 대해 깊이 알아봅시다.

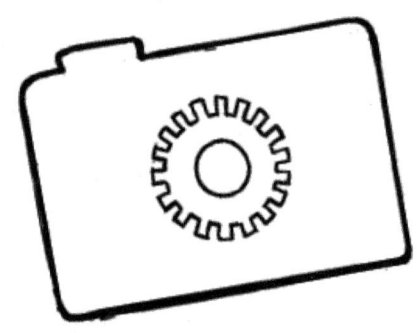

[고잉 그린]의 혜택	248
마이크로커널 아키텍처의 두 부분	251
'마이크로커널-성'의 스펙트럼	253
기기 평가 서비스 코어	255
캡슐화된 플러그인 vs. 분산된 플러그인	257
플러그인 통신	259
플러그인 계약	264
[고잉 그린]이 친환경을 실천하다	265
마이크로커널의 슈퍼파워	266
마이크로커널의 크립토나이트	267
마이크로커널 등급표	268
마무리하기	270

직접 해보기

9 [트립이지] 여행 앱

소프트웨어 아키텍트에 대한 여정을 확장할 준비가 되었나요? 이 장에서는 여러분이 소프트웨어 아키텍트가 됩니다. 소프트웨어 아키텍처 특성을 결정하고, 논리적 아키텍처를 구축하며, 아키텍처 결정을 내리고, 레이어드, 모듈러 또는 마이크로커널 중에서 아키텍처를 선택하게 됩니다. 그리고 이 장의 연습문제를 통해 소프트웨어 아키텍트가 하는 일을 전체적으로 보여주고 여러분이 얼마나 배웠는지 알 수 있습니다. 여행 통합 편의 사이트를 구축하는 스타트업 회사를 위한 아키텍처를 설계할 준비를 하세요. 즐거운 여행이 되길 바랍니다. 이 장을 통해 아키텍처를 구축하는 데 필요한 좋은 경험을 쌓길 바랍니다.

여행을 더 쉽게 만들기	278
[트립이지] 사용자 워크플로우	279
아키텍처 계획하기	280
아키텍트의 로드맵	281
1단계: 아키텍처 특성 식별하기	282
2단계: 논리적 컴포넌트 식별하기	284
3단계: 아키텍처 스타일 선택하기	286
4단계: 여러분의 결정을 문서화하기	288
5단계: 아키텍처 다이어그램 그리기	290
옳은 답도 틀린 답도 없습니다	292

10 마이크로서비스 아키텍처
조금씩 단계별로

어떻게 하면 아키텍처를 좀 더 쉽게 변경할 수 있을까요? 비즈니스가 그 어느 때보다 빠르게 변화하고 있으므로, 소프트웨어 아키텍처도 그 속도를 따라가야 합니다. 이 장에서는 비즈니스 변화에 맞춰 유연하게 변하고, 비즈니스가 성장함에 따라 확장할 수 있으며, 시스템 장애가 발생해도 운영을 지속할 수 있는 유연한 아키텍처를 만드는 방법을 배울 것입니다. 이런 아키텍처가 마이크로서비스 아키텍처입니다. 이 아키텍처를 사용하면 이러한 문제들을 해결하고 그 이상의 복잡한 문제까지 해결할 수 있습니다. 마이크로서비스에 대해 조금씩 단계별로 알아봅시다.

몸은 괜찮으세요?	304
마이크로서비스란?	307
이건 나만의 데이터입니다	308
마이크로서비스에서 '마이크로'는 얼마나 작은 걸까요?	310
세분화 분해 인자	312
왜 마이크로서비스를 더 작게 만들어야 할까요?	313
세분화 결합 인자	314
왜 마이크로서비스를 더 크게 만들어야 할까요?	315
모두 균형에 관한 것입니다	316
기능 공유하기	319
공유 서비스로 코드 재사용하기	320
공유 라이브러리로 코드 재사용하기	321
워크플로우 관리하기	325
오케스트레이션: 마이크로서비스 지휘하기	326
코레오그래피: 춤을 춥시다	328
마이크로서비스 아키텍처의 슈퍼파워	332
마이크로서비스 아키텍처의 크립토나이트	333
마이크로서비스 등급표	334
마무리하기	336

11 이벤트 기반 아키텍처
비동기 모험

만약, 여러분의 아키텍처가 동시에 여러 작업을 수행할 수 있다면 어떨까요?

비즈니스가 성장하고 성공을 거듭할수록 시스템이 느려지거나 다운되지 않고 더 많은 사용자를 처리할 수 있어야 합니다. 이제 비즈니스가 성장함에 따라 확장할 수 있는 고성능 시스템의 설계 방법을 배울 것입니다. 인기가 많은 분산 아키텍처 스타일인 이벤트 기반 아키텍처(event-driven architecture)를 살펴봅니다. 매우 빠르고, 확장성이 크며, 신장하기도 쉽지만, 상대적으로 복잡성도 상당히 높습니다. 이 장에서는 이벤트, 메시지, 비동기 통신과 같은 다양한 새로운 개념을 익히게 됩니다. 이 개념들을 바탕으로 동시에 많은 작업을 수행할 수 있는 아키텍처를 만들 수 있습니다. 이벤트 기반 아키텍처를 통한 비동기 모험을 시작해봅시다.

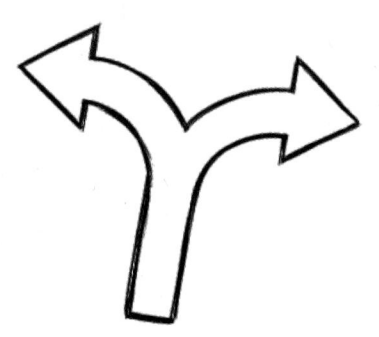

너무 느려요	350
속도 높이기	351
[데어 나일]은 어느 때보다 빠르게 흐릅니다	352
이벤트란 무엇인가요?	354
이벤트 vs. 메시지	356
시작 이벤트와 파생 이벤트	358
누구 듣고 있나요?	360
비동기 통신	361
파이어 앤드 포겟	363
비동기가 최고예요	365
동기 방식이 최고예요	367
데이터베이스 구성	369
모놀리식 데이터베이스	370
도메인 분할 데이터베이스	372
서비스별 데이터베이스	374
EDA vs. 마이크로서비스	378
하이브리드: 이벤트 기반 마이크로서비스	382
이벤트 기반 아키텍처의 슈퍼파워	384
이벤트 기반 아키텍처의 크립토나이트	385
이벤트 기반 아키텍처 등급표	386
모두 모으기	388
마무리하기	389

12 직접 해보기

지식 테스트

분산 아키텍처를 만드는 기술을 테스트할 준비가 됐나요? 이 장에서는 여러분이 소프트웨어 아키텍트입니다. 아키텍처 특성을 결정하고, 논리적 아키텍처를 구축하며, 아키텍처 결정을 내리고, 마이크로서비스 또는 이벤트 기반 아키텍처를 사용할지 결정하게 됩니다. 이 장의 연습문제를 통해 소프트웨어 아키텍트가 하는 일을 종합적으로 보여주고, 여러분이 얼마나 배웠는지를 확인할 수 있습니다. 메이크 더 그레이드(Make the Grade)라는 학생 표준화 시험 시스템을 위한 아키텍처를 만들 준비를 하세요. 행운을 빕니다! 여러분의 아키텍처가 A 학점을 받을 수 있기를 바랍니다.

메이크 더 그레이드를 환영합니다	404
학생 시험 워크플로우	405
아키텍처 계획하기	406
아키텍처의 로드맵	407
1단계: 아키텍처 특성 식별하기	408
2단계: 논리적 컴포넌트 식별하기	410
3단계: 아키텍처 스타일 선택하기	412
4단계: 여러분의 결정을 문서화하기	414
5단계: 아키텍처 다이어그램 그리기	416
옳은 답도 틀린 답도 없습니다	418

부록: 미처 다루지 못한 것들
다루지 못한 여섯 가지 주요 주제

소프트웨어 아키텍처에 대해 아직 할 이야기가 훨씬 더 많습니다. 이번 장을 끝으로 책은 마무리되지만, 이 책을 읽는 것은 아키텍처적으로 사고하는 여정의 첫걸음일 뿐입니다. 그래서 우리는 조금 더 준비할 수 있도록, 부록에 몇 가지 흥미로운 내용을 추가로 모았습니다. 앞으로 나오는 각 주제는 우리가 다룬 다른 주제만큼 주목할만한 가치가 있습니다. 그러나 여기서의 목표는 각 주제에 대한 높은 수준의 아이디어를 제공하는 것입니다. 그리고 이제 정말 책이 끝났습니다. 물론, 찾아보기도 남아 있습니다. 그것도 정말 흥미진진합니다!

#1 코딩 아키텍트	428
#2 아키텍트에 대한 기대	430
#3 아키텍처의 소프트 스킬	432
#4 다이어그램 기법	434
#5 지식의 깊이 vs. 넓이	436
#6 카타로 아키텍처 연습하기	438
카타를 수행하는 방법	439

xxi

이 책을 읽는 방법
들어가며

"소프트웨어 아키텍처 책을 왜 이런 식으로 만들었을까?"라는 독자들의 궁금증을 해소해 보겠습니다.

이 책을 읽는 방법

이 책은 누구에게 필요할까요?

다음 두 가지 질문에 모두 "예"라고 대답할 수 있다면,

① 소프트웨어 아키텍처를 배우고 싶습니까?

② 지루하고 학구적인 강의보다는 파티에서의 즐거운 대화를 선호하십니까?

그렇다면 이 책은 바로 여러분을 위한 책입니다.

이 책이 맞지 않는 사람은 누구일까요?

다음 중 한 가지 질문에라도 "예"라고 대답할 수 있다면,

① 기술 업계에서 완전한 신입인가요?

(소프트웨어 개발자가 소프트웨어 아키텍처의 기본을 이해해야 한다고 굳게 믿지만, 이 책을 읽기 전에 소프트웨어 개발 경험을 조금 더 쌓는 것이 좋습니다.)

② 참고 도서를 찾는 경험 많은 소프트웨어 아키텍트인가요?

③ 새로운 것을 시도하는 것이 두려운가요? 경력을 발전시키기보다 9볼트 배터리를 핥으며 구석에 앉아 있는 것을 선호하나요? 기술 서적인데 확장성 및 결함 허용성과 같은 아키텍처 특성을 설명하기 위해 동물원을 사용한다면 그 책은 진지하지 않은 책이라고 생각하나요?

그렇다면 이 책은 당신에겐 적합하지 않습니다.

[마케팅 팀에서 그러는데, 사고 싶은 사람은 아무나 사도 된다네요]

여러분은 이렇게 생각하고 있을 겁니다

"이게 어떻게 소프트웨어 아키텍처에 대한 진지한 책이 될 수 있죠?"

"그래픽이 왜 이렇게 많나요?"

"이런 방식으로 실제로 배울 수 있을까요?"

여러분의 뇌는 이렇게 생각합니다

여러분의 뇌는 항상 새로운 것을 갈망합니다. 항상 뭔가 특이한 것을 기다리고 있지요. 원래 뇌란 그렇습니다. 그리고 그 덕에 인류가 지금까지 생존한 것이죠.

그렇다면 일상적이고 흔하디 흔한, 너무나도 평범한 것을 접할 때 뇌에서는 어떤 일이 일어날까요? 뇌는 정말 해야 하는 일(정말 중요한 것을 기억하는 일)을 방해하는 모든 것을 거부합니다. 별로 중요하지 않은 내용은 '중요하지 않은 것을 차단해 버리는' 필터에서 걸러집니다.

그러면 뇌는 무엇이 중요한 내용인지 어떻게 판단할까요? 등산을 갔는데, 갑자기 호랑이가 나타났다고 생각해 봅시다. 뇌와 몸에서는 어떤 일이 일어날까요?

뉴런이 갑자기 폭발하면서 감정이 복받치고 호르몬이 쭉쭉 솟아나겠죠.

그리고 여러분의 뇌는 다음과 같이 생각할 것입니다.

여러분의 뇌는 바로 이런 것을 더 중요하게 여긴답니다.

이건 정말 중요한 거야! 잊어버리면 안 돼!

하지만 집이나 도서관에 있다고 생각해봅시다. 그런 장소는 안전하고, 따뜻하고, 호랑이가 나타날 리도 없습니다. 거기서 시험 공부를 한다거나 직장 상사가 일주일, 길어도 열흘 안에 모두 마스터하라고 한 내용을 공부하고 있는 것이죠.

이렇게 공부하면 한 가지 문제가 발생합니다. 뇌는 중요하지 않은 내용을 저장하느라 막상 지금 중요한 내용은 저장하지 않을 것입니다. 호랑이나 화재의 위험, 그리고 페이스북에 '파티' 사진을 올리지 않아야 하는 이유처럼 중요한 것을 저장해야 합니다. 그렇다고 "날 위해 수고해주는 것은 정말 고맙지만, 이 책이 아무리 지루하고 별 감흥이 없어도 지금 이 내용은 정말 잘 기억해야 한단 말이야"라고 말할 수도 없습니다.

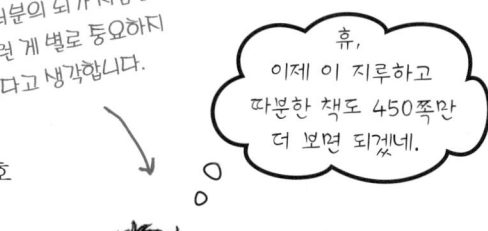

여러분의 뇌가 지금은 이런 게 별로 중요하지 않다고 생각합니다.

휴, 이제 이 지루하고 따분한 책도 450쪽만 더 보면 되겠네.

여러분은 여기에 있습니다 **XXV**

우리는 '헤드 퍼스트' 독자를 학습자라고 생각했습니다

뭔가를 배우려면 어떻게 해야 할까요? 우선 어떤 것을 이해한 후 잊어버리지 말아야겠죠. 하지만 지식을 그냥 뇌 속에 무작정 넣는 방법으로는 제대로 배울 수 없습니다. 인지 과학, 신경생물학, 교육심리학 분야의 최근 연구 결과에 따르면 종이 위에 적혀 있는 텍스트만 읽는 방식으로는 제대로 학습할 수 없다고 합니다. 헤드 퍼스트는 머리가 쌩쌩하게 돌아가도록 하는 방법을 알고 있습니다.

헤드 퍼스트 학습 원리

그림으로 설명합니다. 글에 그림을 곁들이면 기억하기도 좋고, 학습 효과를 향상하는 데도 도움이 됩니다(기억과 전이 분야의 연구에 따르면 최대 89%까지 향상된다고 합니다). **단어를 관련된 그림 안이나 옆에 배치**하면 그림 아래나 동떨어진 위치에 둘 때보다 내용에 해당하는 문제를 두 배나 잘 풀 수 있다고 합니다.

대화체를 사용합니다. 최근 연구에 따르면 딱딱하고 형식적인 문체보다 사적인 대화를 나누는 듯한 문체로 내용을 설명하면 학습 후 테스트에서 40% 정도 더 나은 점수를 받을 수 있다고 합니다. 강의보다는 이야기로 말하고 캐주얼한 언어를 사용합니다. 여러분은 친구와 '저녁을 먹으며 나누는 대화'와 '딱딱한 강의' 중에서 어떤 것에 더 집중하나요?

더 깊이 생각할 수 있도록 만듭니다. 뉴런을 활발하게 사용하지 않으면 머릿속에서 그리 특별한 일이 일어나지 않습니다. 독자가 문제를 풀고, 결과를 유추하고, 새로운 지식을 만들어 낼 수 있도록 동기, 흥미, 호기심, 사기를 유발할 수 있어야 합니다. 그렇게 하려면 뭔가 도전 의식을 고취할 만한 연습문제와 질문으로 양쪽 뇌를 모두 쓰는 활동을 제공해야 합니다.

주의를 기울이게 만듭니다. 아마도 대다수의 독자가 "아, 이거 꼭 읽어야 하는데, 한 페이지만 봐도 졸려 죽겠네…"라고 생각해 봤을 것입니다. 사람의 뇌는 언제나 일상적이지 않은 것, 재미있는 것, 특이한 것, 눈길을 끄는 것, 예기치 못한 것에 주의를 기울입니다. 어렵고 기술적인 내용을 배우는 일이 반드시 지루할 필요는 없습니다. 오히려 지루하지 않아야 새로운 내용을 빠르게 받아들입니다.

감성을 자극합니다. 내용이 얼마나 감성을 자극하는지에 따라 기억되는 정도가 크게 달라집니다. 누구나 자신이 좋아하거나 관심 있는 것은 쉽게 기억합니다. 그리고 뭔가를 느낄 수 있으면 쉽게 기억합니다. 뭐, 그렇다고 소년과 강아지 사이의 가슴 뭉클한 사연 같은 것을 말하는 것은 아닙니다. 퍼즐을 풀어내거나 남들이 모두 어렵다고 생각하는 것을 알았을 때, 놀라움, 호기심, 재미, '오 이럴수가!', 아니면 '내가 해냈어!'와 같은 감정을 느낄 때 더 잘 배울 수 있습니다.

메타인지: 생각에 관한 생각

정말로 빨리 더 자세하게 배우고 싶다면 여러분이 어떤 식으로 주의를 기울이는지에 주의를 기울이고, 생각하는 방법을 생각하고, 배우는 방법을 배워야 합니다.

메타인지나 교육 이론을 배운 독자는 그리 많지 않을 것입니다. 그냥 무언가를 배워야 해서 배웠지만, 정작 배우는 방법을 배우지는 못한 거죠.

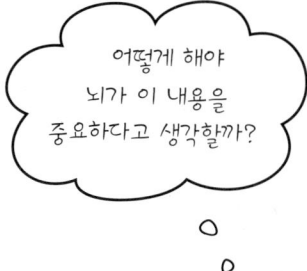

하지만 이 책을 들고 있다면, 여러분은 소프트웨어 아키텍처가 무엇인지 정말 배우고 싶어한다고 가정합니다. 그리고 아마도 그렇게 많은 시간을 쏟고 싶지 않을 것입니다. 이 책에서 읽은 내용을 활용하고 싶다면, 읽은 내용을 기억해야 합니다. 그리고 이를 위해서는 이해해야 합니다. 이 책이나 어떤 책, 또는 학습 경험에서 최대한의 가치를 얻으려면 뇌가 그 내용에만 집중하도록 해야 합니다.

그렇게 하려면 여러분의 뇌가 새로 배우는 내용을 호랑이를 맞닥뜨린 것만큼이나 중요하다고 생각하게 해야 합니다. 그렇지 않으면 그 내용을 받아들이지 않으려는 뇌와 끊임없이 싸우면서 시간을 낭비해야 합니다.

어떻게 해야 뇌가 소프트웨어 아키텍처를 배고픈 호랑이만큼 중요한 것으로 생각할까요?

느리고 지루한 방법도 있고, 빠르고 효율적인 방법도 있습니다. 느린 방법은 반복하는 것입니다. 같은 내용을 반복해서 주입하면 아무리 재미없는 내용이라도 배우고 기억할 수 있습니다. 충분히 여러 번 반복하다 보면 뇌는 "사실 별로 중요한 것 같진 않지만, 똑같은 것을 계속해서 보고 있으니 일단 기억은 해두자"라고 생각하죠.

빠른 방법은 뇌 활동, 그중에서도 **서로 다른 유형의 뇌 활동을 증가시키는 방법**을 사용하는 것입니다. 앞 페이지에 있는 내용은 모두 뇌 활동을 증가시키는 방법이며 학습 과정에 도움이 된다고 증명된 방법입니다. 예를 들어서, 어떤 단어를 설명하는 그림 안에 그 단어를 넣어두면 그 단어와 그림 사이의 관계를 이해하려고 뇌가 활발하게 움직이면서 더 많은 뉴런이 활성화됩니다. 더 많은 뉴런이 활성화되면 뇌가 그 내용을 집중해서 살펴볼 가치가 있다고 생각하게 되고, 결국 더 잘 기억하게 되죠.

대화하는 듯한 문체가 더 나은 이유는 보통 대화를 할 때는 상대방이 하는 말을 들으면서 이해하려고 노력하기 때문입니다. 그리고 중요한 사실은 그런 대화가 책과 독자 사이의 '대화'일 때도 우리의 뇌는 똑같이 반응한다는 점입니다. 반면에 문체가 딱딱하고 재미없으면 수백 명의 학생이 대형 강의실에 앉아서 건성으로 수업을 들을 때와 마찬가지로 학습 효과가 떨어진다고 합니다. 깨어있을 필요가 없으니까요.

하지만 그림과 대화형 문체는 시작일 뿐입니다….

이 책을 읽는 방법

이 책의 구성

이 책에는 그림이 많습니다. 뇌는 글보다는 그림에 더 민감하게 반응하기 때문이죠. 뇌의 반응을 보면 그림 한 장이 천 개의 단어보다 낫습니다. 그리고 글을 그림에 포함했습니다. 그림 안에 글을 넣었을 때 더 잘 기억할 수 있으니까요.

이 책에서는 같은 내용을 서로 다른 방법과 매체로 여러 감각을 거쳐 전달해서 내용이 머릿속에 더 쏙쏙 잘 들어갈 수 있도록 구성했습니다. 여러 번 반복하면 그만큼 잘 기억할 수 있으니까요.

그리고 개념과 그림은 예상하기 힘든 방식으로 사용했습니다. 뇌는 새로운 것을 더 잘 받아들이기 때문입니다. 그림과 개념은 감성을 자극할 수 있도록 구성했습니다. 뇌는 감성적인 내용을 더 빠르게 받아들이기 때문이죠. 그 감정이 사소한 유머, 놀라움 혹은 관심 같은 것이라도 말이죠.

이 책에서는 사적인 대화체를 사용했습니다. 뇌는 앉아서 강의를 듣는다고 느낄 때보다 상대방과 대화한다고 느낄 때 더 집중하기 때문이죠. 대화체의 책을 읽을 때도 마찬가지입니다.

이 책에는 수십 개의 연습문제가 있습니다. 읽을 때보다 실제로 어떤 일을 할 때 더 잘 배우고 더 잘 기억하기 때문입니다. 그리고 문제는 조금 어렵지만 노력하면 풀 수 있는 수준으로 만들었습니다. 대부분의 사람들이 선호하는 방식이기 때문입니다.

그리고 여러 가지 학습 유형을 섞어서 사용했습니다. 단계별로 공부하는 쪽을 선호하는 독자도 있지만, 큰 그림을 먼저 파악하는 것을 좋아하는 독자도 있고 코드 예제만 보면 된다고 생각하는 독자도 있기 때문입니다. 하지만 어느 것을 더 좋아하든, 같은 내용을 여러 방법으로 표현하는 방식은 모든 독자에게 도움이 될 것입니다.

양쪽 뇌를 모두 사용할 수 있는 내용을 담았습니다. 뇌의 더 많은 부분을 사용할수록 더 많은 것을 배우고 기억할 수 있으며, 더 오랫동안 집중할 수 있기 때문입니다. 게다가 한쪽 뇌를 사용하면 나머지 두뇌는 쉴 수 있으므로 오랫동안 공부할 때도 높은 효율을 유지할 수 있습니다.

여러 관점을 보여 주는 이야기와 연습문제를 담았습니다. 직접 어떤 것을 평가하거나 판단하면 더 깊이 이해할 수 있기 때문입니다.

여러분의 도전 의식을 고취시키는 연습문제와 뚜렷한 정답이 없는 질문을 담았습니다. 두뇌는 곰곰이 생각할 때 더 많은 것을 배우고 기억할 수 있기 때문이죠. 생각해보세요. 체형을 개선하려면 체육관에서 사람들을 보는 것만으로는 안 됩니다. 하지만 우리는 여러분이 열심히 공부할 때 올바른 것에 집중할 수 있도록 최선을 다했습니다. 너무 이해하기 힘든 예제를 붙잡고 낑낑대거나 어려운 전문용어만 잔뜩 들어 있는 짤막한 문장을 해석하느라 머리가 아픈 일은 없도록 했습니다.

이 책에서는 이야기, 예제와 그림을 통해 여러 사람이 등장합니다. 여러분의 뇌는 사물보다는 사람에게 더 많은 관심을 보이니까요.

들어가며

여러분의 뇌를 정복하는 방법

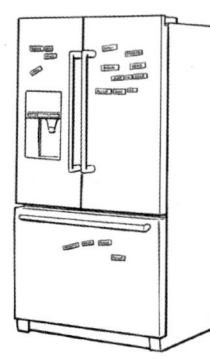

이제 여러분이 행동할 차례입니다. 여기에 나와 있는 팁에서부터 시작합니다. 여러분의 뇌가 어떤 반응을 보이는지 살펴보고, 어떤 것이 적절하고 어떤 것이 부적절한지 알아봅시다. 항상 새로운 것을 시도해 보세요.

아래 내용을 오려서 냉장고 문에 붙여 놓으세요.

---

① 천천히 하세요. 더 많이 이해할수록 외워야 할 양은 줄어듭니다.
그냥 무작정 읽지 맙시다. 잠깐씩 쉬면서 생각해 봅시다. 책에 있는 질문을 보고 정답으로 바로 넘어가면 안 됩니다. 누군가 다른 사람이 여러분에게 정말로 질문한다고 생각하세요. 더 깊이, 신중하게 생각할수록 더 잘 배우고 기억할 수 있습니다.

② 연습문제를 꼭 풀어 보고 메모를 남깁시다.
연습문제는 여러분을 위해 수록한 것입니다. 그냥 답만 보고 넘어가면 다른 사람이 운동하는 것을 구경하는 셈입니다. 연습문제를 눈으로만 보고 넘어가면 안 됩니다. 반드시 직접 필기구를 들고 문제를 풀어 봅시다. 배우는 과정에서 몸을 움직이는 것이 배우는 데 실제로 도움이 된다고 합니다.

③ '바보 같은 질문은 없습니다'는 반드시 읽어 봅시다.
반드시 모두 읽어 보세요. 그냥 참고자료로 수록한 것이 아니라 이 책의 핵심 내용 중 하나입니다. 그냥 넘어가지 마세요.

④ 잠자리에 들기 전에 마지막으로 이 책을 읽어봅시다.
학습 과정의 일부(특히 장기 기억으로의 전이 과정)는 책을 놓은 후에 일어납니다. 여러분의 뇌가 무언가를 처리하려면 시간이 필요하기 때문이죠. 처리하는 중에 다른 일을 하면 새로 배운 내용을 잊어버릴 가능성이 높아집니다.

⑤ 배운 내용을 얘기해봅시다.
소리 내어 말하면 읽기만 할 때와는 다른 뇌 부분이 활성화됩니다. 뭔가를 이해하거나 나중에 더 잘 기억하고 싶다면 크게 소리 내어 말해보세요. 다른 사람에게 설명하면 더 좋습니다. 더 빠르게 배울 수 있으며 책을 읽는 동안에는 몰랐던 것도 생각할 수 있습니다.

⑥ 물을 많이 마십시다.
머리가 잘 돌아가려면 물이 많이 필요합니다. 수분이 부족하면 인지 기능이 떨어집니다.

⑦ 뇌의 반응에 귀를 기울여 봅시다.
여러분의 뇌가 너무 힘들어하고 있지는 않은지 관심을 가져 봅시다. 대강 훑어보고 있거나 방금 읽은 내용을 바로 잊어버린다는 느낌이 들면 잠시 쉬는 것이 좋습니다. 일단 어느 정도 공부를 하고 나면 무조건 파고드는 것이 오히려 공부하는 데 방해가 될 수도 있습니다.

⑧ 뭔가를 느껴봅시다.
여러분의 뇌가 지금 공부하는 것이 중요하다고 느낄 수 있어야 합니다. 책 속에 나와 있는 이야기에 몰입해보고, 사진에 직접 제목도 붙여 봅시다. 아무것도 느끼지 못하는 것보다는 썰렁한 농담을 보고 비웃기라도 하는 편이 낫습니다.

⑨ 매일 적용하세요!
소프트웨어 아키텍처를 진정으로 이해하는 방법은 매일 적용하는 것뿐입니다. 이 책에서는 소프트웨어 아키텍처를 많이 다룰 것이며, 다른 기술들과 마찬가지로 잘 하려면 연습이 필요합니다. 이 책에는 많은 연습문제를 제공합니다. 각 장에는 해결해야 할 문제를 제시하는 연습이 포함되어 있습니다. 이 문제들을 그냥 넘기지 마세요. 많은 학습은 문제를 해결할 때 일어납니다. 각 연습문제에 대한 해답도 포함되어 있으니, 막히면 해답을 잠깐 보는 것을 두려워하지 마세요!(작은 것에 걸리는 경우가 많습니다.) 하지만 해답을 보기 전에 문제를 해결해보세요. 그리고 다음 부분으로 넘어가기 전에 반드시 문제가 잘 해결되었는지 확인하세요.

여러분은 여기에 있습니다

이 책을 읽는 데 필요한 것

이 책은 참고 도서가 아닌 학습 경험입니다. 학습을 방해할 수 있는 모든 것을 의도적으로 제거했습니다. 처음 읽을 때는 시작부터 읽어야 합니다. 왜냐하면 여러분이 이미 본 것과 배운 것을 가정하고 있기 때문입니다.

내용을 분해한 다음 조립합니다

우리는 어떤 것을 분해하는 것을 좋아합니다. 이렇게 하면 소프트웨어 아키텍처의 한 측면에 집중할 수 있는 기회를 제공합니다. 소프트웨어 아키텍처의 다양한 측면을 설명하기 위해 많은 시각 자료를 사용합니다. 각 측면에 대한 깊은 이해를 보장하고, 언제 어떻게 사용할지에 대한 자신감을 갖도록 합니다. 그런 다음에야 내용을 모아 복잡한 소프트웨어 아키텍처 개념을 설명합니다.

모든 것을 다루지 않습니다

80/20 접근 방식을 사용합니다. 소프트웨어 아키텍처에서 박사 학위를 목표로 하고 있다면, 이 책만으로는 충분하지 않습니다. 그래서 모든 것을 이야기하기보다는 실제로 사용할 수 있는 것들만 다루며, 즉시 실행할 수 있도록 필요한 내용만 포함했습니다. 우리는 즉시 실행할 수 있기를 원합니다.

활동은 선택 사항이 아닙니다

연습문제와 활동은 부가적인 것이 아니라 이 책의 핵심 내용의 일부입니다. 일부는 기억을 돕기 위해, 일부는 이해를 돕기 위해, 그리고 일부는 배운 내용을 적용하는 데 도움을 줍니다. 연습문제를 건너뛰지 마세요. 낱말 퀴즈가 필수는 아니지만, 여러분이 학습한 단어와 용어를 다른 맥락에서 생각할 기회가 됩니다.

중복은 의도적이며 중요합니다

헤드 퍼스트 시리즈의 한 가지 뚜렷한 차이점은 여러분이 정말로 내용을 이해하기 원한다는 것입니다. 그리고 이 책을 끝낼 때 배운 내용을 기억하기 원합니다. 대부분의 참고 도서는 기억과 회상을 목표로 하지 않지만, 이 책은 학습에 관한 것이므로 동일한 개념이 여러 번 등장할 것입니다.

예제는 가능한 한 일반적입니다

소프트웨어 아키텍처를 가르치기 위해 비즈니스 문제를 사용해야 합니다. 그렇지 않으면 이 책에서 소개하는 개념이 너무 추상적이고 따라가기 어려울 것입니다. 우리는 이 책의 예제를 의도적으로 일반적이면서도 흥미롭고 매력적이며 재미있게 만들었습니다. 여러분의 배경과 상관없이, 어떤 종류의 일을 하든 소프트웨어 아키텍처를 연습할 때 이 예제와 관련이 있을 것이라고 확신합니다.

'뇌를 훈련'하는 연습문제의 정답은 많습니다

일부 문제는 정답이 없으며, 다른 문제에서는 여러분이 답이 맞는지 판단해보는 것이 학습 경험의 일부입니다. 일부 '브레인 파워' 연습문제에서는 올바른 방향으로 나아갈 수 있도록 힌트가 제공됩니다.

이 책을 읽는 방법

직접 해보기 장

헤드 퍼스트 시리즈의 독특한 측면은 '직접 해보기' 장(chapter)입니다. 이러한 장(총 두 개)은 전적으로 연습 기반으로 구성되어 있으며, 그동안 배운 모든 개념을 적용하여 처음부터 끝까지 아키텍처를 만들 기회를 제공합니다.

이 장에서는 여러분이 소프트웨어 아키텍트가 되어 봅니다. 아키텍처 특성을 결정하고, 논리적 아키텍처를 구축하며, 사용할 아키텍처 스타일을 포함한 아키텍처 결정을 내립니다. 이러한 장의 연습문제를 수행하면 소프트웨어 아키텍트가 하는 일을 전체적으로 이해할 수 있으며, 여러분이 얼마나 많은 것을 배웠는지 확인할 수 있습니다.

9장은 첫 번째 '직접 해보기' 장으로, 여행 관리 시스템인 '트립 이지('트래피즈'처럼 발음)'를 위한 아키텍처를 구축합니다. 이 시스템은 특히 로드 워리어들을 위해 여행을 더 쉽게 만들기 위한 것입니다. 이 새로운 온라인 여행 관리 대시보드 앱은 여행자가 브라우저나 모바일 장치를 통해 여행 예약을 여행별로 보고 관리할 수 있도록 해줍니다.

12장은 두 번째 '직접 해보기' 장으로, 표준화된 시험 시스템인 '메이크 더 그레이드'를 위한 아키텍처를 구축합니다. 데이터빌 공립학교의 특정 학년의 모든 학생들은 학생, 교사 및 학교의 성과를 평가하기 위해 동일한 시험을 봅니다. 이 장은 여러분의 지식을 시험해 볼 수 있는 훌륭한 기회가 될 것입니다(말하자면).

테크니컬 리뷰 팀

우리의 리뷰 팀을 소개합니다!

우리는 이 책을 검토하기 위해 **시니어** 개발자, 소프트웨어 아키텍트, 저명한 연사, 그리고 다작의 저자들로 구성된 훌륭한 팀을 모을 수 있는 행운을 누렸습니다.

이 전문가들은 모든 장을 읽고, 직접 연습문제를 수행했으며, 우리의 실수를 바로잡고 각 페이지마다 꼼꼼한 피드백을 제공해 주었습니다. 또한 우리의 아이디어, 비유, 서사를 함께 고민할 수 있도록 도와주었습니다. 이 책의 구성 방식에 대해서도 함께 생각해 보았습니다.

여기 있는 모든 리뷰어는 이 책에 큰 기여를 했고, 결과적으로 책의 완성도를 크게 높여 주었습니다. 원고를 면밀히 검토하는 데 보낸 무수한 시간에 깊이 감사드립니다. 그들 덕분입니다.

감사합니다!

또한 많은 오탈자를 찾아준 모아타즈 새너드(Moataz Sanad)에게 특별히 감사드립니다!

우리(및 리뷰어)의 최선의 노력에도 불구하고, 모든 오류와 누락은 전적으로 우리의 책임입니다.

네이트 슈타 (Nate Schutta)

타냐 레일리 (Tanya Reilly)

크리스틴 슈타 (Christine Schutta)

클레어 서드버리 (Clare Sudbery)

벤캇 수브라마니암 (Venkat Subramaniam)

패트릭 비아포레 (Patrick Viafore)

마크 로이 (Marc Loy)

제임스 얼러 (James Erler)

맥스 슈버트 (Max Schubert)

감사 인사

공동의 감사 인사

이 책은 훌륭한 분들의 도움, 조언, 그리고 지원 없이는 세상에 나올 수 없었습니다. 감사드려야 할 분들이 정말 많으니, 이제 시작해 보겠습니다!

탁월한 편집자, 사라 그레이

우리의 편집자

무엇보다도 먼저, 사라 그레이에게 깊은 감사를 전합니다. 『헤드 퍼스트 소프트웨어 아키텍처』를 집필하는 과정은 우리에게 특별한 도전의 연속이었고, 그 모든 과정에서 사라가 길잡이가 되어 주었습니다. 우리가 헤드 퍼스트 특유의 글쓰기 스타일에서 벗어날 때마다 사라는 방향을 잡아 주었고, 모든 페이지의 레이아웃에 대해 끊임없이 제안해 주었습니다. 또한 십자말풀이 전문가 역할까지 맡아 주었고, 'Make It Stick' 코너의 시를 다듬는 데도 큰 도움을 주었습니다. 우리는 사라를 종종 '네 번째 저자'라고 불렀는데, 사실 이 책의 완성도 높은 결과물은 상당 부분 사라의 공 덕분이라고 할 수 있습니다.

오라일리 팀

오라일리 미디어 팀 전체에게도 큰 감사를 전합니다. 특히 우리 책이 출간에 적합한 수준으로 완성되도록 도와준 크리스틴 브라운과 크리스 포셔, 날카로운 눈으로 교정을 맡아준 레이첼 헤드에게 고마움을 전합니다. 또, 우리처럼 책의 찾아보기를 자주 활용하는 독자라면, 이번 찾아보기를 만들어 준 톰 딘스에게도 감사를 표합니다.

이 과정 내내 아낌없는 지원과 인내를 보여주고, 긴 프로젝트를 함께할 수 있도록 해 준 멜리사 더필드에게도 깊이 감사드립니다.

전 세계 수천 명의 개발자와 아키텍트들에게 소프트웨어 아키텍처를 가르칠 수 있는 기회를 제공해 준 오라일리 온라인 트레이닝 팀에도 큰 감사를 드립니다. 특히 야스미나 그레코, 린지 벤티밀리아, 그리고 모든 프로듀서들에게 고마움을 전합니다.

집필 과정에서 작성되는 원고를 다듬지 않은 채로 먼저 공개해 독자들이 검토할 수 있도록 해 준 얼리 릴리스 팀에게도 감사드립니다. 그 덕분에 많은 독자들이 오류를 제보하고 피드백을 주어 이 책이 한층 더 나아질 수 있었습니다.

마지막으로, 우리의 작업을 검토하고 헤드 퍼스트 시리즈의 비전에 부합하도록 조언해 준 시리즈 편집자 엘리자베스 롭슨과 에릭 프리먼에게도 진심으로 감사드립니다. 인디자인과 관련한 실질적인 팁도 전해 주어 많은 도움이 되었습니다. 정말 고맙습니다!

개인별 감사 인사

라주 간디의 감사 인사

이 프로젝트에 참여하게 된 것은 제게 큰 특권이었으며, 마크와 닐과 함께 일할 수 있어 진심으로 기쁩니다. 두 사람은 제가 만난 가장 똑똑하고 멋진 인물 중 하나일 뿐 아니라, 저를 공동 저자로 받아들여 주었고, 소프트웨어 아키텍처의 미묘한 부분들을 이해할 수 있도록 많은 시간을 함께해 주었습니다. 언젠가 이 빚을 갚을 수 있기를 바라며, 지금은 그저 깊은 감사를 전합니다. 또한 많은 친구들, 동료들, 우연히 제게 멘토가 되어 준 분들, 그리고 영감을 주신 동료 연사들에게도 고마움을 전합니다. 여러분 모두 누구인지 잘 아실 것입니다. 마지막으로 아내 미셸에게 감사 인사를 전합니다. 이 프로젝트를 진행하는 동안 딸 델핀이 태어났고, 제가 집필에 몰두하는 동안 미셸이 훨씬 더 많은 역할을 감당했습니다. 진심으로 감사합니다. 두 분을 사랑합니다.

마크 리차드의 감사 인사

공동 감사의 말과 별도로, 제 친구이자 공동 저자인 라주와 닐에게도 감사의 인사를 전하고 싶습니다. 라주는 자신의 훌륭한 저서 『A Head First Git』(O'Reilly, 2022)을 통해 쌓은 경험을 가져와, 헤드 퍼스트 특유의 글쓰기와 인디자인의 세부 노하우를 알려주었습니다. 닐과는 세 번째 공저인데, 그와의 협업은 언제나 보람차고 즐거운 경험이었습니다. 또한 집필 내내 기다려 주고 이해해 준 사랑하는 아내 레베카에게도 감사를 전합니다. 수많은 저녁 시간을 사무실에서 원고를 쓰느라 함께하지 못했음을 이 자리를 빌려 미안하고 고맙습니다.

닐 포드의 감사 인사

무엇보다, 제 공동 저자인 마크와 라주에게 감사의 인사를 전합니다. 두 분과 함께한 시간은 즐거움 그 자체였고, 이 책이 세상에 나올 수 있었던 것은 두 분 덕분입니다. 마크는 언제나 훌륭한 협력자였고, 뛰어난 유머 감각으로 집필 과정에 큰 힘을 더해 주었습니다. 또한 헤드 퍼스트 시리즈에서 중요한 역할을 해 준 편집자 사라에게도 깊이 감사드립니다. 그녀의 든든한 지원은 큰 버팀목이 되었습니다. 가족 모두에게도 감사드립니다. 팬데믹 기간 동안 주차장에 모여 매주 열리던 동네 칵테일 클럽에 참석할 수 있었던 것도 즐거운 추억으로 남습니다. 마지막으로, 제 사랑하는 아내 캔디에게도 감사를 전합니다. 이 책을 집필하느라 그녀와 고양이들과 긴 시간을 떨어져 지내야 했습니다.

> 우리가 단 세 명의 저자라는 것이 다행입니다. 그렇지 않았다면 이 감사의 말이 끝없이 이어졌을 것입니다….

끝으로, 독자 여러분께. 여러분의 관심은 무엇보다 소중한 자원이며, 이 책에 시간을 투자해 주신 것에 깊은 감사를 드립니다. 즐겁고 뜻깊은 학습이 되길 바랍니다.

1 소프트웨어 아키텍처 쉽게 이해하기
시작하기!

소프트웨어 아키텍처는 시스템 성공의 핵심 요소입니다. 이 장에서는 소프트웨어 아키텍처를 쉽게 풀어 설명하고, 아키텍처의 여러 차원과, 아키텍처와 설계의 차이점을 배웁니다. 이 내용이 중요한 이유는 아키텍처 관행을 이해하고 적용함으로써 더 효과적이고 정확한 시스템 소프트웨어를 개발하는 데 도움이 되기 때문입니다. 즉 시스템이 더 효율적으로 동작할 뿐만 아니라, 비즈니스의 요구와 관심사도 충족시키고, 비즈니스와 기술적 환경이 지속적으로 변화할 때도 계속 운영할 수 있게 되기 때문입니다. 그럼 바로 시작해 보겠습니다.

소프트웨어 아키텍처 기본

소프트웨어 아키텍처 이해하기

소프트웨어 아키텍처를 더 잘 이해하기 위해, 이웃에 있는 전형적인 집을 떠올려 보세요. 집의 구조가 바로 **아키텍처**입니다. 즉 집의 모양, 방의 개수, 층 수, 크기 등입니다. 집을 지을 때는 건축 계획을 짜게 되는데 여기에는 집을 짓기 위해 알 필요가 있는 모든 선과 상자들이 포함됩니다. 아래와 같이 구조적인 요소들은 나중에 변경하기 어렵고, 집에 있어 중요한 부분이 됩니다.

건축 은유(비유)는 소프트웨어 아키텍처를 이해할 때 매우 유명합니다.

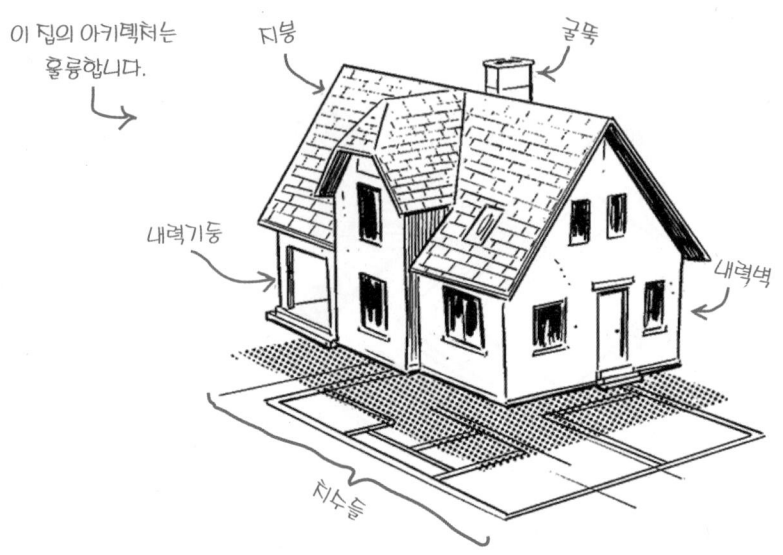

이 집은 못생겼을뿐 아니라 기능적이지도 않습니다.

아키텍처는 집을 짓는 데 필수입니다. 아키텍처 없이 집을 짓는 모습을 상상할 수 있나요? 아마도 오른쪽 같은 모양의 집이 나오게 될 것입니다.

아키텍처는 소프트웨어 시스템을 개발하는 데도 필수입니다. 확장할 수 없거나 신뢰할 수 없고, 유지보수가 어려운 시스템을 접해본 적이 있나요? 아마도 시스템의 아키텍처에 충분하게 신경을 쓰지 않았기 때문일 것입니다.

 **연습문제**

정원 가꾸기는 소프트웨어 아키텍처를 설명하는 또 다른 유용한 은유(비유)입니다. 아래 공간을 사용하여 정원을 계획하는 것이 소프트웨어 아키텍처와 어떻게 연관될 수 있는지 설명해보세요. 이 장의 마지막에서 그 해답을 확인할 수 있습니다.

➤ 정답은 29쪽에

건축 계획과 소프트웨어 아키텍처

집의 건축 계획과 소프트웨어 아키텍처가 어떤 관계가 있는지 궁금할 것입니다. 각각은 만들고자 하는 것의 표현입니다. 그렇다면 소프트웨어 시스템의 '건축 계획'은 어떤 것일까요? 물론 선과 상자들입니다.

건축 계획은 집의 구조를 정의합니다(방, 벽, 계단 등). 마찬가지로 소프트웨어 아키텍처 다이어그램은 소프트웨어의 구조를 정의합니다(사용자 인터페이스, 서비스, 데이터베이스, 통신 프로토콜 등). 두 산출물은 최종 결과를 가시화하고 지침과 제약을 제공합니다.

재미있는 사실! 건축 계획은 '청사진'[1]이라 불렸지만 이제는 구식이 되었습니다(적어도 소프트웨어 아키텍처에서는).

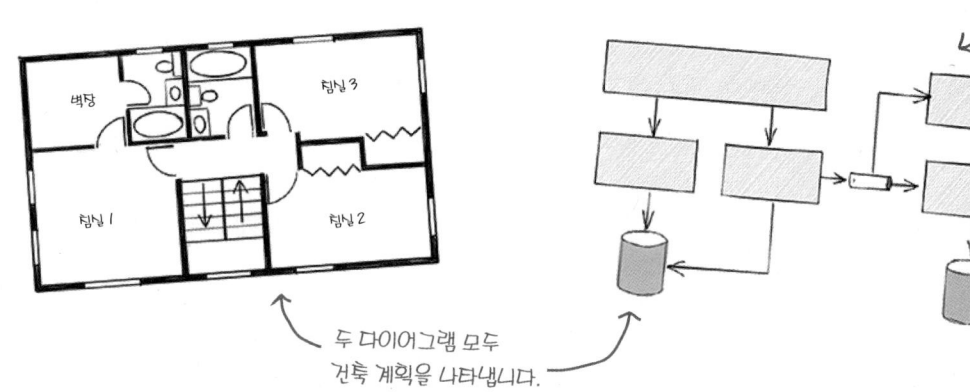

두 다이어그램 모두 건축 계획을 나타냅니다.

연필을 깎으며

여러분의 집에 있는 기능 중 어떤 것이 구조적이고 **아키텍처**와 관계있는지 나열할 수 있나요? 이 장의 끝에서 필자의 생각을 확인할 수 있습니다.

이 공간에 여러분의 생각을 적어보세요.

위에 있는 평면도를 보면 바닥재의 종류(카펫 또는 견목), 벽의 색상, 침대가 어느 침실에 위치할지 등 방의 세부사항들은 정의되지 않았다는 것을 눈치챘나요? 그 이유는 그것들이 구조적이지 않기 때문입니다. 다시 말해, 그것들은 집의 **아키텍처**가 아니라 집의 **설계**(디자인) 요소에 해당합니다.

걱정하지 마세요. 이 장에서는 그 둘의 차이에 대해 배울 것입니다. 지금은 단지 어떤 것의 구조, 즉 **아키텍처**에만 집중하세요.

➤ 정답은 29쪽에

---

1. 옮긴이_ '청사진'이라는 표현은 과거에 사진을 인화할 때 쓰던 단어입니다.

소프트웨어 아키텍처의 차원들

우리 주변의 많은 것은 다차원적입니다. 예를 들어, 집에 있는 특정 방을 묘사한다고 생각해봅시다. 아마도 길이는 5미터, 폭은 4미터, 천장 높이는 2.5미터일 것입니다. 방을 정확하게 묘사하기 위해서는 높이, 길이, 너비의 세 가지 차원을 모두 명시해야 함을 주목하세요.

소프트웨어 아키텍처도 마찬가지로 차원을 설명할 수 있습니다. 다만 소프트웨어 아키텍처는 **네 개의 차원**이 있다는 점이 다릅니다.

❶ 아키텍처 특성

이 차원은 아키텍처가 지원해야 하는 시스템의 측면을 기술합니다. 예를 들어, 확장성(scalability), 테스트 용이성(testability), 가용성(availability) 등이 있습니다.

❷ 아키텍처 결정

이 차원은 시스템에 장기간 혹은 상당한 시사점을 갖는 중요한 결정을 포함합니다. 예를 들어, 사용되는 데이터베이스의 종류, 시스템에 포함되는 서비스 개수와 이러한 서비스들이 서로 어떻게 소통하는지 등입니다.

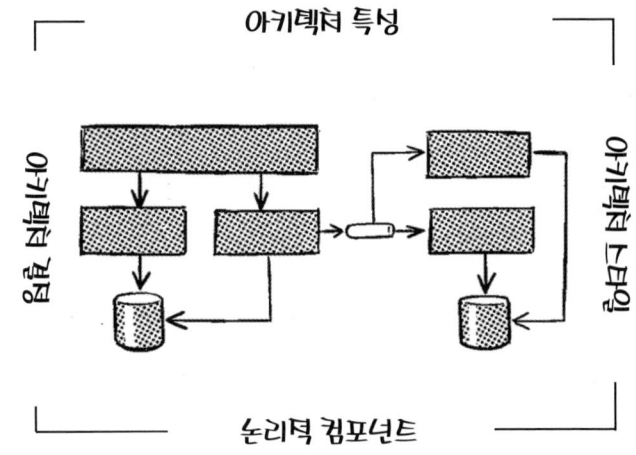

❸ 논리적 컴포넌트

이 차원은 시스템 기능의 구성 요소와 그것들이 어떻게 상호작용하는지 설명합니다. 예를 들어, 전자상거래 시스템은 재고 관리, 결제 처리 등의 컴포넌트가 필요합니다.

❹ 아키텍처 스타일

이 차원은 건축 계획이 집의 전반적인 외관과 구조를 정의하는 것과 유사하게 소프트웨어 시스템의 물리적 구조와 형태를 정의합니다.

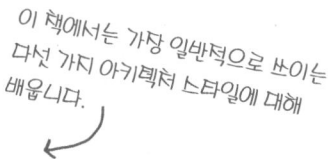

이 책에서는 가장 일반적으로 쓰이는 다섯 가지 아키텍처 스타일에 대해 배웁니다.

차원들의 퍼즐 맞추기

소프트웨어 아키텍처가 퍼즐이라면, 각 차원은 별도의 퍼즐 조각을 의미합니다. 각 퍼즐 조각은 고유한 모양과 속성이 있기 때문에 조각을 잘 맞추고 상호작용하여 전체 그림을 구성해야 합니다.

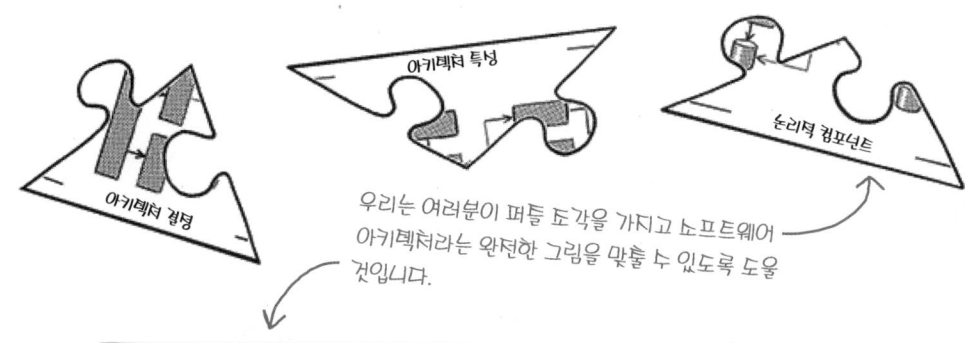

우리는 여러분이 퍼즐 조각을 가지고 소프트웨어 아키텍처라는 완전한 그림을 맞출 수 있도록 도울 것입니다.

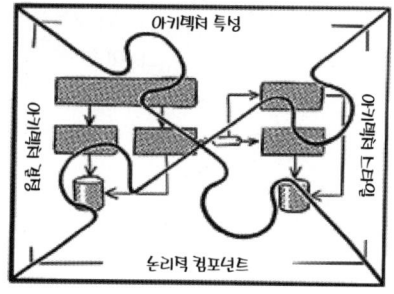

모든 것은 연결되어 있습니다.

이 퍼즐의 조각들이 어떻게 가운데서 모이는지 눈치챘나요? 바로 소프트웨어 아키텍처가 동작하는 방식과 일치하는데, 각 차원이 서로 연계되어야 합니다.

아키텍처 스타일은 여러분이 선택한 아키텍처 특성뿐만 아니라, 여러분이 내린 아키텍처 결정과 일치해야 합니다. 유사하게 정의된 논리적 컴포넌트는 아키텍처 특성과 스타일, 그리고 아키텍처 결정과 일치해야 합니다.

바보 같은 질문은 없습니다

Q: 아키텍처를 세울 때 네 개의 모든 차원이 필요한가요? 아니면 시간이 없는 경우 일부를 생략할 수도 있나요?

A: 아쉽게도 어떤 차원도 생략하면 안 됩니다. 모든 차원이 아키텍처를 생성하고 기술하는 데 필요합니다. 소프트웨어 아키텍트들이 흔히 하는 실수 중 하나는 소프트웨어 아키텍처를 설명할 때 한 개 또는 두 개의 차원만 사용하는 것입니다. "우리의 아키텍처는 마이크로서비스(microservices)입니다"라는 문장은 아키텍처 스타일이라는 한 차원만 설명하고, 그 외의 많은 것에는 답하지 않은 상태로 두는 것입니다. 예를 들어, "시스템의 성공을 위해 어떤 아키텍처 특성들이 필수적인가요?", "그러한 논리적 컴포넌트들(기능적인 구성 요소)은 무엇인가요?", "아키텍처를 구현함에 있어 어떤 중대한 결정들이 내려졌나요?"와 같은 질문에 답하지 않는 것입니다.

아키텍처 특성

첫 번째 차원: 아키텍처 특성

아키텍처 특성은 소프트웨어 시스템 아키텍처의 기반을 형성합니다. 이 특성이 없다면 아키텍처 관련 결정을 내리거나 중요한 트레이드오프(trade-offs)[2]를 분석할 수 없습니다.

여러분이 두 개의 집 중 하나를 선택한다고 가정해봅시다. 한 집은 넓지만 번화하고 시끄러운 고속도로 옆에 있고, 다른 집은 아늑하고 조용한 동네에 있지만 훨씬 작습니다. 이때, 여러분에게는 **어떤 특성이 더 중요한가요?** 집의 크기인가요, 아니면 소음의 정도와 교통인가요? 이 기준이 없으면 올바른 선택을 할 수 없습니다.

소프트웨어 아키텍처도 마찬가지입니다. 새로운 시스템에 도입할 데이터베이스를 결정한다고 가정해봅시다. 관계형 데이터베이스, 단순한 키/값 데이터베이스 혹은 복잡한 그래프 기반 데이터베이스 중 어떤 것을 선택해야 할까요? 그 답은 여러분이 중요하게 생각하는 아키텍처 특성에 따라 달라집니다. 예를 들어, 고성능의 검색 능력을 필요로 한다면 그래프 데이터베이스를 고를 것입니다(**성능**, performance). 반면에 데이터의 관계를 유지하는 것이 중요하다면 전통적인 관계형 데이터베이스를 선택하는 게 유리합니다(**데이터 무결성**, data integrity).

성능
시스템이 하나의 비즈니스 요구사항을 처리하는 데 걸리는 시간입니다.

가용성
시스템이 작동하는 시간입니다. 보통 9의 개수로 특정합니다. 예를 들면 99.9%는 세 개의 9입니다.

확장성
사용자 수나 요청이 증가하더라도 일관된 응답 시간과 오류율을 유지하는 시스템의 능력입니다.

널리 쓰이는 아키텍처 특성들입니다. 관련 내용은 2장에서 자세히 다룹니다.

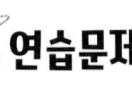

연습문제

아키텍처 특성이라고 생각되는 것에 모두 체크하세요. 소프트웨어 시스템의 구조가 지원하는 어떤 것이라고 생각하면 됩니다.

- ☐ 사용자 인터페이스 화면에 있는 윈도우의 글꼴 크기 변경하기
- ☐ 변경을 신속하게 수행하기
- ☐ 수 천 명의 동시 접속자들을 처리하기
- ☐ 데이터베이스에 저장된 사용자 비밀번호를 암호화하기
- ☐ 비즈니스 요청을 완료하기 위해 수많은 외부 시스템들과 상호작용하기

➡ 정답은 30쪽에

2. 옮긴이_ 두 가지 이상의 선택지나 요소 간의 균형을 맞추기 위해 하나를 선택할 때 다른 하나를 포기해야 하는 상황을 의미합니다.

아키텍처 특성이라는 용어가 아직 낯설게 느껴질 수 있지만, 전혀 생소한 것도 아닐 것입니다. 예를 들어, 성능, 확장성, 신뢰성, 가용성과 같은 요소들을 통칭하여 비기능 요구사항, 시스템 품질 속성, 또는 단순히 '~성(ility)'이라고 부르기도 합니다. 필자는 '아키텍처 특성'이라는 용어를 선호하는데, 그 이유는 이러한 속성들이 아키텍처의 성격과 그것이 무엇을 지원해야 하는지를 정의하기 때문입니다.

아키텍처 특성은 시스템의 성공에 중요한 역할을 하는 기능들입니다.

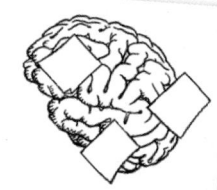

고착화 하기

소프트웨어 아키텍트가 먼저 다루어야 할 사항:

새로운 앱의 성공을 위한 핵심 역량

누가 무엇을 하나요?

다음은 여러분이 공통적인 아키텍처 특성들에 대해 얼마나 알고 있는지 확인할 수 있는 기회입니다. 왼쪽에 있는 특성과 오른쪽에 있는 정의를 맞춰볼까요? 정의가 특성보다 더 많다는 점에 주의하세요. 모든 정의가 매칭되는 것은 아닙니다.

신장성(Extensibility) *← 우리가 미리 해두었습니다.*

민첩성(Agility)

상호운용성(Interoperability)

결함 허용성(Fault tolerance)

타당성(Feasibility)

아키텍처를 선택할 때 시간, 예산, 그리고 개발자의 실력을 고려한다.

치명적인 오류가 발생한 경우에도 시스템의 다른 부분들이 기능을 유지할 수 있는 능력이다.

시스템이 추가적인 기능과 기능성을 지원하기 용이하다.

사용자에게 응답을 보내는 데 걸리는 시간이다.

빠르게 변경할 수 있는 시스템의 능력(유지보수성, 테스트 용이성, 배포 용이성과 같은 기능)이다.

비즈니스 요청을 완료하기 위해 다른 시스템들과 연결(interface)하고 상호작용할 수 있는 능력이다.

→ 정답은 30쪽에

두 번째 차원: 아키텍처 결정

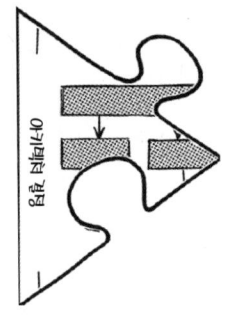

아키텍처 결정은 시스템의 구조적 측면에 관한 선택으로, 장기적으로 중요한 영향을 미칩니다. 이러한 결정들은 일종의 제약사항이 되어, 개발 팀이 시스템을 기획하고 구축하는 데 도움을 줍니다.

만약, 여러분이 집을 짓는다고 가정해봅시다. 여러분의 새 집은 단층인가요, 아니면 2층인가요? 지붕은 평평한가요, 아니면 뾰족한가요? 여러분이 크고 방대한 랜치 하우스를 짓는다면 또 어떨까요? 이러한 결정들은 집의 구조적인 측면에 영향을 미치므로 좋은 아키텍처 결정의 예입니다.

여러분의 집은 어떤 모습일까요? 이러한 결정들이 아키텍처를 이룹니다.

시스템의 사용자 인터페이스가 데이터베이스와 직접 통신하지 않고, 대신 하위 서비스를 통해 데이터를 조회하고 갱신해야 한다고 결정할 수 있습니다. 이 아키텍처 결정은 사용자 인터페이스 개발의 제약사항이 되고, 또한 개발 팀에게 다른 컴포넌트들이 어떻게 데이터베이스에 있는 데이터에 접근하고 갱신해야 하는지에 관한 지침을 제공합니다.

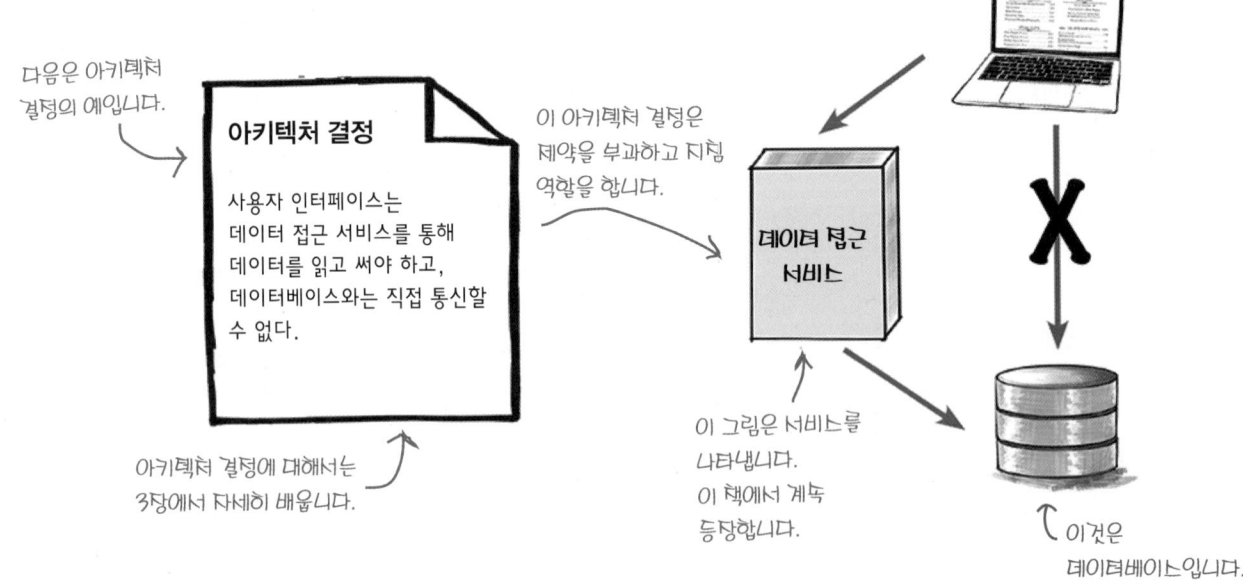

소프트웨어 아키텍처 쉽게 이해하기

고착화 하기

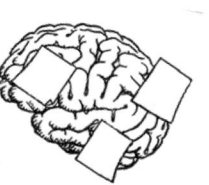

아키텍처 결정은 개발 팀에게 구조적인 지침을 제공하고, 종종 중요한 주제에 집중합니다.

어떤 시스템에서는 문서화된 아키텍처 결정이 십수 개 혹은 그 이상일 수도 있습니다. 일반적으로 시스템이 더 크고 복잡할수록 더 많은 아키텍처 결정이 필요합니다.

아키텍트가 되자

여러분의 역할은 아키텍트로서 다이어그램에서 가능한 많은 아키텍처 결정을 식별하는 것입니다. 아키텍처 결정에 해당하는 것에 동그라미를 그리고, 그 결정이 무엇인지 적어보세요.

힌트:
특정 작업이 왜 이렇게 처리되는지 궁금한 적이 있나요?

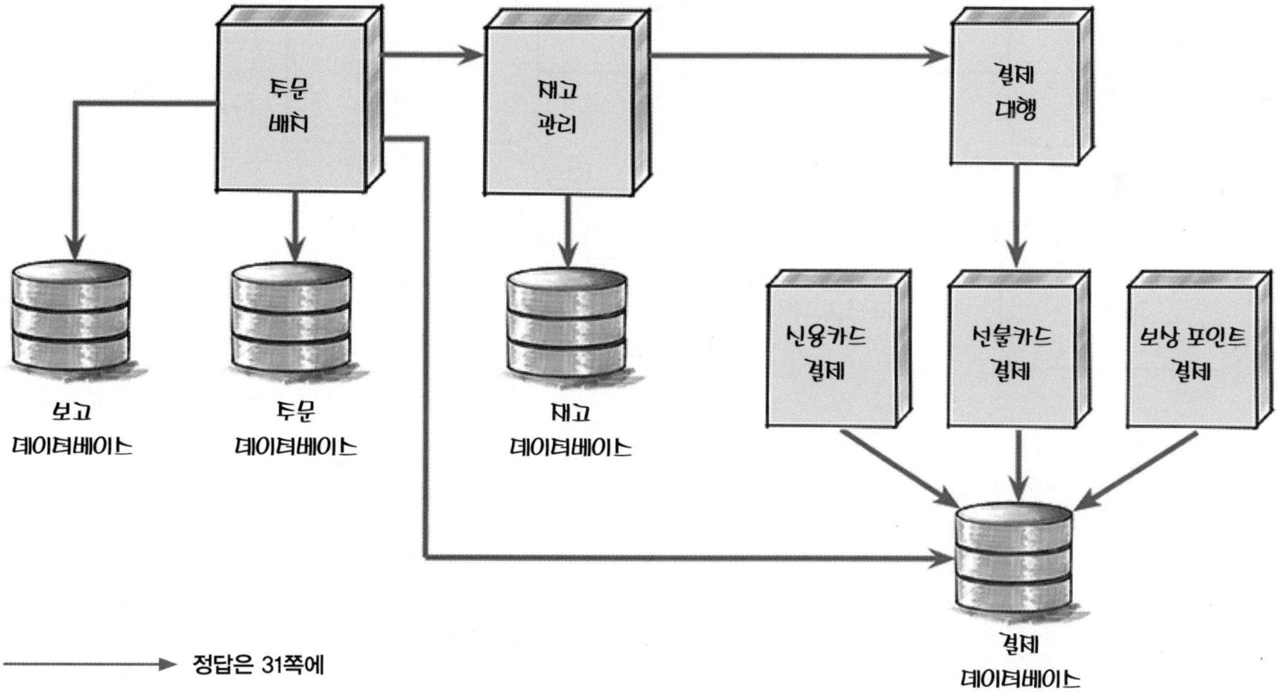

[다이어그램: 주문 배치 → 재고 관리 → 결제 대행 → 신용카드 결제 / 선불카드 결제 / 보상 포인트 결제 → 결제 데이터베이스. 주문 배치 → 보고 데이터베이스, 주문 데이터베이스. 재고 관리 → 재고 데이터베이스.]

→ 정답은 31쪽에

여러분은 여기에 있습니다 **9**

논리적 컴포넌트

세 번째 차원: 논리적 컴포넌트

논리적 컴포넌트는 시스템의 구성 요소로서, 집을 구성하는 방식과 유사합니다. 즉, 집으로 말하면 방에 해당합니다. 논리적 컴포넌트는 주문의 결제를 처리하거나, 재고를 관리하거나, 주문을 추적하는 등의 기능을 수행합니다.

이 방들이 집을 구성하는 기본 요소입니다.

시스템 내의 논리적 컴포넌트는 보통 디렉터리 또는 네임스페이스로 표현됩니다. 예를 들어, 디렉터리 app/order/payment와 해당 네임스페이스 app.order.payment는 'Payment Processing'이라는 논리적 컴포넌트를 식별합니다. 사용자가 주문을 결제할 수 있도록 하는 소스 코드는 이 디렉터리에 저장되고, 이 네임스페이스를 사용합니다.

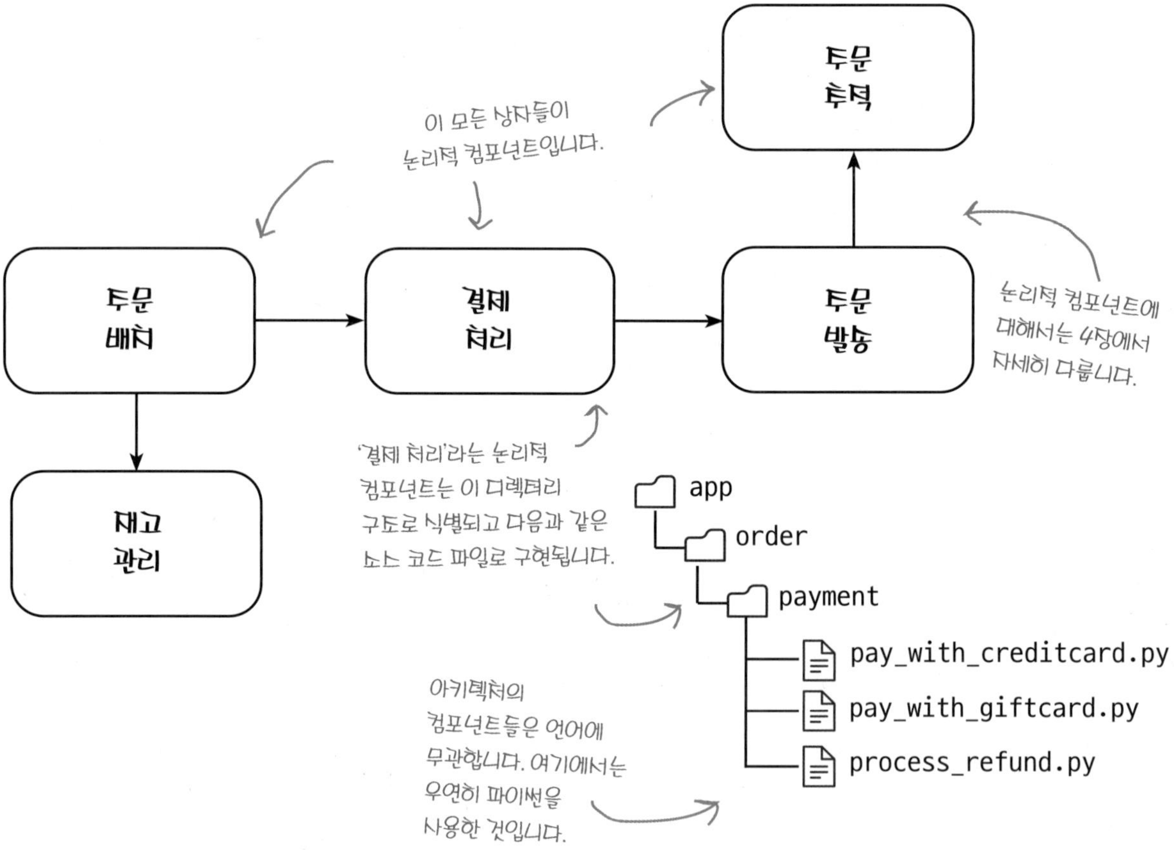

10   1장

소프트웨어 아키텍처 쉽게 이해하기

연필을 깎으며

여러분은 새로운 시스템에 다음과 같은 두 개의 컴포넌트를 생성했고, 개발 팀은 이를 구현하기 위해 클래스 파일 작성을 시작하려고 합니다. 여러분은 개발 팀이 코딩을 시작할 수 있도록 이 컴포넌트들을 위한 디렉터리 구조를 만들 수 있을까요?

> 고객
> 프로필

> 고객
> 설정

이 공백에 답을 적어보세요.

→ 정답은 32쪽에

논리적 컴포넌트는 시스템에서 항상 잘 정의된 역할과 책임을 가져야 합니다. 다른 말로, 그것이 무엇을 하는지에 대한 명확한 정의가 필요합니다.

이 컴포넌트는 '선택과 포장'을 담당합니다. 창고에 물건을 위치시키는 것은 '선택'이고, 그 물건에 맞는 정확한 박스 크기를 결정하여 발송될 수 있도록 하는 것은 '포장'입니다.

> 주문
> 처리

이것이 주문 처리 컴포넌트를 위한 역할과 책임에 관한 문장입니다.

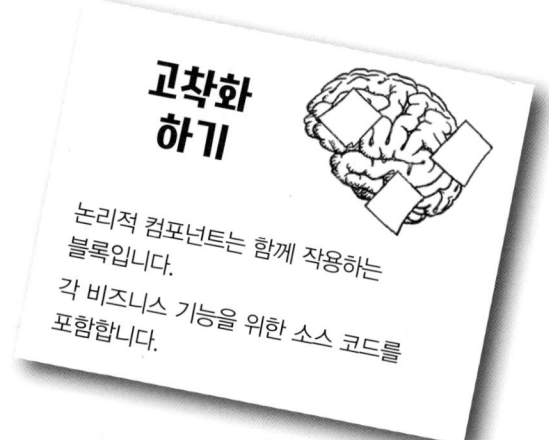

고착화 하기

논리적 컴포넌트는 함께 작용하는 블록입니다.

각 비즈니스 기능을 위한 소스 코드를 포함합니다.

바보 같은 질문은 없습니다

Q: 시스템 기능성과 도메인의 차이는 무엇인가요?

A: 도메인(domain)은 여러분이 해결하려는 문제이고, **시스템 기능성(system functionality)**은 그 문제를 해결하는 방식입니다. 다른 말로 도메인은 '무엇'이고, 시스템 기능성은 '어떻게'입니다.

여러분은 여기에 있습니다   **11**

네 번째 차원: 아키텍처 스타일

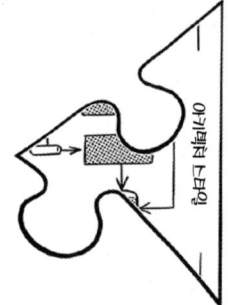

집은 다양한 형태, 크기, 스타일로 지어집니다. 거칠게 생긴 집도 있지만, 대부분은 빅토리안(Victorian), 랜치(Ranch), 튜더(Tudor)와 같은 특정 스타일을 준수합니다. 집의 스타일은 그 집의 전체 구조에 대한 많은 것을 제공합니다. 예를 들어, 랜치 하우스는 일반적으로 단층이며, 콜로니얼 및 튜더 하우스는 일반적으로 굴뚝이 있으며, 현대식 집은 지붕이 평평합니다.

세계의 각 지역에는 고유한 집 스타일들이 존재합니다. 자세한 내용은 https://en.wikipedia.org/wiki/List_of_house_styles을 참고하세요.

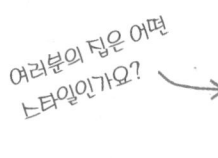
여러분의 집은 어떤 스타일인가요?

아키텍처 스타일은 각기 다른 고유한 특성들로 소프트웨어 시스템의 전반적인 모습과 구조를 정의합니다. 예를 들어, **마이크로서비스**(microservices) 아키텍처 스타일은 확장성이 좋고, 빠르게 변화하는 환경에 대응할 수 있는 높은 수준의 민첩성(agility)을 제공합니다. 반면에 **레이어드**(layered) 아키텍처 스타일은 덜 복잡하고 비용이 적게 듭니다. **이벤트 기반**(event-driven) 아키텍처 스타일은 높은 확장성을 제공하며, 매우 빠르고 응답성이 좋습니다.

걱정하지 마세요. 이 책에서는 이러한 아키텍처 각 스타일에 대해 모두 배웁니다. 주요 스타일을 다루는 별도의 장(Chapter)이 준비되어 있습니다.

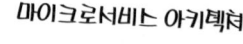

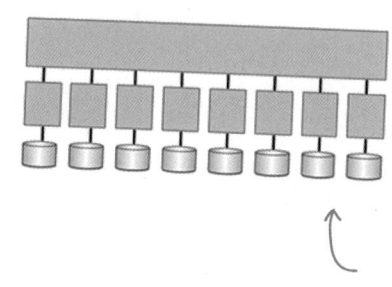
마이크로서비스 아키텍처

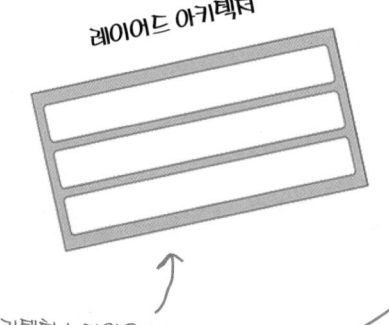
레이어드 아키텍처

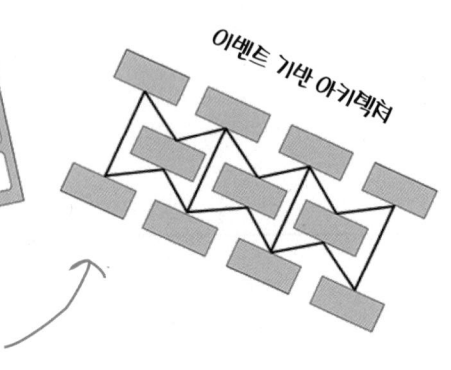
이벤트 기반 아키텍처

아키텍처 스타일은 여러 가지가 있지만 다행히 집 스타일만큼 많지는 않습니다.

아키텍처 스타일은 시스템의 전반적인 모습과 특성을 정의하기 때문에 처음부터 올바른 선택을 하는 것이 중요합니다. 왜일까요? 혹시 1층짜리 랜치 하우스를 짓기 시작하다, 마음을 바꿔 3층짜리 빅토리안 주택으로 다시 지을 수 있을까요? 아마도 매우 큰 작업이 될 것이며, 예산을 초과하거나 이사 시기에 영향을 미칠 가능성이 높습니다.

소프트웨어 아키텍처도 이와 다르지 않습니다. 모놀리식 레이어드 아키텍처에서 마이크로서비스로 전환하는 일은 쉽지 않습니다. 앞서 말한 예처럼 이것 역시 상당한 작업이 될 수 있습니다.

고착화 하기

스타일은 시스템의 모습을 정하고 시스템의 목적을 달성하도록 돕습니다.

모놀리스 혹은 마이크로서비스를 선택할 수 있습니다.

구도가 다르기 때문에 방대한 랜치 하우스를 다층의 빅토리안 주택으로 변환하는 것은 매우 어렵습니다.

이 책의 후반부에서는 여러분에게 중요한 특성을 기반으로 적절한 아키텍처 스타일을 고르는 방법을 다룹니다. 이것은 우리가 앞서 언급했던 소프트웨어 아키텍처의 네 가지 차원이 모두 서로 연결되어 있다는 것으로 돌아갑니다. 무엇이 중요한지 모른다면 올바른 아키텍처 스타일을 선택할 수 없습니다.

브레인 파워

사자 다리는 단단한 힘줄과 근육으로 이루어져 있어 시속 80킬로미터까지의 속도로 달릴 수 있고 한 번의 도약으로 11미터까지 뛰어오를 수 있습니다. 이러한 특성 덕에 사자는 빠른 먹이를 잡아 생존할 수 있습니다.

주위를 둘러보세요. 특성이나 능력을 정의하는 구조나 형태를 가진 다른 것은 무엇이 있나요?

재미있는 사실: 사자는 체력이 좋지 않아 짧은 순간에만 빠르게 달릴 수 있습니다. 만약, 사자보다 지구력이 좋다면 여러분은 살아남을 수도 있습니다.

여러분은 여기에 있습니다

조각을 모두 맞추기

누가 무엇을 하나요?

우리의 아키텍처를 설명하고 싶은데, 모든 퍼즐의 조각들이 섞여 버렸습니다. 여러분이 우리를 도와 어떤 차원이 무엇을 하는지 알려주겠어요? 왼쪽에 있는 문장들을 오른쪽에 있는 소프트웨어 아키텍처 차원으로 연결하면 됩니다. 주의하세요! 어떤 문장은 아키텍처와 관련이 없으므로 연결되지 않을 수 있습니다.

이 시스템은 해외의 고객들도 사용 가능해야 합니다.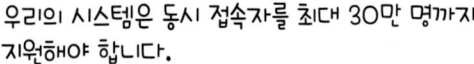

고객들은 새로운 사용자 인터페이스의 배경색에 대해 불평합니다.

프로덕트 오너(Product Owner, PO)는 고객에게 신기능 출시와 버그 수정을 가능한 빨리 하고자 합니다.

우리의 시스템은 이벤트 기반 아키텍처를 사용합니다.

우리의 시스템은 동시 접속자를 최대 30만 명까지 지원해야 합니다.

단일 결제 서비스가 허용되는 결제 유형에 따라 각각 별도의 서비스들로 분리될 것입니다.

우리는 주문을 할 때 보상 포인트로 결제할 수 있는 옵션을 제공할 예정입니다.

주문 배치(orderPlacement) 클래스는 좀 더 작은 클래스들로 분리하고 있습니다.

사용자 인터페이스는 데이터베이스와 직접 통신해서는 안 됩니다.

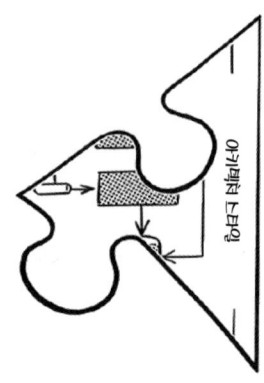

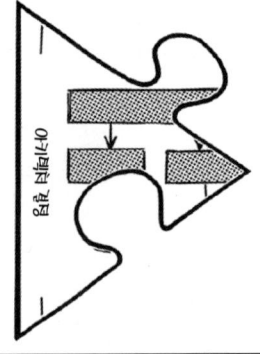

→ 정답은 33쪽에

소프트웨어 아키텍처 쉽게 이해하기

> 만약, 소프트웨어 시스템의 설계를 맡고 있다면 그것이 아키텍처도 담당한다고 말할 수 있을까요? 둘 다 같은 것이 아닐까요?

아니요. 아키텍처와 설계는 다릅니다.

아키텍처는 외관보다는 구조에 더 중점을 두고, 설계는 구조보다는 외관에 더 중점을 둡니다. 벽면의 색상, 가구의 배치, 마루의 종류(카펫 혹은 나무)는 모두 설계의 측면입니다. 반면, 방의 물리적 크기, 문과 창문의 배치는 아키텍처, 즉, 방의 구조적인 부분입니다.

전형적인 비즈니스 애플리케이션을 생각해봅시다. 아키텍처, 즉 구조는 웹 페이지가 백엔드 서비스 및 데이터베이스와 통신하여 데이터를 조회하고 저장하는 방식과 관련된 모든 것이고, 설계는 각 페이지의 외관에 관한 내용입니다. 예를 들면 색상, 필드의 배치, 여러분이 어떤 설계 패턴을 사용하는지 등입니다. 다시 요약하면 '구조'냐 '외관'이냐의 차이입니다.

좋은 질문이었습니다. 왜냐하면 때때로 아키텍처와 설계를 구분하는 것이 혼란스러울 수 있기 때문입니다. 이제 이들의 차이점을 알아봅시다.

여러분은 여기에 있습니다　　15

설계 vs. 아키텍처

설계 관점

여러분의 회사는 기존의 오래된 주문 처리 시스템을 특정 요구에 맞게 새로 맞춤 제작한 시스템으로 교체하려고 합니다. 고객들은 주문 후 주문 내역을 조회하거나 원한다면 취소할 수 있습니다. 결제는 신용카드, 선불카드 또는 두 가지 결제 방법 모두 사용할 수 있습니다.

운 좋게도 여러분은 새로운 주문 처리 시스템을 구축하는 책임을 맡게 되었습니다. 이것은 여러분이 기다려온 큰 기회이므로, 빨리 시작하고 싶은 마음이 간절합니다.

설계 관점에서 결제 기능을 구현하기 위해 다음과 같은 통합 모델링 언어(Unified Modeling Language; UML) 클래스 다이어그램을 통해 클래스들이 서로 어떻게 상호작용하는지 나타낼 수 있습니다.

소스 코드를 작성하여 이러한 클래스들을 구현하는 동안 설계 관점에서는 클래스 파일들이 어떻게 조직되고 배포되는지, 즉 소스 코드의 물리적인 구조에 대해서는 언급하지 않았습니다.

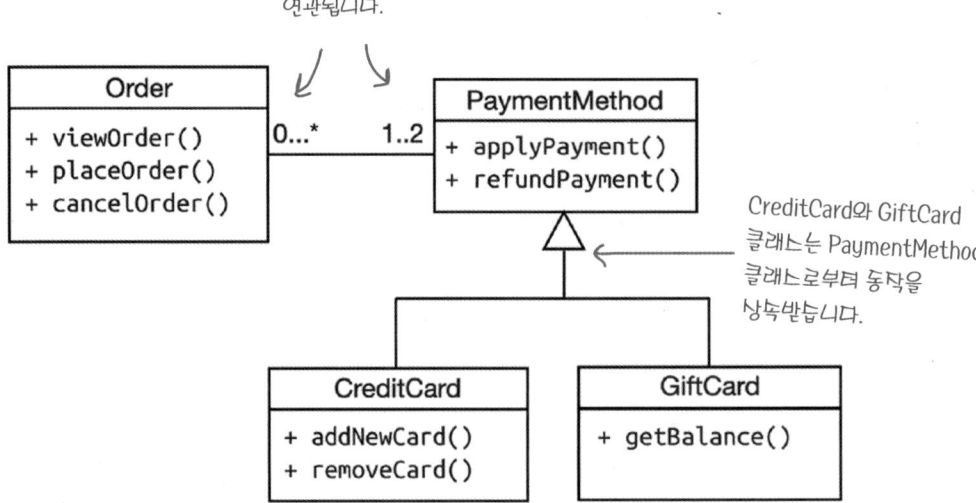

주문은 1개 또는 2개의 결제 유형을 가질 수 있고, 결제 유형은 0개 또는 1개 이상의 주문과 연관됩니다.

CreditCard와 GiftCard 클래스는 PaymentMethod 클래스로부터 동작을 상속받습니다.

아키텍처 관점

설계와는 다르게 아키텍처는 시스템의 구조에 관한 것으로 서비스, 데이터베이스, 그리고 서비스들이 다른 서비스나 사용자 인터페이스와 어떻게 통신하는지 다룹니다.

새로운 주문 처리 시스템에 대해 다시 생각해봅시다. 시스템은 어떤 모습일까요? 아키텍처 관점에서 주문 결제 절차에 맞는 각 결제 유형을 위한 별도의 서비스를 생성하고, 결제 처리 부분을 관리할 오케스트레이터(orchestrator) 서비스를 만들 수 있습니다. 아래의 다이어그램처럼 말이죠.

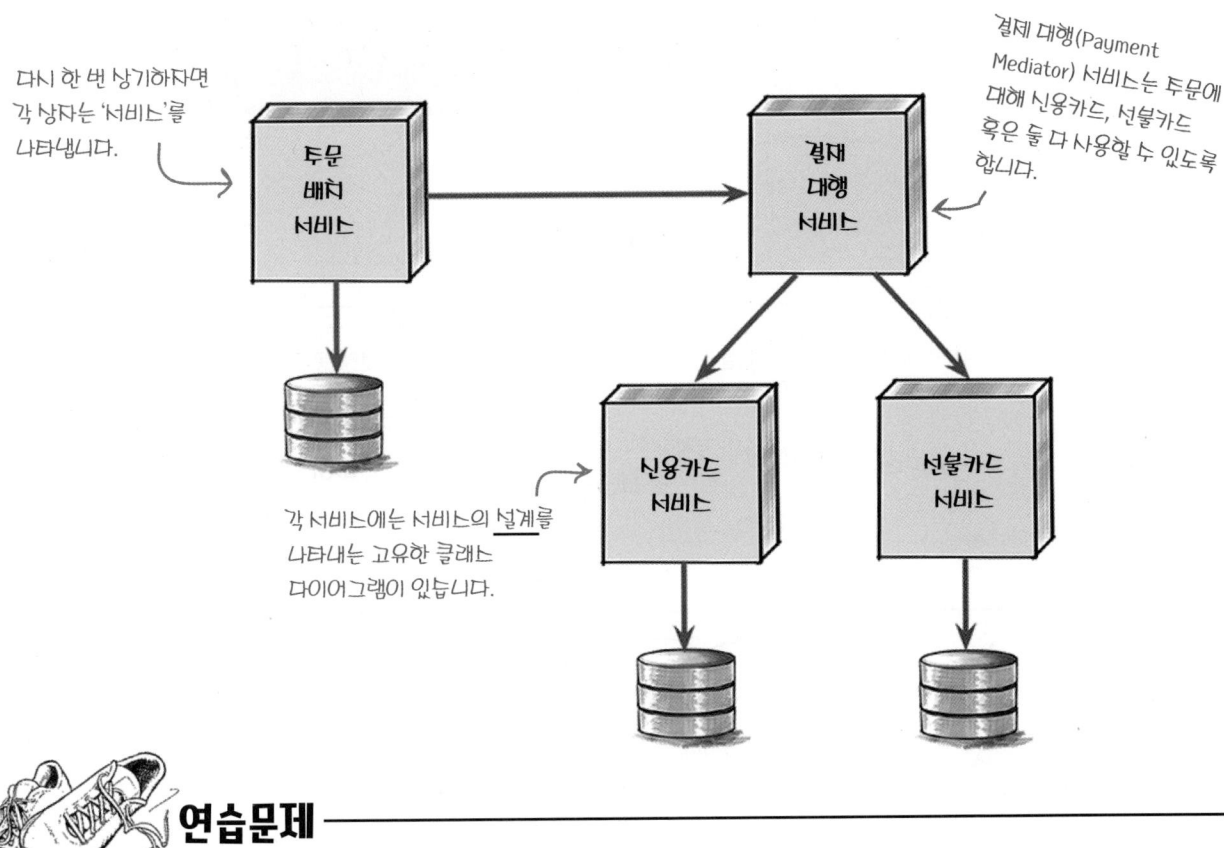

> **연습문제**
>
> 아키텍처 관점에서 다이어그램에 포함되어야 할 모든 항목을 고르세요.
>
> ☐ 서비스들이 서로 어떻게 통신하는지
>
> ☐ 서비스를 구현할 플랫폼과 언어
>
> ☐ 어느 서비스가 어떤 데이터베이스에 접근할 수 있는지
>
> ☐ 서비스와 데이터베이스가 각각 몇 개인지
>
> ➡ 정답은 34쪽에

여러분은 여기에 있습니다 **17**

아키텍처 – 설계 스팩트럼

아키텍처와 설계 사이

어떤 결정은 확실히 아키텍처와 관련(어떤 아키텍처 스타일을 사용할 지 등)된 것이지만 다른 결정은 분명히 설계와 관련(화면에 있는 필드의 위치를 변경하거나 클래스 내 필드의 타입을 변경하는 것 등)된 것입니다. 실무에서 여러분이 만나게 될 대부분의 결정은 이 두 예시 사이, 즉 아키텍처와 설계의 스펙트럼(범위) 안에 있게 됩니다.

이 쪽은 아키텍처에 좀 더 관련됩니다.

이 쪽은 설계에 좀 더 관련됩니다.

아키텍처   설계

대부분의 결정은 바로 이 스펙트럼 안에 위치하게 됩니다.

이 연습문제의 정답을 몰라도 걱정하지 마세요. 바로 다음 페이지에서 이 주제에 대해 배울 수 있습니다.

연필을 깎으며

여러분이 보기에 아키텍처와 설계 중간에 위치한다고 생각하는 모든 것에 동그라미를 그리세요.

- 클래스 파일 쪼개기
- 퍼시스턴스(Persistence) 프레임워크 고르기
- 그래프 데이터베이스 사용 결정하기
- 서비스 쪼개기
- 웹 페이지 재설계하기
- 사용자 인터페이스 프레임워크 선택하기
- 마이크로서비스로 마이그레이션하기
- XML 파싱 라이브러리 고르기

→ 정답은 34쪽에

내 결정이 아키텍처와 설계 중간 어디에 위치하는지를 왜 신경써야 하죠? 정말 그렇게 중요한가요?

네, 매우 중요합니다. 보세요. 어떤 결정이 아키텍처와 설계 사이의 어디에 위치하는지를 아는 것은 누가 궁극적으로 그 결정을 내려야 하는지 결정하는 데 도움이 됩니다. 개발 팀에서 내려야 하는 결정(예 특정 기능을 구현하는 클래스 설계하기), 아키텍트가 내려야 하는 결정(예 시스템을 위한 가장 적절한 아키텍처 스타일 고르기)이 있고 나머지는 함께 내려야 결정(예 서비스를 쪼개거나 다시 합치기)이 있기 때문입니다.

여러분이 내린 결정은 스펙트럼에서 어디에 위치하나요?

전략적인가요, 아니면 전술적인가요?

전략적인 결정은 장기적이고 미래의 행동이나 결정에 영향을 미칩니다. **전술적인** 결정은 단기적이고 일반적으로 다른 행동이나 결정에 독립적입니다(하지만 특정 전략의 맥락에서 만들어지기도 합니다). 예를 들어, 새 집의 크기는 방의 개수와 크기에 영향을 주지만 특정 조명 기구를 결정하는 것은 식탁의 크기에 영향을 주지 않습니다. 결정이 더 전략적일수록 아키텍처의 측면이 강하다고 볼 수 있습니다.

때때로 아침에 일어나는 데는 많은 노력이 필요한데 이것을 '아키텍처' 아침이라고 부를 수 있겠네요.

구축하거나 변경하는 데 얼마나 많은 노력이 드나요?

아키텍처 결정은 구축하거나 변경하는 데 많은 노력이 들지만, 설계 결정은 상대적으로 그보다 적은 노력이 필요합니다. 예를 들어, 집을 증축하는 것은 일반적으로 많은 노력이 필요하고, 따라서 아키텍처 쪽에 더 가까운 결정이 됩니다. 반면, 방에 러그를 까는 것은 훨씬 적은 노력이 필요하고 설계 쪽에 가까운 결정이 됩니다.

중대한 트레이드오프가 있나요?

트레이드오프는 어떤 결정을 내릴 때 장점과 단점을 평가하는 과정입니다. 중대한 트레이드오프가 포함된 결정은 많은 시간과 분석이 필요하고 일반적으로 아키텍처에 가깝습니다. 트레이드오프가 덜 중대한 결정은 빠르게 내릴 수 있고 분석도 적게 필요하므로 설계 쪽에 더 가깝습니다.

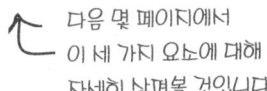

다음 몇 페이지에서 이 세 가지 요소에 대해 자세히 살펴볼 것입니다.

브레인 파워

트레이드오프가 전혀 없는 결정을 생각할 수 있나요? 아무리 작거나 사소하더라도요.

힌트: 트레이드오프가 없는 결정을 찾았다고 생각한다면 계속 찾아보세요.

여러분은 여기에 있습니다

계획의 수준

전략적 vs. 전술적

전략적인 결정일수록 좀 더 아키텍처적인 결정에 가깝습니다. 이것은 중요한 구분인데, 왜냐하면 좀 더 전략적인 결정이 더 많은 생각과 계획을 필요로 하고 일반적으로 장기적이기 때문입니다.

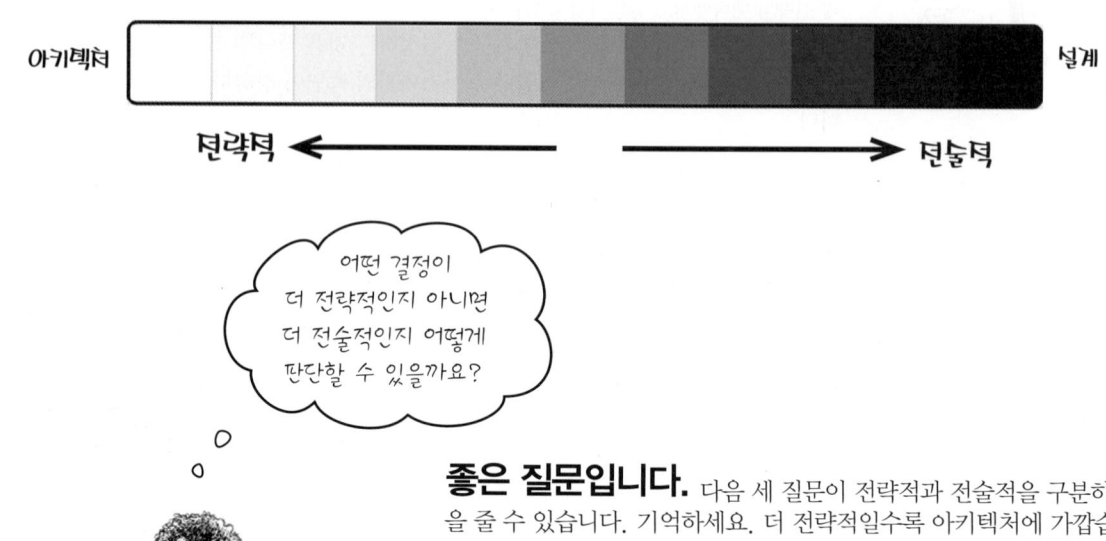

좋은 질문입니다. 다음 세 질문이 전략적과 전술적을 구분하는 데 도움을 줄 수 있습니다. 기억하세요. 더 전략적일수록 아키텍처에 가깝습니다.

1. 결정하는 데 얼마나 많은 생각과 계획이 필요한가요?

결정하는 데 수 분에서 한 시간 정도 걸린다면 일반적으로 전술적입니다. 생각하고 계획하는 데 며칠에서 몇 주가 걸린다면 전략적일 가능성이 높습니다 (따라서 아키텍처에 가깝습니다).

2. 얼마나 많은 사람이 결정에 참여하나요?

더 많은 사람이 참여할수록 그 결정은 전략적입니다. 스스로 결정을 내릴 수 있거나 그 결정을 동료로 한정한다면 전술적인 가능성이 높습니다. 다수의 이해관계자와 많은 회의가 필요한 결정은 아마도 전략적일 것입니다.

3. 결정을 위해 장기적인 비전 혹은 단기간의 행동이 필요한가요?

임시적인 것에 관한 빠른 결정 혹은 곧 변한다면 그것은 좀 더 전술적이고 따라서 설계에 가깝습니다. 반대로 오랫동안 함께하게 될 결정이라면 더 전략적이고 아키텍처에 가깝습니다.

 ## 연필을 깎으며

오, 이런. 우리는 모든 구슬을 잃어버렸고, 그것들을 모아서 다시 제자리에 넣는 데 도움이 필요합니다. 이전 페이지의 안내에 따라 세 가지 질문을 참고하여 각 구슬을 어느 단지에 넣으면 좋을지 알 수 있을까요?

새로운 프로젝트를 위한
프로그래밍 언어 고르기

첫 번째 반려견을
입양하기로 결정하기

클라우드 혹은 온프레미스
(On premises)로 배포하기

사용자 인터페이스를
재설계하기

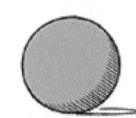
마이크로서비스로
마이그레이션하기

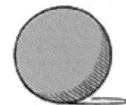
파싱 라이브러리
선택하기

설계 패턴 사용하기

전략적

둘 사이 어딘가

전술적

➡ 정답은 35쪽에

여러분은 여기에 있습니다 **21**

노력의 수준

높은 수준 vs. 낮은 수준의 노력

유명한 소프트웨어 아키텍트이자 저자인 마틴 파울러(Martin Fowler)는 "소프트웨어 아키텍처는 변경하기 어려운 것들이다"라고 쓴 적이 있습니다. 마틴의 정의를 사용하면 여러분의 결정이 스펙트럼 어딘지를 결정하는 데 도움이 됩니다. 나중에 변경하기 어려울수록 스펙트럼의 아키텍처 쪽으로 갈 확률이 높습니다. 반대로 나중에 변경하기 쉬울수록 설계 쪽에 가깝습니다.

마틴 파울러의 웹사이트 (https://martinfowler.com/architecture)에는 아키텍처에 관한 유용한 자료가 많습니다.

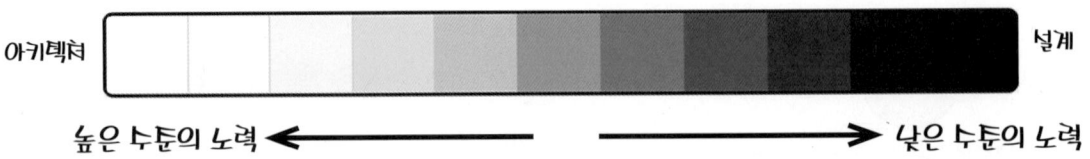

예를 들어, n티어 레이어드 아키텍처에서 마이크로서비스와 같이 한 아키텍처 스타일에서 다른 스타일로 변경할 계획이 있다고 합시다. 이러한 마이그레이션 작업은 상당히 어렵고 많은 시간이 소요될 것입니다. 노력의 수준이 높기 때문에 이 스펙트럼은 아키텍처 쪽에 극단적으로 가깝습니다.

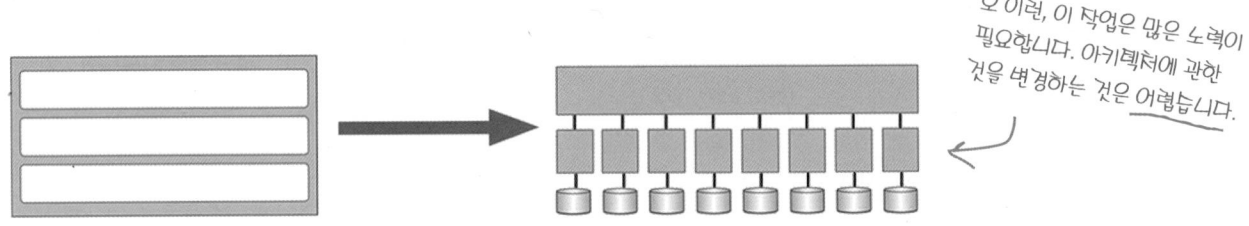

오 이런, 이 작업은 많은 노력이 필요합니다. 아키텍처에 관한 것을 변경하는 것은 어렵습니다.

이제, 사용자 인터페이스 화면에 필드를 재배치한다고 생각해봅시다. 이것은 상대적으로 적은 노력이 들기 때문에 스펙트럼 설계 쪽에 극단적으로 가깝습니다.

웹 페이지에 있는 필드의 레이아웃을 변경하는 것은 구조보다는 외관에 가까우므로 설계로 간주해야 하는 또다른 이유가 됩니다.

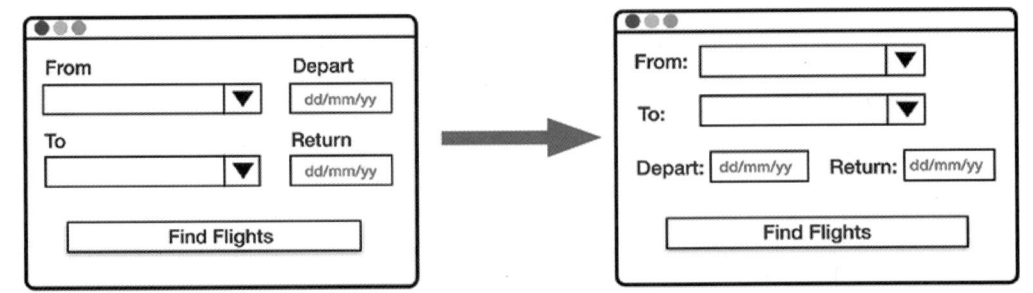

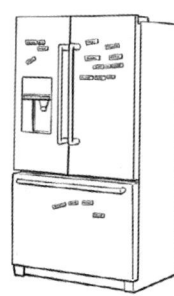

코드 자석

우리는 할 일 목록에서 자석들을 높은 수준의 노력부터 낮은 수준의 노력 순으로 정렬해 놓았는데, 어쩌다 보니 바닥에 떨어져서 모두 섞여 버렸습니다. 변경하는 데 드는 노력의 양에 따라 다시 정렬해줄 수 있을까요?

가장 많은 노력이 드는 작업은 페이지 상단에, 가장 적은 노력이 드는 작업은 페이지 하단에 배치해주세요.

↑ 많은 노력

- 깃의 머지 충돌을 해결하기
- 사용자 인터페이스 프레임워크 교체하기
- 시스템을 클라우드 환경으로 마이그레이션하기
- 어떤 머스타드 소스를 살지 결정하기
- 메서드 혹은 함수 이름 변경하기
- 하나의 서비스를 별도의 서비스들로 분리하기
- 관계형 데이터베이스에서 그래프 데이터베이스로 변경하기
- 클래스 파일 쪼개기

↓ 적은 노력

→ 정답은 36쪽에

여러분은 여기에 있습니다   23

중대한 vs. 덜 중대한 트레이드오프

어떤 도시에 살지와 같은 결정은 중대한 트레이드오프가 수반됩니다. 거실 러그 색상을 결정하는 것은 그보다 덜 중요한 트레이드오프입니다. 어떤 결정에 있어 트레이드오프의 중요성에 따라 이 결정이 아키텍처에 가까운지, 아니면 설계에 가까운지 결정하는 데 도움이 될 수 있습니다. 트레이드오프가 중대할수록 아키텍처에 가깝고, 덜 중대할수록 설계 쪽에 가깝습니다.

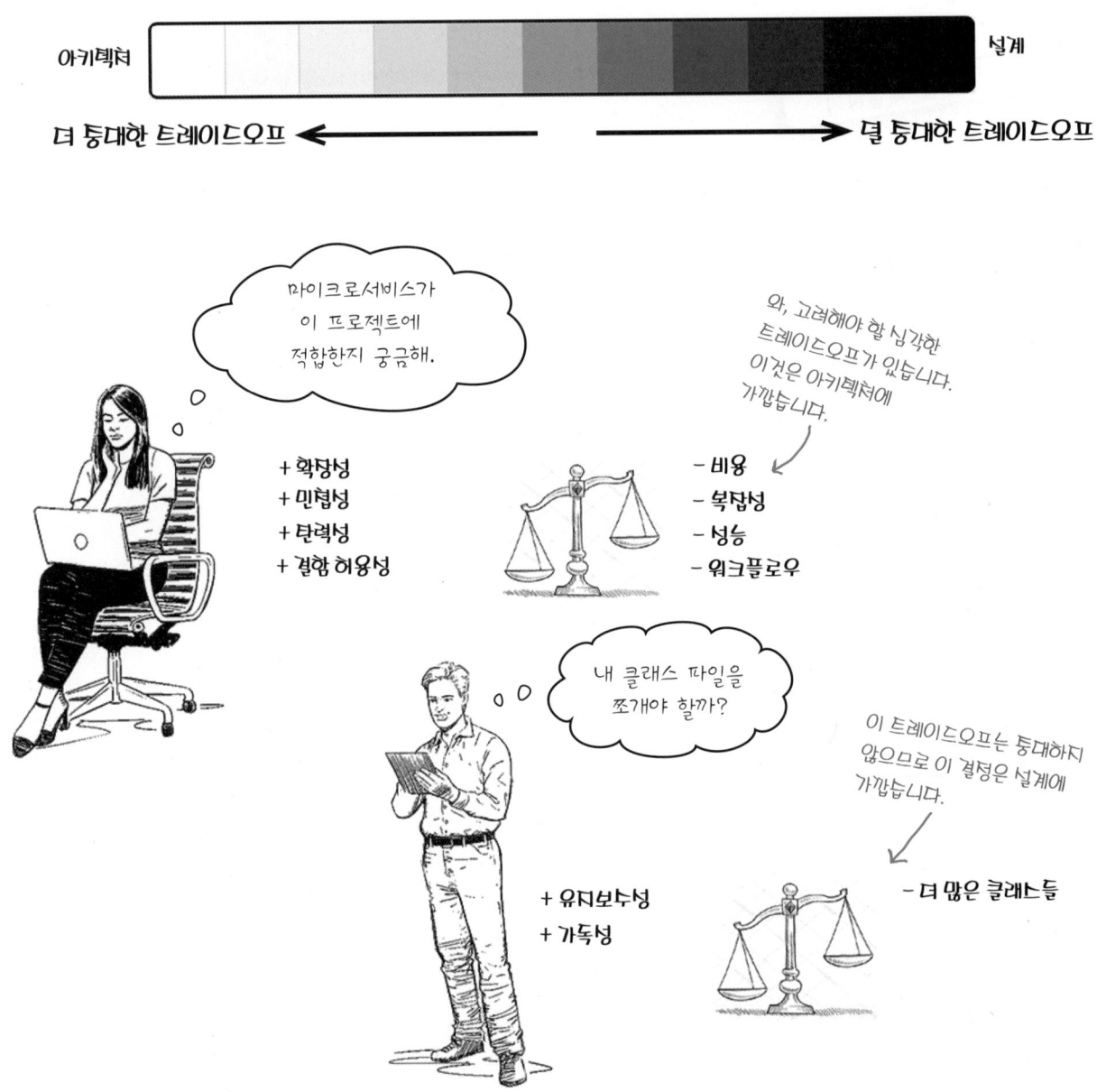

소프트웨어 아키텍처 쉽게 이해하기

연습문제

결정, 결정, 결정. 우리는 이 모든 결정을 어떻게 처리할 수 있을까요? 우리가 생각하기에 도움이 될만한 한 가지 방법은 중대한 트레이드오프가 있는 결정을 식별하는 것입니다. 그런 결정들은 더 많은 시간과 생각이 필요하기 때문입니다. 어떤 결정이 중대한 트레이드오프가 있는지, 또는 그렇지 않은지를 식별하여 도와줄 수 있나요?

중대한 트레이드오프가 있는가?

예	아니요	
☐	☐	오늘 출근할 때 어떤 옷을 입을지 고르기
☐	☐	클라우드 혹은 온프레미스로 배포할지 선택하기
☐	☐	사용자 인터페이스 프레임워크 선택하기
☐	☐	어떤 클래스 파일의 변수에 이름 붙이기
☐	☐	바닐라 혹은 초콜릿 아이스크림 고르기
☐	☐	어떤 아키텍처 스타일을 사용할지 결정하기
☐	☐	REST 혹은 메시징 선택하기
☐	☐	메시지의 페이로드로 전체 데이터 혹은 오직 키만 사용하기
☐	☐	XML 파싱 라이브러리 선택하기
☐	☐	어떤 서비스를 쪼개야 하는지 결정하기
☐	☐	원자적 혹은 분산 트랜잭션 고르기
☐	☐	오늘 저녁 외식 여부 결정하기

➡ 정답은 37쪽에

여러분은 여기에 있습니다 **25**

장 요약

모두 합하기

이제 이 세 가지 요소를 종합하여, 어떤 결정이 아키텍처에 가까운지, 아니면 설계에 가까운지를 결정할 시간입니다. 이를 통해 개발 팀은 언제 아키텍트와 협업하고, 언제 스스로 결정을 내려야 하는지 알 수 있습니다.

주문 배치(Order Placement) 서비스와 재고 관리(Inventory Management) 서비스 간에 비동기 메시징을 사용하여 주문이 왔을 때 시스템의 응답성을 향상시키려고 합니다. 결국, 왜 고객이 비즈니스가 재고를 조정하고 처리하는 동안 기다려야 하는지에 대한 문제를 해결하려는 것입니다. 이러한 결정이 스펙트럼의 어디에 위치하는지 알아보겠습니다.

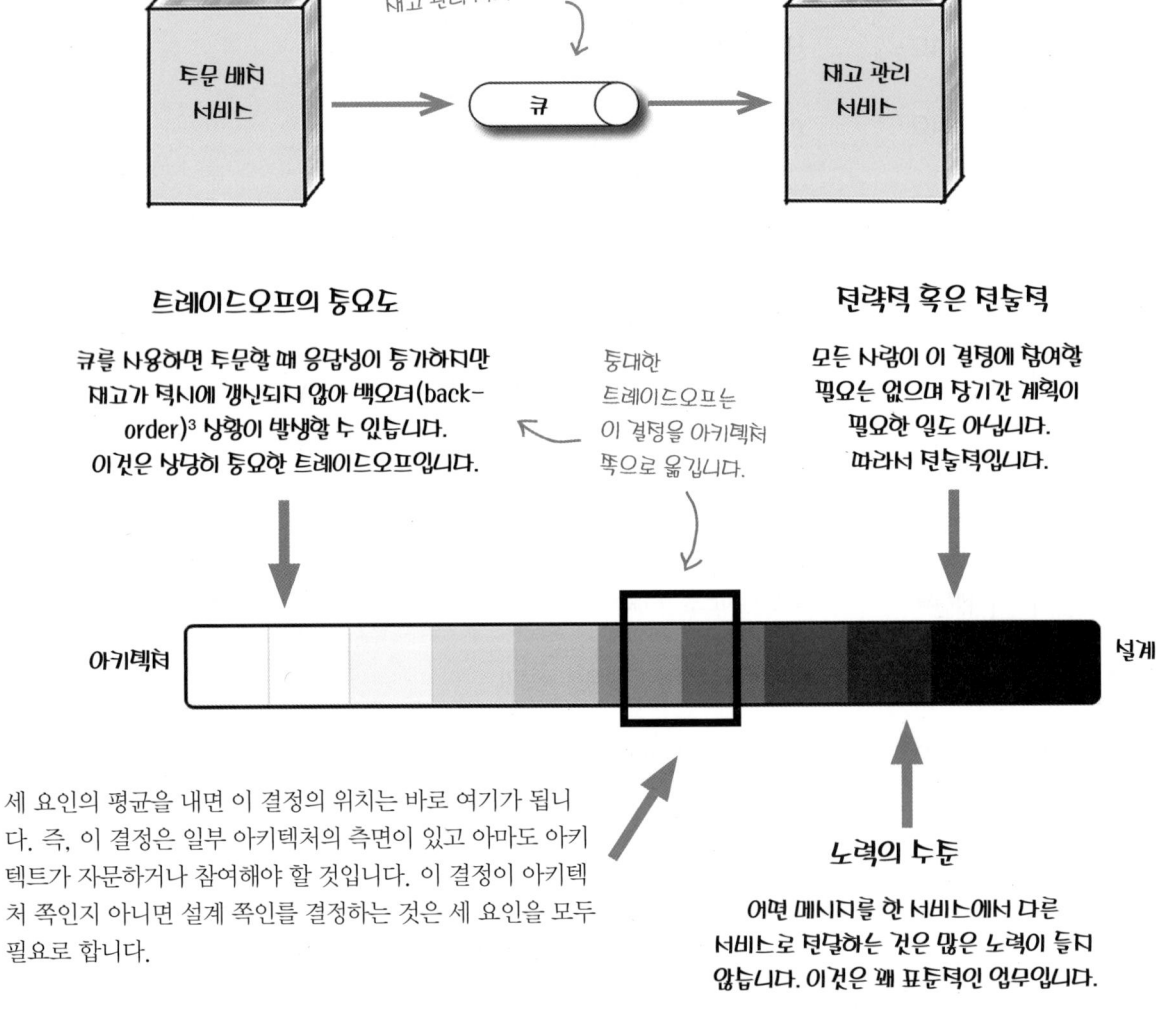

3. 옮긴이_ 백오더는 재고가 부족하여 당장 처리되지 않는 주문을 말합니다. 입고 대기 중으로 넘어가기도 합니다.

해냈습니다!

축하합니다. 소프트웨어 아키텍처를 이해하는 첫 번째 여정을 마쳤습니다. 다음 장으로 넘어가기 전에 지금까지 배운 여러분의 지식을 시험할 수 있는 작은 퀴즈가 준비되어 있습니다. 다음의 각 문장이 참인지 거짓인지 동그라미를 그리세요.

참 또는 거짓

참	거짓	설계는 집의 구조(벽, 지붕, 레이아웃 등)와 같고, 소프트웨어 아키텍처는 가구나 장식과 같다.
참	거짓	대부분의 결정은 순수하게 아키텍처 혹은 설계에 가까우며, 아키텍처와 설계의 중간은 거의 존재하지 않는다.
참	거짓	어떤 결정이 좀 더 전략적이라면 아키텍처 쪽이고, 좀 더 전술적이라면 설계 쪽에 가깝다.
참	거짓	어떤 결정을 구현하거나 변경하는 데 더 많은 노력이 들수록 설계 쪽이다. 노력이 적게 들수록 아키텍처에 가깝다.
참	거짓	트레이드오프는 주어진 결정 혹은 작업에 대한 장점과 단점이다. 트레이드오프가 중대할수록 그것은 아키텍처에 가깝다.

➡ 정답은 38쪽에

핵심 정리

- 소프트웨어 아키텍처는 외관보다 구조에 가까운 반면, 설계는 구조보다는 외관에 가깝습니다.
- 아키텍처 특성, 아키텍처 결정, 논리적 컴포넌트와 아키텍처 스타일이라는 네 차원을 사용하여 소프트웨어 아키텍처를 이해하고 기술할 수 있습니다.
- 아키텍처 스타일은 소프트웨어 아키텍처의 근본적인 측면을 형성합니다. 여러분은 어떤 아키텍처 특성이 어떤 시스템에서 가장 중요한지 알아야 하고, 이를 통해 트레이드오프를 분석하고 올바른 아키텍처 결정을 내려야 합니다.
- 아키텍처 결정은 개발 팀이 아키텍처의 제약과 조건들을 이해하는 데 지침을 제공합니다.
- 소프트웨어 아키텍처의 논리적 컴포넌트는 시스템의 구성 요소입니다. 그것은 시스템이 무엇을 하는지 나타내며, 클래스 파일 혹은 소스 코드를 통해 구현됩니다.
- 집과 같이 소프트웨어에는 다양한 아키텍처 스타일이 존재합니다. 각 스타일은 특정한 아키텍처 특성들의 집합을 이루기 때문에 여러분의 시스템에 올바른 것(혹은 그것들의 조합)을 선택했는지 확인하는 것이 중요합니다.
- 어떤 결정이 아키텍처 혹은 설계 가까운지 아는 것이 중요합니다. 왜냐하면 그로 인해 누가 그 결정에 책임이 있고 얼마나 중요한지를 결정하는 데 도움이 되기 때문입니다.

소프트웨어 아키텍처 낱말 퀴즈

축하합니다! 첫 번째 장을 통과했고 소프트웨어 아키텍처가 무엇인지 (그리고 무엇이 아닌지) 배웠습니다. 이제 낱말 퀴즈의 해결책을 설계(architecting)해볼까요?

가로

2. 아키텍처 스타일은 시스템의 전반적인 _____을(를) 결정한다.
4. _____ 기반은 아키텍처 스타일이다.
5. 아키텍처 특성은 때때로 이것이라 불린다.
10. 아키텍처 결정은 보통 _____ 기간이다.
12. 만약, 구현하는 데 많은 _____이(가) 든다면 그것은 아마도 아키텍처다.
13. 우리는 소프트웨어 _____을(를) 배우고 있다.
15. 여러분은 수많은 아키텍처 _____을(를) 내릴 것이다.
16. 시스템의 _____ 컴포넌트는 시스템의 구성 요소다.
18. 여러분의 집의 방의 개수는 집의 _____의 일부다.
19. 아키텍처와 설계는 _____에 존재한다.

세로

1. 전략적인 결정은 일반적으로 수많은 이것들이 참여한다.
3. 이것의 건축이 커다란 은유가 된다.
6. 결정은 전략적 혹은 _____ (이)다.
7. 소프트웨어 아키텍처는 몇 개의 차원으로 이루어져있는가?
8. 웹 사이트의 사용자 _____는(은) 많은 설계 결정들을 포함한다.
9. 집 혹은 시스템의 전반적인 외관을 뜻한다. 예를 들면 빅토리안 시대 또는 마이크로서비스 같은 것이다.
11. 어떤 결정이 아키텍처인지 혹은 이것인지를 아는 것이 중요하다.
13. 이 책을 읽고나면 여러분은 이 사람이 되기를 원할 것이다.
14. 아키텍처 결정을 할 때 여러분은 이것을 분석한다.
17. 트레이드오프는 _____과(와) 단점이다.

➡ 정답은 39쪽에

소프트웨어 아키텍처 쉽게 이해하기

문제는 2쪽에

연습문제 정답

정원 가꾸기는 소프트웨어 아키텍처를 설명하는 또 다른 유용한 은유(비유)입니다. 아래 공간을 사용하여 정원을 계획하는 것이 소프트웨어 아키텍처와 어떻게 연관될 수 있는지 설명해보세요.

정원의 전체 레이아웃은 아키텍처 스타일과 비교될 수 있으며 식물들의 그룹(형태 혹은 색상)은 아키텍처의 컴포넌트를 나타낼 수 있습니다. 그룹 안의 개별 식물들은 이러한 컴포넌트를 구현하는 클래스 파일에 해당합니다.

정원이 날씨에 영향을 받듯이 소프트웨어 아키텍처도 기능의 변화, 플랫폼, 배포 환경 등에 영향을 받습니다. 또한 정원에 주의를 기울이지 않으면 잡초가 자라듯 아키텍처도 구조적 침식(decay)이 발생할 수 있습니다.

문제는 3쪽에

연필을 깎으며 정답

여러분의 집에 있는 기능 중 어떤 것이 구조적이고 **아키텍처**와 관계있는지 나열할 수 있나요?

주방의 크기와 형태
(누가 주방이 작다고 불평하지 않을까요?)

집의 층수
(나이가 들면 계단은 문제가 될 수 있습니다.)

정문은 어디에 있고 입구 통로는 휠체어로 접근할 수 있는지

침실 벽장의 크기
(만약, 옷이 많다면)

천장의 높이
(특히 키가 매우 큰 경우라면)

욕실의 개수
(새로운 욕실을 추가하는 것은 매우 어렵습니다.)

사용하지 않는 물건들을 저장할 다락

외부 데크 혹은 파티오
(물론 북극에 사는 것이 아니라면)

여러분은 여기에 있습니다 29

연습문제 정답

문제는 6쪽에

연습문제 정답

아키텍처 특성이라고 생각되는 것에 모두 체크하세요. 소프트웨어 시스템의 구조가 지원하는 어떤 것이라고 생각하면 됩니다.

- ☐ 사용자 인터페이스 화면에 있는 윈도우의 글꼴 크기 변경하기
- ☒ 변경을 신속하게 수행하기 ← 아키텍처에서는 '민첩성'이라고 합니다.
- ☒ 수 천 명의 동시 접속자들을 처리하기 ← 이것은 '탄력성'이라고 합니다.
- ☐ 데이터베이스에 저장된 사용자 비밀번호를 암호화하기
- ☒ 비즈니스 요청을 완료하기 위해, 수많은 외부 시스템들과 상호작용하기 ← 이것은 '상호운용성'이라고 합니다.

문제는 7쪽에

누가 무엇을 하나요? 정답

다음은 여러분이 공통적인 아키텍처 특성들에 대해 얼마나 알고 있는지 확인할 수 있는 기회입니다. 왼쪽에 있는 특성과 오른쪽에 있는 정의를 맞춰볼까요? 정의가 특성보다 정의들이 더 많다는 점에 주의하세요. 모든 정의가 매칭되는 것은 아닙니다.

신장성(Extensibility) → 시스템이 추가적인 기능과 기능성을 지원하기 용이하다.

↑ 우리가 미리 해두었습니다.

민첩성(Agility) → 빠르게 변경할 수 있는 시스템의 능력(유지보수성, 테스트 용이성, 배포 용이성과 같은 기능)이다.

상호운용성(Interoperability) → 비즈니스 요청을 완료하기 위해 다른 시스템들과 연결(interface)하고 상호작용할 수 있는 능력이다.

결함 허용성(Fault tolerance) → 치명적인 오류가 발생한 경우에도 시스템의 다른 부분들이 기능을 유지할 수 있는 능력이다.

타당성(Feasibility) → 아키텍처를 선택할 때 시간, 예산, 그리고 개발자의 실력을 고려한다.

매칭되지 않은 정의:
- 사용자에게 응답을 보내는 데 걸리는 시간이다.

아키텍트가 되자 정답

여러분의 역량은 아키텍트로서 다음 다이어그램에서 가능한 많은 아키텍처 결정을 식별하는 것입니다. 아키텍처 결정에 해당하는 것에 동그라미를 그리고, 그 결정이 무엇인지 적어보세요.

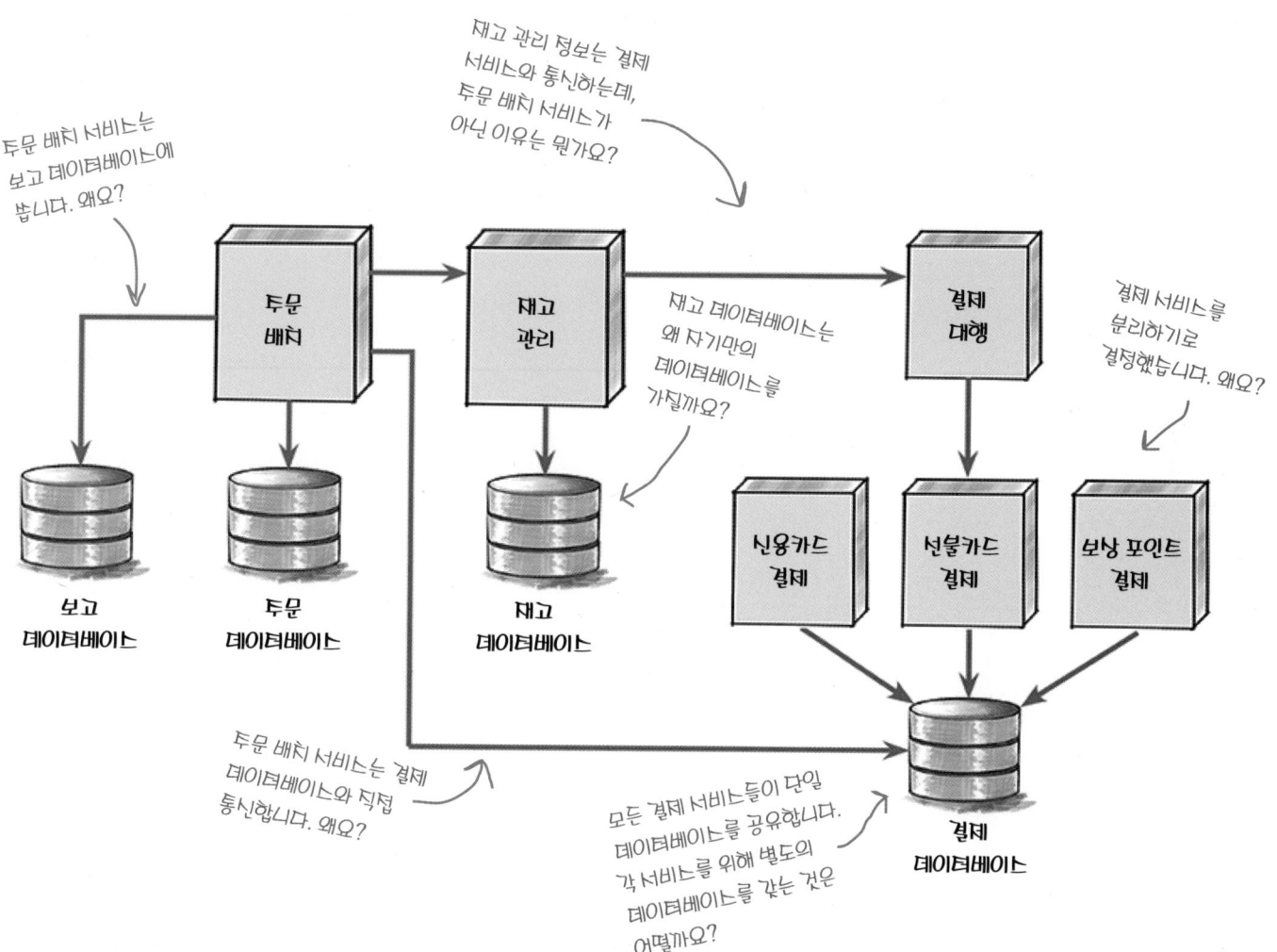

연습문제 정답

> 문제는 11쪽에

연필을 깎으며 정답

여러분은 새로운 시스템에 다음과 같은 두 개의 컴포넌트를 생성했고, 개발 팀은 이를 구현하기 위해 클래스 파일 작성을 시작하려고 합니다. 여러분은 개발 팀이 코딩을 시작할 수 있도록 이 컴포넌트들을 위한 디렉터리 구조를 만들 수 있을까요?

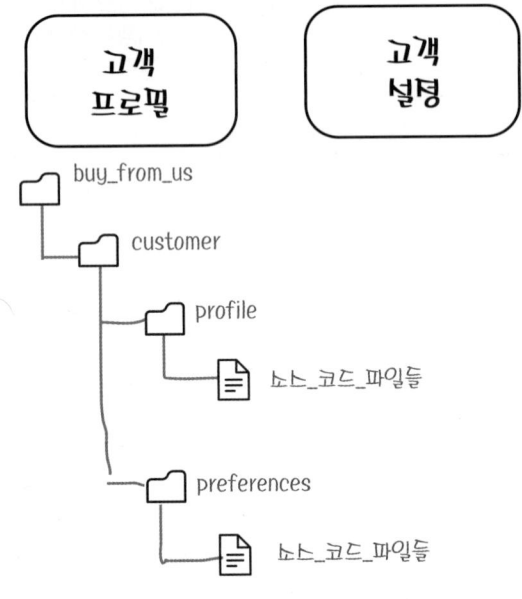

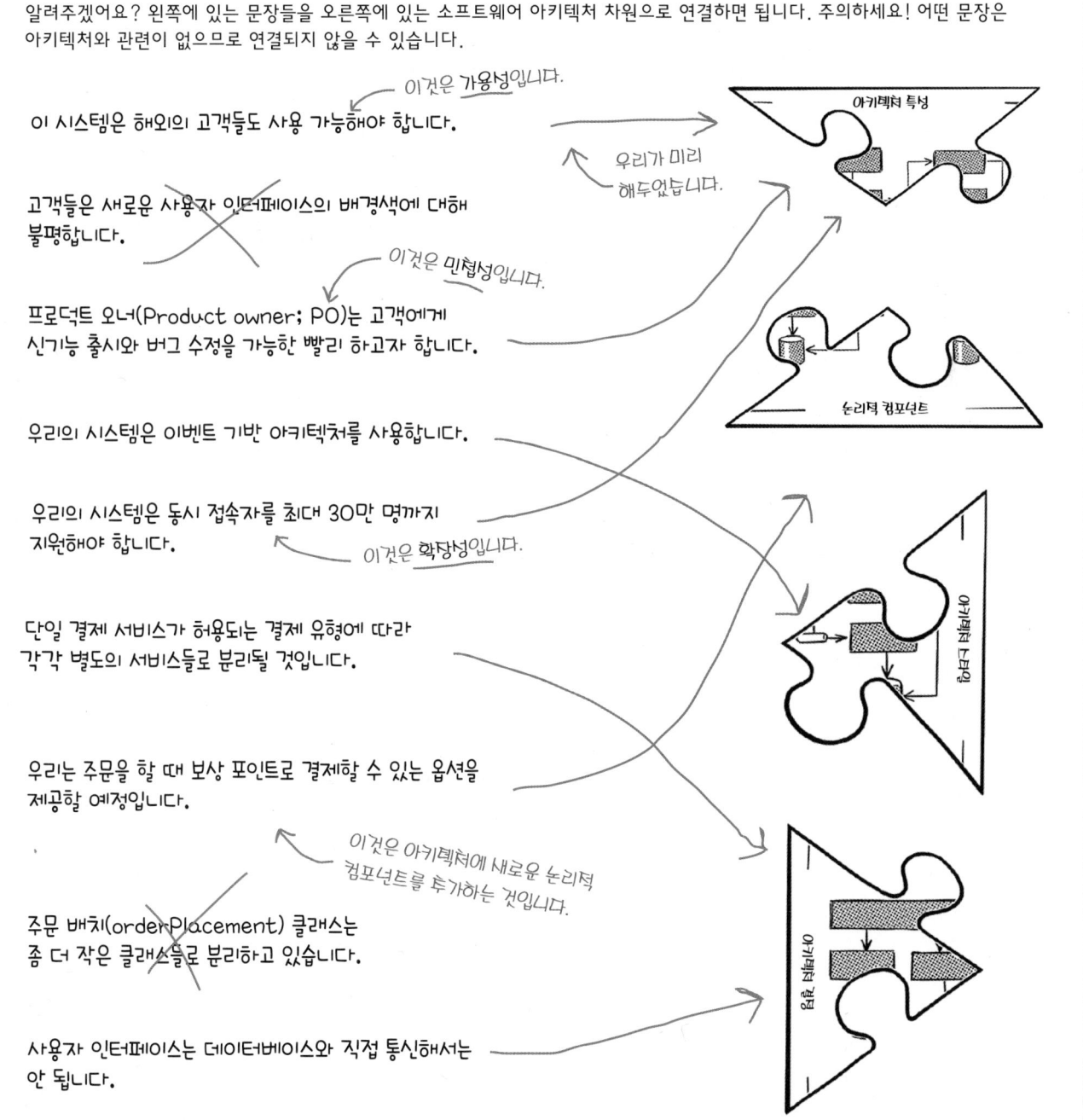

연습문제 정답

문제는 17쪽에

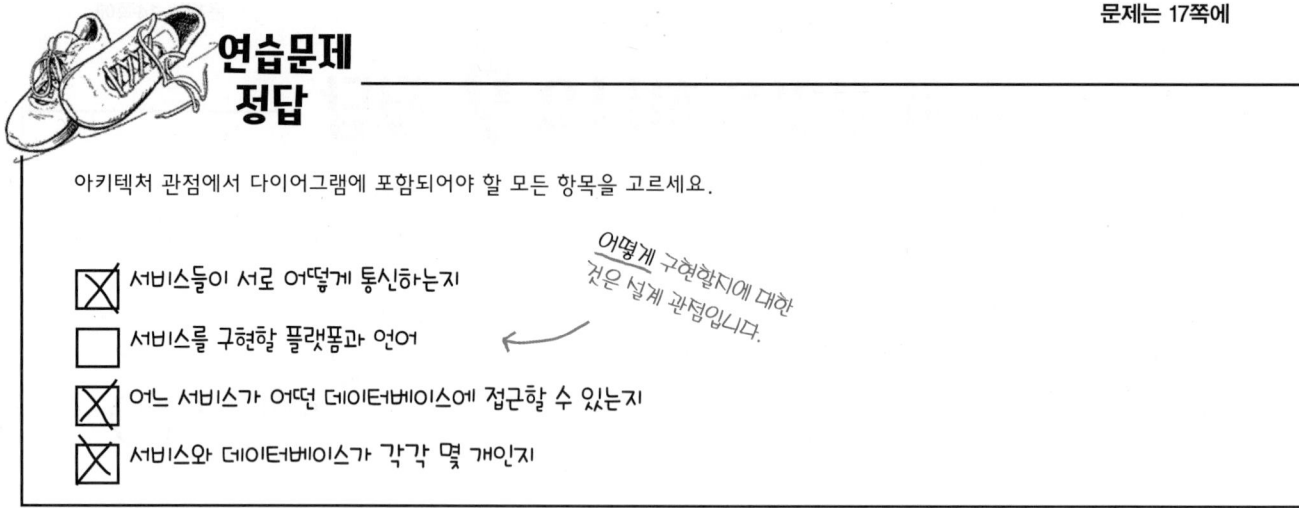

연필을 깎으며 정답

문제는 18쪽에

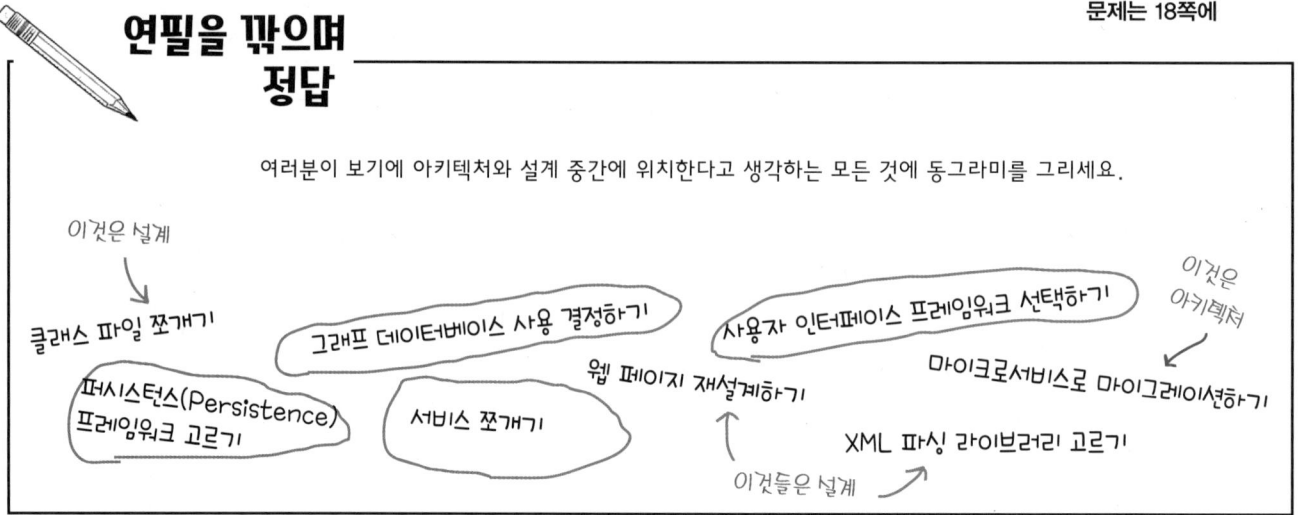

문제는 21쪽에

연필을 깎으며
정답

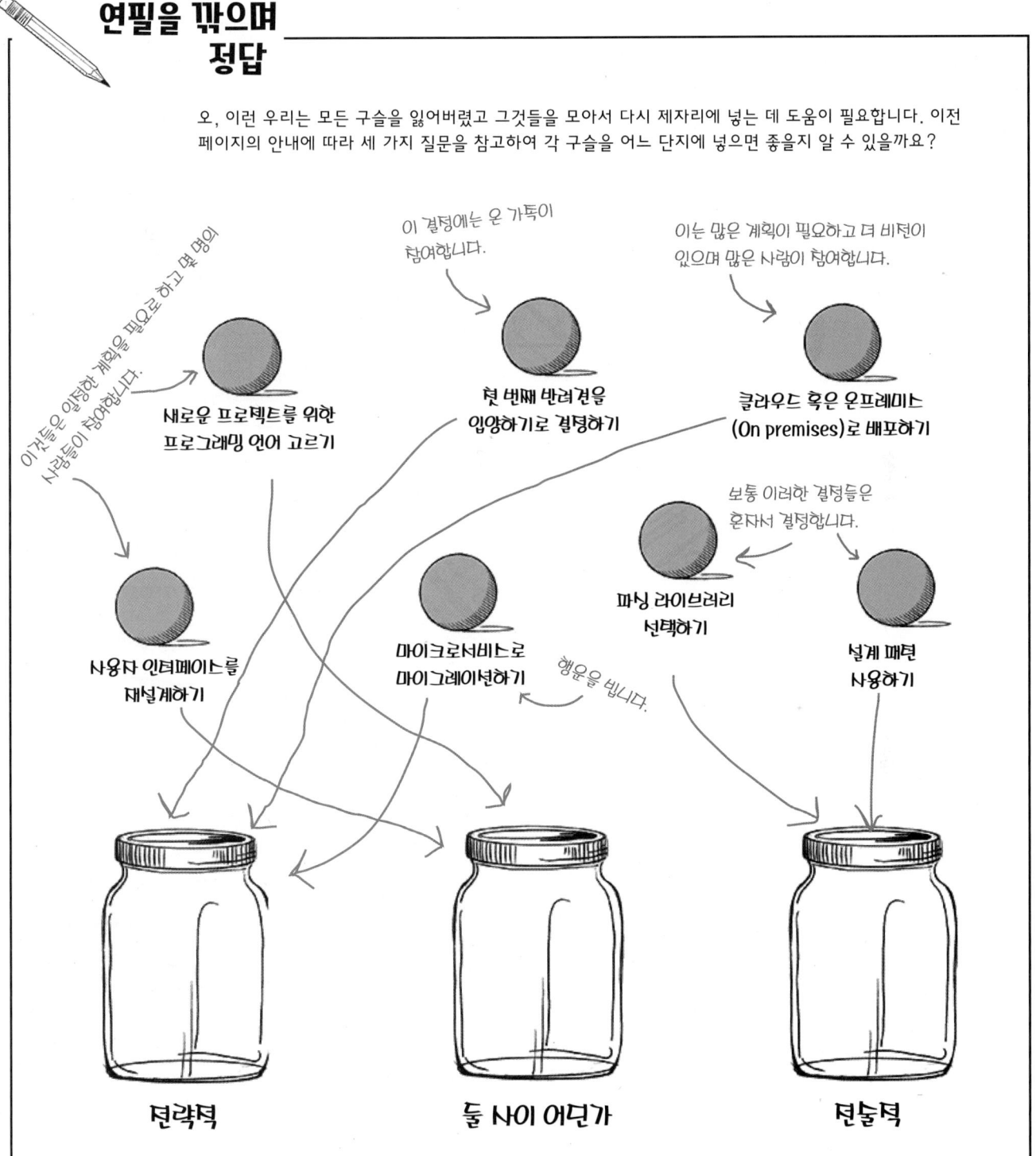

연습문제 정답

코드 자석 정답

문제는 23쪽에

우리는 할 일 목록에서 자석들을 높은 수준의 노력부터 낮은 수준의 노력 순으로 정렬해 놓았는데, 어쩌다 보니 바닥에 떨어져서 모두 섞여 버렸습니다. 변경하는 데 드는 노력의 양에 따라 다시 정렬해 줄 수 있을까요?

많은 노력

우리를 믿을 수 없나요?
주요 검색 엔진에 '선택의 역설'을 넣어보세요.

- 어떤 머스타드 소스를 살지 결정하기

이것들은 많은 노력이 필요합니다.
따라서 스펙트럼에서 아키텍처 측면에 해당합니다.

- 시스템을 클라우드 환경으로 마이그레이션하기
- 사용자 인터페이스 프레임워크 교체하기
- 관계형 데이터베이스에서 그래프 데이터베이스로 변경하기

이것은 아키텍처와 설계의 정 가운데에 위치합니다.

- 하나의 서비스를 별도의 서비스들로 분리하기

이것들은 비교적 적은 노력이 들고
스펙트럼에서 설계 측면에 해당합니다.

- 깃의 머지 충돌을 해결하기
- 클래스 파일 쪼개기
- 메서드 혹은 함수 이름 변경하기

적은 노력

소프트웨어 아키텍처 쉽게 이해하기

문제는 25쪽에

 **연습문제 정답**

결정, 결정, 결정. 우리는 이 모든 결정을 어떻게 처리할 수 있을까요? 우리가 생각하기에 도움이 될만한 한 가지 방법은 중대한 트레이트오프가 있는 결정을 식별하는 것입니다. 그런 결정들은 더 많은 시간과 생각이 필요하기 때문입니다. 어떤 결정이 중대한 트레이드오프가 있는지, 또는 그렇지 않은지를 식별하여 도와줄 수 있나요?

중대한 트레이트오프가 있는가?

☐ 예	☒ 아니오	오늘 출근할 때 어떤 옷을 입을지 고르기
☒ 예	☐ 아니오	클라우드 혹은 온프레미스로 배포할지 선택하기
☐ 예	☒ 아니오	사용자 인터페이스 프레임워크 선택하기
☐ 예	☒ 아니오	어떤 클래스 파일의 변수에 이름 붙이기
☐ 예	☒ 아니오	바닐라 혹은 초콜릿 아이스크림 고르기
☒ 예	☐ 아니오	어떤 아키텍처 스타일을 사용할지 결정하기
☒ 예	☐ 아니오	REST 혹은 메시징 선택하기
☒ 예	☐ 아니오	메시지의 페이로드로 전체 데이터 혹은 오직 키만 사용하기
☐ 예	☒ 아니오	XML 파싱 라이브러리 선택하기
☒ 예	☐ 아니오	어떤 서비스를 쪼개야 하는지 결정하기
☒ 예	☐ 아니오	원자력 혹은 분산 트랜잭션 고르기
☐ 예	☒ 아니오	오늘 저녁 외식 여부 결정하기

이해합니다. 때때로 어려운 결정이 되기도 합니다.

확실히 트레이드오프가 있으므로 이것은 어느 쪽으로 가도 됩니다.

이것들은 확장성, 성능과 전반적인 유지보수성에 영향을 줍니다.

이제 배가 고프나요?

이것은 데이터 무결성과 데이터 일관성뿐만 아니라 확장성과 성능에도 영향을 미칩니다.

여러분은 여기에 있습니다 37

연습문제 정답

문제는 27쪽에

참 또는 거짓
정답

| 참 | **거짓** | 설계는 집의 구조(벽, 지붕, 레이아웃 등)와 같고, 소프트웨어 아키텍처는 가구와 장식과 같다. |

← 이것은 반대 방향입니다.

| 참 | **거짓** | 대부분의 결정은 순수하게 아키텍처 혹은 설계에 가까우며, 아키텍처와 설계의 중간은 거의 존재하지 않는다. |

← 대부분의 결정은 아키텍처와 설계의 스펙트럼 안에 존재합니다.

| **참** | 거짓 | 어떤 결정이 좀 더 전략적이라면 아키텍처 쪽이고, 좀 더 전술적이라면 설계 쪽에 가깝다. |

| 참 | **거짓** | 어떤 결정을 구현하거나 변경하는 데 더 많은 노력이 들수록 설계 쪽이다. 노력이 적게 들수록 아키텍처에 가깝다. |

← 이것은 반대 방향입니다.

| **참** | 거짓 | 트레이드오프는 주어진 결정 혹은 작업에 대한 장점과 단점이다. 트레이드오프가 중대할수록 그것은 아키텍처에 가깝다. |

소프트웨어 아키텍처 낱말 퀴즈 정답

문제는 23쪽에

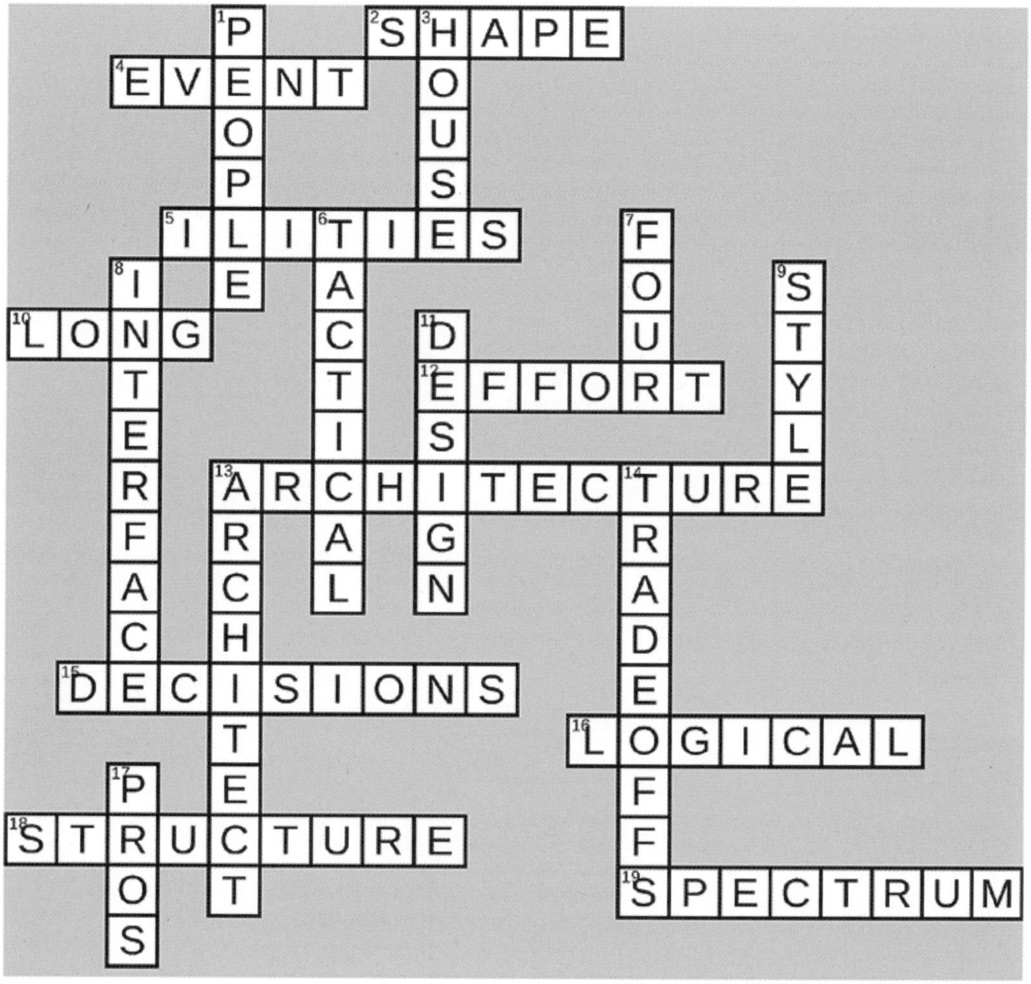

2 아키텍처 특성
네 역량을 알라

아키텍처는 무엇을 지원해야 하나요? 아키텍처의 특성(아키텍처의 능력)은 모든 시스템의 기본적인 구성 요소입니다. 그것들이 없으면 아키텍처 결정을 내리거나, 아키텍처 스타일을 선택하거나, 심지어 논리적 아키텍처를 만드는 것도 어렵습니다.

이 장에서는 확장성, 신뢰성, 테스트 용이성 같은 일반적인 아키텍처 특성을 정의하는 방법을 배우고, 이 특성이 소프트웨어 아키텍처에 어떤 영향을 미치는지, 아키텍처 결정을 내리는 데 어떻게 도움이 되는지, 그리고 특정 상황에서 어떤 특성이 중요한지를 식별하는 방법을 배웁니다. 소프트웨어 아키텍처에 새로운 기능을 추가할 준비가 되었나요?

여기서부터 새로운 장입니다

프로젝트 요구사항

래프터 유발하기

[실리콘 심포지아(Sillycon Symposia)]는 샌프란시스코 베이 에어리어(Bay Area) 감성[1]을 가진 스타트업으로, 비즈니스 계획은 기술 테마의 콘퍼런스를 코미디와 결합하는 것입니다. [실리콘 심포지아]는 비슷한 생각을 가진 사람들을 모아 각 그룹에 독특한 경험을 제공하고 웃음을 통해 그들의 관심을 유지합니다.

이런 비즈니스의 계획 일부는 [실리콘 심포지아]가 주최하는 (하지만 이에 국한되지 않는) 콘퍼런스와 관련된 소셜 미디어 네트워크인 래프터(Lafter)를 구축하는 것입니다. 이를 준비하려고 비즈니스 이해관계자들이 모여 그에 대한 **요구사항 문서**를 작성했습니다.

> 소셜 네트워킹 사이트를 시작하는 것은 얼마나 어려울까요?!

> 좋은 소식은 그들이 로고를 합의했다는 것입니다. 나머지는 여러분에게 달려있습니다.

> 요구사항 문서에 대한 꽤 표준적인 수준의 세부사항을 담았습니다.

[실리콘 심포지아]는 같은 생각을 가진 기술자들이 모이는 소셜 미디어 네트워크(SNS)인 래프터를 호스팅합니다.

사용자: 수백 명의 발표자, 수천 명의 사용자

요구사항:

- 사용자는 사용자 이름을 등록하고 프라이버시 정책에 동의할 수 있습니다.
- 사용자는 래프터에서 '우스갯소리(긴 글 포스트)'나 '말장난(짧은 글 포스트)'으로 새 콘텐츠를 추가할 수 있습니다.
- 팔로워들은 좋아하는 콘텐츠에 '하하(강한 승인 표시)'나 '낄낄(약한 승인 메시지)'을 사용할 수 있습니다.
- [실리콘 심포지아]의 행사에 참여하는 연사들은 특별한 아이콘을 가지고 있습니다.
- 발표자는 자신들의 콘텐츠와 관련된 포럼을 플랫폼에서 진행할 수 있습니다.
- 사용자는 최대 281자까지 메시지를 게시할 수 있습니다.
- 사용자는 외부 콘텐츠에 대한 링크도 게시할 수 있습니다.

추가적인 맥락:

- 국제화 지원
- 매우 적은 지원 인력
- '버스티(Bursty)' 트래픽: 라이브 회의 중에는 매우 바쁩니다.

---

1. 옮긴이_ 베이 에어리어 감성은 혁신적이고 포용적인 문화, 환경 친화적인 가치, 그리고 사회적 책임을 중시하는 특징을 가진 지역적 감성을 의미합니다.

아키텍처 특성

개발 팀 대화

마라 샘 알렉스

알렉스: 보세요, 방금 받은 이메일이에요(상급자가 [실리콘 심포지아]의 소셜 미디어 앱인 래프터의 설계를 맡기고 싶어 해요).

샘: 요구사항이 있나요? 바로 시스템을 설계하죠. 정말 간단해 보입니다.

마라: 글쎄요, 가장 간단한 애플리케이션에서는 가능하겠지만 이 애플리케이션은 다른 것 같아요. 며칠 전에 화이트보드에 그린 다이어그램을 기억하나요?

이것들은 비기능 요구사항들입니다.

이것들은 문제 도메인을 나타냅니다.

트레이드오프 분석을 통해 결정한 사항들입니다.

(다이어그램: 아키텍처 특성 / 논리적 컴포넌트)

아키텍처 특성과 논리적 컴포넌트는 모두 아키텍처 스타일을 결정하는 데 도움을 줍니다.

아키텍처 스타일을 고르기 전에 아키텍처 특성과 논리적 컴포넌트를 모두 분석하는 것에서부터 출발해야 합니다.

거의 모든 애플리케이션을 어떠한 아키텍처 스타일로든 구현할 수 있지만, 어떤 것은 다른 스타일보다 '상황'에 더 적합합니다. 이런 종류의 분석을 하기 전에 스타일을 선택하는 것은 본말이 전도된 경우입니다.

샘: 초소형으로 시작해서 계속 개선해 나가면서 전체 시스템을 완성할 수는 없을까요?

마라: 얘기하신 반복적 접근 방식은 아키텍처 특성 분석에는 그다지 효과적이지 않습니다. 예를 들어, 처음부터 확장성 있게 설계하지 않은 시스템을 고도로 확장성 있게 만드는 것은 매우 어렵습니다.

알렉스: 이해가 됩니다. 소매를 걷어붙이고 아키텍처 특성을 분석해야 할 것 같습니다. 감사합니다.

여러분은 여기에 있습니다

아키텍처 특성 정의하기

아키텍처 특성은 무엇인가요?

우리에게 어떤 문제가 있다고 합시다. 그래서 이 문제를 해결하기 위해 소프트웨어를 개발하기로 결정합니다! 작성 중인 소프트웨어에서 다루는 것을 **도메인**(domain)이라고 하는데, 이를 설계하는 데 많은 노력이 필요할 것입니다. 결국, 그것이 소프트웨어를 작성하는 이유입니다. 하지만, 이것만이 아키텍트가 고려해야 할 사항은 아닙니다. 아키텍트는 또한 **아키텍처 특성**도 분석해야 합니다. 다음은 도메인이 다른 경우(은행, 온라인 경매)입니다. 이는 아키텍처 특성이 서로 다르지만 일부는 겹치는 대표 사례입니다.

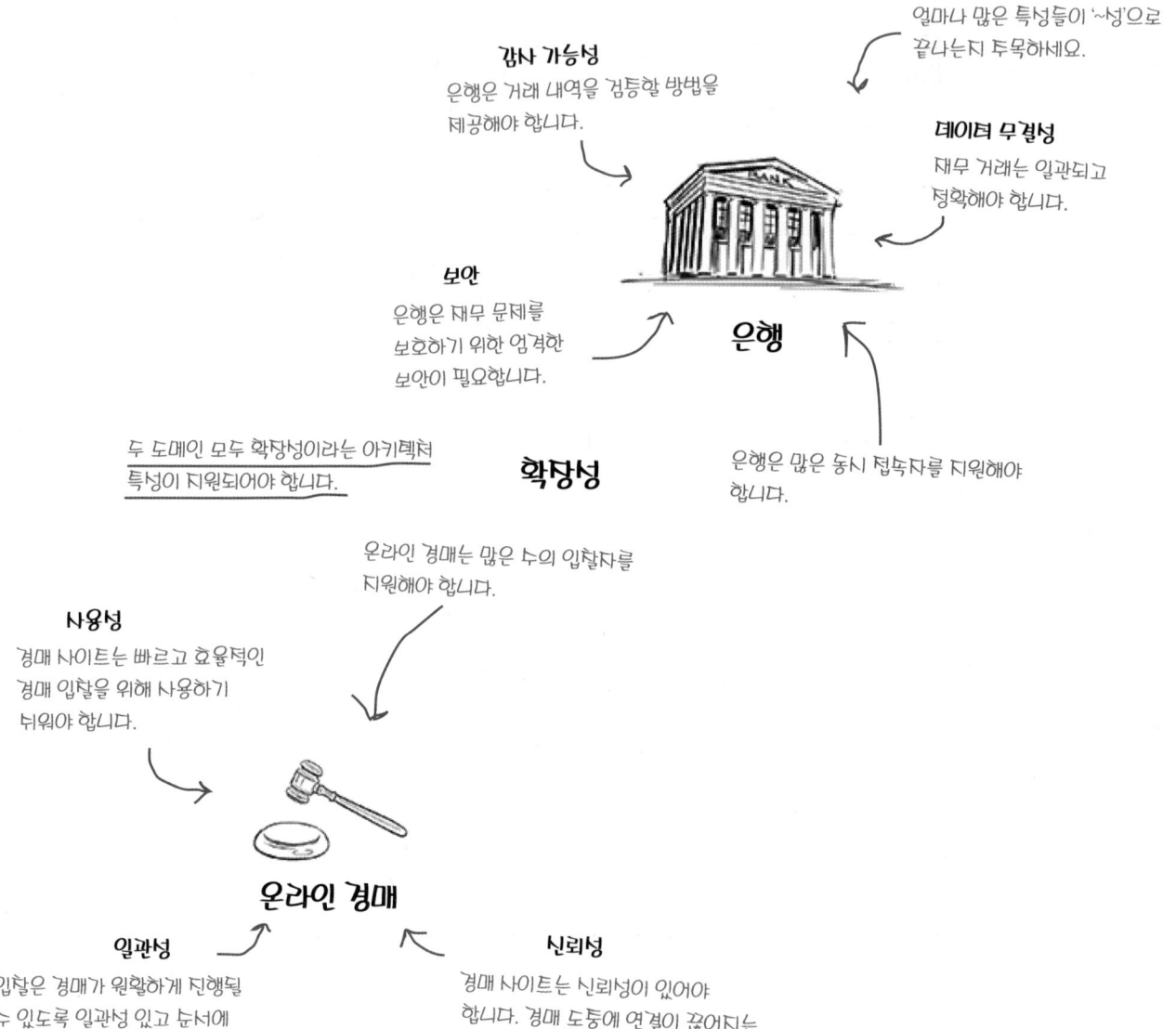

아키텍처 특성 정의하기

아키텍트로서의 업무 중 하나는 소프트웨어 시스템의 구조 설계입니다. 이는 크게 **논리적 컴포넌트**와 **아키텍처 특성**, 두 부분으로 구분됩니다. 논리적 컴포넌트는 애플리케이션 영역을 나타내며, 소프트웨어 시스템을 작성하는 이유를 설명합니다(4장에서 다룹니다). 아키텍처 특성과 논리적 컴포넌트를 결합하면 아키텍처의 구조적 고려사항이 됩니다.

소프트웨어 시스템이나 애플리케이션의 개발 과정에서 아키텍처 특성은 도메인에 관계없이 중요한 부분입니다. 운영 능력, 내부 구조 결정, 그리고 다른 필요한 특성들을 나타냅니다.

이후의 페이지에서 소프트웨어 아키텍처의 다양한 예시를 보여 줄 예정입니다. 하지만 먼저, 그 개념 자체를 먼저 알아야 합니다.

아키텍처 특성은 다음과 같이 **세 부분**으로 나눕니다.

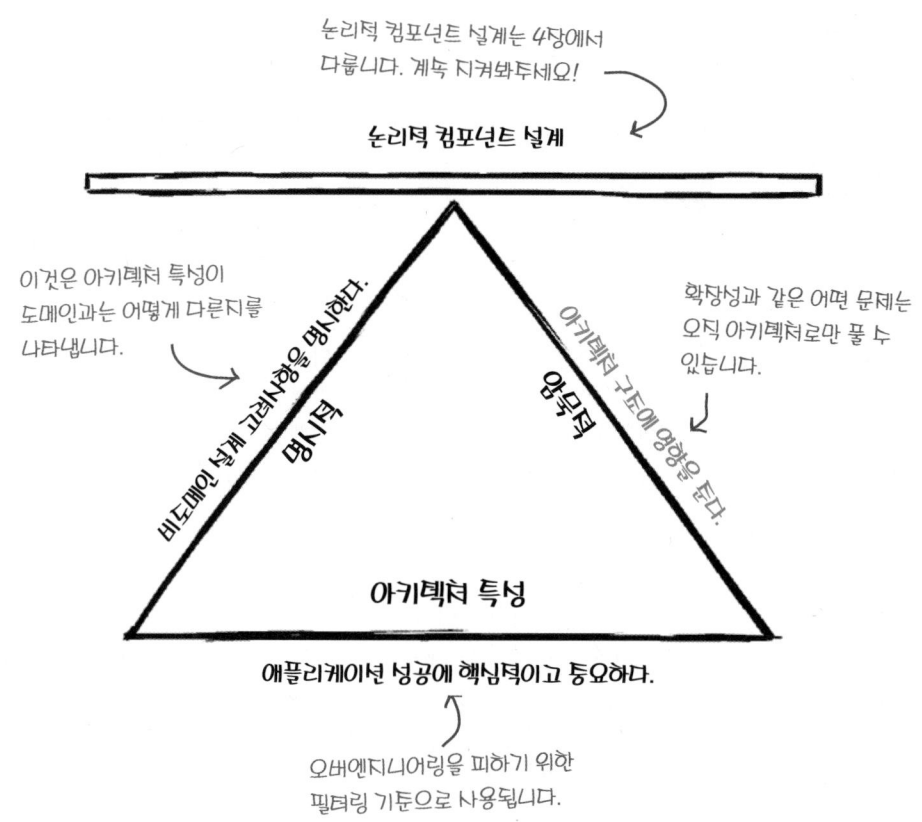

이제 한 측면씩 알아보겠습니다.

여러분은 여기에 있습니다

도메인 혹은 비도메인

아키텍처 특성은
비도메인 설계 고려사항을 명시한다

아키텍처의 특성을 정의하려면, 먼저 그것이 **아닌 것들**을 살펴봐야 합니다. 요구사항 문서는 애플리케이션이 무엇을 해야 하는지를 명시합니다. 아키텍처 특성은 애플리케이션의 성공을 위한 운영 및 설계 기준, 요구사항을 구현하는 방법과 특정 선택이 이루어진 이유를 명시합니다. 예를 들어, 애플리케이션의 성능 수준은 흔히 요구사항 문서에 나타나지 않는 중요한 아키텍처 특성입니다.

아키텍처의 구조 설계는 **도메인 및 비도메인 고려사항**으로 나눌 수 있습니다. 그러므로 아키텍처 특성은 프로젝트가 성공하기 위해 필요한 역량을 만들기 위한 설계 노력입니다.

마라: 좋습니다. 비즈니스 분석가와 도메인 전문가들이 요구사항 문서와 도메인 설계 초안을 만들기 위해 열심히 일했습니다. 하지만 어떤 아키텍처 특성이 필요한지 알아내기 위해 그들과 함께 일해야 합니다.

샘: 그것은 도메인 설계의 일부가 아닌가요? 이 시점에서 왜 소프트웨어 아키텍트가 참여해야 하나요?

알렉스: 음, 비즈니스 분석가들은 소프트웨어 프로젝트를 해본 적이 없어서, 어떤 결정이 다른 결정에 비해 어떤 영향을 미치는지 잘 모를 것입니다.

마라: 맞습니다. 비즈니스 전문가에게는 작은 차이로 보이는 것이 아키텍트에게는 큰 차이가 될 수 있습니다! 그들이 원하는 것은 소프트웨어 아키텍처에서 지원하기 어려울 수 있습니다. 따라서 소프트웨어 아키텍트가 설계 과정 초기부터 자주 참여하는 것이 중요합니다.

샘: 어떤 종류의 것을 찾고 있습니까?

알렉스: 아키텍처 특성의 정의 중 일부는 '비도메인 설계 고려사항'입니다. 설계된 내용을 살펴보고 그것이 성능과 확장성 같은 요소를 고려했는지 확인합시다.

아키텍처 특성은
아키텍처 구조에 영향을 준다

아키텍트가 아키텍처 특성을 설명하려고 하는 주된 이유는 아키텍처 고려사항과 관련되기 때문입니다. 이 특성은 애플리케이션이 성공하기 위한 특별한 구조적 지원과 관련이 있습니다. 예를 들어, 보안은 거의 모든 프로젝트에서 중요한 문제이므로, 모든 시스템은 설계와 코딩 시 기본적인 예방 조치를 취해야 합니다. 하지만 보안이 아키텍처 특성이 되려면 아키텍트가 그것을 수용하기 위해 특별한 노력을 기울여만 합니다.

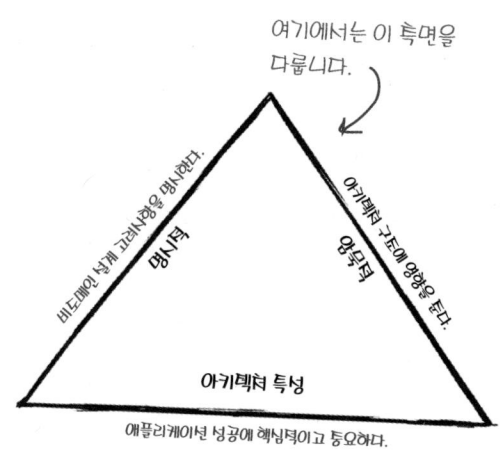

다음과 같이 래프터를 위한 잠재적 아키텍처 다이어그램을 고려해보세요. 여기에는 다가오는 프로모션을 마케팅하는 기능과 각 프로모션이 적용되는 규칙이 포함됩니다. 아키텍트는 이를 **모놀리식 아키텍처**(monolithic architecture)로 설계할 수 있습니다. 즉, 하나의 배포 가능한 유닛과 매칭되는 데이터베이스를 가지거나 독립적인 여러 개의 서비스로 설계할 수 있습니다.

모놀리식 아키텍처에서는 전체 애플리케이션을 하나의 단위로 빌드하고 배포하기 때문에 프로모션 규칙이 변경되면 전체 애플리케이션을 다시 배포해야 합니다. 하지만 **분산 아키텍처**(distributed architecture)로 설계하면 프로모션 서비스만 영향을 받으며, 독립적으로 다시 배포할 수 있습니다.

아키텍처 결정을 내릴 때는 트레이드오프를 충분히 고려해야 합니다. 예를 들어, 모놀리식 아키텍처를 사용할지, 분산된 물리적 아키텍처를 사용할지 고민해야 합니다.

특성 제한

오버엔지니어링을 막기 위해 아키텍처 특성을 제한한다

애플리케이션은 수많은 아키텍처 특성을 지원할 수 있지만 그래서는 안 됩니다. 시스템이 지원해야 하는 모든 아키텍처 특성은 복잡성을 더하기 때문입니다.

아키텍처 특성의 수와 다양성 때문에 유혹받는 선택지가 많아질 수 있습니다. 하지만 소프트웨어 아키텍트로서 가능한 많은 특성을 고르기보다 소수의 아키텍처 특성을 선택하려고 노력해야 합니다. 그 이유는 소프트웨어 아키텍처의 특성이 다음과 같기 때문입니다.

표준화하기 어려움

다양한 조직에서 동일한 아키텍처 특성을 다른 용어로 사용합니다. 예를 들어, 성능과 응답성이 동일한 행동을 나타낼 수 있습니다.

우리는 세 번째 측면을 다룹니다. 거의 다 왔습니다!

조직 내에서 아키텍처 특성에 대한 '공통 언어(공유 용어)'를 만드는 것이 좋습니다. 이렇게 하면 사용 가능한 표준 목록을 만들 가능성이 높아집니다.

시너지

여기서 핵심 포인트는 하나의 아키텍처 특성을 선택할 때는 다른 특성에 미치는 영향도 함께 고려해야 한다는 것입니다.

아키텍처 특성은 다른 아키텍처 특성과 도메인 문제에 영향을 줍니다. 예를 들어, 애플리케이션을 더 안전하게 만들고 싶다면, 안전에 필요한 변경사항이 성능에는 부정적인 영향을 미칠 가능성이 큽니다(예를 들어, 실시간 암호화와 같은 변경사항은 성능 과부하를 초래할 수 있습니다).

너무 많음

애플리케이션에 적용할 수 있는 아키텍처 특성은 매우 많으며, 새로운 특성들도 항상 나타납니다. 몇 년 전만 해도 클라우드 제공업체를 통한 주문형(on-demand) 탄력성이라는 개념이 없었습니다.

최근 몇 년 동안 아키텍처 특성의 카테고리도 증가했습니다. 예를 들면 클라우드 제약조건과 기능 같은 것들입니다.

곧 아키텍처 특성의 몇 가지 카테고리에 대해 다룹니다.

아키텍트에게 흔히 발생하는 위험은 오버엔지니어링입니다. 오버엔지니어링은 너무 많은 아키텍처 특성을 지원하여 전체 설계를 복잡하게 만들지만 거의 이득이 없습니다. 어떤 아키텍처 특성이 **애플리케이션의 성공에 핵심적이거나 중요한지** 아는 것은 중요한 기준이 됩니다. 이로 인해 있으면 좋지만(nice to have) 시스템에 복잡성만 더하는 기능을 제거할 수 있습니다.

이력서 기반 개발(Resume-Driven Development; RDD)을 경계하세요! 새로운 것을 가지고 노는 것은 재미있고 계속 배우는 것은 좋지만, 너무 많은 아키텍처 특성을 시스템에 넣으려고 하면 우선순위와 일치하지 않거나 애플리케이션이 성공하는 데 도움이 되지 않을 것입니다.

아키텍처 특성

감상하기

시너지는 위험할 수 있습니다!

아키텍트는 도메인 설계와 관계없이 아키텍처 특성을 설계하는 것을 좋아합니다. 안타깝게도 현실은 녹록하지 않습니다. 아키텍처 특성에서 **시너지**가 있다고 하는 것은, 하나의 변화가 다른 아키텍처 특성이나 도메인의 변화를 필요로 할 수 있다는 의미입니다. 아무리 뛰어난 **아키텍트**라도 모든 소프트웨어 아키텍처를 확장 가능하게 할 수는 없습니다. 어떤 아키텍처는 메모리와 대역폭 같은 물리적 제약조건 때문에 다른 아키텍처만큼 성공적으로 확장되지 않을 수 있습니다.

하나의 아키텍처 특성을 변경할 때는 주의해야 합니다. 그 변화가 아키텍처의 다른 부분에 어떤 영향을 미칠 수 있는지 고려해야 합니다. 도메인 설계에서 컴포넌트 경계나 분포와 같은 변경사항을 적용할 때도 마찬가지입니다. 도메인에 대한 변경은 아키텍처 특성에 시너지를 줄 수 있습니다. 예를 들어, 애플리케이션을 변경하여 사용자의 결제 정보를 저장하기 시작하면 보안과 데이터 무결성 아키텍처 특성도 변경됩니다.

브레인 파워

현실에 있는 많은 것들이 **시너지**를 발휘합니다. 즉, 이들을 결합하면 각 부분의 합과는 다른 결과가 나옵니다. 시너지의 실제 사례를 생각해보세요.

힌트: 이것들은 여전히 식별할 수 있는 것들(땅콩버터와 초콜릿처럼)이거나 혼합되는 것들(기름과 식초와 같은 유화물)일 수 있습니다.

이 공간에 여러분의 생각을 적어보세요.

여러분은 여기에 있습니다   49

명시적 vs. 암묵적

명시적과 암묵적 기능을 고려하세요

어떤 것은 명확하게 표현되어 명시적이고, 다른 것은 맥락이나 다른 지식에 기반하여 추측할 수 있으므로 암묵적입니다. 집 문 밖에 우편물과 소포가 한가득 쌓여 있는 모습을 상상해보세요. 여러분은 어떤 결론을 내릴 수 있을까요?

명시적

소포가 문 밖에 쌓여 있다.

문이 잠겨 있다.

암묵적

집에 아무도 없다.

이 가족은 온라인으로 많은 물건을 택배로 주문했다.

이 가족은 휴가 중인가?

명시적인 아키텍처 특성은 애플리케이션 요구사항에 명시되어 있습니다.

암묵적인 아키텍처 특성은 아키텍트의 결정을 좌우하는 요소지만 요구사항에 명시적으로 나타나지 않습니다. '보안'은 종종 암묵적인 아키텍처 특성입니다. 요구사항에 명시되지 않더라도, 아키텍트는 우리가 보안이 취약한 시스템을 설계하지 말아야 한다는 것을 알고 있습니다.

분석 기간 동안 여러분은 도메인에 대한 지식을 활용하여 이러한 아키텍처 특성을 발견해야 합니다. 예를 들어, 고빈도 트레이딩 회사는 거래가 밀리 초 단위로 완료되는 것이 얼마나 중요한지 명시하지 않을 수도 있지만 해당 도메인의 아키텍트는 이것이 얼마나 중요한지 알고 있습니다.

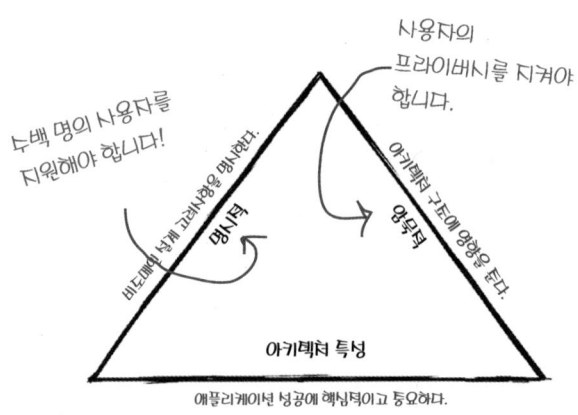

바보 같은 질문은 없습니다

Q: 아무도 요청하지 않는 좋은 내부 구조 같이 중요한 것들은 어떻게 해야 할까요?

A: 일부 암묵적인 아키텍처 특성은 더 미묘하지만 그만큼 중요합니다. 예를 들어, 아키텍트는 개발자가 애플리케이션을 만들 때 내부 구조에 주의를 기울여야 합니다. 그래야 부실한 코딩과 다른 결함이 애플리케이션의 수명을 저하시키지 않습니다. 그러나 거의 모든 요구사항 목록에는 "시스템의 내부 모듈성을 망치지 말고 개발하세요!" 또는 "소프트웨어가 유지보수를 가능하도록 하세요!"라는 내용이 포함되지 않습니다.

'~성'의 국제 동물원

동물원에 있는 동물들처럼 아키텍처 특성도 스펙트럼이 넓습니다. 동물이 영장류에서 파충류까지 다양하듯이 아키텍처 특성도 모듈성과 같은 저수준 코드의 특성에서 확장성과 같은 고급 운영 관점까지 다양합니다. 안타깝게도, 아키텍처 특성에 관한 '보편적 목록'은 없으며 많은 용어가 의미하는 바에 대한 실제 기준도 없습니다(사람들이 시도해보았지만). 대신 각 조직은 이러한 용어를 자체적으로 해석합니다.

또한, 소프트웨어 생태계는 지속적으로 새로운 개념, 용어, 측정 및 검증을 추가하며 심지어 더 많은 아키텍처 특성을 정의할 수 있는 새로운 기회를 제공합니다.

이 목록이 큰 가요? https://iso25000.com/index.php/en/iso-25000-standards/iso-25010을 확인해보세요.

확장성	접근성	관찰 가능성
가용성	유지보수성	테스트 용이성
상호운용성	재사용성	이식성
보안	단순성	타당성
안정성	신뢰성	사용성
민첩성	무결성	성능
추적성	지역성	감사 가능성

이것이 완전한 목록이 아니며 그러한 것도 없습니다!

샘: 래프터 아키텍처 특성을 정의해야 하는데, 표준 목록을 어디에서도 찾을 수가 없습니다.

알렉스: 아, 정말 다양한 가능성이 있어서요….

마라: 그래서 저는 분류하는 것을 좋아합니다. 예전에 동물원 지도에서 동물의 종류에 따라 '하우스'와 '울타리'로 구분했던 것 기억하나요? 같은 종류의 분류가 여기서도 효과적일 수 있을 것입니다. 마치 아키텍처 특성의 속(genus)[2]이나 종(species)과 같은 비유처럼 말입니다.

"신사, 숙녀, 소년, 소녀와 모든 어린이 여러분 '~~성'의 국제 동물원에 오신 것을 환영합니다!"

아키텍처 맨

횡단하는 사바나[3]

---

2. 옮긴이_ 생물을 분류하는 종속과목강문계(species < genus < family < order < class < division < kingdom)를 생물학 수업 시간에 외웠던 기억이 있네요.
3. 옮긴이_ 소프트웨어 아키텍처에서 '횡단(Cross-cutting)'이라는 용어는 여러 시스템 또는 모듈 간의 공통된 기능이나 특성을 나타냅니다.

프로세스 특성

프로세스 아키텍처 특성

프로세스 아키텍처 특성은 소프트웨어 개발 프로세스와 소프트웨어 아키텍처가 만나는 지점으로 소프트웨어를 만드는 방법에 대한 결정이 반영됩니다.

모듈성

소프트웨어가 개별 구성 요소로 구성되는 정도입니다. 모듈성(modularity)은 아키텍트가 행동을 분할하고 논리적 구성 요소를 구성하는 방식에 영향을 미칩니다.

테스트 용이성

시스템의 테스트는 완전한지 그리고 단위 테스트, 기능 테스트, 인수 테스트와 실험적인 테스트들이 실행하기 쉬운지를 나타냅니다.

'테스트 용이성'은 개발 기간의 테스트(단위 테스트와 같이)로 정형화된 품질 보증(Quality assurance; QA) 기간의 테스트가 아닙니다.

민첩성

테스트 용이성, 배포 용이성, 모듈성과 애자일한 소프트웨어 개발 관행을 촉진하고 가능하게 하는 일련의 아키텍처 특성을 포함합니다.

민첩성은 이 장의 후반부에 다시 다룰 복합 아키텍처 특성입니다. 주목하세요!

다음 페이지에서도 이것을 볼 수 있습니다. 이후의 페이지에서 볼 수 있듯이 많은 아키텍처 특성이 한 개 이상의 카테고리에 포함됩니다.

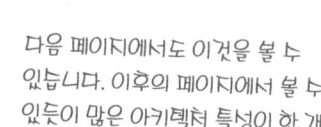

신장성

개발자가 시스템을 확장하기 쉬운 정도입니다. 이것은 아키텍처 구조, 엔지니어링 관행, 내부 구조와 거버넌스(governance)를 포함할 수 있습니다.

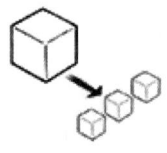

배포 용이성

소프트웨어 시스템을 배포하는 것이 얼마나 쉽고 효율적인지를 나타냅니다.

이것은 '민첩성'을 구성하는 많은 아키텍처 특성 중 하나입니다.

비결합성

결합도(Coupling)는 시스템의 각 부분이 얼마나 서로 모여 있는지를 기술합니다. 어떤 아키텍처는 원하는 이득을 위해 특정한 방식으로 부분들의 결합도를 **낮추는 방법**을 정의합니다. 이 아키텍처 특성은 소프트웨어 시스템에서 이것이 어느 정도로 가능한지 측정합니다.

네, 이것이 '됴어(새로 만든 어휘)'라는 것을 우리도 알고 있습니다. 소프트웨어 아키텍처에서는 이런 일이 빈번합니다!

구조적 아키텍처 특성

구조적 아키텍처 특성은 소프트웨어 시스템의 내부 구조에 영향을 미치며, 여기에는 컴포넌트 간의 결합 정도와 다양한 통합 지점 간의 관계 등과 같은 요소가 포함됩니다.

보안

시스템이 전반적으로 얼마나 안전한지를 의미합니다. 데이터가 데이터베이스에서 암호화되어야 하는가? 내부 시스템 간의 네트워크 통신은 어떠해야 하는가? 원격 사용자 접근을 위한 인증 형태는 무엇인가? 등을 예시로 들 수 있습니다.

보안은 모든 애플리케이션에서 '명시적' 혹은 '암묵적' 아키텍처 특성으로 등장합니다.

유지보수성

아키텍트와 개발자들이 얼마나 쉽게 시스템에 변경사항을 반영하거나 버그를 수정할 수 있는가? 등을 예시로 들 수 있습니다.

한 개 이상의 카테고리에 포함되는 특성 중 하나입니다.

신장성

개발자가 시스템을 얼마나 쉽게 확장할 수 있느냐의 정도입니다. 이것은 아키텍처 구조, 엔지니어링 관행, 내부 구조와 거버넌스(governance)를 포함할 수 있습니다.

어떤 아키텍처 특성은 순수하게 도메인 관심사보다는 개발 관심사를 다루기도 합니다.

이식성은 사용자 인터페이스와 구현 플랫폼과 같이 시스템의 일부에 대해서도 적용할 수 있습니다.

이식성

얼마나 쉽게 시스템을 한 개 이상의 플랫폼에서 실행할 수 있는가에 해당합니다(예를 들어, 윈도우, macOS 등입니다).

현지화

시스템이 다국어, 측정 단위, 통화 등 전 세계적으로 사용될 수 있도록 하는 기타 요소들을 얼마나 잘 지원하고 있는가에 해당합니다.

현지화의 다른 표현은 국제화(internationalization, i18n)입니다.

운영 특성

운영 아키텍처 특성

운영 아키텍처 특성은 아키텍처 결정이 운영 팀 구성원의 작업에 어떻게 영향을 미치는지를 나타냅니다.

가용성

시스템을 사용할 수 있는 시간의 퍼센티지입니다. 예를 들어, 24/7(24시간 주 7일)처럼, 시스템에 장애가 발생했을 때 얼마나 빠르고 쉽게 정상화되는지를 나타냅니다.

보통 숫자 9의 개수로 나타냅니다(99.999%는 5nines이고 연간 6분 미만이 됩니다).

복구성

재난 상황에서 얼마나 빠르게 시스템이 다시 정상화되고 비즈니스 연속성을 유지하는지를 나타냅니다. 이것은 중복된 하드웨어를 위한 백업 전략과 요구사항에 영향을 줍니다.

여러분이 어떤 형용사에든 '~성'을 붙이면 새로운 아키텍처 특성이 되는지 알 수 있는 좋은 사례입니다.

견고성

시스템이 실행 중에 전력, 인터넷 연결 끊김 또는 하드웨어가 고장났을 때 오류와 경계 조건을 처리하는 능력입니다.

성능

가용한 자원을 사용하여 시스템이 얼마나 시간 요구사항을 잘 충족하는가를 나타냅니다.

곧 알게 되겠지만 '성능'은 많은 서로 다른 측면을 포함합니다.

이것들이 중요하면 이 시스템은 매우 중요한 것입니다.

신뢰성/안전

시스템이 페일세이프(fail-safe)해야 하는지, 아니면 사람의 생명에 영향을 미치는 정도로 임무가 중대한지의 여부를 나타냅니다. 시스템이 실패하면 사람들의 생명을 위협하거나 회사에 막대한 비용이 발생하나요? 의료 시스템, 병원 소프트웨어 및 항공기 애플리케이션에서는 이 기준이 일반적으로 적용됩니다.

어떤 '~성'은 다른 것보다 달성하기 쉽습니다. 그러나 이것은 꽤 어렵습니다.

확장성

사용자의 수 혹은 요청이 증가할 때 시스템이 얼마나 잘 동작하는가를 나타냅니다.

애플리케이션인 래프터는 확실히 이것을 필요로 합니다!

아키텍처 특성

아키텍처 공통 특성

깔끔하고 정돈된 소프트웨어 아키텍처를 기대하지만, 오리너구리[4] 같은 예외는 여전히 발생합니다! 분류하기 어려운 많은 중요한 특성이 있기 때문입니다.

보안

시스템이 전반적으로 얼마나 안전한지를 의미합니다. 데이터가 데이터베이스에서 암호화되어야 하는가? 내부 시스템 간의 네트워크 통신은 어떠해야 하는가? 원격 사용자 접근을 위한 인증 형태는 무엇인가? 등을 예시로 들 수 있습니다.

이것은 항상 등장하는 아키텍처 특성 중 하나입니다. 또한 여러 특성을 오가는 (횡단하는) 관심사이기도 합니다.

인증과 권한은 보안의 다른 측면입니다.

합법성

데이터 보호와 애플리케이션의 빌드 및 배포 방식에 대해 시스템이 지역법을 얼마나 잘 지키는지에 대한 특성입니다.

인증/권한

시스템에서 사용자가 실제 본인인지를 확인하고, 특정 기능(사용 사례, 하위 시스템, 웹 페이지, 비즈니스 규칙, 필드 수준 등)에만 접근할 수 있도록 얼마나 잘 보장하는지에 관한 특성입니다.

프라이버시

데이터 운영자, 아키텍트, 개발자와 같은 내부 임직원들이 시스템의 거래 내역을 볼 수 없도록 얼마나 잘 숨기고 암호화하는지에 대한 특성입니다.

많은 국가와 지역에서는 프라이버시를 규제하는 엄격한 법률이 있어 국제 애플리케이션의 일관성을 유지하기 어렵습니다.

전 세계의 많은 정부 기관들은 일정 수준의 접근성을 규제합니다.

접근성

색맹이나 청각 손실과 같은 장애가 있는 사용자를 포함한 모든 사용자가 시스템에 얼마나 쉽게 접근하는 지에 대한 특성입니다.

사용성

사용자가 목적을 달성하는 것이 얼마나 쉬운지, 교육이 필요한 정도인지가 대표적인 예시입니다. 사용성 요구사항은 다른 아키텍처 문제만큼 심각하게 다루어져야 합니다.

이것은 아키텍처 특성이 얼마나 모호한지 보여주는 훌륭한 예시입니다. 또한 '사용성'은 사용자 경험 설계를 의미할 수도 있습니다.

---

4. 옮긴이_ 오리너구리는 이름에서 알 수 있듯이 오리와 너구리의 특성을 모두 지닌 동물입니다.

여러분은 여기에 있습니다

특성 정의하기

누가 무엇을 하나요?

아키텍처 특성이 정말 많아요! 래프터에 있어 가장 중요한 항목과 그 정의가 나열된 좋은 데이터베이스가 있었는데, 인덱스가 손상되어 연결이 끊어졌습니다. 각 아키텍처 특성을 정의와 연결하여 복원하도록 도와주겠습니까?

확장성   시스템 내 컴포넌트들이 어떻게 잘 정의된 그룹과 경계를 만드는지 설명합니다.

배포 용이성   시스템이 전원, 인터넷 연결 끊김 또는 하드웨어 고장과 같은 문제에서 복구될 수 있는 능력입니다.

모듈성   색맹이나 청각 손실 같은 장애가 있는 사람들을 포함하여 모든 사용자가 시스템에 얼마나 쉽게 접근할 수 있는지에 대한 특성입니다.

견고성   아키텍트와 개발자가 시스템을 개선하거나 버그를 수정하기 위해 변경사항을 적용하는 것이 얼마나 쉬운지에 대한 특성입니다.

접근성   시스템이 다수의 동시 사용자들을 처리하면서도 적절한 성능을 유지하는 방법입니다.

유지보수성   배포의 속도, 효율성과 재현성에 대한 특성입니다.

→ 정답은 74쪽에

아키텍처 특성

바보 같은 질문은 없습니다

Q: 표준 아키텍처 특성 목록은 어디에서 찾을 수 있나요?

A: 표준 목록은 실제로 존재하지 않으며(여러 번의 헛된 시도에도 불구하고) 소프트웨어 개발 생태계에서는 계속해서 변화합니다. 표준 목록을 만들려는 사람은 움직이는 목표(moving target)[5]를 맞추려는 사람과 같습니다.

Q: 보안은 모든 애플리케이션에 필요하지 않나요?

A: 상황에 따라 다릅니다! 흔한 걱정이지만, 회사 내부에서 무료 점심 주문 시스템을 설계한다면 보안 문제는 매일 에그 샐러드 샌드위치를 주문하는 것을 다른 사람들이 알게 되는 것뿐입니다.

Q: 가용성은 모든 애플리케이션에 필요하지 않나요?

A: 예상했겠지만 상황에 따라 다릅니다! 다시 말하지만 가용성은 대부분의 애플리케이션에서 공통적인 관심사입니다. 그러나 앞서 언급한 가상적인 샌드위치 주문 시스템이 실패하는 경우에도 진짜 문제는 모두가 자신의 점심을 직접 구해야 한다는 것뿐입니다.

Q: 내 애플리케이션에 맞는 아키텍처 특성의 조합은 어떻게 찾을 수 있나요?

A: 일부 아키텍처 특성은 서로 상충됩니다. 예를 들어, 아키텍트가 높은 성능과 확장성을 동시에 고려하여 설계하는 것은 어렵습니다. 시스템에서 가장 중요한 아키텍처 특성을 결정하는 것은 설계 과정의 일부일 뿐입니다. 논리적 컴포넌트 설계까지 함께 고려하면 적절한 아키텍처 스타일을 찾을 수 있습니다.

Q: 요구사항에서 가용성과 같은 아키텍처 특성을 선택하지 않았다면 그 의미는 무엇인가요?

A: 여러분이 고른 아키텍처 특성은 적절한 아키텍처 스타일에 대한 가이드를 제공합니다. 만약, 아키텍트가 가용성을 선택하지 않더라도 시스템의 가용성을 의도적으로 낮게 설계하겠다는 뜻은 아닙니다. 대신 어떤 아키텍처를 다른 아키텍처와 맞바꾸는 우선순위라고 생각하면 됩니다.

---

5. 옮긴이_ 이동 표적을 맞춘다는 것은 실제로 매우 어렵다는 뜻입니다.

특성 우선순위 매기기

연습문제

"이것이냐, 저것이냐?" 게임에 온 것을 환영합니다. 이 게임의 규칙은 간단합니다. 래프터 애플리케이션에 대해 비즈니스 요구사항과 두 가지 아키텍처 특성을 드리겠습니다. 알다시피 아키텍처에서 모든 것은 트레이드오프입니다. 그래서 하나를 최적화하려고 하면 다른 부분은 잘 되지 않을 가능성이 큽니다. 여러분의 임무는 해당 요구사항에 대해 어느 특성을 더 우선순위로 평가하는지 알려주는 것입니다. 정답과 해설은 이 장 끝부분에서 확인할 수 있습니다.

"이 제품을 최대한 빨리 시장에 출시해야 합니다!"	결함 허용성	민첩성
"예산이 빠듯합니다. 여러분!"	확장성	단순성
"오, 와우, 이번 콘퍼런스는 지금까지 중에서 가장 큰 규모가 될 것입니다."	높은 가용성	유지보수성
"사용자의 신용카드 정보를 저장하려고 합니다."	보안	복구성
"이 사이트가 출시되면 인기가 매우 많을 것입니다."	민첩성	탄력성

→ 정답은 75쪽에

괴짜 노트

소프트웨어 아키텍처 세계에는 '아키텍처 특성'이라 부르는 표준 용어가 없습니다. 자주 사용하는 용어들과 그 용어들을 선호하지 않는 이유를 밝히면 다음과 같습니다.

대부분 팀은 여전히 이를 **비기능 요구사항**이라고 부르는데 이는 오해의 소지가 있습니다. 왜냐하면 아키텍처 특성은 실제로 기능적이지만 도메인과는 관련이 없기 때문입니다. 비기능이라고 부르는 것은 그 중요성을 깎아내리는 것입니다. 다른 팀들은 그것을 **시스템 품질 속성**이라 부르는데, 이는 프로젝트의 시작보다 후반부에서 이루어지는 활동을 의미합니다. 또 다른 일반적인 명칭은 **횡단 요구사항**입니다. 이는 우리가 가장 덜 싫어하는 명칭이지만 **요구사항**이라는 단어가 포함되어 있어 도메인 행위와 얽히게 됩니다. 도메인 행위는 요구사항에서 나오지만 **역량**은 아키텍처 특성으로 정의되기 때문입니다.

아키텍처 특성

> 수많은 아키텍처 특성들이 있는데, 내 프로젝트에 어느 것이 핵심적이거나 중요한 특성일까요?

아키텍처 특성은 갑자기 생기는 것이 아닙니다. 사실, 세 가지 다른 출처에서 이를 찾아야 합니다.

❶ 문제 도메인

여러분의 업무 중 하나는 시스템에 필요한 아키텍처 특성을 결정하기 위해 문제를 분석하는 것입니다. 많은 구조적 설계 결정은 문제 도메인에서 직접 나옵니다.

❷ 환경 인식

많은 요구사항은 여러분이 운영 중인 환경을 잘 이해하는 것에서 나옵니다. 예를 들어, 다음과 같습니다. 여러분은 빠르게 움직이는 스타트업에서 일하고 있나요? 아니면 복잡한 이해관계가 걸려 있는 대기업에서 일하고 있나요?

일부 아키텍처 특성은 '암묵적'임을 기억하세요. 많은 암묵적 특성이 ❷와 ❸의 출처에서 나타납니다.

❸ 전체적인 도메인 지식

물론, 특정 문제 도메인에 집중하고 있지만 문제 도메인은 생각보다 훨씬 넓다고 얘기하고 싶습니다. 결제 시스템을 구축한다고 가정해봅시다. 어떤 요구사항이 필요한지 이해하는 것도 중요하지만 금융 세계와 금융 산업 규제 그리고 고객의 습관을 이해하고 있으면 소프트웨어 아키텍처의 특성을 잘 드러낼 수 있습니다.

그럼 이제 각 출처를 차례로 살펴보겠습니다.

여러분은 여기에 있습니다   59

특성의 출처

문제 도메인에서
아키텍처 특성 찾기

아키텍트는 필요한 많은 아키텍처 특성 중 필요한 특성을 문제 도메인에서 도출하며 결국 소프트웨어를 개발하는 동기가 됩니다. 그것은 요구사항 문서에 명시되어 있는 해당 항목들을 아키텍처 특성으로 변환해야 한다는 것을 의미합니다. 예를 들어, 랩터의 요구사항은 '수천 명의 사용자'를 명시합니다. 아키텍트로서 더 정확하게는 얼마나 많은 사용자가 예상되는지(확장성), 동시 접속자는 얼마나 될지(동시성), 얼마나 빠르게 사용자가 증가할지(탄력성)를 모두 알아야 합니다.

연습문제

도메인 요구사항은 종종 아키텍처 특성의 풍부한 출처입니다. 예를 들어, 랩터 애플리케이션은 많은 사용자를 지원해야 하므로 확장성이 필수 특성이 될 것입니다. 더 많이 찾을 수 있나요? 다시 한 번 요구사항을 알려드립니다.

사용자: 수백 명의 발표자, 수천 명의 사용자

요구사항:

- 사용자는 사용자 이름을 등록하고 프라이버시 정책에 동의할 수 있습니다.
- 사용자는 랩터에서 '우스갯소리(긴 글 포스트)'나 '말장난(짧은 글 포스트)'으로 새 콘텐츠를 추가할 수 있습니다.
- 팔로워들은 좋아하는 콘텐츠에 '하하(강한 승인 표시)'나 '낄낄(약한 승인 메시지)'을 사용할 수 있습니다.
- [실리콘 심포지아] 행사에 참여하는 연사들은 특별한 아이콘을 가지고 있습니다.
- 발표자는 자신들의 콘텐츠와 관련된 포럼을 플랫폼에서 진행할 수 있습니다.
- 사용자는 최대 281자까지 메시지를 게시할 수 있습니다.
- 사용자는 외부 콘텐츠에 대한 링크도 게시할 수 있습니다.

추가적인 맥락:

- 국제화 지원
- 매우 적은 지원 인력
- '버스티(Bursty)' 트래픽: 라이브 회의 중에는 매우 바쁩니다.

아키텍처 특성

확장성

→ 정답은 76쪽에

환경 인식을 통해
아키텍처 특성 도출하기

여러분은 업무에 대해 많이 알고 있습니다(어쩌면 너무 많이 알 수도 있습니다!). 그리고 이를 통해 자연스럽게 아키텍처 특성을 분석할 수 있습니다. 예를 들어, 빠르게 움직이는 스타트업에서 일하는 아키텍트는 명시되어 있지 않더라도 민첩성을 우선시합니다.

퇴송하지만, 이 많은 비트니스 우선순위 회의에서 주의를 기울여야 한다는 뜻입니다!

이때 더 나은 결정을 하려면 **조직의 우선순위**를 이해하는 것이 중요합니다. 예를 들어, 두 하위 시스템을 어떻게 통합할지 결정해야 한다고 합시다. 선택지는 커스터마이징하여 고도로 맞춤화된 프로토콜이나 좀 더 많은 노력이 드는 산업의 표준 프로토콜입니다. 진공 상태[6]에서는 첫 번째를 선택할 수 있지만 조직의 목표가 다른 회사와의 합병에 적극적으로 참여하는 것임을 알게 된다면 그로 인해 더 개방된 솔루션을 선택하는 쪽으로 기울어질 수도 있습니다.

아키텍트는 독단적으로 결정을 내릴 수 없습니다. 맥락이 항상 중요합니다.

어떤 소프트웨어 아키텍트들이 특정 분야에 머무르는 이유는 그 분야에 대한 지식이 있기 때문입니다.

전체적인 도메인 지식을 활용하여
아키텍처 특성 도출하기

여러분은 분명 많은 **도메인** 지식을 습득했을 것입니다. 그것이 요구사항에는 명시되어 있지 않지만 도메인의 중요한 측면에 대해 암묵적으로 이해하고 있는 정보입니다.

래프터에서 학생들의 등록을 유도하기 위해 지역 대학교에서 프로모션을 진행하기로 결정했다고 합시다(그들은 많은 콘퍼런스에 참석하며 일부는 유머 감각이 있습니다). 프로모션 날에 가입을 처리하는 애플리케이션을 설계해야 합니다. 계산을 쉽게 하기 위해 학교에 1,000명의 학생이 있고 그들이 등록할 수 있는 시간이 10시간 있다고 가정합니다. 학생들의 등록 분포가 고르다고 가정하고 일관된 규모로 시스템을 설계해야 할까요? (대학생을 만난 적이 있다면 이에 대한 답을 찾을 수 있을 겁니다.)

대학생들의 미루는 능력을 절대 과소평가하지 마세요.

삶에서 가장 위험한 발견 중 하나는 얼마나 많은 일을 미루고도 (대부분) 일을 끝낼 수 있는지를 깨닫는 것입니다.

현실 세계의 경험에 따르면 그렇지 않을 것이라고 추측할 수 있습니다. 대상 고객에 대해 알고 있는 것을 생각해보세요. 일부 학생들은 매우 부지런하지만 일부는 일을 미루는 경향이 있습니다. 따라서 실제 설계는 첫 시간에 학생들이 몰리는 상황을 대비하여 처리하고, 하루 종일 거의 사용되지 않다가 등록 마감 시간이 다가올 때 또 한 번 학생들이 몰리는 상황을 대비하여 처리해야 합니다. 이는 지각한 학생들까지 모두 수용할 수 있게 하기 위해서입니다.

이처럼 아키텍트는 모든 사용 가능한 정보 출처를 활용하여 아키텍처 결정에 내재된 다양한 트레이드오프를 이해해야 합니다.

---

6. 옮긴이_ 아무런 제약조건이 없는 상황을 의미합니다.

감상하기 — 해결책과 요구사항

고객은 종종 요구사항보다 해결책을 가지고 아키텍트에게 옵니다. 예를 들어, 1970년대로 돌아가 보면 미국 공군은 전투기 제작을 의뢰하면서 최고 속도가 마하 2.5에 도달할 수 있는 요구사항을 포함시켰습니다. 설계자들은 노력했지만 당시의 기술로는 요구사항을 충족하기에 기술이 충분하지 않았습니다. 그들은 다시 공군으로 돌아가서 물었습니다. "왜 마하 2.5 속도로 가야 하나요?" 답변은 "전투기는 비싸니까 필요할 때 싸움을 피할 수 있으면 좋겠다."였습니다. 그 지식을 바탕으로 돌아가 F-16 전투기를 설계했습니다. 최고 속도는 요구사항에 미치지 못한 마하 2.1이었지만 가장 기동성이 뛰어나고 가속이 빠른 제트기였습니다.

사용자가 요구사항이 아닌 해결책을 제시하면 아키텍트는 성가신 아이처럼 "왜요?!?"를 물어보며 해결책에 숨겨진 실제 요구사항을 찾아내야 합니다.

연습문제

요구사항과 해결책을 구분하는 것은 때때로 어렵습니다. 여기 "왜?"라고 물었을 때 들을 수 있는 몇 가지 반응들이 있습니다. 상황에 따라 이것도 될 수 있고 다른 것이 될 수도 있습니다. 여러분은 요구사항과 해결책을 식별할 수 있나요?

"사용자 선호도와 맞춤 설정을 추적하고, 세션 간에 저장하는 시스템이 필요합니다."

☐ 요구사항   ☐ 해결책

"정말로 설문조사 서비스를 자체로 만들어야 하나요? 분명히 우리가 필요한 것을 외부에서 찾을 수 있습니다."

☐ 요구사항   ☐ 해결책

"엔터프라이즈 서비스 버스는 현재 문제 중 일부를 해결할 수 있으며(변경사항과 우회 방법이 필요하겠지만) 신장성을 극대화할 수 있습니다."

☐ 요구사항   ☐ 해결책

"친절한 영업 사원에 따르면 이 소프트웨어 패키지는 현재와 가까운 미래의 회계 필요 사항을 모두 충족합니다."

☐ 요구사항   ☐ 해결책

➡ 정답은 77쪽에

복합 아키텍처 특성

알렉스: 비즈니스 분석가가 시스템이 '신뢰성이 있는지'를 확인할 수 있는지 물었습니다. 무슨 뜻인가요?

샘: 와우, 소프트웨어의 '신뢰성'을 정의하는 다양한 방법들이 있을 것 같아요.

마라: 이런 일이 자주 발생합니다. **복합**(composite)은 두 개 이상의 것을 조합한 것이며, 종종 아키텍처 특성이 서로 결합하여 (겉보기에는) 새로운 것을 만듭니다. 이것을 **복합 아키텍처 특성**이라고 합니다.

"신뢰성있다"는 것은 무슨 뜻일까요? 우리는 시스템의 가용성, 사용자 인터페이스 워크플로우의 일관성과 데이터 무결성 처리 능력 등 신뢰성의 여러 다른 측면을 측정할 수 있긴 합니다.

알렉스: 복합 특성을 어떻게 식별하나요?

마라: 복합 특성을 식별하려면 다음과 같이 질문하세요 "이 소프트웨어 구조의 특성을 객관적으로 측정할 수 있나요?" 성능을 단일 값으로 자주 이야기하지만 실제로는 측정을 위해 더 세부적으로 정의해야 하므로 이것은 복합 특성입니다. 측정 가능한 아키텍처 특성의 한 예는 **최초 콘텐츠풀 페인트**(First contentful paint; FCP)[7]로 모바일 기기에서 웹 페이지가 로드되는 시간을 측정하는 것입니다.

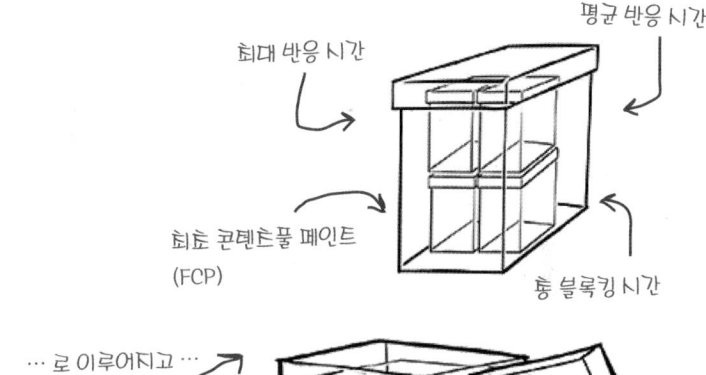

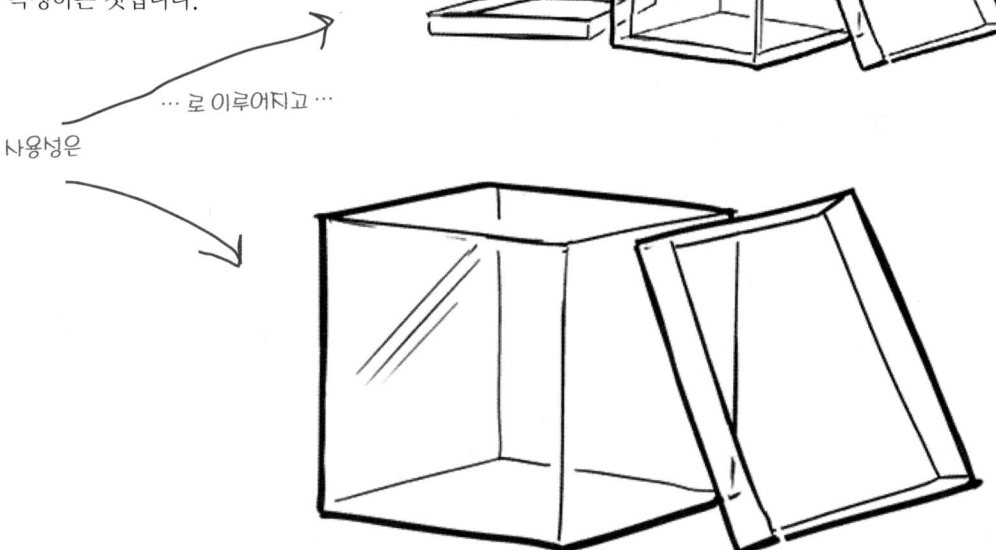

---

7. 옮긴이_ 최초 콘텐츠풀 페인트(FCP)는 브라우저가 DOM에서 첫 번째 콘텐츠 비트를 렌더링하여, 페이지가 실제로 로드되고 있다는 첫 번째 피드백을 사용자에게 제공하는 경우입니다. FCP 이후에 사용자는 웹 페이지가 로드되어 있다는 것을 느낄 수 있습니다(출처: MDN 웹 문서).

맥락을 고려하기

우선순위는 맥락을 따릅니다

모든 프로젝트에서 동일한 아키텍처 특성을 선택하는 것은 불가능합니다. 특정 애플리케이션을 위해 선택하는 아키텍처 특성과 각 특성의 우선순위는 맥락에 따라 달라져야 합니다.

연필을 깎으며

맥락이 중요합니다. 위에는 여러 가지 아키텍처 특성을 나열하고 그 아래에는 세 가지 응용 시나리오를 정리했습니다. 각 시나리오마다 해당 유형의 애플리케이션에 얼마나 중요한 특성인지를 찾고 그 특성에 순위로 매기세요.

힌트: 애플리케이션에 따라 모든 특성이 다 필요한 것은 아닙니다.

확장성   신장성   성능

보안   데이터 무결성

시나리오 #1
경쟁적 시장의 이커머스 사이트

1 _____
2 _____
3 _____
4 _____
5 _____

시나리오 #2
합병을 통한 성장 목표가 있는 기업을 위한 시스템

1 _____
2 _____
3 _____
4 _____
5 _____

시나리오 #3
대학 입학을 위한 표준화된 시험과 채점을 자동화하는 애플리케이션

1 _____
2 _____
3 _____
4 _____
5 _____

➞ 정답은 78쪽에

아키텍처 특성

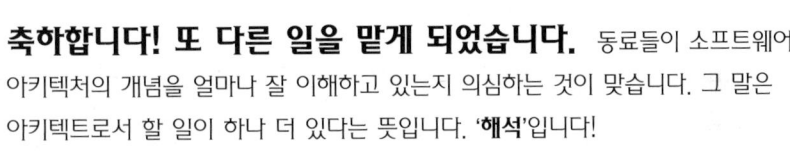

> 잠시 기다리세요.
> 래프터의 현업 전문가 중에서
> '확장성'과 '탄력성'이
> 무엇인지 아는 사람이 없어요.
> 이것들을 어떻게 물어봐야 할까요?

축하합니다! 또 다른 일을 맡게 되었습니다. 동료들이 소프트웨어 아키텍처의 개념을 얼마나 잘 이해하고 있는지 의심하는 것이 맞습니다. 그 말은 아키텍트로서 할 일이 하나 더 있다는 뜻입니다. '**해석**'입니다!

동료들이 우리의 언어를 배우는 것도 좋겠지만 비즈니스 목표를 **식별 가능하고 측정 가능한** 아키텍처 특성으로 해석하는 것은 일반적으로 아키텍트의 역할입니다.

여러분은 여기에 있습니다 **65**

요구사항 *해석하기*

해석에 빠지다

비즈니스 전문가와 분석가가 요구사항을 명시(또는 미묘하게 암시)하는 것은 드문 일이 아니며, 대부분 이런 요구사항은 평범한 영어 속에 숨겨져 있습니다. 소프트웨어 아키텍트로서의 역할은 행간을 읽어 숨겨진 요구사항을 찾아내고 이를 아키텍처 특성으로 바꾸는 것입니다. 여기에 몇 가지 예시가 있습니다.

현업 전문가가 말하길:	소프트웨어 아키텍트의 해석:	
"래프터는 새로운 시장의 요구를 수용할 수 있도록 지속적으로 변해야 합니다."	■ 민첩성 ■ 모듈성 ■ 신장성	좋은 모듈성은 파급 효과없이 빠른 변경을 가능하게 합니다.
"새로운 규제 요구사항으로 인해 정시에 업무를 마감해야 합니다."	■ 성능 ■ 복구성 ■ 확장성	성능이 좋고 오류 발생 시 빠르게 복구되어야 합니다.
"우리는 3년 내에 적극적으로 인수 합병에 나설 계획입니다."	■ 이력성 ■ 통합성 ■ 상호운용성	"여러분의 이력을 갱신하는 능력을 뜻합니다. 많은 분들이 지속적으로 합병이 발생하는 회사에서 일하고 싶어 하지 않을 것입니다."
"이 프로젝트는 납기가 매우 촉박하고 범위와 예산도 확정되어 있습니다."	■ 타당성 ■ 단순성 ■ 경제성	"이는 아키텍트라는 사람의 특성에 더 가깝습니다."

물론, 누구도 이렇게 불가능한 조합을 요구하지는 않을 것이긴 합니다.

어떤 것이 가능한지를 평가하는 타당성은 아키텍처의 '~성'으로 잘 쓰이지 않는 편입니다.

아키텍트는 통통 주어진 시간에 무엇이 가능한지에 대한 고유한 관점을 갖습니다.

아키텍처 특성

내 비즈니스 분석가는 아키텍처 특성의 기술적 용어를 이해하지 못하고 너무 많은 것들을 요구해!

요구사항이 많다고 더 좋은 것은 아닙니다.

아키텍트가 래프터의 다양한 아키텍처 특성을 나열한 목록을 비즈니스 사용자 그룹에게 가지고 가서 "이 중 어떤 것을 시스템에 원하십니까?"라고 물어보면 어떤 일이 일어날까요?

그러면 늘 이렇게 대답합니다. "전부 다요!"

전부를 모두 들어주면 좋겠지만 결코 좋은 생각이 아닙니다.

기억하세요. 아키텍처 특성은 다른 아키텍처 특성 및 문제 도메인과 시너지를 일으킵니다. **시스템이 지원해야 하는 아키텍처 특성이 많아질수록 설계가 더 복잡해집니다.**

시스템의 구조를 설계할 때 설계자는 도메인 우선순위와 시스템의 성공에 필요한 아키텍처 특성 사이에서 균형을 찾아야 합니다.

여러분은 여기에 있습니다 ▶

아키텍처 특성과 논리적 컴포넌트

아키텍처 특성과 도메인 간의 균형을 맞추는 방법을 알려주기 전에 아키텍처 특성과 논리적 컴포넌트는 같은 동전의 양면이라는 것을 보여주고자 합니다. 두 가지 모두, 문제 도메인을 지원하는 것을 목표로 하며 소프트웨어를 개발하는 이유가 됩니다.

아키텍처의 특성 = 역량

아키텍처 특성은 요구사항에 기반한 애플리케이션의 행동이 아니라 솔루션이 지원할 역량의 종류를 설명합니다.

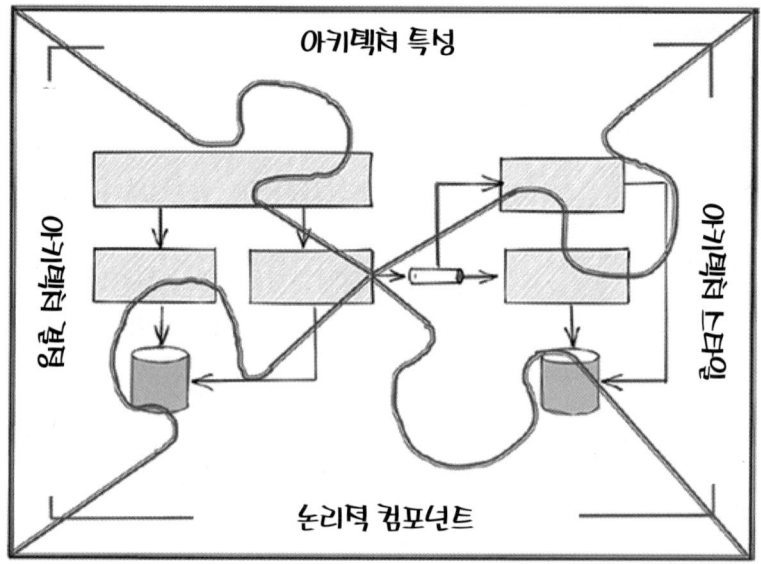

논리적 컴포넌트 = 행동

4장에서 깊이 다루는 논리적 컴포넌트는 현재의 근본적인 문제를 해결하기 위해 소프트웨어로 구현하려고 하는 시스템의 설계를 나타냅니다.

아키텍처 특성

도메인 고려사항과 아키텍처 특성 사이에서 균형 잡기

아키텍트는 아키텍처 특성과 논리적 컴포넌트 분석을 통해 적절한 아키텍처 스타일을 결정합니다. 래프터 애플리케이션도 예외는 아니어서 둘 사이에서 균형을 맞추어야 합니다.

왼쪽은 도메인 고려사항, 오른쪽은 아키텍처 특성이라고 상상해보세요.

아키텍처 특성이 없음

가끔 시스템을 설계하기 전에 아키텍처 특성을 분석하는 시간을 갖지 않으면 시스템에 필요한 아키텍처 특성이 누락되어 비용과 시간이 많이 드는 재작업으로 이어집니다.

필요한 아키텍처 특성이 누락된 프로젝트는 빠르게 실패할 것입니다.

아키텍처 특성은 도메인과 다른 아키텍처 특성들과 시너지를 일으킴을 기억하세요.

둘 사이의 좋은 균형 …

이 시나리오에서는 아키텍처 특성과 도메인 고려사항 간의 설계 결정을 균형있게 맞췄습니다.

… 아키텍처 특성과 도메인 고려사항

이로 인해 오버엔지니어링없이 운영 및 구조 목표를 달성할 수 있습니다.

너무 많은 아키텍처 특성

안타깝게도 소프트웨어 아키텍트들은 때때로 상아탑에 틀어박혀 아키텍처 특성을 분석하는 데 너무 많은 시간을 보내거나 유용한 특성들을 너무 많이 식별하는 경우가 있습니다. 이것은 오버엔지니어링을 초래하여 구현 및 지속적인 유지보수에 들어가는 시간과 노력을 낭비하게 합니다.

너무 많은 아키텍처 특성을 지원하려는 시스템은 결국 도메인을 지원할 여력이 없습니다.

여러분은 여기에 있습니다 **69**

개수를 제한하기

아키텍처 특성의 개수 제한하기

비즈니스 이해관계자가 가능한 선에서 모든 아키텍처 특성을 요구할 때 그들의 열정을 어떻게 제한할 수 있을까요?

마법의 숫자 7

아키텍트와 비즈니스 분석가 사이의 대화에 필요한 유용한 가이드 중 하나는 **선택할 수 있는 아키텍처 특성의 수를 일곱 개로 제한하는 것입니다.** 왜 일곱 개일까요? 왜 7일까요?

심리학 연구에 따르면 사람들은 일곱 개의 항목을 하나의 덩어리로 기억합니다 (초기의 전화번호가 일곱 자리였던 이유 중 하나입니다). 너무 많이 제공하지 않으면서도 선택의 딜레마를 만들지 않고 다양한 옵션을 제공할 만큼 충분히 크기 때문입니다.

우리는 아키텍트가 다른 이해관계자들과 협력하여 합리적인 수치를 도출할 수 있도록 돕는 워크시트를 만들었습니다. 이것은 시연을 위한 용도로 다음 쪽에서 사용할 수 있습니다.

'마법의 수 칠, 더하거나 빼기 이: 정보처리에 대한 우리 능력의 몇 가지 제한'[8]은 1956년에 심리학자 조지 밀러(George Miller)가 발표한 유명한 논문입니다.

가장 중요한 주요 특성들에 합의했다면 이제 세 개를 고르세요. 가장 적합한 것 옆에 1, 2와 3을 쓰세요.

주요 특성은 중요한 설계 결정을 도출하는 아키텍처 특성입니다.

설계 결정에 영향을 주는 암묵적 특성은 주요 특성이 됩니다.

상위 세 개   **주요 특성**   **암묵적 특성**

☐ _____   타당성(비용/시간)

☐ _____   보안

☐ _____   유지보수성

☐ _____   관찰 가능성

☐ _____

☐ _____

☐ _____

공통적인 암묵적 특성 네 개를 골랐습니다. 이 특성 외에 다른 특성이 필요하다면 여러분에 맞는 것으로 대체하면 됩니다.

---

8. 옮긴이_ 위키백과에서 '마법의 수 칠, 더하거나 빼기 이'로 검색하면 이 논문에 대한 자세한 내용을 참고할 수 있습니다(https://url.kr/dszvij).

연필을 깎으며

60쪽에서 여러분은 [실리콘 심포지아]의 소셜 미디어 애플리케이션인 래프터를 위한 아키텍처 특성을 확인했습니다. 균형이 잘 맞는지 확인하기 위해 특성을 일곱 개로 제한하세요. 그런 다음 가장 중요한 세 가지 항목 옆에 있는 상자에 체크하세요.,

상위 세 개 주요 특성

☐ _____
☐ _____
☐ _____
☐ _____
☐ _____
☐ _____
☐ _____

← 순서에 상관없이 가장 중요한 상위 세 가지를 고르세요.

암묵적 특성

타당성(비용/시간)
_____
보안
_____
유지보수성
_____
관찰 가능성
_____

← 이것들은 암묵적 특성들입니다. 만약, 시스템 성공에 __핵심적__이라면 주요 특성으로 옮기세요.

아키텍처 특성 후보

성능	데이터 무결성	배포 용이성
응답성	데이터 일관성	테스트 용이성
가용성	적응성	설정성
결함 허용성	신장성	맞춤성
확장성	상호운용성	복구성
탄력성	동시성	감사 가능성

→ 정답은 79쪽에

장 요약

> **핵심정리**
>
> - 아키텍처 특성은 아키텍트가 소프트웨어 시스템을 설계하는 데 사용하는 구조적 분석의 한 부분을 나타냅니다(다른 부분인 논리적 컴포넌트 대해서는 4장에서 다룹니다).
> - 아키텍처 특성은 시스템의 역량을 기술합니다.
> - 일부 아키텍처 특성은 운영상의 문제(예 가용성, 확장성 등)와 겹칩니다.
> - 아키텍처 특성에는 여러 종류가 있습니다. 소프트웨어 개발 생태계는 계속 변하기 때문에 누구도 포괄적인 목록을 만들 수 없습니다.
> - 아키텍처 특성을 식별할 때 아키텍트는 구조 설계에 영향을 미치는 요소를 찾아야 합니다.
> - 아키텍트는 너무 많은 아키텍처 특성을 지정하지 않도록 주의해야 합니다. 이는 시너지가 있어 하나를 변경하면 시스템의 다른 부분도 함께 변경해야 하기 때문입니다.
> - 일부 아키텍처 특성은 암묵적입니다. 요구사항에 명시적으로 언급되지 않지만 아키텍트가 설계할 때 고려해야 합니다.
> - 일부 아키텍처 특성은 여러 카테고리에 나타날 수 있습니다.
> - 많은 아키텍처 특성은 횡단적입니다. 이는 조직의 다른 부분(결정)과 상호작용합니다.
> - 아키텍트는 요구사항과 다른 도메인 설계 고려사항에서 많은 아키텍처 특성을 도출해야 합니다.
> - 일부 아키텍처 특성은 대상 애플리케이션의 요구사항 외에 도메인 또는 환경 지식에서도 나옵니다.
> - 일부 아키텍처 특성은 복합적입니다. 여러 다른 아키텍처 특성들의 조합으로 구성될 수 있습니다.
> - 아키텍트는 '비즈니스' 언어를 아키텍처 특성으로 해석하는 방법을 배워야 합니다.
> - 아키텍트는 고려하는 아키텍처 특성의 수를 일곱 개 정도의 적은 수로 제한해야 합니다.

아키텍처 특성 낱말 퀴즈

재미있게 배우고 익힌 내용을 테스트할 준비가 되었나요? 아키텍처 특성에 관한 낱말 퀴즈를 풀어 보세요.

가로

3. 대체로 암묵적인 아키텍처 특성이다.
4. _____엔지니어링은 아키텍처의 문제다.
8. 아키텍처 특성을 고르는 것은 _____를(을) 부여하는 문제다.
9. 아키텍처 특성에 관한 매직 넘버다.
11. 비기능 요구사항은 또한 아키텍처 _____(이)라고 부른다.
15. 일부 아키텍처 특성은 _____-cutting이다.
17. 사용자가 요구사항 대신 해결책을 제시할 때 아키텍처가 물어야 할 것이다.
18. 시스템은 요청(demands)에 대응하기 위해 _____ up and down 할 수 있어야 한다.
19. _____ 허용성은 아키텍처 특성이다.

세로

1. 고르지 않은 트래픽은 종종 _____와(과) 함께 온다.
2. 래프터의 게시물은 '우스갯소리' 혹은 _____ (짧은 글 포스트)(이)다.
3. 아키텍처 특성은 시스템의 _____에 영향을 준다.
5. 아키텍처 특성은 명시적이거나 _____(이)다.
6. _____ 무결성은 아키텍처 특성이다.
7. 수많은 _____ 사용자가 몰리는 사이트는 확장성이 있어야 한다.
10. 많은 정부는 데이터 _____를(을) 규제한다.
12. 아키텍처 특성은 시스템의 _____에 핵심적이거나 중요하다.
13. 아키텍처 특성과 논리적 컴포넌트를 결합하면 아키텍처 _____이(가) 된다.
14. 여러분의 소프트웨어가 속해 있는 분야다.
16. 웹 페이지의 로딩 시간을 종종 '최초 콘텐츠풀 _____'(이)라고 한다.

→ 정답은 80쪽에

연습문제 정답

누가 무엇을 하나요? 정답

문제는 56쪽에

아키텍처 특성이 정말 많아요! 래프터에 있어 가장 중요한 항목과 그 정의가 나열된 좋은 데이터베이스가 있었는데 인덱스가 손상되어 연결이 끊어졌습니다. 각 아키텍처 특성을 정의와 연결하여 복원하도록 도와주겠습니까?

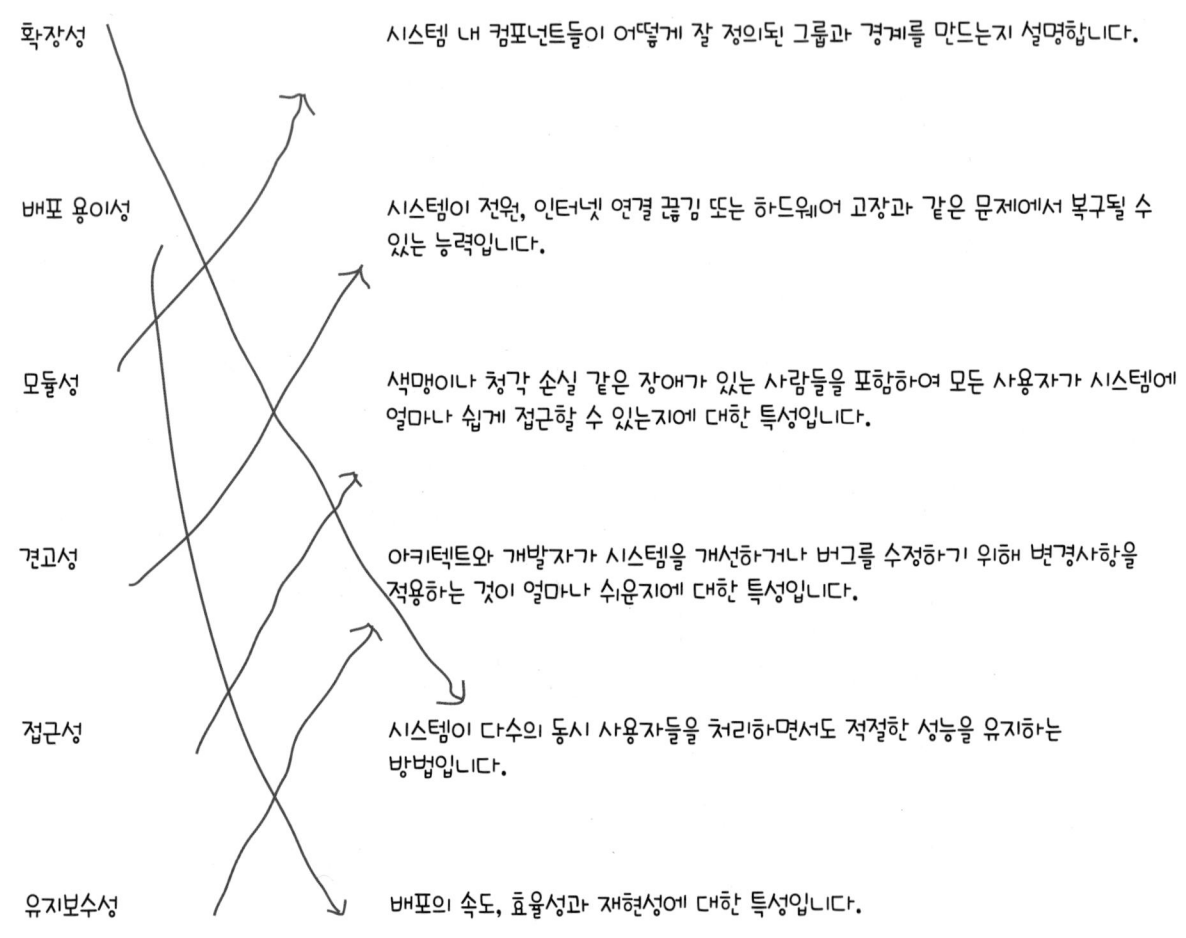

- 확장성 — 시스템 내 컴포넌트들이 어떻게 잘 정의된 그룹과 경계를 만드는지 설명합니다.
- 배포 용이성 — 시스템이 전원, 인터넷 연결 끊김 또는 하드웨어 고장과 같은 문제에서 복구될 수 있는 능력입니다.
- 모듈성 — 색맹이나 청각 손실 같은 장애가 있는 사람들을 포함하여 모든 사용자가 시스템에 얼마나 쉽게 접근할 수 있는지에 대한 특성입니다.
- 견고성 — 아키텍트와 개발자가 시스템을 개선하거나 버그를 수정하기 위해 변경사항을 적용하는 것이 얼마나 쉬운지에 대한 특성입니다.
- 접근성 — 시스템이 다수의 동시 사용자들을 처리하면서도 적절한 성능을 유지하는 방법입니다.
- 유지보수성 — 배포의 속도, 효율성과 재현성에 대한 특성입니다.

아키텍처 특성

문제는 58쪽에

연습문제 정답

"이것이냐 저것이냐?" 게임에 온 것을 환영합니다. 이 게임의 규칙은 간단합니다. — 래프터 애플리케이션에 대해 비즈니스 요구사항과 두 가지 아키텍처 특성을 드리겠습니다. 알다시피 아키텍처에서 모든 것은 트레이드오프입니다. 그래서 하나를 최적화하려고 하면 다른 부분은 잘 되지 않을 가능성이 큽니다. 여러분의 임무는 해당 요구사항에 대해 어느 특성을 더 우선순위로 평가하는지 알려주는 것입니다. 정답과 해설은 이 장 끝부분에서 확인할 수 있습니다.

요구사항	특성 1	특성 2
"이 제품을 최대한 빨리 시장에 출시해야 합니다!"	결함 허용성	**민첩성**
"예산이 빠듯합니다. 여러분!"	확장성	**단순성**
"오, 와우, 이번 콘퍼런스는 지금까지 중에서 가장 큰 규모가 될 것입니다."	**높은 가용성**	유지보수성
"사용자의 신용카드 정보를 저장하려고 합니다."	**보안**	복구성
"이 사이트가 출시되면 인기가 매우 많을 것입니다."	민첩성	**탄력성**

여러분은 여기에 있습니다

연습문제 정답

문제는 60쪽에

도메인 요구사항은 종종 아키텍처 특성의 풍부한 출처입니다. 예를 들어, 래프터 애플리케이션은 많은 사용자를 지원해야 하므로 확장성이 필수적인 특성이 될 것입니다. 더 많이 찾을 수 있나요? 다시 한 번 요구사항을 알려드립니다.

사용자: 수백 명의 발표자, 수천 명의 사용자

요구사항:

- 사용자는 사용자 이름을 등록하고 프라이버시 정책에 동의할 수 있습니다.
- 사용자는 래프터에서 '우스갯소리(긴 글 포스트)'나 '말장난(짧은 글 포스트)'으로 새 콘텐츠를 추가할 수 있습니다.
- 팔로워들은 좋아하는 콘텐츠에 '하하(강한 승인 표시)'나 '낄낄(약한 승인 메시지)'을 사용할 수 있습니다.
- [실리콘 심포지아] 행사에 참여하는 연사들은 특별한 아이콘을 가지고 있습니다.
- 발표자는 자신들의 콘텐츠와 관련된 포럼을 플랫폼에서 진행할 수 있습니다.
- 사용자는 최대 281자까지 메시지를 게시할 수 있습니다.
- 사용자는 외부 콘텐츠에 대한 링크도 게시할 수 있습니다.

추가적인 맥락:

- 국제화 지원
- 매우 적은 지원 인력
- '버스티(Bursty)' 트래픽: 라이브 회의 중에는 매우 바쁩니다.

아키텍처 특성

확장성 _____

탄력성 _____

권한 _____

인증 _____

국제화 _____

맞춤성 _____

아키텍처 특성

문제는 62쪽에

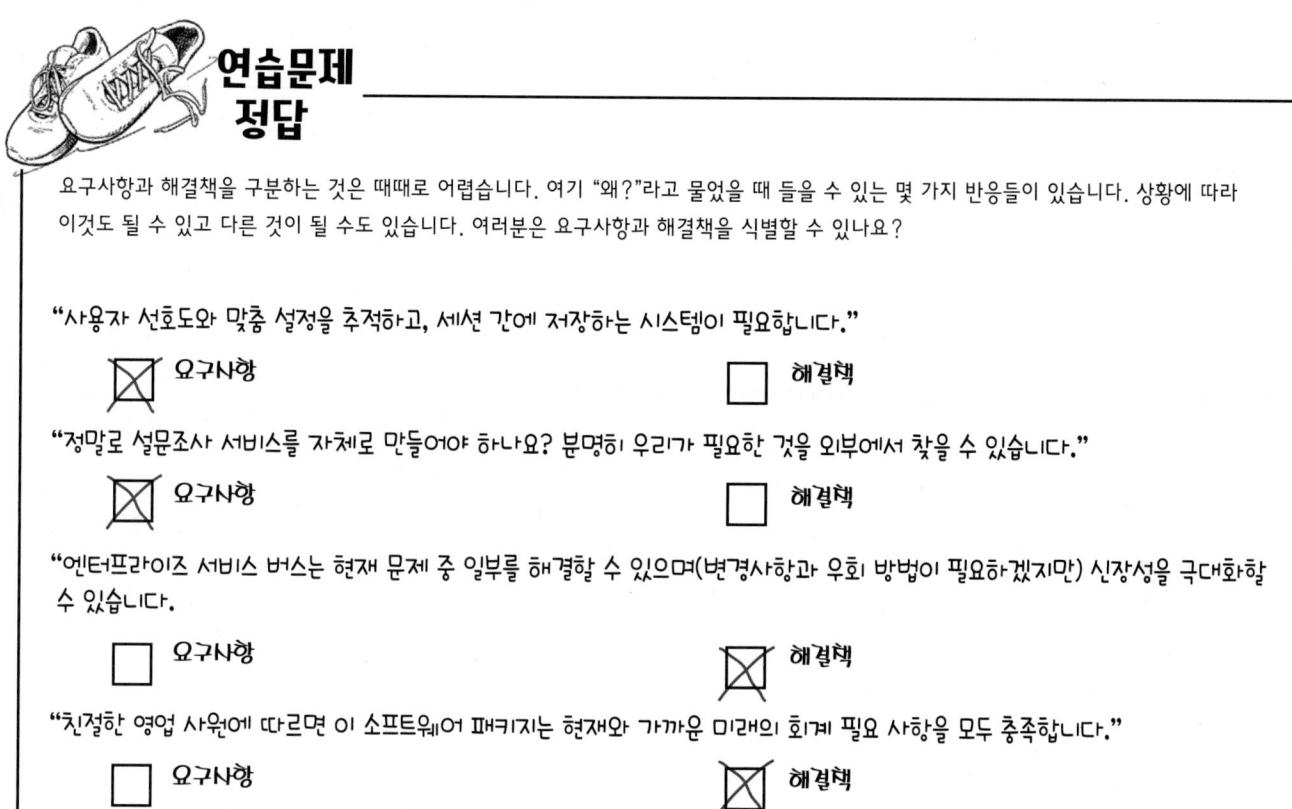

연습문제 정답

요구사항과 해결책을 구분하는 것은 때때로 어렵습니다. 여기 "왜?"라고 물었을 때 들을 수 있는 몇 가지 반응들이 있습니다. 상황에 따라 이것도 될 수 있고 다른 것이 될 수도 있습니다. 여러분은 요구사항과 해결책을 식별할 수 있나요?

"사용자 선호도와 맞춤 설정을 추적하고, 세션 간에 저장하는 시스템이 필요합니다."

☒ 요구사항   ☐ 해결책

"정말로 설문조사 서비스를 자체로 만들어야 하나요? 분명히 우리가 필요한 것을 외부에서 찾을 수 있습니다."

☒ 요구사항   ☐ 해결책

"엔터프라이즈 서비스 버스는 현재 문제 중 일부를 해결할 수 있으며(변경사항과 우회 방법이 필요하겠지만) 신장성을 극대화할 수 있습니다."

☐ 요구사항   ☒ 해결책

"친절한 영업 사원에 따르면 이 소프트웨어 패키지는 현재와 가까운 미래의 회계 필요 사항을 모두 충족합니다."

☐ 요구사항   ☒ 해결책

여러분은 여기에 있습니다

연습문제 정답

문제는 64쪽에

연필을 깎으며 정답

맥락이 중요합니다. 위에는 여러 가지 아키텍처 특성을 나열하고 그 아래에는 세 가지 응용 시나리오를 정리했습니다. 각 시나리오마다 해당 유형의 애플리케이션에 얼마나 중요한 특성인지를 찾고 그 특성에 순위로 매기세요.

힌트: 애플리케이션에 따라 모든 특성이 다 필요한 것은 아닙니다. 필자의 순위는 다음과 같습니다.

확장성		성능
	신장성	
보안		데이터 무결성

시나리오 #1
경쟁적 시장의 이커머스 사이트

1. 보안
2. 성능
3. 확장성
4. ___
5. ___

시나리오 #2
합병을 통한 성장 목표를 가진 기업을 위한 시스템

1. 신장성
2. 확장성
3. ___
4. ___
5. ___

시나리오 #3
대학 입학을 위한 표준화된 시험과 채점을 자동화하는 애플리케이션

1. 데이터 무결성
2. 보안
3. 성능
4. ___
5. ___

아키텍처 특성

문제는 71쪽에

연습문제 정답

60쪽에서 여러분은 실리콘 심포지아 사의 소셜 미디어 애플리케이션인 래프터를 위한 아키텍처 특성을 확인했습니다. 균형이 잘 맞는지 확인하기 위해 특성을 일곱 개로 제한하세요. 그런 다음 가장 중요한 세 가지 항목 옆에 있는 상자에 체크하세요.

상위 세 개 주요 특성

- ☒ 확장성
- ☒ 보안 ←
- ☐ 탄력성
- ☒ 응답성
- ☐ 성능
- ☐ 이식성
- ☐ 접근성

암묵적 특성

- 타당성(비용/시간)
- 보안
- 유지보수성
- 관찰 가능성

← 아래에 있는 특성 후보 중에서 없는 특성도 포함됩니다. 이처럼 유일한 정답이 있는 것이 아님을 기억하세요. 올바른 질문은 이러한 선택을 정당화할 수 있는지에 대해 묻는 것입니다.

아키텍처 특성 후보

성능	데이터 무결성	배포 용이성
응답성	데이터 일관성	테스트 용이성
가용성	적응성	설정성
결함 허용성	신장성	맞춤성
확장성	상호운용성	복구성
탄력성	동시성	감사 가능성

여러분은 여기에 있습니다

연습문제 정답

소프트웨어 아키텍처 낱말 퀴즈 정답

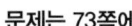 문제는 73쪽에

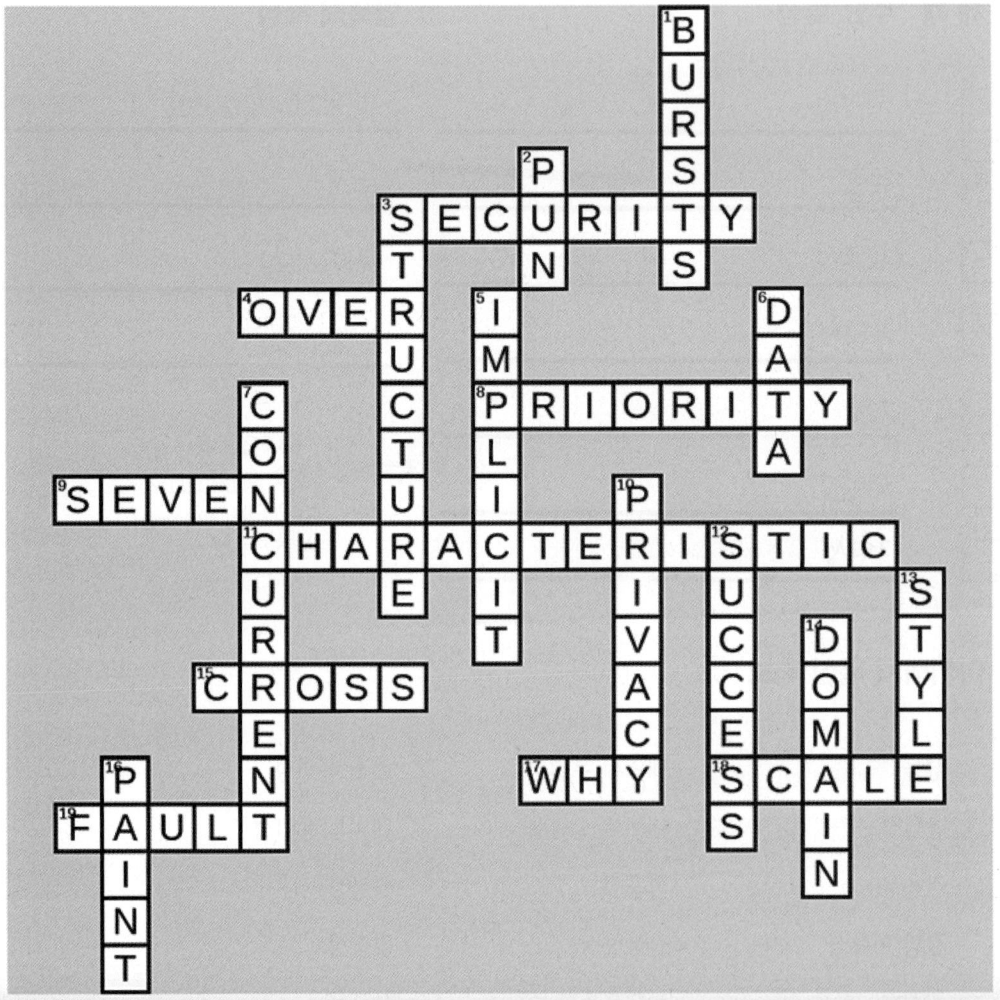

3 소프트웨어 아키텍처의 두 가지 법칙
모든 것은 트레이드오프다

'모범사례'가 없으면 어떻게 될까요? 모범사례의 장점은 어떤 목표를 달성하는 데 비교적 위험이 적은 방법이라는 점입니다. 모범사례를 '최고'라고 부르는 이유가 있습니다. 잘 작동하는 것을 알고 있으니 그냥 모범사례를 사용하면 되겠죠. 하지만 소프트웨어 아키텍처에서 빠르게 배우게 되는 한 가지는 이런 모범사례가 없다는 것입니다. 모든 상황을 신중하게 분석하고 결정을 내려야만 합니다. 또한 결정을 내린 '무엇'뿐만 아니라 '왜'도 함께 소통해야 합니다.

그러면 이 새로운 영역을 어떻게 탐험할 수 있을까요? 다행히도 소프트웨어 아키텍트를 위한 믿고 따를 만한 법칙들이 있습니다. 이 장에서는 다양한 결정을 내릴 때 사용할 수 있는 트레이드오프를 분석하는 방법을 배우며, 아키텍처 결정 기록(architectural decision records)을 통해 결정에 대한 '어떻게'와 '왜'를 기록하는 방법도 소개합니다. 이 장이 끝날 때쯤이면 여러분은 소프트웨어 아키텍처라는 불확실한 영역을 탐색하는 도구를 가지게 될 것입니다.

여기서부터 새로운 장입니다

스니커즈 앱 요구사항

스니커즈 앱으로 시작합니다

아찬나는 [투 매니 스니커즈(Too Many Sneakers)]라는 회사에서 일하고 있습니다. 이 회사는 신발 수집가들(이하 '스니커헤드')이 소장할만한 스니커즈(신발)를 사고, 팔고, 거래할 수 있는 매우 성공적인 모바일 앱을 운영하고 있습니다. 수백만 개의 신발이 등록되어 있어 고객들이 원하는 신발을 찾거나 필요 없는 신발의 사진을 올려 중고 판매를 도울 수 있습니다.

앱의 초기 아키텍처는 아래와 같은 단일 서비스였습니다.

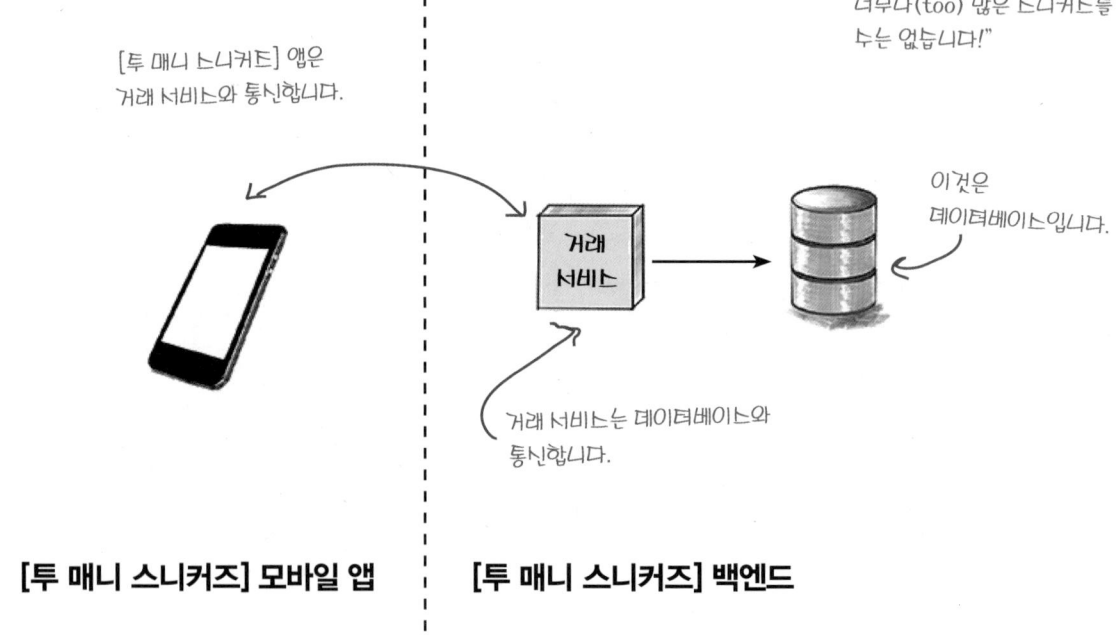

[투 매니 스니커즈] 앱은 거래 서비스를 통해 데이터(예를 들어, 새것 같은 나이키 신발 사진)를 가져오고 업데이트합니다. 거래 서비스는 데이터를 가져와 데이터베이스를 업데이트합니다.

비즈니스가 잘 되고 있습니다. 스니커헤드들은 항상 자신의 컬렉션을 바꿀 의향이 있고 [투 매니 스니커즈]의 고객 기반은 빠르게 성장했습니다. 이제 고객들은 실시간 알림을 요구하고 있는데, 이 기능이 완성되면 스니커헤드들은 이 기능을 통해 원하던 '에어 조던' 신발이 새로 등록될 때마다 바로 알 수 있게 될 것입니다.

보안은 온라인 판매에서 항상 중요한 문제입니다. 가짜를 원하는 사람은 아무도 없으며, 신용카드 번호 또한 안전하게 보호되어야 합니다. 사기꾼보다 몇 발 앞서기 위해 [투 매니 스니커즈] 경영진은 앱의 사기 탐지 능력을 향상시키는 것을 우선시하길 원합니다. 이를 위해 데이터 분석을 사용하여 사용자 행동에서 이상을 찾고 봇을 필터링하여 사기를 감지할 계획입니다.

작업은 이미 시작되었습니다. 이제 팀이 해야 할 일은 거래 서비스를 설정하여 앱에서 흥미로운 일이 발생할 때마다 새로운 알림 및 분석 서비스에 알리는 것입니다.

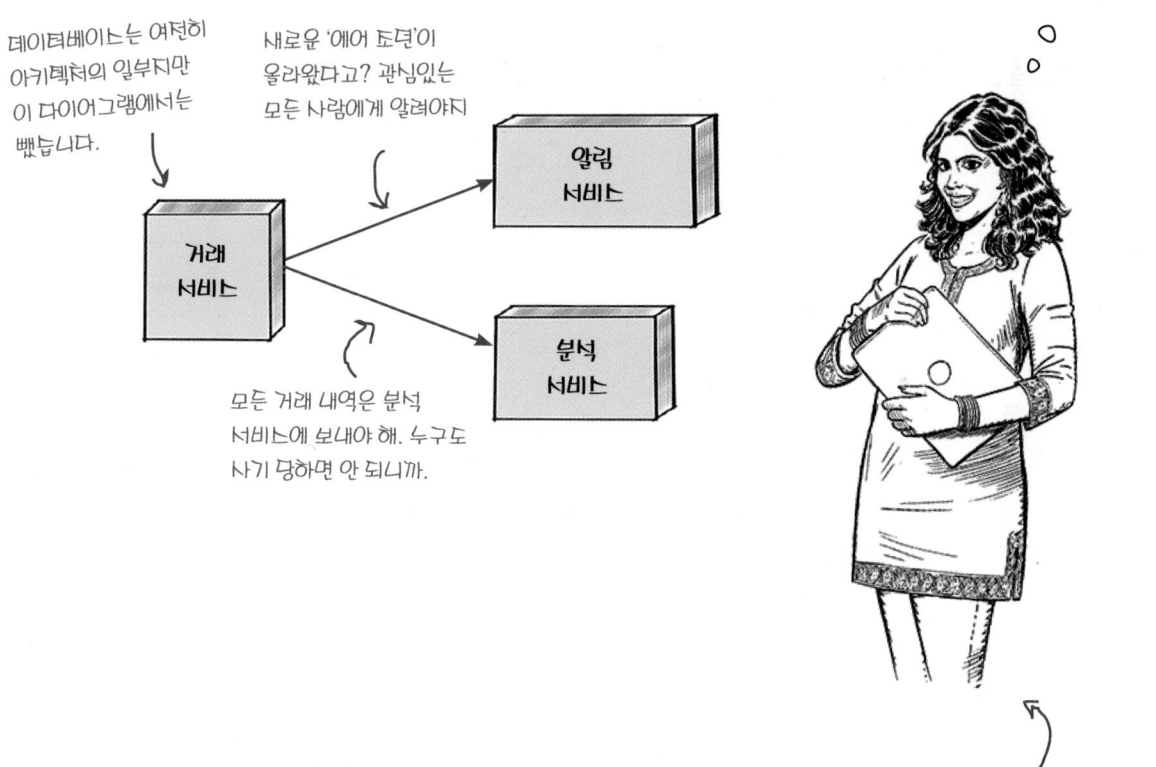

여러분은 여기에 있습니다

아는 것과 모르는 것

지금까지 무엇을 알았나요?

이 서비스들이 서로 어떻게 통신할지 알아봐야 합니다. 지금까지 알고 있는 것과 모르는 것을 정리해봅시다.

- 현재 아키텍처는 상당히 단순합니다. 거래 서비스는 자체 데이터베이스와만 소통합니다. 거래 서비스가 알림 서비스와 분석 서비스에 정보를 보내야 합니다.

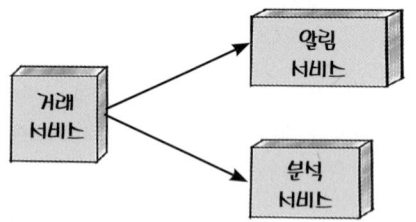

- 사무실에서는 규정 준수를 담당하는 재무 부서가 거래 서비스로부터 업데이트를 받길 원할 가능성이 있다고 합니다. 다시 말해, 우리가 설계하는 어떤 아키텍처든 **확장 가능**해야 합니다.

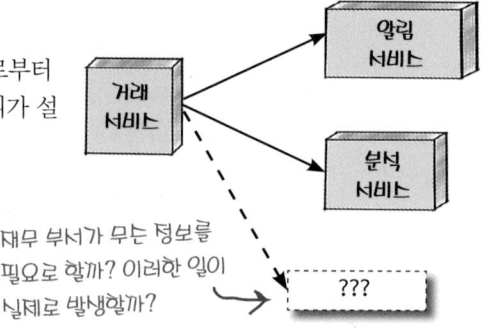

재무 부서가 무슨 정보를 필요로 할까? 이러한 일이 실제로 발생할까?

- 우리는 어떤 데이터를 알림 서비스와 분석 서비스에 보내야 할지 모릅니다. 또한 두 서비스가 같은 종류의 데이터를 받는지, 아니면 완전히 다른 데이터를 받는지도 모릅니다. 그리고 재무에 대해서 잘 모르는 것도 또다른 불확실성입니다.

```
{
    "sellerId": 12345,
    "buyerId": 6789,
    "itemId": 1492092517,
    "price": "$125.00"
}
```

이것은 어떻게 되어야 하지?

요약하면 현재 우리가 아는 것들과 모르는 수많은 것들이 존재합니다. 소프트웨어 아키텍처의 세계로 오신 것을 환영합니다.

아키텍처에 대해 말하면 우리는 다음 주 목요일쯤 끝날 거예요. 맞죠?

시스템의 아키텍트로서 우리는 시스템의 아키텍처 특성을 도출해야 합니다. (2장에서 배웠습니다).

소프트웨어 아키텍처의 두 가지 법칙

연습문제

다음 중 어느 아키텍처 특성이 이 문제에서 특히 중요할까요? 힌트: 아직 모르는 것이 많거나 확실하지 않기 때문에 정답이 없습니다. 최선의 추측을 해보세요. 이 장의 끝 부분에 정답이 있습니다. 시작해보세요.

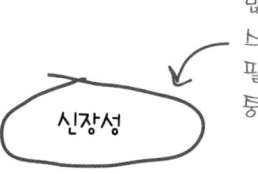

많은 하위 서비스에서 스니커즈 거래 내역을 알 필요가 있습니다. 이것은 중요한 것 같습니다!

(신장성)　　　　　　　모듈성　　　　　업그레이드 용이성

　　　　　낮은 결합도　　　　　　보안

성능　　　　　　　　　　　　　　　　　→ 정답은 116쪽에

브레인 파워

위 연습문제에서 모든 특성이 꽤 좋게 들리죠? 솔직히, 업그레이드 용이성을 누가 마다하겠습니까?

하지만 각 항목에 대해 스스로에게 진지하게 물어보세요. **이 특성이 프로젝트 성공에 중요한지** 아니면 있으면 좋은 정도인지를요.

게다가 일부 특성은 충돌합니다. 고도로 안전한 애플리케이션은 아마도 암호화 부하와 안전한 연결로 인해 성능을 높이기 어렵습니다. 돌아가서 선택한 특성들이 충돌하는지 확인하세요. 그렇다면 둘 중 하나만 선택해야 합니다.

2장으로 돌아가나요? 물론입니다!

바보 같은 질문은 없습니다

Q: 이 간단한 연습도 여러 가지 요소들이 얽혀 있는 것 같습니다. 어떤 것들은 알고 있으며 다른 것들은 알고 있다고 생각하며, 확실히 모르는 것들도 많습니다. 아키텍처에 대해 어떻게 생각해야 할까요?

A: 맞습니다. 거의 모든 실제 상황에서 아키텍처 특성 목록에는 '우리가 원하는 것'과 '우리가 원할 수도 있는 것'이 적절하게 섞여 있을 것입니다. 고객들도 최종적으로 무엇을 원할지에 대한 질문에 대답할 수 없습니다(그러면 참 좋겠지요?). '여러분이 모른다는 것조차 모르는 것들'로, '알려지지 않은 미지의 요인(unknown unknowns)'으로도 알려져 있습니다.

'알려지지 않은 미지의 요인'이 프로젝트 도중에 나타나서 가장 잘 세운 계획도 실패로 끝날 수 있습니다. 해결 방법은 무엇일까요? 애자일을 받아들이세요. 그리고 애자일의 반복적인 특성을 이해하세요. 아무것도, 특히 소프트웨어 아키텍처는 그대로 머무르지 않는다는 것을 깨달으세요. 오늘 효과가 있었던 것이 오히려 내일에는 성공의 가장 큰 장애물이 될 수 있습니다. 이것이 소프트웨어 아키텍처의 본질입니다. 문제에 대해 더 많이 알게 되고 고객의 요구가 많아질수록 소프트웨어 아키텍처는 계속 발전하고 진화합니다.

여러분은 여기에 있습니다 　85

큐와 토픽

하위 서비스와 통신하기

우리 목표는 거래 시스템이 알림 및 분석 시스템에 자동으로 거래 내역을 알리도록 하는 것입니다. 우선 메시징을 사용하기로 결정했다고 가정합시다. 하지만 곧 딜레마가 생깁니다. 메시징에 큐(Queue)를 사용할지, 토픽(Topics)를 사용할지 선택해야만 합니다.

> 메시징, 큐 혹은 토픽에 대해 잘 몰라도 괜찮습니다. 우리가 알려줄게요.

더 나아가기 전에 큐와 토픽의 차이점에 대해 서로 이해가 같은지 확인하겠습니다. 대부분의 메시징 플랫폼은 메시지의 **발행자**(이 경우, 거래 서비스)가 하나 이상의 **소비자**(하위 서비스)와 통신할 수 있는 두 가지 모델을 제공합니다.

첫 번째 선택은 **큐** 또는 '포인트 투 포인트(point-to-point)' 통신 프로토콜입니다. 여기서 발신자는 메시지의 수신자가 누구인지 알고 있습니다. 여러 소비자에게 도달하려면 발행자가 각 소비자마다 하나의 큐에 메시지를 보내야 합니다. 따라서 거래 서비스가 큐를 사용하여 분석 서비스와 알림 서비스에 거래 내용을 알리려면 다음처럼 설정해야 합니다.

> 도움이 된다면 큐를 그룹 문자처럼 생각해보세요. 알리고 싶은 모든 사람을 선택하고 메시지를 입력한 후 '전송' 버튼을 누르면 됩니다.

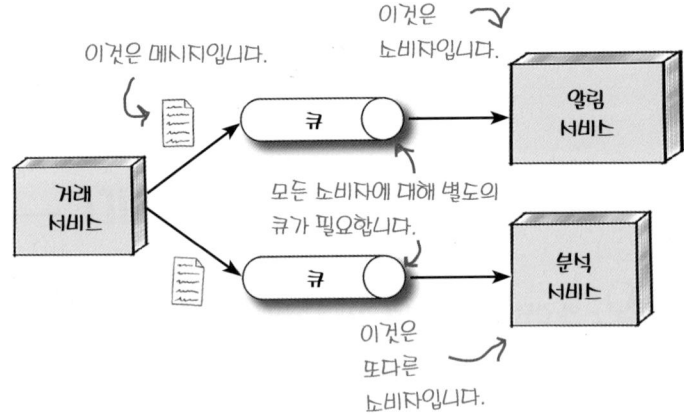

두 번째 옵션으로 **토픽**을 선택하면 브로드캐스트 모델에 가입하는 것입니다. 발행자는 메시지를 단순히 생성하고 보냅니다. 다른 하위 서비스가 발행자로부터 소식을 듣고 싶다면 특정 토픽을 **구독**하여 메시지를 받을 수 있습니다. 발행자는 몇 개의 서비스가 듣고 있는지 모르거나 신경 쓰지 않아도 됩니다.

> 토픽은 자주 사용하는 소셜 네트워크 사이트에 사진을 올리는 것과 비슷합니다. 타임라인을 '구독'한 사람은 누구나 그 사진을 볼 수 있습니다.

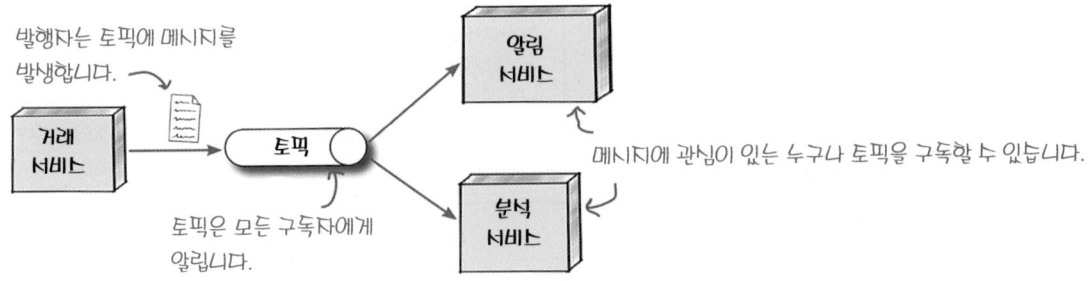

두 가지 선택, 모두 좋아 보입니다. 그래서 어떻게 선택해야 하나요? 한번 알아봅시다.

트레이드오프 분석하기

두 마리 토끼를 동시에 잡을 수는 없습니다. 세상은 타협으로 가득 차 있습니다. 즉 종종 하나를 최적화하려면 다른 것을 희생해야 합니다. 휴대폰으로 많은 사진을 찍고 저장하고 싶나요? 그러면 더 많은 저장 공간을 확보하거나 이미지 압축해야 합니다. 대신, 이미지를 압축하면 해상도가 떨어집니다.

소프트웨어 아키텍처도 다르지 않습니다. 모든 선택에는 중요한 타협점이 있으며 이를 **트레이드오프**라고 합니다. 트레이드오프가 의미하는 게 무엇일까요?

프로젝트에 가장 중요한 아키텍처 특성을 알고 있다면 그 속성을 최대한 살릴 수 있는 해결책을 생각할 수 있습니다. 그러나 그 해결책이 하나 이상의 특성을 극대화할 수 있다면 다른 특성들을 일부 희생하게 될 것입니다. 예를 들어, 확장성을 높이는 해결책은 배포 용이성이나 신뢰성을 떨어뜨릴 수 있습니다.

어떤 해결책을 생각해내더라도 그것은 트레이드오프(장점과 단점)가 따릅니다.

여러분의 업무는 두 가지입니다. 떠오르는 모든 해결책에 따른 트레이드오프를 알고 가장 중요한 아키텍처 특성을 잘 만족하는 해결책을 선택하는 것입니다.

트레이드오프가 익숙하게 들린다면 그럴 만한 이유가 있는 것이 1장에서 중요한 트레이드오프와 덜 중요한 트레이드오프에 대한 논의를 했습니다.

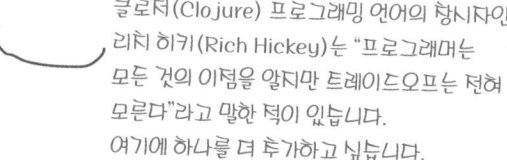

클로저(Clojure) 프로그래밍 언어의 창시자인 리치 히키(Rich Hickey)는 "프로그래머는 모든 것의 이점을 알지만 트레이드오프는 전혀 모른다"라고 말한 적이 있습니다. 여기에 하나를 더 추가하고 싶습니다. "아키텍트는 둘 다 알아야 합니다."

모든 것을 가질 수는 없습니다. 어떤 아키텍처 특성이 가장 중요한지 결정하고 그 특성을 잘 반영할 수 있는 해결책을 선택해야 합니다.

큐와 토픽

트레이드오프 분석: 큐

트레이드오프 분석은 특정 접근 방식의 이점을 찾는 것만이 아닙니다. 전체 그림을 이해하려면 부정적인 면을 찾는 것도 중요합니다. 큐부터 차례로 살펴봅시다.

큐를 사용할 때는 거래 서비스가 알림을 보내야 하는 모든 서비스에 대해 별도의 큐가 필요합니다. 알림 서비스와 분석 서비스가 서로 다른 정보를 필요로 한다면 각각의 큐에 다른 메시지를 보낼 수 있습니다. 거래 서비스는 연결된 모든 시스템을 잘 알고 있어서 다른 (잠재적으로 악성인) 서비스가 '도청'하기 어렵습니다. (보안이 우리의 우선순위라면 유용하겠죠?) 그리고 각 큐는 독립적이기 때문에 따로 따로 모니터링할 수 있으며 필요하다면 독립적으로 확장할 수도 있습니다.

거래 서비스는 메시지 소비자와 단단히 결합되어 있어 소비자의 수를 정확히 알고 있습니다. 하지만 규정 준수 서비스에도 메시지를 보내야 할지 확실하지 않습니다. 그런 일이 생기면, 거래 서비스를 다시 작업하여 세 번째 큐로 메시지를 보내도록 해야 합니다. 간단히 말해서 큐를 선택하면 신장성을 포기하는 것입니다.

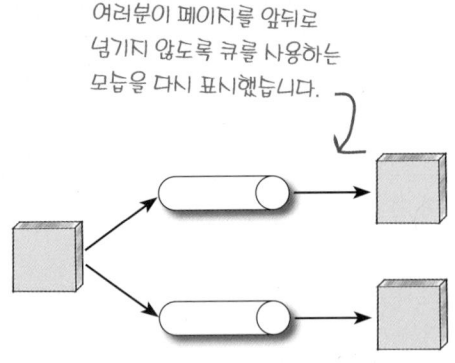

여러분이 페이지를 앞뒤로 넘기지 않도록 큐를 사용하는 모습을 다시 표시했습니다.

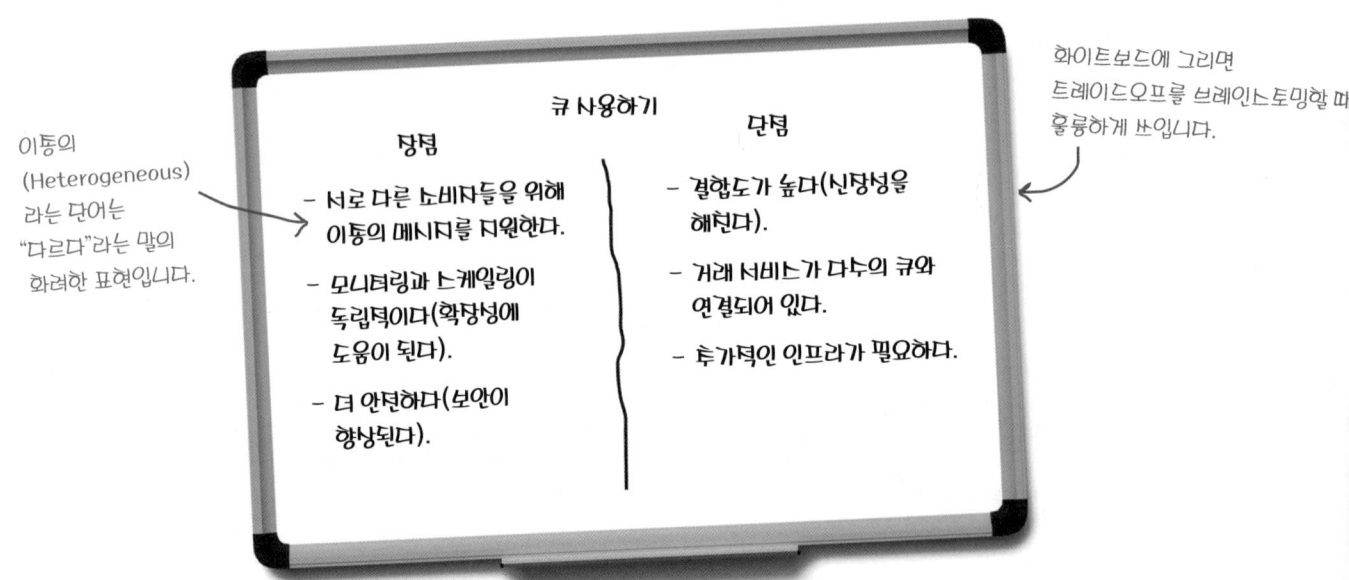

이종의 (Heterogeneous)라는 단어는 "다르다"라는 말의 화려한 표현입니다.

화이트보드에 그리면 트레이드오프를 브레인스토밍할 때 훌륭하게 쓰입니다.

이제 '트레이드오프 분석'이라는 말이 무슨 뜻인지 알겠죠?

트레이드오프 분석: 토픽

토픽를 사용하는 것은 어떨까요? 장점은 명확합니다. 거래 서비스는 토픽에만 메시지를 전달하고 거래 서비스로부터 메시지를 듣고 싶은 사람은 그 토픽을 구독하면 됩니다. 규정 준수를 포함하고 싶나요? 단순히 구독만 하면 되고 거래 서비스에는 아무런 변경이 필요하지 않습니다. 낮은 결합도 만세!

하지만 토픽에도 몇 가지 단점이 있습니다. 첫째로, 메시지를 특정 서비스에 맞게 사용자 정의할 수 없습니다. 이 방식은 모든 상황에 적용되는 일괄적인 방식이며 선택의 여지가 없습니다. 확장도 대상이 하나밖에 없으므로 모든 경우에 맞는 단일 방식입니다. 그리고 거래 서비스가 모른 채로 누구나 토픽에 구독할 수 있어 어떤 상황에는 잠재적인 보안 위험이 될 수 있습니다.

화이트보드로 돌아갑니다!

토픽을 사용하면 이런 모습입니다.

토픽 사용하기

장점
- 결합도가 낮다 (신장성이 향상된다).
- 거래 서비스는 한 곳에만 메시지를 발행하면 된다.

단점
- 모든 서비스를 위한 단일 메시지 타입이다.
- 토픽을 독립적으로 모니터링 혹은 확장할 수 없다 (확장성을 해친다).
- 덜 안전하다 (보안을 해친다).

✏️ 연필을 깎으며

몇 분 동안 앞의 트레이드오프 분석 결과를 비교해보세요. 양쪽 선택 모두 일부 특성을 지원하지만 다른 특성과 트레이드오프가 성립됩니다. 이제 몇 가지 요구사항을 제시할 텐데, 각 요구사항에 대해 큐를 선택할지 토픽을 선택할지 결정해보세요.

요구사항

"보안은 중요합니다." 큐 / 토픽

"다른 하위 서비스는 각각 다른 종류의 정보를 필요로 합니다." 큐 / 토픽

"앞으로 다른 하위 서비스도 추가할 예정입니다." 큐 / 토픽

→ 정답은 116쪽에

소프트웨어 아키텍처의 제1법칙

큐 혹은 토픽? 긴장은 이제 그만하겠습니다. 답은 **상황에 따라 다릅니다!** 비즈니스에 중요한 것은 무엇인가요? 만약, **보안**이 가장 중요하다면 큐를 사용하는 것이 좋습니다. [투 매니 스니커즈]는 성장 속도가 매우 빠르고 스니커즈 거래에 관심을 보이는 다른 서비스도 많습니다. 그러므로 **신장성**이 가장 큰 우선순위입니다. 그렇게 하려면 토픽을 선택해야 합니다.

시간도 중요한 요소입니다. 시장에 빨리 진출해야 한다면 가용성을 제공하는 복잡한 아키텍처보다는 단순한 아키텍처를 선택할 수 있습니다. 가동 시간이 '세 아홉(99.9%)'을 보장하는 애플리케이션이 있어도 고객이 있어야 의미가 있습니다. 그렇죠?

핵심 요점은 소프트웨어 아키텍처에서는 항상 트레이드오프의 균형을 맞춰야 한다는 것입니다. 이것이 **소프트웨어 아키텍처의 제1법칙**으로 이어집니다.

필자 중 한 명이 통통 이 티셔츠를 공개적으로 입습니다. 혹시 인쇄하게 된다면, 중간 사이즈 하나와 엑스트라 라지 두 개를 보내주세요!

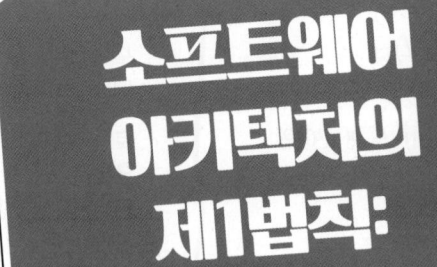

소프트웨어 아키텍처의 제1법칙:

소프트웨어 아키텍처의 모든 것은 트레이드오프다.

소프트웨어 아키텍처에서는 깔끔한 선들이 드물고 '모범사례'는 없습니다. 모든 선택은 많은 요인을 수반하며 종종 상충하게 됩니다. 제1법칙은 중요한 교훈이니 마음에 새기세요. 노트에 적어 모니터에 붙이세요. 아니면 거울에서 볼 수 있도록 이걸 이마에 거꾸로 문신하세요! 어떤 방법으로든 꼭 기억하세요.

소프트웨어 아키텍처에서 트레이드오프가 없는 결정을 찾았다면 아직 충분히 깊게 생각하지 않은 것입니다.

연필을 깎으며

이번에는 스스로 트레이드오프를 분석해보세요. 우리는 거래 서비스와 그 소비자들 간의 통신 프로토콜로 메시징을 선택했습니다. 메시징은 비동기 방식입니다. 비동기 혹은 동기식의 통신을 선택하는 것은 각각의 트레이드오프가 있습니다. 통신의 각 형태를 위한 화이트보드를 제시합니다. 또한, 여러 '~성'을 목록으로 작성했습니다. 각 아키텍처 특성이 두 맥락에서 어떻게 작동할지 생각해보세요. 이 특성은 동기 통신에서 장점인가요, 단점인가요? (아니면 둘 다 아닌가요?) 비동기 통신에서는 어떤가요? 각 '~성'을 적절한 열에 배치하세요.

힌트: 모든 특성이 이 결정에 해당되는 것은 아닙니다. 첫 번째 장점을 화이트보드에 기입해두었습니다. 이 장의 마지막 부분에서 정답을 확인할 수 있습니다.

- 응답성
- 오류 대응
- 트랜잭션
- 조정(coordination)
- 일관성
- 신장성
- 배포 용이성
- 결함 허용성

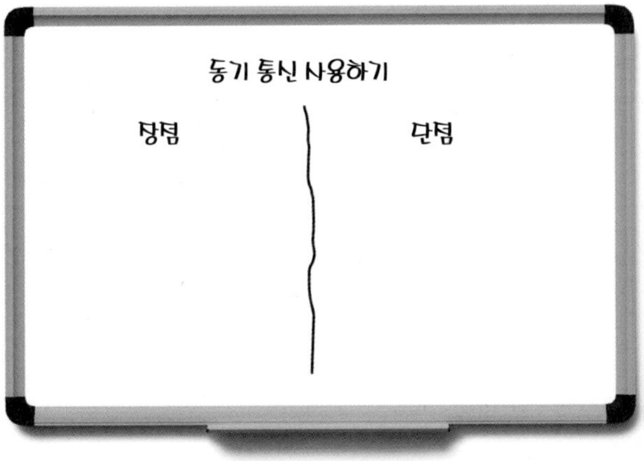

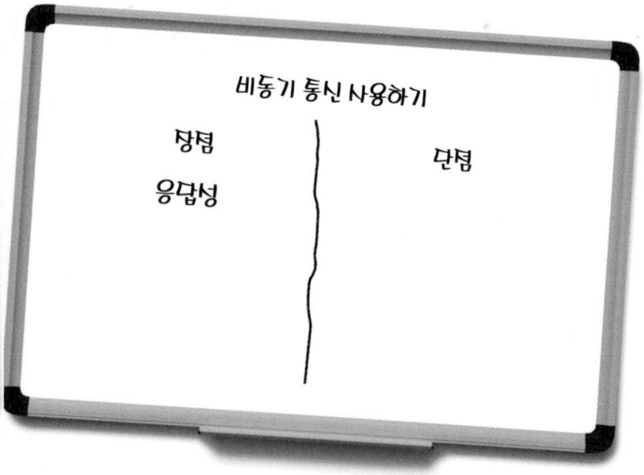

동기 통신 사용하기
장점	단점

비동기 통신 사용하기
장점	단점
응답성	

➡ 정답은 117쪽에

트레이드오프 분석

바보 같은 질문은 없습니다

Q: 아키텍처 트레이드오프 분석 방법에 대해 들어본 적이 있습니다. 그것에 대해 얘기하는 건가요?

A: 아키텍처 트레이드오프 분석 방법(Architecture Tradeoff Analysis Method; ATAM)은 인기 있는 트레이드오프 분석 방법입니다. ATAM을 사용할 때는 비즈니스 동인, '~성'들과 제안된 아키텍처를 먼저 고려하고 이를 이해관계자에게 제시합니다. 그런 다음, 그룹으로 여러 시나리오를 실행하여 '검증된 아키텍처'를 만듭니다. ATAM은 좋은 접근 방식을 제공하지만 몇 가지 한계가 있다고 생각합니다. 그중 하나는 아키텍처가 고정되어 변하지 않는다고 가정한다는 점입니다.

그러므로 ATAM의 프로세스에 집중하기보다는 결과에 집중하자고 말하고 싶습니다. 트레이드오프 분석의 목표는 필요에 가장 잘 맞는 아키텍처를 찾는 것입니다. 문제를 더 알아가고 여러 가지 시나리오를 생각하면서 이 과정을 여러 번 겪게 될 것입니다.

또 다른 인기 있는 접근법은 비용 편익 분석 방법(Cost Benefit Analysis Method; CBAM)입니다. ATAM과 달리, CBAM은 특정 '~성'을 달성하는 비용에 중점을 둡니다.

두 가지 방법을 모두 살펴보고 둘을 결합하는 것도 추천합니다. 트레이드오프 분석에는 ATAM이 도움되고 최대의 ROI(투자 수익률)를 얻는데는 CBAM이 도움됩니다.

기억하세요. 프로세스보다는 목표가 더 중요합니다. 목표는 비즈니스의 요구를 충족시키는 아키텍처에 도달하는 것입니다.

항상 트레이드오프로 돌아옵니다

어떤 사람들은 문제가 무엇이든 늘 같은 기법이나 접근 방식, 도구만을 고집합니다. 종종 과거에 많은 성공을 거둔 것을 채택하는 것입니다. 거꾸로 우리가 다정하게 '반짝이는 물건 증후군'이라고 부르는 것을 겪기도 합니다. 이는 새로운 기술이나 방법이 모든 문제를 해결할 것이라고 생각하는 접근법입니다.

과거의 성과나 미래의 약속에 얽매이지 말고 기억하세요. **모든 장점에는 단점이 따라옵니다.** 여러분이 고려해야 할 질문은 "해당 장점이 성공적인 애플리케이션을 구현하는 데 도움이 되는가?"와 "단점을 감수할 수 있는가?"입니다.

누군가 특정 접근 방법을 칭찬할 때는 이렇게 대답하세요.

"트레이드오프는 무엇인가요?"

> 명확히 하자면 새로운 도구와 기법을 사용하지 말라는 것은 아닙니다. 그것이 진보죠, 맞죠? 결정할 때 트레이드오프도 고려하는 것을 잊지 말라는 의미입니다.

아키텍처 결정하기

팀원들과 화이트보드 앞에서 장단점을 토론하는 것은 재미있지만, 어느 시점에서는 반드시 **아키텍처를 결정**해야 합니다.

1장에서 아키텍처 결정에 대해 언급했지만, 좀 더 깊이 들어가 보겠습니다. 시스템을 아키텍팅하고 설계할 때 시스템의 전체 구조부터 사용할 도구와 기술까지 많은 결정을 내려야 합니다. 그렇다면 어떤 결정이 아키텍처 결정이 되는 것인가요?

대부분의 경우, 시스템의 구조에 영향을 미치는 모든 선택은 아키텍처 결정입니다. 여기 몇 가지 예시로 든 결정들이 있습니다.

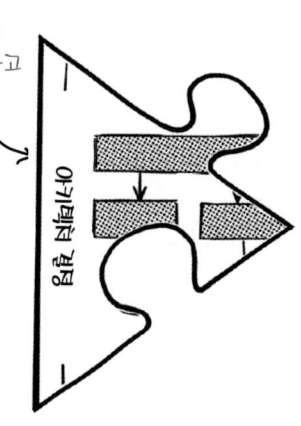

맞아요. 우리는 소프트웨어 아키텍처의 두 번째 차원에 대해 얘기하고 있습니다.

기억을 되살려 보면 투표를 단층으로 할지 아니면 2층으로 할지는 아키텍처 결정입니다.

> 우리는 캐시를 사용하여 데이터베이스의 부하를 줄이고 성능을 향상시킬 거야.

이 결정은 추가적인 인프라를 필요로 한다는 것을 기억하세요. 또한 구현 팀은 데이터를 접근하거나 쓸 때도 이것을 염두에 두어야 합니다.

우리는 '주문 배송 서비스'를 '주문 추적 서비스'와 분리하기로 결정했습니다.

> 우리는 모듈러 모놀리스로 보고 서비스를 개발할거야.

이것은 꽤 명확합니다. 글자 그대로 서비스의 구조를 기술합니다.

1장에서 설명했듯이 "아키텍처 결정은 개발 팀이 아키텍처의 제약조건과 조건을 이해할 수 있도록 돕는 안내 역할을 합니다."

이러한 결정들은 규칙이 아니라 가이드로 작용하는 것에 주목하세요. 과도하게 세부적인 것이 아니라 팀이 결정을 내리는 데 도움을 줍니다. 대부분(모두는 아니지만)의 아키텍처 결정은 시스템의 구조를 중심으로 이루어질 것입니다.

여러분은 여기에 있습니다

아키텍처 결정

아키텍처를 결정하는 다른 요소는 무엇인가요?

보통 아키텍처를 결정하면 아키텍처의 **구조**에 영향을 줍니다. 예를 들어, 모놀리스로 갈 것인지 아니면 마이크로서비스를 활용할 것인지 결정해야 하는 것입니다. 하지만 가끔은 특정한 아키텍처 특성을 유지하기로 결정할 수도 있습니다. 예를 들어, 보안이 가장 중요하다면 [투 매니 스니커즈]는 다음과 같은 결정을 내릴 수 있습니다.

> 우리는 서비스 사이에 비동기 통신을 위한 큐를 사용할 거야.

← 토픽은 모든 서비스가 구독하고 청취할 수 있는 방송 메커니즘이라는 점을 기억하세요.

↑ 이 결정은 구조에 관한 것이 아니라 보안이라는 필요에 의한 것입니다. 모든 구독자를 위한 큐가 있기 때문에 그 소비자가 누구인지 알 수 있습니다.

다른 경우에는 특정 도구, 기술, 또는 프로세스가 소프트웨어 아키텍처에 영향을 주거나 특정 아키텍처 특성을 달성하는 데 간접적으로 도움이 된다면 그것을 선택할 수도 있습니다. 예를 들면 이렇습니다.

> 우리는 MVP를 위한 개발 프레임워크로 Node.js를 사용할 거야.

← 아마도 여러분은 시장에 빨리 진출하길 원하거나 이 특정 기술 스택의 전문가들을 다수 보유하고 있을 것입니다.

↑ MVP는 '최소 기능 제품(Minimum Viable Product)'을 의미합니다.

지금까지 이 장에서 다룬 모든 내용은 이 중요한 순간인 아키텍처를 결정하기 위한 것이었습니다. 가장 먼저 트레이드오프 분석으로 시작합니다. 그런 다음 각 선택의 장단점을 비즈니스 및 최종 사용자 요구, 아키텍처 특성, 기술적 타당성, 시간 및 예산 제약조건, 개발 문제와 같은 다른 제약조건을 고려하여 평가합니다. 그러면 **마침내** 결정할 수 있습니다.

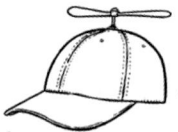

괴짜 노트

실용주의 프로그래머 시리즈인 『릴리즈 잇!』(위키북스, 2007)의 저자 마이클 나이가드(Michael Nygard)는 아키텍처 관점에서 중요한 결정은 '프로젝트의 나머지 부분이 어떻게 진행될지에 영향을 미치는 것'이나 아키텍처의 '구조, 비기능적 특성, 의존성, 인터페이스, 구현 기술'에 영향을 줄 수 있는 것이라고 정의합니다. 자세한 내용은 그의 블로그 '아키텍처 결정 문서화'를 읽어보세요.

https://www.cognitect.com/blog/2011/11/15/documenting-architecture-decisions

소프트웨어 아키텍처의 두 가지 법칙

> 잠시만요. 화이트보드는 훌륭하지만 트레이드오프 분석, 결정, 그리고 가장 중요한 그 선택이 <u>왜</u> 이루어졌는지를 기록할 더 영구적인 방법이 있어야 합니다.
> 화이트보드는 너무 임시방편적으로 보이지 않나요?

여러 가지 좋은 점을 얘기했습니다. 아키텍처 결정을 더 영구적으로 기록하는 것이 중요합니다. 또한 트레이드오프 분석은 복잡한 과정입니다. 누군가 지우개로 지워버려 모든 작업이 날아간다면 큰 손해입니다.

하지만 한 가지 더 중요한 사실이 있습니다. 결정 자체가 중요하지만 그 결정을 왜 내렸는지가 더 중요할 수 있습니다. 그래서 결론은….

여러분은 여기에 있습니다   **95**

소프트웨어 아키텍처의 제2법칙

결정하는 것은 소프트웨어 아키텍트가 해야 하는 중요한 일 중 하나입니다.

팀과 함께 트레이드오프를 분석하고 애플리케이션의 성능을 향상시키기 위해 캐시를 사용하기로 했다고 합시다. 분석 결과, 여러분의 시스템은 캐시를 사용하기 시작합니다. **무엇(what)**은 금방 찾을 수 있습니다.

그 결정이 중요하지만 결정을 내린 상황, 결정이 실행되는 팀에 미치는 영향, 그리고 여러 선택지 중에서 그것을 **왜** 선택했는지도 중요합니다.

이것으로 **소프트웨어 아키텍처의 제2법칙**을 도출할 수 있습니다.

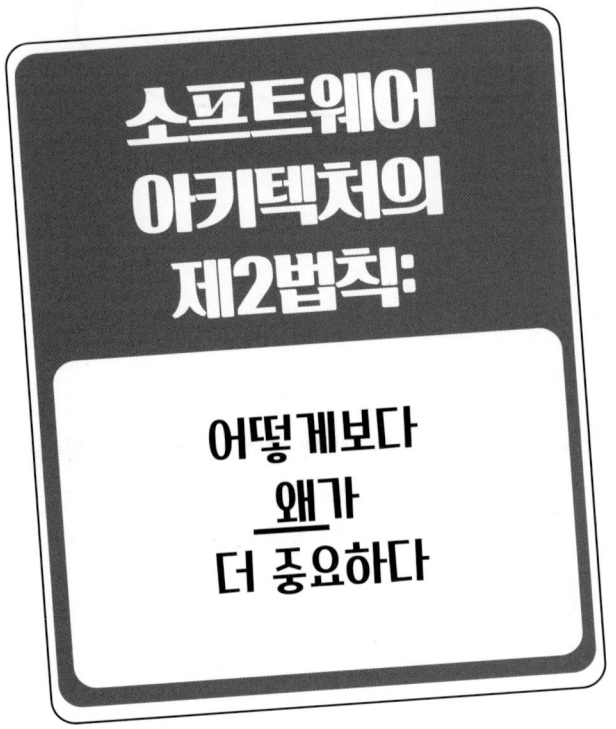

앞으로의 아키텍트들이나 미래의 당신은 당신이 무엇을 했고, 어떻게 했는지는 파악할 수 있을 것입니다. 하지만 왜 그렇게 했는지는 알아내기 어려울 것입니다. 그것을 모르면 여러분이 이미 합당한 이유로 거부한 해결책을 탐색하느라 시간을 낭비하거나 결정을 내리는 데 영향을 준 핵심 요소를 놓칠 수도 있습니다.

이것이 우리가 제2법칙을 논하는 이유입니다. 각 결정의 '이유'를 이해하고 기록해야 시간이 지나도 잊히지 않습니다.

그러면 아키텍처 결정을 어떻게 포착할까요? 다음으로 가봅시다.

아키텍처 결정 기록(ADR)

지난주에 했던 일들을 다 기억하나요? 아니죠? 우리도 그렇습니다. 이것이 중요한 내용을 문서화해야 하는 이유입니다. 특히 중요한 내용은 더욱 그렇습니다.

소프트웨어 아키텍처의 제2법칙으로 인해 결정을 내린 이유까지 기록해야 한다는 것을 알 수 있습니다. 아키텍트는 **아키텍처 결정 기록**(Architectural Decision Records; ADR)을 사용하여 이러한 결정을 기록합니다. 이는 구체적인 템플릿을 제공하기 때문입니다.

ADR은 특정 아키텍처 결정을 설명하는 문서입니다. 소프트웨어 아키텍처에 대해 결정을 내릴 때마다 하나씩 작성합니다. 시간이 지나면 그것들이 쌓여서 **아키텍처 결정 로그**(architectural decision log)가 될 것입니다. 아키텍처 결정은 아키텍처를 설명하는 두 번째 차원임을 기억하세요. 그리고 ADR은 이 두 번째 차원을 지원하는 문서입니다.

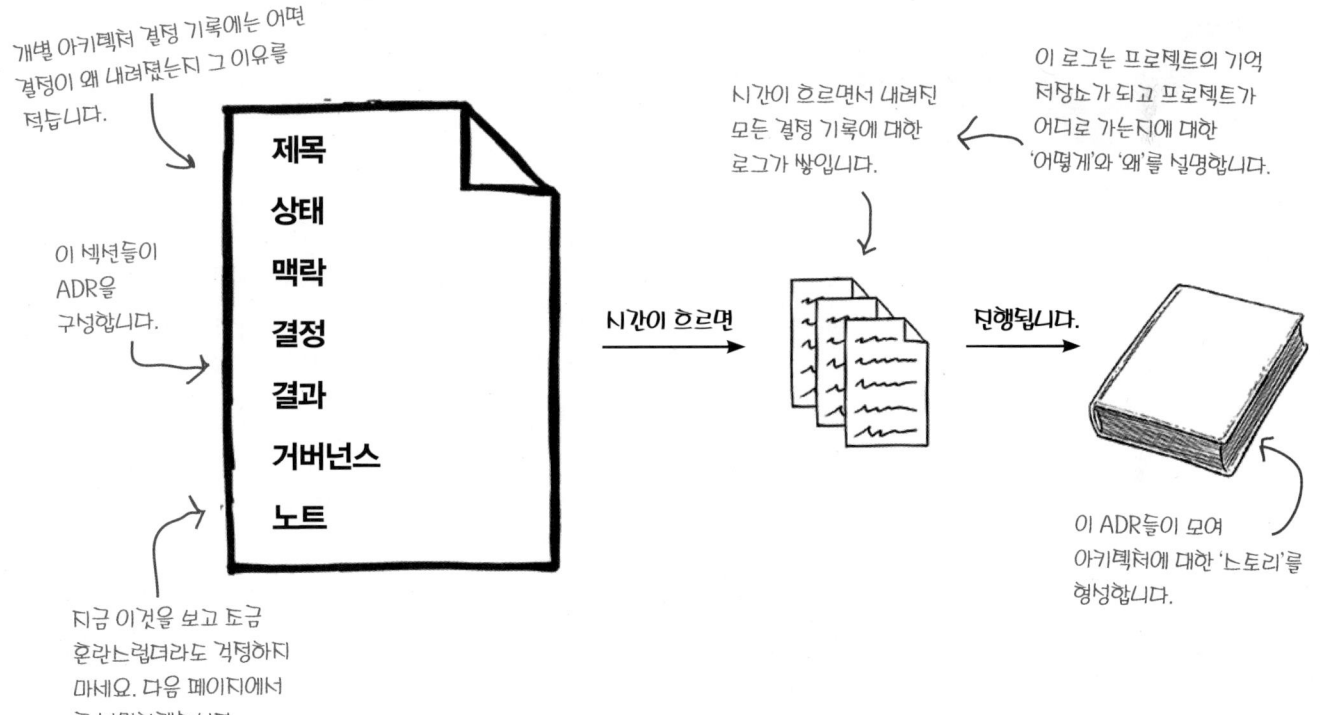

ADR에는 일곱 개의 섹션이 있습니다. 제목, 상태, 맥락, 결정, 결과, 거버넌스, 그리고 마지막으로 노트입니다. 아키텍처 결정의 모든 측면은 그 결정 자체를 포함하여 이러한 섹션 중 하나에 기록됩니다. 그럼 살펴볼까요?

여러분은 여기에 있습니다

개발 팀 대화

이제 여러분이 팀의 ADR 작성 작업을 도와야 할 차례입니다. 앞으로 나올 연습문제들을 잘 살펴보세요.

알렉스: 큐와 토픽 간의 트레이드오프를 분석하는 것이 정말 힘들었습니다.

마라: 저도요. 트레이드오프 분석은 힘들었지만 완료되어서 다행입니다. 이것은 중요한 아키텍처 결정입니다. 각 선택의 장단점을 이해하는 것이 중요했습니다.

샘: 맞아요. 맞아. 그래서 큐를 사용하기로 결정했죠? 이제 다시 프로그래밍을 시작할까요?

마라: 잠시만 기다리세요. 이제 결정을 내렸으니 우리가 내린 결정을 ADR에 기록해야 합니다.

샘: 그런데 왜요? 무엇을 할지 우리는 이미 알고 있잖아요. 기록이 쉬운 게 아닙니다.

알렉스: 보세요, 우리는 큐를 왜 선택했는지 알고 있습니다. 시스템에서 최대화하려는 아키텍처 특성을 가장 잘 지원하는 옵션이기 때문이죠?

마라: 맞습니다. 우리야 그런 결정을 왜 내렸는지 알고 있지만 미래의 직원 같은 다른 사람들은 우리가 큐를 왜 선택했는지 궁금해할 수 있습니다. 그렇기 때문에 우리의 생각을 기록해 두어야 합니다.

샘: 유용할 것 같습니다.

알렉스: 멋지네요! ADR 초안을 작성해볼까요?

ADR 작성하기: 올바른 제목 선택하기

모든 ADR은 결정 사항을 설명하는 제목으로 시작합니다. **제목**을 신중하게 작성하세요. 의미가 있어야 하지만 무엇보다 간결해야 합니다. 좋은 제목은 ADR의 내용을 쉽게 파악할 수 있게 도와주며 답을 찾기 위해 빠르게 검색할 때 특히 유용합니다.

좋은 ADR 제목이 어떤 모습인지 더 깊이 알아봅시다. 어떤 팀이 고객을 위한 서비스를 개발하고 있다고 상상해 보세요. 트레이드오프를 분석하고 설문조사 결과를 저장하기 위해 관계형 데이터베이스를 사용하기로 결정했습니다. 이때의 ADR의 제목은 다음과 같을 것입니다.

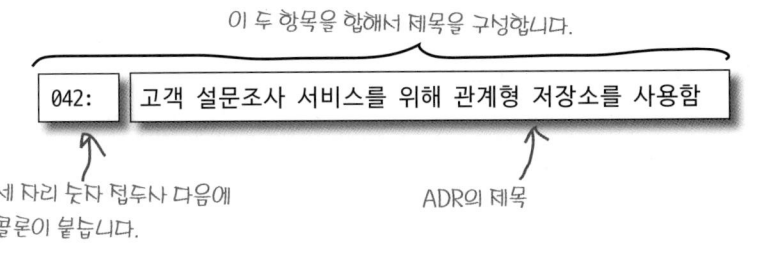

제목은 주로 명사형로 구성해야 합니다. 짧게 작성하세요. 자세한 설명은 나중에 할 기회가 많습니다. 그 ADR이 무엇에 관한 것인지 **설명해야** 하는데, 이는 뉴스 기사나 블로그 게시물의 제목과 비슷합니다. 제목을 잘 작성하면 나머지는 자연스럽게 따라옵니다.

제목은 숫자로 시작해야 합니다. 세 자릿수를 사용하며 필요하면 앞에 0을 추가하는 것을 권장합니다. 이것으로 ADR의 번호를 **순차적으로** 부여할 수 있습니다. 첫 번째 ADR은 001부터 시작하여 999까지 가능합니다. 새로운 ADR을 추가할 때마다 번호를 증가시킵니다. 이렇게 하면 기록을 읽는 사람이 어떤 결정이 다른 결정보다 먼저인지 쉽게 알 수 있습니다.

> **바보 같은 질문은 없습니다**
>
> **Q:** 만약, ADR이 999개를 넘으면 어떻게 되나요?
>
> **A:** 정말 ADR이 많네요! 이런 경우라면 작성한 제목들(그리고 잠재적으로 파일 이름까지)을 수정해야 합니다. 우리 경험에 따르면 세 자리 접두사면 충분합니다.
>
> **Q:** ADR 번호를 재사용할 수 있나요?
>
> **A:** 모든 ADR에는 고유한 식별자를 붙여야 합니다. 고유 식별자가 있으면 혼동 없이 쉽게 참조할 수 있습니다.

연습문제

다음 연습에서 여러분은 [투 매니 스니커즈] 팀이 ADR을 작성하는 것을 도울 것입니다. 거래 서비스와 하위 서비스 간에 큐를 사용하는 비동기 메시징을 사용하기로 결정했습니다. 이것이 팀이 작성하는 **열두 번째** ADR이라고 가정해 봅시다. 이 ADR의 제목은 무엇이 될까요? 번호를 잊지 마세요! 이 공간에 자신의 생각을 적어 보세요. 이 장의 끝부분에서 정답을 확인할 수 있습니다.

정답은 118쪽에

상태 섹션

ADR 작성하기: 여러분의 상태는?

멋지네요! 제목을 잘 정했습니다. 다음으로는 ADR의 상태를 결정해야 합니다. **상태**는 팀이 결정 자체에 대해 어떤 입장을 취하고 있는지 전달합니다.

하지만 잠깐만요. ADR의 요점은 결정을 기록하는 게 아닌가요? 그런 셈이죠. 하지만 결정을 하는 것도 하나의 과정입니다.

ADR은 아키텍처 결정을 기록하는 역할을 하지만, 동시에 **문서화의 역할**도 하여 공유와 협업을 더 쉽게 만들어 줍니다. 다른 사람들도 ADR을 검토하거나 승인할 수 있습니다. 따라서 다양한 상태를 가질 수 있는 ADR을 작성한다고 생각하면서 시작해봅시다.

의견 요청(Request for Comment; RFC)

다른 팀이나 자문 위원회에서 추가 의견이 필요한 경우입니다. 보통 이러한 ADR은 여러 팀에 영향을 미치거나 보안과 같은 횡단 관심사를 다룹니다. RFC 상태의 ADR은 보통 초안이며 요청받은 누구든지 의견과 비판을 할 수 있습니다. RFC 상태인 ADR은 **항상** '응답 기한'이 있어야 합니다.

이것은 저녁 외출을 계획하는 것과 같습니다. 외출하고 싶고 초대하고 싶은 친구들도 정했지만 친구들이 가고 싶은 식당을 제안해주기를 바랍니다.

예약을 위해 화요일까지 응답을 요청했습니다. 마감일은 중요합니다 왜냐하면 테드는 무슨 일이든 결정을 잘 못하기 때문입니다.

제안(Proposed)

모두가 의견을 내면 ADR은 제안 상태가 됩니다. 이는 ADR이 승인을 기다리고 있음을 의미합니다. 비진행(no-go)을 만들 수 있는 제한이 발견되면 결정을 고치거나 대폭 수정할 수도 있습니다. 다시 말해, 아직 결정을 내리지 않았지만 곧 결정을 내릴 것입니다.

저녁 계획이 있지만 날씨가 변할 수도 있어서 아직 초대장을 '보내지' 않았습니다.

승인(Accepted)

적혀있는 데로 정확히 수행합니다. 결정이 내려졌고 필요한 모든 사람이 동의했습니다. 승인 상태는 결정을 구현하는 팀에게 작업을 시작할 수 있음을 알립니다.

오, 예! 모두 참석 여부를 회신했습니다. 이제 멋진 옷을 고를 시간입니다!

다른 사람의 피드백이 더 이상 필요하지 않다면 결정을 하는 즉시 ADR을 '승인' 상태로 설정할 수 있습니다. 대부분의 ADR은 '승인' 상태에 있지만 알아봐야 할 상태가 하나 더 있습니다. 바로 '대체(Superseded)' 상태입니다.

ADR 작성하기: 여러분의 상태는?(계속)

아키텍처를 결정하고 이를 ADR에 기록했습니다. 서명하고, 봉인하고, 전송을 완료했습니다.

하지만 그때 상황이 변합니다.

비즈니스가 성장하고 있어서 이사회가 시장 출시 시기보다 확장성에 더 집중하기로 결정합니다. 회사가 국제 시장에 진출하여 EU 데이터 프라이버시 및 보존 규정을 준수할 필요가 있을지도 모릅니다. 어떤 이유에서든 결정사항이 더 이상 적절하지 않습니다. 이제 어떻게 해야 할까요?

자, 이럴 때는 또 다른 ADR을 작성하면 됩니다. 기존 ADR은 새로운 ADR로 **대체되고, 그대로 기록합니다.** 예를 들어, 고객 설문 팀이 관계형 데이터베이스가 더 이상 필요를 충족하지 못한다는 것을 깨닫고, 다시 트레이드오프 분석을 한 뒤 문서 저장소(document store)로 전환하기로 결정했다고 가정해 봅시다. 아래는 기존 ADR과 새로운 ADR의 제목과 상태입니다.

이전 ADR입니다.

> 042: 고객 설문조사 서비스를 위해 관계형 저장소를 사용함
> 상태: 승인 068로 대체됨

승인된 ADR로만 대체될 수 있습니다.

대체될 새로운 ADR 번호를 언급합니다.

이 ADR이 이전의 ADR을 덮어씁니다.

> 068: 고객 설문조사 서비스를 위해 문서 저장소를 사용함
> 상태: 승인, 042를 대체함

노트: 이 장의 나머지에서는 이제 [투 매니 스니커즈]의 68번 ADR을 사용할 것입니다.

이제 새로운 ADR의 승인 상태가 되었습니다.

여기에 대체된 ADR의 번호를 언급한 것에 주목하세요.

승인된 ADR이라도 이후의 ADR이 해당 결정을 변경하면 대체 상태로 변경될 수 있습니다. 어떤 ADR이 다른 ADR을 대체했는지, 그리고 어떤 ADR이 대체되었는지를 두 ADR 모두에서 명확히 표시하는 것이 중요합니다. 이 양방향 링크를 통해 누구나 이전의 ADR을 보면서 더 이상 관련이 없음을 빠르게 알 수 있으며, 새로운 결정에 대한 세부사항을 어디에서 찾아야 하는지도 정확히 알 수 있습니다. 개정된 ADR을 보는 사람은 링크를 통해 이전의 ADR로 돌아가 그 문제를 해결하는 데 포함된 모든 것을 이해할 수 있습니다.

ADR을 연결하는 것은 프로젝트 '기억'의 중요한 부분입니다. 이미 시도했던 것을 모두가 기억하는 데 도움이 됩니다.

상태 섹션 계속

바보 같은 질문은 없습니다

Q: ADR을 대체하는 경우 번호 매기기와 그 밖의 절차가 복잡해 보입니다. 원본 ADR을 그냥 수정하면 안 되나요?

A: ADR 제목에 세 자리 숫자 접두어를 사용하는 이유는 순서를 정하는 데 도움이 되기 때문입니다. ADR 007이 더 이상 상황에 맞지 않지만 그동안 여러 아키텍처 결정을 내렸다고 합시다. 아키텍처 결정 로그의 마지막 ADR은 ADR 013입니다.

이제 ADR 007을 다시 평가해야 합니다. ADR 014로 대체하는 대신 007의 내용을 수정한다고 가정해보세요. 무슨 일이 일어날까요?

시간 순서상 ADR 013을 승인한 후에 ADR 007을 수정합니다. 하지만 누군가 ADR을 읽어서 결정 과정을 따라가려고 한다면 잘못된 순서로 보게 될 것입니다.

독자들은 새로운 결정이 먼저 나왔다고 생각할 수 있습니다. 그렇게는 어떤 결정을 내린 후 다른 이유로 인해 그 결정을 바꿔야 했다는 것을 전달할 수는 없습니다. 새 번호를 부여하면 ADR 013 이후에 구 ADR 007이 더 이상 유효하지 않다는 것을 명확하게 알 수 있습니다. 여전히 혼란스럽나요?

Q: 승인된 ADR은 불변으로, 일단 승인되면 변경이 안 된다고 했습니다. 그게 맞나요?

A: 보세요! 바로 그거예요. ADR의 상태가 '승인'에서 '대체'로 변경되는 경우를 제외하면 ADR에 기록된 결정은 변경할 수 없습니다. 물론 ADR에 추가 정보를 넣을 수는 있지만 상태를 제외하면 대부분의 내용은 크게 변하지 않을 것입니다.

연습문제

이전 연습문제에서 큐를 사용한 메시징에 대한 [투 매니 스니커즈]의 ADR 제목을 정리했습니다. 승인을 받는다고 가정해봅시다. 선택한 제목을 아래 공간에 적고 ADR의 상태를 넣으세요.

제목: _____

상태: _____

석 달 후에:

이런! 요구사항이 변경되었습니다. 최신 트레이드오프 분석에 따르면 토픽이 더 적합할 것 같습니다. 모두가 이에 동의했으니 새로운 ADR로 기존 ADR을 대체해야 합니다. 이것은 팀에서 작업한 21번째 ADR입니다. 예전의 ADR의 제목과 새로운 상태를 적어보세요.

제목: _____

상태: _____

이제 새로 도입된 ADR의 제목과 상태를 적어보세요.

제목: _____

상태: _____

→ 정답은 118쪽에

ADR 작성하기: 여러분의 상태는?(요약)

ADR 상태와 관련하여 많은 내용을 다뤘는데, 좀 더 이해를 돕기 위해 다음과 같이 시각화했습니다.

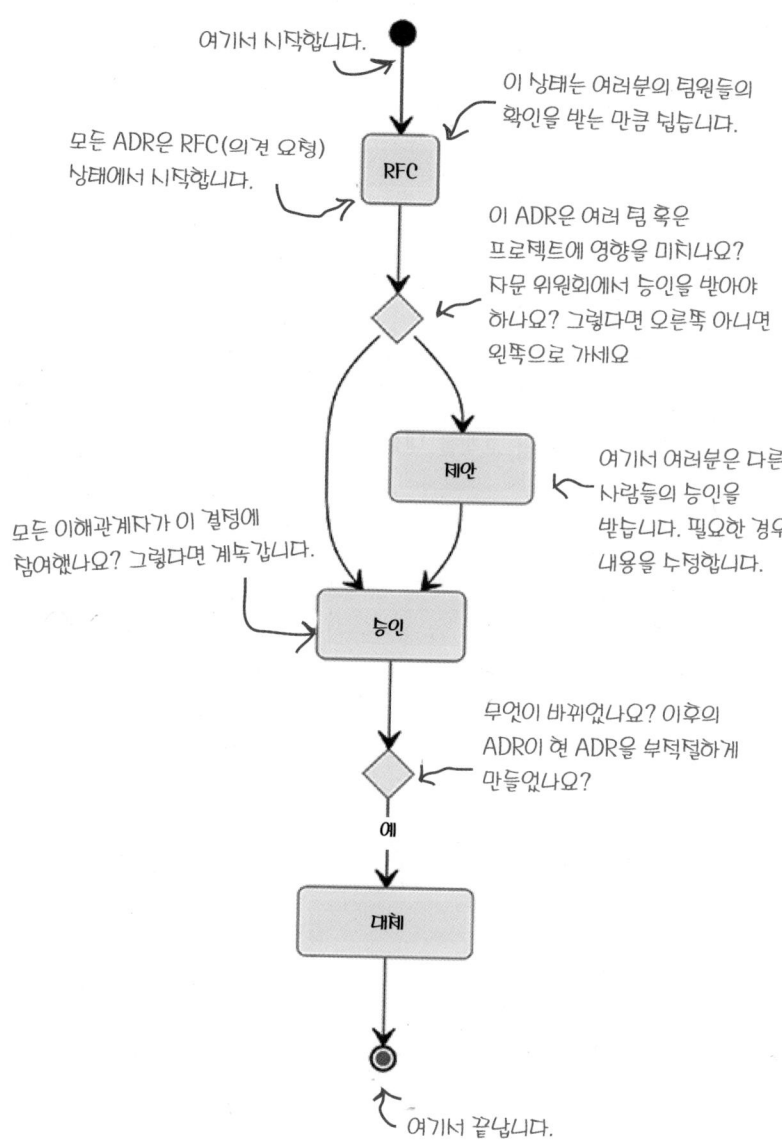

맥락 섹션

ADR 작성하기: 맥락 설정하기

맥락이 중요합니다. 모든 결정을 할 때는 항상 특정한 맥락과 제약조건 내에서 합니다. 오늘 아침식사로 무엇을 선택할지를 결정할 때 맥락은 얼마나 배가 고픈지, 몸 상태는 어떤지, 점심 계획은 무엇인지, 그리고 섬유질 섭취를 늘리고 싶은지 등을 포함합니다. 소프트웨어 아키텍처도 마찬가지입니다.

ADR 템플릿의 맥락 섹션은 ADR에서 결정된 사항을 설명하는 곳입니다. 그리고 결정에 영향을 미친 모든 요소를 기록해야 합니다. 기술적인 이유가 이 목록에 오르는 경우가 많지만 독자가 이러한 결정을 어떻게 했는지 이해하는 데 도움을 주는 문화적 또는 정치적 요소를 포함하는 것도 드문 일이 아닙니다.

상태 섹션에서 시작한 ADR에서 계속 작업합니다.

맥락

우리는 고객 설문조사 응답을 단순하게 저장해야 합니다. 현재 데이터는 관계형 저장소에 있고 그것의 엄격한 스키마 요구사항은 우리가 결정한 요구사항이 진화하면서 도전받고 있습니다. 예를 들면 프리미엄 고객을 대상으로 하는 다르거나 확장된 설문조사 도입 등입니다.

선택할 수 있는 옵션으로는 PostgreSQL의 JSONB 데이터 타입 또는 몽고DB(MongoDB)와 같은 문서 저장소가 있습니다.

맥락 섹션은 "왜 이 선택을 시작하게 되었지?"라는 물음에 답합니다.

[참고] 우리는 아직 결정을 기술하지 않았습니다. 결정에 대한 섹션이 따로 있습니다!

 **연필을 깎으며**

[투 매니 스니커즈]의 ADR을 계속 작성하세요. 아래 공간을 사용하여 팀이 거래 서비스와 다른 서비스 간의 커뮤니케이션을 위해 큐를 사용하기로 한 맥락을 적어보세요(그 다음 이 장의 끝에서 필자의 의견과 비교해보세요).

→ 정답은 119쪽에

바보 같은 질문은 없습니다

Q: 화이트보드에 쏟은 시간과 노력이 아깝지 않나요? 이것은 맥락의 일부입니까?

A: 트레이드오프 분석을 문서화해야 할 경우 새로운 섹션인 '대안(Alternatives)'에 적어보기 바랍니다. 그 안에 고려한 모든 대안들을 나열하고 장점과 단점을 적습니다.

트레이드오프 분석을 자세히 설명하기 위해 별도의 섹션을 사용하면 이를 깔끔하게 정리할 수 있으며 맥락 섹션이 복잡해지는 것을 피할 수 있습니다.

ADR 작성하기: 결정 전달하기

드디어 실제 결정을 내렸습니다. 고객 설문조사 팀의 완료된 결정 부분을 먼저 살펴봅시다.

> **결정**
>
> **우리는 고객 설문조사를 위한 문서 데이터베이스를 사용한다.**
>
> 마케팅 부서는 빠르고 좀더 유연하게 고객 설문조사를 변경할 수 있는 방법을 요구한다.
>
> 문서 데이터베이스로 옮기면 유연성과 속도가 증가되고 고객 설문조사의 사용자 인터페이스를 단순화시켜 변화를 더 잘 수용할 수 있을 것이다.

권위 있는 목소리가 필요합니다!

결정 섹션은 그 결정의 "왜"를 포함합니다. 제2법칙을 기억하죠?

이 ADR이 아직 RFC 또는 제안 상태라면 아직 결정되지 않은 것입니다. 그렇지만 결정 섹션은 **결정을 명확하게 표현하는 것**으로 시작합니다. 문장의 어조는 그것을 반영해야 합니다. 결정을 내릴 때는 "우리는 사용할 것이다"와 같은 능동적인 표현을 사용하여 권위 있는 목소리를 내는 것이 가장 좋습니다. "우리는 믿는다" 또는 "우리는 생각한다"와 같은 표현은 피해야 합니다.

결정 섹션은 이 결정을 내리는 이유를 설명하는 장소이며 소프트웨어 아키텍처의 제2법칙인 "왜가 '어떻게'보다 중요하다"를 기억하기 위한 곳입니다. 이렇게 해두면 여러분을 포함하여 미래에 ADR을 읽는 사람은 결정 그 자체뿐만 아니라 그 **정당성**도 이해할 수 있습니다.

맥락 섹션에서 이 결정을 왜 고려했는지 설명합니다. 그 다음에 나오는 결정 섹션에서 결정을 설명합니다. 이 두 가지를 합쳐 독자는 결정을 정확하게 이해할 수 있습니다.

여기는 이 결정을 승인한 다른 사람들을 나열하기에도 좋은 장소입니다. 예를 들어, "마케팅 부서는… 요구한다"는 CYA의 예입니다.

자산을 보호하세요! "Cover Your Assets!" :)

감상하기

ADR은 의견 글이 아닙니다

ADR은 상황에 대한 누구의 의견을 담는 곳이 아닙니다. 특히 결정을 정당화할 때 이러한 모드로 빠지기 쉽습니다. 맥락을 설명할 때도 객관성을 유지하기가 어려운 경우가 있습니다.

ADR은 기자가 뉴스 기사를 다루듯이 사실에 충실하고 중립적인 어조를 유지해야 합니다.

결정 섹션

 **연습문제**

[투 매니 스니커즈]의 ADR 결정 섹션을 작성할 시간입니다. 팀이 결정을 내릴 때 고려한 주요 요소는 다음과 같습니다.

- 큐는 다양한 종류의 메시지를 지원합니다.
- 보안은 이해관계자에게 중요한 아키텍처 특성입니다.

결정 부분과 그에 따른 정당화를 작성해보세요. 이 섹션은 "왜 큐를 사용하는가?"라는 질문에 답하는 것입니다.

힌트: 결정과 '이유'에 집중하세요. 장 끝에 정답을 제공합니다.

↶ 이 장에서 이전에 했던 트레이드오프 분석을 보면서 기억을 되살려 보세요.

➡ 정답은 119쪽에

바보 같은 질문은 없습니다

Q: 맥락과 결정 섹션에서 제공하는 '정당화'의 차이점이 명확하게 이해되지 않습니다. 그건 같은 게 아닌가요?

A: 예시가 도움이 될 것 같아요. 가장 친한 친구의 생일을 맞아 여러 명이 함께 멋진 저녁식사를 하기로 결정합니다. 결정해야 할 상황이 **맥락**입니다.

세부사항을 결정하기 전에 **대안**을 생각하면서 가능한 레스토랑 목록을 작성합니다. 이 레스토랑들이 제공하는 요리가 모두의 취향에 얼마나 잘 맞는지 고려해보세요. 이것은 트레이드오프 분석과 유사합니다.

[팬–아시안 비스트로][2]를 선택하는 것이 **결정**입니다. 그 식당의 메뉴에 채식과 글루텐 프리 옵션이 있고, 식이 제한이 있는 사람이라면 누구나 대체 메뉴를 선택할 수 있기 때문에 그 식당을 선택했습니다. 그것이 결정에 대한 **정당화**입니다.

---

2. 옮긴이_ 음식점 이름입니다. https://asianbistrocuracao.everyorder.io/를 참고하세요.

ADR 작성하기: 결과 고려하기

모든 결정에는 **결과**가 있습니다. 어제 운동을 더 열심히 했나요? 그렇다면 오늘 아침에 몸이 뻐근할 수 있습니다. 그러나 조금은 자부심을 느낄 수도 있습니다.

좋든 나쁘든, 아키텍처 결정의 결과를 이해하고 문서로 남기는 것이 중요합니다. 이것은 **투명성**을 높여서 모든 사람이 결정의 내용을 이해하고, 그 결정으로 영향을 받는 팀까지도 이해할 수 있도록 합니다. 가장 중요한 것은 모두가 결정의 긍정적인 결과가 부정적인 결과를 능가할지 여부를 평가할 수 있다는 점입니다.

ADR의 결과는 범위가 제한적일 수도 있고 큰 영향을 미칠 수도 있습니다. 아키텍처 결정은 팀, 인프라, 예산, 심지어 ADR 자체의 구현 등 모든 종류의 것에 영향을 미칠 수 있습니다. 다음은 질문 목록의 일부입니다.

- 이 ADR이 구현 팀에 어떤 영향을 미칩니까? 예를 들어, 알고리즘이 바뀌나요? 테스트를 더 어렵거나 쉽게 하나요? 어떻게 해야 이를 구현하는 것이 '완료'되었다고 알 수 있을까요?
- 이 ADR은 인프라를 도입하거나 해체합니까? 그것이 무엇을 수반하나요?
- 보안이나 관찰 가능성과 같은 횡단 관심사가 영향을 받나요? 그렇다면 조직 전반에 어떤 영향을 미칠까요?
- 이 결정이 시간과 예산에 어떻게 영향을 미칠까요? 비용이 들까요? 아니면 비용을 절약할까요? 구현하는 데 많은 노력이 필요할까요? 아니면 더 쉽게 만들 수 있을까요? ← *시간과 돈은 중요합니다. 이 문제를 신중하게 생각하세요!*
- ADR이 단방향 경로를 도입하나요? (예를 들어, 큐를 사용하면 메시지의 순서를 제어할 수 없습니다.) 그렇다면 그 내용을 자세히 설명해야 합니다. ← *물론, 그 ADR이 상황을 더 단순하게 하고 비용도 절감해 줄 수 있습니다. 그런 경우라면 반드시 강조할 필요가 있습니다.*

다른 사람들과 협력하는 것은 철저한 평가를 보장하는 좋은 방법입니다. 개인이 아무리 ADR의 결과를 열심히 생각해도 몇 가지는 놓칠 수 있습니다. 여러 관점을 통해 더 많은 잠재적 결과를 드러낼 수 있습니다. 다음은 결과 섹션의 예시입니다.

구현 팀을 위한 결정의 결과를 강조합니다. →

> ### 결과
>
> 모든 설문조사에 대해 단일 표현을 사용하기 때문에 공통의 설문 문항이 변경, 추가 혹은 제거되면 다수의 문서가 함께 업데이트될 수 있다.
>
> IT 팀은 관계형 데이터베이스에서 문서 데이터베이스로 데이터를 마이그레이션하는 동안 설문 기능을 중단해야 하므로, 다운타임이 발생할 것이다.

← *고객 혹은 사용자들에게 영향을 미치는 결과를 적어두는 것이 중요합니다.*

여러분은 여기에 있습니다

결과 섹션

연필을 깎으며

[투 매니 스니커즈] ADR의 결과 섹션을 정리하도록 도와주세요. 여기 몇 가지 생각할 것이 있습니다.

- 큐는 새로운 인프라 구조를 도입합니다.
- 큐는 아마도 고가용성으로 구성해야 할 듯합니다. 맞고 틀린 답은 없습니다만 필자의 접근 방식을 보고 싶다면 장 마지막에 있는 정답을 참고하세요.
- 큐는 서비스 간의 결합도에 어떤 영향을 줄까요?

정답은 120쪽에

브레인 파워

현재 프로젝트에서 내렸던 아키텍처 결정이나 과거에 했던 프로젝트에서의 아키텍처 결정을 생각해보세요. 프로그래밍 언어, 애플리케이션 구조, 또는 데이터베이스 선택 등이 있습니다. 그 결정에서 의도된 결과 두 가지와 의도하지 않은 결과 두 가지를 생각할 수 있나요?

ADR 작성하기: 거버넌스 보장하기

새해 결심이 두 달도 채 되기 전에 흐지부지된 적이 있나요? 헬스장에 가입했지만 결국 돈만 내고 운동을 하지 않았던 경험이 있겠죠? 우리도 마찬가지입니다. 결정은 행동으로 옮길 때만 의미가 있으며 앞으로도 우연히 그것에서 벗어나지 않아야 합니다.

물론 팀과 함께 많은 시간을 들여 트레이드오프를 분석하고 결정을 기록하기 위해 ADR을 작성했습니다. 이제 어떻게 해야 하나요? 결정이 올바르게 구현되었는지 그리고 계속 그렇게 유지되는지 어떻게 확인할 수 있나요?

이것이 ADR에서 매우 중요한 거버넌스 섹션의 역할로 여기에 조직이 현재와 미래에 걸쳐 결정에서 벗어나지 않도록 보장하는 방법을 기술합니다. 페어 프로그래밍이나 코드 리뷰 같은 수작업 기법이나 특화된 테스트 프레임워크 같은 자동화된 기법을 사용할 수 있습니다.

'거버넌스'라는 단어가 규제 문구를 떠올리게 한다면 그건 아닙니다.

저자 중 한 명이 『진화적 아키텍처』 (한빛미디어, 2023)라는 책을 썼습니다.[2] 이 책은 아키텍처 거버넌스를 위한 '피트니스 함수' 사용 방법을 보여줍니다. 꼭 한 권 사세요(물론 이 책을 다 읽은 후에요!).

이 두 섹션은 표준 ADR 템플릿의 일부는 아니지만 그만한 가치가 있다고 생각합니다.

ADR 작성하기: 노트로 마무리하기

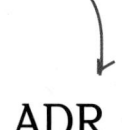

노트 섹션에는 ADR 자체에 대한 메타데이터가 포함됩니다. 필자가 권장하는 목록은 다음과 같습니다.

- 원 저자
- 승인 날짜
- 승인한 사람
- 마지막 수정 날짜
- 수정한 사람
- 마지막 수정

이 섹션은 ADR을 저장하는 도구가 생성 및 수정 날짜와 같은 정보를 자동으로 기록하더라도 유용합니다.

네, 이 정보를 포함하는 것이 반복적일 수 있지만 ADR의 일부로 만들어 두면 쉽게 찾을 수 있습니다.

---

2. 옮긴이_ 이 책에 대해서는 https://www.hanbit.co.kr/store/books/look.php?p_code=B6912971816을 참고하세요.

모두 합치기

 **연습문제**

모두 모아 봅시다! [투 매니 스니커즈] 팀을 위해 ADR 작업을 조금씩 진행하고 있습니다. 지난 몇 가지 연습문제로 돌아가서 ADR 섹션을 이 페이지에 복사하여 전체 ADR을 만드세요. 섹션 제목을 제공했으니 이제 내용을 채우면 됩니다(상태는 '승인'되었다고 가정합니다). 필자가 작성한 정답은 이 장 마지막 부분에 있습니다.

제목
_____

상태
_____

맥락

_____

결정

_____

결과

_____

드디어 완전한 ADR이 나왔습니다.

표준 템플릿이 아니기 때문에
거버넌스와 노트 섹션은 생략합니다.

빠르게 다 채웠네요! 여러분이
자랑스럽습니다.

➡️ 정답은 121쪽에

바보 같은 질문은 없습니다

Q: ADR 템플릿이 정말 마음에 듭니다. 그런데 ADR은 어디에 저장해야 하나요?

A: 많은 선택지가 있으며 팀원들이 편안하게 느끼는 것과 누가 ADR을 읽거나 기여하는 것에 관심이 있는지에 따라 달라집니다.

하나의 방법은 ADR을 깃 같은 버전 관리 시스템에서 평문 파일 또는 마크다운이나 아스키문서[3] 파일에 저장하는 것입니다. 이렇게 하면 ADR에 대한 모든 변경사항을 보여주는 커밋 이력이 생깁니다. 비개발자는 항상 버전 관리된 문서를 어떻게 접근하는지 모른다는 것이 단점이긴 합니다. 이 방법으로 ADR을 저장하기로 결정한다면 소스 코드와 함께 넣지 말고 별도의 저장소에 보관하는 것을 추천합니다. 이렇게 하면 나중에 필자에게 감사하게 될 것입니다.

대안으로 위키를 사용할 수 있습니다. 대부분의 위키는 '보이는 대로 편집하기(WYSIWYG)' 도구를 사용하여 더 많은 사람이 쉽게 접근할 수 있습니다. 선택한 위키가 변경사항을 추적하는지도 확인하세요. 모두 알지 못하는 상태에서 누군가가 ADR을 실수로 수정하면 안 됩니다.

무엇을 선택하든 ADR을 추가하고 수정하고 검색하기 쉽게 만들어야 합니다. 기록된 ADR들을 찾을 수 없어서, ADR의 기록이 사라지는 경우가 너무 많습니다.

Q: 팀 전체가 마크다운을 좋아합니다(평문이 최고!). 파일 이름을 짓는 것에 대한 조언이 있나요?

A: ADR 제목은 세 자리 숫자 접두사와 간략한 설명으로 구성되어 있음을 기억하세요. ADR을 일반 텍스트 파일로 저장하는 경우에는 제목을 파일 이름으로 사용하도록 권장합니다. 접두사도 포함하세요. 예를 들어, 제목이 '042: 거래 서비스와 그 하위 서비스 사이에 큐를 사용한다'라면 파일 이름은 042-거래-서비스와-그-하위-서비스-사이에-큐를-사용함.md가 됩니다. 영어의 경우 모두 소문자를 사용하세요. 이는 서로 다른 운영체제 간의 혼동을 피할 수 있습니다. 공백 대신 하이픈으로 바꾸세요.

이러면 좋은 제목을 떠올리는 데 도움이 됩니다. 세 자리 접두사는 폴더에서 파일 이름으로 정렬해 올바른 순서로 정리할 수 있게 합니다.

Q: ADR들을 작성하고 관리하기 쉽게 해주는 도구를 추천해 줄 수 있나요?

A: 네, 물론입니다! 명령행 도구에서부터 소스 코드에 직접 ADR을 기록할 수 있게 해주는 언어별 도구까지 많은 선택지가 있습니다. 사용 가능한 도구 목록은 https://adr.github.io/#decision-capturing-tools를 참고하세요.

대부분의 서드파티 도구는 ADR 형식에 대해 가정합니다. 아마도 마크다운 파일을 생성하거나 파일을 특정 디렉터리 구조에 저장할 것입니다. 도구를 몇 번 사용해 보면서 익숙해지세요.

마지막으로 오래된 충고를 하나 하겠습니다. 단순하게 하세요. 복잡한 도구나 자동화를 사용하지 말고 ADR을 작성하기 시작하는 것을 권장합니다. 팀에게 가장 잘 맞는 것을 알아보세요. 그러고 나서 필요가 커지면 그에 맞는 도구를 찾아보세요.

Q: ADR은 항상 한 프로젝트에만 속하나요? 아니면 여러 프로젝트와 팀에 영향을 줄 수 있나요? 조직 전체는 어떨까요?

A: 예, 예, 그리고 예. ADR은 원하는 만큼 좁거나 넓게 설정할 수 있습니다. 일부 ADR은 특정 프로젝트에만 관련되어 한 팀에만 영향을 줍니다. 다른 ADR은 조직 내 많은 팀 또는 모든 팀에 영향을 줍니다. 온라인 소매업체 '아마존'에는 '제프 베조스 API 명령'이라는 애칭으로 불리는 ADR이 있습니다. 이는 회사 창립자인 제프 베조스가 내린 결정으로 '아마존' 내의 모든 서비스는 API를 통해서만 다른 서비스와 소통할 수 있다는 내용을 기록하고 있습니다. 당연히, 이는 전체 조직에 영향을 미쳤으며, 아마존의 규모를 고려할 때 결코 작은 일이 아닙니다.

대부분의 교차 프로젝트 또는 교차 팀 ADR은 많은 협업과 종종 중앙 아키텍처 검토 위원회의 승인이 필요합니다. 그러한 ADR은 서비스가 서로 소통하는 방법이나 어떤 데이터 전송 프로토콜을 사용할지와 같은 횡단 관심사를 다루는 경향이 있습니다. 보안 또는 규제 준수와 관련된 ADR은 여러 팀이나 전체 조직에 걸쳐 영향을 미치는 경우가 많습니다.

---

3. 옮긴이_ https://asciidoc.org/를 참고하세요.

ADR의 이점

ADR에 결정을 기록하는 것이 길고 힘든 과정이 될 필요는 없다는 것을 이제는 이해했으리라 생각합니다. 이 장에서 본 형식을 정말로 좋아하지만 자유롭게 변경하거나 수정해도 됩니다.

아키텍처 결정을 기록하는 것이 정말 중요한가요? 물론 그렇다고 생각합니다! 이러한 결정을 기록하면 개인과 팀뿐만 아니라 조직 전체에도 이점이 많습니다. 빠르게 요약하겠습니다.

ADR 프로세스를 최대한 원활하게 유지하세요

포괄적이기를 바라는 마음에 ADR 템플릿에 섹션을 추가하고 싶은 유혹을 느낄 수 있습니다. 그것은 고귀한 목표지만 일이 늘어납니다. 계속해서 '괴물에게 먹이를 주면' 문서화 프로세스가 복잡해집니다. 그로 인해 사람들이 주저하거나 ADR 작성을 아예 중단할 수도 있습니다.

단순하게 유지하세요. 나중에 필자에게 고마워할 것입니다.

[투 매니 스니커즈]는 성공했다

[투 매니 스니커즈] 팀은 매우 기쁩니다. 고객들은 앱의 새로운 내용에 대한 실시간 알림을 사랑합니다. 또한 향상된 분석 기능으로 보안 팀은 모든 운동화 사기 행위를 원격으로 탐지할 수 있는 정보를 얻고 있습니다.

소프트웨어 아키텍트의 두 가지 법칙을 이해하는 것은 큰 도움이 되며, 이제 소프트웨어 아키텍처에는 '모범사례'가 없고 단지 트레이드오프만 있다는 것을 알았을 것입니다. 가장 실행 가능하고 적합한 옵션을 찾는 것은 여러분과 팀의 몫입니다. 결정을 ADR에 기록하는 것을 잊지 마세요!

계속 발전해 나아갑시다.

장 요약

> ### 핵심 정리
>
> - 아키텍처에는 '정적인' 부분이 전혀 없습니다. 계속해서 변하고 발전합니다.
> - 요구사항과 상황은 변합니다. 새로운 목표를 달성하기 위해 아키텍처를 수정하는 것은 여러분의 몫입니다.
> - 모든 결정을 할 때 여러 가지 해결책이 있습니다. 최고의 선택(또는 최악이 아닌 선택)을 찾기 위해 트레이드오프 분석을 합니다. 이 협업 활동은 가능한 모든 옵션의 장단점을 확인하는 데 도움이 됩니다.
> - **소프트웨어 아키텍처의 제1법칙**은 다음과 같습니다. "소프트웨어 아키텍처의 모든 것은 트레이드오프다."
> - 소프트웨어 아키텍처에서 모든 질문의 대답은 '상황에 따라 다르다'입니다. 여러분의 상황에 가장 적합한 해결책을 찾으려면 우선순위와 목표를 식별해야 합니다. 요구사항은 무엇인가요? 이해관계자와 고객에게 가장 중요한 것은 무엇인가요? 시장에 빠르게 진입하려고 하나요? 아니면 성장 모드에서 안정을 추구하나요?
> - 트레이드오프 분석의 결과는 아키텍처 결정으로 아키텍처를 설명하는 네 가지 차원 중 하나입니다.
> - 아키텍처 결정은 문화, 기술, 비즈니스와 고객의 필요와 같은 다른 제약조건을 고려하여 각 선택의 장단점을 살펴보고 이러한 제약조건을 가장 잘 충족하는 옵션을 선택하는 것입니다.
> - 아키텍처 결정을 내리는 것은 단순히 선택하는 것이 아니라 그 특정 옵션을 왜 선택했는지에 대한 이유이기도 합니다.
> - **소프트웨어 아키텍처의 제2법칙**은 다음과 같습니다. "'어떻게'보다 '왜'가 더 중요하다."
> - 아키텍처 결정을 체계적으로 기록하려면 아키텍처 결정 기록(ADR)을 사용합니다. 이 문서에는 일곱 개의 섹션이 있습니다. "제목, 상태, 맥락, 결정, 결과, 거버넌스와 노트"
> - 시간이 지나면 ADR은 기록으로 쌓여 프로젝트의 기억 저장소 역할을 합니다.
> - ADR의 제목은 세 자리 숫자 접두사와 결정 사항을 간결하게 설명하는 명사형 중심의 설명으로 구성됩니다.
> - ADR은 여러 가지 상태 중 하나를 가질 수 있습니다. 이는 ADR의 종류와 결정 과정에서의 위치에 따라 다릅니다.
> - 의사 결정에 참여한 모든 사람이 ADR에 서명하면 상태가 '승인'으로 변경됩니다.
> - 미래의 결정이 기존에 받아들여진 ADR을 대체하면 새로운 ADR을 작성해야 합니다. 대체된 ADR의 상태는 대체가 되고 새로운 ADR은 승인이 됩니다.
> - ADR의 맥락 섹션은 왜 결정을 내려야 했는지 설명합니다.
> - 결정 섹션은 실제로 내리는 결정을 문서화하고 정당화하며 항상 '이유'를 포함해야 합니다.
> - 결과 섹션은 결정이 미칠 좋은 영향과 나쁜 영향을 설명합니다. 이것은 좋은 점이 나쁜 점보다 많도록 하고 ADR을 구현하는 팀에게 도움을 줍니다.
> - 거버넌스 섹션은 결정이 올바르게 실행되도록 하고 미래의 행동이 결정에서 벗어나지 않도록 하는 방법들을 나열합니다.
> - 마지막 섹션은 노트로 대부분 ADR 자체에 대한 메타데이터가 기록됩니다. 예를 들어, 작성자 정보, 작성일, 승인일, 마지막 수정일 등이 포함됩니다.
> - ADR은 '무엇'과 함께 '왜'를 기록하기 때문에 소프트웨어 아키텍처의 제2법칙을 준수하는 데 중요한 도구입니다.
> - ADR은 조직적인 지식을 쌓고 팀들이 서로 배울 수 있게 도와줍니다.

'두 가지 법칙' 낱말 퀴즈

두 가지 소프트웨어 아키텍처 법칙을 마스터했다고 생각하나요? 낱말 퀴즈를 풀어보며 여러분의 지식을 문서화해보세요.

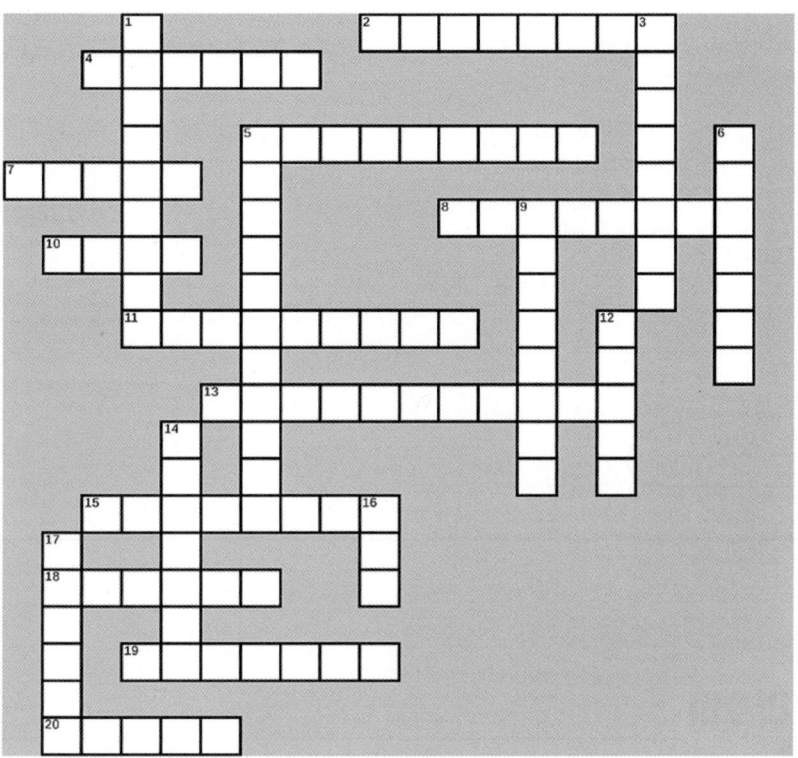

가로

2. 투 매니 _____
4. 토픽은 fire-and- _____ 시스템을 사용한다.
5. 새로운 ADR은 기존의 ADR을 _____ 할 수 있다.
7. 장점과 단점은 _____ 보드에 정리할 수 있다.
8. 모든 아키텍처 _____을(를) 기록해야 한다.
10. 이 문서는 일곱 개 섹션으로 구성된 문서다(약자).
11. 이종의, 이기종의
13. 빠르게 성장하는 비즈니스를 위한 중요한 아키텍처 특성이다.
15. "소프트웨어 아키텍처의 모든 것은 트레이드오프"는 소프트웨어 아키텍처의 _____ _____ (두 단어)다.
18. 메시징 메커니즘의 예로는 큐와 _____ 이(가) 있다.
19. ADR을 작성할 때 가장 좋은 어조다.
20. 만약, 새로운 도구에 너무 흥분한다면 여러분은 _____ 물건 증후군에 걸린 것이다.

세로

1. 토픽은 독립적으로 _____ 할 수 있다.
3. 금융 거래에서 특히 중요한 아키텍처 특성
5. 아키텍트는 소프트웨어 아키텍처와 관련된 _____ 결정을 내린다.
6. 결정을 왜 내려하는 지 설명하는 ADR의 섹션이다.
9. 높거나 낮은 상호 의존성을 말한다.
12. "동시에 하지 않음"을 줄여서 말한다.
14. [투 매니 스니커즈]의 모바일 앱은 거래 _____ 와 통신한다.
16. 소프트웨어 아키텍처의 제2법칙에 따르면 어떻게 보다 중요한 것이다.
17. ADR의 _____ 로 승인이 있다.

→ 정답은 122쪽에

연습문제 정답

문제는 85쪽에

다음 중 어느 아키텍처 특성이 이 문제에서 특히 중요할까요? 힌트: 아직 모르는 것이 많거나 확실하지 않기 때문에 정답이 없습니다. 최선의 추측을 해보세요. — 필자의 생각은 다음과 같습니다.

많은 하위 서비스에서 스니커즈 거래 내역을 알 필요가 있습니다. 이것은 중요한 것 같습니다!

(신장성) — 모듈성 — 업그레이드 용이성

낮은 결합도 — 보안

비트니스가 성장하고 있으므로 이것을 주의 깊게 봐야합니다.

(성능)

문제는 89쪽에

몇 분 동안 앞의 트레이드오프 분석 결과를 비교해보세요. 양쪽 선택 모두 일부 특성을 지원하지만 다른 특성과 트레이드오프가 성립됩니다. 이제 몇 가지 요구사항을 제시할 텐데, 각 요구사항에 대해 큐를 선택할지 토픽을 선택할지 결정해보세요.

요구사항

"보안은 중요합니다." (큐) / 토픽

"다른 하위 서비스는 각각 다른 종류의 정보를 필요로 합니다." (큐) / 토픽

"앞으로 다른 하위 서비스도 추가할 예정입니다." 큐 / (토픽)

연필을 깎으며 정답

문제는 91쪽에

이번에는 스스로 트레이드오프 분석을 해보세요. 우리는 거래 서비스와 소비자들 간의 통신 프로토콜로 메시징을 선택했습니다. 메시징은 비동기 방식입니다. 비동기 혹은 동기식의 통신을 선택하는 것은 각각의 트레이드오프가 있습니다. 통신의 각 형태를 위한 화이트보드를 제시합니다. 또한, 여러 '~성'을 목록으로 작성했습니다. 각 아키텍처 특성이 두 맥락에서 어떻게 작동할지 생각해보세요. 이 특성은 동기 통신에서 장점인가요, 단점인가요? (아니면 둘 다 아닌가요?) 비동기 통신에서는 어떤가요? 각 '~성'을 적절한 열에 배치하세요.

힌트: 모든 특성이 이 결정에 해당되는 것은 아닙니다. 첫 번째 장점을 화이트보드에 기입해두었습니다. 이 장의 마지막 부분에서 정답을 확인할 수 있습니다.

- 응답성
- 오류 대응
- 트랜잭션
- 조정(coordination)
- 일관성
- 신장성
- 배포 용이성
- 결함 허용성

동기 통신 사용하기

장점	단점
일관성	신장성
오류 대응	결함 허용성
트랜잭션	응답성

비동기 통신 사용하기

장점	단점
응답성	일관성
신장성	오류 대응
결함 허용성	트랜잭션

여러분은 여기에 있습니다

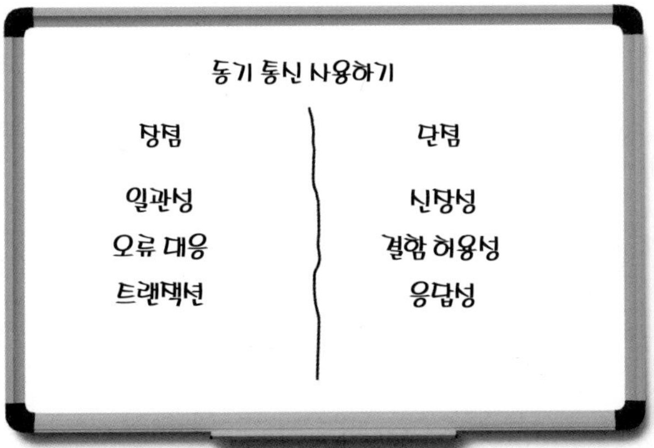

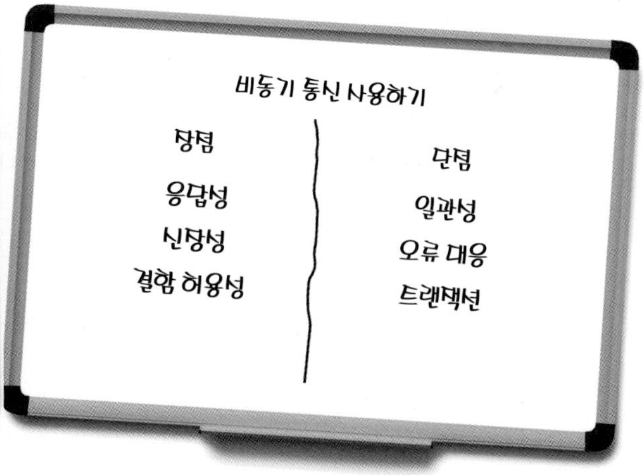

연습문제 정답

문제는 99쪽에

다음 연습에서 여러분은 [투 매니 스니커즈] 팀이 ADR을 작성하는 것을 도울 것입니다. 거래 서비스와 하위 서비스 간에 큐를 사용하는 비동기 메시징을 사용하기로 결정했습니다. 이것이 팀이 작성하는 **열두 번째** ADR이라고 가정해 봅시다. 이 ADR의 제목은 무엇이 될까요? 번호를 잊지 마세요! 이 공간에 자신의 생각을 적어 보세요.

012: 주문과 하위 서비스 간의 비동기 메시징을 위해 큐를 사용함

연습문제 정답

문제는 102쪽에

이전 연습문제에서 큐를 사용한 메시징에 대한 [투 매니 스니커즈]의 ADR 제목을 정리했습니다. 승인을 받는다고 가정해봅시다. 선택한 제목을 아래 공간에 적고 ADR의 상태를 넣으세요.

제목: *012: 주문과 하위 서비스 간의 비동기 메시징을 위해 큐를 사용함*

상태: *승인*

석 달 후에:

이런! 요구사항이 변경되었습니다. 최신 트레이드오프 분석에 따르면 토픽이 더 적합할 것 같습니다. 모두가 이에 동의했으니 새로운 ADR로 기존 ADR을 대체해야 합니다. 이것은 팀에서 작업한 21번째 ADR입니다. 예전의 ADR의 제목과 새로운 상태를 적어보세요.

제목: *012: 주문과 하위 서비스 간의 비동기 메시징을 위해 큐를 사용함*

상태: *021로 대체됨*

이제 새로 도입된 ADR의 제목과 상태를 적어보세요.

제목: *021: 주문과 하위 서비스 간의 비동기 메시징을 위해 토픽을 사용함*

상태: *승인. 012를 대체함*

연필을 깎으며
정답

문제는 104쪽에

[투 매니 스니커즈]의 ADR을 계속 작성하세요. 아래 공간을 사용하여 팀이 거래 서비스와 다른 서비스 간의 커뮤니케이션을 위해 큐를 사용하기로 한 맥락을 적어보세요. 정답은:

거래 서비스는 새로운 판매 품목과 모든 거래에 대해 알림 서비스와 분석 서비스(지금까지) 등 하위 서비스에 알려야 합니다.
이 작업은 동기 메시징(REST 사용) 또는 비동기 메시징(큐 또는 토픽 사용)으로 할 수 있습니다.

연습문제
정답

문제는 106쪽에

두 매니 스니커즈의 ADR 결정 섹션을 작성할 시간입니다. 팀이 결정을 내릴 때 고려한 주요 요소는 다음과 같습니다.
- 큐는 다양한 종류의 메시지를 지원합니다.
- 보안은 이해관계자에게 중요한 아키텍처 특성입니다.

결정 부분과 그에 따른 정당화를 작성해보세요. 이 섹션은 "왜 큐를 사용하는가?"라는 질문에 답합니다.

힌트: 결정과 '이유'에 집중하세요.

거래 서비스와 하위 서비스 간의 비동기 메시징을 위해 큐를 사용할 것입니다.

큐를 사용하면 각 큐가 다른 종류의 메시지를 전달할 수 있기 때문에 시스템의 신장성이 증가합니다.

또한 거래 서비스는 모든 구독자를 잘 알고 있기 때문에 새로운 소비자를 추가하려면 이를 수정해야 하며 이는 시스템의 보안을 향상시킵니다.

연습문제 정답

연필을 깎으며
정답

[투 매니 스니커즈] ADR의 결과 섹션을 정리하도록 도와주세요. 여기 몇 가지 생각할 것이 있습니다.
- 큐는 새로운 인프라 구조를 도입합니다.
- 큐는 아마도 고가용성으로 구성해야 할 듯합니다.
- 큐는 서비스 간의 결합도에 어떤 영향을 줄까요?

큐는 서비스 간의 결합도가 높아진다는 뜻입니다.

큐를 위한 인프라 구조를 준비해야 합니다. 높은 가용성을 제공하려면 클러스터링이 필요합니다.

추가적인 하위 서비스(알고 있는 것 외)에 알림을 제공하려면 거래 서비스를 수정해야 합니다.

필자의 정답.

연습문제 정답

문제는 110쪽에

모두 모아 봅시다! [투 매니 스니커즈] 팀을 위해 ADR 작업을 조금씩 진행하고 있습니다. 지난 몇 가지 연습문제로 돌아가서 ADR 섹션을 이 페이지에 복사하여 전체 ADR을 만드세요. 섹션 제목을 드렸으니 이제 내용을 채우면 됩니다(상태는 '승인'되었다고 가정합니다). 필자의 정답은 다음과 같습니다.

제목

012: 주문과 하위 서비스 간의 비동기 메시징을 위해 큐를 사용함

상태

승인

맥락

거래 서비스는 새로운 판매 품목과 모든 거래에 대해 알림 서비스와 분석 서비스(지금까지) 등 하위 서비스에 알려야 합니다. 이 작업은 동기 메시징(REST 사용) 또는 비동기 메시징(큐 또는 토픽 사용)으로 할 수 있습니다.

결정

거래 서비스와 하위 서비스 간의 비동기 메시징을 위해 큐를 사용할 것입니다.

큐를 사용하면 각 큐가 다른 종류의 메시지를 전달할 수 있기 때문에 시스템의 신장성이 증가합니다. 또한 거래 서비스는 모든 구독자를 잘 알고 있기 때문에 새로운 소비자를 추가하려면 이를 수정해야 하며 이는 시스템의 보안을 향상시킵니다.

결과

큐는 서비스 간의 결합도가 높아진다는 뜻입니다.

큐를 위한 인프라 구조를 준비해야 합니다. 높은 가용성을 제공하려면 클러스터링이 필요합니다.

추가적인 하위 서비스(알고 있는 것 외)에 알림을 제공하려면 거래 서비스를 수정해야 합니다.

드디어 완전한 ADR이 나왔습니다.

연습문제 정답

'두 가지 법칙' 낱말 퀴즈 정답

문제는 115쪽에

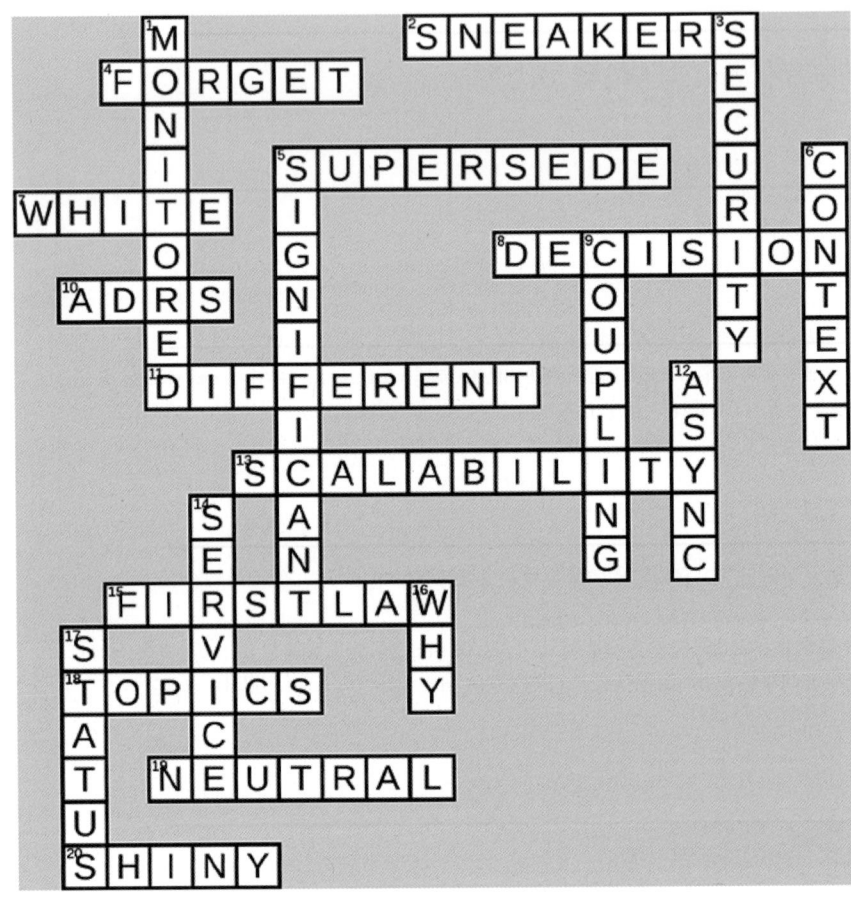

4 논리적 컴포넌트
구성 요소

아키텍처를 만들어 볼 준비가 되었나요? 듣기에는 쉬워 보이지만, 제대로 하지 않으면 설계가 잘못된 마천루나 다리처럼 소프트웨어 시스템이 무너질 수 있습니다.

이 장에서는 논리적 컴포넌트를 식별하고 생성하는 여러 접근 방식을 제시합니다. 시스템의 기능적 구성 요소인 컴포넌트를 통해 시스템의 각 부분이 어떻게 맞물리는지를 설명합니다. 이 장에서 설명하는 기법을 사용하면 견고한 아키텍처를 만들 수 있으며 이를 통해 성공적인 소프트웨어 시스템을 구축할 수 있는 기초를 다질 수 있습니다.

안전모와 장갑을 착용하고 도구를 준비한 후 시작해봅시다.

논리적 컴포넌트 쉽게 이해하기

논리적 컴포넌트 다시 보기

논리적 컴포넌트는 소프트웨어 아키텍처의 한 차원입니다. 이들은 **문제 도메인**(problem domain)이라고 알려진 영역을 구성하는 시스템의 기능적 구성 요소입니다. 1장에서 논리적 컴포넌트에 대해서 조금 배웠지만, 이제부터 논리적 컴포넌트가 무엇인지 그리고 어떻게 만드는지 자세히 알아보겠습니다.

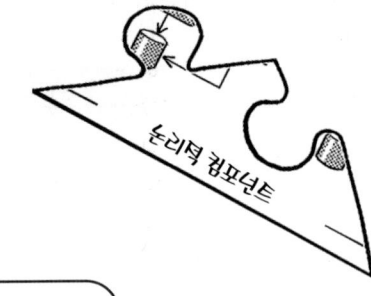

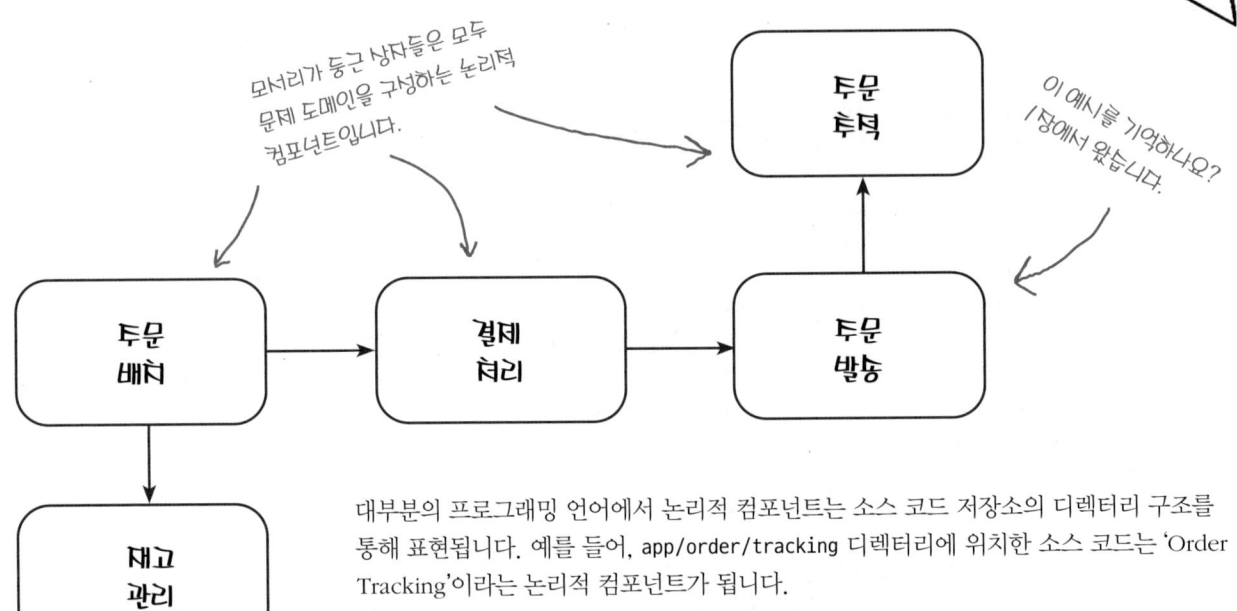

대부분의 프로그래밍 언어에서 논리적 컴포넌트는 소스 코드 저장소의 디렉터리 구조를 통해 표현됩니다. 예를 들어, app/order/tracking 디렉터리에 위치한 소스 코드는 'Order Tracking'이라는 논리적 컴포넌트가 됩니다.

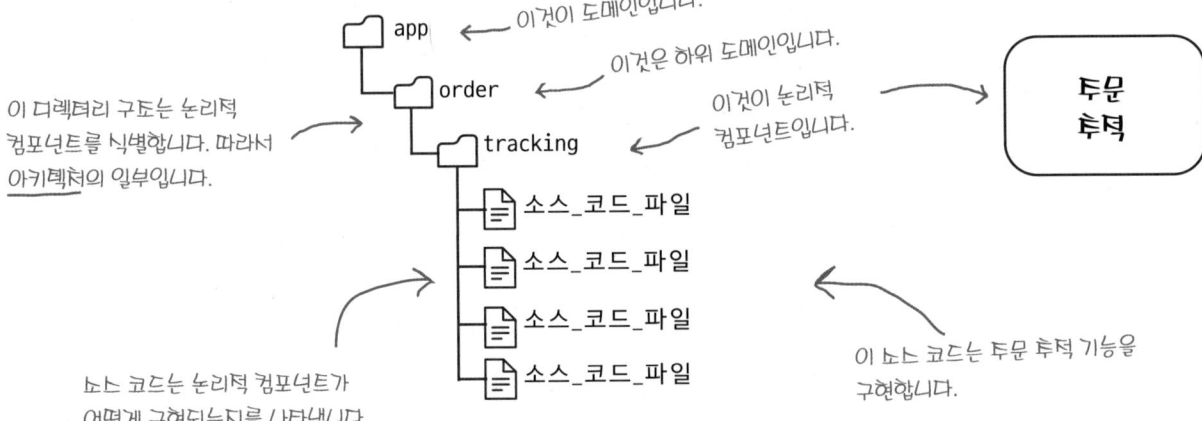

124   4장

논리적 컴포넌트

연습문제

컴포넌트 이름 짓기

새로운 아키텍트로서 첫 주를 보내고 있는 여러분은 '문제 티켓 시스템'을 구축하는 기존 프로젝트에 배정되었습니다. 아키텍처의 논리적 컴포넌트를 이해하고 싶지만, 팀원들은 논리적 컴포넌트에 대해 아무것도 모른 채 막 코딩을 시작한 상태입니다. 논리적 아키텍처를 결정하려면 기존 디렉터리 구조를 살펴봐야 합니다. 아래 코드베이스에서 식별할 수 있는 개별 논리적 컴포넌트는 몇 개입니까?

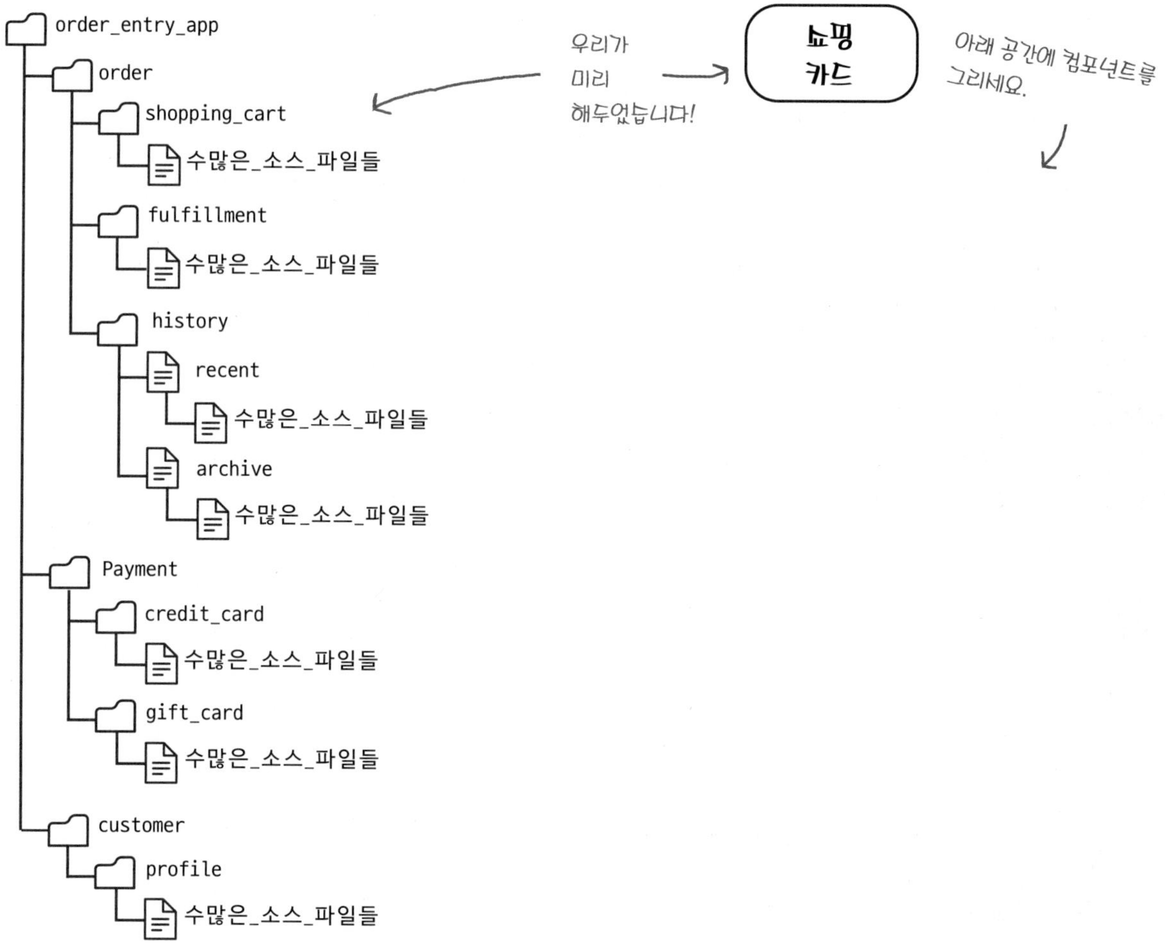

```
order_entry_app
├── order
│   ├── shopping_cart
│   │   └── 수많은_소스_파일들
│   ├── fulfillment
│   │   └── 수많은_소스_파일들
│   └── history
│       ├── recent
│       │   └── 수많은_소스_파일들
│       └── archive
│           └── 수많은_소스_파일들
├── Payment
│   ├── credit_card
│   │   └── 수많은_소스_파일들
│   └── gift_card
│       └── 수많은_소스_파일들
└── customer
    └── profile
        └── 수많은_소스_파일들
```

우리가 미리 해두었습니다! → **쇼핑 카드**

아래 공간에 컴포넌트를 그리세요. ↓

→ 정답은 156쪽에

여러분은 여기에 있습니다

경매 애플리케이션

모험적인 경매가 온라인으로 진행됩니다

탄자니아에서 사파리 여행을 하고 싶나요? 갈라파고스 제도에서 야생 동물을 관찰하세요. 에베레스트 산 베이스캠프까지 하이킹하기? 이 모든 일을 모험적인 경매가 도와드릴게요!

아마도 이런 광고를 봤거나 전국에서 열리는 현장 경매 행사에 참석해 봤을 겁니다. 이런 종류의 모험은 찾기 어렵고 예약하는 데 몇 년이 걸릴 수 있습니다. 우리 회사는 상당히 절감된 비용으로 이러한 경매를 제공합니다.

전 세계 더 많은 사람이 이 훌륭한 여행을 접할 수 있도록 모험적인 경매(Adventurous Auctions)를 현장 경매와 함께 온라인으로 진행합니다.

이제 여러분 차례입니다. 우리는 모험적인 여행을 위한 경매를 지원하는 새로운 시스템이 필요합니다.

여행을 갑시다!

케이트는 모험적인 여행에 입찰하고 싶어합니다.

새 시스템이 해야 할 일은 다음과 같습니다.

- 수요에 맞게 확장해서 수백 명 또는 수천 명이 각 경매에 참여할 수 있어야 합니다.

- 모든 경매에 대면 입찰과 온라인 입찰을 포함해야 합니다.

- 온라인 사용자가 모험적인 경매에 등록하고 신용카드 정보를 제공하여 여행에 당첨되면 결제할 수 있습니다.

- 온라인 사용자가 현장 경매의 실시간 비디오 스트림과 지금까지 현장 및 온라인으로 진행된 모든 입찰을 볼 수 있어야 합니다.

- 온라인 사용자가 마치 방 안에 있는 사람들처럼 여행에 입찰할 수 있어야 합니다.

- 온라인 입찰자 중에 누가 먼저 요청한 가격을 제시했는지 결정할 수 있어야 합니다('낙찰자'라고 합니다). 온라인 입찰자가 현장 입찰자와 동시에 입찰하면 경매 진행자는 누가 먼저 입찰했는지 결정할 수 있어야 합니다.

- 경매 진행자가 온라인 사용자를 낙찰자로 발표하면 시스템은 그의 신용카드로 결제하고 그 사실을 알리며 경매에 있는 다음 여행 건으로 넘어가야 합니다.

잘 보세요. 시스템의 논리적 아키텍처를 만드는 방법을 알려주겠습니다.

논리적 아키텍처 vs. 물리적 아키텍처

논리적 아키텍처는 시스템의 모든 논리적 구성 요소와 그것들이 서로 상호작용하는 방식을 보여줍니다(이를 **결합**이라고 합니다). 반면에 **물리적 아키텍처**는 아키텍처 스타일, 서비스, 프로토콜, 데이터베이스, 사용자 인터페이스와 API 게이트웨이 등을 보여줍니다.

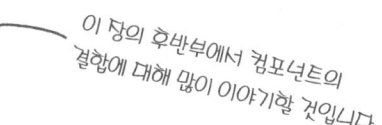
이 장의 후반부에서 컴포넌트의 결합에 대해 많이 이야기할 것입니다.

시스템의 논리적 아키텍처는 물리적 아키텍처와 독립적입니다. 즉, 논리적 아키텍처는 데이터베이스, 서비스, 프로토콜 등에 신경 쓰지 않습니다. 논리적 아키텍처가 무엇인지 예시를 통해 알아봅시다.

기억하다시피 모험적인 경매는 온라인 경매를 만들고, 일정에 따라 진행하며, 입찰자가 회원 가입을 하고 경매를 검색하며 입찰 가능한 여행을 볼 수 있도록 해야 합니다. 여기 기능적 구성 요소인 몇 가지 컴포넌트들이 있습니다. 이것들이 기능을 담당합니다.

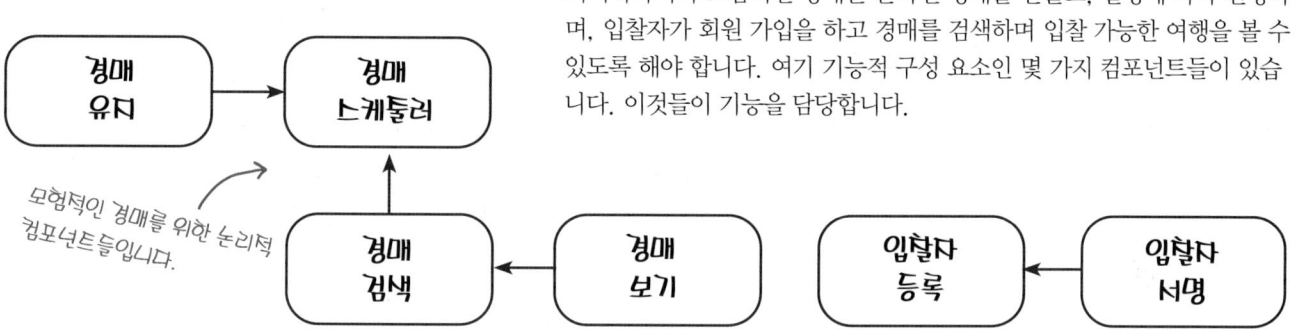

모험적인 경매를 위한 논리적 컴포넌트들입니다.

앞에서 언급한 논리적 아키텍처에는 물리적 아키텍처의 다양한 컴포넌트를 포함하지 않았습니다. 둘 다 시스템의 다른 관점입니다. 무슨 뜻인지 알고 싶으면 위 다이어그램을 아래의 물리적 아키텍처 다이어그램과 비교해보세요. 그리고 물리적 아키텍처가 어떻게 논리적 아키텍처의 구성 요소와 서비스를 연관시키고 시스템에 있는 서비스와 데이터베이스들을 표시하는지 주목하세요.

이 물리적 아키텍처는 일부 서비스와 데이터베이스들을 보여줍니다.

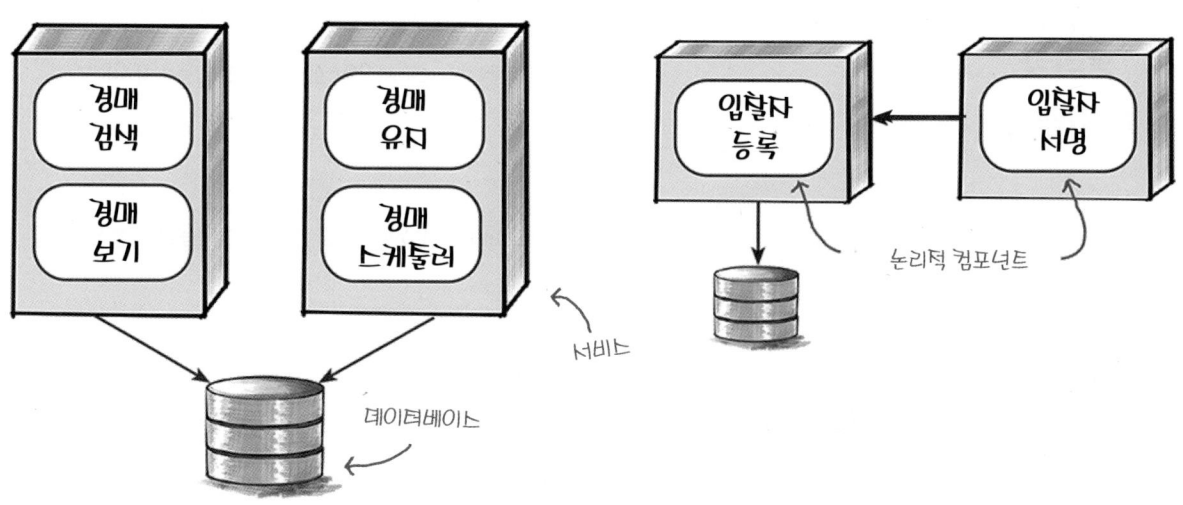

논리적 혹은 물리적?

누가 무엇을 하나요?

논리적 아키텍처와 물리적 아키텍처의 책임들을 정리했다고 생각했지만 어떻게 된 일인지 모두 섞여 버렸습니다. 누가 무엇을 하는지 알아내는 것을 도와주겠어요? 조심하세요. 일부 책임은 매칭되지 않을 수도 있습니다(논리적 또는 물리적 아키텍처의 일부가 아니라는 뜻입니다).

이 장의 끝에 있는 답을 확인한 후에 다음으로 넘어가세요.

각 컴포넌트에 어떤 프로그래밍 언어가 사용되었는지 표시한다.

논리적 아키텍처

컴포넌트를 서비스에 매핑한다.

시스템에 있는 논리적 컴포넌트를 보여주고 그것들이 어떻게 상호 통신하는지 표시한다.

시스템에 얼마나 많은 데이터베이스가 있고 어떤 서비스가 그것들을 접근하는지 표시한다.

우리가 미리 해두었습니다.

서비스 간 통신과 그것들이 사용하는 프로토콜(예, REST)을 표시한다.

물리적 아키텍처

컴포넌트를 구현하는 데 사용된 소스 코드 파일들을 표시한다.

사용자 인터페이스 안에서 컴포넌트들과 그것들의 상호작용을 표시한다.

시스템에 사용된 API 게이트웨이와 부하 분산기들을 표시한다.

정답은 157쪽에

논리적 아키텍처 만들기

논리적인 컴포넌트를 식별하는 것은 생각만큼 쉽지 않습니다. 그래서 여러분에게 도움을 주려고 이 순서도를 만들었습니다. 너무 걱정하지 마세요. 다음 페이지에서 이 모든 단계를 자세히 다룰 것입니다.

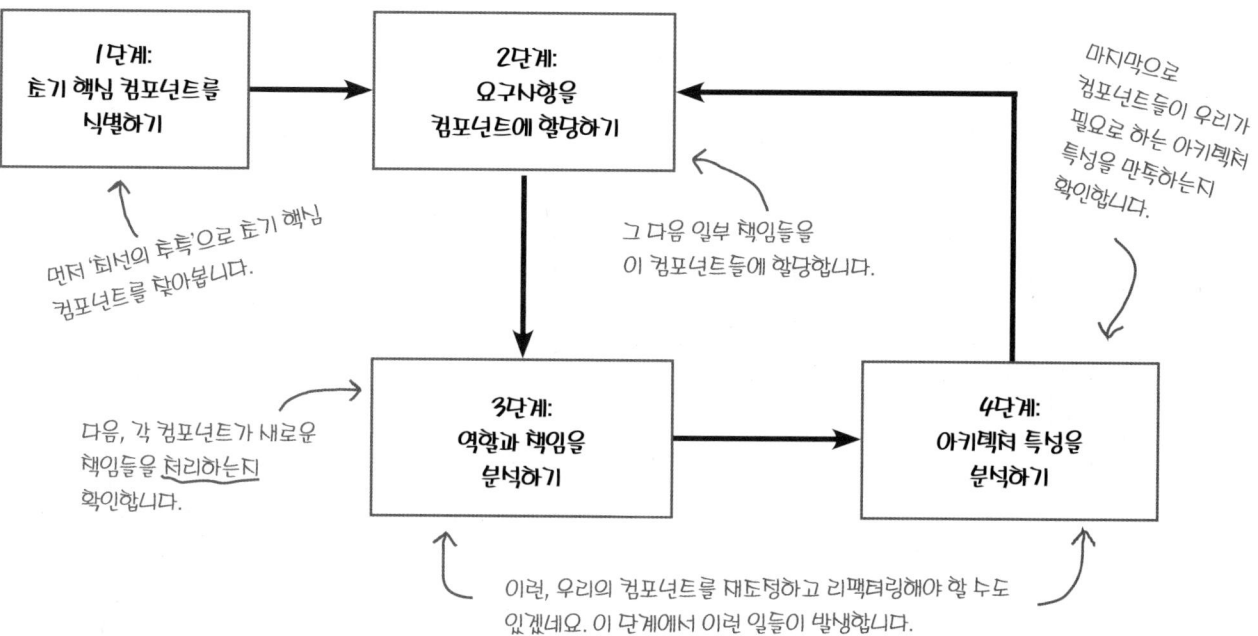

이 흐름은 시스템이 살아 있는 한 계속됩니다.

이 순서도는 그린필드 애플리케이션(처음부터 새로 만드는 시스템)을 시작하고 기존 시스템을 지속적으로 유지하는 일련의 단계를 보여줍니다.

잘 설계된 시스템이 순식간에 유지 관리가 안 되는 엉망이 되는 일이 왜 이렇게 흔한지 궁금한 적이 있나요? 여러 팀에서 시스템의 논리적 아키텍처에 충분한 관심을 기울이지 않았기 때문입니다.

시스템에 변경을 가하거나 새로운 기능을 추가할 때마다 논리적 컴포넌트가 적절한 크기이고 본래 역할을 잘 수행하는지 확인하기 위해 위에서 제시한 각 단계를 반드시 거쳐야 합니다.

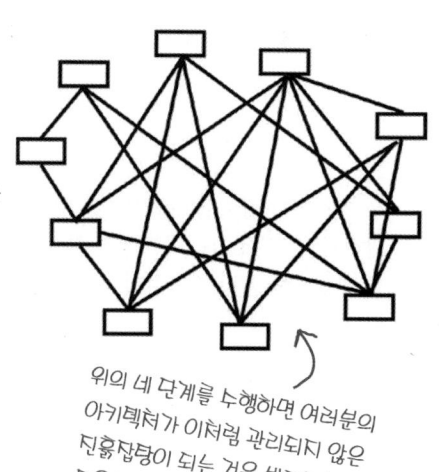

위의 네 단계를 수행하면 여러분의 아키텍처가 이처럼 관리되지 않은 진흙잡탕이 되는 것을 방지하는 데 도움이 됩니다.

여러분은 여기에 있습니다

컴포넌트 식별하기

1단계: 초기 핵심 컴포넌트 식별하기

논리적 아키텍처를 만드는 첫 번째 단계는 **초기 핵심 컴포넌트**를 식별하는 것입니다. 많은 경우, 이것은 순전히 '추측 게임'에 가깝고 처음에 식별한 컴포넌트를 다른 것으로 리팩터링할 가능성이 큽니다. 컴포넌트가 크거나 작은 것에 대해 걱정하는 데 많은 시간을 쓰지 마세요. 그 부분은 나중에 다룰 것입니다. 먼저, '추측 게임'이 무엇인지 보여드리겠습니다.

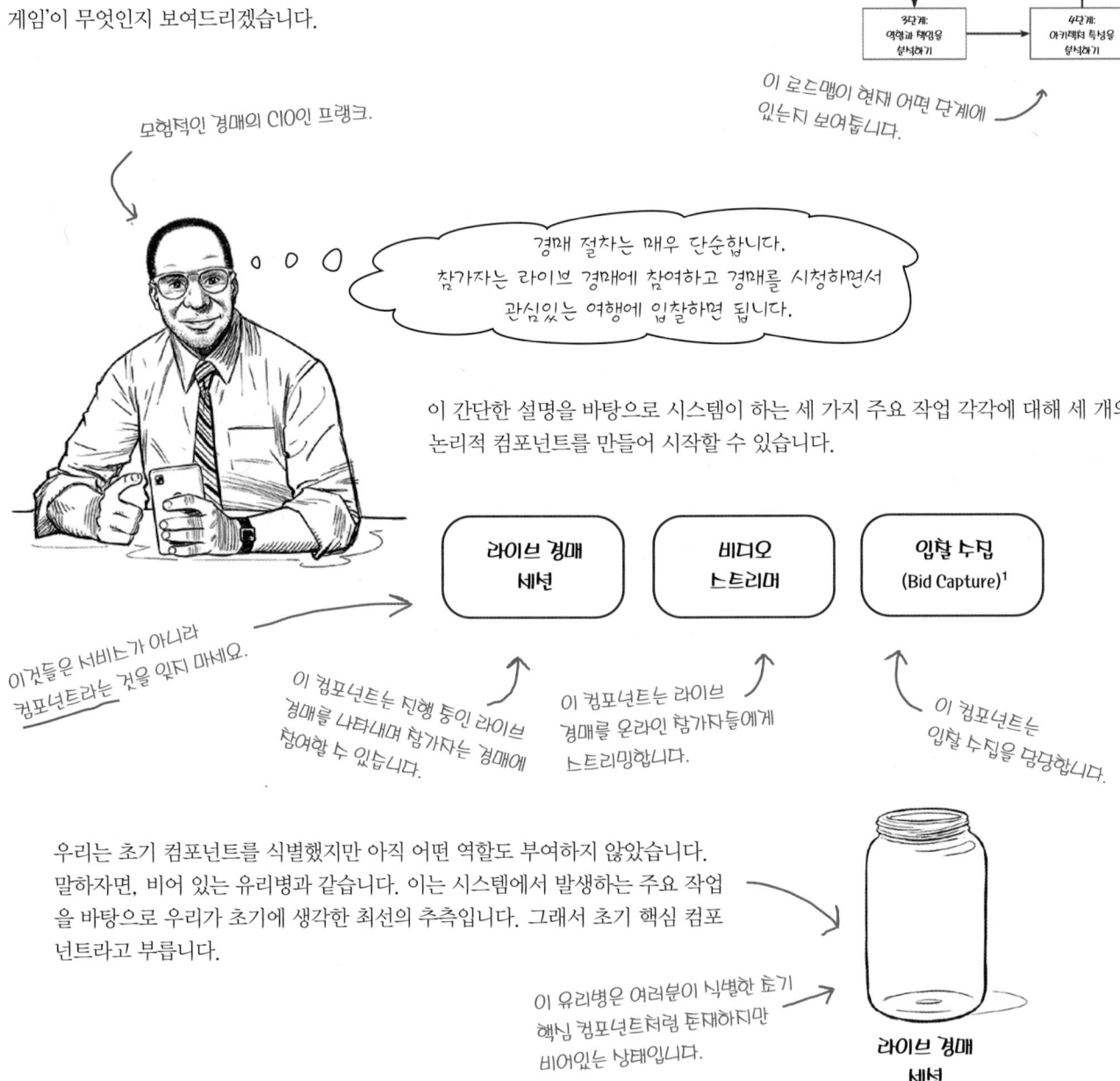

1. 옮긴이_ Bid Capture는 '입찰 수집' 또는 '입찰 포착'이라는 뜻으로, 경매나 입찰 과정에서 참가자들이 제안한 입찰 금액을 기록하거나 수집하는 과정을 의미합니다.

논리적 컴포넌트

> 논리적 아키텍처를 만드는 것이 전부 '추측 게임'인가요?
> 제가 들어본 것 중 가장 터무니없는 이야기입니다.
> 논리적 컴포넌트를 식별하면서 추측을 없앨 방법이 없나요?

네, 있습니다!
사실, 몇 가지 접근 방식을 사용하여 추측을 줄일 수 있습니다.

아직 시스템이나 그 요구사항에 대해 많은 세부사항을 알지 못하기 때문에 처음에 식별한 컴포넌트는 시스템과 관련한 지식이 늘어나면서 변경될 가능성이 큽니다. 그래서 이 단계를 추측 게임이라고 말하는 것입니다. 아직 완전히 이해하지 못해도 괜찮습니다!

두 가지 일반적인 초기 핵심 컴포넌트를 식별하는 방법을 보여줄 것이기 때문입니다. 바로 **워크플로우 접근법**(workflow approach)과 **액터/액션 접근법**(actor/action approach)입니다.

처음에는 좋아 보이지만 결국에는 잘못된 길로 이끌 수 있는 다른 접근 방식도 있습니다. 좋은 접근 방식을 먼저 소개한 뒤 추후에 다루겠습니다.

여러분은 여기에 있습니다

워크플로우 모델링하기

워크플로우 접근법

워크플로우 접근법은 시스템의 주요 워크플로우, 즉 사용자가 시스템을 이용하는 과정을 중심으로 초기 핵심 컴포넌트를 식별하는 효과적인 방법입니다. 모든 단계를 다 기록할 필요는 없습니다. 주요 처리 단계를 먼저 시작한 다음 세부 단계로 들어가세요.

워크플로우 접근법을 사용하여 모험적인 경매 아키텍처의 초기 핵심 컴포넌트를 몇 가지 식별해봅시다.

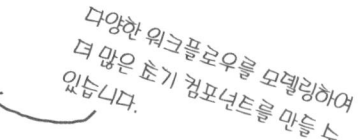
다양한 워크플로우를 모델링하며 많은 초기 컴포넌트를 만들 수 있습니다.

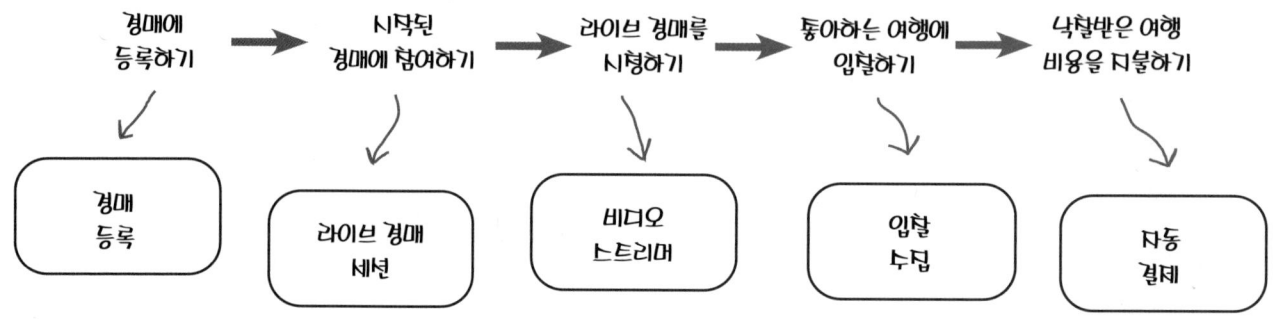

바보 같은 질문은 없습니다

Q: '비디오 스트리머'를 논리적 컴포넌트로 식별했지만 경매를 스트리밍할 때 외부 라이브러리나 서비스를 사용하기로 팀에서 결정하면 어떻게 될까요?

A: 좋은 질문입니다! 비록 기능을 직접 개발하지 않더라도 여전히 논리적 아키텍처의 일부입니다.

Q: 각 워크플로우의 단계가 항상 단일 논리적 컴포넌트에 매핑되어야 하나요?

A: 항상 그런 건 아닙니다. 워크플로우에 있는 여러 단계가 동일한 논리적 컴포넌트를 가리킬 수 있는데, 특히 기능이 밀접하게 연관되어 있을 때 그렇습니다.

이름은 중요합니다.

초기 핵심 컴포넌트의 이름을 어떻게 짓는지 주의 깊게 살펴보세요. 좋은 이름은 그 컴포넌트가 무엇을 하는지를 **간결하게 설명**해야 합니다.

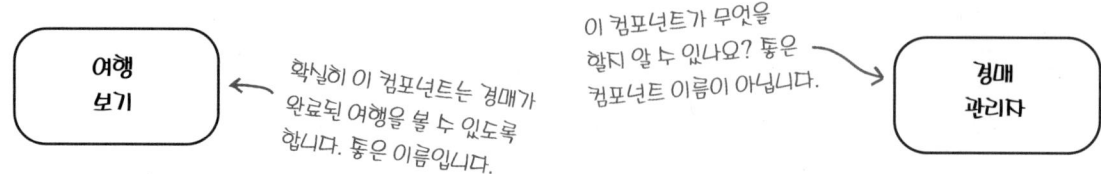

논리적 컴포넌트

✏️ 연필을 깎으며

여러분의 회사는 노동자를 건설 현장에 배정하는 새로운 시스템을 원하고 있으며, 여러분은 소프트웨어 아키텍트로서 초기 핵심 컴포넌트를 식별해야 합니다. 워크플로우 접근법을 사용하여 가능한 한 많은 핵심 컴포넌트를 찾아 각 컴포넌트를 해당 워크플로우 단계와 연관지어야 합니다. 하나의 워크플로우 단계가 다수의 컴포넌트와 연계될 수 있으며 모든 워크플로우 단계가 고유한 컴포넌트를 가질 필요는 없습니다.

1단계: 모든 건설 노동자들, 그들의 기술과 지역의 목록을 유지합니다.

2단계: 새로운 건설 프로젝트를 만들고 작업 현장을 지정합니다.

3단계: 다양한 건설 프로젝트가 시작하고 끝나는 일정을 만듭니다.

4단계: 새 프로젝트가 시작되면 기술과 위치에 따라 작업자를 배정합니다.

5단계: 프로젝트가 완료되면 작업자를 해제하여 재배치될 수 있도록 합니다.

이 공간에 논리적 컴포넌트를 그려 주세요.
설명에 적합한 좋은 이름을 지어 주세요.
↙

→ 정답은 158쪽에

여러분은 여기에 있습니다

액터와 액션을 매핑

액터/액션 접근법

액터/액션 접근법은 시스템에 여러 액터(사용자)가 있을 때 특히 유용합니다. 이 접근법은 다양한 액터를 식별하는 것부터 시작합니다. 그런 다음 주요한 행동 몇 가지를 확인하고 각 행동을 새 컴포넌트나 기존 컴포넌트에 할당합니다.

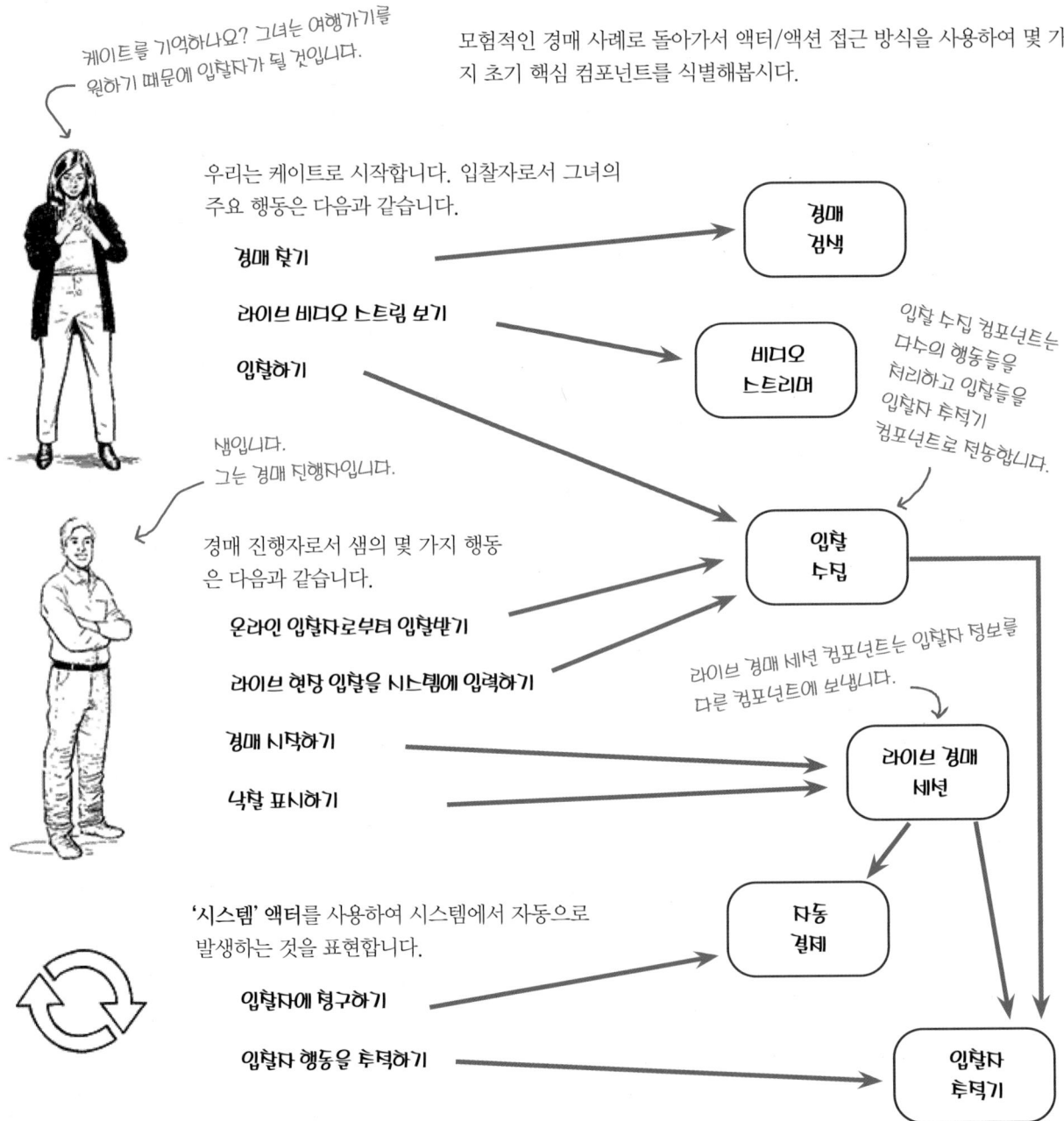

134   4장

연습문제

여러분의 제과점은 사업을 확장하려고 합니다. 고객들이 제과점 상품을 온라인으로 보고, 주문하고, 결제할 수 있는 새로운 시스템이 필요합니다. 주문은 제빵 코디네이터에게 보내지며 제빵 코디네이터는 재료를 구매하고 주문을 스케줄링합니다. 제빵사는 매일 아침 구워야 할 항목(빵 종류)들의 일정을 받고 제빵이 완료되면 시스템에 알리고 시스템은 고객에게 이메일을 보내 물품이 준비되었음을 알립니다.

액터/액션 접근 방식을 사용하여 각 액터가 수행할 수 있는 행동을 확인세요. 그 다음 새 제과 시스템을 위해 가능한 많은 논리적 컴포넌트를 그려보세요. 그리고 식별한 동작을 컴포넌트에 맞추세요.

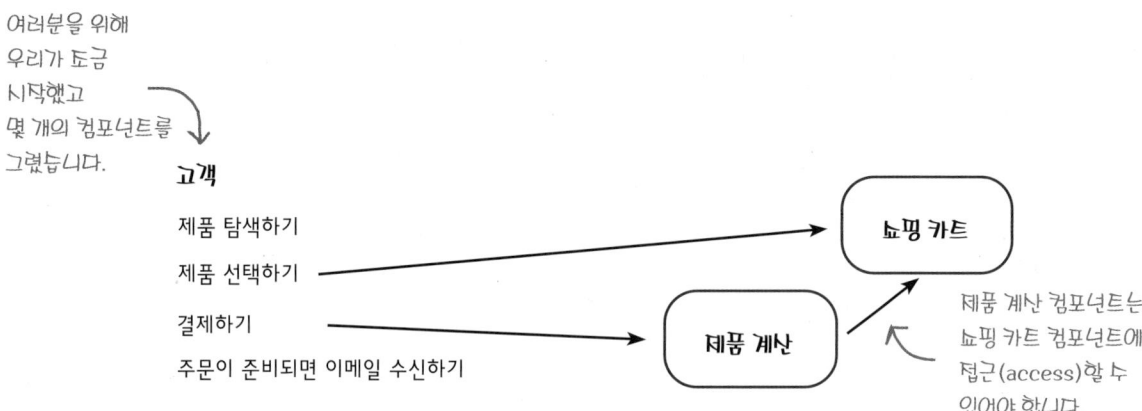

정답은 159쪽에

엔티티 피하기

엔티티 함정

오케이! 입찰에 관련된 많은 행동들을 식별했다면 이제 이 모든 것을 입찰 관리자(Bid Manager)라는 단일 컴포넌트에 모두 넣어야 할까요?

엔티티 함정에 오신 것을 환영합니다.

이 접근법을 **엔티티 함정**(The entity trap)이라고 부르는 이유는 초기 핵심 논리적 컴포넌트를 식별할 때 이 함정에 빠지기 매우 쉽기 때문입니다. 왼쪽과 같이 논리적 컴포넌트를 작성하면 많은 문제가 발생할 수 있습니다.

우선 '입찰 관리자'라는 이름은 너무 모호합니다. 컴포넌트 이름만 보고 무엇을 하는지 알 수 있나요? 필자도 알 수 없습니다. 이런 이름으로는 컴포넌트의 역할과 책임을 충분히 알기 어렵습니다.

둘째, 컴포넌트의 책임이 너무 많습니다. 너무나 자주 엔티티 함정에 빠져 있는 컴포넌트들은 그 엔티티와 관련된 모든 기능을 넣는 편리한 투척 장소가 됩니다. 그 결과 너무 많은 책임을 맡아 지나치게 컴포넌트가 커지며 유지보수, 확장 및 결함 허용성을 어렵게 만듭니다.

이 컴포넌트는 너무 많은 것을 하기 때문에 확장하기 어려울 것입니다.

입찰 관리자
- 입찰을 수락한다.
- 모든 낙찰을 표시한다.
- 감사 목적을 위해 입찰들을 추적한다.
- 낙찰자를 결정한다.
- 온라인 입찰을 경매 진행자에게 알린다.
- 입찰 보고서를 만든다.

이것들이 모두 컴포넌트가 하는 일입니다.

Pro Tip

논리적 컴포넌트의 이름을 지을 때 '관리자'나 '슈퍼바이저(supervisor)' 같은 단어를 조심하세요. 그런 단어는 여러분이 엔티티 함정에 빠질 수 있다는 좋은 신호입니다.

연필을 깎으며

관리자 외에 컴포넌트 이름에 나타나면 엔티티 함정에 빠졌다는 것을 나타낼 수 있는 다른 영어 단어는 무엇이 있을까요?

슈퍼바이저

우리가 미리 해두었습니다.

→ 정답은 160쪽에

연습문제

다음 시나리오에서 초기 핵심 컴포넌트를 식별하기 위한 가장 적절한 접근 방식을 선택할 수 있나요? 일부 경우에는 한 가지 이상의 접근 방식이 적절할 수 있습니다.

시나리오	워크플로우	액터/액션
시스템에 한 가지 유형의 사용자만 있습니다.	☐	☐
시스템에 명확하게 정의된 엔티티가 있습니다.	☐	☐
최소한의 기능 요구사항만 존재합니다.	☐	☐
시스템에 많은 복잡한 사용자 여정이 존재합니다.	☐	☐
시스템에 다양한 유형의 사용자가 있습니다.	☐	☐

→ 정답은 160쪽에

바보 같은 질문은 없습니다

Q: 액터/액션 접근법은 이벤트 스토밍이 떠오르게 합니다. 이 둘은 같은 건가요?

A: 좋은 관찰입니다. 유사점을 발견해줘서 기쁩니다. 이벤트 스토밍(event storming)은 도메인 기반 설계(Domain-Driven Design; DDD)의 일부인 워크숍 기반 접근법입니다. 이 접근 방식으로 비즈니스 도메인을 분석하여 도메인 이벤트를 식별합니다. 두 접근법 모두 시스템 내에서 수행되는 작업을 식별하는 최종 목표를 가지고 있지만 이벤트 스토밍은 구성 요소를 식별하는 데 있어 액터/액션 접근법보다 훨씬 더 나아갑니다. 액터/액션 접근법은 이벤트 스토밍의 도메인 이벤트와 액터 요소를 식별한다고 할 수 있지만, 커맨드, 애그리게이트, 뷰와 같은 다른 요소들로 계속 이어지지는 않습니다. 이벤트 스토밍에 대한 자세한 내용은 https://en.wikipedia.org/wiki/Event_storming을 참고하세요.

Q: 워크플로우 접근법과 액터/액션 접근법을 결합할 수 있나요? 아니면 둘 중 하나를 선택해야 하나요?

A: 이들을 결합할 수 있으며 대부분 이 둘의 결합은 좋은 생각입니다. 액터/액션 방식으로 시작하여 행동들을 식별했다면 워크플로우 접근법을 사용하여 그것들이 발생하는 순서대로 정리할 수 있습니다.

Q: 혹시 컴포넌트 이름에 '관리자', '슈퍼바이저' 같은 단어를 절대 사용하지 말라고 하는 건가요?

A: 반드시 그렇지는 않습니다. 엔티티 함정에는 엄격한 규칙이 없습니다. 일반적인 작업을 하는 것에 이름을 붙이는 것은 때때로 어렵습니다. 예를 들어, 애플리케이션의 모든 참조 데이터를 관리하는 컴포넌트를 생각해 보겠습니다. 여기에는 국가 코드, 상점 코드, 색상 코드와 같은 이름/값 쌍이 포함됩니다. 그런 컴포넌트에 적합한 이름은 참조 데이터 관리자입니다. 하지만 이 이름 대신 '주문 관리자'나 '응답 처리자' 같은 이름을 사용하면 그 의미가 너무 광범위해서 해당 컴포넌트가 실제로 무엇을 하는지 설명하지 않습니다.

Q: 액터/액션 접근법을 사용할 때 각 액터에 대해 몇 가지 행동을 식별해야 하나요?

A: 이 질문은 어렵네요. 행동을 식별하는 목적은 논리적인 컴포넌트와 그들이 담당할 수 있는 것들을 찾아내는 것입니다. 보통 액터가 할 수 있는 주요 행동을 위주로 하면 되고 과도한 세부사항이 들어가지 않도록 하면 됩니다.

2단계: 요구사항을 컴포넌트에 할당하기

초기 핵심 컴포넌트를 식별했다면 다음 단계로 넘어갈 시간입니다. 그것은 이러한 논리적 컴포넌트에 **요구사항을 할당**하는 것입니다.

이 단계에서는 기능 사용자 스토리나 요구사항을 검토하고 각 컴포넌트가 어떤 기능을 담당할지 결정합니다. 기억하세요. 각 컴포넌트는 디렉터리 구조로 표현됩니다. 소스 코드는 그 디렉터리에 있으며 요구사항을 구현합니다.

초기에 정의한 컴포넌트로 되돌아갑시다. 이는 프랭크(CIO)가 모험적인 경매의 기본 워크플로우에 대해 말한 내용을 기반으로 합니다. 이제 이 컴포넌트에 역할을 부여할 시간입니다.

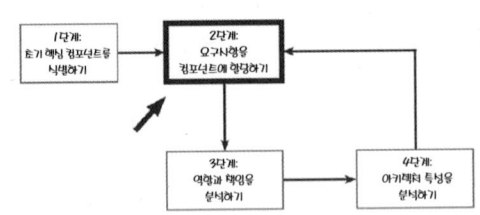

경매에 입찰할 현재의 여행을 표시함
라이브 경매 세션 컴포넌트가 현재 진행 중인 경매를 제어하는 역할을 담당하기 때문에 이 요구사항을 할당하는 것은 적절합니다.

현재 진행 중인 라이브 경매를 나타냅니다.

→ 라이브 경매 세션

여행을 판매로 표기하고 다음 여행으로 이동함
이 요구사항은 또한 경매 세션을 제어하는 것과 연관됩니다. 따라서 라이브 경매 세션 컴포넌트에 할당합니다.

입찰자로부터 입찰을 수신하고 저장합니다.

→ 입찰 수집

각 온라인 입찰을 진행할 라이브 경매 진행자에게 보내고 그들은 입찰을 시작할 수 있음
입찰 수집 컴포넌트는 여행에 대한 입찰을 입찰자로부터 받기 때문에 이 컴포넌트는 그 입찰을 라이브 경매 진행자에게 전달하는 것이 합리적입니다.

경매에 대한 비디오를 보여줍니다.

→ 비디오 스트리머

이의 제기될 입찰이 있을 경우를 대비해 라이브 비디오 스트림을 녹화하여 나중에 재생할 수 있도록 함
비디오 스트리머 컴포넌트는 이미 비디오 재생 기능이 있기 때문에 그것을 녹화하는 것도 합리적입니다.

새로운 컴포넌트로 마지막 요구사항을 만족합니다.

→ 여행 보기

입찰자가 현재 입찰 중인 여행의 상세 정보를 볼 수 있도록 함
기다려보세요. 우리가 앞서 식별한 컴포넌트로는 이 책임을 할당할 수 없기 때문에 이것을 처리할 새로운 컴포넌트를 생성합니다.

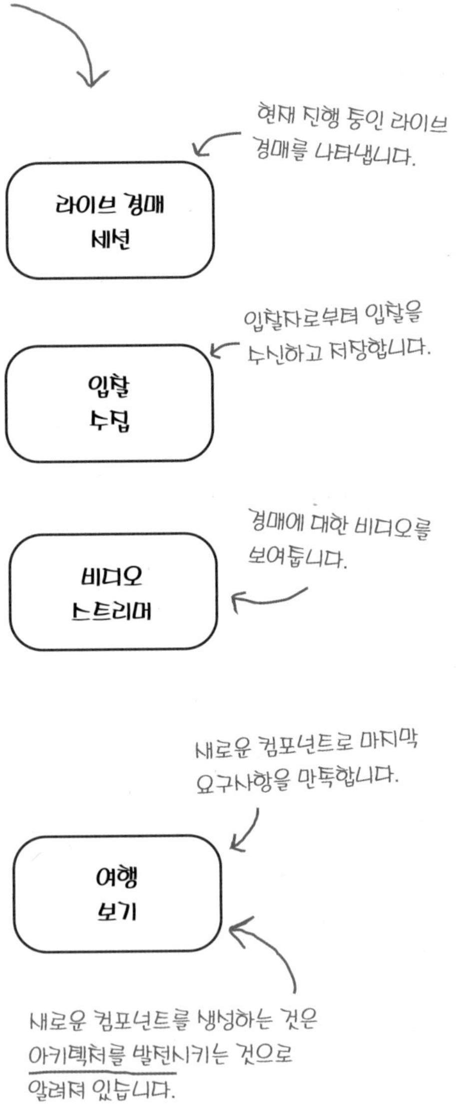

새로운 컴포넌트를 생성하는 것은 아키텍처를 발전시키는 것으로 알려져 있습니다.

논리적 컴포넌트

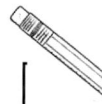
연필을 깎으며

여러분의 회사인 [고잉 그린(Going Green Corporation)]에서는 전자제품 재활용 프로그램을 지원하는 새로운 시스템을 원합니다. 이 시스템에서는 고객이 오래된 전자기기(예 휴대폰)를 보내면 돈을 받을 수 있습니다. 우리는 이미 초기 핵심 컴포넌트를 식별해 두었습니다. 아래 나열된 기능들은 어떤 컴포넌트가 담당해야 하는지, 또는 어떤 새로운 컴포넌트가 필요한지 결정하세요. 새로운 컴포넌트가 필요하다면 이름도 생각해야 합니다.

✓ 고객으로부터 물리적으로 기기를 수신합니다.

✓ 기기의 상태를 평가합니다.

✓ 오래된 기기를 재활용하거나 재판매합니다.

(기기 수신)   (기기 평가)   (기기 재활용)

기기를 폐기하는 가장 가깝고 안전한 폐기 시설을 찾습니다.
☐ 기기 수신   ☐ 기기 평가   ☐ 기기 재활용   ☐ 기타 _____

고객의 정보(이름, 주소 등)를 받아서 저장합니다.
☐ 기기 수신   ☐ 기기 평가   ☐ 기기 재활용   ☐ 기타 _____

중고 시장에 재판매하기 위해 서드 파티 사이트로 기기를 보냅니다.
☐ 기기 수신   ☐ 기기 평가   ☐ 기기 재활용   ☐ 기타 _____

재활용 기기에 대해 고객에게 비용을 지불합니다.
☐ 기기 수신   ☐ 기기 평가   ☐ 기기 재활용   ☐ 기타 _____

기기를 수령했고 평가와 가치 산정 준비 중임을 기록합니다.
☐ 기기 수신   ☐ 기기 평가   ☐ 기기 재활용   ☐ 기타 _____

재활용 기기의 가치를 결정합니다.
☐ 기기 수신   ☐ 기기 평가   ☐ 기기 재활용   ☐ 기타 _____

재활용과 재판매된 기기에 대해 월간 이익과 손해를 결정합니다.
☐ 기기 수신   ☐ 기기 평가   ☐ 기기 재활용   ☐ 기타 _____
↑ [고잉 그린]도 결국 이익을 내야 합니다.

➤ 정답은 161쪽에

여러분은 여기에 있습니다

역할과 책임 분석하기

3단계: 역할과 책임 분석하기

기능성을 (다른 말로 하면 사용자 스토리나 요구사항을) 논리적 컴포넌트에 할당하기 시작하면 각 컴포넌트의 역할과 책임이 자연스럽게 커지기 시작할 것입니다. 이 단계의 목적은 기능을 할당한 컴포넌트가 실제로 그 기능을 담당**해야 하며** 너무 많은 일을 하지 않도록 하는 것입니다.

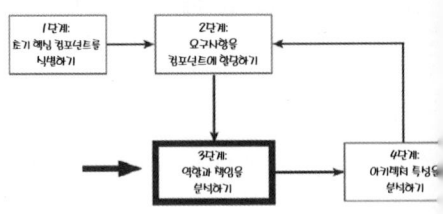

예를 들어, '라이브 경매 세션'이라는 이름의 컴포넌트를 만들고, 라이브 경매를 하는 동안 다음과 같은 책임을 진다고 합시다.

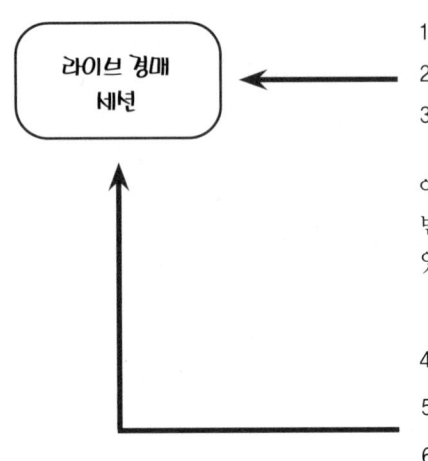

1. 경매를 시작하고 중단한다.
2. 입찰 중인 현재 여행을 표시한다.
3. 여행을 판매로 표기하고 다음 여행으로 이동한다.

이것은 잘 설계된 컴포넌트이고 적당한 양의 책임을 지고 있습니다. 하지만 경매가 반복되면서 개발 팀은 라이브 경매 세션 컴포넌트에 새로운 요구사항을 추가하게 되었습니다.

4. 경매에서 각 여행의 세부사항을 표시한다.
5. 경매의 현재 모든 입찰자를 추적한다.
6. 경매의 각 낙찰자를 추적한다.
7. 여행에 낙찰받았음을 입찰자에 알린다.

컴포넌트야 안녕!
설치를 부탁해도 될까?

회사에서 업무가 과중되어 일부를 다른 사람에게 넘긴 경험이 있을 것입니다. 컴포넌트도 마찬가지로 일부 책임을 다른 컴포넌트에 맡기세요.

이런 추가 기능으로 인해 이 컴포넌트는 너무 많은 책임을 지게 되었습니다. 이런 상황은 흔히 발생하므로 놀랄 일은 아닙니다. 당황하지 마세요. 이 단계(3단계)는 그런 상황을 대비한 것입니다. 라이브 경매 세션 컴포넌트의 일부 책임을 다른 컴포넌트로 옮겨서 이 상황을 해결할 수 있는지 살펴봅시다.

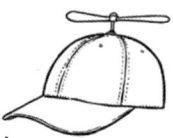 **괴짜 노트**

Utility라는 클래스를 만든 적이 있나요? 그것은 무엇을 했나요? 아마도 이 클래스에는 어디에 놓아야 할지 모르거나, 관련 없는 여러 기능이 섞여 있었을 것입니다. 같은 일이 소프트웨어 아키텍처 내의 논리적 컴포넌트에도 발생할 수 있습니다. 관련 없는 많은 기능을 포함하는 컴포넌트는 되도록 피하세요.

응집력 유지하기

어떤 컴포넌트의 역할과 책임에 관한 문장 또는 작업의 집합을 분석할 때 각각의 기능이 서로 밀접하게 관련되어 있는지 확인할 수 있습니다. 이것은 컴포넌트의 동작들이 서로 얼마나 밀접하게 관련되어 있는지를 나타내는 **응집력**으로 알려져 있습니다. 응집력은 컴포넌트가 올바른 책임을 가지도록 하는 유용한 도구입니다.

컴포넌트의 역할과 책임을 분석할 때 흔히 이상치(기능이 이상한 부분)나 너무 많은 일을 하고 있는 컴포넌트를 발견하게 됩니다. 이런 경우에는 보통 책임의 일부를 다른 컴포넌트로 옮기는 것이 좋습니다.

이제 라이브 경매 세션 컴포넌트를 고칠 차례입니다.

> **고착화 하기**
>
> 컴포넌트 함수들은 모두 관련이 있어야 합니다. 하지만 그렇지 않더라도 너무 좌절하지 마세요. 그냥 컴포넌트를 분해하기 시작하면 되고 여러분은 매우 똑똑하다는 평가를 받게 될 것입니다.

연습문제

새롭게 추가된 기능성을 추가하기 위해 새로운 컴포넌트를 만들어 라이브 경매 세션 컴포넌트의 책임을 나눌 수 있는지 확인해보세요. 처음의 세 요구사항은 라이브 경매 세션에 유지하세요.

우리가 미리 해두었습니다.

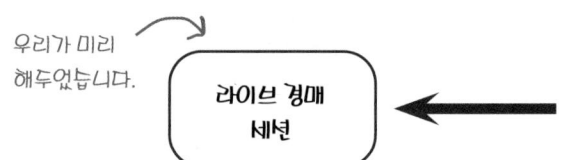

이 공간에 새로운 컴포넌트를 그리세요.

1. 경매를 시작하고 중단한다.
2. 입찰 중인 현재 여행을 표시한다.
3. 여행을 판매로 표기하고 다음 여행으로 이동한다.

4. 경매에서 각 여행의 세부사항을 표시한다.

5. 경매의 현재 모든 입찰자를 추적한다.

6. 경매의 각 낙찰자를 추적한다.

7. 여행에 낙찰받았음을 입찰자에 알린다.

힌트: 몇 개의 요구사항을 묶어 새로운 컴포넌트를 생성할 수도 있습니다.

정답은 162쪽에

특성 분석하기

4단계: 아키텍처 특성 분석하기

초기 핵심 컴포넌트를 식별하는 마지막 단계는 각 컴포넌트가 성공을 위해 중요한 **주요 아키텍처 특성**(driving architectural characteristics)과 일치하는지 확인하는 것입니다. 대부분의 경우 더 나은 확장성, 탄력성 또는 가용성을 위해 컴포넌트를 분리해야 할 수도 있습니다. 하지만 기능이 밀접하게 연관되어 있는 경우, 컴포넌트를 결합하는 것도 가능합니다.

다시 한번 '모험적인 경매' 사례를 살펴보겠습니다. 이전에 우리는 입찰 수집 컴포넌트를 식별했습니다. 이 컴포넌트는 입찰을 수락하고, 모든 입찰을 입찰 추적 데이터베이스에 저장하며, 최고 입찰가를 경매 진행자에게 전달합니다. 아래는 입찰 수집 컴포넌트의 전체 흐름입니다.

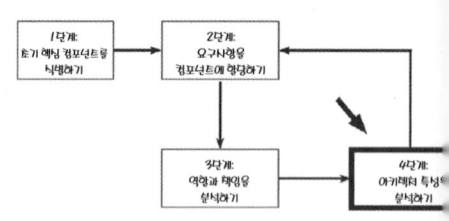

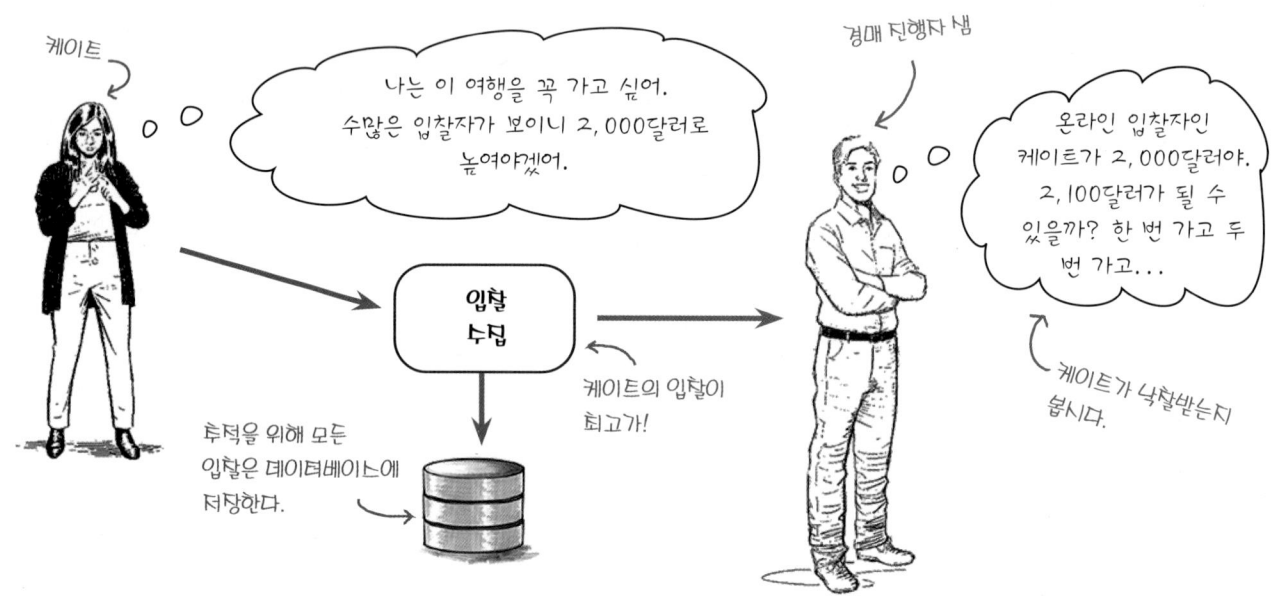

이 아키텍처는 좋아 보입니다. 하지만 확실히 하려면 시스템의 중요한 아키텍처 특성을 지원하는지 입찰 수집 컴포넌트를 확인하는 것이 좋습니다(시스템의 성공에 중요합니다).

이 시스템은 초당 수천 명의 입찰자를 지원해야 한다는 것을 알고 있습니다. 그것이 확장성입니다. 경매가 진행되는 동안 시스템이 정상 동작해야 한다는 것도 알고 있습니다. 그것이 가용성입니다. 마지막으로, 시스템은 입찰을 받아 경매 진행자에게 최대한 빠르게 전달해야 합니다. 그것이 성능입니다.

이제 핵심적인 아키텍처 특성들을 바탕으로 입찰 수집 컴포넌트를 분석해보세요.

논리적 컴포넌트

아키텍트가 되자

여러분의 역할은 아키텍트로서 이전 페이지의 입찰 수집 컴포넌트를 분석하고, 우리가 식별한 핵심 아키텍처 특성들을 바탕으로 수정이 필요한지 판단하는 것입니다. 해답은 다음 페이지에 있습니다.

모험적인 경매의 중요한 아키텍처 특징은 다음과 같습니다.

확장성: 시스템은 초당 수천 명의 입찰자를 지원해야 합니다.

가용성: 경매가 진행되는 동안 시스템이 정상적으로 동작해야 합니다.

성능: 시스템은 입찰을 받아 가능한 한 빨리 경매 진행자에게 전달해야 합니다.

힌트 (고려할 사항):

- 데이터베이스가 다운되면 어떻게 되나요?
- 데이터베이스에 입력되는 입찰들을 정상적으로 데이터베이스에 기록할 수 있나요?
- 데이터베이스에 기록하는 속도가 경매 진행자에게 입찰을 전달하기에 충분히 빠를까요?
- 입찰을 받으면 입찰 수집 컴포넌트가 취해야 하는 행동들을 고려하세요.

위의 핵심적인 아키텍처 특성 및 고려사항들을 바탕으로 입찰 수집 컴포넌트를 어떻게 변경할지 이 영역에 그려보세요.

여러분은 여기에 있습니다   143

특성 분석하기

입찰 수집 컴포넌트

입찰 수집 컴포넌트에 담긴 현재의 역할을 검토하면서 연습문제를 풀어보겠습니다.

1. 온라인 입찰자의 입찰을 수락하고 현장 입찰자의 경우에는 경매 진행자로부터 입찰을 받습니다.
2. 온라인 입찰 중 가장 높은 입찰을 확인합니다.
3. 모든 입찰 기록을 추적하기 위해 모든 입찰은 입찰 추적 데이터베이스에 저장합니다.
4. 경매 진행자에게 최고 입찰가를 알립니다.

모든 기록이 데이터베이스에 저장되어 있으므로 입찰 수집 컴포넌트가 입찰 데이터를 데이터베이스에 저장하는 것이 합리적입니다. 그러나 데이터베이스 연결과 처리량에 제한이 있어서 입찰 수집 컴포넌트가 이를 수행하면 확장성에 큰 영향을 줍니다. 또한 데이터베이스에 데이터를 쓰기 위해 대기 시간을 추가하여 성능에 영향을 주며 데이터베이스가 다운될 경우 가용성에도 영향을 줍니다.

이것이 특성을 분석한다는 의미입니다.

마지막 요구사항을 새로운 컴포넌트인 입찰 추적기에 할당하면 입찰 수집 컴포넌트의 확장성, 성능, 가용성을 크게 높일 수 있습니다. 이 시스템은 더 많은 입찰을 더 빠르게 처리하고 가장 높은 입찰가를 경매 진행자에게 최대한 빨리 전달할 수 있습니다. 입찰 수집 컴포넌트는 입찰을 입찰 추적 컴포넌트로 보낼 수 있으며, 데이터베이스에 입찰이 기록될 때까지 기다릴 필요가 없습니다.

이 단계에서는 필요한 아키텍처 특성에 따라 컴포넌트를 분리하거나 결합할 수 있습니다.

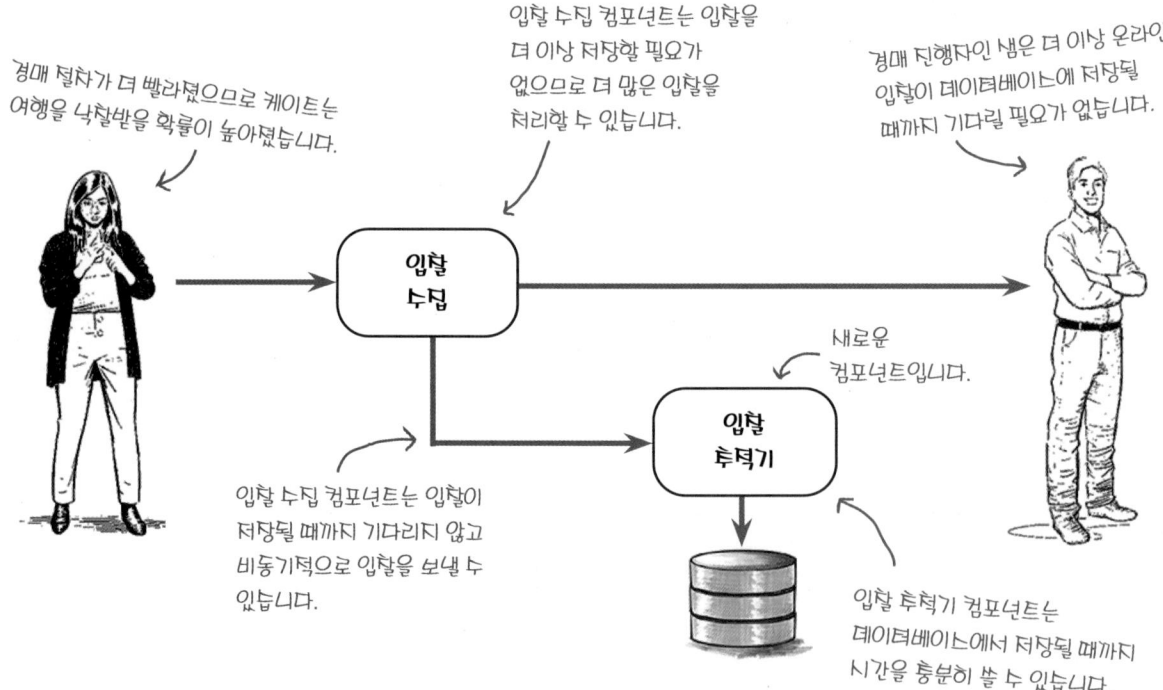

144 4장

논리적 컴포넌트

컴포넌트 결합

이제 논리적 컴포넌트가 어떻게 상호작용하고 서로 의존 관계에 있는지 생각해봐야 할 것 같아, 맞지?

네, 지금이 그 일을 할 적기입니다.

초기 핵심 컴포넌트를 식별할 때 그들이 어떻게 상호작용하는지 파악하는 것이 중요합니다. 이것은 **컴포넌트 결합**이라고 알려져 있는데 컴포넌트들이 서로 얼마나 알고 의존하는지를 나타내는 정도입니다. 컴포넌트들이 더 많이 상호작용할수록 시스템은 더 밀접하게 결합되지만 유지보수하기는 더 어려워집니다.

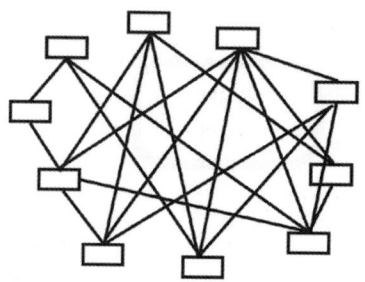

몇 페이지 전에 봤던 이 그림을 기억하나요? 이것을 '진흙잡탕'이라고 부르는 이유는 컴포넌트 간의 상호작용과 의존성이 너무 많아 다이어그램이 진흙 덩어리처럼 보이기 때문입니다(또는 스파게티 그릇처럼 보일 수도 있습니다).

이것이 컴포넌트가 어떻게 상호작용하고 어떤 의존성이 있는지 주의 깊게 살펴봐야 하는 매우 중요한 이유입니다.

그러므로 논리적 컴포넌트를 만들 때 두 가지 종류의 결합인 **내부 결합**(afferent coupling)과 **외부 결합**(efferent coupling)에 대해 신경써야 합니다. 처음 들어본 용어라고 해서 너무 걱정하지 마세요. 다음 페이지에서 설명할 것입니다.

여러분은 여기에 있습니다

컴포넌트 결합

내부 결합

아이들은 부모에게 많은 것을 의존합니다. 예를 들어, 부모는 아이들에게 충분한 음식을 제공하고, 안전한 거주지를 마련해주며 축구 연습에 데려다 주거나 사탕이나 멋진 만화책을 사기 위해 용돈을 줍니다. 결국 부모는 내부적으로 자녀와 가족, 강아지에게도 결합되어 있으며 이들 모두 부모에게 무언가를 의존하고 있습니다.

내부 결합은 다른 컴포넌트가 특정 컴포넌트(이 경우에는 엄마)에 얼마나 많이, 어떤 방식으로 의존하는지를 나타내는 정도와 방식입니다. 때때로 팬인(fan-in), 또는 인커밍(incoming) 결합이라고 합니다. 대부분의 코드 분석 도구에서 이것을 단순하게 CA로 표시합니다.

모든 사람은 엄마를 의존합니다.

엄마는 가족과 내부적으로 결합됩니다.

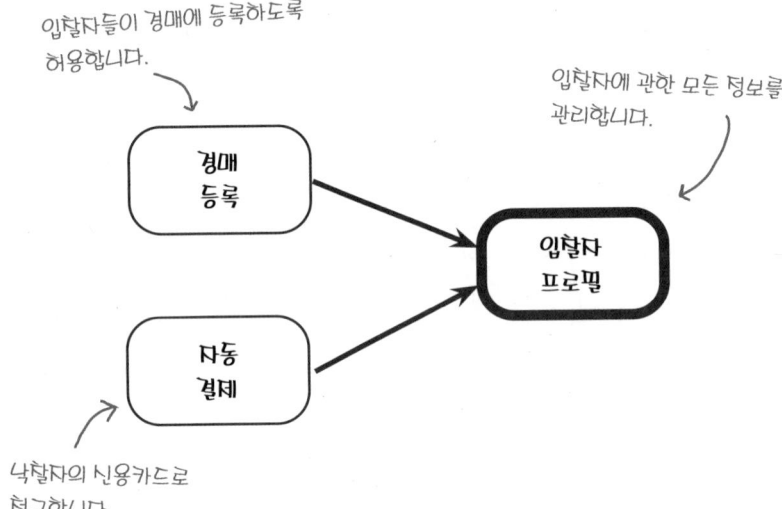

입찰자들이 경매에 등록하도록 허용합니다.

입찰자에 관한 모든 정보를 관리합니다.

경매 등록

입찰자 프로필

자동 결제

낙찰자의 신용카드로 청구합니다.

내부 결합이 어떻게 작동하는지 보려면 왼쪽에 있는 모험적인 경매의 논리적 아키텍처의 세 가지 논리적 컴포넌트 간의 상호작용을 살펴보면 됩니다.

경매 등록 컴포넌트와 자동 결제 컴포넌트는 입찰자 프로필 정보를 반환하기 위해 입찰자 프로필 컴포넌트에 의존합니다. 이 시나리오에서는 입찰자 프로필 컴포넌트의 내부 결합 수준이 2입니다. 두 개의 컴포넌트가 작업을 완료하기 위해 이 컴포넌트에 의존하기 때문입니다.

 **괴짜 노트**

이상하게 들리는 ('내부'로 해석한) afferent라는 단어에 '~로 전달하는'이라는 의미가 있다는 것을 알고 있나요? 이 단어는 라틴어의 ad(의미: '에' 또는 '향하여')와 ferre('전달하다')에서 유래되었습니다. 의학 분야에서 afferent는 뇌로 신호를 전달하는 신경(구심성 신경)을 의미합니다.

논리적 컴포넌트

외부 결합

이제 아이의 관점에서 상황을 살펴봅시다. 어릴 때는 부모님뿐만 아니라 선생님, 친구들, 학교 급우들 등에게도 의존합니다. 이처럼 다른 것에 의존하는 것을 **외부 결합**이라고 합니다.

외부 결합은 내부 결합과 정확히 반대이며 대상 컴포넌트가 의존하는 컴포넌트의 수로 측정됩니다. 또한 팬아웃(fan-out) 결합 또는 아웃고잉(outgoing) 결합이라고도 합니다. 정적 소스 코드 분석 도구에서는 보통 CE로 표시합니다.

그렇다면 논리적 컴포넌트의 외부 결합은 어떤가요? 모험적인 경매를 다시 살펴보겠습니다. 이번에는 케이트가 여행에 대한 입찰을 수락하는 과정을 고려합니다.

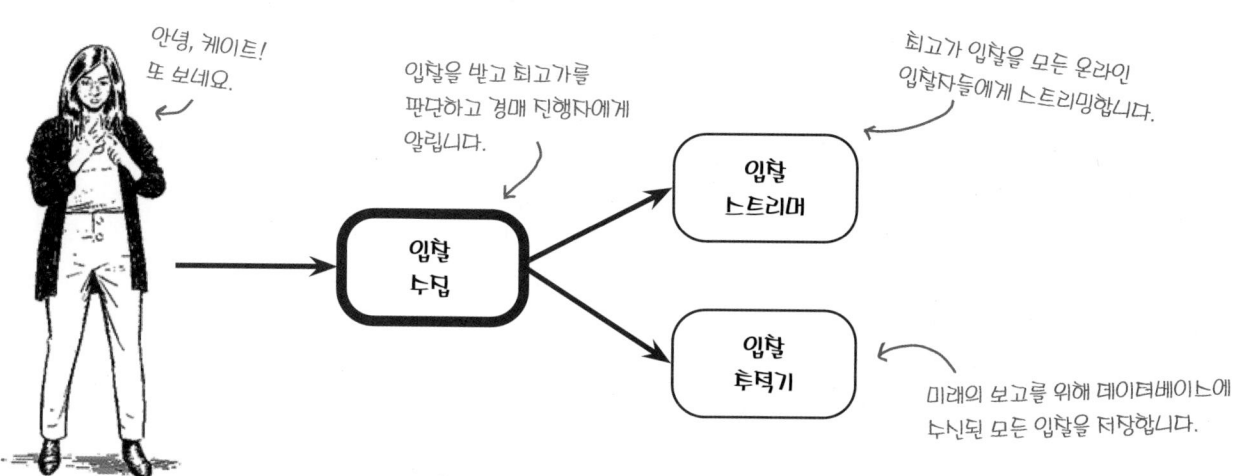

입찰 수집 컴포넌트는 입찰 스트리머와 입찰 추적기 컴포넌트에 의존하여 입찰을 처리하기 때문에 이 컴포넌트들과 외부 결합됩니다. 외부 결합 수준은 2입니다(다른 말로는 '두 개의 다른 컴포넌트에 의존합니다'라고 표현할 수 있습니다).

여러분은 여기에 있습니다   **147**

결합 수준

결합도 측정

특정 컴포넌트의 결합 정도는 세 가지 방법으로 측정할 수 있습니다. 첫째, **전체 내부 결합**(CA), 둘째, **전체 외부 결합**(CE), 셋째는 **전체 결합**(CT), 즉 전체 내부 결합과 전체 외부 결합의 합을 고려합니다. 이 측정값들은 컴포넌트 중에서 가장 높은 결합도와 가장 낮은 결합도를 가진 컴포넌트를 알려주며 전체 시스템의 결합 수준도 알려줍니다.

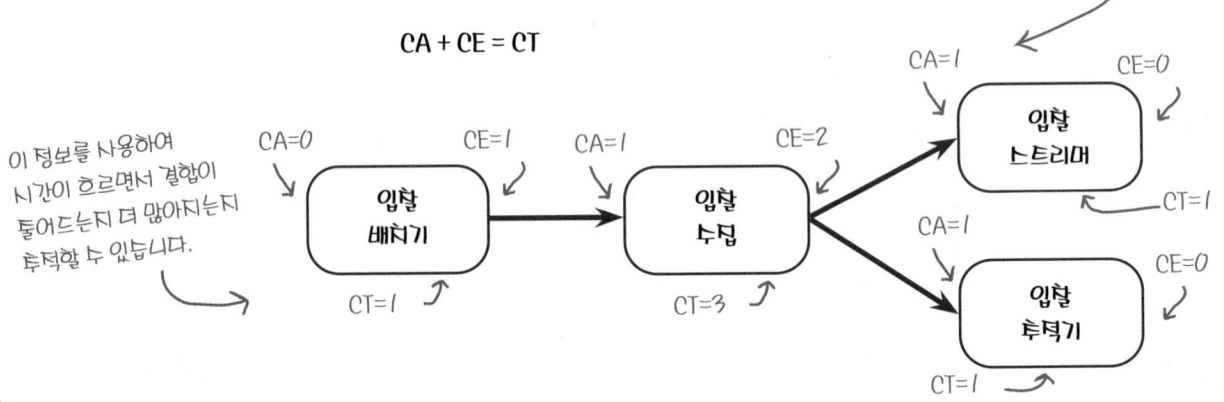

연필을 깎으며

아래의 컴포넌트를 보고 각 컴포넌트의 전체 내부 결합(CA), 전체 외부 결합(CE), 그리고 전체 결합(CT)을 식별할 수 있나요? 그리고 이 논리적 아키텍처의 전체 결합 수준은 얼마인가요? 이 아키텍처의 CT가 높다고 생각하나요, 아니면 낮다고 생각하나요?

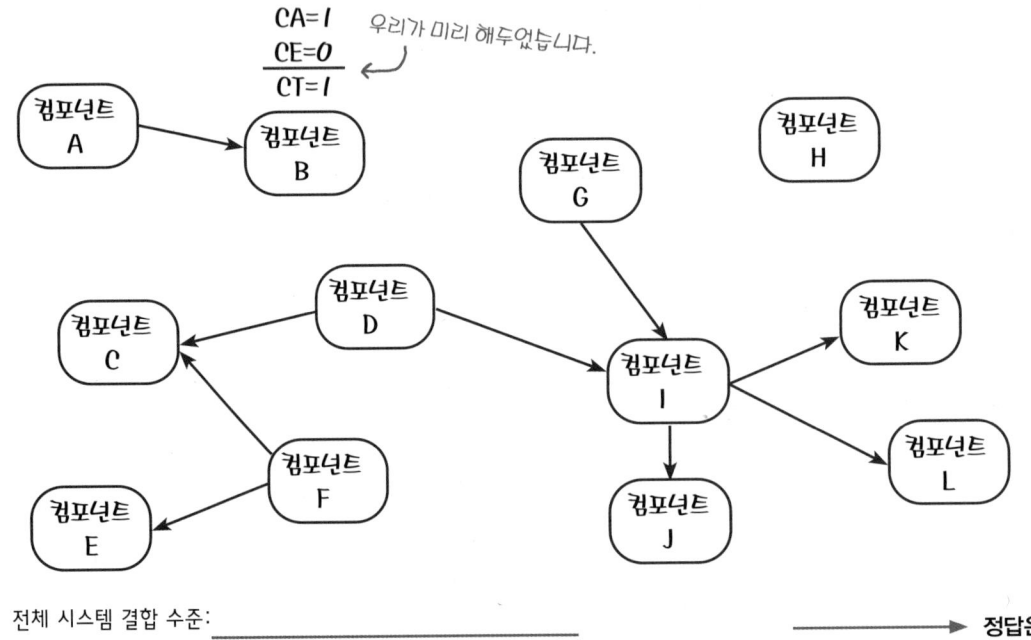

전체 시스템 결합 수준: _____

정답은 163쪽에

논리적 컴포넌트

> 오케이, 이제 결합도를 측정하는 방법을 알았어. 하지만 느슨하게 결합된 시스템을 만들기 위해 어떻게 컴포넌트의 결합을 줄여야 하지?

좋은 질문이에요. 개발자는 느슨하게 결합된 시스템을 지향해야 한다고 배우지만 이를 어떻게 하는지는 배우지 않습니다. **디미터의 법칙**(Law of Demeter)이라는 기법을 통해 그 방법을 알려드립니다.

'디미터의 법칙' 또는 '최소 지식의 원칙'은 그리스 신화에 등장하는 농업 여신인 디미터의 이름을 따서 명명되었습니다. 그녀는 사람들에게 사용할 곡물을 모두 생산했지만 그 곡물로 무엇을 했는지는 알지 못했습니다. 이로 인해 디미터는 인간 세계와 느슨하게 결합되었습니다.

논리적인 컴포넌트는 이와 같은 방식으로 작동합니다. 한 컴포넌트가 다른 컴포넌트나 시스템에서 일어나는 일에 대해 더 많이 알수록 그 컴포넌트와 더 밀접하게 결합됩니다. 다른 컴포넌트에 대한 지식을 줄이면 그 컴포넌트의 결합 수준도 낮아집니다.

다음 몇 페이지에서는 디미터의 법칙에 대해 더 알아보고 시스템의 결합을 낮추는 데 어떻게 사용할 수 있는지도 살펴봅시다.

여러분은 여기에 있습니다

강한 결합

강하게 결합된 시스템

디미터 법칙을 사용하여 시스템을 어떻게 분리할 수 있는지 알아보기 위해 일반적인 주문 입력 시스템의 논리적 구조를 살펴보겠습니다.

주문 배치 컴포넌트는 주문을 배치하는 것에 관하여 많은 것을 알고 있어야 합니다.

이 아키텍처에 있는 컴포넌트들은 개별적인 책임 측면에서는 잘 정의되어 있습니다.

CA=1
CE=4
CT=5

주문이 발생한다. → 주문 배치

재고가 차감된다. → 재고 관리 (CT=1)

고객에게 알린다. → 이메일 알림 (CT=1)

재고 부족? 가격을 높이자. → 제품 가격 (CT=1)

재고 부족? 주문을 늘리자. → 공급자 주문 (CT=1)

좋은 것 같지는 않습니다.

전체 시스템 결합 = 9

브레인 파워

위의 논리적 아키텍처에서 발생할 수 있는 어떤 문제점이 보이나요? 일부 (모두는 아닌) 잠재적인 문제를 적었습니다. 문제가 될 수 있다고 생각되는 항목을 체크하고 이 논리적 아키텍처에서 발생할 수 있는 다른 문제점을 적어보세요.

☐ 고객이 이메일을 받을 때 바로 확인하지 못할 수 있습니다.

☐ 공급자가 재고를 보유하고 있지 않을 수 있습니다.

☐ 주문 배치 컴포넌트는 주문하는 과정에 대해 너무 많이 알고 있습니다.

☐ _____

☐ _____

☐ _____

디미터의 법칙 적용하기

전체 시스템 결합 수준은 크게 신경 쓰이지 않았습니다. 우리를 괴롭히는 것은 주문 배치 컴포넌트가 너무 밀접하게 결합되어 있다는 점(CT=5), 컴포넌트 결합에 균형 잡히지 않았다는 점, 그리고 주문 배치 컴포넌트가 주문 배치 과정에 대해 지식이 너무 많다는 점입니다.

디미터의 법칙을 적용하여 '재고 부족' 지식을 재고 관리 컴포넌트로 옮겨서 이 문제들을 해결합시다.

주문 배치 컴포넌트가 이 책임을 맡고 있습니다.

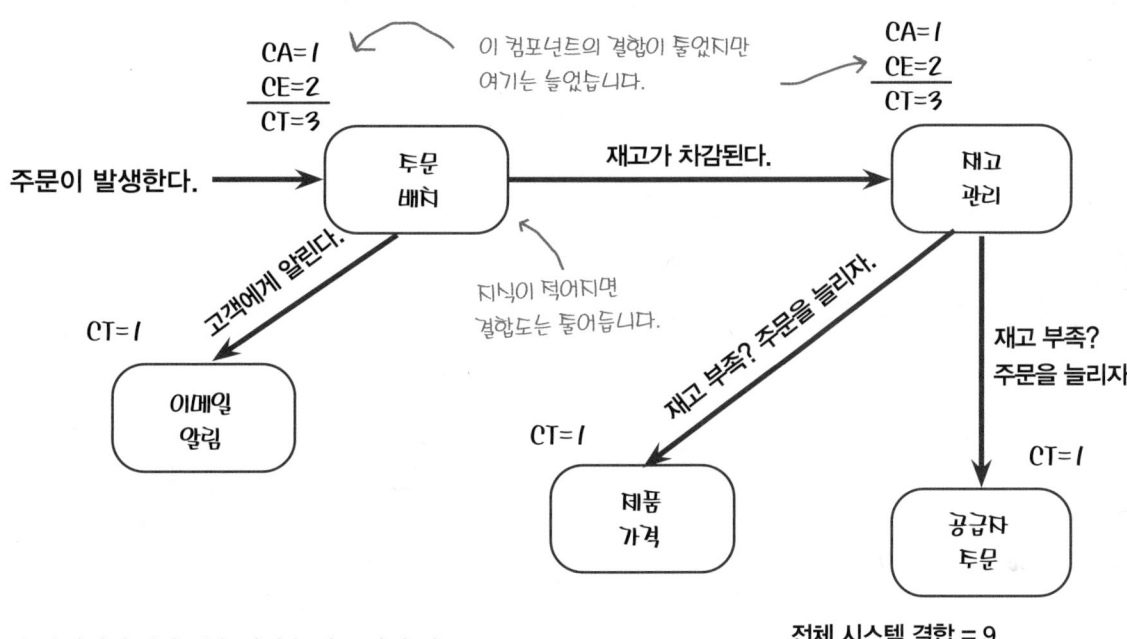

'재고 부족' 상태에 대한 대응 지식을 재고 관리 컴포넌트로 옮기면서 주문 배치 컴포넌트의 시스템에 대한 지식과 결합도를 낮췄습니다. 그러나 재고 관리 컴포넌트의 지식이 증가하여 결합도가 높아졌습니다. 이것이 바로 디미터의 법칙에 대한 핵심입니다. 적은 지식은 적은 결합을, 많은 지식은 많은 결합을 의미합니다.

결합도는 컴포넌트가 시스템의 나머지 부분에 대해 얼마나 많은 지식을 가지고 있는지를 나타냅니다.

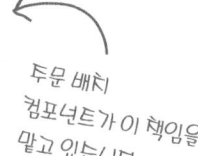 **괴짜 노트**

주문 배치 컴포넌트의 결합도가 줄었지만 전체 시스템의 결합도는 그대로인 것을 눈치챘나요? 지식이 시스템에서 **제거**된 것이 아니라 단지 다른 컴포넌트인 재고 관리로 **이동**된 것이기 때문입니다.

결합을 낮추기

시험 운전

이제 디미터의 법칙을 적용해 볼 시간입니다. 논리적 아키텍처의 결합을 낮출 수 있는지 확인해보세요. 다음은 고객이 전자 제품을 구매할 때 지원 계획도 함께 구매하는 경우, 문제가 생겼을 때 트러블 티켓(trouble ticket)을 제출하면 전문가가 제품을 수리하러 오는 시스템의 논리적 아키텍처입니다. 현재 동작 방식은 다음과 같습니다.

❶ 고객이 티켓을 생성합니다.

❷ 티켓이 해당 분야의 이용 가능한 전문가에게 배정됩니다.

❸ 티켓은 전문가의 모바일 기기에 있는 앱에 업로드됩니다(티켓 라우팅).

❹ 고객에게 전문가가 문제를 해결하러 가는 중임을 알립니다.

❺ 전문가가 문제를 해결하면 티켓을 완료된 것으로 표시합니다.

컴포넌트를 동일하게 유지하면서 이 아키텍처를 어떻게 하면 더 느슨하게 결합할 수 있을까요?

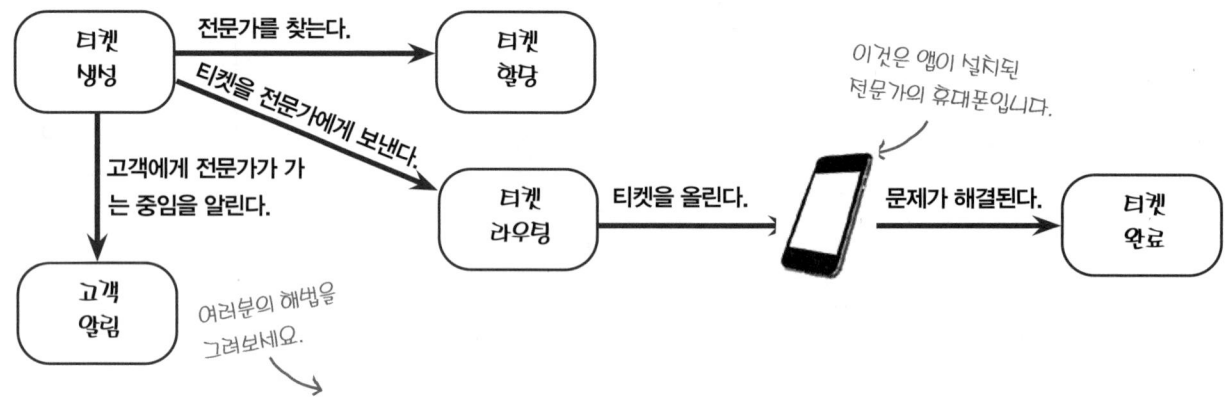

정답은 164쪽에

균형 잡기

소프트웨어 아키텍의 제1법칙을 기억하나요? 여기서 다시 한번 나옵니다(중요한 내용이기 때문에).

소프트웨어 아키텍처에서는 모든 것이 트레이드오프입니다.

느슨한 결합도 예외가 아닙니다. 방금 본 두 아키텍처를 비교하고 트레이드오프를 분석해봅시다.

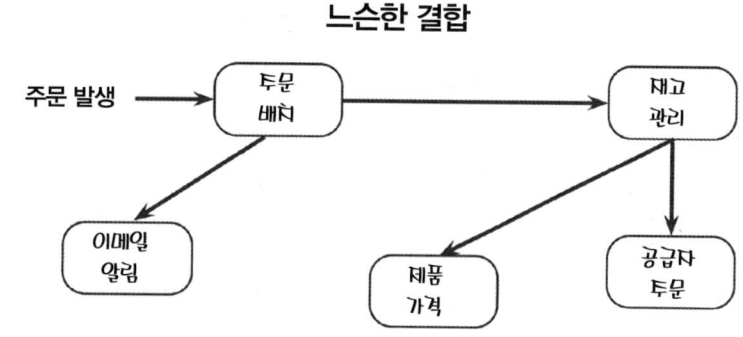

이처럼 **강하게** 결합된 아키텍처에서는 고객이 주문을 할 때 어떤 일이 일어나는지 알고 싶다면 주문 배치 컴포넌트를 보면 해당 워크플로우를 이해할 수 있습니다.

하지만 이 경우 주문 배치 컴포넌트는 네 개의 다른 컴포넌트에 의존하고 있습니다. 컴포넌트 중 하나라도 변경되면 주문 배치 컴포넌트가 작동하지 않을 수 있습니다.

중앙화된 워크플로우지만 각 변화에 대한 리스크가 높습니다.

강한 결합에 대한 트레이드오프입니다.

느슨한 결합을 사용하면 필요한 작업에 대한 지식을 분산시켜서 어떤 컴포넌트도 모든 단계를 알지 못합니다. 주문 절차를 이해하려면 여러 컴포넌트를 방문하여 전체 그림을 확인해야 합니다.

그러나 제품 가격 및 공급자 주문 컴포넌트를 변경하더라도 주문 배치 컴포넌트에는 더 이상 영향을 미치지 않습니다.

분산화된 워크플로우지만 각 변화에 대한 리스크가 적습니다.

느슨한 결합에 대한 트레이드오프입니다.

이것은 기억해두면 좋은 규칙입니다.

한 컴포넌트의 변화가 다른 컴포넌트의 변화를 일으킬 수 있는 경우, 그 두 컴포넌트는 결합된 것입니다.

장 요약

컴포넌트에 대한 마무리

축하합니다! 이제 논리적 컴포넌트와 그 사이의 의존성을 식별할 수 있게 되었으므로, 소프트웨어 아키텍처를 만들 준비가 되었습니다. 이번 장이 길긴 했지만, 매우 중요한 내용이었습니다. 시스템을 논리적인 컴포넌트 모음으로 생각하면 아키텍트로서 전체 구조와 작동 방식을 더 잘 이해할 수 있습니다.

소프트웨어 아키텍처 여정의 다음 단계에서는 시스템의 기술적 세부사항에 집중하게 됩니다. 아키텍처 스타일, 서비스, 데이터베이스, 커뮤니케이션 프로토콜과 같은 것이 포함됩니다. 하지만 넘어가기 전에 논리적 컴포넌트에 대해 모든 것을 완전히 이해했는지 확인하는 차원에서 다음의 핵심 정리를 검토하세요.

핵심정리

- 논리적 컴포넌트는 시스템의 기능적 구성 요소입니다.
- 논리적 컴포넌트는 디렉터리 구조로 나타내며 이는 소스 코드를 넣는 폴더입니다.
- 컴포넌트의 이름을 지을 때는 컴포넌트가 무엇을 하는지 분명히 알 수 있도록 해당 컴포넌트를 설명하는 이름으로 지으세요.
- 논리적 아키텍처를 만드는 과정은 네 가지 단계로 이루어집니다. 컴포넌트를 식별하고, 요구사항을 할당하고, 컴포넌트의 책임을 분석하며, 아키텍처의 특성을 분석하는 것입니다.
- 워크플로우 접근법을 사용하여 주요 고객 여정의 단계들을 컴포넌트에 할당해서 초기 핵심 논리적 컴포넌트를 식별할 수 있습니다.
- 액터/액션 접근법을 사용하여 시스템의 액터를 식별하고 그들의 행동을 컴포넌트에 할당해서 초기 핵심 논리적 컴포넌트를 식별할 수 있습니다.
- 엔티티 함정은 시스템의 주요 엔티티를 따라 컴포넌트를 모델링하는 접근 방식입니다. 이 접근 방식을 사용하지 않는 것이 좋습니다. 너무 크고 책임이 많은 모호한 컴포넌트가 생성되기 때문입니다.
- 컴포넌트에 요구사항을 할당할 때 각 컴포넌트의 역할과 책임을 검토하여 그 기능을 수행해야 하는지 확인합니다.
- 결합은 컴포넌트들이 비즈니스 기능을 수행하기 위해 서로 의존할 때 발생합니다.
- 내부 결합은 들어오는 결합으로도 알려져 있으며 다른 컴포넌트가 특정 컴포넌트에 의존할 때 발생합니다.
- 외부 결합은 나가는 결합으로도 알려져 있으며 대상 컴포넌트가 다른 컴포넌트에 의존하는 경우에 발생합니다.
- 컴포넌트가 시스템에서 발생하는 일에 대한 지식이 과도하면 컴포넌트 결합이 증가합니다.
- 디미터의 법칙에 따르면 서비스나 컴포넌트는 다른 서비스나 컴포넌트에 대해 제한된 지식만 가져야 합니다. 이 법칙은 느슨하게 결합된 시스템을 만드는 데 유용합니다.
- 느슨한 결합은 컴포넌트 간의 의존성을 줄이지만 워크플로우 지식을 분산시켜 그 지식을 관리하고 통제하기 어렵게 만듭니다.
- 논리적 아키텍처의 전체 결합도(CT)를 결정하려면 각 컴포넌트의 내부 결합과 외부 결합을 더합니다(CA + CE).

'논리적 컴포넌트' 낱말 퀴즈

지금이 바로 재미를 느끼고 얼마나 많은 지식을 얻었는지 확인할 기회입니다. 논리적 컴포넌트에 관한 단서를 가지고 이 낱말 퀴즈를 채워보세요.

가로

3. 각 컴포넌트는 _____을(를) 수행한다.
4. _____ 게이트웨이는 물리적 아키텍처에는 나타나지만 논리적 아키텍처에는 나타나지 않는다.
6. 물리적 아키텍처는 컴포넌트와 _____을(를) 연관시킨다.
7. 시스템 컴포넌트 중 하나는 라이브 비디오 _____ (이)다.
9. 거대한 _____을(를) 만들지 말자.
11. _____ 함정을 피하자.
12. 결합은 _____ 또는 외부다.
13. 논리적 _____는(은) 시스템의 기능적 구성 요소다.
16. 초기에는 _____ 핵심 컴포넌트를 식별하게 된다.
19. 사용자가 시스템을 이용하는 여정을 _____(이)라고 한다.
20. 각 논리적 컴포넌트는 _____과(와) 책임을 가진다.

세로

1. 컴포넌트의 _____은(는) 그것의 동작들이 얼마나 상호 연관되어 있는지에 관한 것이다.
2. 각 컴포넌트에는 설명적인 _____을 짓자.
5. 내부 결합과 외부 결합은 모두 _____ 결합의 형태다.
8. 최소 지식 원칙은 _____의 법칙이라고도 한다.
10. 컴포넌트를 찾기 좋은 곳은 코드베이스의 _____ 구조다.
12. 2단계는 요구사항을 논리적 컴포넌트에 _____ 하는 것이다.
14. 아키텍처 다이어그램은 논리적 또는 _____ 아키텍처를 보여줄 수 있다.
15. 모험적인 경매에서는 사용자들이 여행에 _____ 할 수 있다.
17. 컴포넌트를 식별할 때는 _____/액션 접근법을 사용할 수 있다.
18. 논리적인 컴포넌트를 식별할 때는 최선의 _____을(를) 해야 한다.

➡ 정답은 165쪽에

연습문제 정답

문제는 125쪽에

컴포넌트의 이름 짓기

새로운 아키텍트로서 첫 주를 보내고 있는 여러분은 '문제 티켓 시스템'을 구축하는 기존 프로젝트에 배정되었습니다. 아키텍처의 논리적 컴포넌트를 이해하고 싶지만, 팀원들은 논리적 컴포넌트에 대해 아무것도 모른 채 막 코딩을 시작한 상태입니다. 논리적 아키텍처를 결정하려면 기존 디렉터리 구조를 살펴봐야 합니다. 아래 코드베이스에서 식별할 수 있는 개별 논리적 컴포넌트는 몇 개입니까? 정답은 다음과 같습니다.

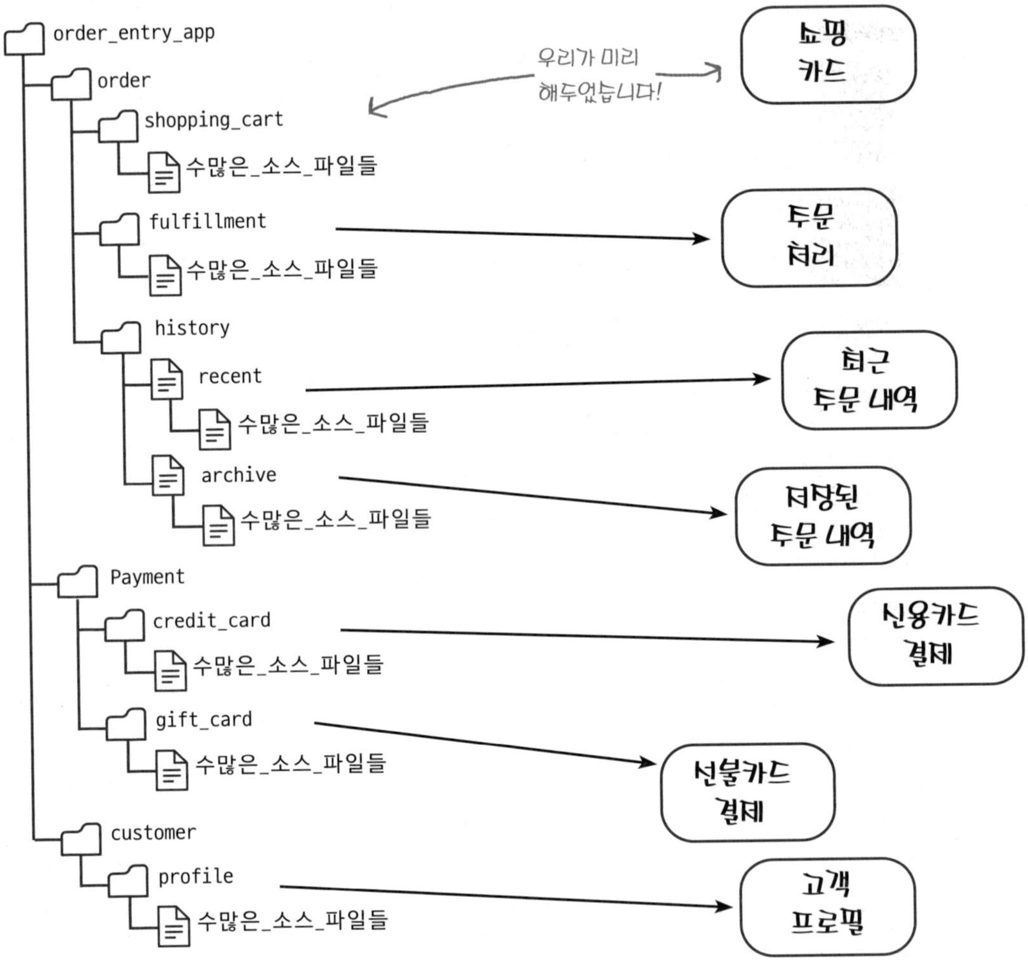

```
order_entry_app
├── order
│   ├── shopping_cart         → 쇼핑 카트 (우리가 미리 해두었습니다!)
│   │   └── 수많은_소스_파일들
│   ├── fulfillment           → 주문 처리
│   │   └── 수많은_소스_파일들
│   └── history
│       ├── recent            → 최근 주문 내역
│       │   └── 수많은_소스_파일들
│       └── archive           → 저장된 주문 내역
│           └── 수많은_소스_파일들
├── Payment
│   ├── credit_card           → 신용카드 결제
│   │   └── 수많은_소스_파일들
│   └── gift_card             → 선불카드 결제
│       └── 수많은_소스_파일들
└── customer
    └── profile               → 고객 프로필
        └── 수많은_소스_파일들
```

누가 무엇을 하나요? 정답

논리적 컴포넌트

문제는 128쪽에

논리적 아키텍처와 물리적 아키텍처의 책임들을 정리했다고 생각했지만 어떻게 된 일인지 모두 섞여 버렸습니다. 누가 무엇을 하는지 알아내는 것을 도와주겠어요? 조심하세요, 일부 책임은 매칭되지 않을 수도 있습니다(논리적 또는 물리적 아키텍처의 일부가 아니라는 뜻입니다).

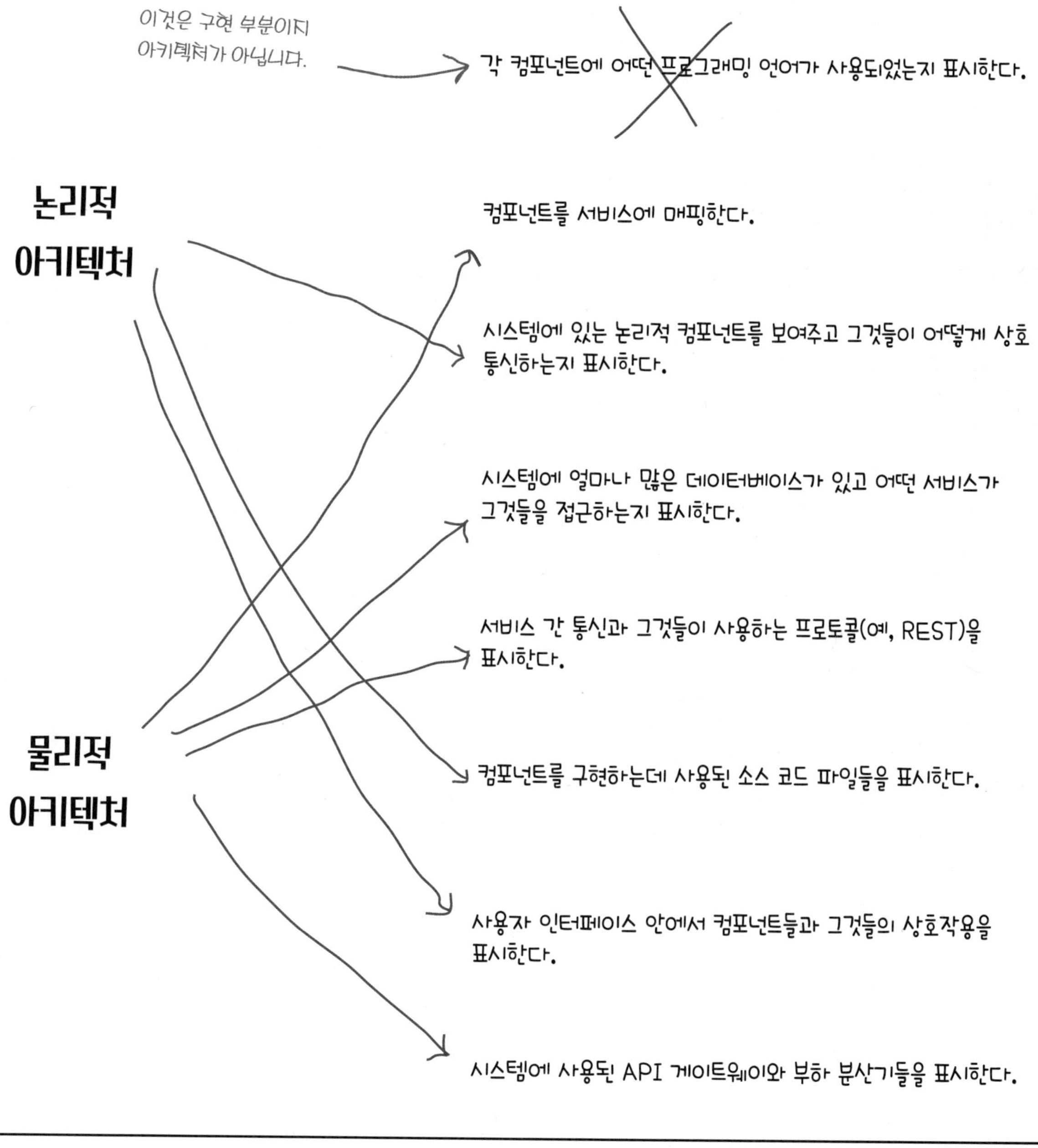

이것은 구현 부분이지 아키텍처가 아닙니다. → 각 컴포넌트에 어떤 프로그래밍 언어가 사용되었는지 표시한다. ✗

논리적 아키텍처

컴포넌트를 서비스에 매핑한다.

시스템에 있는 논리적 컴포넌트를 보여주고 그것들이 어떻게 상호 통신하는지 표시한다.

시스템에 얼마나 많은 데이터베이스가 있고 어떤 서비스가 그것들을 접근하는지 표시한다.

서비스 간 통신과 그것들이 사용하는 프로토콜(예, REST)을 표시한다.

물리적 아키텍처

컴포넌트를 구현하는데 사용된 소스 코드 파일들을 표시한다.

사용자 인터페이스 안에서 컴포넌트들과 그것들의 상호작용을 표시한다.

시스템에 사용된 API 게이트웨이와 부하 분산기들을 표시한다.

여러분은 여기에 있습니다

연습문제 정답

문제는 133쪽에

연필을 깎으며
정답

여러분의 회사는 노동자를 건설 현장에 배정하는 새로운 시스템을 원하며 여러분은 소프트웨어 아키텍트로서 초기 핵심 컴포넌트를 식별해야 합니다. 워크플로우 접근법을 사용하여 가능한 한 많은 핵심 컴포넌트를 찾아 각 컴포넌트를 해당 워크플로우 단계와 연관지어야 합니다. 하나의 워크플로우 단계가 다수의 컴포넌트와 연계될 수 있으며 모든 워크플로우 단계가 고유한 컴포넌트를 가질 필요는 없습니다.

1단계: 모든 건설 노동자들, 그들의 기술과 지역의 목록을 유지합니다.

2단계: 새로운 건설 프로젝트를 만들고 작업 현장을 지정합니다.

3단계: 다양한 건설 프로젝트가 시작하고 끝나는 일정을 만듭니다.

4단계: 새 프로젝트가 시작되면 기술과 위치에 따라 작업자를 배정합니다.

5단계: 프로젝트가 완료되면 작업자를 해제하여 재배치될 수 있도록 합니다.

이 공간에 논리적 컴포넌트를 그려 주세요.
설명에 적합한 좋은 이름을 지어 주세요

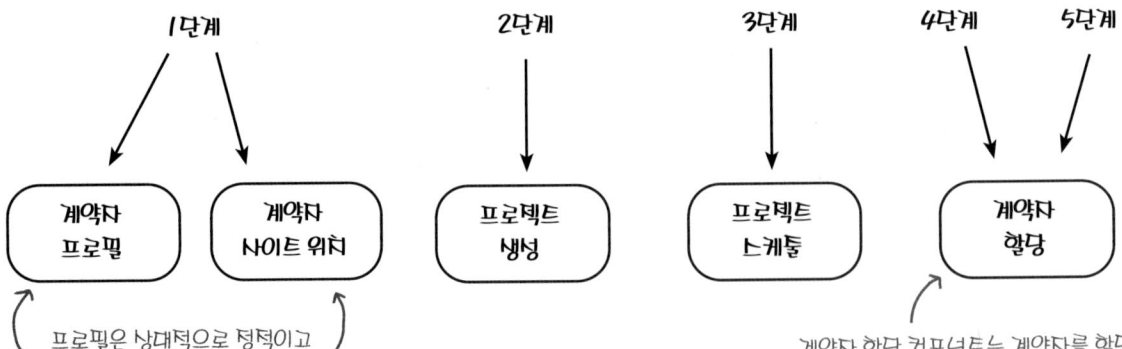

프로필은 상대적으로 정적이고 위치는 많이 변경되므로 두 컴포넌트로 나누는 것이 합리적입니다.

계약자 할당 컴포넌트는 계약자를 할당(4단계)하고 할당 해제(5단계)를 모두 할 수 있습니다.

연습문제 정답

논리적 컴포넌트

문제는 135쪽에

여러분의 제과점은 사업을 확장하려고 합니다. 고객들이 제과점 상품을 온라인으로 보고, 주문하고, 결제할 수 있는 새로운 시스템이 필요합니다. 주문은 제빵 코디네이터에게 보내지며 제빵 코디네이터는 재료를 구매하고 주문을 스케줄링합니다. 제빵사는 매일 아침 구워야 할 항목(빵 종류)들의 일정을 받고 제빵이 완료되면 시스템에 알리고 시스템은 고객에게 이메일을 보내 물품이 준비되었음을 알립니다.

액터/액션 접근 방식을 사용하여 각 액터가 수행할 수 있는 행동을 확인세요. 그 다음 새 제과 시스템을 위해 가능한 많은 논리적 컴포넌트를 그려보세요. 그리고 식별한 동작을 컴포넌트에 맞추세요.

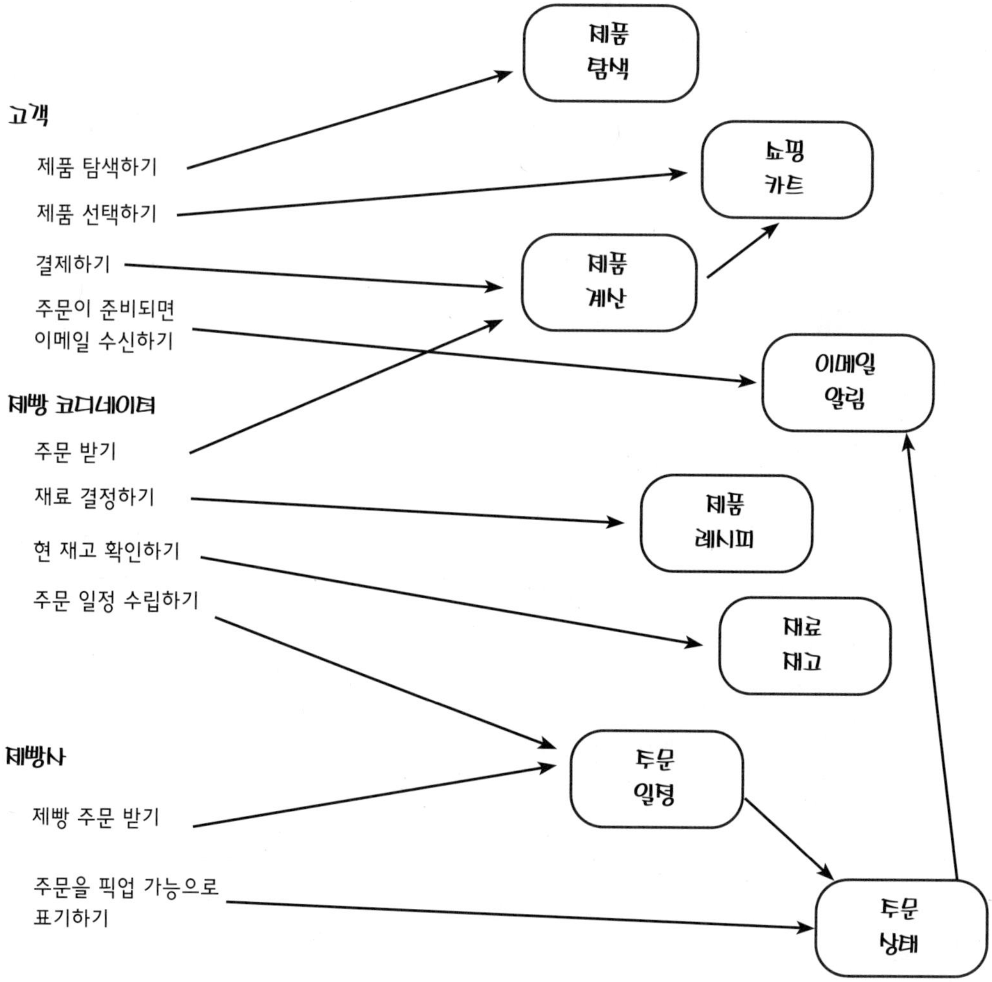

고객
- 제품 탐색하기 → 제품 탐색
- 제품 선택하기 → 쇼핑 카트
- 결제하기 → 제품 계산
- 주문이 준비되면 이메일 수신하기 → 이메일 알림

제빵 코디네이터
- 주문 받기 → 제품 계산
- 재료 결정하기 → 제품 레시피
- 현 재고 확인하기 → 재료 재고
- 주문 일정 수립하기 → 주문 일정

제빵사
- 제빵 주문 받기 → 주문 일정
- 주문을 픽업 가능으로 표기하기 → 주문 상태

여러분은 여기에 있습니다 159

연습문제 정답

문제는 136쪽에

연필을 깎으며 정답

관리자 외에 컴포넌트 이름에 나타나면 엔티티 함정에 빠졌다는 것을 나타낼 수 있는 다른 영어 단어는 무엇이 있을까요?

- 슈퍼바이저 ← 우리가 미리 해두었습니다.
- 에이전트
- 처리자
- 이들 단어 앞에 '주문'을 붙여보면 어떤 의미인지 알 수 있습니다.
- 유틸리티
- 페어러
- 서비스
- 엔진
- 작업자
- 통제자
- 코디네이터
- 오케스트레이터
- 프로세서

문제는 137쪽에

연습문제 정답

다음 시나리오에서 초기 핵심 컴포넌트를 식별하기 위한 가장 적절한 접근 방식을 선택할 수 있나요? 일부 경우에는 한 가지 이상의 접근 방식이 적절할 수 있습니다.

시나리오	워크플로우	액터/액션
시스템에 한 가지 유형의 사용자만 있습니다.	☒	☐
시스템에 명확하게 정의된 엔티티가 있습니다.	☒	☒
최소한의 기능 요구사항만 존재합니다.	☒	☒
시스템에 많은 복잡한 사용자 여정이 존재합니다.	☒	☐
시스템에 다양한 유형의 사용자가 있습니다.	☐	☒

시스템에 잘 정의된 엔티티가 있더라도 엔티티 함정에 빠지면 안됩니다.

어떤 접근법도 초기의 논리적 컴포넌트를 생성하는 데 많은 기능성을 요구하지 않습니다.

연필을 깎으며
정답

여러분의 회사인 [고잉 그린(Going Green Corporation)]에서는 전자제품 재활용 프로그램을 지원하는 새로운 시스템을 원합니다. 이 시스템에서는 고객이 오래된 전자기기(예 휴대폰)를 보내면 돈을 받을 수 있습니다. 우리는 이미 초기 핵심 컴포넌트를 식별해 두었습니다. 아래 나열된 기능들은 어떤 컴포넌트가 담당해야 하는지, 또는 어떤 새로운 컴포넌트가 필요한지 결정하세요. 새로운 컴포넌트가 필요하다면 이름도 생각해야 합니다.

- **기기 수신** ← 고객으로부터 물리적으로 기기를 수신합니다.
- **기기 평가** ← 기기의 상태를 평가합니다.
- **기기 재활용** ← 오래된 기기를 재활용하거나 재판매합니다.

기기를 폐기하는 가장 가깝고 안전한 폐기 시설을 찾습니다.
☐ 기기 수신   ☐ 기기 평가   ☒ 기기 재활용   ☐ 기타 _____

고객의 정보(이름, 주소 등)를 받아서 저장합니다.
☐ 기기 수신   ☐ 기기 평가   ☐ 기기 재활용   ☒ 기타 **고객 프로필**

중고 시장에 재판매하기 위해 서드 파티 사이트로 기기를 보냅니다.
☐ 기기 수신   ☐ 기기 평가   ☒ 기기 재활용   ☐ 기타 _____

재활용 기기에 대해 고객에게 비용을 지불합니다.
☐ 기기 수신   ☐ 기기 평가   ☐ 기기 재활용   ☒ 기타 **미지급금**

기기를 수령했고 평가와 가치 산정 준비중임을 기록합니다.
☒ 기기 수신   ☐ 기기 평가   ☐ 기기 재활용   ☐ 기타 _____

재활용 기기의 가치를 결정합니다.
☐ 기기 수신   ☒ 기기 평가   ☐ 기기 재활용   ☐ 기타 _____

재활용과 재판매된 기기에 대해 월간 이익과 손해를 결정합니다.
☐ 기기 수신   ☐ 기기 평가   ☐ 기기 재활용   ☒ 기타 **재무 보고**

↑ [고잉 그린]도 결국 이익을 내야 합니다.

연습문제 정답

문제는 141쪽에

새롭게 추가된 기능성을 추가하기 위해 새로운 컴포넌트를 만들어 라이브 경매 세션 컴포넌트의 책임을 나눌 수 있는지 확인해보세요. 처음의 세 요구사항은 라이브 경매 세션에 유지하세요.

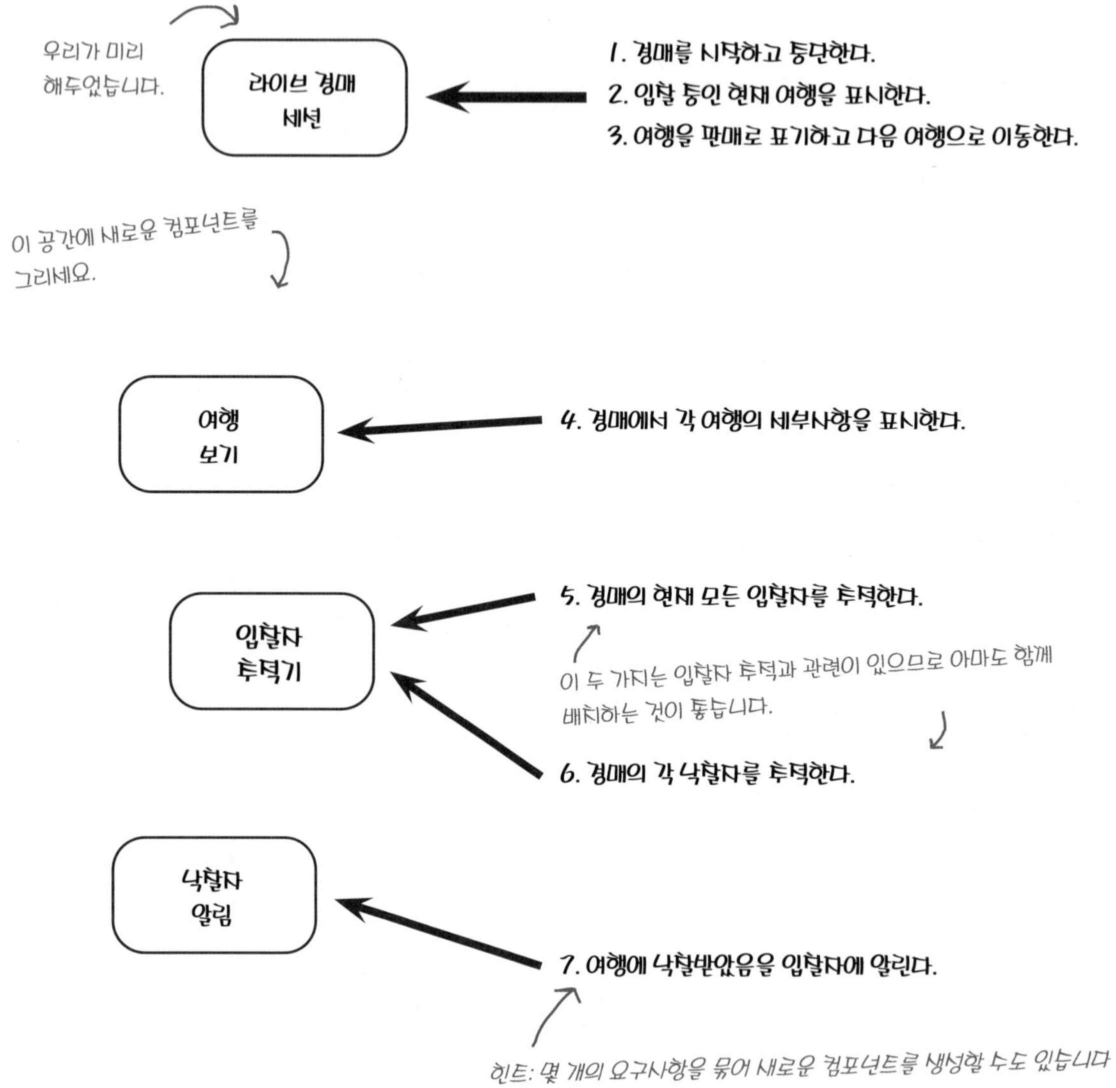

우리가 미리 해두었습니다.

라이브 경매 세션
1. 경매를 시작하고 중단한다.
2. 입찰 중인 현재 여행을 표시한다.
3. 여행을 판매로 표기하고 다음 여행으로 이동한다.

이 공간에 새로운 컴포넌트를 그리세요.

여행 보기
4. 경매에서 각 여행의 세부사항을 표시한다.

입찰자 투척기
5. 경매의 현재 모든 입찰자를 투척한다.

이 두 가지는 입찰자 투척과 관련이 있으므로 아마도 함께 배치하는 것이 좋습니다.

6. 경매의 각 낙찰자를 투척한다.

낙찰자 알림
7. 여행에 낙찰받았음을 입찰자에 알린다.

힌트: 몇 개의 요구사항을 묶어 새로운 컴포넌트를 생성할 수도 있습니다

논리적 컴포넌트

문제는 148쪽에

연필을 깎으며
정답

아래의 컴포넌트를 보고 각 컴포넌트의 전체 내부 결합(CA), 전체 외부 결합(CE), 그리고 전체 결합(CT)을 식별할 수 있나요? 그리고 이 논리적 아키텍처의 전체 결합 수준은 얼마인가요? 이 아키텍처의 CT가 높다고 생각하나요, 아니면 낮다고 생각하나요?

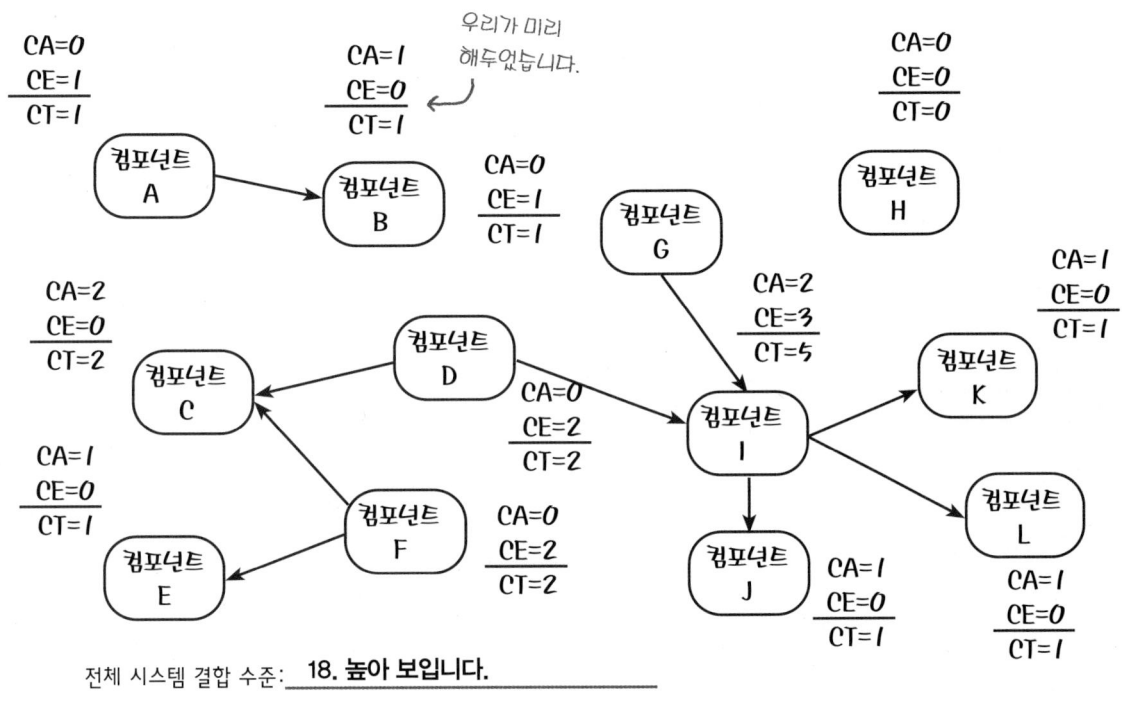

전체 시스템 결합 수준: __18. 높아 보입니다.__

여러분은 여기에 있습니다

연습문제 정답

시험 운전 정답

문제는 152쪽에

이제 디미터의 법칙을 적용해 볼 시간입니다. 논리적 아키텍처의 결합을 낮출 수 있는지 확인해보세요. 다음은 고객이 전자 제품을 구매할 때 지원 계획도 함께 구매하는 경우, 문제가 생겼을 때 트러블 티켓(trouble ticket)을 제출하면 전문가가 제품을 수리하러 오는 시스템의 논리적 아키텍처입니다. 현재 동작 방식은 다음과 같습니다.

❶ 고객이 티켓을 생성합니다.

❷ 티켓이 해당 분야의 이용 가능한 전문가에게 배정됩니다.

❸ 티켓은 전문가의 모바일 기기에 있는 앱에 업로드됩니다(티켓 라우팅).

❹ 고객에게 전문가가 문제를 해결하러 가는 중임을 알립니다.

❺ 전문가가 문제를 해결하면 티켓을 완료된 것으로 표시합니다.

컴포넌트를 동일하게 유지하면서 이 아키텍처를 어떻게 하면 더 느슨하게 결합할 수 있을까요?

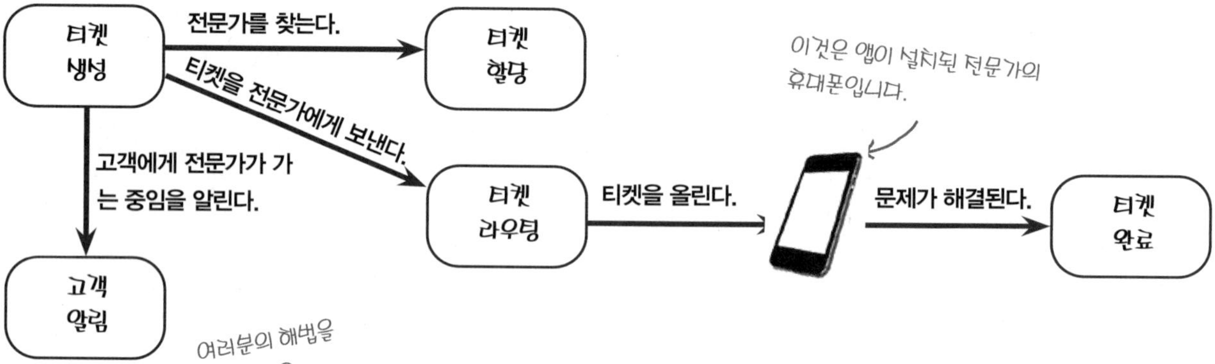

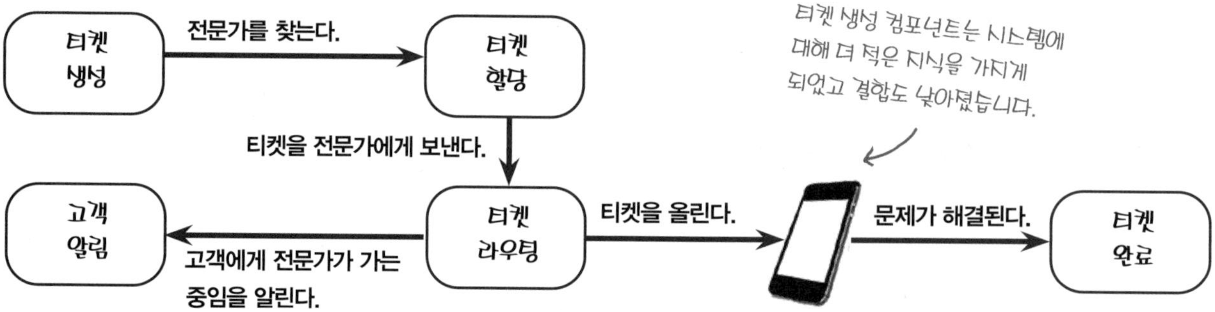

'논리적 컴포넌트' 낱말 퀴즈 정답

문제는 155쪽에

5 아키텍처 스타일
분류와 철학

세상에는 다양한 아키텍처 스타일이 있습니다. 각각의 스타일에는 존재하는 이유가 있으며 언제 어떻게 사용해야 하는지에 대한 철학이 있습니다. 스타일의 철학을 이해하면 해당 스타일이 자신의 도메인에 적합한지 판단하는 데 도움이 됩니다. 이 장에서는 소프트웨어 아키텍트로서 만나게 될 다양한 아키텍처 스타일들을 이해할 수 있도록 도와주는 틀을 제공합니다. 이 책의 나머지 부분에서는 이러한 아키텍처 스타일들에 대해 자세히 살펴볼 것입니다.

우리 함께 마지막 퍼즐 조각을 맞춰볼까요?

여기서부터 새로운 장입니다

아키텍처 스타일 기본

아키텍처 스타일은 정말 다양합니다

지금까지 소프트웨어 아키텍처에 대해 많이 배웠지만 아직 이야기하지 않은 게 하나 있습니다. 바로 **아키텍처 스타일**이죠. 이는 이 장의 주제이며 사실 이 책의 나머지 부분도 아키텍처 스타일에 대해 다룹니다!

먼저 주변을 둘러보고, 다른 지역을 배경으로 한 쇼나 영화를 시청하세요. 얼마나 다양한 집의 스타일을 볼 수 있나요? 기후, 지역, 그리고 집주인의 취향에 따라 집의 스타일은 정말 다양합니다. 세상에는 수백 가지의 집 스타일이 있고, 오늘도 새로운 스타일은 계속 만들어지고 있습니다.

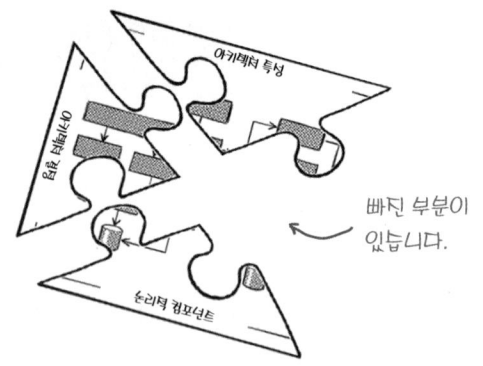

소프트웨어의 아키텍처 스타일도 마찬가지입니다. 이만큼 두꺼운 책이라도 모든 스타일을 다루기에는 턱없이 부족합니다.

이 장에서는 아키텍처와 아키텍처 스타일에 대해 생각할 수 있는 틀을 제공합니다. 이후에 이어지는 장들에서는 이 장에서 배운 내용을 활용하여 몇 가지 특정한 아키텍처 스타일을 깊이 있게 탐구하고 그 철학을 살펴봅니다. 핵심적인 스타일 몇 가지만 잘 이해해도 나중에 다른 스타일을 접할 때 큰 도움이 될 것입니다.

자, 이제 시작해 볼까요?

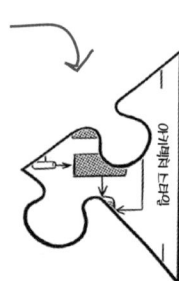

아키텍처 스타일의 세계

소프트웨어 개발을 조금이라도 해본 적이 있다면 모놀리식이나 마이크로서비스 같은 다양한 아키텍처 스타일을 들어본 적이 있을 것입니다. 체계적으로 생각하기 위해 두 가지 분류로 나누어 봅니다. 첫 번째는 코드가 어떻게 나뉘는지에 대한 것으로 기술적인 관심사 혹은 비즈니스 문제로 구분됩니다. 두 번째 분류는 시스템이 어떻게 배포되는지에 대한 것입니다. 시스템의 모든 코드가 하나의 단위로 제공되는지 아니면 다수의 여러 단위로 제공되는지에 대한 것입니다.

2장에서 도메인은 '소프트웨어로 개발하고자 하는 것'임을 기억하세요.

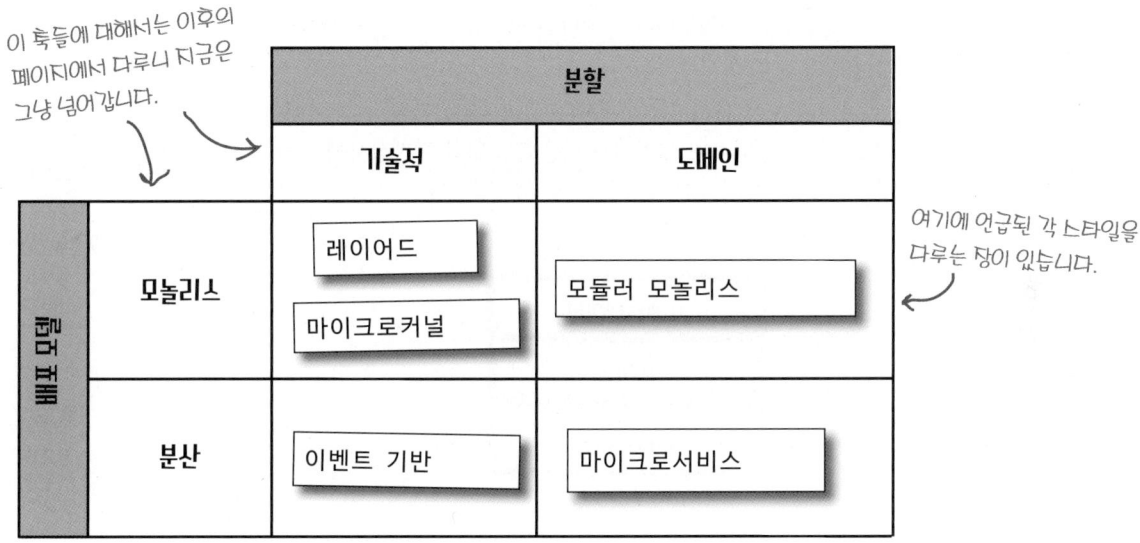

이 툭들에 대해서는 이후의 페이지에서 다루니 지금은 그냥 넘어갑니다.

여기에 언급된 각 스타일을 다루는 장이 있습니다.

보다시피 아키텍처 스타일을 나누는 여러 방법이 있습니다. 물론, 이것으로 모든 것을 포괄하지는 않습니다. 특정 문제를 위해 명시적으로 설계된 도메인 특화 아키텍처도 있습니다. 하지만 이 책의 분량은 제한되어 있어 모두를 다룰 수는 없습니다.

이 책에서는 도메인 특화 아키텍처에 대해서는 다루지 않습니다. 대부분의 독자들에게는 공감을 얻기 힘든 아키텍처이기 때문입니다.

각 분류를 통해 아키텍처 스타일의 몇 가지 특징을 알 수 있습니다. 예를 들어, 하나의 단위로 배포되는 아키텍처 스타일의 경우에는 이해하기 쉽지만 다수의 여러 단위로 아키텍처 스타일을 제공하면 확장성이 좋아집니다.

각 분류를 살펴봅시다.

여러분은 여기에 있습니다

분할 형태

기술 관점 vs. 도메인 관점

마지막으로 고급 식당에서 저녁식사를 했을 때의 기억을 떠올려 보세요. 식당에 들어가면 아마도 호스트가 인사하고 테이블로 안내했을 것입니다. 한 서버가 음료수와 메뉴를 제공하고 특별 요리를 설명합니다. 주방장은 요리를 만들고, 다른 요리사들도 각자의 역할을 합니다. 식사를 마치고 나면 버서(Busser; 테이블 정리 직원)가 테이블을 청소하고 다시 정돈합니다.

이 식당 근무자들의 임무는 그들의 **기술적인 관심사**로 구분됩니다. 버서의 역할은 손님을 맞이하는 것이 아니며 서버는 음식을 요리하지 않습니다.

이제 여러분이 마지막으로 작업한 애플리케이션을 떠올려 보세요. 컨트롤러 레이어가 있었나요? 서비스가 있었나요? 퍼시스턴스 레이어는 어떤가요? 그렇다면 축하합니다. 이미 기술적으로 분할된 아키텍처를 작업해 본 경험이 있는 것입니다.

기술적 분할 아키텍처에서는 코드가 기술적인 관심사에 따라 나눕니다. 예를 들어, 프레젠테이션 레이어, 비즈니스 (서비스) 레이어 등이 있습니다. 여기에서 적용되는 원칙은 관심사에 따라 분리하는 것입니다. 대부분의 사람들은 이것을 수평적인 레이어로 생각합니다.

> 도움이 될만한 또 다른 비유는 햄버거입니다. 햄버거는 두 개의 번, 소스, 야채, 패티로 구성되어 있으며 각 레이어는 명확하고 독립적입니다.

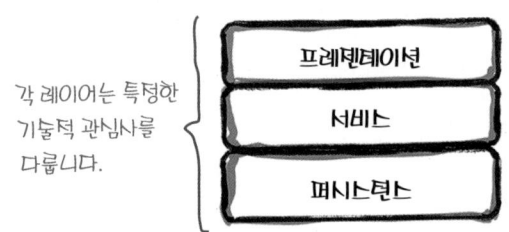

각 레이어는 특정한 기술적 관심사를 다룹니다.

반면에 푸드 코트를 상상해보세요. 많은 레스토랑이 있으며 각 레스토랑은 피자, 샐러드, 볶음 요리, 버거와 같은 특정 종류의 음식을 전문으로 합니다. 다시 말해, 각 식당은 특정한 도메인을 가지고 있습니다.

> 각 식당에 서빙 직원과 버서가 있을 수 있지만 전반적으로 이 식당은 특정 종류의 음식을 전문으로 합니다.

도메인 분할 아키텍처에서는 시스템의 구조가 도메인과 일치합니다. 코드(및 시스템)는 역할별로 구분되지 않고 해결하려는 문제에 맞게 구분됩니다.

> 자세한 내용은 다음 장에서 다룹니다.

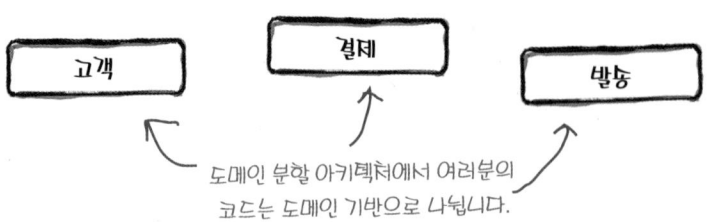

도메인 분할 아키텍처에서 여러분의 코드는 도메인 기반으로 나뉩니다.

바보 같은 질문은 없습니다

Q: 도메인 분할 아키텍처에서는 프레젠테이션 레이어와 서비스 레이어는 어디에 위치하나요?

A: 도메인 분할 아키텍처에서는 도메인이 '일급 시민'이고, 아키텍처의 중심이 됩니다. 기술적인 구현은 그저 구현일 뿐입니다. 아키텍처를 구성하는 논리적 컴포넌트들은 수행하는 역할 중심이 아니라 도메인을 중심으로 조직됩니다.

기술적 분할 아키텍처의 컴포넌트는 app.presentation.customer 혹은 app.services.customer와 같은 네임스페이스로 구성될 수 있습니다. 고객 도메인이 기술 파티션 안에 보이는 것에 주목하세요. 그러나 도메인 분할 아키텍처에서는 같은 내용이 app.customer.presentation 및 app.customer.services와 같은 네임스페이스에 들어갈 수 있습니다.

Q: 도메인 분할은 매우 논리적입니다. 솔직히 말해서, 더 나은 것 같습니다. 그렇다면 왜 기술적 분할을 사용할까요?

A: 아키텍처 스타일을 논할 때 '더 좋다'나 '최고'와 같은 가치 판단을 사용하는 것은 좋지 않습니다(이 말을 자주 들어서 질릴 수도 있겠습니다!). 아키텍처 스타일을 선택할 때는 항상 도메인과 필요한 아키텍처 특성을 포함한 다양한 요소를 고려해야 합니다.

기술적 분할은 팀 구성이 전문화되어 있을 때 유리합니다. 예를 들어, 프런트엔드 전문가, 백엔드 개발자, 데이터베이스 관리자로 구성된 팀이 있을 때 유용합니다. 하지만 도메인 분할은 시스템을 실제 비즈니스 문제에 더 잘 맞춘다는 장점이 있습니다.

연습문제

즉석 요리 전문가는 거의 모든 일을 합니다. 감자튀김부터 샌드위치까지 메뉴에 있는 모든 음식을 요리할 수 있으며 스무디를 블렌딩하고 디저트를 준비할 수 있습니다. 종종 식사를 제공하고, 대금을 받으며, 고객이 떠난 후 테이블을 청소하기도 합니다. 이 경우, 이 사람의 작업을 기술적으로 구분할 수 있나요, 아니면 도메인별로 구분할 수 있나요? 왜 그런가요? 여기에 생각을 적어보세요.

➡️ 정답은 182쪽에

배포 모델 형태

배포 모델: 모놀리식 vs. 분산

게임을 하나 해봅시다. 우리가 단어를 말하면 떠오르는 생각을 바로 말해주세요. 준비됐나요? 모놀리스.

필자들은 여러분에 대해 잘 모르지만 이 단어는 바위나 빙하 같은 큰 것을 떠올리게 합니다. 그것이 바로 모놀리식 아키텍처가 의미하는 것입니다.

모놀리식 아키텍처에서는 애플리케이션을 구성하는 모든 논리적 컴포넌트를 하나의 단위로 배포합니다. 이것은 전체 애플리케이션이 하나의 프로세스로 실행된다는 의미입니다.

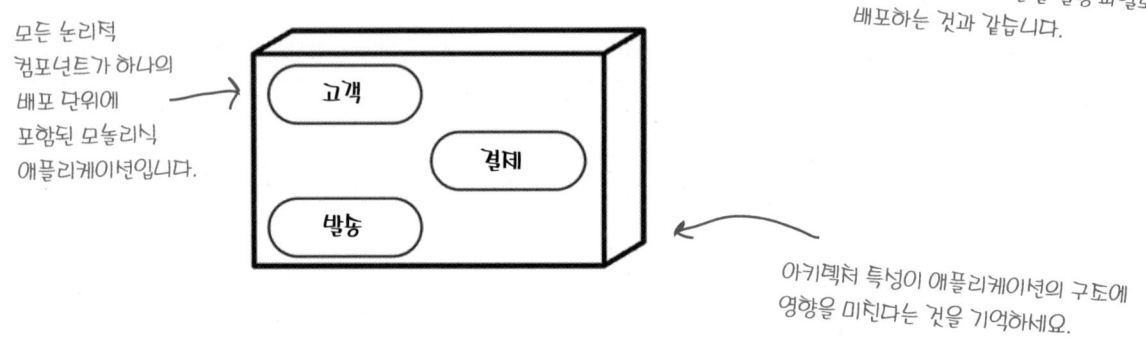

반면, **분산 아키텍처**에서는 애플리케이션을 구성하는 논리적 컴포넌트를 다수의 (보통 더 작은) 단위로 나눕니다. 각 단위는 각각의 프로세스에서 실행되며 네트워크를 통해 서로 통신합니다.

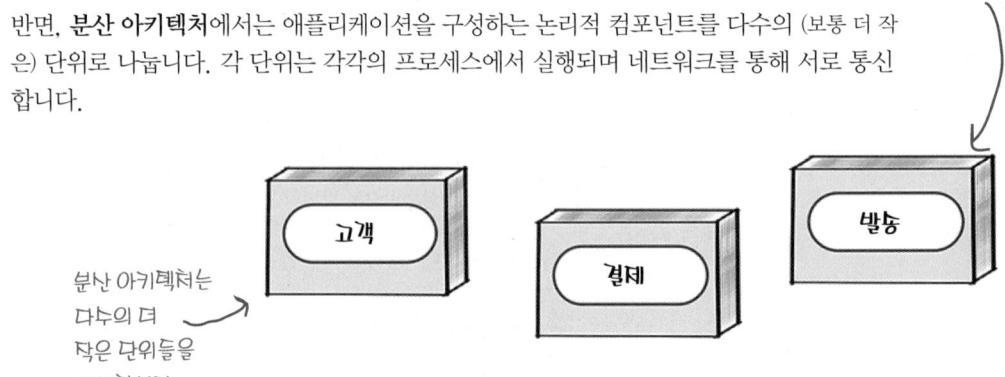

이 구분에는 많은 내용이 있으므로 두 유형의 장단점에 대해 이야기해 보겠습니다.

연습문제

잠시 시간을 내어 스마트폰을 생각해보세요. 스마트폰으로 모든 것을 다 할 수 있습니다. 사진과 동영상을 찍고 웹을 검색하며 좋아하는 소셜 네트워킹 사이트에 콘텐츠를 게시하고 운동 활동을 추적하며 GPS를 통해 길을 찾을 수 있습니다. 그리고 어딘가 설정 깊은 곳에 전화도 있습니다! 보다시피 휴대전화는 모놀리식 시스템입니다. 이 시스템의 장점과 단점을 적어 주세요. 가용성, 업그레이드 용이성, 비용, 사용의 용이성과 같은 아키텍처 특성을 생각해보세요.

모놀리식

장점	단점

몇 년 전만 해도 여러 기능을 위해 개별적인 기기들을 사용했습니다. 하지만 지금은 모든 기능을 휴대폰으로 수행할 수 있습니다. 전화기는 그저 전화기일 뿐이었고 아마 문자 메시지가 가능한 정도였습니다. 웹을 탐색하고 소셜 네트워킹 사이트에 게시하려면 노트북이나 데스크톱 컴퓨터를 사용했습니다. 운동을 기록하는 데 도움이 되는 피트니스 트래커를 구매할 수 있었고 내비게이션 도움을 위해 자동차에 설치할 GPS 기기를 살 수 있었습니다. 각각의 '서비스'는 따로 배포되었습니다.

위에서 했던 것처럼 이런 시스템의 장단점을 적어보세요. 그리고 다시 한 번 아키텍처 특성에 대해 생각해보세요.

분산

장점	단점

→ 정답은 183쪽에

모놀리스의 장점

모놀리식 배포 모델: 장점

2장에서 아키텍처의 특성은 언제나 설계의 구조적 측면에 영향을 미친다는 것을 배웠습니다. 모놀리식 아키텍처는 분산 시스템보다 더 잘 맞는 특성이 몇 가지 있으며, 이러한 특성을 이해하면 언제 모놀리식 아키텍처를 사용할지 결정하는 데 도움이 됩니다.

모놀리식 시스템은 하나의 프로세스에서 실행되기 때문에 적어도 초기에는 개발의 난이도가 낮아집니다. 그리고 하나의 단위로 배포되므로 오류 추적이 훨씬 쉽습니다.

이제 두 가지 배포 모델의 장단점을 살펴보겠습니다. 먼저 모놀리스의 장점입니다.

단순성

일반적으로 모놀리식 애플리케이션은 단일 코드베이스입니다. 그래서 개발하고 이해하는 것이 더 쉽습니다.

타당성

시장에 빠르게 출시해야 하나요? 모놀리스는 단순하고 상대적으로 비용이 적게 들어 시스템을 빠르게 개발하여 배포하는 데 유리합니다.

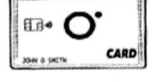

비용

모놀리스는 빌드하고 운용하는 데 비용이 적게 듭니다. 시스템이 단순해지고 적은 인프라가 필요하기 때문입니다.

모놀리스가 유리한 여러 가지 이유 중 몇 가지입니다.

디버깅 용이성

모든 코드가 한 곳에 모여 있기 때문에 버그를 찾거나 오류 스택 트레이스(stack trace)를 얻으면 디버깅이 쉽습니다.

신뢰성

모놀리스는 일종의 섬으로, 네트워크 호출을 거의 혹은 전혀 만들지 않기 때문에 신뢰성이 더 높습니다.

다음 페이지에서 단점을 논의할 때 이 점을 주목하세요.

이제 단점으로 가볼까요?

모놀리식 배포 모델: 단점

일부 모놀리스의 강점은 애플리케이션이 성장함에 따라 문제가 될 수 있습니다. 2장에서 논의한 확장성 및 신뢰성과 같은 다수의 운영 아키텍처 특성들은 단일 애플리케이션이 커지고 복잡해질수록 저하됩니다.

확장성
애플리케이션의 한 부분을 다른 부분과 독립적으로 확장하려면 문제가 생길 수 있습니다. 모놀리스는 모두 함께 움직이거나, 아니면 전혀 안 되거나 둘 중 하나인 구조이기 때문입니다.

진화성
모놀리식 애플리케이션이 성장하면 변경하는 것이 어려워집니다. 게다가 전체 애플리케이션이 단일 코드베이스이기 때문에 다른 도메인에 다른 기술 스택을 적용할 수 없습니다.

다시, 이것은 전체 목록이 아니며 주목할만한 몇 가지를 고른 것입니다.

신뢰성
모놀리식 애플리케이션은 하나의 단위이기 때문에 서비스를 저하시키는 버그는 모놀리스 전체에 영향을 미칠 수 있습니다.

신뢰성의 재등장!

배포 용이성
어떤 변경을 구현하면 전체 애플리케이션을 다시 배포해야 합니다. 이것은 리스크가 큽니다.

다음으로 분산 아키텍처의 장단점을 살펴보겠습니다.

브레인 파워

잠시 시간을 내어 여러분이 속한 산업에 대해 생각해보세요. 여러분의 회사에는 특별한 규제, 보안 또는 규정 준수 요구사항이 있나요? 모놀리식 아키텍처를 사용하면 이러한 요구사항을 해결하는 아키텍처 특성을 달성하는 데 어떻게 도움이 되거나 해가 될 수 있을까요? 여기에서 생각나는 방안들을 나열해보세요.

장점	단점

힌트: 감사 가능성, 보고성(reportability), '잊혀질 권리' 등을 생각해보세요.

여러분은 여기에 있습니다 175

분산의 장점

분산 배포 모델: 장점

분산 아키텍처에서는 논리적 컴포넌트를 별개의 단위로 배포합니다. 이 방법으로 애플리케이션의 일부를 다른 부분과 독립적으로 확장하기가 쉽습니다. 논리적인 컴포넌트들이 물리적으로 분리되어 있기 때문에 **낮은 결합도**를 자연스럽게 유도합니다.

그렇다면 분산 아키텍처는 어떤 아키텍처 특성에 유리할까요? 여기 그 예시를 소개합니다.

확장성

분산 아키텍처는 다른 논리적 컴포넌트를 별도로 배포합니다. 하나만 확장시킨다? 가능합니다!

모듈성

분산 아키텍처는 높은 수준의 모듈성을 장려합니다. 왜냐하면 컴포넌트들이 서로 느슨하게 결합되기 때문입니다.

테스트 용이성

선택된 논리적 컴포넌트만 배포가 가능하기 때문에 애플리케이션이 성장하는 경우에도 테스트하는 것이 훨씬 수월합니다.

분산 아키텍처는 모놀리식 애플리케이션에 비해 테스트가 훨씬 쉽습니다.

배포 용이성

분산 아키텍처는 많은 작은 단위를 장려합니다. 이들은 지속적인 통합, 지속적인 배포, 자동화된 테스트와 같은 현대적 엔지니어링 원칙이 표준이 된 이후에 발전했습니다.

결함 허용성

시스템의 일부가 실패하는 경우에도 나머지 부분은 정상 동작할 수 있습니다.

높은 테스트 용이성을 가진 작은 단위들은 변경점을 배포하는 리스크를 줄입니다.

여러분이 눈치챘듯이 분산 아키텍처는 모놀리식 아키텍처의 많은 약점을 잘 보완합니다. 하지만 그 반대도 사실일까요? 함께 알아봅시다.

분산 배포 모델: 단점

단점이 없는 장점은 없습니다. 트레이드오프, 맞죠? 모든 것은 트레이드오프입니다.

성능
분산 아키텍처는 네트워크를 통해 서로 통신하며 작업을 수행하는 작은 서비스들로 구성됩니다. 이는 성능에 영향을 미칠 수 있으며 이를 개선할 방법이 있지만 이 부분은 분명히 염두에 두어야 할 사항입니다.

비용
여러 개의 단위를 배포하면 더 많은 서버를 필요로 합니다. 게다가 이러한 서비스는 서로 통신해야 하므로 네트워크 인프라를 설정하고 유지 관리해야 합니다.

단순성
분산 시스템은 단순함의 **반대**입니다. 오류를 어떻게 디버깅할지 이해하는 것으로부터 모든 것이 도전적입니다.

분산 아키텍처가 얼마나 복잡한지는 강조하지 않을 수 없습니다!

분산 시스템을 디버깅할 때는 로깅에 대해 깊이 고민해야 합니다. 일반적으로 로그 집계를 필요로 하며 이는 비용을 증가시킵니다.

디버깅 용이성
요청을 처리하는 데 관여하는 모든 서비스에서 오류가 발생할 수 있습니다. 논리적 컴포넌트가 별도의 단위로 배포되기 때문에 오류 추적이 매우 복잡해질 수 있습니다.

분산 아키텍처는 어떤 것들을 쉽게 만들지만 다른 것들은 매우 어렵게 만듭니다.

분산 컴퓨팅의 어려움은 과소평가되기 쉽습니다!

분산 아키텍처는 장점이 많지만, 결국 네트워크에 의존합니다. 소프트웨어 아키텍트는 이러한 의존성에서 발생하는 복잡성을 종종 과소평가합니다. 엘 피터 도이체(L. Peter Deutsch)와 선 마이크로 시스템의 다른 사람들이 1990년에 작성한 '분산 컴퓨팅의 오류(The Fallacies of Distributed Computing)'[1]를 찾아보세요. 여기에는 주의해야 할 사항들이 나와 있습니다.

---

1. 옮긴이_ https://en.wikipedia.org/wiki/Fallacies_of_distributed_computing을 참고하세요.

여러분은 여기에 있습니다

모놀리식 vs. 분산

브레인 파워

이전에 했던 연습을 분산 아키텍처로 다시 한번 해봅시다. 여러분의 회사에는 특별한 규제, 보안 또는 규정 준수 요구사항이 있나요? 모놀리식 아키텍처를 사용하면 이러한 요구사항을 해결하는 아키텍처 특성을 달성하는 데 어떻게 도움이 되거나 해가 될 수 있을까요? 여기에서 생각나는 방안들을 나열해보세요.

장점	단점

벽난로 담소

오늘 밤의 강연: **모놀리식과 분산** 아키텍처가 답합니다. **"무엇이 더 적절한가요?"**

모놀리식 아키텍처

내가 아직 여기 있어서 다행이에요. 정말 일을 복잡하게 만드는군요.

단순할 수 있지만 개발 속도는 더 빠릅니다. 당신의 방법으로는 최소 기능 제품을 개발하는 것은 상상할 수 없습니다. 절대 출시되지 않을 거에요!

오! 그리고 나는 훨씬 저렴합니다. 대부분의 비즈니스는 돈을 낭비하고 싶어하지 않는다는 것을 알죠? 당신의 방법을 사용하여 개념 증명(Proof Of Concept; PoC)[2]을 만드는 사람은 상상할 수 없습니다.

분산 아키텍처

그런 태도는 좋지 않습니다. 물론, 개발이 '단순'할 수는 있지만 지속하기 힘듭니다. 비즈니스는 빠르게 움직여야 하는데, 제때에 제품이 전달되지 않을 수 있습니다.

그럴 수도 있지만 저는 결승선까지 도달하게 할 겁니다. 그리고 제품이 대히트를 치면 당신이 도와줄 것인가요? 아니면 방해만 할 건가요? 나는 규모가 커져도 성공을 보장할 수 있습니다.

---

2. 옮긴이_ 실무에서는 PoC라는 용어를 더 자주 사용합니다.

모놀리식 아키텍처

분산 아키텍처

비즈니스는 돈을 버는 것도 좋아합니다. 애플리케이션이 성장하면 당신의 방법은 단지 돈 먹는 하마가 됩니다. 나는 민첩성을 갖추어 팀과 조직이 성장하면서 규모를 늘릴 수 있도록 도와줍니다.

나는 테스트를 더 쉽게 만들지만 당신은 기술 부채만 쌓고 있습니다.

테스트를 쉽게 할 수 있다는 것은 좋은 일입니다. 하지만 유용한 오류 스택 추적을 본 적 있나요? 물론 없겠지요. 당신의 방법은 여기저기 흩어져 있습니다. 오류가 실제로 어디서 왜 발생했는지 추적하려고 애쓰는데, 행운을 빕니다.

적어도 나는 오류가 발생하면 깔끔한 스택 트레이스가 나오거든요.

맞아요. 그리고 실패하면 푹하고 쓰러지더군요. 나는 고수준의 장애 허용성을 제공합니다. 서비스를 확장하고 싶은가요? 단지 그 서비스만 확장하면 됩니다. 당신의 방법으로 서비스를 확장하는 것은 고단한 일입니다.

적어도 나는 프로세스가 하나에요. 불필요한 네트워크 트래픽이 없습니다. 당신은 말만 많네요. 잡담이 그렇게 많은가요? 당신의 모든 서비스들은 끊임없이 서로 소통하던데요.

그것도 네트워크가 항상 안정적일 때만 가능한 일입니다. 네트워크가 없으면 아무것도 할 수 없습니다! 네트워크가 실패하면 큰일납니다.

게다가 저와 함께라면 한 뭉치의 네트워크 인프라가 없어도 됩니다. 그 설비를 유지하는 데 얼마나 많은 비용이 드는지 아나요?

이봐요! 그것은 확장성있게 비즈니스를 할 때 드는 비용입니다. 여러분의 방법으로 팀을 시작할 수 있지만 계속 성장하고 싶다면 제 방법을 따라야 합니다. 그리고 당신은 뒤편 거울에 남겨질 것입니다.

뭐라고요? 구식이라는 말씀인가요? 다음 번에 어떤 팀이 신속하게 시장에 진출해야 할 때는 저를 부르지 마세요. 그러면 얼마나 힘든지 알게 될 겁니다.

저도 같은 마음입니다, 친구. 팀의 최소 기능 제품이 성공했을 때 아키텍처가 비즈니스의 모든 요청을 처리하지 못할 때 저에게 전화하지 마세요.

장 요약

이제 마무리입니다!

이제 많은 아키텍처 스타일을 분류하는 방법을 알게 되었고 프레임워크를 사용하여 쉽게 이해할 수 있습니다. 기억하세요. 프레임워크의 각 사분면은 그 아키텍처 스타일의 장점과 단점을 모두 나타냅니다.

다음 장에서는 각각의 아키텍처 스타일에 대해 깊이 있게 살펴보겠습니다.

핵심정리

- 많은 아키텍처 스타일이 있습니다. 사실, 너무 많아서 셀 수 없을 정도입니다.
- 아키텍처 스타일을 분류하는 방법에는 여러 가지가 있는데 그중 하나는 분할 방식입니다. 아키텍처 스타일은 기술적으로 나눌 수도 있고 도메인으로 나눌 수도 있습니다.
- 기술 분할 아키텍처 스타일에서는 코드가 기술적인 관심사에 따라 나뉩니다. 예를 들어, 프레젠테이션 레이어와 서비스 레이어가 있습니다.
- 도메인 분할 아키텍처 스타일에서는 코드를 문제 도메인에 따라 나눕니다.
- 아키텍처 스타일을 분류하는 또 다른 방법은 배포 모델로 분류하는 것입니다. 모놀리식 아키텍처 스타일은 애플리케이션을 구성하는 모든 논리적 컴포넌트를 하나의 단위로 배포합니다. 분산 아키텍처 스타일은 다수의 컴포넌트가 별도로 배포됩니다.
- 모놀리식 아키텍처는 이해하고 디버그하기에 더 쉽고 종종 구축 비용이 저렴합니다(적어도 초기에는). 이러한 이유로 제품을 시장에 신속하게 출시해야 할 때 훌륭한 후보가 될 수 있습니다.
- 모놀리식 애플리케이션이 성장하면서, 그것을 확장하는 것은 어려워질 수 있습니다. 이것은 모 아니면 도 상황입니다. 전체 애플리케이션을 확장하거나 전혀 확장하지 않거나 둘 중 하나입니다.
- 모놀리식 애플리케이션은 신뢰성이 낮을 수도 있습니다. 하나의 버그로 전체 애플리케이션이 멈출 수 있습니다.
- 분산 아키텍처는 논리적 컴포넌트를 개별적으로 배포하여 애플리케이션의 다른 부분이 서로 독립적으로 확장될 수 있기 때문에 매우 확장성이 좋습니다.
- 분산 아키텍처는 고수준의 모듈성을 장려하여 개별적인 테스트가 용이합니다.
- 분산 아키텍처는 개발, 유지보수, 디버깅 비용이 매우 높습니다.
- 분산 아키텍처는 네트워크를 사용하여 다양한 서비스가 서로 통신하여 작업을 완료하기 때문에 복잡도가 높아집니다.

아키텍처 스타일

'스타일있는 아키텍처' 낱말 퀴즈

이제 아키텍처 스타일을 이해할 수 있으니 낱말 퀴즈도 풀어봅시다.

가로

2. 시스템을 기술적 또는 도메인으로 _____ 할 수 있다.
3. 엘 피터 _____는(은) '분산 컴퓨팅의 오류'를 집필하는 데 도움을 줬다(힌트: 사람 이름).
7. 모놀리식 아키텍처는 _____를(을) 만드는 데 좋다(약자 PoC).
10. 물리적인 아키텍처와 상관없이 _____ 시스템은 올바른 결과에 대한 높은 신뢰성을 제공한다.
14. 분산과 모놀리식은 둘 다 배포 _____(이)다.
15. 최소 기능 _____
17. 모놀리식 시스템은 _____ 하기 더 쉽다.
18. 모놀리식 아키텍처는 _____ 배포 단위다(소수의).

→ 정답은 184쪽에

세로

1. 레이어는 _____(으)로 구분한다.
2. 각 아키텍처 스타일은 고유한 _____이(가) 있다.
4. 모놀리식 아키텍처는 _____에 빠르게 진입하는 경향이 있다.
5. 하나의 큰 단위로 배포된 시스템이다.
6. 모놀리스를 변경하면 _____ 해야 한다.
8. 아키텍처의 조직은 그 _____스페이스에 반영된다.
9. 분산 아키텍처에서 서비스는 통신하기 위해 이것을 사용한다.
11. 분산 시스템은 많은 _____ 배포 단위로 구성된다.
12. 분산 배포 모델에 대해 _____ 것은 없다(힌트: 형용사).
13. 아키텍처는 종종 한 개 이상의 _____를(을) 가진다.
16. 분산 시스템은 보통 모놀리식 시스템보다 더 많은 _____이(가) 든다.

여러분은 여기에 있습니다   **181**

연습문제 정답

문제는 171쪽에

즉석 요리 전문가는 거의 모든 일을 합니다. 감자튀김부터 샌드위치까지 메뉴에 있는 모든 음식을 요리할 수 있으며 스무디를 블렌딩하고 디저트를 준비할 수 있습니다. 종종 식사를 제공하고, 대금을 받으며, 고객이 떠난 후 테이블을 청소하기도 합니다. 이 경우, 이 사람의 작업을 기술적으로 구분할 수 있나요, 아니면 도메인별로 구분할 수 있나요? 왜 그런가요? 여기에 생각을 적어보세요.

즉석 요리 전문가는 고객들에게 음식을 제공하기 위해 테이블 정돈부터 음식 준비, 요리, 청소까지 모든 일을 합니다.

따라서 음식 준비의 전체 '도메인'을 담당합니다.

그러므로 작업은 도메인별로 구분합니다.

아키텍처 스타일

연습문제 정답

문제는 173쪽에

잠시 시간을 내어 스마트폰을 생각해보세요. 스마트폰으로 모든 것을 다 할 수 있습니다. 사진과 동영상을 찍고 웹을 검색하며 좋아하는 소셜 네트워킹 사이트에 콘텐츠를 게시하고 운동 활동을 추적하며 GPS를 통해 길을 찾을 수 있습니다. 그리고 어딘가 설정 깊은 곳에 전화도 있습니다! 보다시피 휴대전화는 모놀리식 시스템입니다. 이 시스템의 장점과 단점을 적어 주세요. 가용성, 업그레이드 용이성, 비용, 사용의 용이성과 같은 아키텍처 특성을 생각해보세요.

모놀리식

장점

편리성 - 한 개의 기기만 있으면 된다.

업그레이드 용이성 - 다수의 기기를 패치하거나 업그레이드할 필요가 없다.

사용성 - 빠르게 여행 준비를 할 때 하나만 가져가면 된다.

단점

가용성 - 내 폰이 고장나거나 파손되면 아무것도 할 수 없다.

비용 - 스마트폰은 교체 비용이 높다.

이식성 - 내 폰의 운영체제에서 동작하는 애플리케이션만 사용할 수 있다.

몇 년 전만 해도 여러 기능을 위해 개별적인 기기들을 사용했습니다. 하지만 지금은 모든 기능을 휴대폰으로 수행할 수 있습니다. 전화기는 그저 전화기일 뿐이었고 아마 문자 메시지가 가능한 정도였습니다. 웹을 탐색하고 소셜 네트워킹 사이트에 게시하려면 노트북이나 데스크톱 컴퓨터를 사용했습니다. 운동을 기록하는 데 도움이 되는 피트니스 트래커를 구매할 수 있었고 내비게이션 도움을 위해 자동차에 설치할 GPS 기기를 살 수 있었습니다. 각각의 '서비스'는 따로 배포되었습니다.

위에서 했던 것처럼 이런 시스템의 장단점을 적어보세요. 그리고 다시 한 번 아키텍처 특성에 대해 생각해보세요.

분산

장점

결합 - 내 폰의 카메라가 고장나도 전화 혹은 경로 추적 기능은 정상 동작한다.

모듈성 - 각 기기가 단일 기능을 하기 때문에 테스트하기 쉽다.

진화성 - 더 좋은 사진을 원하는 경우 SLR 카메라를 사면 된다.

단점

업그레이드 용이성 - 모든 것을 따로 업그레이드 해줘야 한다.

복잡성 - (배터리, 충전기 등) 관리해야 할 것들이 많아진다.

신뢰성 - 네트워크 연결의 신뢰성이 떨어질 수 있다. 따라서 기기에 연결이 끊어지거나 특정 지역에서 연결이 되지 않을 수 있다.

여러분은 여기에 있습니다   **183**

연습문제 정답

'스타일있는 아키텍처' 낱말 퀴즈 정답

문제는 181쪽에

6 레이어드 아키텍처
관심사 분리하기

여러분이 마주한 문제가 단순하고 시간이 촉박한 상황이라면 굳이 아키텍처를 고려해야 할까요? 이는 여러분이 개발한 결과물을 얼마나 오래 유지하고 싶은지에 달려 있습니다. 결과물이 일회성이라면 크게 신경 쓸 필요가 없지만, 그게 아니라면 배포 속도에 제약을 주지 않으면서 어느 정도의 체계성과 이점도 제공하는 가장 단순한 아키텍처를 선택해야 합니다. 그럴 땐 레이어드 아키텍처(layered architecture)가 답이 될 수 있습니다. 이 아키텍처는 이해와 구현이 쉬우며 많은 개발자가 이미 아는 설계 패턴들을 지렛대 삼아 활용할 수 있기 때문입니다. 이 아키텍처의 레이어들을 하나씩 살펴보겠습니다.

샌드위치 가게 요구사항

[난&팝]: 신생 레스토랑 요구사항 정리하기

상기타(Sangita)는 간단한 식사를 선호합니다. 그래서 간편하게 먹을 수 있는 인도 요리에서 영감을 받아 플랫브래드 샌드위치와 소다를 파는 [난&팝(Naan & Pop)]이라는 레스토랑을 열었습니다.

이제 고객들이 온라인으로도 주문할 수 있는 웹사이트가 필요합니다. 다만 예산이 한정되어 있으므로 최대한 빠르고 단순하게 웹사이트를 구축하려고 합니다.

다음은 상기타의 요구사항을 정리한 것입니다.

이 사람은 레스토랑 경영자이자 프로젝트 매니저 지망생인 아차나(Archana)입니다.

시장 출시 시간 단축

[난&팝]은 이미 개업했으니 웹사이트를 빠르게 구축할수록 매출이 더 빨리 발생합니다. 즉, 웹사이트는 단순하면서도 빠르게 구축해야 합니다.

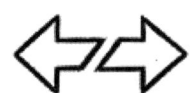

책임 분리

[난&팝]은 사용자 인터페이스(User Interface; UI) 전문가와 데이터베이스 관리자(DataBase Administrator; DBA)처럼 전문 기술을 가진 파트타임 직원을 보유하고 있습니다. 따라서 시스템의 각 부분을 나누면, 담당하는 역할에 따라 책임을 분리하는 데 도움이 될 것입니다.

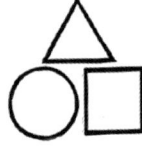

단순하게 그러나 확장성 있게

상기타는 이번에 소프트웨어 아키텍처 구축에 처음으로 도전하지만, 앞으로 온라인에서도 레스토랑의 이름을 널리 알리는 동시에 시스템의 일부를 확장하고 재사용할 방법을 찾고 있습니다.

상기타는 소프트웨어 개발 경험이 있습니다. 그래서 본인의 요구사항들이 명확하게 책임을 나누어서 수행되어야 한다는 것을 알고 있습니다. 그녀는 이러한 요구사항을 정리한 뒤 이번 프로젝트를 위해 고용한 개발 팀에 요구사항을 전달합니다. 여러분이 개발 팀의 일원이라고 생각하고 그녀의 요구사항을 주의 깊게 살펴보세요.

개발 팀 대화

알렉스: 프로젝트 매니저가 [난&팝] 웹 애플리케이션의 요구사항과 목표를 보내줬어요. 생각보다 간단하던데요?. 기존 프레임워크나 라이브러리를 찾아서 대부분 처리할 수 있지 않을까요?

마라: 그렇게 하면 단순성을 해결할 수는 있겠네요. 하지만 상기타는 기능을 확장할 수 있는 신장성(extensibility)도 원해요. 기존 프레임워크는 융통성이 없어서 신장성까지 달성하기는 어려울 수 있어요.

샘: 그녀가 원하는 신장성은 어떤 건가요?

마라: 레스토랑이 성공하면 기능의 확장이 필요하겠죠. 아마 웹 사이트가 다양한 종류의 사용자 인터페이스를 지원하거나 배달 서비스와 연동하는 기능도 추가해야 할 거예요.

알렉스: 그래요. 기존의 단순한 애플리케이션은 상기타가 원하는 담당 책임 분리를 처리하지 못할 수도 있어요.

샘: 하지만 우리는 복잡한 아키텍처를 구축할 시간이 없어요!

알렉스: 이건 불가능해 보이는군요. 시간이 한정되어 있는데, 어떻게 전문성까지 갖춘 적절한 아키텍처를 구축할 수 있을까요?

샘: 그래도 다행히 우리는 다른 팀원들과 함께 애플리케이션의 기능에 대한 아키텍처 특성과 행동에 대한 도메인 설계를 이미 정의해 놓았어요. 이제 적절한 아키텍처를 선택하기만 하면 됩니다.

마라: 우선순위와 목표가 충돌하는 상황이네요. 우리는 사용자 인터페이스, 데이터, 비즈니스 로직 등 기술적인 영역을 중심으로 담당 책임을 분리할 수 있는 단순한 아키텍처 스타일이 필요해요. 그렇게 하면 새로운 사용자 인터페이스를 추가해도 하나의 레이어(계층)에만 영향을 받게 되거든요.

알렉스: 담당 책임 분리라…. 방금 『헤드 퍼스트 디자인 패턴(개정판)』에서 관련 문구를 읽었어요! 모델-뷰-컨트롤러(Model View Controller; MVC, 이하 MVC) 설계 패턴 내용이었어요.

샘: 그렇지만 그건 설계 패턴에 해당하는 내용이에요. 그걸 아키텍처에 어떻게 적용할 수 있나요?

마라: 수많은 설계 패턴의 목표가 겹치는 경우가 많기에 결국 아키텍처에 포함돼요. 다만 설계 패턴은 설계 요소에만 집중할 수 있는 반면에 아키텍처는 현실 세계의 제약 요소까지 고려해야 합니다. 『헤드 퍼스트 디자인 패턴(개정판)』을 꺼내서 MVC를 아키텍처에 어떻게 적용할 수 있을지 살펴봅시다.

설계 패턴

『헤드 퍼스트 디자인 패턴(개정판)』 다시 읽기

'헤드 퍼스트' 시리즈의 유명 도서인 『헤드 퍼스트 디자인 패턴(개정판)』[1]은 설계 패턴의 개념을 설명하기 위해 **모델-뷰-컨트롤러(MVC)** 설계 패턴을 사용합니다. 이 패턴은 목적에 따라 기능을 분리합니다.

MVC에서 **모델**은 애플리케이션의 비즈니스 로직과 엔티티를 나타냅니다. **뷰**는 사용자 인터페이스를 나타내고, **컨트롤러**는 워크플로우를 처리하며, 모델 요소들을 함께 연결해 애플리케이션의 기능을 제공합니다. 다음 그림을 보면 이해가 좀 더 쉬울 것입니다.

'설계 패턴'은 소프트웨어 설계에서 공통적으로 발생하는 문제에 대한 맞춤식 해법입니다.

설계 패턴에 대한 자세한 설명은 이 책을 참고하세요.

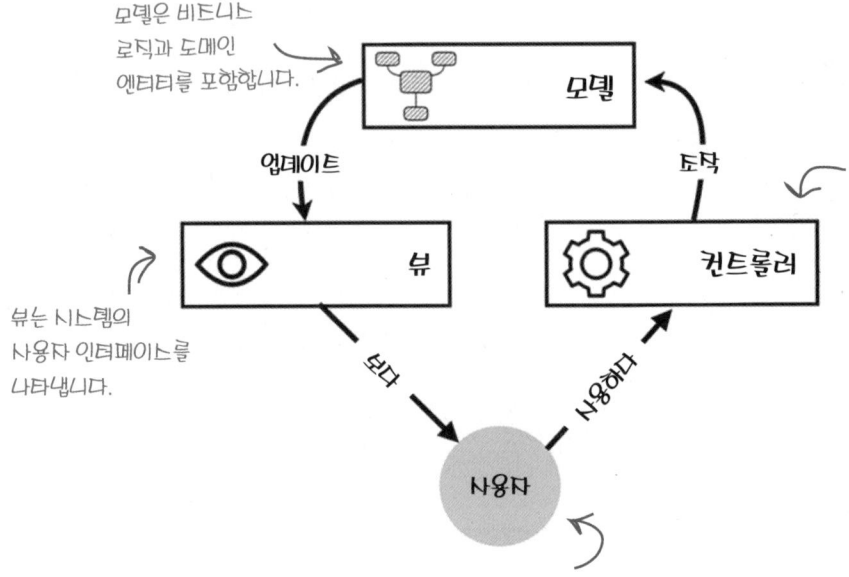

모델은 비즈니스 로직과 도메인 엔티티를 포함합니다.

컨트롤러는 애플리케이션의 워크플로우를 나타내며, 모델 요소들을 결합하여 뷰 요소로 변환합니다.

뷰는 시스템의 사용자 인터페이스를 나타냅니다.

사용자는 사용자 인터페이스를 통해 애플리케이션과 상호작용하며, 컨트롤러에 의해 정의된 워크플로우를 사용하여 모델 요소들을 조작합니다.

브레인 파워

MVC 설계 패턴은 논리적인 책임을 분리하지만, 소프트웨어 아키텍처는 브라우저와 데이터베이스 같은 물리적인 시스템들도 처리해야 합니다. 그러므로 여러분은 소프트웨어 아키텍처라는 제약 사항 안에서 MVC가 다루는 논리적 책임을 분리할 수 있어야 합니다. 그러면서도 MVC 설계 패턴의 전체 목표는 유지해야 하는데요. 어떻게 해야 둘다 해결할 수 있을까요?

1. 옮긴이_ 이 책에서는 'Design'을 '설계' 대신 발음대로 '디자인'으로 번역했습니다. 이 책과 관련해서 좀 더 자세한 정보는 https://www.hanbit.co.kr/store/books/look.php?p_code=B6113501223을 참고하세요.

MVC 레이어화

설계 패턴은 문제에 대한 논리적 해결책을 나타내지만, 소프트웨어 아키텍처는 데이터베이스, 사용자 인터페이스, 기타 구현 세부사항과 같은 현실적인 제약을 처리해야 합니다.

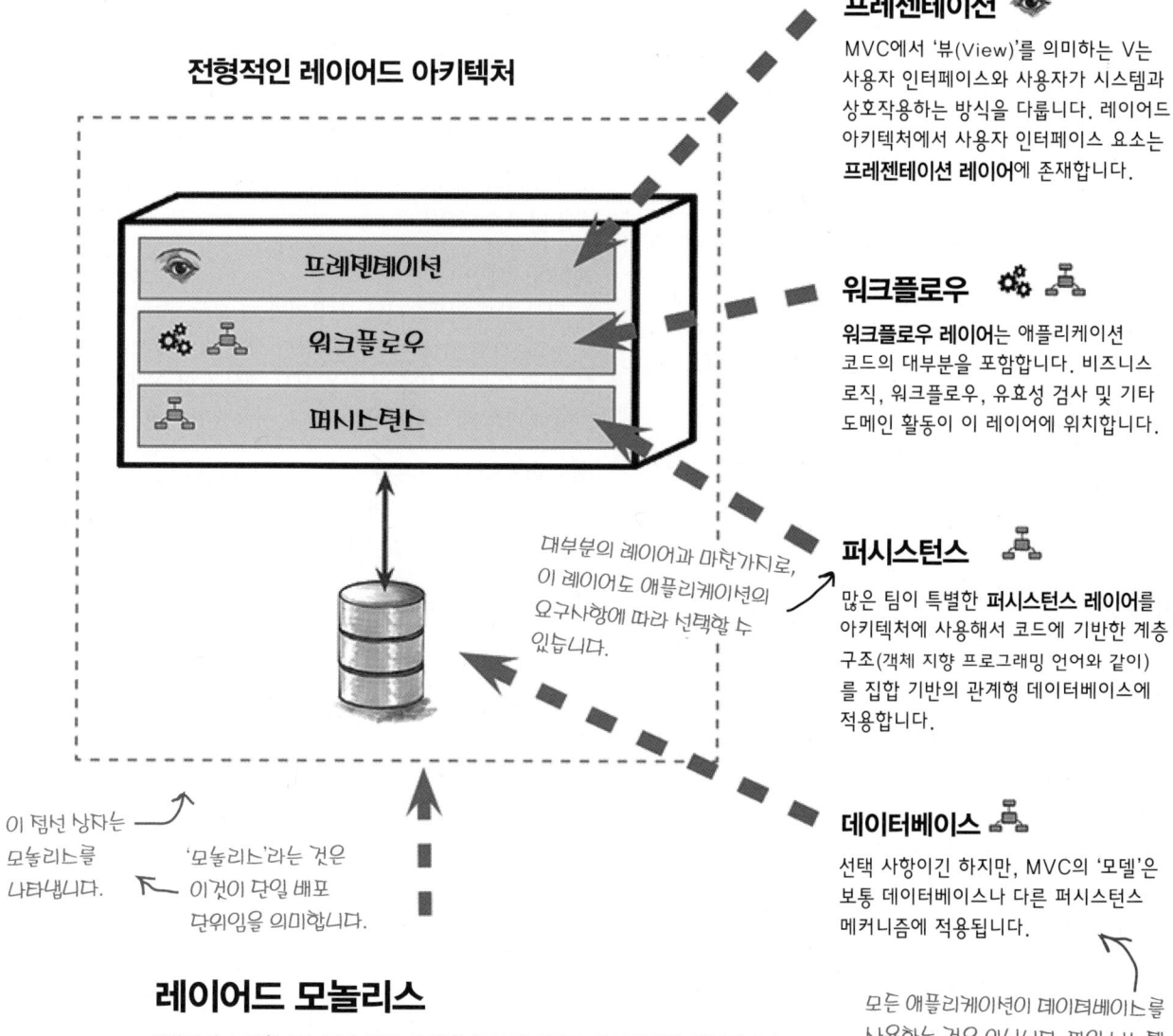

프레젠테이션

MVC에서 '뷰(View)'를 의미하는 V는 사용자 인터페이스와 사용자가 시스템과 상호작용하는 방식을 다룹니다. 레이어드 아키텍처에서 사용자 인터페이스 요소는 **프레젠테이션 레이어**에 존재합니다.

워크플로우

워크플로우 레이어는 애플리케이션 코드의 대부분을 포함합니다. 비즈니스 로직, 워크플로우, 유효성 검사 및 기타 도메인 활동이 이 레이어에 위치합니다.

퍼시스턴스

많은 팀이 특별한 **퍼시스턴스 레이어**를 아키텍처에 사용해서 코드에 기반한 계층 구조(객체 지향 프로그래밍 언어와 같이)를 집합 기반의 관계형 데이터베이스에 적용합니다.

데이터베이스

선택 사항이긴 하지만, MVC의 '모델'은 보통 데이터베이스나 다른 퍼시스턴스 메커니즘에 적용됩니다.

모든 애플리케이션이 데이터베이스를 사용하는 것은 아닙니다. 파일 시스템, 클라우드 등 다른 곳에도 정보를 저장합니다.

대부분의 레이어와 마찬가지로, 이 레이어도 애플리케이션의 요구사항에 따라 선택할 수 있습니다.

이 점선 상자는 모놀리스를 나타냅니다.

'모놀리스'라는 것은 이것이 단일 배포 단위임을 의미합니다.

레이어드 모놀리스

5장에서 논의한 모놀리스 배포 모델은 종종 레이어드 아키텍처와 결합됩니다. 서로 다른 팀들이 코드와 데이터베이스 작업을 수행하는 경우가 많지만, 모놀리스 아키텍처에서는 데이터베이스와 코드 변경사항이 **함께** 배포됩니다.

여러분은 여기에 있습니다

레이어와 인터뷰

오늘의 인터뷰
아키텍처 스타와 함께 레이어링하기: 레이어

헤드 퍼스트: 레이어씨, 저희 스튜디오에 오신 것을 환영합니다. 바쁜 일정 중에도 시간을 내주셔서 감사합니다.

레이어: 천만에요. 말씀하신 대로 저는 꽤 중요한 사람입니다. 제 이름을 따르는 아키텍처가 있을 정도니까요.

헤드 퍼스트: 레이어씨, 말씀하신 그 부분을 좀 더 자세히 살펴보겠습니다. 왜 전체 아키텍처가 레이어씨를 기반으로 되어 있나요?

레이어: 좋은 질문이에요. 각 레이어에는 특정한 책임이 있기 때문에 애플리케이션의 아키텍처를 명확하고 이해하기 쉽게 하기 때문입니다.

헤드 퍼스트: 그렇다면 이 아키텍처는 깔끔함을 좋아하는 사람들만 위한 것인가요?

레이어: 아니요! 비슷한 기능을 별도의 레이어로 나누면 변경할 때 다시 찾기 쉽다는 의미입니다. 예를 들어, 어떤 팀에서 다른 데이터베이스를 추가해야 할 경우 퍼시스턴스 레이어만 변경하면 됩니다.

헤드 퍼스트: 모든 것을 잘 정리해두면 검색과 업데이트가 더 쉬워지겠군요. 이는 아키텍처를 위한 좋은 이유가 되는 것 같습니다.

레이어: 통합된 조직도 좋지만, 그것만이 저를 기반으로 아키텍처를 설계할 이유는 아니에요.

헤드 퍼스트: 무슨 말인가요?

레이어: 자랑하는 건 싫지만 우리 레이어들은 매우 유연합니다. 그래서 다양한 용도로 사용할 수 있습니다!

헤드 퍼스트: 음, 레이어씨가 인터페이스에 자주 나타나고 모든 비즈니스 논리를 넣을 수 있는 장소를 제공하는 것으로 알고 있습니다.

레이어: 물론, 힘든 일은 우리가 처리해드립니다. 예를 들어, 팀은 다양한 UI로 변화를 줄 수 있는데, 서비스 레이어는 다른 애플리케이션이 이 애플리케이션과 상호작용할 수 있는 인터페이스를 제공합니다.

헤드 퍼스트: 레이어씨! 팀이 레이어를 어떻게 활용했는지 좋은 예를 알고 있나요?

레이어: 물론입니다! 호텔의 보너스(로열티) 프로그램을 관리하는 팀과 함께 일했습니다. 사용자가 한 모든 구매는 그들의 멤버십 상태, 가입 기간 및 기타 복잡한 사항에 따라 보너스 포인트를 받을 수 있습니다. 이 팀은 모든 계산을 한 곳에서 처리하기 위해 보너스 레이어를 성공적으로 사용했어요.

헤드 퍼스트: 네, 유용할 것 같아요. 도메인 주도 개발(Domain-Driven Design; DDD)과의 쌀쌀한 관계에 대한 최근 논란에 대해서도 설명해주실 수 있나요?

레이어: 이럴 수가! 무슨 인터뷰가 이런가요? 그 소문은 사실이 아닙니다. 우리는 잘 지내고 있습니다. 알다시피 저는 기술적인 분리에 집중하고, 내 친구인 DDD는 도메인 또는 비즈니스 분리에 더 집중합니다. 내 아키텍처에서 도메인을 호스팅하는 것은 좋지만 아마도 레이어들로 나누어야 할 것입니다.

헤드 퍼스트: 다른 아키텍처 스타일보다 더 오래된 것은 아닌가요?

레이어: 아키텍처에서 레이어의 개념은 거의 모든 다른 개념보다 오래되었습니다. 이게 정말 놀라운 일인가요? 아키텍트들이 사물을 조직하는 방법을 생각할 때 나는 그저 합리적입니다.

헤드 퍼스트: 시간이 거의 다 되었는데 모놀리식 아키텍처와의 친밀한 관계에 대해 말씀해주실 수 있나요? 자주 사용되는 것 같습니다.

레이어: 할 말 없습니다.

레이어드 아키텍처

좋은 질문이에요.
요청과 응답은 레이어를 통해 흐릅니다.

레이어드 모놀리식 아키텍처에서 사용자가 시스템에 어떤 작업을 요청하면 사용자 인터페이스에서 이 요청을 초기화합니다. 그러면 그 요청은 소프트웨어 아키텍처의 각 레이어를 통해 흐릅니다. 데이터베이스에 무엇인가를 저장하는 과정이 수반된다면 요청이 위에서 아래로 간 다음 다시 돌아옵니다.

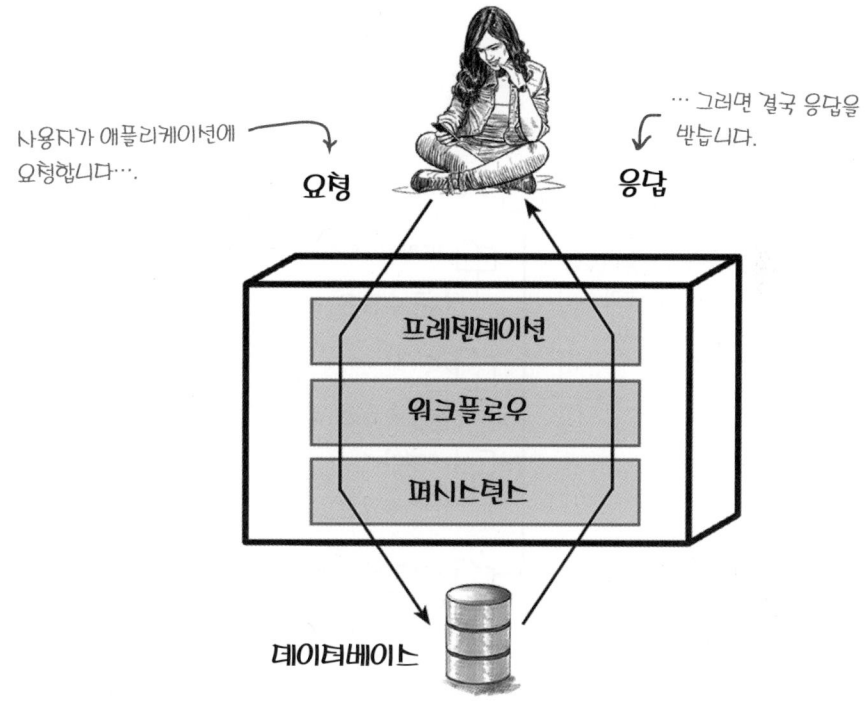

여러분은 여기에 있습니다   191

레이어 기본

레이어링하기

[난&팝] 사이트와 같은 애플리케이션을 위해 여러분의 팀에서는 문제에 맞는 논리적 컴포넌트를 개발하게 됩니다. 그런데 이러한 컴포넌트들을 어떻게 구현할까요?

이 유형의 아키텍처에서 레이어는 도메인 컴포넌트처럼 패키지나 네임스페이스로 만듭니다. 하지만 담당 책임의 분리를 유지하려면 각 레이어의 패키지 구조는 일반적으로 분할 내 위치를 반영해야 합니다.

```
com.naanpop.orderapp.presentation
com.naanpop.orderapp.workflow
com.naanpop.orderapp.model
com.naanpop.orderapp.persistence
```

 이 레이어들의 전체 이름(fully qualified names)은 자바에서는 패키지로, .NET에서는 네임스페이스로, 그리고 여러분이 선택한 언어에서는 여러분이 사용하는 네임스페이스 메커니즘으로 나타납니다.

논리적 컴포넌트와 같이 아키텍처 레이어들은 종종 기본 파일 시스템에 매핑되는 기본 플랫폼의 컴포넌트 구현을 사용합니다.

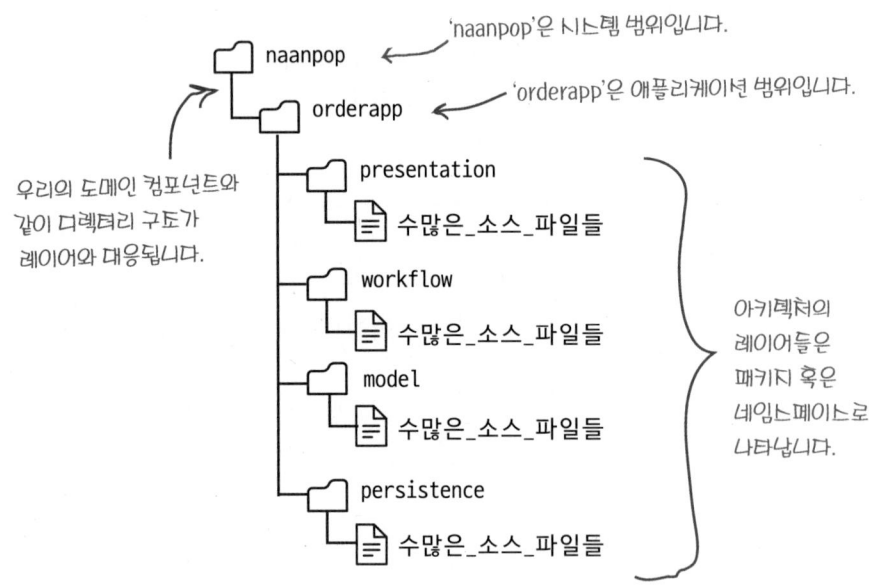

레이어를 코드로 변환하기

팀이 컴포넌트 패키지(또는 네임스페이스)를 만들면 개발자가 아키텍처를 구현하는 것을 도와주어야 합니다. 다음은 파이썬과 같은 의사 코드로 레이어를 코드로 변환하는 방식을 설명하는 예시입니다.

사용자 인터페이스 레이어 또는 **프레젠테이션 레이어**는 가장 상위 레이어입니다. 사용자와 상호작용하는 역할을 하며 MVC의 뷰(View) 부분과 목적이 동일합니다.

```
def UI_layer(request):        ← 사용자 요청을
    data = request.get_data()    받습니다.
    return business_logic_layer(data)  ← 요청을 워크플로우
                                         레이어로 넘깁니다.
```

워크플로우 레이어(때때로 비즈니스 규칙 레이어로 불림)는 사용자 인터페이스(UI) 레이어의 각 요청을 처리하고 응답을 반환합니다.

```
def business_logic_layer(data):   ← UI 레이어로부터
    processed_data = process_data(data)  데이터를 처리합니다.
    return data_access_layer(processed_data)
                ↑
        처리된 데이터를 데이터 접근
        레이어로 전달합니다.
```

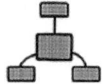

퍼시스턴스 레이어 또는 **데이터 접근 레이어**(data access layer)는 데이터베이스에서 데이터를 가져와서 워크플로우 레이어에 반환합니다.

```
def data_access_layer(data):      ← 데이터베이스에 있는
    retrieved_data = retrieve_data(data)  데이터에 접근합니다.
    return retrieved_data
            ↑
    조회한 데이터를 워크플로우 레이어에
    반환합니다.
```

> ### 바보 같은 질문은 없습니다
>
> **Q:** 5장에서 아키텍처 스타일마다 분류와 철학이 있다고 얘기했습니다. 레이어드 아키텍처의 경우에는 어떻게 되나요?
>
> **A:** 그 점을 생각해줘서 기쁩니다. 5장에서 말한 것처럼 분류를 이해하면 특정 아키텍처 스타일이 어떤 특성을 지원하는지에 대해 많은 내용을 알 수 있습니다.
>
> 레이어드 아키텍처는 기술적으로 분할된 아키텍처 스타일로, 보통 모놀리스로 배포됩니다('보통'이라고 말했지만 곧 몇 가지 변형 사례도 살펴볼 것입니다).

레이어드 아키텍처의 도메인

잠시만요. 논리적 컴포넌트를 도출하여 애플리케이션의 동작들을 판단했는데 이러한 컴포넌트는 이 아키텍처의 어떤 레이어에 해당하는 것이죠?

핵심을 잘 짚었습니다. 도메인 행위는 이 아키텍처의 레이어 전반에 걸쳐 있습니다.

도메인은 해결하려는 문제에 따라 논리적인 컴포넌트로 구성됩니다. 그러나 이 아키텍처의 레이어들은 사용자 인터페이스와 비즈니스 로직 등과 같은 기술적 능력을 나타냅니다.

결국 도메인은 레이어드 아키텍처 안에서 매핑되고, 때로는 여러 레이어에 걸쳐 분산되기도 합니다.

바보 같은 질문은 없습니다

Q: 왜 이 특정한 레이어들, 즉 프레젠테이션, 워크플로우, 퍼시스턴스 레이어를 사용하나요?

A: 이것들은 공통적인 레이어들이지만 항상 그런 것은 아닙니다. 대부분의 애플리케이션은 이 정도로 분리됩니다. 예를 들어, 사용자 인터페이스(UI)는 시스템의 핵심 로직과 분리되며 이는 다시 데이터베이스 개발과도 분리됩니다.

Q: 레이어드 아키텍처는 MVC 패턴에서 영감을 받았나요?

A: 오히려 반대일 가능성이 높습니다. 다양한 부분에서 소프트웨어를 개발하는 사람들이 존재한 이래로 레이어드 아키텍처는 존재해 왔고, 이는 설계 패턴에 영감을 주었을 것입니다. 설계 패턴은 보통 반복적으로 등장하는 사례를 관찰해서 만들어지고, 레이어드 아키텍처는 다양한 형태로 오랫동안 사용되어 왔습니다.

도메인, 컴포넌트와 레이어들

간단한 식당 주문 시스템인 [난&팝]에서는 문제 도메인에 기반하여 다음과 같은 컴포넌트를 생각할 수 있습니다.

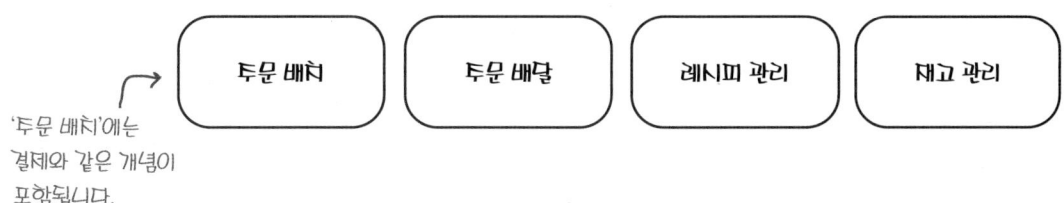

주문 배치
주문 배달
레시피 관리
재고 관리
'주문 배치'에는 결제와 같은 개념이 포함됩니다.

하지만 여기에는 문제가 있습니다. 이 컴포넌트들은 도메인의 논리적 동작에 기반을 두고 있지만 레이어드 아키텍처는 기능별로 구분하는 방식을 사용합니다. 따라서 논리적 컴포넌트(워크플로우와 엔티티 포함)를 우리가 필요로 하는 레이어드 아키텍처에 맞는 컴포넌트로 분리해야 합니다.

샌드위치 주문
레시피
고객
배달 지역

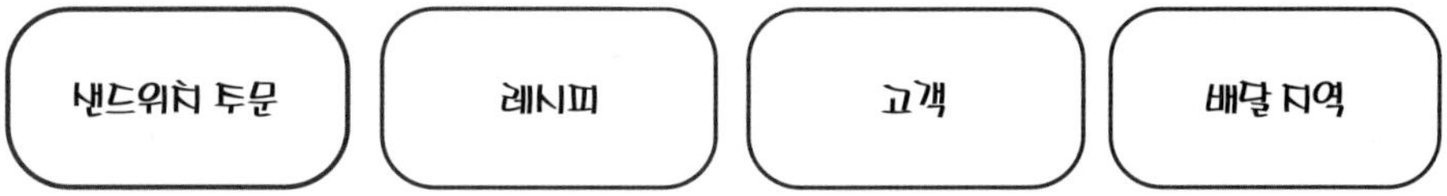

논리적 컴포넌트를 워크플로우와 엔티티로 나눈 후, 이 아키텍처의 레이어 위에 컴포넌트를 겹쳐 놓습니다.

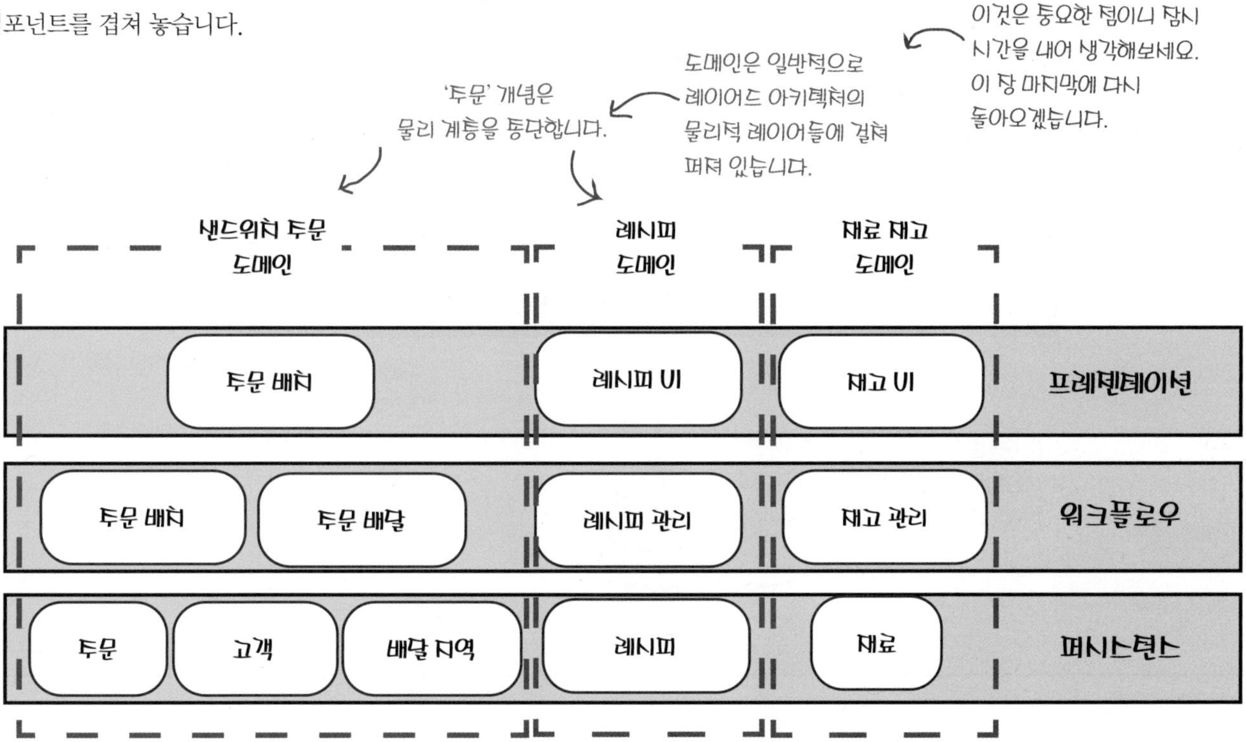

이것은 중요한 점이니 잠시 시간을 내어 생각해보세요. 이 장 마지막에 다시 돌아오겠습니다.
도메인은 일반적으로 레이어드 아키텍처의 물리적 레이어들에 걸쳐 퍼져 있습니다.
'주문' 개념은 물리 계층을 통과합니다.
샌드위치 주문 도메인
레시피 도메인
재료 재고 도메인
주문 배치
레시피 UI
재고 UI
프레젠테이션
주문 배치
주문 배달
레시피 관리
재고 관리
워크플로우
주문
고객
배달 지역
레시피
재료
퍼시스턴스

컴포넌트와 레이어들

연필을 깎으며

[난&팝]의 수석 아키텍트들은 레이어드 아키텍처를 이미 설계했습니다. 하지만 오늘 그들은 하루 종일 진행되는 제빵 세미나에 참석하여 문제 도메인에 대해 학습하고 있습니다. 그동안 여러분은 어떤 컴포넌트가 어디에 들어가는지 정리해야 합니다. 각 컴포넌트는 어떤 레이어에 위치해야 하는지 결정할 수 있나요? 아래의 컴포넌트들이 어떤 레이어(들)에 매핑되는지 그려보세요.

힌트: 어떤 컴포넌트들은 한 개 이상의 레이어에 위치할 수 있습니다.

컴포넌트

- 배달 투소
- 형구 투소
- 판매 촉진
- 고객 블랙리스트
- 단골 보상

레이어:
- 프레젠테이션
- 워크플로우
- 퍼시스턴스

직원 정보

이 아키텍처의 일반적인 구현은 퍼시스턴스 레이어에 있는 모든 것은 데이터베이스에 있다고 가정합니다.

우리가 미리 해두었습니다. 운전기사의 상세 정보와 같은 직원 정보는 워크플로우와 퍼시스턴스 레이어에는 해당되지만 프레젠테이션 레이어에는 포함되지 않습니다.

→ 정답은 210쪽에

196 6장

레이어드 아키텍처

모든 아키텍처는 나름의 이점을 제공하지만 동시에 몇 가지 제약도 부과하는 것 같아. 귀찮은 트레이드오프 없이 문제 영역에 완벽하게 맞는 아키텍처를 가질 수 있다면 좋겠어! 하지만 그건 단지 꿈일까···.

바보 같은 질문은 없습니다

Q: 이 아키텍처에 맞추기 위해 컴포넌트를 분리해야 한다면 논리적 컴포넌트를 식별하는 수고를 왜 해야 하나요?

A: 논리적인 컴포넌트는 우리가 해결하려는 문제를 나타냅니다. 이를 어떤 아키텍처에 매핑하느냐는 실제 제약조건(그리고 트레이드오프)을 적용하는 것을 의미합니다. 다음 장에서는 더 직접적인 도메인-아키텍처 매핑을 보여드리겠습니다만, 이것도 역시 트레이드오프가 존재합니다.

Q: 레이어드 아키텍처는 왜 그렇게 인기가 많을까요?

A: 이 아키텍처가 자주 쓰이는 이유는 다음과 같습니다. 첫째, 간단하고 변경되는 부분이 많지 않습니다. 둘째, 살펴본 것처럼 MVC 설계 패턴에 가깝게 매핑되어 이해하기 쉽습니다. 셋째, 이 스타일은 매우 일반적이라 팀이 간단한 프로젝트를 빠르게 만들 수 있습니다. 넷째, 많은 회사가 직원들을 기술 영역에 따라 구분하는데, 그 조직 구조와 잘 어울리기 때문입니다.

여러분은 여기에 있습니다   **197**

레이어드 아키텍처 선택 요인

레이어드 아키텍처를 선택하는 이유

레이어드 아키텍처가 강점을 발휘하는 요소들을 모았습니다. 즉, 이것들은 이 아키텍처 스타일을 선택하도록 이끄는 요소들입니다.

전문화

레이어드 아키텍처를 사용하면 조직에서는 분야별 전문가들로 팀을 나누고, 이들이 각기 다른 프로젝트에서 능력을 공유할 수 있습니다.

특정 분야를 전문화할 수 있는 능력으로 인해 이 아키텍처는 여러 프로젝트 간에 전문 기술을 공유해야 하는 조직에서 인기가 많습니다.

(기술적) 재사용의 용이성

기술적 능력에 따라 아키텍처를 나누면 코드를 재사용할 기회가 더 많아집니다. 예를 들어, 모든 퍼시스턴스 코드가 하나의 레이어에 있으면 개발자가 더 쉽게 이를 찾고 업데이트하고 재사용할 수 있습니다.

이 아키텍처의 주요 장점 중 하나는 같은 레이어에 있는 컴포넌트를 재사용할 수 있다는 것입니다.

물리적 분리와 매칭

레이어드 아키텍처는 보통 논리적 컴포넌트가 물리적인 분할과 매칭됩니다. 예를 들어, 자바스크립트, 자바, MySQL 등 서로 다른 기술 스택이 물리적으로 서로 다른 레이어를 형성하는 것은 흔한 일입니다.

현실은 종종 소프트웨어 아키텍트가 원하는 대로 설계하는 것을 막고, 대신 주어진 환경과 조건에 맞춰 설계하도록 강요합니다.

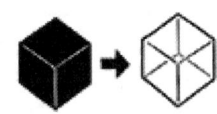

MVC와 개념적 쌍둥이

단순함과 타당성에 대한 고민은 많은 아키텍처에서 중요한 요소입니다. 개발자는 MVC와 같은 익숙한 설계 패턴에 맞춘 아키텍처에서 작업하는 것이 더 쉽다고 생각합니다.

타당성과 단순함으로 승리하세요!

198   6장

레이어, 현실 세계를 만나다: 물리적 아키텍처

논리적 아키텍처는 레이어드 모놀리스로 설명되지만 아키텍트는 이를 다양한 물리적 아키텍처로 구현할 수 있습니다.

예시로, 공유 데이터베이스를 사용하는 리치 데스크톱 애플리케이션(rich desktop application)으로 동작하는 기업용 회계 소프트웨어를 들 수 있습니다.

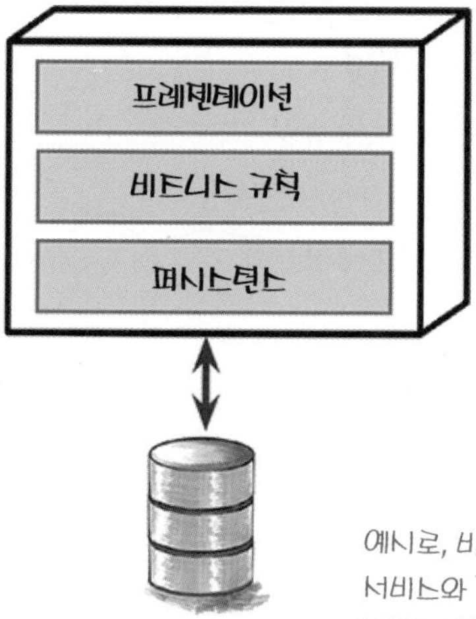

2티어

2티어 아키텍처는 프레젠테이션, 비즈니스 규칙과 퍼시스턴스 레이어를 하나의 배포 단위로 묶고, 로컬 네트워크를 통해 데이터베이스와 통신합니다. 이 물리적 아키텍처는 데스크톱과 클라이언트/서버 애플리케이션에서 일반적으로 사용하는 방식입니다.

예시로, 비디오 스트리밍 서비스와 같이 풍부한 웹 기반의 UI를 가진 고성능 웹 애플리케이션을 들 수 있습니다.

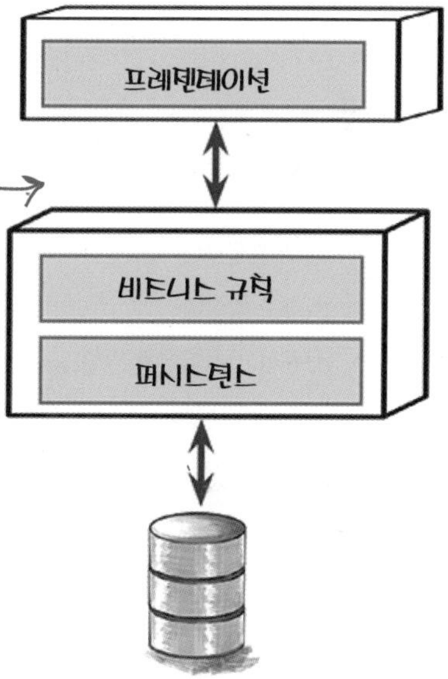

3티어

3티어 아키텍처는 각 책임을 고유한 물리적 레이어에 배치합니다. 이 아키텍처의 좋은 예는 웹 기반 애플리케이션으로, 중간 티어를 처리하는 애플리케이션 서버와 종종 다른 기술 스택으로 구현된 프레젠테이션 레이어로 구성됩니다. 예를 들어, 개발 팀은 비즈니스 규칙과 퍼시스턴스 레이어는 자바로 구현하고, UI는 HTML과 자바스크립트로 구성하며, 퍼시스턴스 레이어에는 공통적으로 관계형 데이터베이스를 사용합니다.

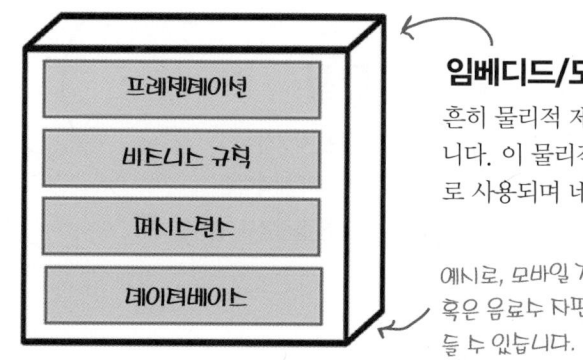

임베디드/모바일

흔히 물리적 제약 때문에 모든 논리적 레이어들이 물리적으로 단일 배포 단위가 됩니다. 이 물리적 아키텍처는 임베디드 시스템과 모바일 애플리케이션에 공통적으로 사용되며 네트워크 연결은 지속적이지 않거나 제공되지 않을 수도 있습니다.

예시로, 모바일 게임 혹은 음료수 자판기를 들 수 있습니다.

여러분은 여기에 있습니다

물리적 아키텍처

물리적 아키텍처의 트레이드오프

어떤 물리적 아키텍처를 선택해야 할까요? 사실 모든 소프트웨어 아키텍처가 그러하듯, 각 아키텍처마다 트레이드오프가 있습니다.

2티어

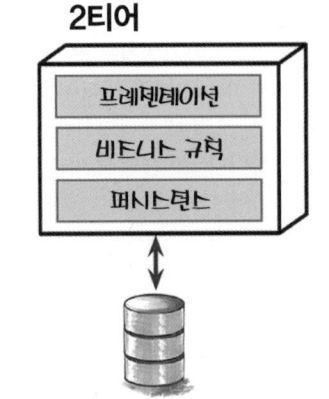

장점
- \+ 풍부한 사용자 인터페이스
- \+ 고성능
- \+ 단순함

이 아키텍처는 모든 것이 일반적으로 단일 프로젝트로 구현될 수 있기 때문에 단순합니다.

단점
- \- 확장성 중간
- \- 커지면서 복잡해짐
- \- 신뢰성 중간

신뢰성이 중간인 이유는 이 아키텍처가 데이터 접근 시 네트워크에 의존하기 때문입니다.

3티어

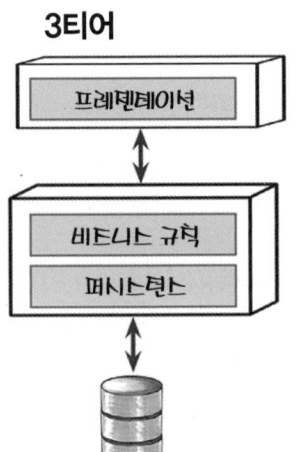

장점
- \+ UI 분할(보통 웹)
- \+ 높은 확장성
- \+ 분산 아키텍처의 이점

분산 아키텍처는 높은 확장성과 유사한 이점을 제공합니다.

단점
- \- 적은 신뢰성
- \- 더 복잡함
- \- 분산 아키텍처의 단점

변동부가 가장 크기 때문에 더 복잡합니다.

분산 아키텍처는 변동부와 실패 모드가 많아질수록 더 복잡합니다.

임베디드/모바일

장점
- \+ 자가 포함(Self-contained)
- \+ 단일 기술 스택
- \+ 하드웨어 기기에 높은 튜닝

단일 기술 스택에서 단순성은 이점이 될 수 있습니다.

단점
- \- 낮은 확장성
- \- 자원이 제약적임
- \- 구현 플랫폼에 종속됨

단일 스택이 좋지만 다른 플랫폼으로 항상 이식할 수 있는 것은 아닙니다.

200   6장

레이어드 아키텍처

연습문제

일반적인 트레이드오프는 한 가지지만, 소프트웨어 아키텍처는 항상 실제 시스템을 기반으로 합니다. [난&팝]의 아키텍트들이 최종 물리적 아키텍처를 결정하기 전에 각 물리적 아키텍처의 트레이드오프를 평가하는 데 여러분의 도움이 필요합니다. [난&팝] 애플리케이션이 각 물리적 아키텍처에 대해 어떤 불필요한 트레이드오프를 가지고 있는지 알아보는 것을 도와줄 수 있나요?

2티어

장점 ← 이것으로 시작해보세요. → **단점**

단순성 / 확장성

_____   _____
_____   _____
_____   _____

3티어

장점   **단점**

_____   _____
_____   _____
_____   _____

임베디드/모바일

장점   **단점**

_____   _____
_____   _____
_____   _____

→ 정답은 211쪽에

여러분은 여기에 있습니다 201

추가적인 레이어

개발 팀 대화

알렉스: [난&팝]은 표준 레이어들만 사용해도 충분할 정도로 일반적인가요? 팀에서는 언제 레이어를 추가하나요?

샘: 아키텍처에 레이어는 왜 추가하나요?

마라: 레이어드 아키텍처에서 각 레이어는 시스템 내에서 특정한 역할이 있습니다. 따라서 필요할 때마다 레이어를 추가합니다.

샘: 어떤 종류의 레이어인가요?

알렉스: 비즈니스 간 통합을 위해 접근성을 제공하는 **서비스 레이어**(services layer)나 내부 시스템을 위한 **통합 레이어**(integration layers)를 추가하는 것이 일반적입니다. 각 요청은 모든 레이어를 통과하므로, 레이어는 모든 요청에 대해 발생하는 것이어야 합니다.

레이어에 대해 인색할 필요가 없습니다.
각 요청이 각 레이어에 적용되는 한
필요한 만큼 추가하면 됩니다.

마라: 맞습니다. 아키텍트는 새로운 동작을 지원하기 위해 필요한 모든 레이어를 추가할 수 있습니다. 예를 들어, 사이트는 서드파티 배달 서비스와 통합이 필요하므로 통합 레이어를 추가해야 할지도 모릅니다. 여기 화이트보드에 레이어드 아키텍처에 대한 생각을 그려 보겠습니다.

통합 레이어는 서드파티 배달
서비스와 상호작용에 사용됩니다.

알렉스: 배달 훅(hook)을 위한 통합 레이어를 추가하면 더 쉬워지지 않을까요? 통합과 관련된 모든 코드는 같은 위치에 있어서 찾고 업데이트하기가 쉬워질 것 같아요.

마라: 네, 그리고 그것은 사용자 인터페이스 레이어에도 해당됩니다. 사실, 다음으로 구현해야 할 요구사항 중 하나는 모바일을 지원하는 추가적인 UI입니다.

샘: 그러면 별도의 모바일 UI를 추가할 때 한 레이어만 변경하면 되나요?

마라: 그것이 바로 레이어드 아키텍처의 주요 장점 중 하나입니다!

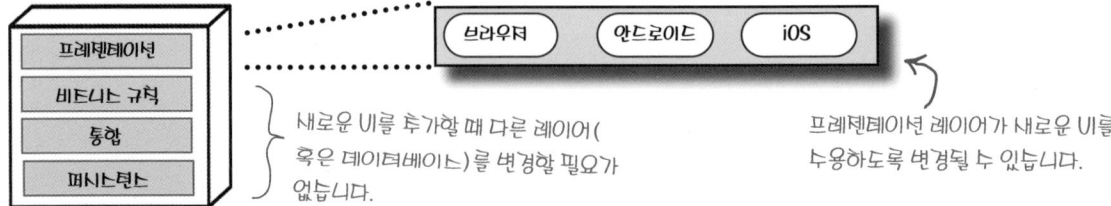

새로운 UI를 추가할 때 다른 레이어
(혹은 데이터베이스)를 변경할 필요가
없습니다.

프레젠테이션 레이어가 새로운 UI를
수용하도록 변경될 수 있습니다.

레이어드 아키텍처

도메인 변경에 대한 마지막 주의사항

레이어드 아키텍처의 주요 장점 중 하나는 비슷한 기술 요소들을 함께 묶을 수 있다는 것입니다. 예를 들어, [난&팝] 애플리케이션에서 UI를 자체 컴포넌트 세트로 분리하면 다른 팀에서 다른 레이어에 영향을 주지 않고 새로운 UI 유형을 추가할 수 있습니다.

잠깐 멈추고 이 문제에 대해 생각해봅시다. 문제 도메인의 변화는 어떨까요? 만약, [난&팝]이 샌드위치 외에 피자 같은 메뉴를 추가하고 싶다면 모든 레이어를 변경해야 할까요?

레이어드 아키텍처의 가장 큰 장점은 고립시켜 변경할 수 있는 능력입니다. 하지만 만능 해결책은 아닙니다. 이 아키텍처 스타일의 큰 트레이드오프는 아키텍처에서 **문제 도메인이 여러 레이어에 걸쳐 퍼져 있다**는 것입니다. 예를 들어, [난&팝] 아키텍처에서 주문 배치라는 논리적 컴포넌트는 UI(프레젠테이션), 워크플로우를 구현하는 코드(워크플로우)와 데이터 스키마(퍼시스턴스)까지 필요합니다.

> 앞서 이 장에서 언급한 내용입니다.

즉, 기술적인 능력은 쉽게 변경하고 향상시킬 수 있지만 도메인 변경은 여러 계층에 걸쳐 영향을 줄 수 있습니다.

레이어드 아키텍처는 기술적인 변화를 용이하게 하지만 도메인 변경을 더 어렵게 만듭니다.

그러면 어떻게 해야 할까요? 이 책을 시작하면서 애플리케이션이 지원해야 하는 아키텍처 특성을 식별하는 방법을 먼저 보여준 이유가 있습니다. **계속적이고 중요한 도메인 변경이** 예상되거나 갑자기 더 높은 우선순위가 되면 다른 아키텍처 스타일을 고려해야 합니다.

> 깊게 숨을 들이쉬세요. 다음 장에서는 도메인 변경을 수용하는 데 좀 더 적합한 아키텍처 스타일을 소개할 것입니다. 아, 긴장감이 느껴지네요!

그 전에 레이어드 아키텍처의 장점과 단점을 간단히 요약해보겠습니다.

바보 같은 질문은 없습니다

Q: 도메인 변경은 꽤 큰 주의사항입니다. 왜 굳이 레이어드 아키텍처 스타일을 고려해야 할까요?

A: 소프트웨어 아키텍처의 제1법칙을 기억하세요. 모든 것은 트레이드오프입니다. 물론, 다른 아키텍처 스타일은 도메인 변경을 더 쉽게 할 수 있지만, 그것 나름의 단점이 있습니다. 모든 아키텍처 스타일의 강점과 약점을 요구사항에 맞추고 선택하세요. 정답은 하나가 아니라 여러분의 상황에 가장 잘 맞는 선택이면 됩니다.

여러분은 여기에 있습니다

레이어드 슈퍼파워

레이어드 아키텍처의 슈퍼파워[2]

레이어드 아키텍처는 오랫동안 그 강력함을 보여주고 보여주고 있으며, 가장 오래된 아키텍처 스타일 중 하나입니다.

회사가 투자 자금으로 운영된다면 타당성이 특히 중요합니다.

타당성
시간과 예산이 매우 중요하다면 이 아키텍처의 단순함은 매우 매력적입니다.

기술적 분할
아키텍트는 기술적 능력을 중심으로 컴포넌트를 설계하여 공통 역량을 재사용하기 쉽게 만듭니다. 예를 들어, 여러 팀이 동일한 데이터 기능을 필요로 할 때 퍼시스턴스 레이어에서 한 번만 구현해서 팀 간에 공유할 수 있습니다.

성능
잘 설계된 레이어드 모놀리스 아키텍처는 높은 성능을 보여줄 수 있습니다. 네트워크 호출이 없고 한 곳에서 데이터를 처리하기 때문에 성능을 저하시킬 수 있는 네트워크 호출이 필요하지 않습니다.

빠른 구축
단순함과 단일 작업/배포 단위 덕분에 팀은 작은 시스템을 매우 빠르게 구축할 수 있습니다.

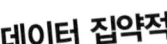

일반적으로 시스템이 네트워크를 통해 데이터를 접근하는 횟수가 적을수록 더 효율적일 수 있습니다.

데이터 집약적
데이터 수준의 처리를 많이 하는 시스템은 레이어드 아키텍처를 사용하면 이점이 있습니다. 이는 데이터 처리를 최적화된 단일 데이터베이스에 격리하기 때문입니다.

간결하고 효율적
시스템을 작게 유지하면 다음 페이지의 몇 가지 크립토나이트를 피하는 데 도움이 됩니다.

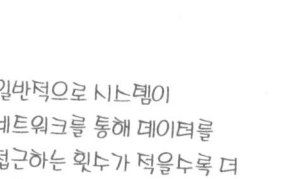

---

2. 옮긴이_ 슈퍼맨의 슈퍼파워는 크게 비행, 초인적인 힘, 초고속 이동, 강력한 시력, 내구성, 열선 발사가 있다고 합니다.

레이어드 아키텍처의 크립토나이트[3]

레이어드 아키텍처는 널리 사용되고, 인기도 많지만 과도하게 사용되거나 남용될 수 있습니다. 비용이나 개발 용이성 면에서는 강점을 보이지만, 많은 팀이 단순함과 오랜 역사, 널리 사용된다는 이유만으로 이 아키텍처를 기본으로 선택하곤 합니다. 하지만 그 선택이 정말로 적합한지 고민하지 않는 경우도 많습니다.

확장성
모놀리스 아키텍처의 가장 큰 문제점은 하나의 양동이에 계속해서 무언가를 추가하다 보면 결국 꽉 차게 된다는 것입니다. 일반적으로 모놀리스 구조는 결국 메모리 대역폭 등 자원에 의해 제약을 받게 됩니다.

탄력성
단일 프로세스는 갑작스럽게 사용자가 급증하면 처리하기 어렵습니다.

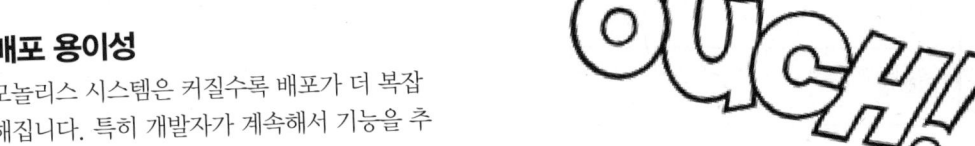

배포 용이성
모놀리스 시스템은 커질수록 배포가 더 복잡해집니다. 특히 개발자가 계속해서 기능을 추가할 때 그렇습니다.

테스트 용이성
높은 결합도와 큰 코드베이스는 시간이 지날수록 테스트를 더 어렵게 만듭니다.

진흙잡탕
모든 것이 서로 연결되어 있기 때문에 이 아키텍처는 신중한 관리 없이는 매우 긴밀하게 결합된 혼란스러운 상태가 될 수 있습니다.

---

3. 옮긴이_ 슈퍼맨에게 크립토나이트는 그의 힘을 약화시키는 물질입니다. 크립토나이트는 슈퍼맨의 고향인 크립톤 행성에서 온 방사능 물질로, 그것에 노출되면 힘을 잃고 심각한 고통을 겪게 됩니다.

강점과 약점

레이어드 아키텍처 등급표

[난&팝] 아키텍처 팀은 이 책의 두 저자가 쓴 『소프트웨어 아키텍처 101』[3]에서 발견한 등급표를 사용하기로 결정합니다. 이 표는 레이어드 아키텍처의 특성을 한 눈에 이해할 수 있도록 정리되어 있습니다. 별점 한 개는 해당 아키텍처 특성이 잘 지원되지 않는다는 뜻이고, 별점 다섯 개는 그 특성이 레이어드 아키텍처의 강점 중 하나임을 의미합니다.

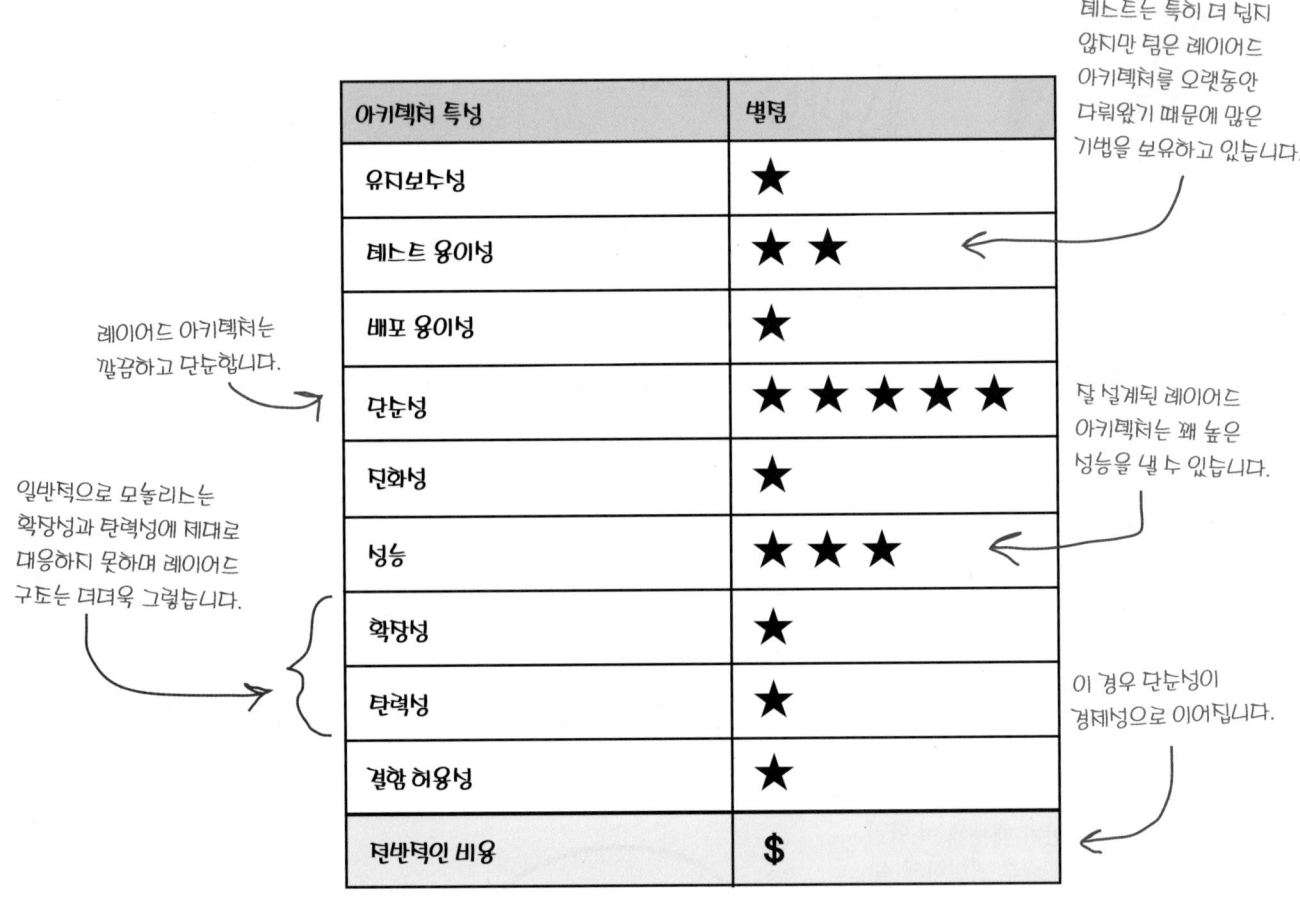

3. 옮긴이_ 이 책의 세부 내용은 https://www.hanbit.co.kr/store/books/look.php?p_code=B1494466807를 참고하세요.

레이어드 아키텍처

연습문제

다음 시스템 중 어떤 것이 레이어드 모놀리식 아키텍처 스타일에 적합할까요? 그리고 그 이유는 무엇인가요?

힌트: 레이어드 아키텍처의 강점(슈퍼파워)과 약점(크립토나이트), 그리고 시스템의 특성을 고려하세요.

사용자들이 입찰할 수 있는 온라인 경매 시스템

왜? _____
_____
_____

☐ 레이어드 모놀리스에 잘 맞음
☐ 비교적 레이어드 모놀리스에 적합함
☐ 레이어드 모놀리스에 어울리지 않음

하룻밤에 국제 송금을 처리하고 정산하는 대규모 백엔드 금융 시스템

왜? _____
_____
_____

☐ 레이어드 모놀리스에 잘 맞음
☐ 비교적 레이어드 모놀리스에 적합함
☐ 레이어드 모놀리스에 어울리지 않음

새로운 사업 분야에 진입하므로, 시스템에 대한 지속적인 변화가 예상되는 회사

왜? _____
_____
_____

☐ 레이어드 모놀리스에 잘 맞음
☐ 비교적 레이어드 모놀리스에 적합함
☐ 레이어드 모놀리스에 어울리지 않음

온라인 주문을 받기 시작하는 소규모의 빵집

왜? _____
_____
_____

☐ 레이어드 모놀리스에 잘 맞음
☐ 비교적 레이어드 모놀리스에 적합함
☐ 레이어드 모놀리스에 어울리지 않음

지원 플랜을 함께 구매한 전자 제품을 위한 문제 티켓 시스템으로, 현장 기술자가 고객에게 가서 문제를 해결함

왜? _____
_____
_____

☐ 레이어드 모놀리스에 잘 맞음
☐ 비교적 레이어드 모놀리스에 적합함
☐ 레이어드 모놀리스에 어울리지 않음

➡ 정답은 212쪽에

여러분은 여기에 있습니다

장 요약

마무리하기

축하합니다! [난&팝] 팀은 여러 아키텍처 스타일을 검토한 끝에, 비즈니스의 우선순위를 고려하여 레이어드 아키텍처를 선택했습니다. 이 선택은 비즈니스가 문제없이 성장하는 데 도움이 되었습니다.

핵심 정리

- 레이어드 아키텍처는 모놀리식입니다. 그러므로 전체 시스템(코드와 데이터베이스)을 하나의 단위로 배포합니다.
- 레이어는 기술적 능력에 따라 나뉩니다. 이 아키텍처에서 일반적인 계층에는 프레젠테이션(사용자 인터페이스 용도), 비즈니스 규칙(애플리케이션의 워크플로우와 로직 용도), 그리고 퍼시스턴스(지속적인 데이터가 필요한 시스템을 위한 데이터베이스 지원 기능)가 포함됩니다.
- 레이어드 아키텍처는 타당성을 잘 지원합니다. 따라서 이해하기 쉽고 간단한 시스템을 빠르게 구축할 수 있습니다.
- 레이어드 아키텍처는 기술 관심사의 분리를 지원하여 사용자 인터페이스나 데이터베이스 같은 새로운 기능을 쉽게 추가할 수 있게 합니다.
- 레이어드 아키텍처는 MVC 설계 패턴과 유사한 몇 가지 문제를 모방하지만, 물리적 레이어로 변환되고 현실 세계의 제약을 받습니다.
- 사용자 요청은 인터페이스를 통해 각 레이어를 거치며 응답이 사용자에게 반환됩니다.
- 이 아키텍처에서는 각 요청이 각 레이어를 거칩니다.
- 레이어드 아키텍처의 능력은 시간이 지남에 따라 팀이 계속해서 기능을 추가하면 자원 제한(예를 들어, 용량 부족)으로 인해 저하됩니다.
- 레이어드 아키텍처는 인터페이스 디자이너, 코더, 데이터베이스 전문가 등 작업자의 분야별 전문화를 훌륭하게 지원합니다.
- 논리적 컴포넌트는 문제 도메인을 나타내지만, 레이어는 기술적 능력에 중점을 두며 도메인과 아키텍처 레이어 사이에 해석이 필요합니다.
- 레이어드 아키텍처는 2티어(다른 말로 클라이언트/서버), 3티어(웹), 그리고 임베디드/모바일을 포함한 여러 물리적 아키텍처로 나타날 수 있습니다.
- 레이어에서 나타나는 기술적 능력을 변경하거나 추가하는 것은 쉽습니다. 레이어드 아키텍처가 이를 잘 수용하기 때문입니다.
- 문제 도메인을 변경하는 것은 아키텍처의 여러 레이어 간 조정이 필요하여 도메인 변경을 더 어렵게 만듭니다.

'레이어드 아키텍처' 낱말 퀴즈

이 낱말 퀴즈의 여러 레이어들을 해결하며 학습을 더해 나갈 준비가 되셨나요?

가로

3. 레이어드 아키텍처는 익숙한 디자인 _____을(를) 사용한다.
5. 스마트폰 앱에서 자주 볼 수 있는 레이어드 아키텍처의 종류다.
6. 이 장에서 다루는 아키텍처의 종류다.
8. _____는(은) 한 레이어로 한정시킬 수 있다.
9. 네임스페이스와 패키지는 디렉터리 _____ 와 연관된다.
11. 너무 밀접하게 결합되면 _____ 잡탕으로 이어질 수 있다.
14. 데이터베이스를 위한 객체 모델을 관계형 모델로 매핑하는 레이어.
17. 데이터 접근을 위해 네트워크를 의존하면 아키텍처는 _____ 신뢰할 수 있다.
19. 퍼시스턴스 레이어에 흔히 사용되는 데이터베이스 유형이다.
21. 레이어드 아키텍처는 두 개 이상의 _____를(을) 가질 수 있다.

세로

1. 통합 레이어는 시스템이 서드파티와 _____ 할 수 있게 한다.
2. 레이어드 아키텍처는 _____를(을) 촉진한다.
4. _____ 도메인은 모든 레이어에 걸쳐 있다.
7. 논리적 및 _____ 컴포넌트는 일반적으로 같은 방식으로 분리된다.
10. 논리적 _____는(은) 레이어들에 존재한다.
12. 도메인 주도 _____
13. 비즈니스 규칙을 적용하는 레이어다.
15. 사용자 _____는(은) 프레젠테이션 레이어의 일부다.
16. MVC 패턴과 레이어드 아키텍처 모두 책임을 _____ 한다.
18. 사용자의 요청과 그에 대한 응답은 레이어를 통해 _____(이)다.
20. 모델-_____-컨트롤러 설계 패턴

➡ 정답은 213쪽에

연습문제 정답

연필을 깎으며 정답

문제는 196쪽에

[난&팝]의 수석 아키텍트들은 레이어드 아키텍처를 이미 설계했습니다. 하지만 오늘 그들은 하루 종일 진행되는 제빵 세미나에 참석하여 문제 도메인에 대해 학습하고 있습니다. 그동안 여러분은 어떤 컴포넌트가 어디에 들어가는지 정리해야 합니다. 각 컴포넌트는 어떤 레이어에 위치해야 하는지 결정할 수 있나요? 아래의 컴포넌트들이 어떤 레이어(들)에 매핑되는지 그려보세요.

힌트: 어떤 컴포넌트들은 한 개 이상의 레이어에 위치할 수 있습니다.

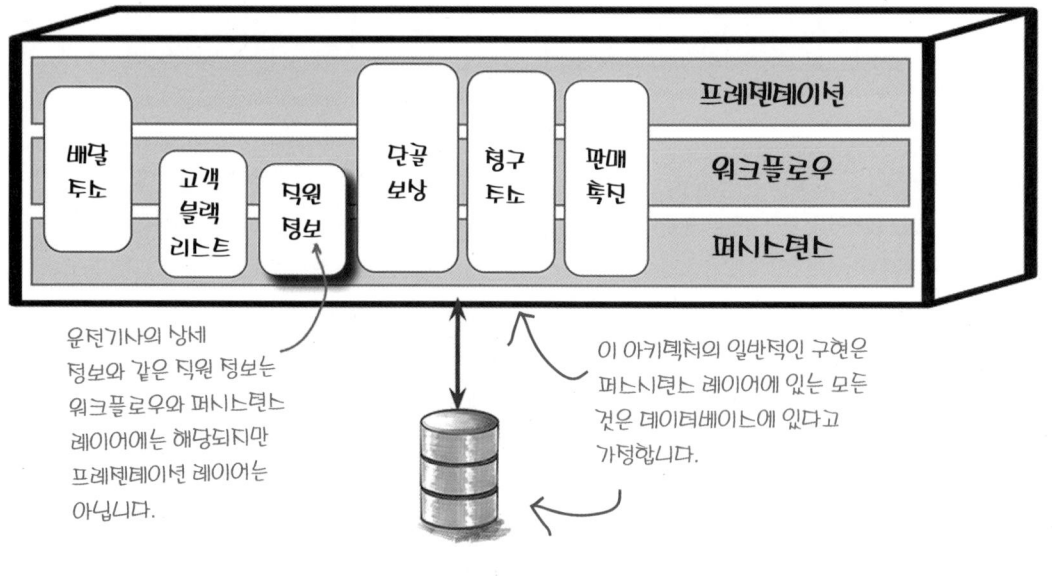

운전기사의 상세 정보와 같은 직원 정보는 워크플로우와 퍼시스턴스 레이어에는 해당되지만 프레젠테이션 레이어는 아닙니다.

이 아키텍처의 일반적인 구현은 퍼시스턴스 레이어에 있는 모든 것은 데이터베이스에 있다고 가정합니다.

연습문제 정답

일반적인 트레이드오프는 한 가지입니다. 하지만, 소프트웨어 아키텍처는 항상 실제 시스템을 기반으로 합니다. [난&팝]의 아키텍트들이 최종 물리적 아키텍처를 결정하기 전에 각 물리적 아키텍처의 트레이드오프를 평가하는 데 여러분의 도움이 필요합니다. [난&팝] 애플리케이션이 각 물리적 아키텍처에 대해 어떤 불필요한 트레이드오프를 가지고 있는지 알아보는 것을 도와줄 수 있나요?

2티어

장점
- 단순성 ← 단순성이 시장 출시 시간을 줄여줍니다.
- 성능 ← 성능이 주요한 관심사가 아니라면 티어가 적을수록 높은 성능을 내는 데 유리합니다.

단점
- 확장성 ← 티어가 부족하면 확장성 저하로 이어집니다.

3티어

장점
- 아키텍처의 분리 ← 분리가 주요한 목표 중 하나를 지원합니다.
- 확장성 ← 확장성이 좋아지면 더 많은 사용자들을 지원합니다.

단점
- 복잡성 ← 티어가 많아질수록 아키텍처가 복잡해지고, 이로 인해 의존성과 통신이 복잡해집니다.
- 시장 출시 시간이 늦어짐 ← 이것은 …으로 이어집니다.

임베디드/모바일

장점
- 자가 포함 ← 순수한 모놀리스에는 부분이 거의 없습니다.

단점
- 신장성이 떨어짐 ← 임베디드 시스템은 신장하기 어려우며 언급된 목표의 반대 상황입니다.
- 확장성 ← 자가 포함된 모놀리스가 높은 확장성과 성능을 함께 갖는 것은 어렵습니다.
- 성능

여러분은 여기에 있습니다

연습문제 정답

문제는 207쪽에

다음 시스템 중 어떤 것이 레이어드 모놀리식 아키텍처 스타일에 적합할까요? 그리고 그 이유는 무엇인가요?
힌트: *레이어드 아키텍처의 강점(슈퍼파워)과 약점(크립토나이트), 그리고 시스템의 특성을 고려하세요.*

사용자들이 입찰할 수 있는 온라인 경매 시스템

왜? 온라인 경매는 대부분의 레이어드 아키텍처가 지원할 수 있는 것보다 더 많은 확장성과 성능을 요구합니다.

☐ 레이어드 모놀리스에 잘 맞음
☐ 비교적 레이어드 모놀리스에 적합함
☒ 레이어드 모놀리스에 어울리지 않음

하룻밤에 국제 송금을 처리하고 정산하는 대규모 백엔드 금융 시스템

왜? 이 시스템은 높은 처리량과 가용성을 요구하기 때문에 레이어드 모놀리스로는 돕다 어렵습니다.

☐ 레이어드 모놀리스에 잘 맞음
☐ 비교적 레이어드 모놀리스에 적합함
☒ 레이어드 모놀리스에 어울리지 않음

새로운 사업 분야에 진입하므로, 시스템에 대한 지속적인 변화가 예상되는 회사

왜? 레이어드 아키텍처는 기술적 능력으로 관심사를 분리하기 때문에 일부 변경은 더 쉬워집니다.

☐ 레이어드 모놀리스에 잘 맞음
☒ 비교적 레이어드 모놀리스에 적합함
☐ 레이어드 모놀리스에 어울리지 않음

온라인 주문을 받기 시작하는 소규모의 빵집

왜? 작은 빵집은 단순한 문제이고 규모도 작기 때문에 단순한 아키텍처가 적합합니다.

☒ 레이어드 모놀리스에 잘 맞음
☐ 비교적 레이어드 모놀리스에 적합함
☐ 레이어드 모놀리스에 어울리지 않음

지원 플랜을 함께 구매한 전자 제품을 위한 문제 티켓 시스템으로, 현장 기술자가 고객에게 가서 문제를 해결함

왜? 예를 들자면, 문제 티켓 시스템은 고객과 기술자를 위한 아키텍처 특성이 서로 다를 수 있기 때문에 모놀리식 아키텍처로는 지원하기 어렵습니다.

☐ 레이어드 모놀리스에 잘 맞음
☐ 비교적 레이어드 모놀리스에 적합함
☒ 레이어드 모놀리스에 어울리지 않음

'레이어드 아키텍처' 낱말 퀴즈 정답

문제는 209쪽에

7 모듈러 모놀리스
도메인 중심으로 생각하기

모놀리스를 만드는 방법에는 여러 가지가 있습니다. 지금까지 살펴본 레이어드 아키텍처는 기술적 기준으로 정리된 구조입니다. 레이어드 모놀리스를 사용하면 꽤 멀리 갈 수 있지만, 여러 팀 간의 많은 소통과 조정을 필요로 할 때는 더 강력한 성능이 필요할 수 있습니다. 어쩌면 다른 아키텍처 스타일이 유용할 수도 있고요.

이 장에서는 모듈러 모놀리스(modular monolith) 아키텍처 스타일에 대해 알아봅니다. 이 스타일은 애플리케이션을 기술적인 관심사보다는 비즈니스 관심사에 따라 나눕니다. 이 장에서는 이것이 무엇을 의미하는지, 무엇을 조심해야 하는지 등 이 스타일과 관련된 모든 트레이드오프를 배우게 됩니다. 모듈러 모놀리스를 한번 살펴볼까요?

피자 메뉴 요구사항

고객의 많은 요청에 따라 저희도 드디어 피자 메뉴를 추가하려고 합니다! 그런데 이 내용을 발표하기 전에, 소프트웨어 개발 그룹과 먼저 이야기해야 할 것 같습니다….

← 6장에서 본 [난&팝]의 창립자이자 프로젝트 관리자를 꿈꾸는 아차나를 기억하나요?

다시 한번 얘기하지만 [난&팝]의 샌드위치 가게에는 작은 개발 팀이 있으며, 이 팀이 6장에서 레이어드 애플리케이션을 구축한 이후로 요구사항은 크게 변하지 않았습니다. 경쟁이 매우 치열하고 시장 출시 시간도 여전히 중요한 문제입니다. 그러면서도 시스템은 단순해야 합니다.

기억을 되살릴 필요가 있다면 6장을 꼭 검토하세요. ↑

연습문제

6장에서는 [난&팝]을 위한 레이어드 아키텍처를 만들었습니다. 다음 그림은 그 아키텍처의 레이어와 논리적 컴포넌트를 보여줍니다. 새로운 카테고리(예 피자)를 메뉴에 추가하면 여러 요소를 변경하게 됩니다. 펜을 들고 이 새로운 요구사항이 영향을 미칠 수 있는 모든 것 옆에 삼각형(▲)을 그리세요.

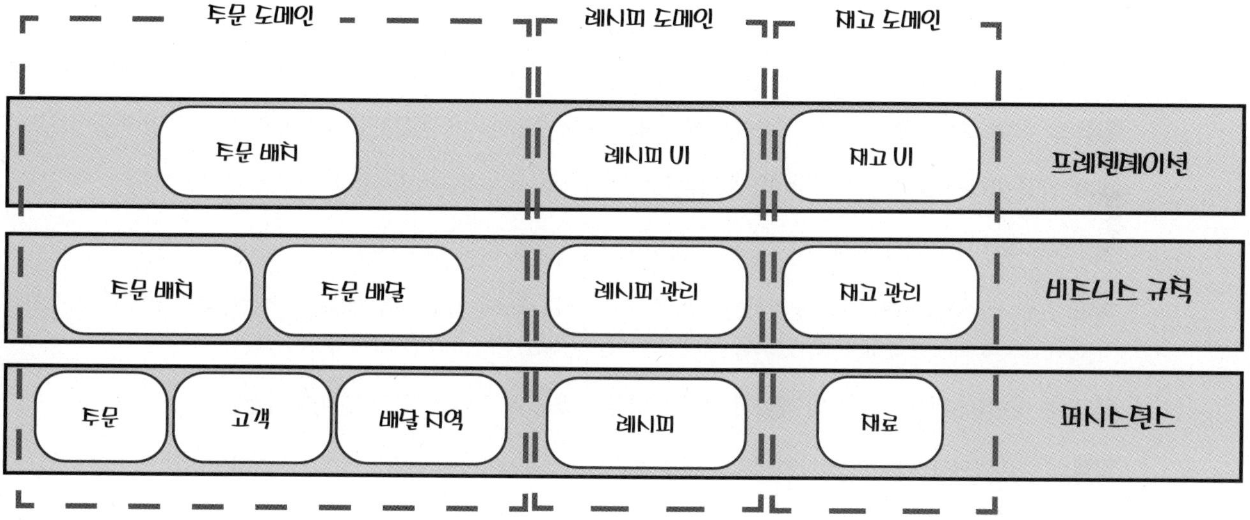

	주문 도메인	레시피 도메인	재고 도메인	
프레젠테이션	주문 배치	레시피 UI	재고 UI	
비즈니스 규칙	주문 배치 / 주문 배달	레시피 관리	재고 관리	
퍼시스턴스	주문 / 고객 / 배달 지역	레시피	재료	

이 공간에 여러분의 생각을 적어보세요.

→ 정답은 240쪽에

여러분은 여기에 있습니다 **217**

모듈러 모놀리스 vs. 레이어드 아키텍처

개발 팀 대화

알렉스: 푸하! 쉬운 일입니다. 우리는 이미 작동하고 확장 가능한 시스템을 만들었잖아요. 바로 작업에 들어가죠.

마라: 잠시 기다려 주세요. 이런 변화는 처음일 수는 있어도, 마지막은 아닐 겁니다.

샘: 그래서요? 확장 가능한 시스템을 구축했잖아요. 왜 그렇게 말을 아끼나요?

마라: 한번 생각해보세요. 메뉴에 피자를 추가해야 합니다. 새로운 레시피와 재료를 추가해야 할 뿐만 아니라 고객이 온라인으로 피자를 주문할 수 있도록 해야 합니다. 그러면 어느 부분을 고쳐야 할까요?

샘: 많은 곳이요! 적어도 주문 및 레시피 관리는 영향을 받을 것 같아요. 하지만 크게 걱정되지는 않아요.

알렉스: 동의합니다. 레이어드 아키텍처를 구축했고, 각 레이어마다 전문가가 있습니다. 그렇지만 이러한 변경은 관련된 모든 사람과의 조정이 필요하겠네요.

마라: 빙고! 레이어드 아키텍처는 도메인에 관한 내용을 모든 레이어 전반에 퍼뜨립니다. 그래서 도메인을 변경하는 것은 정말 고될 수도 있어요.

알렉스: 레이어드 아키텍처를 선택한 것이 잘못이라는 말씀인가요?

마라: 레이어드 아키텍처는 단순하고 빠르게 구축할 수 있어 조기에 출시할 수 있었습니다. 하지만 이제는 모듈성(modularity)을 지원하기 위해 아키텍처를 **발전시키는 것**에 대해 생각해야 합니다. 그러면 앞으로는 이러한 변경사항에 대응하는 것이 더 쉬워질 것입니다.

알렉스: 그럼, 어디서부터 시작할까요?

마라: 모듈러 모놀리스를 소개할게요. 모듈러 모놀리스는 기술적인 관심사로 분할하는 대신, **비즈니스 도메인**으로 분할하고 모듈을 사용합니다. 그래서 '모듈러'라고 부릅니다. 차차 그 내용을 설명하면서 구조를 보여드릴게요.

샘: 와, 정말 신나요. 해봅시다!

모듈러 모놀리스?

모듈러 모놀리스 아키텍처는 레이어드 아키텍처처럼 하나의 단위로 배포되며, 보통 자체 데이터베이스를 가지고 있습니다.

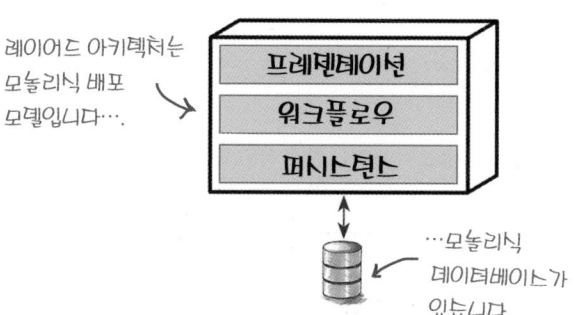

그것이 두 아키텍처의 공통점이 끝나는 부분입니다. 모듈러 모놀리스에서는 기술적인 관심사로 애플리케이션을 나누기보다는 기능성으로 나눕니다. 모든 비즈니스는 은행업, 교육 또는 소매업과 같은 특정 도메인에서 운영됩니다. 온라인 상점에는 일반적으로 주문 배치, 결제, 재고 관리와 같은 하위 도메인들이 있습니다. 이 도메인과 함께 온라인 스토어 도메인을 구성합니다. 이 하위 도메인에 따라 애플리케이션을 구성하고 모듈로 나눕니다.

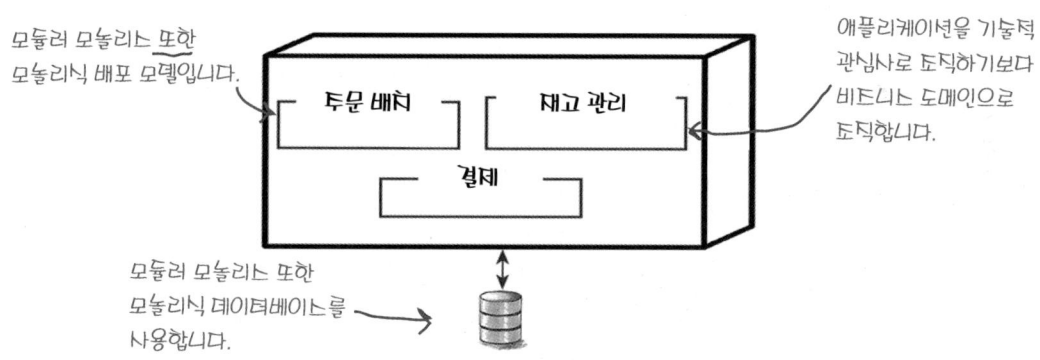

모듈(module)이란 무엇인가요? 크게 보면, 코드의 구조를 어떻게 조직하는지에 관한 것입니다. 어떤 언어에서는 패키지나 네임스페이스 같은 지원 기능이 있을 수 있습니다. 하지만 그게 전부는 아닙니다.

모듈을 사용하여 코드를 분할하는 것은 모듈 간의 관심사를 분리하는 방식과 모듈 간의 상호작용 방식에 영향을 미칩니다. 이 부분에 대해 앞으로 더 자세히 이야기하겠습니다. 지금은 레이어드와 모듈러 모놀리스 아키텍처 스타일을 구분할 수 있으면 됩니다.

여러분은 여기에 있습니다 **219**

모듈과 컴포넌트

바보 같은 질문은 없습니다

Q: 모듈이라는 개념이 무엇을 의미하는지 좀 더 설명해주겠어요?

A: 모듈은 하나의 기능성을 수행하는 독립적인 단위를 나타내는 소프트웨어 설계 요소입니다. 기술적으로 보면, 레이어드 아키텍처의 모든 레이어는 모듈입니다. 다만 이 모듈들은 기술적 관심사에 따라 나눠져 있을 뿐입니다.

모듈러 모놀리스에서 각 모듈은 도메인의 특정 부분, 즉 하위 도메인을 나타냅니다. 각 모듈은 특정 하위 도메인에 필요한 모든 비즈니스 기능성을 포함합니다.

누가 무엇을 하나요?

어떤 컴포넌트가 특정 모듈에 속해야 하는지 파악하는 일은 쉽지 않습니다. '누가 무엇을 하나?' 또는 '무엇이 어디에 속하는가?' 게임을 해보겠습니다. 각 컴포넌트를 가장 적합한 모듈에 맞추어 보세요. 여러 컴포넌트가 하나의 모듈에 속할 수 있습니다.

컴포넌트	모듈
쇼핑 카트	주문
신용카드 양식	결제
기본 이메일 설정	고객
처리 워크플로우	
주문 내역	

→ 정답은 241쪽에

모듈러 모놀리스

도메인 변경의 ~~어려움~~

[난&팝]은 메뉴에 새로운 음식 카테고리인 피자를 추가하려고 합니다. 이를 위해 아키텍처의 어떤 부분을 변경해야 할까요? 한번 살펴보겠습니다.

▲ 변경할 컴포넌트

주문 도메인	레시피 도메인	재고 도메인	
주문 배치 ▲	레시피 UI	재고 UI	프레젠테이션
주문 배치 ▲ / 주문 배달 ▲	레시피 관리	재고 관리	비즈니스 규칙
주문 ▲ / 고객 / 배달 지역	레시피	레시피	퍼시스턴스

새로운 메뉴 카테고리를 추가하면 주로 주문 도메인에 영향을 미칩니다. 메뉴에서 고객이 피자를 주문하고 토핑을 선택할 수 있어야 하기 때문입니다. 피자를 따뜻하게 배달하려면 맞춤 설정이나 배달과 관련된 새로운 비즈니스 규칙도 추가하거나 변경해야 할 수 있습니다. 시스템이 주문을 저장하는 방식도 달라질 수 있습니다(고객이 맞춤 설정을 요청할 수 있기 때문입니다).

보다시피, 새로운 메뉴 항목을 도입하면 여러 레이어에 걸쳐 여러 컴포넌트에 영향을 줄 수 있습니다. 이는 이전 장에서 언급한 것처럼, 기술적으로 분할된 아키텍처에서는 비즈니스 도메인이 여러 레이어에 걸쳐 '퍼지기' 때문입니다. 이 아키텍처는 기술적인 변경을 구현할 때, 예를 들어, 뷰 기술을 변경하거나 데이터베이스를 교체할 때 매우 유용합니다. 그러나 변경사항이 도메인에 영향을 미친다면 그다지 좋지 않습니다. 여러 팀의 사람들을 모아서 이를 어떻게 구현할지 결정해야 합니다.

← 아무도 아침에 일어나서 "내 일정에 또 다른 회의를 어떻게 추가할 수 있을까?" 라고 말하지 않았습니다.

여기서 모듈러 모놀리스가 큰 도움이 될 수 있습니다.

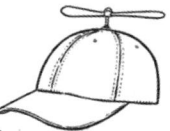

괴짜 노트

팀이 처음에는 레이어드 아키텍처로 시작한 후, 애플리케이션이 성장함에 따라 이를 모듈러 모놀리스 아키텍처로 리팩터링하는 것은 드문 일이 아닙니다.

여러분은 여기에 있습니다

모듈러 모놀리스 기본

왜 모듈러 모놀리스인가요?

햄버거(또는 야채 버거!)를 먹을 때, 빵을 먼저 한 입 먹고, 맛있는 치즈를 한 입 먹고, 그다음에 패티를 먹나요? 아니면 버거의 모든 레이어를 수직으로 자르면서 한 입으로 먹나요? 보통은 두 번째 방법으로 베어 먹습니다.

버거의 각 패티(레이어)는 특정한 역할을 합니다. 모든 패티를 함께 먹어야 가장 맛있습니다.

모듈러 모놀리스도 마찬가지입니다. 애플리케이션을 기술적인 관심사로 구분된 수평적 레이어로 조직하지 말고, 비즈니스 관심사로 범위를 설정한 수직적 부분으로 구성하세요. 각 수직 조각은 도메인의 한 부분과 일치하며 모듈로 캡슐화됩니다. 모든 모듈은 일련의 비즈니스 기능을 포함합니다. 예를 들어, 주문 배치, 주문 완료, 주문 배달은 모두 주문 배치 모듈의 일부입니다.

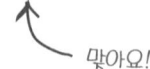

맞아요!

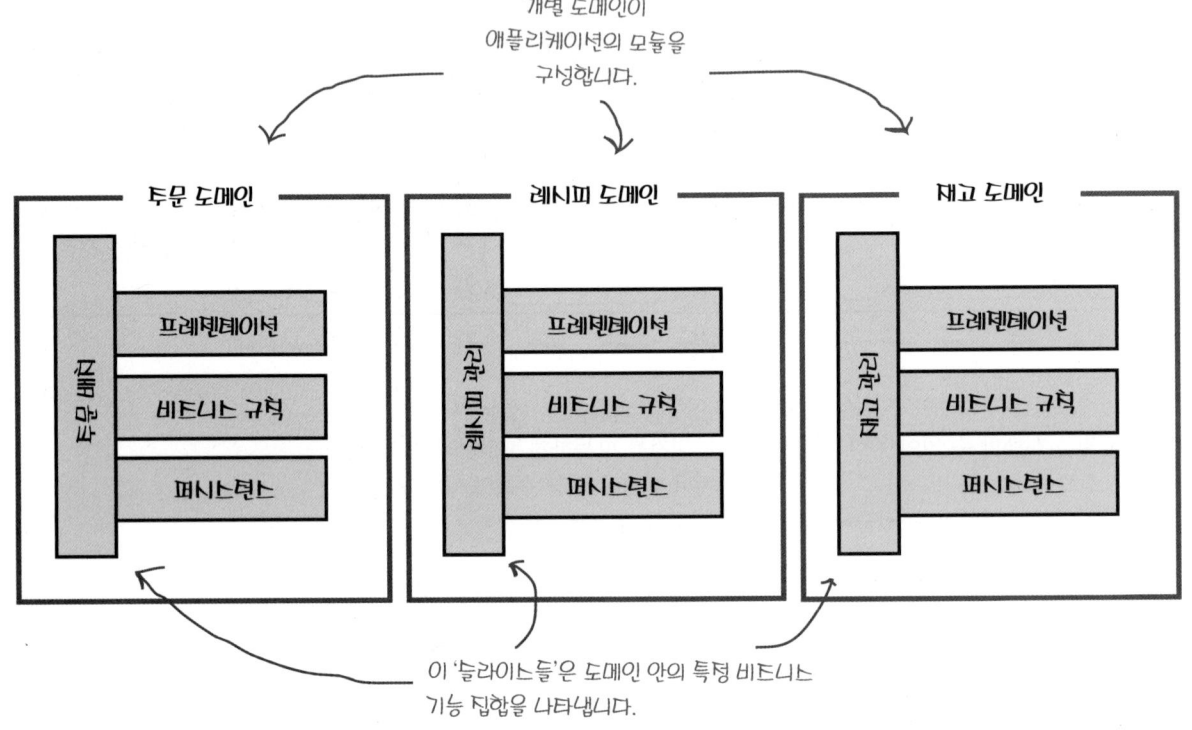

이것은 무엇을 의미하나요? 많은 레이어에 영향을 미치는 도메인 변경은 여러 팀 간의 많은 협력을 필요로 한다는 것입니다. 즉, 모두의 변경사항이 서로 잘 작동하는지 확인해야 합니다.

이제 프레젠테이션 레이어나 퍼시스턴스 레이어를 전문으로 하는 팀 대신, 각자 도메인을 전문으로 하는 **교차 기능 팀**(cross-functional teams)이 있습니다. 결과는요? 한 팀이 모듈 전체를 책임지면 도메인 변경을 조율하는 것이 훨씬 더 쉽습니다.

이건 비즈니스 용어를 맞추는 빙고 게임이 아닙니다! 여러 기능 스택을 사용하는 교차 기능 팀을 구성하는 것은 항상 쉬운 게 아닙니다.

모듈러 모놀리스

> 잠깐만요.
> 각 모듈에 여전히 레이어가 보입니다.
> 이게 어떤 제다이 마인드 트릭[1]
> 인가요? 레이어드 아키텍처와는 어떻게
> 다른 건가요?

예리한 지적입니다! 여기 있는 각 모듈이 여전히 여러 레이어로 구성되어 있다는 것은 맞습니다만, 꼭 그렇게 해야 하는 것은 아닙니다. 중요한 것은 애플리케이션이 도메인별로 잘 구성되어 있다는 점입니다.

시스템은 여전히 각 요청을 처리하고 응답해야 합니다. 그래서 진입점(프레젠테이션 레이어), 비즈니스 처리(워크플로우 레이어), 그리고 데이터를 기록할 데이터 저장소(퍼시스턴스 레이어)가 필요합니다. 모듈러 아키텍처에서도 레이어드 아키텍처처럼 책임을 분리하는 것이 좋습니다.

하지만 전체 아키텍처를 확대해서 보면, 애플리케이션이 하위 도메인으로 나뉘어져 있는 것을 볼 수 있습니다. 각 모듈이 기술적으로 구분된 여러 레이어로 구성된다는 사실은 아키텍처적인 문제라기보다는 구현 세부사항이 됩니다. 다시 말해, **모듈의 내부 구조는 아키텍처의 분할 방식이 아닙니다.** 모듈러 모놀리스는 도메인별로 분할됩니다.

이제 코드에서는 어떻게 보이는지 구체적으로 살펴보겠습니다.

---

1. 옮긴이_ 영화 '스타워즈'에서 제다이가 타인을 조종하거나 설득하는 데 사용하는 힘의 일종인데, 여기서는 각 모듈마다 레이어가 있는 구조를 이에 빗대어 사용했습니다.

여러분은 여기에 있습니다

모듈러 모놀리스 코드

코드를 보여주세요!

모듈러 모놀리스는 레이어드 아키텍처와 다르게 애플리케이션을 기술적 관심사보다는 도메인 기준으로 구조화하여 문제를 해결합니다. 그렇다면 이것을 코드로 어떻게 구현할 수 있을까요?

먼저 모듈에 대해 이야기하겠습니다. 모듈은 도메인의 일부를 나타냅니다. [난&팝]의 네임스페이스는 다음과 같습니다.

```
com.naanpop.orderapp.order
com.naanpop.orderapp.recipe
com.naanpop.orderapp.inventory
```

이전 장의 192페이지로 돌아가서 레이어드 아키텍처의 네임스페이스와 비교해보세요.

기억하세요. 우리는 아직도 모놀리스, 즉 하나의 배포 단위로 작업하고 있습니다. 일반적으로 단일 배포는 하나의 코드베이스로 해석되며, 코드는 다른 네임스페이스들로 조직됩니다. 다음과 같이 각 네임스페이스는 별도의 모듈을 나타냅니다.

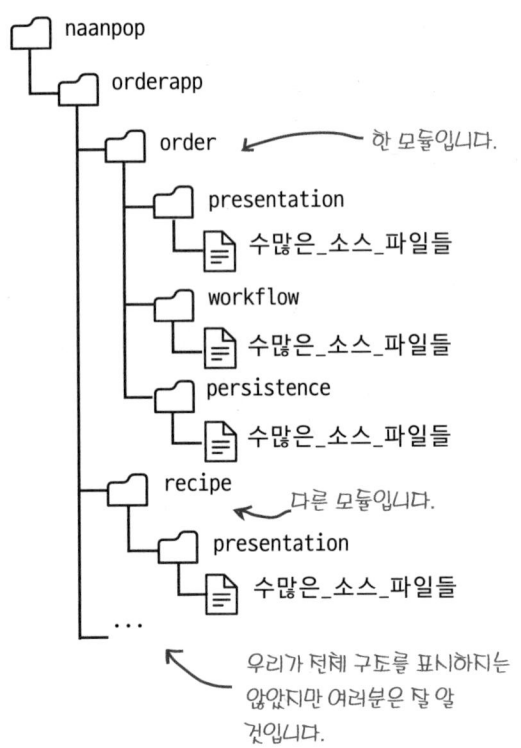

이제 알겠다! 레이어는 구현 세부사항으로 아키텍처의 관심사가 아니구나.

연습문제

모듈러 모놀리스를 성공적으로 개발하려면 도메인을 충분히 이해한 후에 개별 모듈로 나눠야 합니다. 이를 위한 여러 방법 중 하나는 비즈니스 전문가의 말을 경청하는 것입니다.

스타트업에서 일하면서 중소기업용 경비 추적 앱을 만들고 있다고 생각해보세요. 비즈니스 요구사항은 다음과 같습니다.

- 사용자와 감사자가 있습니다. 사용자가 비용을 추가하면 감사자는 비용 보고서를 검토하여 정책 가이드라인에 맞는지 확인합니다.
- 사용자가 지출을 추가하면 해당 지출이 데이터베이스에 기록됩니다.
- 이 앱은 모든 것이 제대로 되어 있는지 확인할 수 있도록 감사자를 위한 감사 추적을 제공합니다.

이 애플리케이션을 구성하는 하위 도메인을 식별할 수 있나요?

힌트: 비즈니스 사용자들이 말하는 모든 항목이 반드시 개별 모듈로 변환되는 것은 아닙니다.

정답은 242쪽에

개발 팀 대화, 계속…

알렉스: 이해했어요. 애플리케이션을 모듈로 나누었으니 코드베이스의 모듈성도 높아진 거군요.

샘: 이론적으로는 좋지만, 서로 독립적으로 일을 할 수 있는 것은 아닙니다. 주문하는 쪽에서는 우리의 재고에 어떤 재료가 있는지 알아야 하지 않나요? 주방에 버섯이 떨어지는 일이 벌어져선 안 돼요!

마라: 둘 다 맞습니다. 비즈니스 문제로 애플리케이션을 나누면 모듈성이 증가합니다. 하지만 반대로, 애플리케이션의 서로 다른 부분들끼리 소통해야 할 수도 있어요.

알렉스: 하지만 단일 코드베이스인데, 주문하는 쪽에서 재고 모듈로 API 호출을 하면 되는 것이 아닌가요?

샘: 오, 멋지네요. 이미 '진흙잡탕'이 만들어지고 있는 게 보이네요! 곧 모든 모듈이 서로 대화하기 시작할 거고, 결국 모듈성은 사라지겠죠.

마라: 맞습니다. 모듈 간에 무작정 호출을 시작하면 곧 남아있는 모든 경계가 사라지고 모든 모듈이 다른 모듈을 참조하게 됩니다. 그것을 '진흙잡탕'이라고 부릅니다.

알렉스: 그렇다면 모듈을 분리하여 유지하면서도 상호작용할 수 있게 하려면 어떻게 해야 하나요?

마라: 보여 드릴게요.

모듈을 모듈러하게

모듈러 모놀리스는 결국 모놀리스이기 때문에 일반적으로 하나의 코드베이스에 포함됩니다. 따라서 한 모듈에서 작업하는 사람이 실수로 다른 모듈에 접근하여 두 모듈을 서로 결합하는 일이 쉽게 일어날 수 있습니다.

여기서 IDE가 제공하는 자동 import 기능은 도움이 되지 않습니다! 다른 모듈을 실수로 참조하는 것이 너무 쉽습니다.

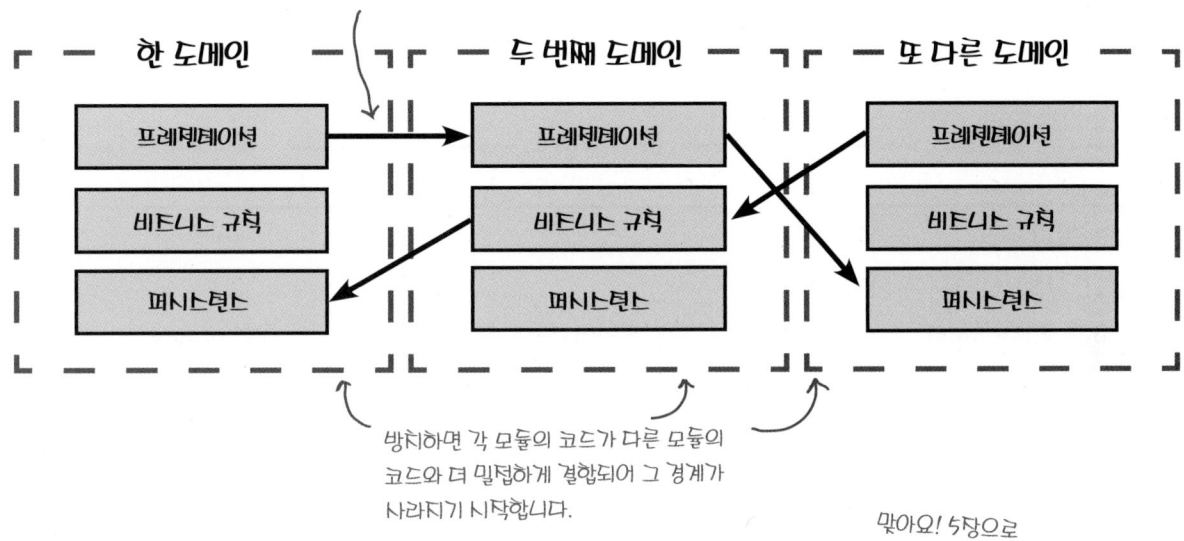

이 화살표는 어떤 모듈의 한 레이어에서 다른 모듈의 동일 레이어를 호출하는 것을 나타냅니다.

방치하면 각 모듈의 코드가 다른 모듈의 코드와 더 밀접하게 결합되어 그 경계가 사라지기 시작합니다.

맞아요! 5장으로 다시 돌아가세요.

모듈러 모놀리스의 철학은 **모놀리식 배포 모델 안에서 도메인을 기준으로 나누는 것**에 중점을 둡니다. 하나의 모듈을 변경해도 다른 모듈에 영향을 주지 않도록 모듈 간 결합을 느슨하게 만드는 것이 목표입니다. 그렇다면 진흙잡탕을 피하려면 어떻게 해야 할까요? 계속 읽으세요.

브레인 파워

애플리케이션의 한 부분이 다른 부분에 실수로 접근하지 않도록 보장할 수 있는 메커니즘에는 무엇이 있을까요? 예를 들어, 좋아하는 프로그래밍 언어가 모듈을 분리할 수 있는 컴파일 시간 지원을 제공하는지 확인해보세요. 아래에 떠오르는 아이디어를 적어보세요. 이 장의 끝부분에서 우리의 생각을 확인할 수 있습니다.

➤ 정답은 242쪽에

여러분은 여기에 있습니다   **227**

모듈 분할

모듈을 모듈러하게(계속)

코드 설계 관점에서는 각 모듈을 별도의 서비스로 생각하는 것이 좋습니다. 분명히 말하자면, 그것들은 정말로 분리된 것이 아니라 모두 하나의 모놀리식 배포로 구성됩니다. 각 '서비스'는 내부 구현을 다른 모듈로부터 보호하면서 공개 API를 제공합니다.

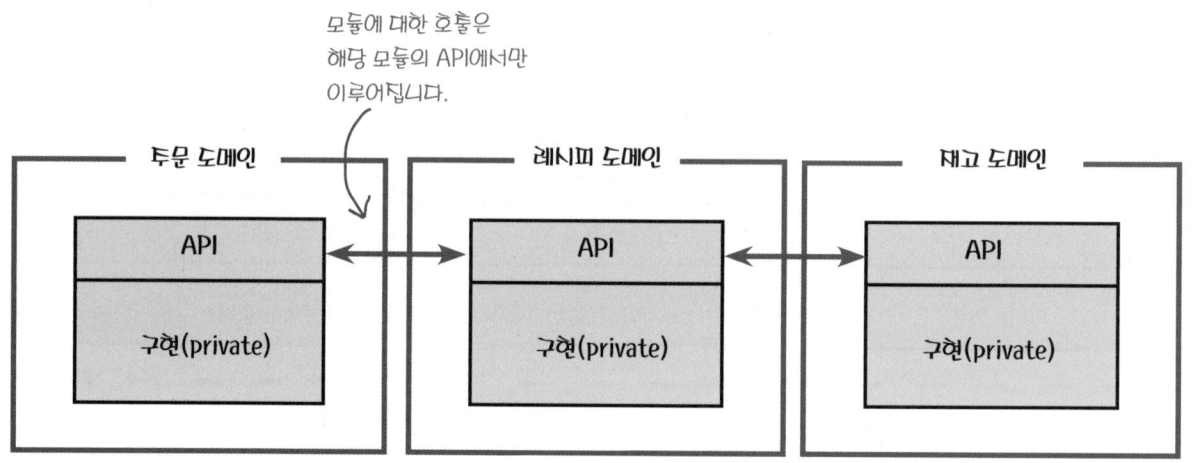

모듈들이 공개 API를 통해서만 서로 소통하면 한 모듈을 변경해도 다른 모듈에 영향을 주지 않아서 결합도를 줄일 수 있습니다.

물론, 이것은 이론적으로 좋은 생각처럼 들립니다. 그렇다면 어떻게 모듈 경계를 잘 유지해서 밤에 편히 잘 수 있을까요? 몇 가지 가능성을 살펴보겠습니다.

바보 같은 질문은 없습니다

Q: 애플리케이션을 모듈로 나누는 것은 정말 많은 노력이 필요해 보이네요. 모듈러 모놀리스가 정말 더 나은 선택일까요?

A: 이미 여러 번 얘기했지만, 우리는 "더 좋다"와 같은 표현은 선호하지 않으며 항상 트레이드오프가 있다는 점이 중요합니다. 지금까지 모듈러 모놀리스의 몇 가지 이점을 강조하려고 노력했으며 몇 가지 도전 과제도 함께 살펴보았습니다.

모듈러 모놀리스를 도입하면 더 많은 고려사항과 규율, 추가적인 도구가 필요할까요? 물론 그렇습니다.

하지만 트레이드오프로 훨씬 더 모듈화된 아키텍처를 통해 교차 기능 팀이 독립적으로 작업하고 더 빠르게 움직일 수 있도록 합니다.

모듈을 모듈러하게(마지막!)

모듈을 모듈러하게 유지하는 것은 생각만큼 쉽지 않지만 아직 희망을 잃지 마세요. 기술 스택에 따라 선택할 수 있는 옵션이 있습니다. 특히 창의적인 사고와 노력을 기울이면 더욱 그렇습니다.

자바와 같은 일부 언어는 모듈을 만들 수 있는 내장 지원 기능을 갖추고 있습니다. 자바 플랫폼 모듈 시스템(JPMS)은 각각의 모듈을 서로 격리된 상태로 만들 수 있게 해줍니다. 한편 닷넷 플랫폼은 이 목적을 위해 internal 키워드를 사용하는 네임스페이스를 제공합니다.

자바 빌드 도구인 그레이들(Gradle)은 하위 프로젝트를 지원합니다.

다른 접근 방법은 프로젝트 코드를 분리하여 각 모듈이 저장소의 별도 폴더가 되도록 하는 것입니다. 많은 빌드 도구가 이를 멀티모듈 프로젝트로 지원하며, 각 모듈이 독립된 프로젝트처럼 동작하도록 강제합니다. 개별 모듈을 포함하는 서로 다른 저장소를 생성하는 것도 고려해보세요. 그후 빌드할 때 완전한 애플리케이션으로 결합할 수 있습니다.

물론 여전히 모놀리스로 배포되기 때문에 빌드 도구를 사용하여 모든 모듈을 함께 모아야 합니다. 모놀리식 배포 모델이 모놀리식 코드베이스를 의미하는 것은 아니기 때문입니다.

자바 프로젝트를 위한 ArchUnit과 닷넷 플랫폼을 위한 ArchUnitNET과 같은 아키텍처 거버넌스 도구는 프로젝트가 커질 때 모듈 경계를 유지하는 데 도움이 됩니다.

타입스크립트와 자바스크립트 프로젝트를 위한 ts-arch를 확인해보세요!

그리고 이 옵션들은 단독으로 사용할 필요가 없으며 여러 도구를 함께 사용할 수 있습니다.

바보 같은 질문은 없습니다

Q: 저만 이렇게 생각하는지 모르겠지만, 이 기술들이 레이어드 아키텍처에도 유용할 수 있지 않을까요?

A: 잠깐 눈물을 닦을 시간을 주세요. 너무 빨리 성장했네요! 이 기술들은 기술적으로나 도메인별로 프로젝트가 분할되어 있는지 여부에 관계없이 유용할 수 있습니다. 아키텍처 스타일에 관계없이 모듈 경계를 강제하기 위해 ArchUnit과 같은 도구와 JPMS와 같은 언어 기능을 사용한다는 것은 정말 훌륭한 생각입니다.

데이터를 모듈화하기

> 코드를 비즈니스 관심사에 따라 모듈화하는 방법에 대해 좋은 아이디어를 얻었습니다. 하지만 모든 모듈이 동일한 데이터베이스를 공유한다면 데이터 수준에서는 여전히 결합되어 있는 것 아닌가요? 데이터베이스도 모듈화하는 것을 고려해야 할까요?

그것이 모듈화의 논리적인 결말이겠죠? 코드를 모듈화하는 것만으로는 충분하지 않습니다. 모든 데이터가 여전히 얽혀 있다면, 진흙잡탕을 단지 데이터베이스로 옮긴 것과 다름 없으니까요.

더 나아가기 전에 한 가지 주의할 점: 대부분의 개발자들은 비즈니스 관점에 따라 수직적으로 생각하거나 코드를 별도의 모듈로 나누는 데 익숙하지 않습니다. 그런 모듈성을 데이터베이스까지 확장하는 것은 훌륭한 아이디어로 들리며 실제로 그렇습니다. 하지만 한 번에 모두 처리하기에는 너무 많은 부담이 될 수 있습니다. 처음부터 모든 것을 완벽하게 하려고 하기보다는 필요할 때마다 아키텍처를 점진적으로 발전시키는 것이 좋습니다.

이 책에서 배운 모든 교훈을 활용하세요. 여러분의 아키텍처 특성이 모듈러 모놀리스 아키텍처를 선택하게 만들고 있나요? 그렇다면, 먼저 코드를 모듈화하는 것부터 시작하세요. 팀이 모듈화 사고에 익숙해지면 그 접근 방식을 데이터베이스까지 적용해보세요.

다음으로는 데이터베이스를 모듈화하는 방법을 살펴보겠습니다.

모듈성을 데이터베이스까지 확장하기

모듈러 모놀리스는 여전히 모놀리스 방식으로 배포되며, 일반적으로 모놀리스 데이터베이스를 사용합니다. 여기에는 많은 힘이 있습니다. 단일 데이터베이스를 사용하면 모든 것이 훨씬 더 간단해집니다. 트랜잭션이나 최종 일관성에 대해 걱정할 필요가 없으며, 대부분의 개발자는 하나의 데이터베이스로 작업하는 것이 익숙하니까요. 하지만, 모든 수준에서 모듈성을 유지하려면 데이터를 모듈화하는 것을 고려해야 합니다.

규칙은 간단합니다. 각 모듈은 자신의 테이블에만 접근해야 합니다. [난&팝]에서는 다음과 같은 방식을 적용할 수 있습니다.

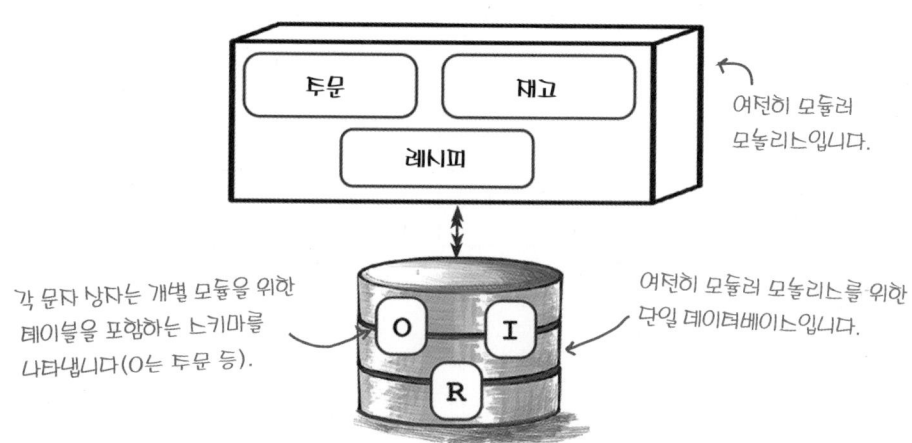

애플리케이션의 각 모듈마다 스키마와 테이블 집합을 정의합니다. 특정 모듈에 속하는 모든 데이터는 오직 해당 모듈의 테이블에만 저장됩니다.

이처럼 서로 다른 모듈에 속하는 데이터를 서로 다른 테이블(어쩌면 서로 다른 스키마)로 분리하여 모듈성을 데이터베이스까지 확장할 수 있습니다.

 **브레인 파워**

잠시 시간을 내어 데이터베이스 모듈화의 의미에 대해 생각해보세요. 생각할 수 있는 장점과 단점은 무엇인가요?

모듈화 연습문제

연필을 깎으며

다음 테이블의 이름을 보고, 이 테이블들이 [난&팝] 데이터베이스의 어떤 스키마에 해당하는지 맞춰보세요. 각 테이블에서 해당 스키마로 화살표를 그려 연결해 보세요.

이것은 테이블입니다.

| customers |
| order_history |
| recipes |
| ingredients |
| delivery_addresses |

주문_스키마   레시피_스키마   재고_스키마

필자가 식별한 스키마입니다.

정답은 243쪽에

조인을 주의하기

서로 다른 테이블, 어쩌면 서로 다른 스키마를 사용하는 것은 서로 다른 모듈에 속하는 데이터를 분리하는 데 도움이 되지만, 실수로 서로 다른 모듈에 속하는 테이블 간에 SQL 조인(join)을 수행하기 쉽습니다. 그러면 다시 강하게 결합된 구조로 돌아가게 됩니다!

한 모듈에 속하는 레코드의 ID를 다른 모듈의 테이블에 저장해도 괜찮습니다. 예를 들어, [난&팝]의 주문 도메인은 주문_스키마 안의 테이블에 recipe item ID를 저장할 수 있습니다. 특정 재료에 대한 추가 정보가 필요하면 그 recipe item의 ID를 넣어 레시피 모듈의 API를 호출합니다.

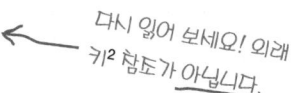

다시 읽어 보세요! 외래 키[2] 참조가 아닙니다.

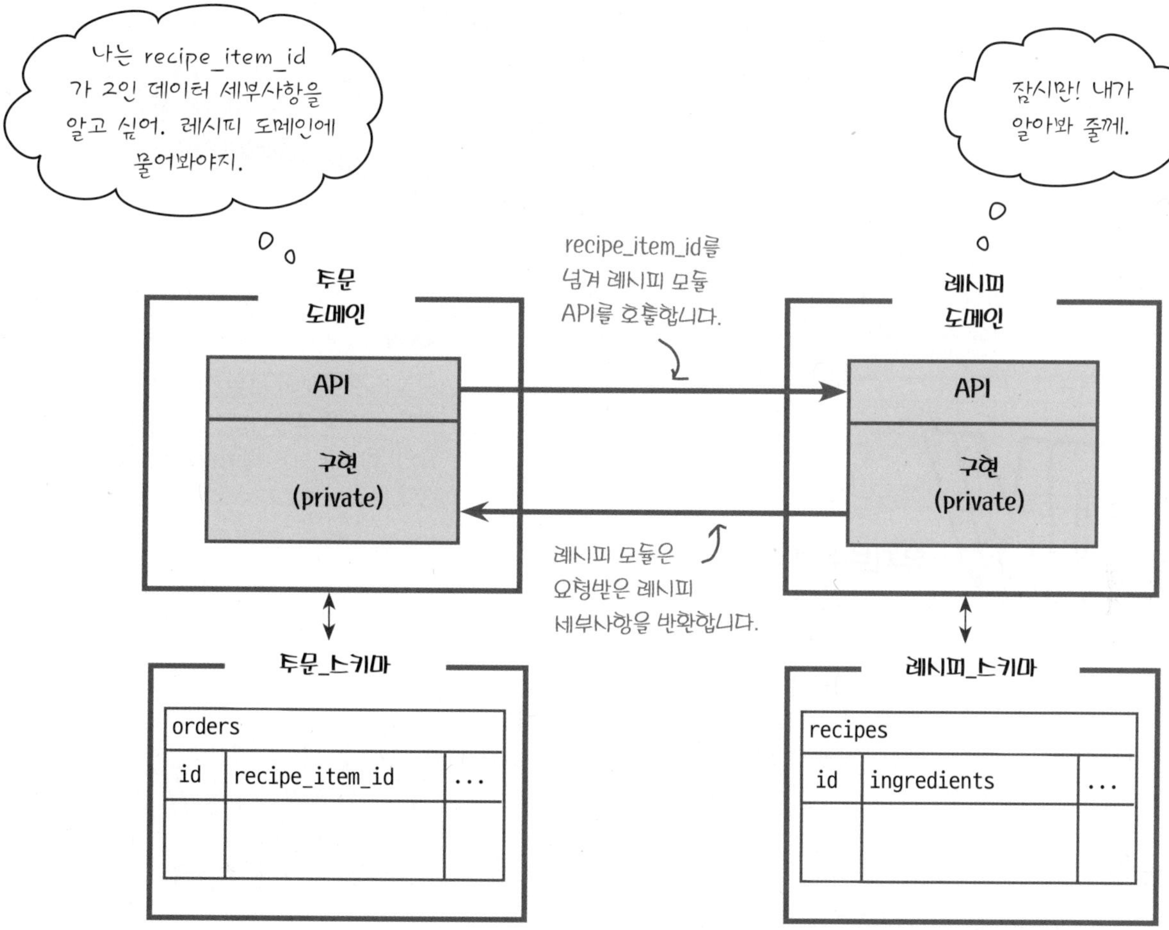

나는 `recipe_item_id`가 2인 데이터 세부사항을 알고 싶어. 레시피 도메인에 물어봐야지.

잠시만! 내가 알아봐 줄게.

주문 도메인 — API — 구현 (private)

recipe_item_id를 넘겨 레시피 모듈 API를 호출합니다.

레시피 도메인 — API — 구현 (private)

레시피 모듈은 요청받은 레시피 세부사항을 반환합니다.

주문_스키마

orders		
id	recipe_item_id	...

레시피_스키마

recipes		
id	ingredients	...

이제 완료되었습니다. 이제까지 그랬듯이, 모듈러 모놀리스의 강점과 약점을 살펴보고, 별점 평가표도 알아보겠습니다.

---

2. 옮긴이_ 관계형 데이터베이스에서 외래 키(외부 키; Foreign Key)는 한 테이블의 필드(attribute) 중 다른 테이블의 행(row)을 식별할 수 있는 키를 말합니다(출처: 위키백과).

모듈러 모놀리스의 슈퍼파워

다음은 모듈러 모놀리스를 사용하는 좋은 이유입니다.

도메인 분할

아키텍트는 도메인 관점에서 컴포넌트를 설계하고, 이러한 도메인 중 하나 또는 여러 개를 전문으로 하는 팀을 구성할 수 있습니다(기술적인 전문화와는 다르게). 도메인 분할은 이 아키텍처 스타일의 핵심 능력입니다.

도메인 기반 정렬

모듈러 모놀리스는 도메인에 더 잘 맞게 구성된 교차 기능 팀을 장려합니다. 이는 레이어드 아키텍처에서 사용되는 기술적으로 분리된 팀보다 더 적합합니다.

성능

성능은 대부분의 모놀리식 아키텍처처럼 일반적으로 매우 좋습니다. 모듈 간에 네트워크 호출이 없으며 모든 데이터는 한 곳에서 처리됩니다.

유지보수성

모듈러 모놀리스는 각 비즈니스 문제를 서로 분리하고, 교차 기능 팀들은 각자 하위 도메인에 특화됩니다. 이렇게 하면 다른 영역으로 변경사항이 넘어가지 않는 한 코드를 유지하고 관리하기가 더 쉽습니다.

테스트 용이성

변경 범위가 한 모듈로 제한되기 때문에 테스트가 훨씬 쉽습니다. 그리고 각 교차 기능 팀의 구성원들은 자신들의 하위 도메인을 매우 잘 이해하고 있으므로 통합 테스트, 스모크 테스트와 종단 간 테스트를 포함한 전체 테스트 스위트를 구축할 수 있습니다.

모듈러 모놀리스의 크립토나이트

물론 트레이드오프는 항상 존재합니다. 모듈러 모놀리스를 사용하지 말아야 할 몇 가지 이유가 있습니다.

재사용하기 어려움

모듈형 조직은 모듈 간에 로직과 유틸리티를 재사용하기 어렵게 만듭니다. 예를 들어, 공통 기능을 모듈 간에 공유하려면 별도의 의존성으로 분리해야 하고, 이는 모듈 간의 결합도를 높입니다.

(여전히) 하나의 아키텍처 특성 세트

모듈러 모놀리스는 모듈별로 구성되어 있지만, 전체 애플리케이션에 대해 단일한 아키텍처 특성을 갖게 됩니다. 비즈니스에 다른 요구 사항이 있더라도 마찬가지입니다.

모듈성이 깨질 수 있음

모듈 경계가 무심코 흐트러지기 쉽습니다. 진흙잡탕을 피하는 데는 많은 거버넌스가 필요하며 데이터베이스를 관리하는 것은 더욱 어렵습니다.

 도구를 통해 SQL의 조인을 피하는 것은 사실상 불가능합니다.

운영 특성

비즈니스 관점에 집중하더라도, 모듈러 모놀리스는 여전히 모놀리스입니다. 그리고 모든 모놀리식 구조와 마찬가지로, 탄력성과 결함 허용성과 같은 운영 특성은 달성하기 어렵습니다.

여러분은 여기에 있습니다

강점과 약점

모듈러 모놀리스 등급표

다음은 모듈러 모놀리스를 위한 등급표입니다. 이전 장에서 본 레이어드 아키텍처 등급표와 같습니다. 별점 한 개는 아키텍처 특성이 잘 지원되지 않음을 의미하고, 별점 다섯 개는 그 특성이 잘 지원됨을 의미합니다.

마치! 영화 리뷰처럼말입니다.

이 특성들은 레이어드 아키텍처 스타일보다 낫습니다.

대부분의 모놀리식 아키텍처는 성능이 우수하고 특히 설계가 잘 되어 있으면 더욱 그렇습니다.

전반적으로 레이어드 아키텍처보다 비용이 높습니다. 모듈러 모놀리스는 더 많은 계획, 생각과 장기적인 유지보수를 필요로 합니다.

아키텍처 특성	별점
유지보수성	★ ★ ★
테스트 용이성	★ ★ ★
배포 용이성	★ ★ ★
단순성	★ ★ ★ ★
진화성	★ ★ ★
성능	★ ★ ★
확장성	★
탄력성	★
결함 허용성	★
전반적인 비용	$ $

모듈러 모놀리스의 운영 특성에 대한 등급이 레이어드 아키텍처와 크게 다르지 않다는 것을 알 수 있습니다. 그러나 프로세스 관점에서 보면(즉, 유지보수성, 테스트 용이성, 배포 용이성 관점에서) 모듈러 모놀리스가 레이어드 아키텍처보다 훨씬 뛰어납니다. 그 이유는 특정 모듈에 대한 변경사항이 해당 모듈에만 영향을 미치고, 이를 개별적으로 테스트할 수 있어 소프트웨어 배포에 관련된 위험을 감소시킬 수 있기 때문입니다.

모듈러 모놀리스는 팀이 경계를 유지해야 하기 때문에 레이어드 아키텍처보다 비용이 조금 더 듭니다. 또한 모듈 경계를 유지하기 위해 추가적인 거버넌스와 도구가 필요합니다.

연습문제

다음 시스템 중 어떤 것이 모듈러 모놀리스 아키텍처 스타일에 적합할까요? 그리고 그 이유는 무엇인가요?

힌트: 모듈러 모놀리스의 슈퍼파워, 크립토나이트와 문제 도메인을 고려하세요.

사용자들이 입찰할 수 있는 온라인 경매 시스템

왜? _____
_____
_____

☐ 모듈러 모놀리스에 잘 맞음
☐ 비교적 모듈러 모놀리스에 적합함
☐ 모듈러 모놀리스에 어울리지 않음

하룻밤에 국제 송금을 처리하고 청산하는 대규모 백엔드 금융 시스템

왜? _____
_____
_____

☐ 모듈러 모놀리스에 잘 맞음
☐ 비교적 모듈러 모놀리스에 적합함
☐ 모듈러 모놀리스에 어울리지 않음

새로운 사업 분야에 진입하므로, 시스템에 대한 지속적인 변화가 예상되는 회사

왜? _____
_____
_____

☐ 모듈러 모놀리스에 잘 맞음
☐ 비교적 모듈러 모놀리스에 적합함
☐ 모듈러 모놀리스에 어울리지 않음

온라인 주문을 받기 시작하는 소규모의 빵집

왜? _____
_____
_____

☐ 모듈러 모놀리스에 잘 맞음
☐ 비교적 모듈러 모놀리스에 적합함
☐ 모듈러 모놀리스에 어울리지 않음

지원 플랜을 함께 구매한 전자 제품을 위한 문제 티켓 시스템으로, 현장 기술자가 고객에게 가서 문제를 해결함

왜? _____
_____
_____

☐ 모듈러 모놀리스에 잘 맞음
☐ 비교적 모듈러 모놀리스에 적합함
☐ 모듈러 모놀리스에 어울리지 않음

➡ 정답은 244쪽에

장 요약

[난&팝]에서 피자를 배달합니다!

개발 팀이 모듈러 모놀리스를 완전히 이해하게 되었습니다! 모듈화된 코드베이스와 모듈화된 데이터베이스로 인해 그들은 이제 [난&팝]의 메뉴에 대한 어떤 큰 변화에도 준비가 되었다고 느끼고 있습니다. 소문에 따르면, 주인들은 다음으로 지중해 메뉴 전체를 선보일 계획이라고 합니다. 우리는 그 소식이 기다려지며, 그들에게 많은 행운을 빕니다!

핵심정리

- 모듈러 모놀리스는 비즈니스 문제를 반영하는 도메인과 하위 도메인으로 구분된 모놀리식 아키텍처 스타일입니다. 이는 기술적 문제가 아닌 비즈니스 문제에 중점을 둡니다.
- 각 하위 도메인은 애플리케이션의 하나의 모듈을 구성합니다. 각 모듈은 여러 비즈니스 사용 사례를 포함할 수 있습니다.
- 각 모듈은 더 나은 조직화를 제공하기 위해 여러 레이어로 구성될 수 있습니다. 모듈은 기능을 조직하기 위한 수단으로 기술적으로 분할될 수 있습니다.
- 한 모듈의 코드가 다른 모듈의 기능을 직접 접근하지 않도록 해야 합니다. 그것을 허용하면 모듈 간의 경계가 줄어들거나 사라질 수 있습니다.
- 각 모듈은 공개 API를 통해 다른 모듈과 통신해야 하며 모듈의 내부 구현은 외부로부터 보호해야 합니다.
- 모듈 간 통신을 피하면 다른 모듈에 영향을 주지 않고 모듈 내부를 변경할 수 있습니다.
- 모듈러 모놀리스에서 모듈들이 서로 분리되고 독립적인 상태를 유지하려면 시간과 노력이 필요합니다.
- 모듈러 모놀리스를 다양한 기법으로 관리할 수 있습니다. 일부 프로그래밍 언어에는 모듈을 관리하는 내장 기능을 제공합니다.
- 또 다른 접근 방식은 코드베이스를 별도의 하위 프로젝트나 심지어 다른 저장소로 물리적으로 나누는 것입니다. 이는 일반적으로 모놀리스를 빌드할 때 모든 모듈을 다시 함께 모으기 위해 빌드 도구를 사용하는 것을 포함합니다.
- 서드파티 도구도 아키텍처 거버넌스에 도움이 됩니다.
- 각각의 모듈 경계를 유지하려면 여러 가지 기법을 함께 사용할 수 있습니다.
- 모듈성을 데이터베이스까지 확장하여 각 모듈의 데이터를 분리할 수 있습니다.
- 데이터를 기록하거나 가져올 때 모듈을 실수로 결합하지 않도록 주의하세요(예를 들어, 서로 다른 모듈에 속하는 테이블 간에 SQL 조인문을 사용할 때 등입니다).

'모듈러 모놀리스' 낱말 퀴즈

모듈러 모놀리스는 비즈니스 관심사를 분리하는 것에 관한 것입니다. 이러한 별도의 단서를 살펴보고 이 아키텍처 스타일에 대한 지식을 시험해보세요.

가로

1. 자바 _____ 모듈 시스템(JPMS)
6. 한 모듈에 대한 _____은(는) 다른 모듈의 _____을(를) 필요로 하지 않는다.
8. 레시피 _____ 인터페이스는 레시피 도메인의 일부다.
9. 각 모듈은 공용 _____을(를) 제공한다.
10. 많은 팀이 작업을 _____ 해야 할 때 모듈러 모놀리스가 좋다.
13. 모놀리스는 일반적으로 하나의 큰 _____ 베이스를 갖는다.
15. 대부분의 모놀리식 아키텍처에서 매우 높은 평가를 받는 특성이다.
18. 이 스타일의 각 도메인은 _____ 관심사를 나타낸다.
19. 모듈러 모놀리스에서는 _____은(는) 흔히 교차 기능으로 구성된다.
20. 작은 기능들은 자체 _____ 도메인에 위치할 수 있다.
21. 모듈 간의 _____을(를) 유지하는 것이 중요하다.
22. 이 시스템에서 처음 사용된 모놀리식 아키텍처 스타일이다.
23. 데이터베이스는 _____을(를) 통해 엔티티를 나타냄으로써 모듈성을 확보할 수 있다.

세로

1. [난&팝]의 메뉴에 새로 추가된 항목이다.
2. 도메인으로 분할된 아키텍처에서는 각 도메인이 자체 _____을(를) 가진다.
3. 어떤 것이 구현의 _____ 이라면 아키텍처 관심사는 아니다.
4. 기술적인 관심사가 모놀리식 아키텍처의 수평적인 '조각'이라면, 비즈니스 관심사는 _____ 조각이다.
5. '스파게티 코드'는 너무 밀접하게 _____.
7. 이 시스템은 _____ & Pop을 위한 것이다.
11. 모놀리스의 도전적인 아키텍처 특성이다.
12. 모듈은 _____ 할 때 ID 참조를 사용하여 어떤 항목을 조회할 수 있다.
14. 모놀리식과 분산형은 두 가지 배포 _____(이)다.
16. 모듈 생성을 지원하는 프로그래밍 언어의 예시다.
17. 모듈들은 각각의 _____ API를 통해 간접적으로 통신한다.
19. 데이터베이스는 관련된 _____을(를) 기반으로 스키마를 만든다.

→ 정답은 242쪽에

문제는 217쪽에

6장에서는 [난&팝]을 위한 레이어드 아키텍처를 만들었습니다. 다음 그림은 그 아키텍처의 레이어와 논리적 컴포넌트를 보여줍니다. 새로운 카테고리(예 피자)를 메뉴에 추가하면 여러 요소를 변경하게 됩니다. 펜을 들고 이 새로운 요구사항이 영향을 미칠 수 있는 모든 것 옆에 삼각형(▲)을 그리세요.

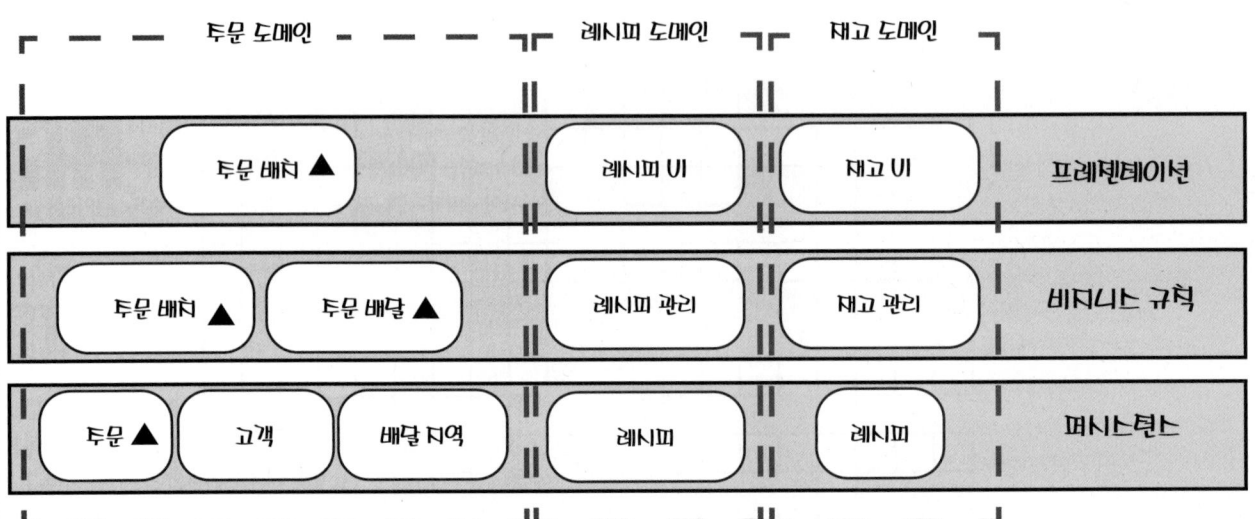

여러분의 생각하는 과정을 설명할 공간입니다.

피자를 제공하는 것은 아마도 메뉴에 새로운 항목이 필요하다는 것을 의미할 것입니다. 우리는 맞춤형 토핑을 허용해야 할 수도 있으며, 이는 프레젠테이션 레이어와 관련된 가격에 영향을 미치고 새로운 규칙을 도입할 수 있습니다. 피자는 식지 않게 배달해야 하므로 배달 시간에 대한 제약이 생길 수도 있습니다. 맞춤형 주문은 (다른 종류의 주문과는 다르게) 피자 주문을 저장하는 방식에도 영향을 미칠 수 있습니다.

그러나 레시피와 재고 도메인은 영향을 받지 않을 것입니다. 레시피는 재료 목록과 따라야 할 단계의 집합으로, 레시피 자체는 변하지 않기 때문입니다. 새로운 재료가 추가될 수 있지만 재고 도메인은 다른 재료와 마찬가지로 이를 관리할 것입니다.

모듈러 모놀리스

문제는 220쪽에

누가 무엇을 하나요? 정답

어떤 컴포넌트가 특정 모듈에 속해야 하는지 파악하는 일은 쉽지 않습니다. '누가 무엇을 하나?' 또는 '무엇이 어디에 속하는가?' 게임을 해보겠습니다. 각 컴포넌트를 가장 적합한 모듈에 맞추어 보세요. 여러 컴포넌트가 하나의 모듈에 속할 수 있습니다.

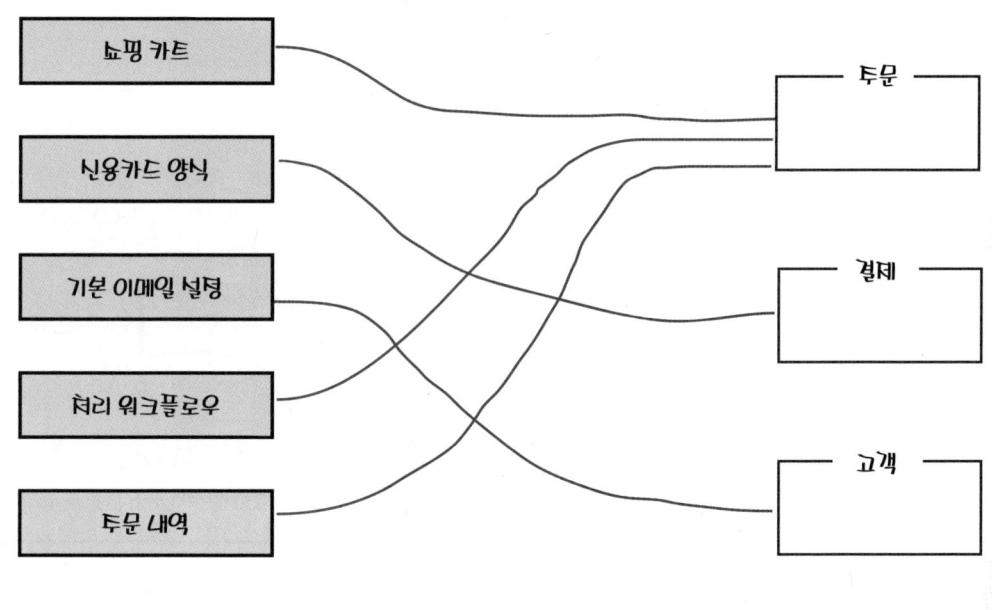

여러분은 여기에 있습니다

연습문제 정답

문제는 225쪽에

모듈러 모놀리스를 성공적으로 개발하려면 도메인을 충분히 이해한 후에 개별 모듈로 나눠야 합니다. 이를 위한 여러 방법 중 하나는 비즈니스 전문가의 말을 경청하는 것입니다.

스타트업에서 일하면서 중소기업용 경비 추적 앱을 만들고 있다고 생각해보세요. 비즈니스 요구사항은 다음과 같습니다.

- 사용자와 감사자가 있습니다. 사용자가 비용을 추가하면 감사자는 비용 보고서를 검토하여 정책 가이드라인에 맞는지 확인합니다.
- 사용자가 지출을 추가하면 해당 지출이 데이터베이스에 기록됩니다.
- 이 앱은 모든 것이 제대로 되어 있는지 확인할 수 있도록 감사자를 위한 감사 추적을 제공합니다.

이 애플리케이션을 구성하는 하위 도메인을 식별할 수 있나요?

힌트: 비즈니스 사용자들이 말하는 모든 항목이 반드시 개별 모듈로 변환되는 것은 아닙니다.

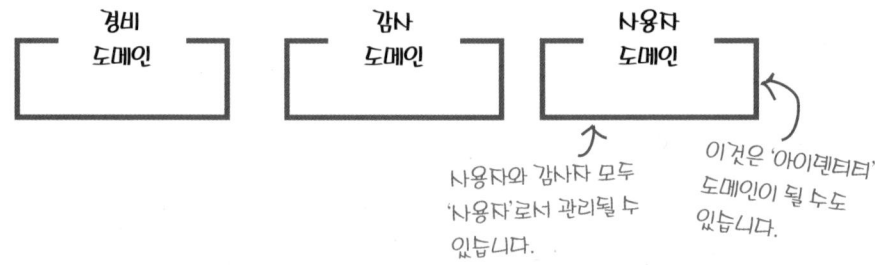

브레인 파워

문제는 227쪽에

애플리케이션의 한 부분이 다른 부분에 실수로 접근하지 않도록 보장할 수 있는 메커니즘에는 무엇이 있을까요? 예를 들어, 좋아하는 프로그래밍 언어가 모듈을 분리할 수 있는 컴파일 시간 지원을 제공하는지 확인해보세요. 아래에 떠오르는 아이디어를 적어보세요. 이 장의 끝부분에서 우리의 생각을 확인할 수 있습니다.

- 좋아하는 프로그래밍 언어 기능
- 저장소 구조
- 빌드 도구 기능
- 서드파티 라이브러리와 거버넌스 프레임워크

모듈러 모놀리스

문제는 232쪽에

연필을 깎으며
정답

다음 테이블의 이름을 보고, 이 테이블들이 [난&팝] 데이터베이스의 어떤 스키마에 해당하는지 맞춰보세요. 각 테이블에서 해당 스키마로 화살표를 그려 연결해 보세요.

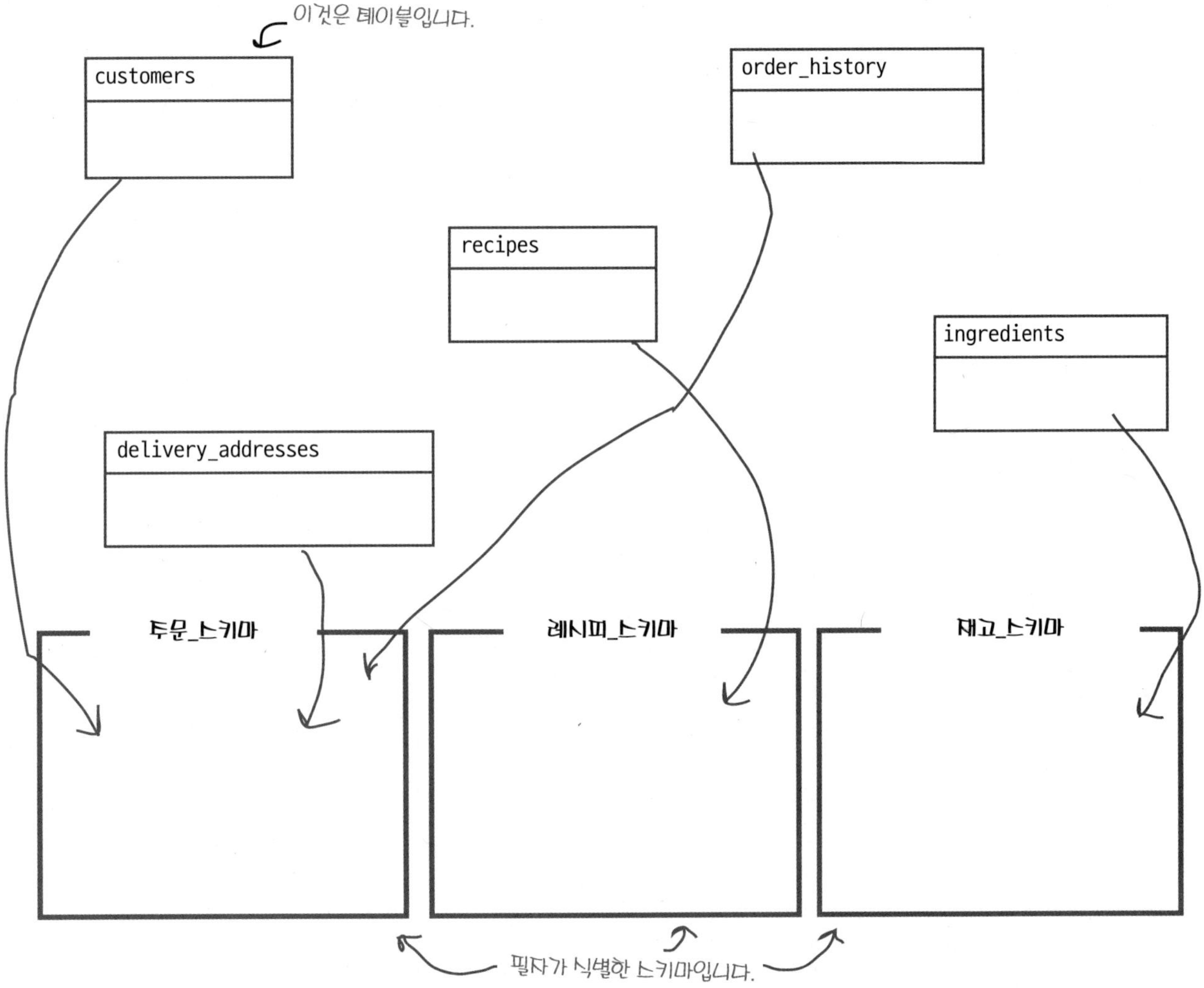

이것은 테이블입니다.

customers

order_history

recipes

ingredients

delivery_addresses

주문_스키마   레시피_스키마   재고_스키마

필자가 식별한 스키마입니다.

여러분은 여기에 있습니다

연습문제 정답

문제는 237쪽에

연습문제 정답

다음 시스템 중 어떤 것이 모듈러 모놀리스 아키텍처 스타일에 적합할까요? 그리고 그 이유는 무엇인가요?

힌트: 모듈러 모놀리스의 슈퍼파워, 크립토나이트와 문제 도메인을 고려하세요.

사용자들이 입찰할 수 있는 온라인 경매 시스템

왜? 이 시스템은 아마도 높은 수준의 확장성과 탄력성이 필요할 것입니다. 모놀리스는 이러한 시스템에 이상적이지 않습니다.

☐ 모듈러 모놀리스에 잘 맞음
☐ 비교적 모듈러 모놀리스에 적합함
☒ 모듈러 모놀리스에 어울리지 않음

하룻밤에 국제 송금을 처리하고 정산하는 대규모 백엔드 금융 시스템

왜? 금융 시스템은 도메인이 복잡하며, 여기서는 확장성과 탄력성이 주요 관심사가 아닐 수 있습니다.

☒ 모듈러 모놀리스에 잘 맞음
☐ 비교적 모듈러 모놀리스에 적합함
☐ 모듈러 모놀리스에 어울리지 않음

새로운 사업 분야에 진입하므로, 시스템에 대한 지속적인 변화가 예상되는 회사

왜? 높은 수준의 모듈성은 변경사항을 처리하는 데 유리하지만, 이는 예상되는 변경사항의 종류에 따라 다릅니다.

☐ 모듈러 모놀리스에 잘 맞음
☒ 비교적 모듈러 모놀리스에 적합함
☐ 모듈러 모놀리스에 어울리지 않음

온라인 주문을 받기 시작하는 소규모의 빵집

왜? 하하! 이 부분은 우리가 어느 정도 힌트를 준 것 같네요, 그렇죠?

☒ 모듈러 모놀리스에 잘 맞음
☐ 비교적 모듈러 모놀리스에 적합함
☐ 모듈러 모놀리스에 어울리지 않음

지원 플랜을 함께 구매한 전자 제품을 위한 문제 티켓 시스템으로, 현장 기술자가 고객에게 가서 문제를 해결함

왜? 변동부가 많음, 이 시스템은 아마도 높은 수준의 탄력성과 확장성이 필요할 것입니다.

☐ 모듈러 모놀리스에 잘 맞음
☐ 비교적 모듈러 모놀리스에 적합함
☒ 모듈러 모놀리스에 어울리지 않음

'모듈러 모놀리스' 낱말 퀴즈 정답

문제는 239쪽에

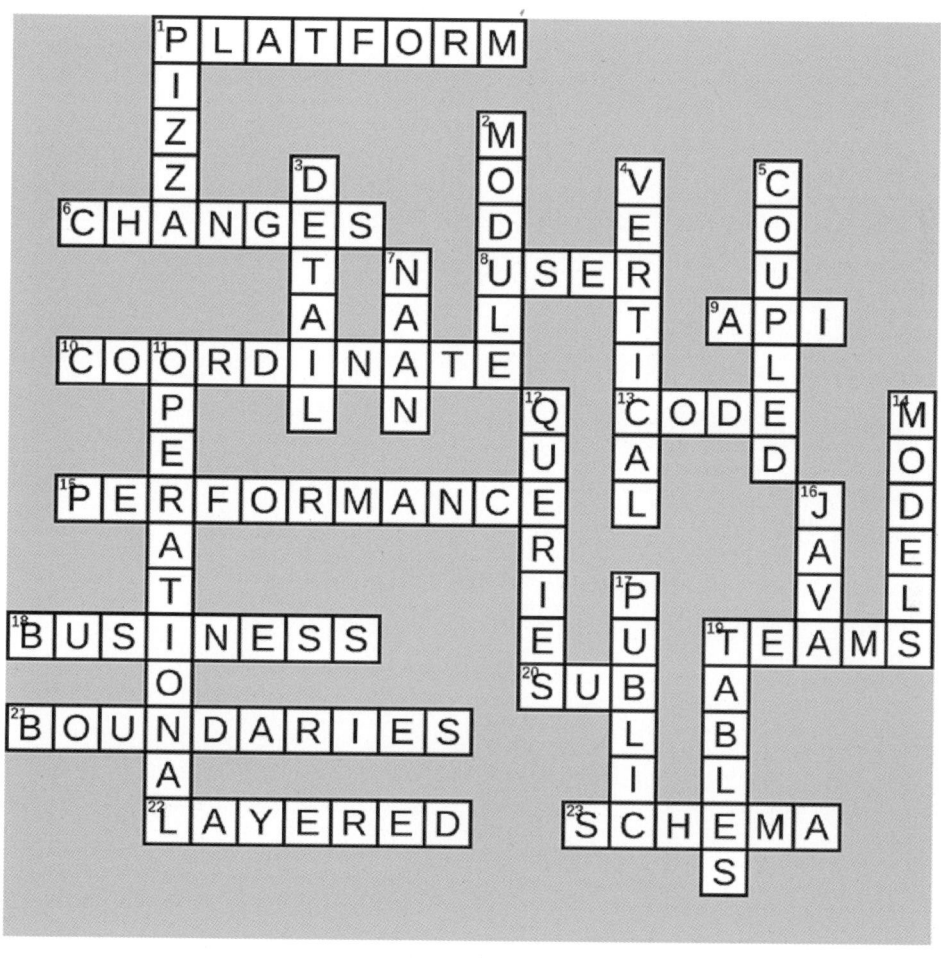

8 맞춤형으로 제작하기

마이크로커널 아키텍처

한 번에 하나씩 사용자 맞춤형 경험을 만들 수 있습니다. 일부 아키텍처 스타일은 일부 기능에 특히 잘 맞는데, 마이크로커널 아키텍처는 맞춤형의 세계 챔피언입니다. 하지만 이 아키텍처는 다양한 종류의 애플리케이션에도 유용합니다. 한 번 이해하고 나면, 여러 곳에서 이 스타일이 사용되고 있다는 것을 알게 될 것입니다.

이제 사용자가 원하는 방식으로 사용할 수 있는 아키텍처에 대해 깊이 알아봅시다.

여기서부터 새로운 장입니다

[고잉 그린] 요구사항

[고잉 그린]의 혜택

우리 모두가 가지고 있는 것은 무엇일까요? 오래된 전자제품이 아닐까요? [고잉 그린(Going Green)]은 오래된 휴대전화, 음악 플레이어 및 기타 소형 전자제품을 구매하고 재활용하는 시장을 공략하기 위해 빠르게 성장하는 스타트업입니다.

[고잉 그린]은 아키텍처에 필요한 특성을 분석한 후 아키텍트들은 세 부분으로 구성된 시스템을 설계했습니다. 이제, 각 부분은 서로 다른 기능이 필요합니다. 이 단계에서 여러분의 도움이 필요합니다. 준비됐나요? 지금까지의 시스템은 다음과 같습니다.

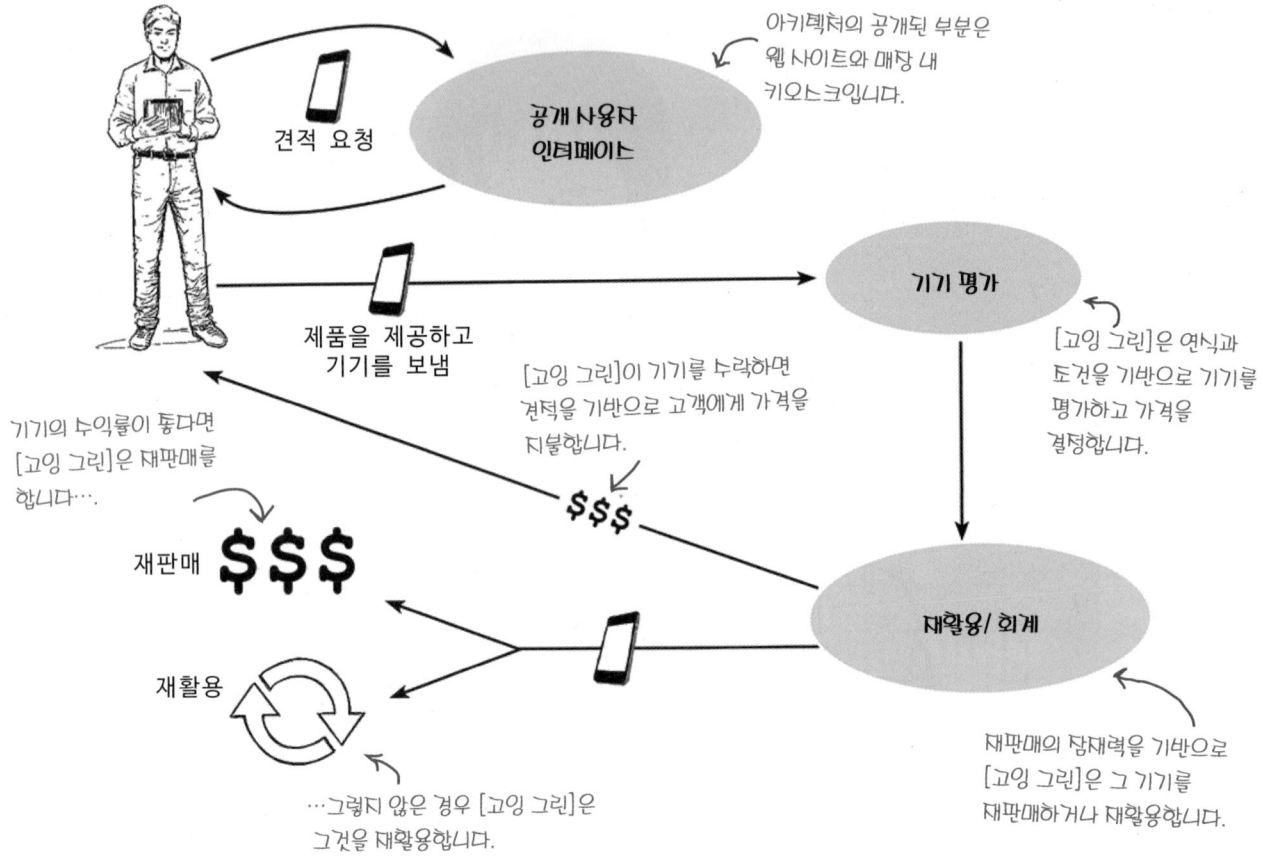

브레인 파워

[고잉 그린]의 비즈니스 모델과 시스템 내 책임 분리를 고려할 때, 이 회사가 모놀리식 아키텍처를 구축하는 것이 더 쉬울까요, 아니면 분산 아키텍처가 더 쉬울까요? 그리고 그 이유는 무엇인가요?

아키텍트가 되자

아키텍트는 분석하는 것을 멈추지 않습니다. 새로운 [고잉 그린]의 아키텍처에서 세 가지 서비스 각각에 대해 세 가지 아키텍처의 중요한 특징을 정할 수 있나요?

공개 사용자 인터페이스

아키텍처 특성

확장성
_____
_____
_____

각 서비스에 대해 몇 가지 아키텍처 특성을 채우세요.

아키텍처 특성

_____
_____
_____

기기 평가

재활용/회계

아키텍처 특성

_____
_____
_____

→ 정답은 272쪽에

개발 팀 대화

마라: [고잉 그린] 애플리케이션의 아키텍처 작업을 분담해야 합니다. 샘, 알렉스와 기기 평가 서비스를 함께 진행해 주세요.

알렉스: 알겠습니다! 사용자가 보내는 기기를 평가하여 가치를 결정하는 서비스 맞죠? 애플리케이션에서 가장 흥미로운 부분 중 하나인 것 같습니다.

샘: 평가 서비스에 새로운 기기에 관한 설정을 얼마나 자주 추가해야 하나요?

마라: 적어도 한 달에 몇 번, 때로는 일주일에 몇 번도 있습니다. 특히 중요한 이유는 기기 평가 서비스를 얼마나 빨리 업데이트할 수 있는지가 회사의 수익성에 직접적으로 영향을 미치기 때문입니다.

샘: 왜 그렇게 직접 연관이 되죠?

마라: [고잉 그린]은 가장 가치가 높은 전자제품을 재판매할 때 이익을 냅니다. 일반적으로 최신 기기는 상태가 좋고 가치가 더 높습니다. 그러므로 새로운 기기 평가를 더 빨리 할수록 회사는 더 많은 돈을 벌게 됩니다.

알렉스: 와, 그래서 빠른 변화가 이 서비스에 정말 중요한 문제군요.

마라: 그렇습니다! 그리고 잊지 말아야 할 것은, 새로운 기기를 지원하는 것이 기존 기기의 지원에 영향을 미치지 않아야 한다는 점입니다. 여러분, 준비가 되었나요?

샘과 알렉스: 물론입니다!

마라: 제 생각에는 마이크로커널 아키텍처를 사용하는 것을 고려해 봐야 할 것 같습니다. 그 스타일은 플러그인을 사용하여 새로운 기능을 설계하고 추가하는 것을 더 쉽게 만들어 주니까요.

마이크로커널 아키텍처의 두 부분

마이크로커널 아키텍처는 운영체제 설계에서 이름을 따왔습니다. 운영체제의 **커널**(kernel), 즉 코어(core)는 매우 작아서 가장 기본적인 기능만을 제공합니다. 마이크로커널 아키텍처는 코어와 플러그인(여러 개일 수 있습니다), 두 가지 주요 부분으로 구성됩니다.

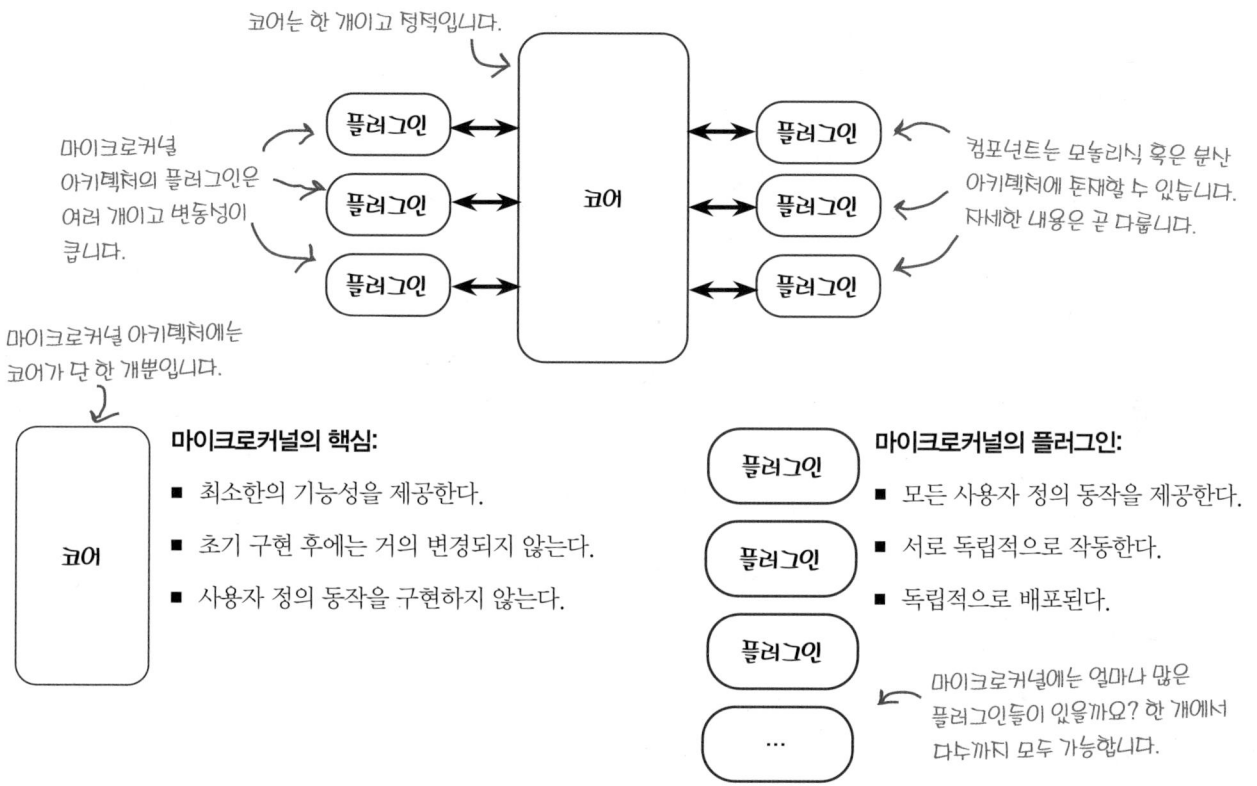

- **마이크로커널의 핵심:**
  - 최소한의 기능성을 제공한다.
  - 초기 구현 후에는 거의 변경되지 않는다.
  - 사용자 정의 동작을 구현하지 않는다.

- **마이크로커널의 플러그인:**
  - 모든 사용자 정의 동작을 제공한다.
  - 서로 독립적으로 작동한다.
  - 독립적으로 배포된다.

바보 같은 질문은 없습니다

Q: 마이크로커널 아키텍처는 기술적으로 분할되나요, 아니면 도메인으로 분할되나요?

A: 5장으로 잠시 돌아갑니다! 대부분의 마이크로커널 아키텍처는 기술적으로 분할되어 있으며 코어를 여러 레이어로 나눌 수 있습니다. 예를 들어, 하나는 프레젠테이션, 또 다른 하나는 비즈니스 또는 워크플로우 로직 등으로 나눌 수 있습니다. 그러나 마이크로커널은 플러그인을 어떻게 설계하느냐에 따라 도메인으로 분할할 수 있는 이상한 아키텍처 스타일 중 하나입니다.

배포 모델에 관해서 얘기하자면 마이크로커널 아키텍처는 보통 모놀리식입니다. 그러나 이 장에서 살펴보겠지만, 일부 상황에서는 분산 모델을 선택하는 게 더 합리적일 수도 있습니다.

마이크로커널-성

> 잠깐만요. 제가 사용하는 거의 모든 소프트웨어가 어떤 식으로든 플러그인을 지원하는데, 그런 시스템들이 모두 마이크로커널 아키텍처 스타일을 사용한다는 건가요?

그렇지 않습니다. 모든 마이크로커널에는 플러그인이 있지만, 모든 플러그인이 마이크로커널에 속하지는 않습니다. 안타깝게도 마이크로커널 시스템과 플러그인을 지원하는 시스템 사이에는 명확한 경계선이 없습니다. 대부분 아키텍처가 '마이크로커널-적(이제부터 '마이크로커널-성'으로 부릅시다)'인지 평가할 때, 플러그인 없이 코어가 얼마나 잘 작동하는지와 코어가 얼마나 **변동성이 큰지**(얼마나 자주 변경해야 하는지)로 판단합니다.

'마이크로커널-성'의 스펙트럼

IDE, 웹 브라우저, 빌드 도구와 같은 수많은 소프트웨어가 플러그인을 지원합니다. 하지만 단순히 플러그인을 지원한다고 해서 그 시스템이 마이크로커널이 되는 것은 아닙니다. 핵심은 코어에 있습니다. 극단적인 마이크로커널에서는, 플러그인이 설치되지 않으면 코어는 유용한 작업을 거의 수행할 수 없습니다.

브라우저는 플러그인이 없어도 완벽한 기능을 제공하기 때문에 마이크로커널이 아닙니다.

이클립스 IDE
이클립스 IDE는 '순수한' 마이크로커널로 설계되어, 플러그인을 통해 서로 다른 언어와 도구들을 지원합니다.

보험 애플리케이션
보험 애플리케이션은 각 정책에 대한 표준 규칙을 가지고 있으면서도 고유한 지역 규칙과 규정을 위한 맞춤화를 허용하므로, 플러그인 없이 중간 수준의 기능을 갖추고 있습니다.

웹 브라우저
웹 브라우저는 플러그인을 지원하지만 플러그인이 없어도 잘 동작합니다.

기능이 적은 ← "마이크로커널-성"의 정도 / 코어의 기능성/변동성 → **기능이 많은**

린터
린터(linter)는 플러그인을 사용하여 소스 코드의 구문을 분석하고 스타일 및 문법 규칙을 적용하는 도구입니다. 대부분의 프로그래밍 언어에는 린터가 있습니다. 예를 들어, 자바스크립트(JavaScript)에는 esLint가 있습니다.

(젠킨스 같은) 지속적 통합 도구
젠킨스(Jenkins)는 독립형 지속적 통합(CI) 도구로 작동하지만, 확장성을 위해 여러 플러그인을 지원합니다.

보험 청구 처리 시스템
이 시스템은 맞춤화의 일반적인 예입니다. 보통 대부분의 청구를 표준 방식으로 처리하지만, 특정 상황에 맞는 사용자 정의 규칙을 개발자가 구축할 수 있도록 허용합니다.

바보 같은 질문은 없습니다

Q: 플러그인을 지원하는 모든 시스템이 마이크로커널인가요?

A: 전혀 그렇지 않습니다. 많은 시스템에서 플러그인을 지원합니다. 마이크로커널의 정도는 코어의 변동성과 기능에 달려 있습니다(실제로 아무도 등급을 매기지 않습니다).

Q: 마이크로 커널 아키텍처 스타일은 소프트웨어 개발 도구에만 유용한가요?

A: 많은 개발 도구가 프로그래밍 방식의 맞춤 설정 기능을 제공해야 하므로 이 아키텍처를 사용합니다. 하지만 이 스타일은 다양한 비즈니스 애플리케이션에서도 활용됩니다. 이 아키텍처는 맞춤화가 필요하고 각 변경이 독립적으로 동작하는 모든 문제 도메인에 적합합니다.

Q: 마이크로커널과 마이크로서비스는 같은 것인가요?

A: 아니요, 이름은 비슷하지만 우연의 일치일 뿐입니다. 마이크로커널의 이름은 운영체제 설계에서 유래했으며, 마이크로서비스는 분산 아키텍처에서 상대적으로 작고 독립적인 배포 단위를 의미합니다.

여러분은 여기에 있습니다

'마이크로커널-성' 연습문제

연습문제

마이크로커널 아키텍처 스타일은 여러 곳에서 많이 볼 수 있습니다. 아래에 있는 특정 도구와 카테고리를 스펙트럼의 올바른 위치에 놓아 각 도구가 어느 정도로 마이크로커널에 해당하는지 확인하세요.

힌트: 각 시스템의 '마이크로커널-성'의 정도는 플러그인 없이도 얼마나 유용한 기능을 수행할 수 있는지에 달려 있습니다.

우리가 미리 해두었습니다.
이클립스는 '마이크로커널-성'으로
정의된 제품의 예입니다.

BFF 패턴에 익숙하지 않은 분은 https://samnewman.io/patterns/architectural/bff/을 참고하세요.

플러그인을 지원하는 IDE
(이클립스 제외)

프런트엔드를 위한 백엔드
(Backend for Frontend; BFF)
설계 패턴

이클립스 IDE

모바일 기기
운영체제

재활용 비트니스를 위한
기기 평가 서비스

웹 브라우저

기능이 적은 ← 코어의 기능성/변동성 → 기능이 많은

← '마이크로커널-성'의 정도 →

정답은 273쪽에

기기 평가 서비스 코어

여러분과 팀원들은 모두 새로운 기기 평가 서비스에 마이크로커널 아키텍처를 사용하기로 동의했습니다.

코어 시스템에는 기기를 평가하는 데 필요한 기준이 포함됩니다. 예를 들어, 기기의 연식, 상태, 모델 번호 등이 있습니다. 각 기기 유형마다 기기 전용 플러그인을 사용하여 규칙을 실행하고, 시스템이 기기의 재판매 가치를 평가하는 방법을 결정할 수 있습니다.

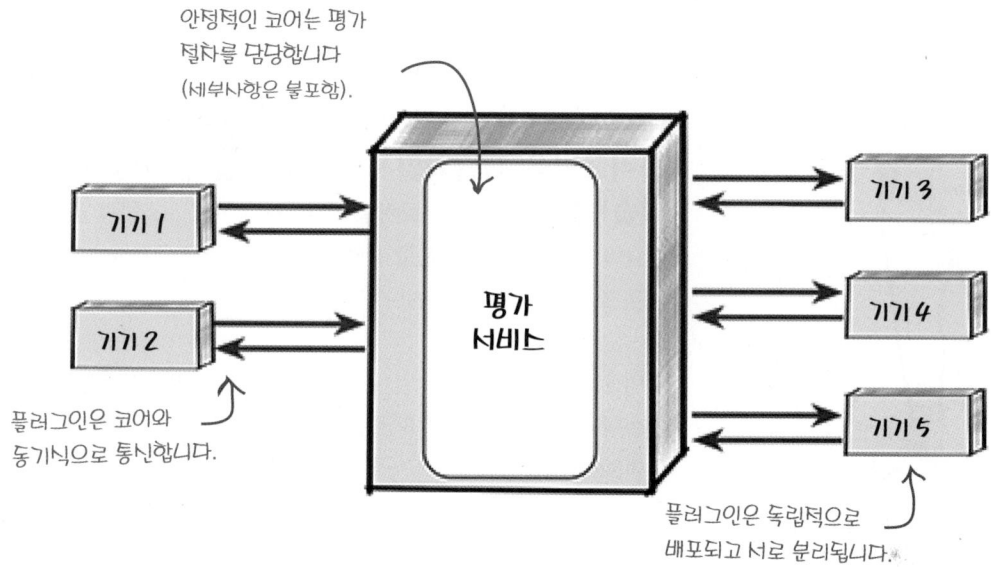

여러분은 플러그인의 확장성을 높이기 위해 물리적으로 분산된 아키텍처를 사용하기로 결정합니다. 이로 인해 [고잉 그린]은 앞으로 다른 언어로 플러그인을 추가할 수 있는 선택권을 갖게 됩니다.

최종적으로 동기식 통신을 선택한 이유는 이 서비스의 응답성이 충분히 좋으므로 비동기식으로 복잡하게 통신할 필요가 없기 때문입니다.

이런 결정에 대해 좀 더 자세히 살펴보겠습니다.

분산 플러그인

> 플러그인을 모놀리식 아키텍처 내의 컴포넌트로 구현하는 것이 일반적이라는 것을 알 수 있습니다. 하지만 모든 것이 하나의 배포 단위에 묶여 있다면, 플러그인을 핫 배포(hot-deploy)[1]하는 것이 더 어려워지지 않나요? 플러그인이 분산되어 있다면 오히려 더 쉽게 배포할 수 있을 것 같습니다. 분산 플러그인을 구축할 수 있을까요?

네, 할 수 있습니다! 아키텍처의 능력에 따라 플러그인을 캡슐화할지 분산할지를 결정할 수 있습니다. 일부 마이크로커널 아키텍처는 코어 시스템과 플러그인을 하나의 모놀리식 아키텍처로 포함합니다. 다른 아키텍처들은 5장에서 배운 것처럼 분산되어 있습니다.

마이크로커널 스타일은 단일 구조와 분산 구조 사이의 불명확한 영역에 있습니다. 소프트웨어 아키텍트는 두 가지 배포 모델 중 하나를 선택하여 구현할 수 있습니다.

바보 같은 질문은 없습니다

Q: 마이크로커널 아키텍처의 코어 시스템은 반드시 모놀리스여야 하나요?

A: 꼭 그렇지는 않습니다. 마이크로커널은 종종 하이브리드 아키텍처에서 사용됩니다. 데스크톱 애플리케이션처럼 필요할 때는 코어를 단일 시스템으로 구현할 수 있습니다. 다른 경우에는 코어와 플러그인을 분산시킬 수도 있습니다.

Q: 플러그인을 어떻게 구현하나요?

A: 인터페이스를 사용하여 자신만의 플러그인 디자인을 구현할 수 있지만, 사실상 모든 플랫폼과 기술 스택에는 이를 도와주는 라이브러리와 프레임워크가 있습니다.

Q: 코어가 작성된 스택과 다른 기술 스택으로 플러그인을 구현할 수 있나요?

A: 분산 플러그인을 사용하는 장점 중 하나는 네트워크 연결을 통해 호출할 수 있는 어떤 플랫폼으로도 플러그인을 작성할 수 있다는 것입니다.

1. 옮긴이_ 핫 배포는 운영 중인 시스템을 셧다운하지 않고 배포하는 방법입니다.

캡슐화된 플러그인 vs. 분산된 플러그인

마이크로커널의 코어 시스템은 플러그인이 연결(plug in)되는 곳입니다. 일반적으로 이러한 연결은 인터페이스를 통해 구현합니다. 플러그인은 **인터페이스**를 구현하며, 코어 시스템은 그 인터페이스를 통해 해당 컴포넌트를 지원합니다.

모놀리식 아키텍처로 마이크로커널을 설계하면, 인터페이스를 통해 각 플러그인을 코어에 연결하는 컴포넌트로 구현합니다.

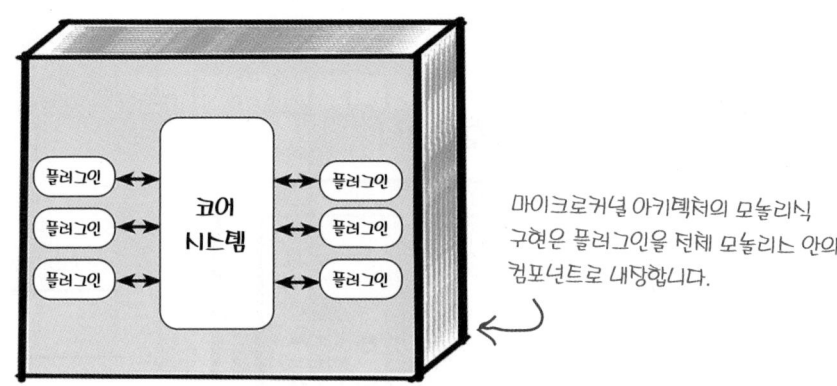

다른 마이크로커널 아키텍처 구현에서는 플러그인이 웹 엔드포인트, 이벤트 큐 등으로 분산됩니다. 또한 플러그인을 동기적으로 호출할지 비동기적으로 호출할지를 결정할 수 있습니다(이 부분은 11장에서 깊이 있게 다룰 예정입니다).

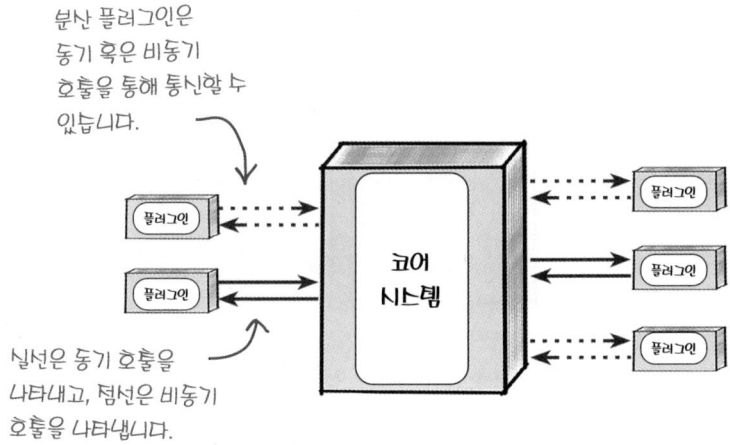

여러분은 여기에 있습니다 **257**

플러그인 연습문제

연습문제

[고잉 그린]의 평가 서비스 팀은 마이크로커널의 물리적 아키텍처가 **모놀리식**(코어와 플러그인이 같은 배포 단위에 포함됨)일지 또는 **분산**(플러그인이 코어와 별도로 배포됨)일지를 결정해야 합니다. 트레이드오프 분석을 위해 여러분의 도움이 필요합니다. 각 선택의 장점과 단점을 나열해 주겠어요?

힌트: 각 선택 사항이 아키텍처 특성에 어떤 영향을 미칠지 생각해보세요.

모놀리스는 일반적으로 성능이 우수한데 그 이유는 네트워크 호출이 거의 없기 때문입니다.

대부분의 모놀리스는 시작할 때에만 플러그인을 로드하므로 배포를 복잡하게 만들 수 있습니다.

모놀리식

장점

성능

단점

단일 배포

분산

장점

단점

➜ 정답은 274쪽에

플러그인 통신

플러그인이 유용하려면 코어 시스템과 통신이 필요합니다. 예를 들어, 코어는 인터페이스를 기반으로 메서드를 호출하고 결과를 활용합니다. 이러한 통신은 물리적 아키텍처와 같은 요소에 따라 여러 방법으로 구현할 수 있습니다.

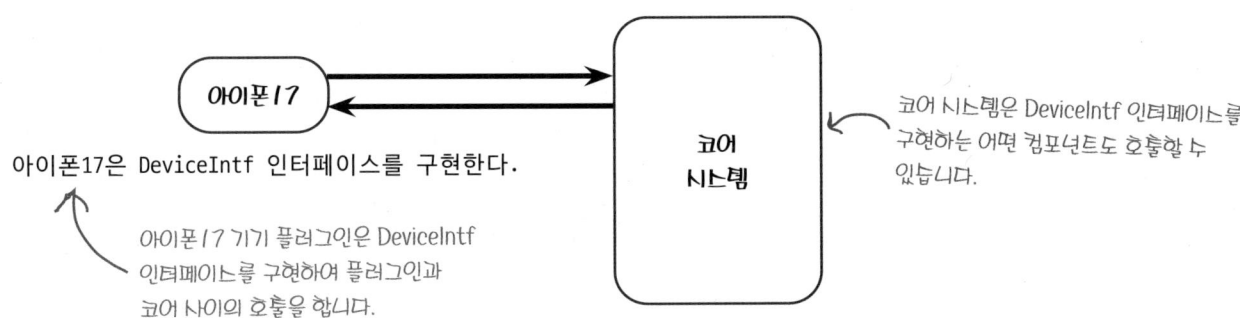

코어와 플러그인 간 실제 호출 방식은 플러그인을 구현하는 물리적 아키텍처에 따라 달라집니다. 모놀리식 아키텍처에서는 플러그인을 핵심 기술 스택과 동일한 기술 스택으로 구현하고, 플랫폼의 네이티브 컴포넌트로 배포합니다(예 자바의 JAR 파일, 닷넷의 DLL, 루비의 GEM).

분산 플러그인은 동기 또는 비동기 호출로 호출할 수 있습니다. 개발자는 코어의 구현 플랫폼으로만 제한되지 않습니다. 다양한 언어로 플러그인을 작성할 수 있습니다.

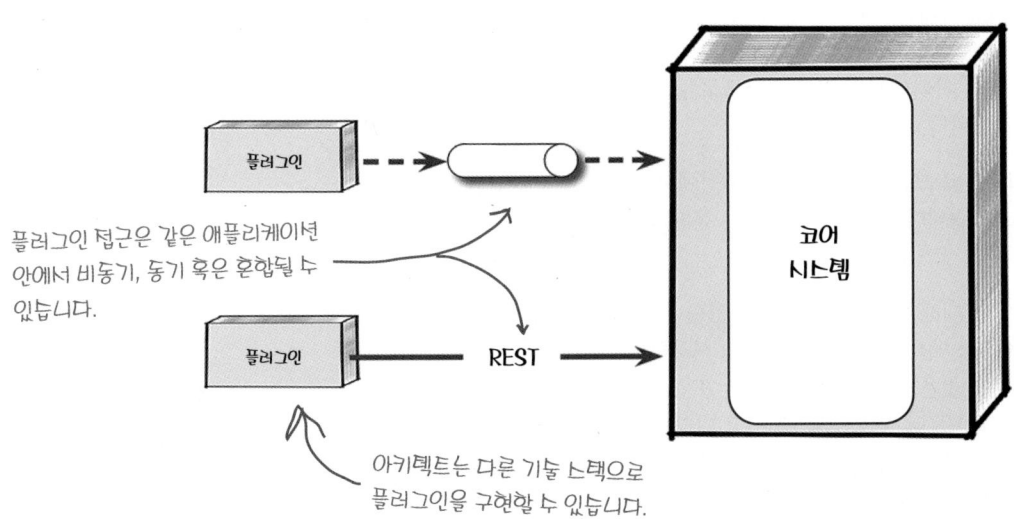

여러분은 여기에 있습니다 **259**

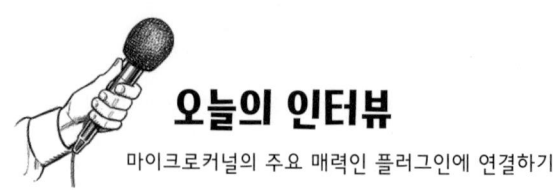

오늘의 인터뷰
마이크로커널의 주요 매력인 플러그인에 연결하기

헤드 퍼스트: 자, 음…. 마이크를 연결하겠습니다. 테스트, 테스트. 좋습니다. 환영합니다. 플러그인!

플러그인: 정말 적절하네요! 다양한 시스템들이 저를 사용해서 동작하니까요. 여기에 있게 되어 기쁘고 몇 가지 논란도 해결할 수 있을 것 같아 신납니다.

헤드 퍼스트: 모두가 마이크로커널 아키텍처의 주인공이 당신이라고 말하지만, 코어가 더 많은 언론 시간과 주목을 받습니다. 그것이 공정하다고 생각하나요?

플러그인: 음, 그건 사실일 수도 있지만 저 없는 코어는 어떤 의미가 있을까요? 크기는 클 수 있지만, 제가 없으면 코어는 지루합니다.

헤드 퍼스트: 플러그인은 여기저기 자주 보이는 것 같은데요. 마이크로커널 아키텍처가 아닌 구조에서의 논란이 많은 역할에 대해서는 어떻게 생각하나요? 많은 시스템이 마이크로커널이 아닌 플러그인을 지원합니다만….

플러그인: 어디에든 보여서 기쁩니다. 솔직히 말해서 마이크로커널을 선호하긴 합니다. 다른 아키텍처에서는 플러그인이 그저 양념 같은 역할을 하기 때문이에요. 제가 꼭 필요하지는 않지만, 있으면 좋은 맛을 더해주는 정도입니다. 하지만 마이크로커널에서는 제가 중심입니다! 전체 아키텍처는 저를 기반으로 합니다. 그 중요성을 고맙게 생각합니다.

헤드 퍼스트: 아, 네. 그럼 다음으로 트레이드오프 분석에서 항상 등장하는 것을 살펴보겠습니다. 분산 버전에 성능 문제가 있지 않나요?

플러그인: 모든 플러그인에 대해 나쁜 말을 할 수는 없습니다, 트레이드오프는 늘 존재하죠. 물론, 네트워크 호출을 사용하여 통신할 때 성능이 떨어지는 것은 사실입니다. 하지만 또 뭐가 있는지 아세요? 분산 플러그인은 더 잘 확장할 수 있고 다양한 언어로 작성할 수 있습니다. 사람마다 다 다른 방법이 있는 법이죠, 그렇지 않나요? 다양한 트레이드오프를 위한 다양한 플러그인 물리적 아키텍처가 있습니다.

헤드 퍼스트: 네, 알겠습니다. 그렇다면 과도하게 변동성이 큰 코어를 다루는 것에 대해 이야기해보겠습니다.

플러그인: 아쉽지만, 마이크로커널 아키텍처를 도입할 때 코어가 자꾸 변경되면 단점이 생깁니다. 변화는 나의 일입니다! 코어가 많이 바뀔수록 제가 하는 일에 더 많이 방해가 됩니다. 저는 안정적이고 조용한 코어와 함께 일하는 것을 선호합니다. 그래야 제 역할에 집중할 수 있으니까요.

헤드 퍼스트: 맞춤화 기능 덕에 많은 주목을 받고 있는데, 다른 역할도 있나요? 또 무엇을 처리할 수 있습니까?

플러그인: 물어봐 주셔서 감사합니다! 저는 긴 `switch` 문 없이도 우아한 방식으로 맞춤화 기능을 구현할 수 있어요. 플러그인은 모든 종류의 작업에 사용할 수 있습니다. 정말로, 좋은 격리가 필요한 모든 것에 적합합니다. 예를 들어, A/B 테스트에는 항상 등장합니다. 아키텍트는 플러그인 A에서 기존 동작을 유지하고, 플러그인 B에 새로운 동작을 추가하여 어떤 것을 호출할지 결정합니다. 통합 허브, 개발자 도구, 그리고 많은 다른 곳에서도 중요한 역할을 맡고 있습니다.

헤드 퍼스트: 마무리하기 전에 소개하고 싶은 것이 있습니까?

플러그인: 물론이죠! 가까운 아키텍처에서 저를 찾아보세요. 모놀리식의 중요한 부분으로 또는 분산 마이크로커널의 엔드포인트로 있을 것입니다.

개발 팀 대화

마라: 안녕하세요, 여러분. 잠시 들러서 [고잉 그린]의 평가 서비스에 대한 트레이드오프 분석을 살펴보려고 합니다. 모놀리식과 분산 물리적 구조 중 어느 것을 선택했나요?

샘: 작업 중입니다. 분산 버전에 대한 트레이드오프 분석을 했고요. 개인적으로 매우 만족합니다. 요약 내용은 다음과 같습니다.

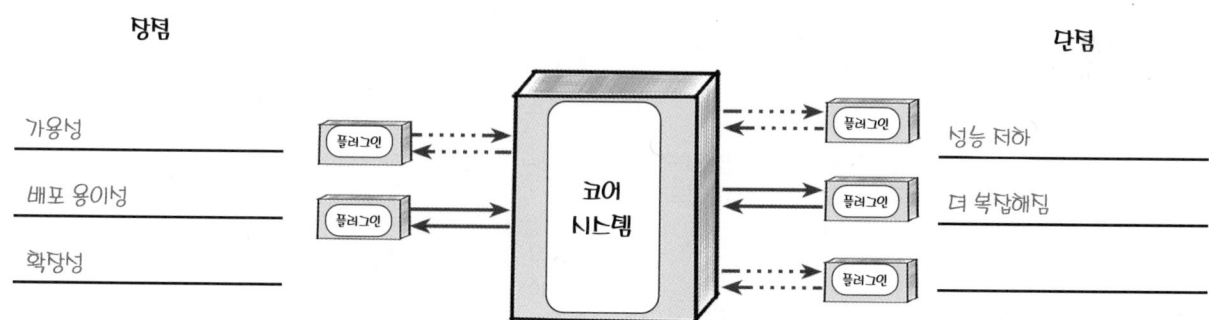

마라: 어떻게 이러한 결론에 도달했는지 설명해 줄 수 있나요?

알렉스: 물론입니다. 분산 버전에서는 새로운 기기를 추가하기 위해 코어 시스템을 재시작할 필요가 없습니다. 그것은 새로운 기기 플러그인을 로드하기 위해 재시작이 필요한 모놀리식 버전보다 더 나은 가용성을 제공합니다. 또한, 전체 평가 서비스를 다시 배포하는 것보다 개별 플러그인을 배포하는 것이 더 간단합니다. 플러그인이 코어와 동일한 프로세스에서 실행되지 않기 때문에 시스템 전체를 더 확장 가능하게 만들 수 있습니다. 하지만 성능에 영향을 줄 것입니다. 결국 네트워크 호출은 같은 프로세스보다 훨씬 느리니까요.

마라: 네, 좋은 트레이드오프로 생각됩니다. 비즈니스는 새로운 시스템의 확장성이 매우 중요하다는 데 동의합니다.

바보 같은 질문은 없습니다

Q: 마이크로커널 아키텍처에서 사용자 인터페이스는 어디에 있나요?

A: 상황에 따라 다릅니다! 시스템이 모놀리식 구조일 때, 아키텍트는 일반적으로 UI를 코어 시스템에 포함시킵니다. 그러나 분산 아키텍처가 있는 서비스를 마이크로커널로 설계하면 일반적으로 (코어가 아닌) 시스템의 다른 부분에서 UI를 처리합니다.

Q: UI가 마이크로커널을 사용할 수 있나요?

A: 물론, 가능합니다. 사실 많은 UI 패턴들(위에서 언급한 BFF 패턴처럼)이 iOS, 안드로이드, 웹 브라우저와 같은 맞춤형 UI 엔드포인트를 처리하기 위해 마이크로커널 구조를 사용합니다.

Q: 마이크로커널은 정말로 단지 데코레이터 설계 패턴과 같은 것 아닌가요?

A: 잘 찾아냈습니다! 목적은 거의 같지만, 마이크로커널 아키텍처는 데코레이터 설계 패턴을 구현하는 한 가지 방법입니다. 설계 패턴에 비해 아키텍처는 물리적 제한과 가능성에 대해 더 많은 고민이 필요합니다. 예를 들어, 설계 패턴은 확장성과 같은 능력을 고려하지 않습니다.

Q: 마이크로커널 스타일이 맞춤형을 처리하는 유일한 방법인가요?

A: 전혀 그렇지 않으며 여러 방법 중 하나입니다. 마이크로커널 아키텍처는 시스템의 구조(즉, 거의 변경되지 않는 핵심 기능)가 플러그인을 통해 개별적으로 사용자 정의해야 할 때 유용합니다. 그런 구조가 없는 시스템의 경우, 다른 아키텍처 스타일이 더 적합할 수 있습니다.

Q: 코어 시스템의 내부 구조는 무엇인가요? 하나의 큰 논리적 구성 요소일 뿐인가요?

A: 마이크로커널 스타일에서는 시스템의 논리적 구성 요소를 어떻게 구성할 것인지에 따라 코어 시스템을 설계합니다. 예를 들어, 코어 내에서 기능을 분리하려는 경우, 레이어드 아키텍처 스타일에서와 같이 레이어를 통해 코어를 구현하는 방식을 선택할 수 있습니다. 반면에 모듈러 모놀리스 스타일에서처럼 DDD를 따르고 경계가 있는 컨텍스트를 중심으로 코어를 설계할 수도 있습니다. 마이크로커널 스타일은 맞춤형 기능이 중요한 하이브리드 아키텍처에서 자주 사용됩니다.

마이크로커널 아키텍처

> 플러그인이 서로 통신하도록 허용하는 것은 나쁜 아이디어일 것 같습니다. 제 말이 맞나요?

플러그인은 마이크로커널에서 코어 시스템을 통해 서로 통신할 수 있습니다. 하지만 꼭 그렇게 해야 할까요?

플러그인은 일반적으로 코어 시스템이 지원하는 인터페이스를 구현하여 코어 시스템과 통신합니다. 플러그인들은 코어 시스템을 '통해' 서로 통신할 수 있습니다. 예를 들어, 여러 언어를 지원하는 이클립스 IDE는 언어 기반 도구들(예 컴파일러와 디버거)이 서로 상호작용할 수 있도록 합니다.

그러나 플러그인 간의 직접적인 통신은 신중해야 합니다. 이는 몇 가지 심각한 부정적인 트레이드오프를 초래할 수 있습니다. 첫째, 코어와 플러그인 간에 **일관된 계약**이 필요하며, 이는 결국 버전 관리와 관련됩니다. 예를 들어, 이클립스를 복잡하게 만드는 한 가지 요소는 컴포넌트 간의 전이적 의존성(transitive dependencies)[2]으로, 이는 버전 관리 문제를 일으킬 수 있습니다. 둘째, 플러그인 간의 의존성은 가용성 문제를 발생시킵니다. 모든 필요한 플러그인이 런타임에 존재해야 한다는 보장을 해야 하기 때문입니다.

플러그인이 서로 통신할 때 발생하는 문제를 이해하려면 코어가 플러그인과 소통하는 두 가지 방식을 살펴봐야 합니다.

---

2. 옮긴이_ 전이적 의존성은 어떤 모듈 A가 모듈 B를 의존할 때 A가 실제로 B가 의존하는 또 다른 모듈 C에도 의존성을 가질 때를 의미합니다.

플러그인 통신

플러그인 계약

아키텍트가 마이크로커널 아키텍처를 구현하면 코어는 플러그인을 호출할 때 항상 **계약**(다른 말로 인터페이스)을 사용합니다. 그 통신은 오로지 플러그인과 코어 사이에서 이뤄지며 플러그인들 사이는 아닙니다. 플러그인 간에 통신을 허용하면 코어가 중재자 역할을 해야 합니다.

아래 예시 시스템에서 플러그인 A는 다른 플러그인에 대해 알 필요도 없고 신경 쓰지 않습니다. 오직 코어와만 통신합니다. 그러나 플러그인 X는 플러그인 Y와 통신해야 하며, 그 통신은 코어 시스템이 중재해야 합니다.

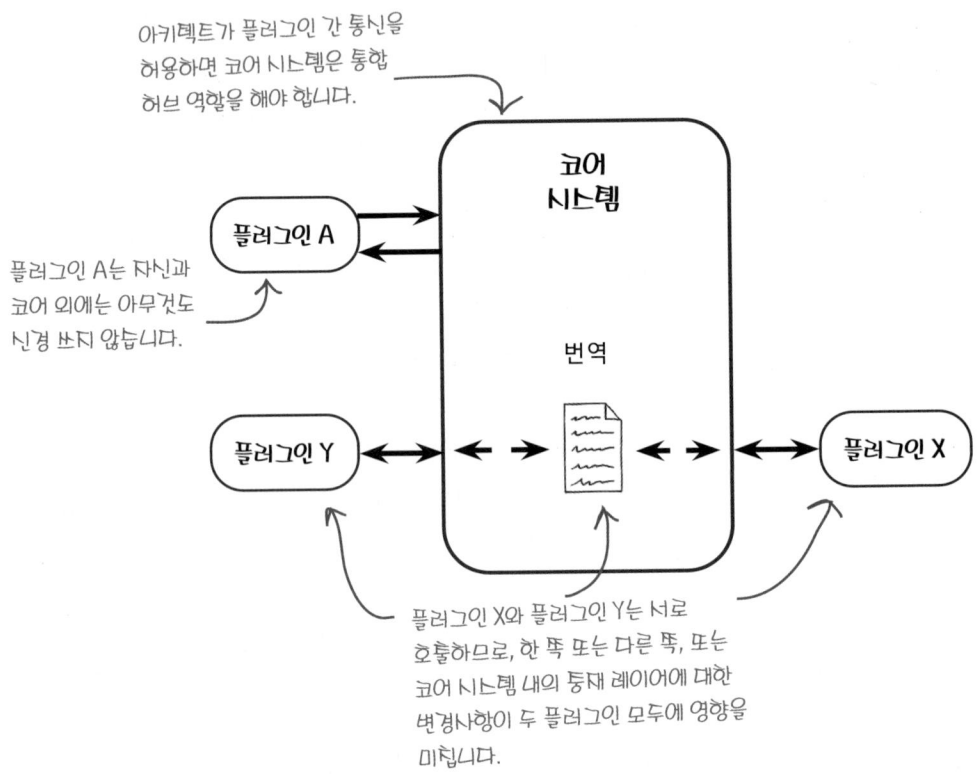

브레인 파워

코어 시스템을 통한 중재 통신에 대해 걱정해야 한다는 것은 이미 알고 있을 것입니다. 이런 상황을 한번 생각해 보세요. 플러그인 X와 플러그인 Y 사이의 계약을 변경하는 방식으로 플러그인 Y를 업데이트하면 어떻게 될까요? 플러그인 Y를 변경할 때 플러그인 X를 변경하고 싶지 않다면 그 통신을 어떻게 관리할 수 있을까요?

[고잉 그린]이 친환경을 실천하다

코어와 플러그인 상호작용을 구현하는 최선의 방법을 고려한 후, 팀은 각 플러그인이 구현할 인터페이스(DeviceInterface라고 함)를 정의하기로 결정했습니다. 이제 [고잉 그린]은 인터페이스를 구현하고 특정 기기에 대한 평가 프로세스를 맞춤화하여 새로운 기기를 추가할 수 있습니다.

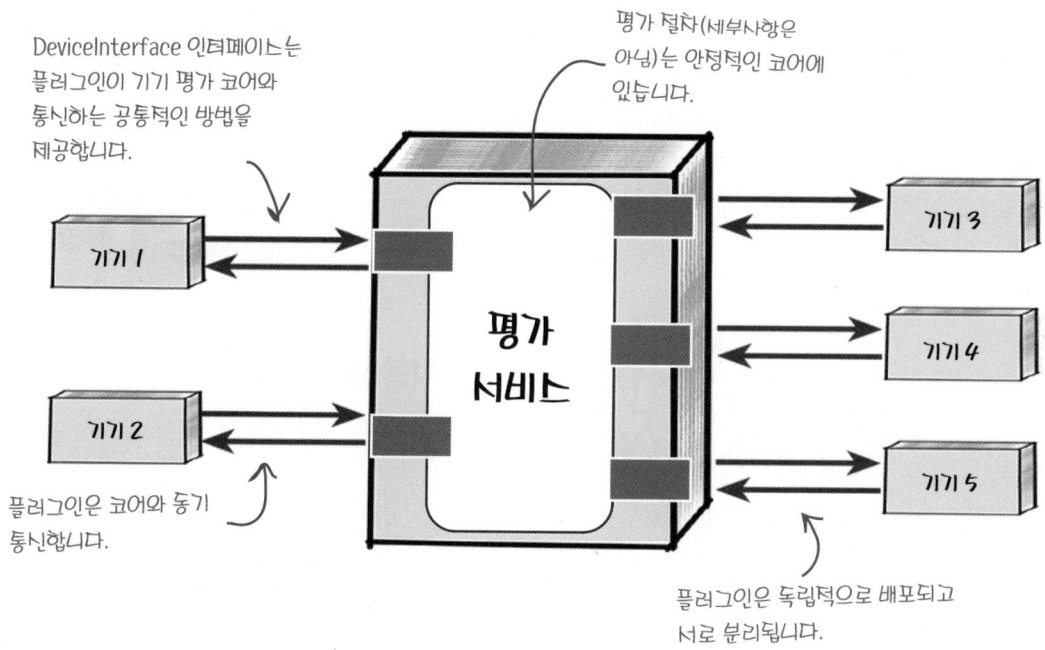

기기 평가 엔진이 성공했습니다. 잘했어요!

마무리하며, 이 아키텍처 스타일의 강점과 약점을 빠르게 요약해 보겠습니다.

마이크로커널의 슈퍼파워

마이크로커널은 일반적인 아키텍처 스타일입니다. 또한 맞춤화가 필요한 하이브리드 아키텍처에서 가장 흔히 발견되는 스타일 중 하나입니다.

맞춤형 동작

마이크로커널은 맞춤화를 처리하기에 가장 적합하게 '구성'되어 있습니다

> 애플리케이션의 일부를 맞춤화하려면 누구에게 연락하나요? 마이크로커널이 정답입니다!

진화성

진화성은 소프트웨어 아키텍처의 특성 중 하나로, 시스템이 이전의 동작 방식에서 점진적으로 벗어나도록 근본적인 변화를 쉽게 할 수 있다는 것을 의미합니다. 적응형 아키텍처와 달리 진화형 아키텍처는 기존의 동작을 짧은 시간 동안만 지원합니다. 플러그인은 이러한 능력을 구현하는 효과적인 방법입니다.

적응성

적응성은 소프트웨어 아키텍처의 특성으로서, 기존 기능을 유지하면서 새로운 기능을 계속 추가할 수 있는 능력을 의미합니다. 마이크로커널은 이를 잘 지원하며, 새로운 플러그인을 구현할 때 기존 플러그인을 그대로 사용할 수 있습니다.

> 단순함이 최고입니다!

단순한 구조

마이크로커널은 두 가지 기본 구성 요소(코어와 플러그인)가 있어 개발자들이 이해하고 구현하기 쉽습니다.

분할

마이크로커널에서는 설계 혹은 아키텍처를 통해 맞춤화를 처리할 수 있습니다. 하지만 설계를 사용할 경우, 개발자는 설계를 정확하게 따르는 데 매우 주의해야 합니다. 시스템이 플러그인을 중심으로 구성되어 있다면 구분이 더 명확해집니다.

> 마이크로커널은 맞춤형 소프트웨어 아키텍처를 위한 훌륭한 예시입니다.

마이크로커널 아키텍처

마이크로커널의 크립토나이트

마이크로커널 아키텍처의 약점은 주로 설계자가 이를 잘못 사용할 때 나타납니다. 예를 들어, 코어가 너무 많이 변경되거나 플러그인 간의 통신이 지나치게 빈번할 때입니다.

변동성의 불일치

마이크로커널에서는 코어 시스템이 구현된 후에 거의 변경되지 않아야 합니다. 만약, 코어가 자주 변경된다면 이는 이상적인 아키텍처의 해결책이 아니거나 잘못된 것을 플러그인으로 만들었음을 나타내는 신호일 수 있습니다.

마이크로커널에서 가장 흔히 발생하는 실수 중 하나는 잦은 도메인 변경으로 인한 코어의 과도한 변동성입니다.

플러그인 간 공유

유혹을 느낄 때가 많지만 플러그인 간에 의존성(공유 라이브러리 등)을 공유하는 것은 일반적으로 좋지 않습니다. 이는 결합과 배포에 관한 문제를 일으킵니다.

 마이크로커널이 진흙잡탕으로 변하지 않도록 공유를 통한 결합을 주의 깊게 살펴야 합니다.

수다쟁이 플러그인

플러그인 간 상호작용을 허용하는 것은 유혹적일 수 있지만, 이는 많은 어려운 트레이드오프를 수반합니다. 이 접근 방식을 사용하는 성공적인 시스템(예를 들어, 이클립스)은 높은 복잡성을 감수해야 합니다.

성능

분산 플러그인을 사용하여 물리적 아키텍처를 구성하면 통신 프로토콜, 코어와 플러그인 간에 전달되는 정보의 양에 따라 성능에 영향을 미칠 수 있습니다.

여러분은 여기에 있습니다

강점과 약점

마이크로커널 등급표

다음은 마이크로커널의 등급표입니다. 이전 장에서 보여드린 레이어드와 모듈러 모놀리스 아키텍처 등급표와 같으며 마이크로커널 아키텍처가 나열된 각 아키텍처 특성을 잘 구현하는지 보여줍니다. 별점 한 개는 아키텍처 특성이 잘 지원되지 않음을 의미하고, 별점 다섯 개는 그 특성이 잘 지원됨을 의미합니다.

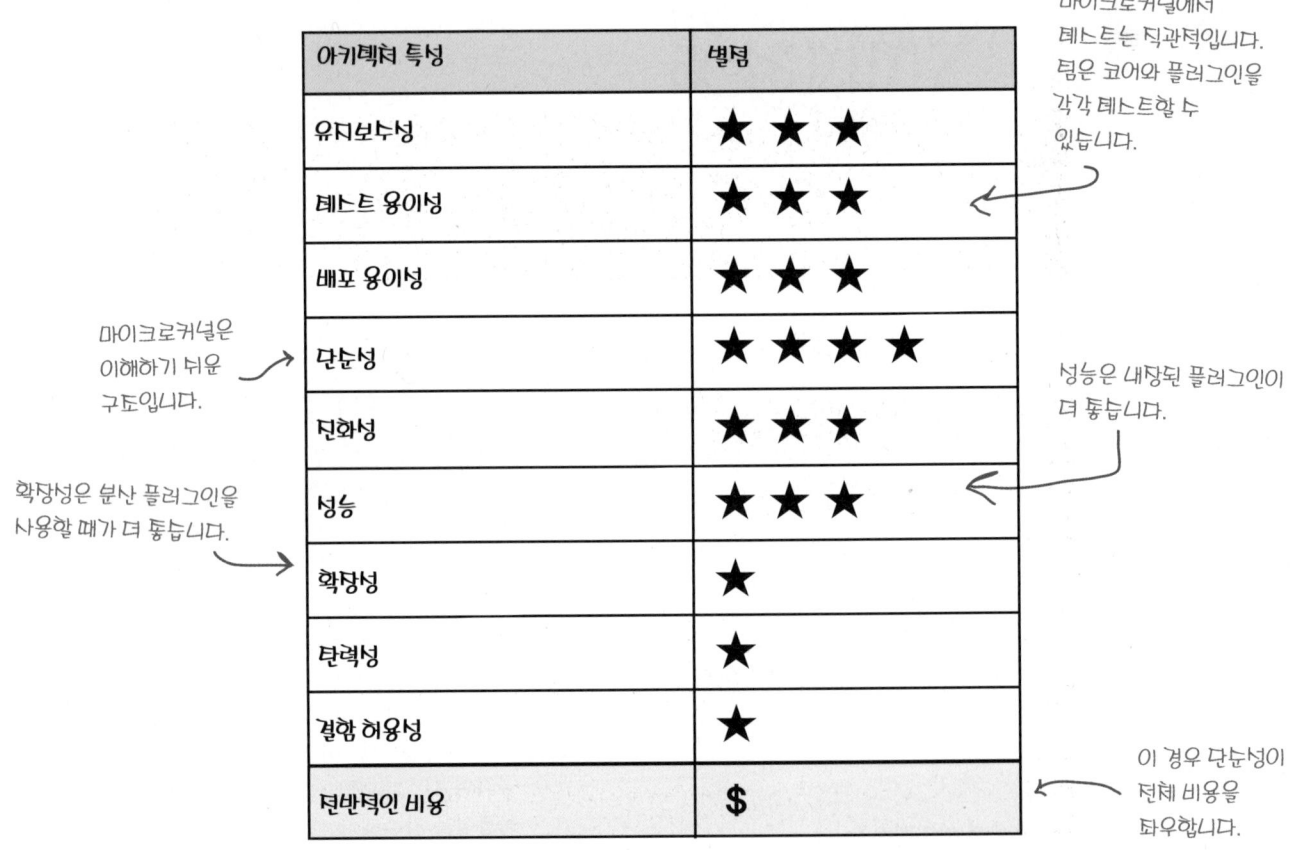

마이크로커널 아키텍처

연습문제

다음 시스템 중 어떤 것이 마이크로커널 아키텍처 스타일에 적합할까요? 그리고 그 이유는 무엇인가요?

힌트: 마이크로커널의 슈퍼파워, 크립토나이트와 시스템의 특성을 고려하세요.

사용자들이 입찰할 수 있는 온라인 경매 시스템

왜? _____
_____
_____

☐ 마이크로커널에 잘 맞음
☐ 비교적 마이크로커널에 적합함
☐ 마이크로커널에 어울리지 않음

하룻밤에 국제 송금을 처리하고 정산하는 대규모 백엔드 금융 시스템

왜? _____
_____
_____
_____

☐ 마이크로커널에 잘 맞음
☐ 비교적 마이크로커널에 적합함
☐ 마이크로커널에 어울리지 않음

새로운 사업 분야에 진입하므로, 시스템에 대한 지속적인 변화가 예상되는 회사

왜? _____
_____
_____
_____

☐ 마이크로커널에 잘 맞음
☐ 비교적 마이크로커널에 적합함
☐ 마이크로커널에 어울리지 않음

온라인 주문을 받기 시작하는 소규모의 빵집

왜? _____
_____
_____

☐ 마이크로커널에 잘 맞음
☐ 비교적 마이크로커널에 적합함
☐ 마이크로커널에 어울리지 않음

지원 플랜을 함께 구매한 전자제품을 위한 문제 티켓 시스템으로, 현장 기술자가 고객에게 가서 문제를 해결함

왜? _____
_____
_____

☐ 마이크로커널에 잘 맞음
☐ 비교적 마이크로커널에 적합함
☐ 마이크로커널에 어울리지 않음

➔ 정답은 275쪽에

여러분은 여기에 있습니다 **269**

장 요약

마무리하기

여러분의 노력 덕분에 [고잉 그린]은 기기를 빠르고 정확하게 평가하고 있으며, 수익성이 매우 좋아졌습니다. 이 [고잉 그린] 예시는 마이크로커널 아키텍처가 얼마나 유용한지를 보여줍니다. 문제가 생겼을 때 맞춤화가 가능하면서도 안정적인 시스템이 필요하다면, 마이크로커널이 가장 적합합니다.

핵심정리

- 마이크로커널 아키텍처 스타일은 플러그인을 통해 맞춤형 기능을 구조적으로 처리하는 방법을 제공합니다.
- 마이크로커널 아키텍처는 두 가지 주요 부분으로 구성됩니다. 코어 및 한 개 이상의 플러그인입니다.
- 마이크로커널에서 코어 시스템은 기능이 최소화되어 있으며 변동성이 낮습니다.
- 아키텍트는 시스템을 맞춤화하거나 동작을 추가하기 위해 플러그인을 설계합니다.
- 일반적으로 플러그인은 서로 통신하지 않고 코어 시스템과만 통신합니다.
- 플러그인이 서로 통신해야 하는 경우, 코어는 소통을 중재하고 버전 및 종속성과 같은 문제를 처리해야 합니다. 즉, 통합 레이어 역할을 합니다.
- 마이크로커널 아키텍처는 모놀리식 아키텍처일 수도 있고, 분산 아키텍처에서 서비스로 구현될 수도 있습니다.
- 모놀리식 아키텍처로 구축될 때, 코어와 플러그인은 같은 언어로 작성되어야 합니다.
- 플러그인 호출은 동기식일 수도 있고(예를 들어, 분산 아키텍처에서 REST를 사용하는 경우), 비동기식일 수도 있습니다(모놀리식 아키텍처에서 스레드를 사용하거나, 분산 아키텍처에서 메시징을 사용하는 경우). 원격 호출이 동기식이든 비동기식이든 관계없이, 아키텍트는 다양한 기술 스택에서 플러그인을 구현할 수 있습니다.
- 모놀리식 플러그인은 일반적으로 동일한 프로세스에서 호출이 이루어지기 때문에 더 나은 성능을 제공합니다.
- 모놀리식 마이크로커널은 모든 모놀리식 시스템이 가지는 일반적인 제한 사항이 있습니다. 여기에는 확장성과 탄력성 면에서 제한된 운영 능력이 포함됩니다.
- 분산 플러그인을 사용하는 마이크로커널은 더 나은 확장성을 제공할 수 있습니다. 여러 프로세스를 사용하고 확장성이 있는 통신(이벤트)을 제공할 수 있기 때문입니다.
- 마이크로커널 아키텍처는 변동성이 뚜렷한 문제에 가장 적합합니다.
- 마이크로커널의 코어 시스템이 자주 변경된다면 아키텍처 스타일을 잘못 선택했거나 작업을 잘못 분할했을 수 있습니다.
- 마이크로커널 스타일은 여러 곳에서 나타납니다. IDE, 텍스트 처리 도구, 빌드 및 배포 도구, 통합 도구, 번역 레이어, 보험 애플리케이션, 전자제품 재활용 애플리케이션 등 다양한 예가 있습니다.

'마이크로커널' 낱말 퀴즈

마이크로커널 아키텍처에 대해 얼마나 배웠는지 알아볼 준비가 되었나요? 이 낱말 퀴즈에 도전해보세요!

가로

3. 마이크로커널 아키텍처를 구현할 때 자주 사용하는 설계 패턴이다.
6. 플러그인 간 통신을 통해 코어은 통합 _____ 역할을 한다.
9. 이것을 사용하여 시스템에 새로운 기능을 추가할 수 있다.
10. 마이크로커널 아키텍처는 새로운 기능을 포함하도록 _____할 수 있다.
11. 코드 작성에 사용되는 통합 개발 환경의 머리글자다.
13. 모놀리식 아키텍처는 플러그인과 코어를 모두 _____ 한다.
14. 플러그인은 보통 서로 독립적으로 _____된다.
16. 마이크로커널은 _____ 규칙과 동작이 명확한 시스템을 만드는 데 좋다.
17. 여러 기술 _____ (으)로 작성된 플러그인을 사용할 수 있다.

세로

1. 플러그인이 서로 통신하면 그들의 의존성은 _____ (이)다.
2. 상호작용하는 플러그인을 사용하는 IDE의 예다.
4. _____ 플러그인은 더 좋은 성능을 제공한다.
5. 마이크로커널 아키텍처에서 주요 컴포넌트 유형의 개수다.
7. 변동성이 큰(형용사 단어)
8. 마이크로커널 아키텍처는 종종 여러 프로그래밍 _____을(를) 지원한다.
12. 대부분의 모놀리식 애플리케이션이 플러그인을 언제 로드하는가?
15. 코드에 스타일과 문법 규칙을 적용하는 도구다.
16. 플러그인은 코어에 대한 _____을 만든다.
18. 플러그인은 어디에 연결되어 있는가?

➡ 정답은 276쪽에

연습문제 정답

아키텍트가 되자

아키텍트는 분석하는 것을 멈추지 않습니다. 새로운 [고잉 그린]의 아키텍처에서 세 가지 서비스 각각에 대해 세 가지 아키텍처의 중요한 특징을 정할 수 있나요?

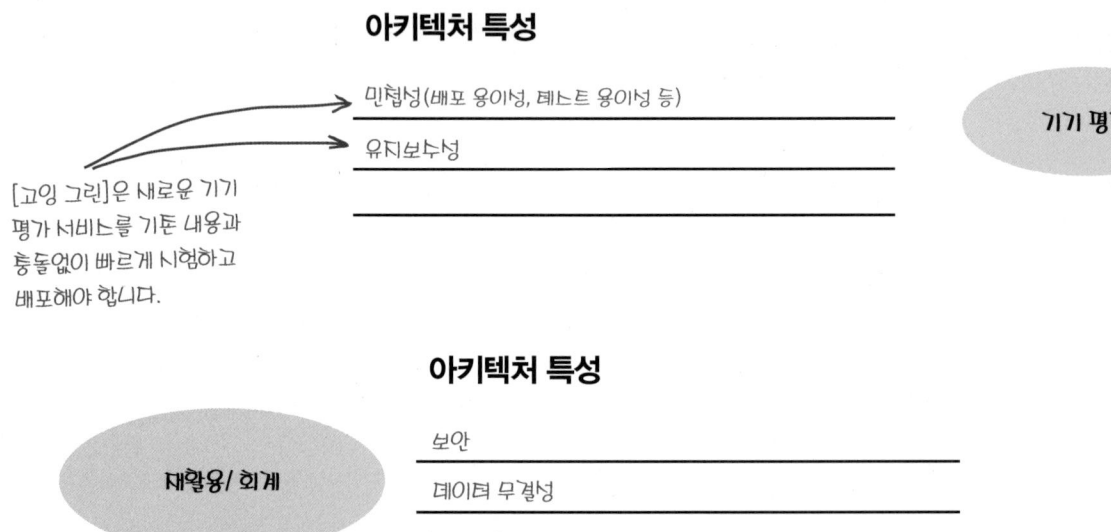

아키텍처 특성 (공개 사용자 인터페이스)
- 확장성
- 가용성
- ___

아키텍처 특성 (기기 평가)
- 민첩성(배포 용이성, 테스트 용이성 등)
- 유지보수성
- ___

[고잉 그린]은 새로운 기기 평가 서비스를 기존 내용과 충돌없이 빠르게 시험하고 배포해야 합니다.

아키텍처 특성 (재활용/회계)
- 보안
- 데이터 무결성
- 감사 가능성

연습문제 정답

마이크로커널 아키텍처 스타일은 여러 곳에서 많이 볼 수 있습니다. 아래에 있는 특정 도구와 카테고리를 스펙트럼의 올바른 위치에 놓아 각 도구가 어느 정도로 마이크로커널에 해당하는지 확인하세요.

힌트: 각 시스템의 '마이크로커널-성'의 정도는 플러그인 없이도 얼마나 유용한 기능을 수행할 수 있는지에 달려 있습니다.

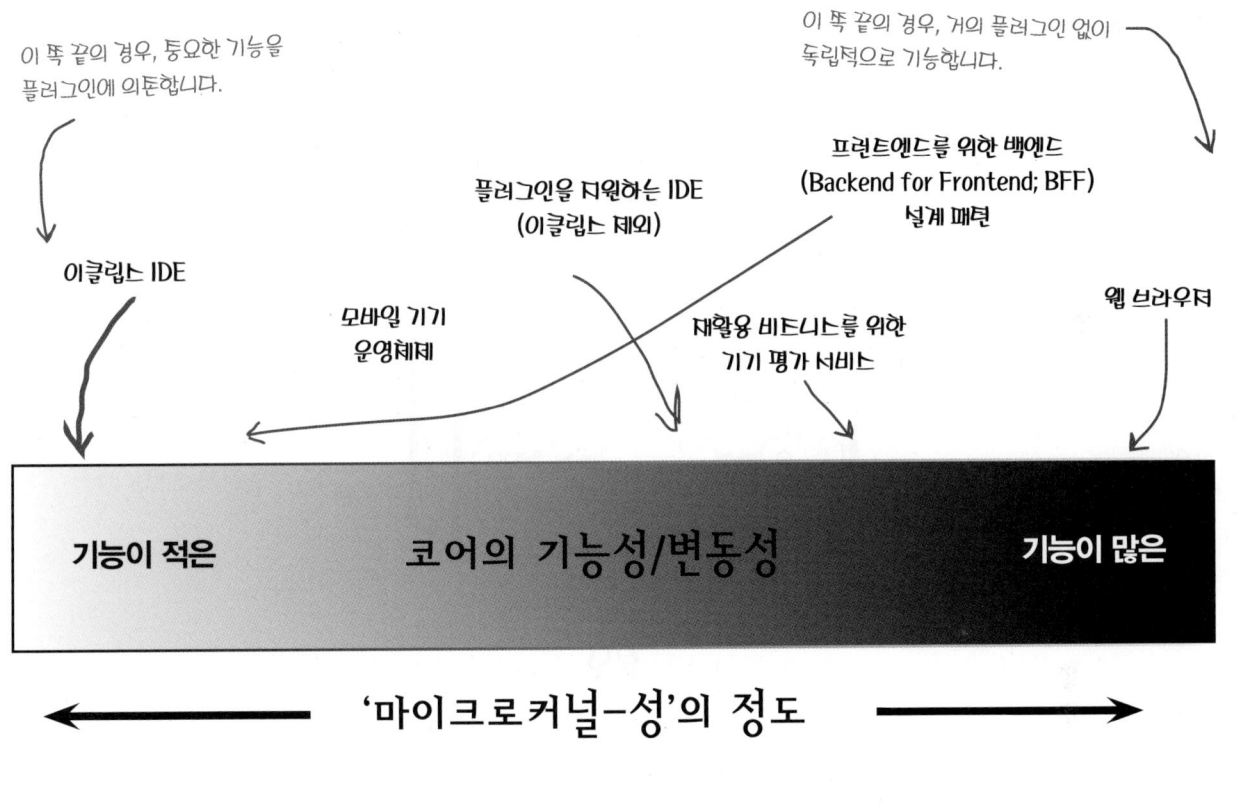

연습문제 정답

문제는 258쪽에

[고잉 그린]의 평가 서비스 팀은 마이크로커널의 물리적 아키텍처가 **모놀리식**(코어와 플러그인이 같은 배포 단위에 포함됨)일지 또는 **분산**(플러그인이 코어와 별도로 배포됨)일지를 결정해야 합니다. 트레이드오프 분석을 위해 여러분의 도움이 필요합니다. 각 선택의 장점과 단점을 나열해 주겠어요?

힌트: 각 선택 사항이 아키텍처 특성에 어떤 영향을 미칠지 생각해보세요.

모놀리식

장점
- 성능
- 단순성

→ 단일 플랫폼 모놀리스는 분산 아키텍처에 비해 훨씬 단순합니다.

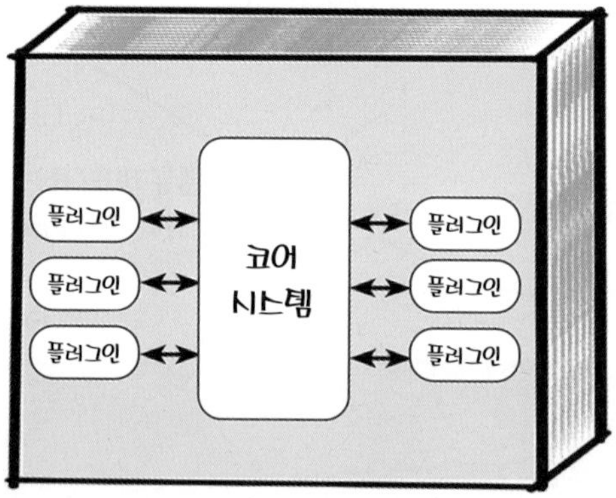

단점
- 단일 배포
- 확장성

↑ 모놀리식 아키텍처를 확장하는 것이 더 어렵습니다.

분산

장점
- 확장성
- 통신 방식의 선택(동기/비동기)

↑ 분산 아키텍처는 통신 스타일에 더 많은 선택(그리고 트레이드오프)을 제공합니다.

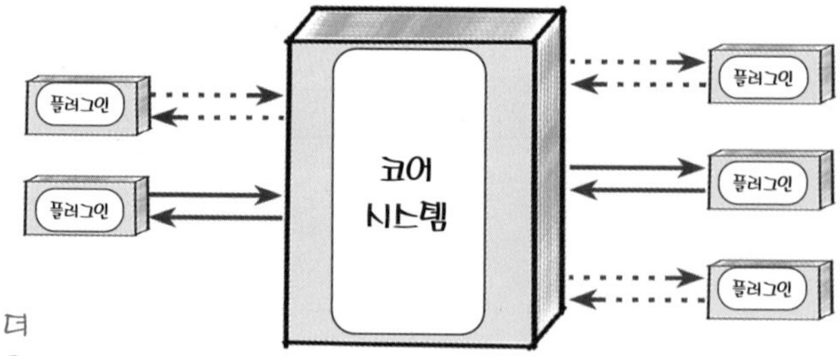

단점
- 성능
- 복잡성

↑ 5장에서 배웠듯이 분산 아키텍처는 훨씬 더 복잡합니다.

마이크로커널 아키텍처

문제는 269쪽에

연습문제 정답

다음 시스템 중 어떤 것이 마이크로커널 아키텍처 스타일에 적합할까요? 그리고 그 이유는 무엇인가요?

힌트: 마이크로커널의 슈퍼파워, 크립토나이트와 시스템의 특성을 고려하세요.

사용자들이 입찰할 수 있는 온라인 경매 시스템
- 왜? 이 시스템은 높은 확장성을 요구하지만 고도의 맞춤화가 필요하지 않아 마이크로커널 아키텍처에는 덜 적합합니다.

  ☐ 마이크로커널에 잘 맞음
  ☐ 비교적 마이크로커널에 적합함
  ☒ 마이크로커널에 어울리지 않음

하룻밤에 국제 송금을 처리하고 정산하는 대규모 백엔드 금융 시스템
- 왜? 전신 송금 규칙은 출발 국가에 따라 다를 수 있습니다. 마이크로커널은 이 문제를 해결하는 한 가지 방법입니다. (그러나 모놀리식 마이크로커널의 경우 확장성이 우려될 수 있습니다).

  ☒ 마이크로커널에 잘 맞음
  ☐ 비교적 마이크로커널에 적합함
  ☐ 마이크로커널에 어울리지 않음

새로운 사업 분야에 진입하므로, 시스템에 대한 지속적인 변화가 예상되는 회사
- 왜? 회사가 플러그인에 대한 변경사항을 분리하고 변동성이 큰 코어를 피할 수 있다면, 마이크로커널은 새로운 기능을 독립적으로 도입할 수 있게 해줍니다.

  ☒ 마이크로커널에 잘 맞음
  ☐ 비교적 마이크로커널에 적합함
  ☐ 마이크로커널에 어울리지 않음

온라인 주문을 받기 시작하는 소규모의 빵집
- 왜? 맞춤화에 대한 강력한 이유가 없고 문제가 단순하다면 마이크로커널은 적합하지 않습니다.

  ☐ 마이크로커널에 잘 맞음
  ☐ 비교적 마이크로커널에 적합함
  ☒ 마이크로커널에 어울리지 않음

지원 플랜을 함께 구매한 전자제품을 위한 문제 티켓 시스템으로, 현장 기술자가 고객에게 가서 문제를 해결함
- 왜? 고객, 기기 또는 시스템의 다른 부분이 맞춤화를 요구하는 경우, 마이크로커널은 이를 구현하는 한 가지 방법이 됩니다.

  ☐ 마이크로커널에 잘 맞음
  ☒ 비교적 마이크로커널에 적합함
  ☐ 마이크로커널에 어울리지 않음

여러분은 여기에 있습니다

'마이크로커널' 낱말 퀴즈정답

문제는 271쪽에

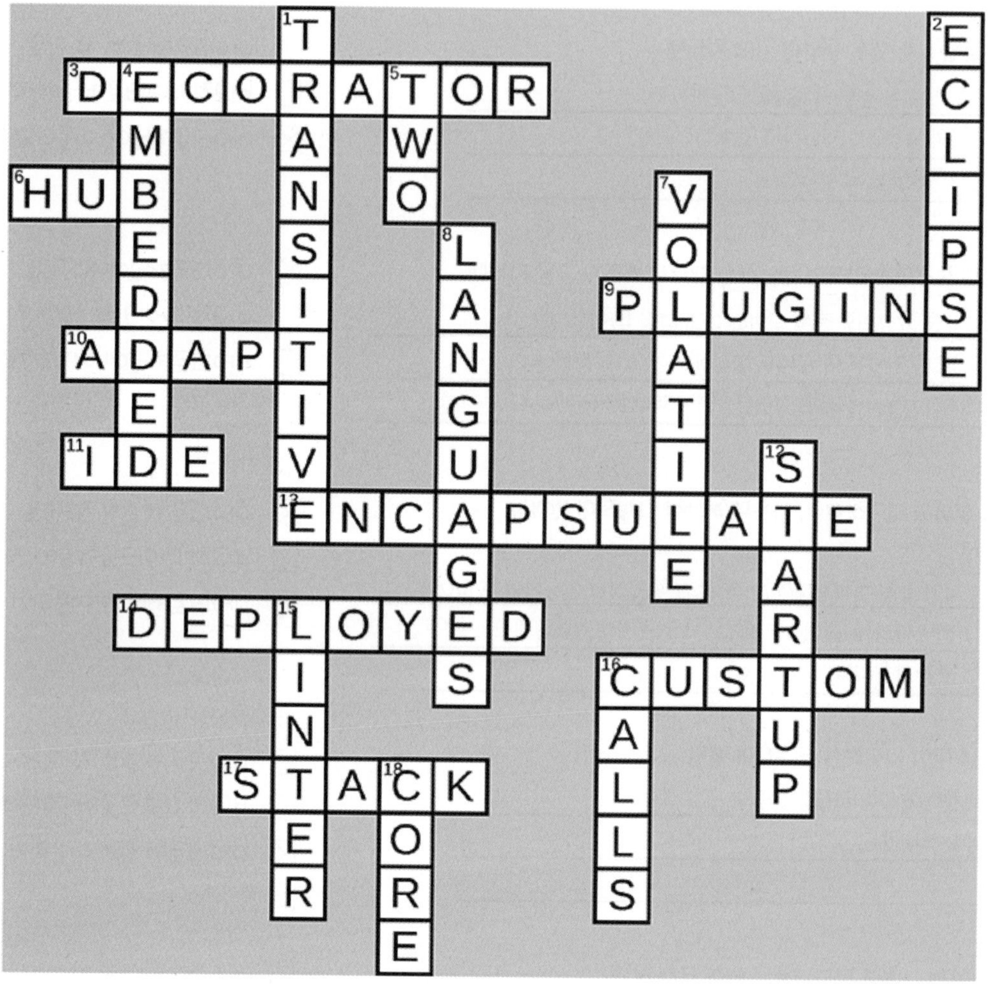

9 직접 해보기
[트립이지] 여행 앱

소프트웨어 아키텍트에 대한 여정을 확장할 준비가 되었나요? 이 장에서는 여러분이 소프트웨어 아키텍트가 됩니다. 소프트웨어 아키텍처 특성을 결정하고, 논리적 아키텍처를 구축하며, 아키텍처 결정을 내리고, 레이어드, 모듈러 또는 마이크로커널 중에서 아키텍처를 선택하게 됩니다. 그리고 이 장의 연습문제를 통해 소프트웨어 아키텍트가 하는 일을 전체적으로 보여주고 여러분이 얼마나 배웠는지 알 수 있습니다. 여행 통합 편의 사이트를 구축하는 스타트업 회사를 위한 아키텍처를 설계할 준비를 하세요. 즐거운 여행이 되길 바랍니다. 이 장을 통해 아키텍처를 구축하는 데 필요한 좋은 경험을 쌓길 바랍니다.

여기서부터 새로운 장입니다

[트립이지] 요구사항

여행을 더 쉽게 만들기

여러분은 [트립이지(TripEZ이고 '트래피즈'라고도 읽는다)]라는 멋진 새 스타트업에서 소프트웨어 아키텍트로 방금 채용되었습니다. 이 회사는 여행을 더 쉽게 만들고자 하며, 특히 자주 여행하는 '로드 워리어"들을 위해 노력합니다. [트립이지] 앱은 온라인 여행 관리 대시보드를 통해 여행자가 기존 예약을 웹 브라우저나 모바일 기기를 통해 여행별로 정리하여 볼 수 있게 해줍니다.

[트립이지] 요구사항 문서

- 시스템은 사용자의 이메일 계정을 지속적으로 확인하여 여행 관련 이메일을 찾아야 합니다.
- 시스템은 여행 세부 정보를 업데이트하기 위해 여행 파트너(예 여행사, 예약 앱, 항공사, 호텔, 렌터카 회사)의 시스템과 연동되어야 합니다. 여기에는 지연, 취소, 업데이트, 탑승구 변경이 포함됩니다. 여행 업계와의 경쟁에서 이기려면, 업데이트 내용은 5분 이내에 앱에 나타나야 합니다.
- 사용자가 기존 예약을 수동으로 추가, 수정 또는 삭제할 수 있어야 합니다.
- 사용자가 대시보드에서 항목을 여행별로 그룹화할 수 있어야 합니다. 그리고 여행이 완료되면 해당 항목은 대시보드에서 자동으로 제거되어야 합니다.
- 사용자는 그들의 여행 정보를 표준 소셜 미디어 사이트에 특정한 사람들과 공유할 수 있어야 합니다.
- 시스템은 모든 배포 플랫폼에서 가능한 한, 가장 풍부한 사용자 인터페이스를 가져야 합니다.
- 시스템은 사용자의 연간 여행 기록에 대한 다양한 지표가 포함된 연말 요약 보고서를 제공해야 합니다.
- [트립이지]는 사용자의 여행에서 여행 성향, 위치, 항공사 및 호텔 선호도, 취소 및 업데이트 빈도와 같은 분석 데이터를 수집해야 합니다.
- 회사는 중요한 무역 박람회에 맞추어 6개월 안에 [트립이지]를 출시하라고 합니다.

전직 파일럿이자 [트립이지]의 컨설턴트인 트래비스(Travis)와 만나세요. 시스템에 대해 몇 가지 더 중요한 요구사항이 있습니다.

이것들은 중요한 내용이니 주의하세요.

"[트립이지]는 국내외 여행 업계에서 사용되는 기존 표준 인터페이스 시스템과 완벽하게 통합되어야 합니다.

여행자가 선호하는 여행사(있다면)와 문제를 빠르게 해결할 수 있도록 통합해야 합니다.

최종적으로, 사용자는 항상 시스템에 접근할 수 있어야 합니다. 계획되지 않은 중단시간은 한 달에 최대 5분으로 제한해야 합니다."

---

1. 옮긴이_ 새로운 경험과 도전을 두려워하지 않고 정해진 경로에 얽매이지 않고 다양한 장소를 탐방하는 등의 여행을 하는 형태를 뜻합니다.

[트립이지] 사용자 워크플로우

이제 요구사항을 파악했으니, [트립이지]를 사용하는 여행자의 주요 워크플로우를 살펴보면서 더 구체적으로 이해해봅시다.

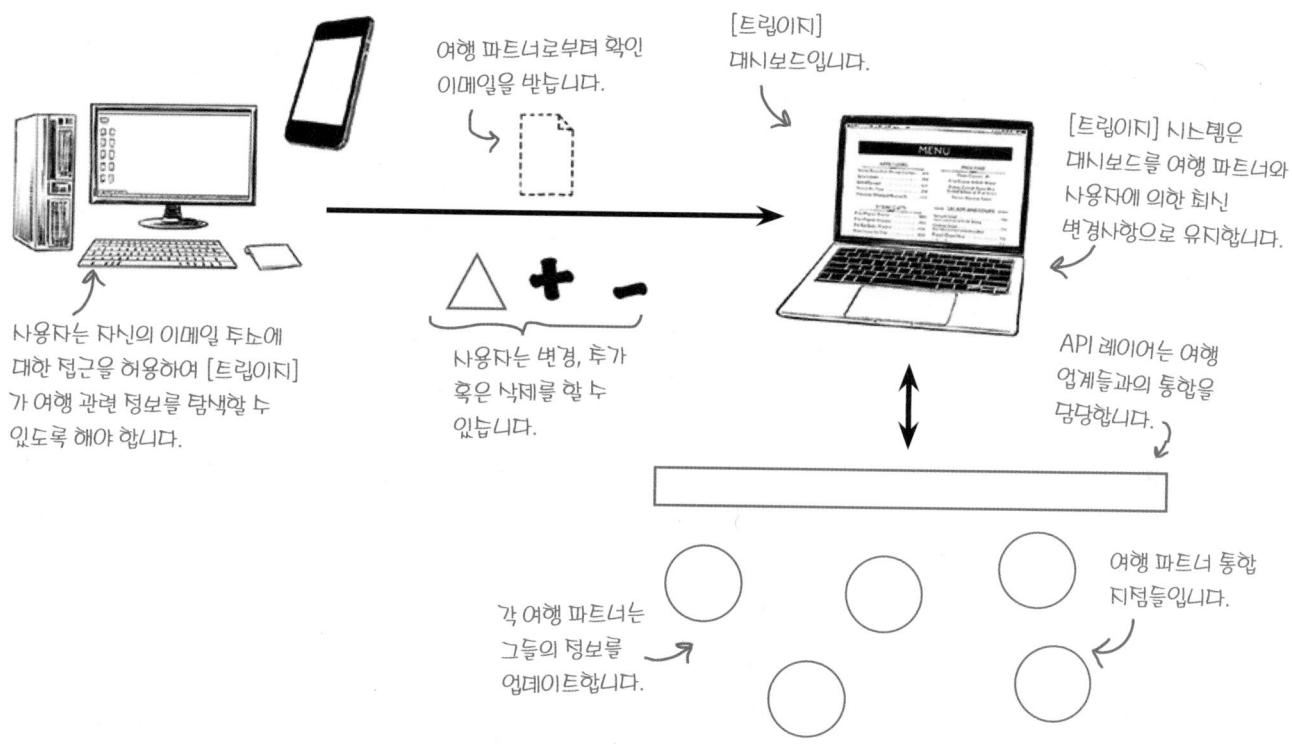

연필을 깎으며

[트립이지]의 요구사항에 기반하여 아키텍처 솔루션을 만들 때 해결해야 할 몇 가지 과제를 나열해보세요.

➡ 정답은 294쪽에

여러분은 여기에 있습니다

아키텍처 구축을 준비하기

아키텍처 계획하기

요구사항을 이미 제시했는데 왜 이렇게 지연되고 있나요? 왜 시스템 개발을 시작하지 않나요? 겨우 6개월밖에 남지 않았어요!

트래비스가 진행 상황을 보고 싶어 초급해하더라도 탄탄하고 잘 정리된 아키텍처를 만드는 것을 멈추면 안 됩니다.

먼저 아키텍처를 만들어야 합니다. 알다시피 아키텍처는 모든 소프트웨어 시스템에서 중요하고 필수적인 부분입니다. 아키텍처 없이 개발을 시작하면, 시스템은 그 어떤 목표도 달성하지 못할 가능성이 높습니다. 코드를 개발하기 전에 아키텍처를 만들어야 합니다. 이를 위해 1장에서 배운 소프트웨어 아키텍처의 네 가지 차원을 다시 떠올려야 합니다.

걱정하지 마세요. 시스템을 완성하겠습니다. 하지만 무엇을 먼저 만들어야 하는지를 아는 것이 중요합니다.

아키텍트의 로드맵

[트립이지] 아키텍처 구축을 시작해봅시다. 이전 장에서 배운 단계를 사용하여 요구사항을 아키텍처로 변환합니다.

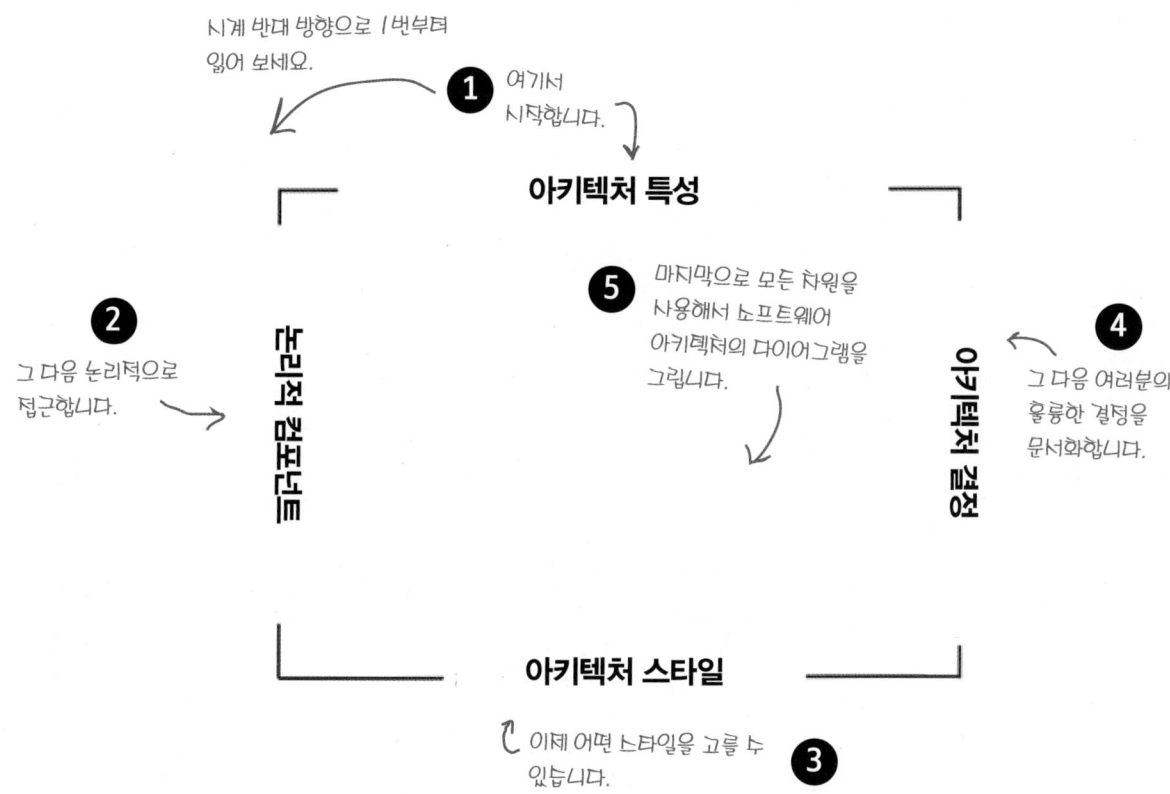

이 다이어그램은 앞으로 해결할 각 연습문제의 로드맵 역할을 하기 때문에 익숙해져야 합니다. 다음 몇 페이지에서는 이 다이어그램의 각 단계를 안내합니다.

여러분의 여정에 행운을 빕니다. [트립이지]는 당신 편입니다.

주요 특성

1단계: 아키텍처 특성 식별하기

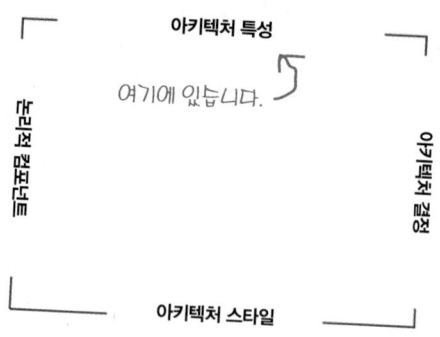

아키텍처 특성
여기에 있습니다.

논리적 컴포넌트

아키텍처 결정

아키텍처 스타일

"[트립이지]는 국내외 여행 업계에서 사용되는 기존 표준 인터페이스 시스템과 완벽하게 통합되어야 합니다.

여행자가 선호하는 여행사(있다면)와 문제를 빠르게 해결할 수 있도록 통합해야 합니다.

최종적으로, 사용자는 항상 시스템에 접근할 수 있어야 합니다. 계획되지 않은 중단시간은 한 달에 최대 5분으로 제한해야 합니다."

요구사항을 여기 복사했습니다. 이를 통해 주요 아키텍처 특성을 식별하는 데 더 쉽게 활용할 수 있습니다.

[트립이지] 요구사항 문서

- 시스템은 사용자의 이메일 계정을 지속적으로 확인하여 여행 관련 이메일을 찾아야 합니다.
- 시스템은 여행 세부 정보를 업데이트하기 위해 여행 파트너(예: 여행사, 예약 앱, 항공사, 호텔, 렌터카 회사)의 시스템과 연동되어야 합니다. 여기에는 지연, 취소, 업데이트, 탑승구 변경이 포함됩니다. 여행 업계와의 경쟁에서 이기려면, 업데이트 내용은 5분 이내에 앱에 나타나야 합니다.
- 사용자가 기존 예약을 수동으로 추가, 수정 또는 삭제할 수 있어야 합니다.
- 사용자가 대시보드에서 항목을 여행별로 그룹화할 수 있어야 합니다. 그리고 여행이 완료되면 해당 항목은 대시보드에서 자동으로 제거되어야 합니다.
- 사용자는 그들의 여행 정보를 표준 소셜 미디어 사이트에 특정한 사람들과 공유할 수 있어야 합니다.
- 시스템은 모든 배포 플랫폼에서 가능한 한, 가장 풍부한 사용자 인터페이스를 가져야 합니다.
- 시스템은 사용자의 연간 여행 기록에 대한 다양한 지표가 포함된 연말 요약 보고서를 제공해야 합니다.
- [트립이지]는 사용자의 여행에서 여행 성향, 위치, 항공사 및 호텔 선호도, 취소 및 업데이트 빈도와 같은 분석 데이터를 수집해야 합니다.
- 회사는 중요한 무역 박람회에 맞추어 6개월 안에 [트립이지]를 출시하라고 합니다.

직접 해보기

연습문제

2장에서는 이 템플릿을 사용하여 아키텍처 특성의 수를 제한하는 방법을 보여주었습니다. 필요하다면 70페이지로 돌아가서 사용하는 방법을 복습하세요.

상위 세 개 **주요 특성** **암묵적 특성**

☐ _____ 타당성(비용/시간) _____

☐ _____ 보안 _____

☐ _____ 유지보수성 _____

☐ _____ 관찰 가능성 _____

☐ _____

← 이것들은 암묵적 특성입니다. 만약, 시스템 성공에 핵심적이라면 주요 특성으로 옮기세요.

☐ _____

☐ _____

← 순서에 상관없이 가장 중요한 상위 세 가지를 고르세요.

이러한 일반적인 아키텍처 특성의 정의에 대한 복습이 필요하다면 2장으로 돌아가세요.

공통적인 아키텍처 특성 후보

성능	데이터 무결성	배포 용이성
응답성	데이터 일관성	테스트 용이성
가용성	적응성	설정성
결함 허용성	신장성	맞춤성
확장성	상호운용성	복구성
탄력성	동시성	감사 가능성

→ 정답은 293쪽에

여러분은 여기에 있습니다 283

컴포넌트 생성하기

2단계: 논리적 컴포넌트 식별하기

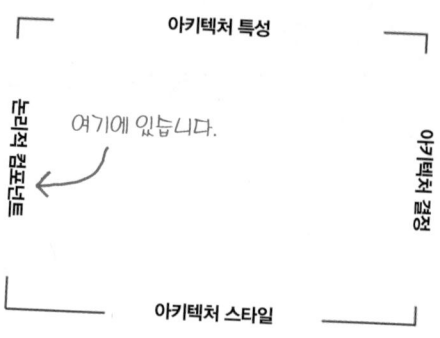

잘했어요! 이제 [트립이지]의 중요한 아키텍처 특성을 식별했으니 배운 내용을 활용하여 논리적 컴포넌트를 만들 차례입니다.

이전 페이지의 요구사항과 주요 워크플로우를 참고하여 4장에서 설명한 액터/액션 접근법을 사용하여 액터와 액션을 식별합니다. 그 다음 페이지에서 가능한 많은 논리적 컴포넌트를 식별하세요.

이 연습을 위해 유용할 추가 정보를 알려드립니다.

- 사용자가 [트립이지]에 가입하면, 그들은 다양한 여행 서비스들이 지연, 취소 등 최신 상태 보고서를 제공할 수 있도록 자격 증명을 제공합니다.
- 여행 파트너의 통합 지점이 필요한 5분 내에 업데이트를 제공하지 못하는 경우, 시스템은 해당 업체에 직접 질의해야 합니다.
- 특히 모바일 애플리케이션의 업데이트는 외딴 지역에서 신호가 약할 수 있는 점을 고려하여 가능한 적은 데이터를 사용해야 합니다.
- [트립이지]는 통합 지점의 가용성에 대해 책임을 지지 않습니다. 호출이 실패할 경우, 시스템은 조용히 실패하는 대신 오류를 반환해야 합니다(그렇지 않으면 사용자는 업데이트가 전송되지 않았다고 오해할 수 있습니다).

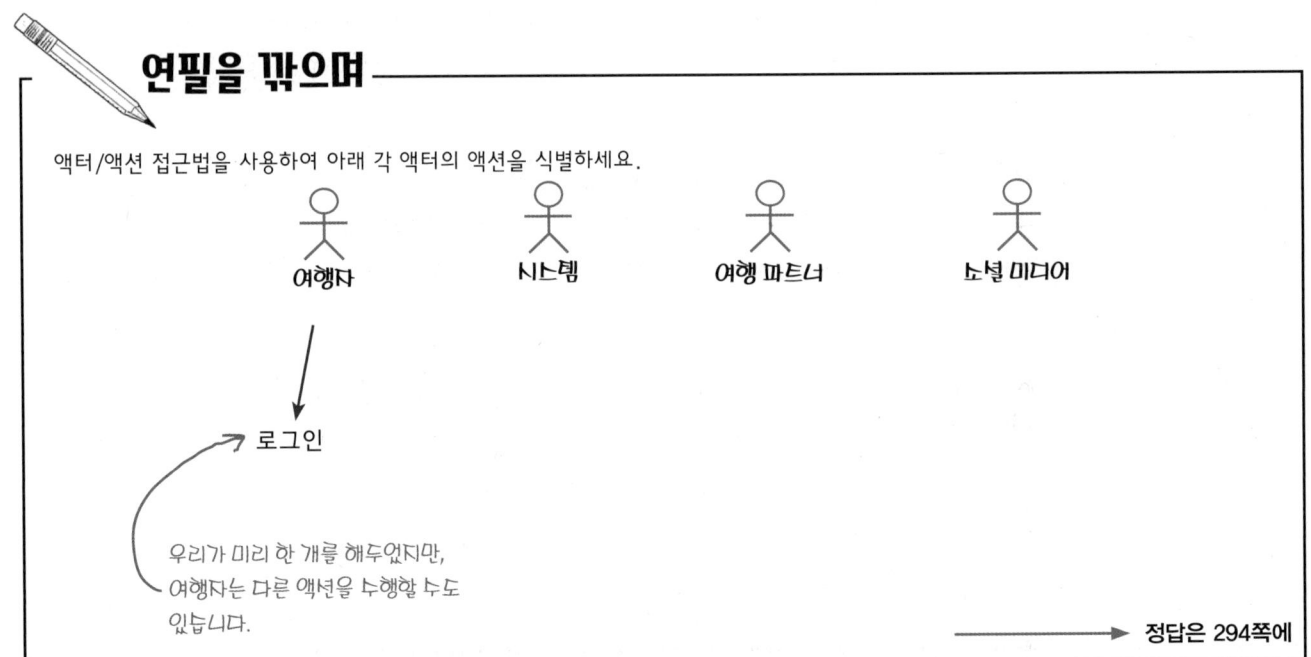

284   9장

직접 해보기

연습문제

아래 공간을 사용하여 논리적 컴포넌트와 그 상호작용을 그리세요.

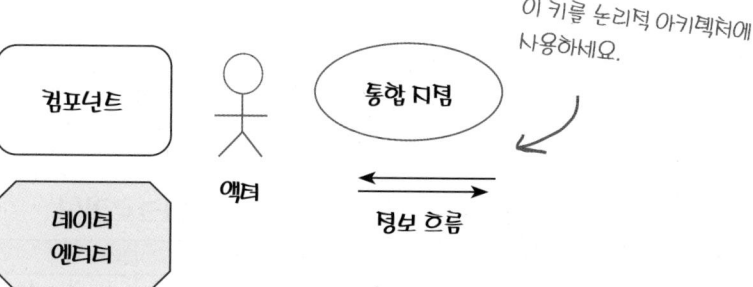

이 키를 논리적 아키텍처에 사용하세요.

정답은 295쪽에

여러분은 여기에 있습니다

스타일을 결정하기

3단계: 아키텍처 스타일 선택하기

지금까지 배운 레이어드, 모듈러 모놀리스, 마이크로커널 아키텍처 스타일에 대해 [트립이지] 시스템과 관련된 장단점을 다음 페이지에서 분석해보세요. 이때 요구사항, 논리적 아키텍처, 각 아키텍처 스타일에 대한 등급표를 참조해야 합니다(여러분을 위해 아래에 추가했습니다). 분석한 내용을 바탕으로 [트립이지]에 가장 적합한 아키텍처 스타일을 선택하세요.

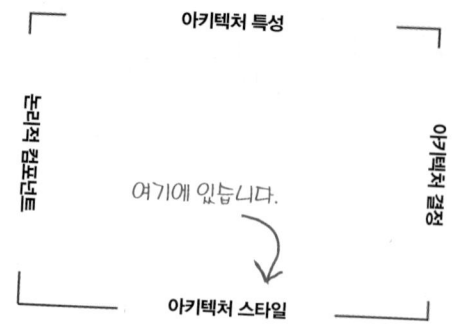

레이어드

아키텍처 특성	별점
유지보수성	★
테스트 용이성	★★
배포 용이성	★
단순성	★★★★★
진화성	★
성능	★★★
확장성	★
탄력성	★
결함 허용성	★
전반적인 비용	$

모듈러 모놀리스

아키텍처 특성	별점
유지보수성	★★★
테스트 용이성	★★★
배포 용이성	★★★
단순성	★★★★
진화성	★★★
성능	★★★
확장성	★
탄력성	★
결함 허용성	★
전반적인 비용	$ $

마이크로커널

아키텍처 특성	별점
유지보수성	★★★
테스트 용이성	★★★
배포 용이성	★★★
단순성	★★★★
진화성	★★★
성능	★★★
확장성	★
탄력성	★
결함 허용성	★
전반적인 비용	$

별점이 많을수록 해당 특성을 더 잘 지원한다는 뜻입니다.

글씨 크기가 작은 것에 대해 사과합니다. 하지만 기억하세요. 특정 스타일에 대한 별점은 언제든지 개별 장으로 돌아가서 확인할 수 있습니다.

다음은 [트립이지]에 더 적합한 아키텍처 스타일을 결정하는 데 도움이 될 몇 가지 고려 사항입니다.

- 논리적 아키텍처 다이어그램으로 돌아가서 눈에 띄는 기술적 또는 비즈니스 관심사를 찾을 수 있는지 확인하세요. 만약 그렇다면, 레이어드 또는 모듈러 모놀리스 아키텍처가 좋은 선택일 수 있습니다.

- 다양한 통합 지점을 생각해보세요. 서로 구별되는 논리를 가진 통합 지점이 많다면 마이크로커널 아키텍처가 좋은 선택이 될 수 있습니다.

직접 해보기

연습문제

각 아키텍처 스타일의 장단점을 정리하여 [트립이지]에 가장 적합한 선택을 할 수 있도록 도와주세요.

레이어드 모놀리스 아키텍처 분석

장점 | 단점

모듈러 모놀리스 아키텍처 분석

장점 | 단점

마이크로커널 아키텍처 분석

장점 | 단점

여러분의 최종 선택은: _____

→ 정답은 296쪽에

여러분은 여기에 있습니다

4단계: 여러분의 결정을 문서화하기

[트립이지]에 적용할 아키텍처 스타일을 선택한 것을 축하합니다. 이제 왜 해당 스타일을 선택했는지 설명하고, 그에 대한 아키텍처 결정을 문서화할 차례입니다.

3장에서 배운 것처럼 **아키텍처 결정 기록(ADR)**은 아키텍처 결정을 문서화하는 효과적인 방법입니다. 다음 페이지에 있는 ADR을 사용하여 아키텍처 스타일 결정을 문서화합니다. 이번 결정은 여러분이 한 열한 번째 아키텍처 결정이라고 가정합니다.

아키텍처 결정 기록에 관한 자세한 내용은 3장을 참고하세요.

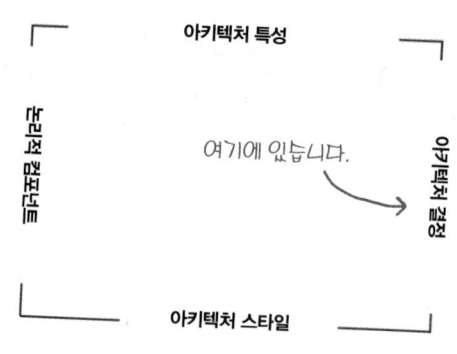

내 아키텍처 결정이 아무런 결과를 초래하지 않는다면, ADR의 결과 섹션에 무엇을 적어야 하나요?

모든 아키텍처 결정에는 반드시 결과가 따릅니다.

아마도 비용 문제일 수도 있고, 혹은 더 나은 보안을 위해 약간의 성능을 희생하는 것일 수도 있습니다. 어쨌든, 모든 아키텍처 결정에는 결과가 존재합니다.

방금 한 트레이드오프 분석을 생각해보세요. 각 트레이드오프에는 결과가 따릅니다. 더 나은 것을 얻기 위해 기꺼이 포기하거나 받아들인 것입니다. ADR의 '결과' 섹션은 트레이드오프 분석과 결정의 결과를 기록하기에 좋은 장소입니다.

아키텍처 결정에서 결과를 찾을 수 없다면 계속 찾아보세요. 결과는 반드시 있습니다.

직접 해보기

 **연습문제**

아키텍처 결정 기록

제목:

상태: 제안 ← 우리가 미리 해두었습니다.

맥락:

결정:

결과: ← 당신의 결정이 미치는 영향은 무엇인가요?
어떤 트레이드오프를 수용할 의향이 있나요?

→ 정답과 해설은 297~299쪽에

여러분은 여기에 있습니다   **289**

5단계: 아키텍처 다이어그램 그리기

이제 소프트웨어 아키텍처의 네 가지 차원을 모두 결합하여 여러분이 구상한 [트립이지] 아키텍처에 대한 비전을 보여주세요. 마지막 연습문제에서는 이 페이지에 있는 키를 사용하여 다음 페이지에 여러분의 아키텍처를 다이어그램으로 그립니다.

다이어그램을 위한 공간이 많지 않은 것은 의도된 설계입니다. 실제로 많은 아키텍처 다이어그램은 매우 자세하지만, 여기서 요청하는 것은 사용자 인터페이스, 데이터베이스, 그리고 아키텍처를 구성하는 컴포넌트들이 서로 어떻게 연결되는지에 대한 **고수준의 물리적 뷰**를 간단하게 스케치하는 것입니다.

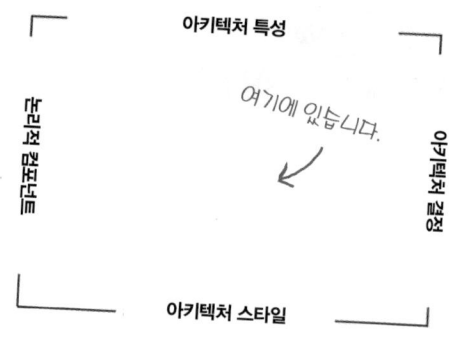

물리적 아키텍처 키

사용자 인터페이스를 나타내려면 컴퓨터 화면을 그린 후, 어떤 유형의 **사용자**가 상호작용하는지를 표시하세요. 예를 들어, 데스크톱과 모바일 장치 각각에 별도의 사용자 인터페이스가 있다면 두 개의 컴퓨터 화면을 배치합니다.

다이어그램에 주석을 추가하여 요점을 명확히 하거나 설명할 수 있습니다.

컴포넌트는 둥근 상자로 표현하세요. 이 상자는 이전 연습문제에서 식별한 논리적 컴포넌트와 일치해야 하며, 각 컴포넌트에는 의미 있고 설명적인 이름을 부여해야 합니다.

아키텍처에 레이어가 필요한 경우, **레이어**는 일반적인 상자로 표현하세요. 다시 각 레이어에는 의미 있는 이름을 부여해야 합니다.

여러분의 정답에 각 **물리적 데이터베이스**를 나타내기 위해 원통을 그리세요.

화살표는 사용자 인터페이스와 데이터베이스 간의 통신을 나타냅니다.

연습문제

이 공간을 사용하여 [트립이지]의 물리적 아키텍처를 스케치하세요. 이전 페이지의 키를 참조하세요.

▶ 정답과 해설은 300~302쪽에

장 요약

옳은 답도 틀린 답도 없습니다

축하합니다. 드디어 여러분만의 아키텍처를 설계했습니다!

지금부터 보여드릴 내용은 연습문제의 '정답'입니다. 여기서 인용 부호를 사용한 이유는 우리가 제시하는 정답은 많은 정답 중 하나이기 때문입니다. 소프트웨어 아키텍처에는 옳고 그른 답이 없습니다. 모든 것은 트레이드오프를 분석하고 자신의 결정을 정당화할 수 있는 능력에 관한 것이기 때문입니다.

여러분의 답안과 우리가 제시하는 예시를 비교해 보세요. 무엇이 다른지 생각해보거나, 본인이 가장 적합하게 선택했음을 확인할 수 있습니다. 우리는 [트립이지]를 위한 레이어드, 모듈러 모놀리스 그리고 마이크로커널 아키텍처를 보여 줄 예정이며, 이 모든 스타일이 유효한 옵션입니다.

소프트웨어 아키텍처는 항상 배우는 과정입니다. 새로운 문제마다 새로운 조건, 제약조건, 비즈니스와 기술적인 관심사들이 생깁니다. 모두에게 적합한 단일 아키텍처는 없습니다. 상황에 맞는 가장 적절한 아키텍처를 찾는 것은 아키텍트인 여러분에게 달려 있습니다.

핵심정리

- 비즈니스 문제에 대한 요구사항을 분석할 때는 항상 비즈니스 이해관계자 또는 프로젝트 스폰서로부터 추가 정보를 수집합니다.

- 아키텍처를 설계할 때 '체크리스트'는 없지만, 소프트웨어 아키텍처의 네 가지 차원(1장에서 소개함)은 좋은 로드맵을 제공합니다.

- 주요 아키텍처 특성을 식별하려면 비즈니스 요구사항과 기술적 제약조건을 분석해야 합니다.

- 암묵적인 아키텍처 특성은 시스템 성공에 핵심적이거나 중요한 경우 주요 특성이 됩니다.

- 각 주요 특성을 어떤 요구사항이나 비즈니스 필요성에 맞출 수 있는지 확인하세요.

- 논리적 컴포넌트를 식별하고 해당 논리적 아키텍처를 만들 때, 서비스, 데이터베이스, 큐, 그리고 사용자 인터페이스와 같은 물리적 세부사항을 추가하지 않도록 하세요. 이러한 항목들은 물리적 아키텍처에 포함됩니다.

- 아키텍처 스타일을 선택할 때는 아키텍처 스타일의 특성, 문제 도메인, 그리고 식별한 주요 아키텍처 특성을 고려하세요.

- 하이브리드 아키텍처(두 가지 이상의 다른 아키텍처 스타일을 결합한 것)는 매우 흔합니다. 사용할 경우, 여러분의 핵심적인 아키텍처 특성을 충족하는지 반드시 확인하세요.

- 아키텍처 결정 기록(ADR)은 선택 사항을 문서화하는 훌륭한 방법입니다. 아키텍처 결정의 이유와 트레이드오프 분석을 설명합니다.

- 물리적 아키텍처의 다이어그램을 그릴 때 논리적 아키텍처에서 식별한 모든 컴포넌트를 반드시 포함시키세요.

- 소프트웨어 아키텍처에는 옳고 그른 답이 없음을 기억하세요. 아키텍처 결정에 대한 합리적인 정당성을 제공할 수 있다면, 올바른 길을 가고 있는 것입니다.

연습문제 정답

문제는 283쪽에

2장에서는 이 템플릿을 사용하여 아키텍처 특성의 수를 제한하는 방법을 보여주었습니다. 필요하다면 70페이지로 돌아가서 사용하는 방법을 복습하세요.

상위 세 개	주요 특성	암묵적 특성
☐	타당성 ← 프로젝트 기간은 단 6개월입니다.	⊙ 타당성(비용/시간)
☒	성능	보안
☒	확장성	유지보수성
☐	탄력성	관찰 가능성
☒	신장성/진화성 ← [트림이지]는 이메일 제공자와 소셜 미디어 사이트와의 수많은 통합을 필요로 할 것입니다.	
☐	가용성	
☐		

공통적인 아키텍처 특성 후보

성능	데이터 무결성	배포 용이성
응답성	데이터 일관성	테스트 용이성
가용성	적응성	설정성
결함 허용성	신장성	맞춤성
확장성	상호운용성	복구성
탄력성	동시성	감사 가능성

연습문제 정답

문제는 279쪽에

연필을 깎으며 정답

[트립이지]의 요구사항에 기반하여 아키텍처 솔루션을 만들 때 해결해야 할 몇 가지 과제를 나열해보세요.

- 적시에 알람 전달하기
- 사용자를 충분히 지원하기
- 모든 다양한 통합 지점을 관리하는 방법 찾기
- 소셜 미디어 계정과 통합하기

문제는 284쪽에

연필을 깎으며 정답

액터/액션 접근법을 사용하여 아래 각 액터의 액션을 식별하세요.

여행자
- 로그인
- 여행 추가
- 여행 편집
- 여행 제거
- 알람 받기

시스템
- 이메일로부터 여행 정보 동기화
- 알람 보내기

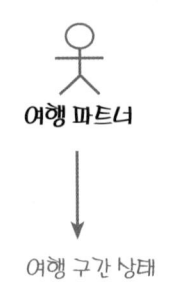

여행 파트너
- 여행 구간 상태

소셜 미디어
- 여행 업데이트

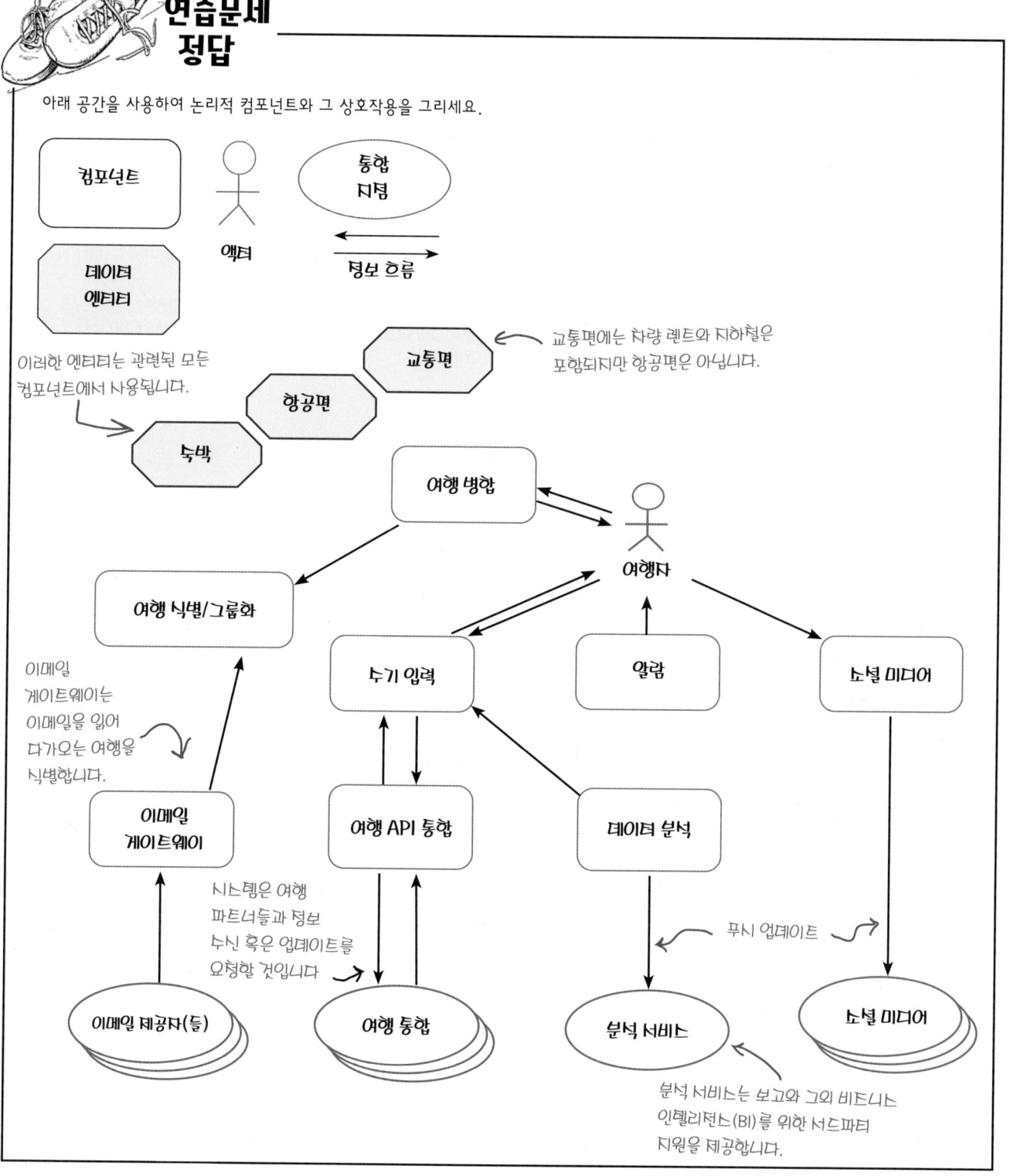

연습문제 정답

문제는 287쪽에

각 아키텍처 스타일의 장단점을 정리하여 [트립이지]에 가장 적합한 선택을 할 수 있도록 도와주세요.

레이어드 모놀리스 아키텍처 분석

장점

레이어드 아키텍처는 모놀리식 구조로, 비교적 간단하여 높은 타당성을 제공합니다.

기술적 관심사에 따라 분할하면 서드파티 통합을 더 쉽게 추가할 수 있습니다.

모놀리식 아키텍처는 [트립이지]의 우선순위 중 하나인 성능 향상에 유리합니다.

단점

레이어드 아키텍처에서 도메인에 변경을 가하는 것은 여러 레이어에 분산되어 있기 때문에 번거로울 수 있습니다.

[트립이지]가 성장함에 따라 시스템은 지속적으로 모니터링되어야 하며, 이를 통해 확장성을 보장해야 합니다.

모듈러 모놀리스 아키텍처 분석

장점

모듈러 모놀리스 아키텍처는 모놀리식 구조로, 비교적 간단하여 높은 타당성을 제공합니다.

도메인별로 분할하는 것이 더 적합한데, 이는 기술적 능력에 따라 도메인 부분을 분리할 필요가 없기 때문입니다.

모놀리식 아키텍처는 [트립이지]의 우선순위 중 하나인 성능 향상에 유리합니다.

단점

더 많은 통합 파트너를 추가하면 많은 도메인에 변경이 필요할 수 있습니다.

[트립이지]가 성장함에 따라 시스템은 지속적으로 모니터링되어야 하며, 이를 통해 확장성을 보장해야 합니다.

마이크로커널 아키텍처 분석

장점

모놀리식 마이크로커널 아키텍처는 비교적 간단하여 높은 타당성을 제공합니다.

마이크로커널은 [트립이지]의 통합 유연성 요구에 잘 맞습니다.

모놀리식 마이크로커널 아키텍처는 [트립이지]의 우선 사항 중 하나인 성능 향상에 유리합니다.

단점

코어에 영향을 미치는 모든 변경은 신중하게 고려해야 합니다.

[트립이지]가 성장함에 따라 시스템은 지속적으로 모니터링되어야 하며, 이를 통해 확장성을 보장해야 합니다.

↙ 네 가지 모두에 대한 ADR과 아키텍처 다이어그램을 제시하겠습니다.

여러분의 최종 선택은: 이 중 어떤 것이든 가능하며 단지 서로 다른 트레이드오프가 있을 뿐입니다.

아키텍처 결정 기록

제목: 011: 이지트립 시스템을 위해 레이어드 모놀리스 아키텍처 스타일을 사용함.

상태: 제안

맥락:

이지트립은 빠르게 성장하는 스타트업으로 타당성을 보장하기 위해 단순한 아키텍처가 필요합니다. 또한, 회사는 여러 서드파티 통합을 수용할 수 있도록 신장성을 보장해야 합니다.

결정:

우리는 레이어드 모놀리스 아키텍처 스타일을 사용합니다. [트립이지]는 시스템의 다양한 부분에 대해 별도의 아키텍처 특성이 필요하지 않으므로, 레이어드 모놀리스 구조가 필요한 아키텍처 특성을 충족할 것입니다.

이 시스템의 주요 제약사항은 확장성입니다.

또한, 기술적 능력에 따라 시스템을 분리하면 신장성이 더 쉬워집니다.

결과:

모놀리식 아키텍처를 선택했기 때문에, 시간이 지나면서 확장성이 결국 우려 사항이 될 수도 있습니다.

레이어드 아키텍처를 구축하면 도메인 중심의 일부 변경이 더 어려워지는데, 이는 변경 작업이 여러 레이어에 영향을 미치기 때문입니다.

이 아키텍처 스타일의 기술적 분할 덕분에 아키텍트는 새로운 사용자 인터페이스 지원 추가와 같은 기술적 능력을 쉽게 변경할 수 있습니다.

연습문제 정답

아키텍처 결정 기록

제목: 011: 이지트립 시스템을 위해 모듈러 모놀리스 아키텍처 스타일을 사용함.

상태: 제안

맥락:

[트립이지]는 빠르게 성장하는 스타트업으로, 아키텍처를 모델링할 때 분산 아키텍처로의 가장 쉬운 마이그레이션을 가능하게 하면서도, 촉박한 일정 내에 구축할 수 있을 만큼 간단해야 합니다.

결정:

우리는 모듈러 모놀리스 아키텍처 스타일을 사용할 것입니다. 이 아키텍처가 보여주는 도메인 분할 방식과 잘 맞는 개발 프로세스를 선택했습니다.

각 경계 컨텍스트를 컴포넌트 경계 내에 유지하면 개발자가 시스템의 토픽을 이해하는 데 도움이 됩니다. 또한, 시스템은 문제 도메인과 유사한 방식으로 성장할 수 있습니다.

우리 토픽은 도메인 주도 설계를 채택했으며, 이 아키텍처 스타일은 그 접근법과 잘 맞습니다.

결과:

모놀리식 아키텍처를 선택했기 때문에, 확장성이 결국 우려 사항이 될 수 있습니다.

이 아키텍처에서는 사용자 인터페이스와 같은 기술적 능력에 대한 전체적인 변경이 더 어려운데, 이는 UI가 각 경계 컨텍스트의 일부에서 처리되기 때문입니다.[2]

---

2. 옮긴이_ 레이어드 아키텍처와의 주요한 차이점입니다.

아키텍처 결정 기록

제목: 011: 이지트립 시스템을 위해 마이크로커널 아키텍처 스타일을 사용함.

상태: 제안

맥락:

같은 시스템임에도 불구하고 컨텍스트가 약간 다르다는 것을 눈치챘을 것입니다. 이는 서로 다른 팀의 우선순위를 반영합니다.

[트립이지]는 본질적으로 통합 아키텍처로, 다양한 통합 파트너로부터 유사한 정보를 관리합니다. 이 아키텍처는 플러그인을 통해 각 통합 지점에 대한 격리 및 맞춤화를 쉽게 촉진할 수 있습니다.

결정:

우리는 마이크로커널 아키텍처 스타일을 사용할 것입니다.

시장 출시 시간과 신장성이 회사에 중요하므로, 단순한 코어를 중심으로 미래의 추가 통합 파트너를 위한 플러그인으로 아키텍처를 모델링하면 개발자들이 이해하고 구현하기 쉬울 것입니다.

우리는 모놀리식 시스템의 단순성이 분산 플러그인의 이득(그리고 복잡성의 증가)보다 더 낫다고 결정했습니다.

결과:

모놀리식 아키텍처에서는 확장성이 결국 우려 사항이 될 수 있습니다. 팀은 미래에 플러그인을 분산하는 것을 고려할 수 있지만, 현재로서는 오버엔지니어링이라고 결정했습니다.

코어를 분리하여 UI를 다른 마이크로커널에서 처리하고, 다양한 UI 유형에 대해 서로 다른 플러그인을 사용할 수 있습니다.

코어에 빠르게 변하는 요구사항을 추가하는 것은 피해야 하며, 코어는 가능한 한 안정적으로 유지해야 합니다.

연습문제 정답

문제는 291쪽에

이 공간을 사용하고 290페이지의 키를 참조하여 [트립이지]의 물리적 아키텍처를 스케치하세요.

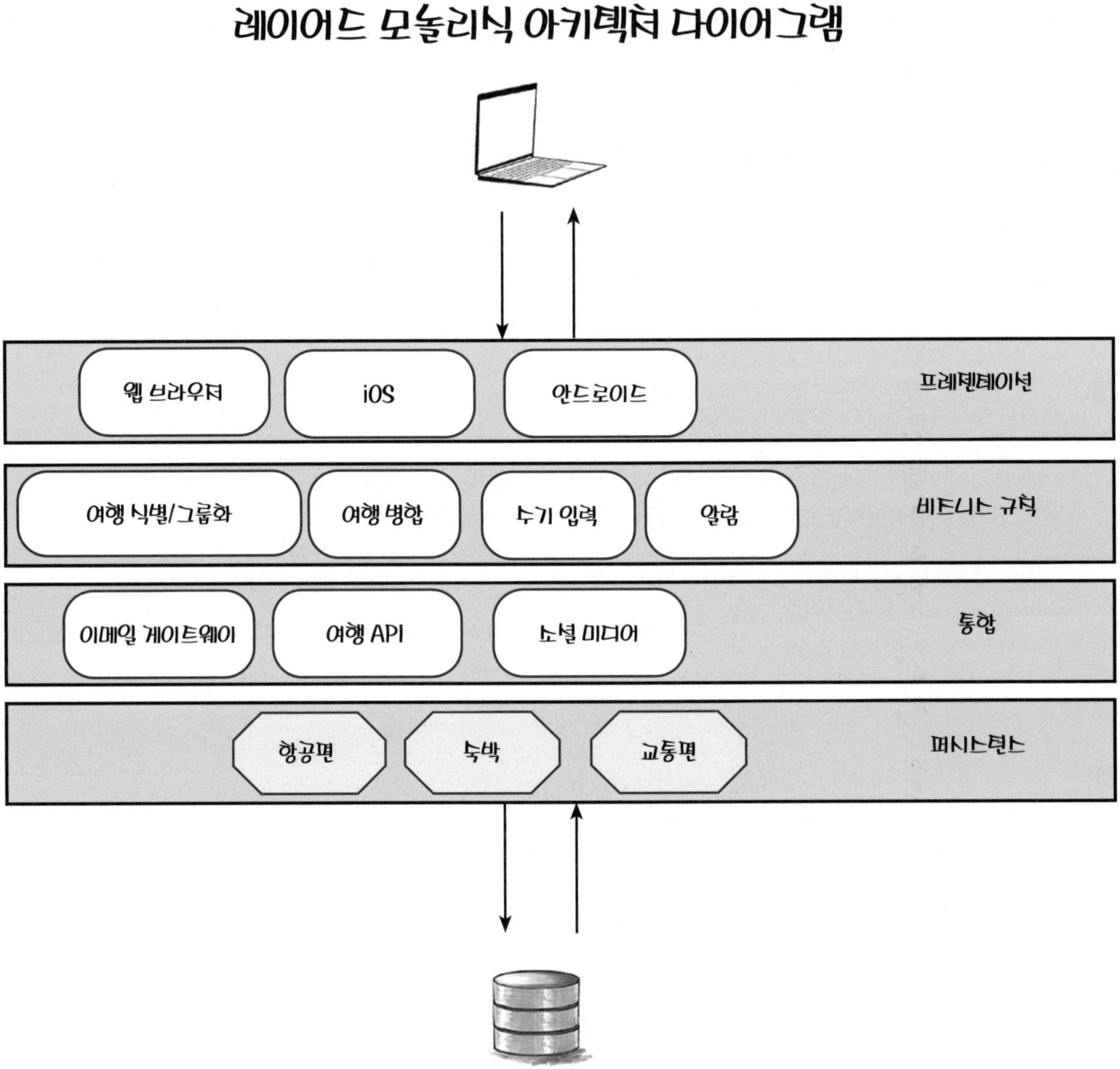

레이어드 모놀리식 아키텍처 다이어그램

프레젠테이션: 웹 브라우저, iOS, 안드로이드

비즈니스 규칙: 여행 식별/그룹화, 여행 병합, 수기 입력, 알람

통합: 이메일 게이트웨이, 여행 API, 소셜 미디어

퍼시스턴스: 항공편, 숙박, 교통편

직접 해보기

문제는 291쪽에

연습문제 정답

이 공간을 사용하고 290페이지의 키를 참조하여 [트립이지]의 물리적 아키텍처를 스케치하세요.

모듈러 모놀리식 아키텍처 다이어그램

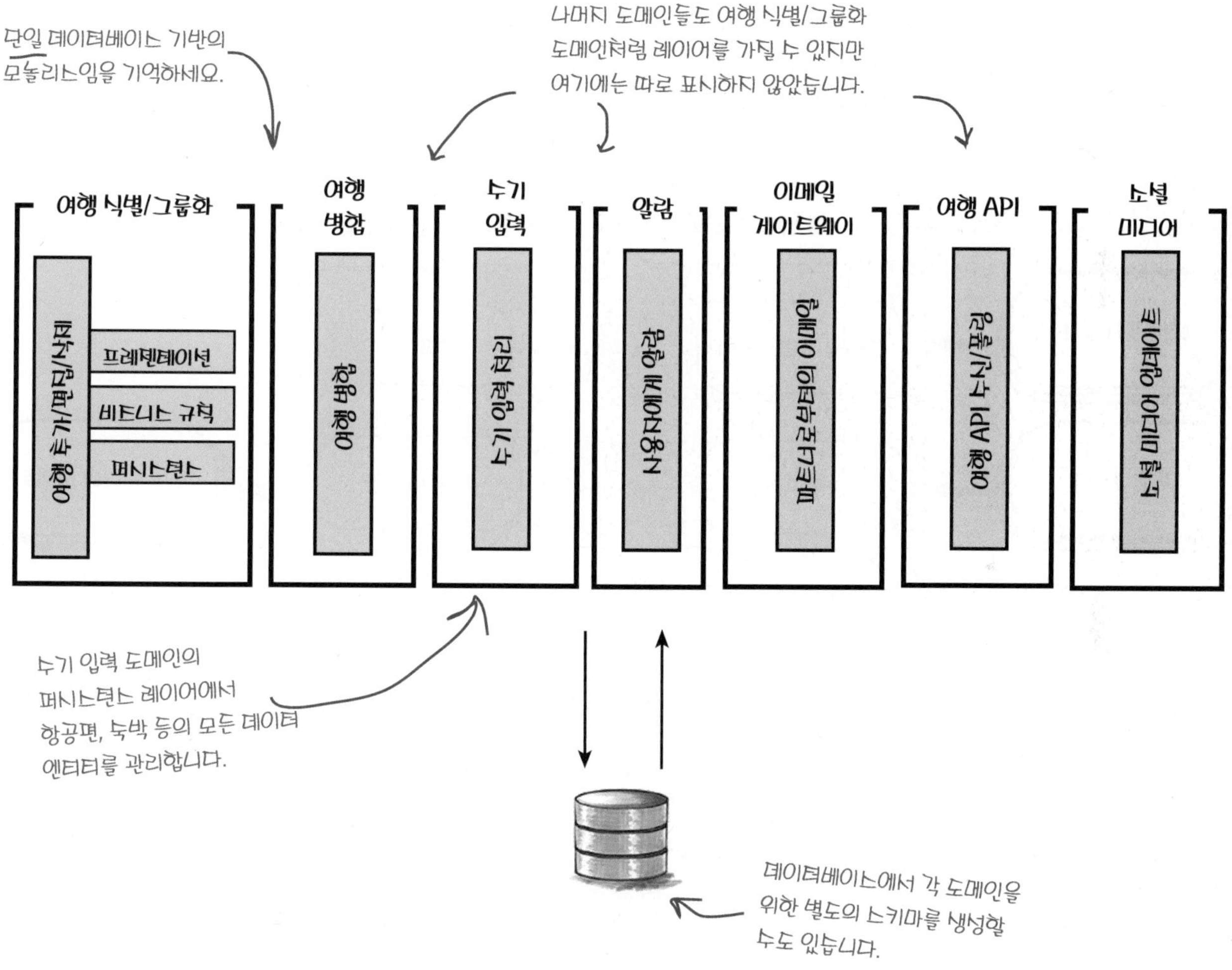

단일 데이터베이스 기반의 모놀리스임을 기억하세요. →

나머지 도메인들도 여행 식별/그룹화 도메인처럼 레이어를 가질 수 있지만 여기에는 따로 표시하지 않았습니다.

여행 식별/그룹화
- 여행 식별/그룹화
  - 프레젠테이션
  - 비즈니스 규칙
  - 퍼시스턴스

여행 병합 — 여행 병합

누기 입력 — 누기 입력 관리

알람 — 사용자 알람

이메일 게이트웨이 — 트랜잭션 이메일

여행 API — 여행 API 가/수정

소셜 미디어 — 소셜 미디어 업데이트

누기 입력 도메인의 퍼시스턴스 레이어에서 항공편, 숙박 등의 모든 데이터 엔티티를 관리합니다. ↗

데이터베이스에서 각 도메인을 위한 별도의 스키마를 생성할 수도 있습니다. ←

여러분은 여기에 있습니다 **301**

연습문제 정답

문제는 291쪽에

이 공간을 사용하고 290페이지의 키를 참조하여 [트립이지]의 물리적 아키텍처를 스케치하세요.

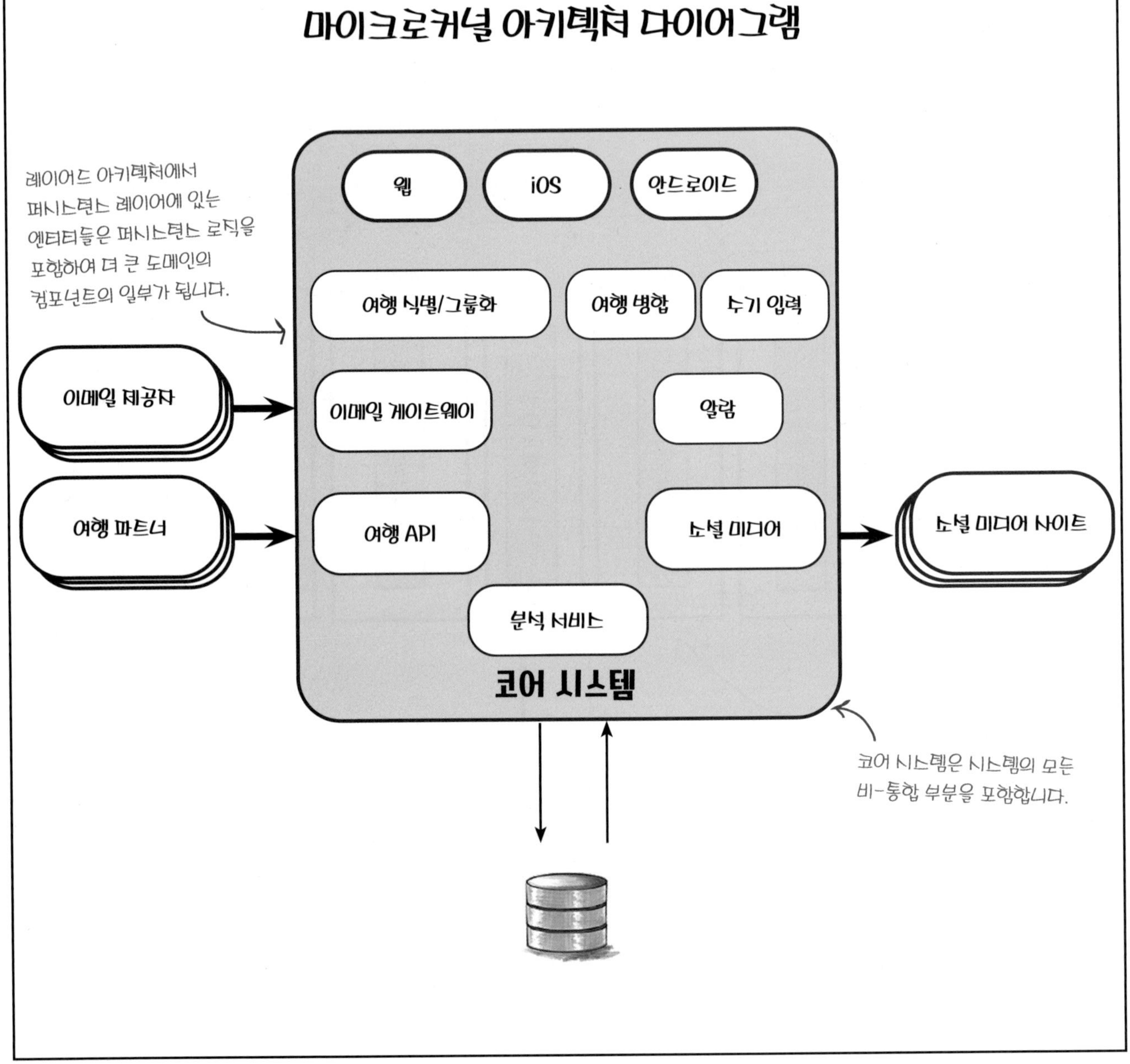

마이크로커널 아키텍처 다이어그램

코어 시스템 내부 구성요소:
- 웹, iOS, 안드로이드
- 여행 식별/그룹화, 여행 병합, 수기 입력
- 이메일 게이트웨이, 알람
- 여행 API, 소셜 미디어
- 분석 서비스

외부 연결:
- 이메일 제공자 → 이메일 게이트웨이
- 여행 파트너 → 여행 API
- 소셜 미디어 → 소셜 미디어 사이트
- 코어 시스템 ↔ 데이터베이스

레이어드 아키텍처에서 퍼시스턴스 레이어에 있는 엔티티들은 퍼시스턴스 로직을 포함하여 더 큰 도메인의 컴포넌트의 일부가 됩니다.

코어 시스템은 시스템의 모든 비-통합 부분을 포함합니다.

10 마이크로서비스 아키텍처
조금씩 단계별로

어떻게 하면 아키텍처를 좀 더 쉽게 변경할 수 있을까요? 비즈니스가 그 어느 때보다 빠르게 변화하고 있으므로, 소프트웨어 아키텍처도 그 속도를 따라가야 합니다. 이 장에서는 비즈니스 변화에 맞춰 유연하게 변하고, 비즈니스가 성장함에 따라 확장할 수 있으며, 시스템 장애가 발생해도 운영을 지속할 수 있는 유연한 아키텍처를 만드는 방법을 배울 것입니다. 이런 아키텍처가 마이크로서비스 아키텍처입니다. 이 아키텍처를 사용하면 이러한 문제들을 해결하고 그 이상의 복잡한 문제까지 해결할 수 있습니다. 마이크로서비스에 대해 조금씩 단계별로 알아봅시다.

모니터링 시스템 요구사항

몸은 괜찮으세요?

[스테이헬시(StayHealthy, Inc)]는 병원 환자들을 위한 의료 모니터링 시스템을 전문으로 개발하는 회사입니다. 이 시스템을 통해 의사와 간호사들은 환자의 심박수, 혈중 산소 농도, 체온, 혈당 수치 등 다양한 데이터를 모니터링할 수 있으며, 환자가 자고 있는지 혹은 깨어 있는지도 확인할 수 있습니다. 또한 문제가 발생하는 즉시 의사나 간호사에게 알림이 전송됩니다.

최근 의학의 발전으로 인해 의료 모니터링 시스템에도 새로운 요구사항이 생겼습니다. 그래서 [스테이헬시]도 최신 기술을 활용하여 현재의 의료 모니터링 소프트웨어를 '모니터미(MonitorMe)'라는 새로운 시스템으로 교체하기로 계획했습니다. 그리고 (놀랍게도) 여러분이 그 프로젝트의 아키텍트로 선정되었습니다.

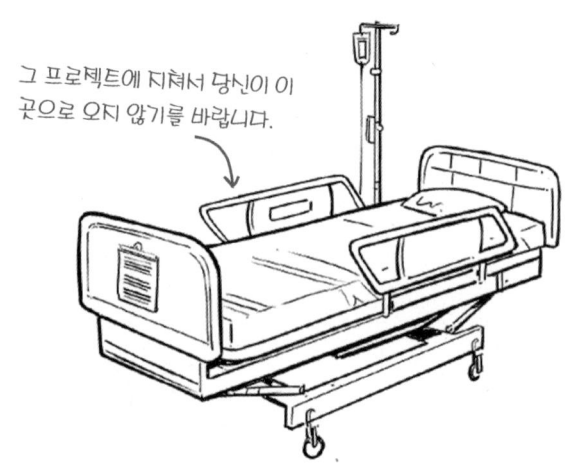

그 프로젝트에 지쳐서 당신이 이곳으로 오지 않기를 바랍니다.

[스테이헬시]의 모니터미 요구사항

- 시스템은 [스테이헬시]의 환자 모니터링 장비로부터 입력을 받아 단일 모니터링 화면에 결과를 전송해야 합니다.
- 모니터미는 각 환자의 생체 신호를 분석하고 설정된 임계값에 도달하면 의료 전문가에게 경고해야 합니다.
- 각 생체 신호에 대해 시스템은 지난 5분간의 모든 측정값을 기록해야 하며 의료 전문가는 이 5분간의 기록을 검토할 수 있어야 합니다.
- 환자에게 문제가 발생하면 의료 전문가는 알림을 어떻게 받을지 선택할 수 있어야 합니다. 지정된 간호사나 의사의 휴대전화로 알림을 보내거나 중앙 병동에 알림을 보낼 수 있어야 합니다.
- 모니터미는 여덟 개의 서로 다른 소스로부터 데이터를 수신합니다. 이중 하나가 고장나도 다른 입력 값들을 계속 모니터링하고 기록할 수 있어야 합니다.
- 모니터미 시스템이 모니터링하는 생체 신호는 심박수, 혈압, 혈중 산소 농도, 혈당, 호흡수, 심전도(ECG), 체온, 수면 상태(잠들어 있는지 깨어있는지)등 입니다.
- 시스템은 한 병원에서 최대 500명 환자의 생체 신호를 측정할 수 있고 병원마다 데이터를 포함한 전체 시스템의 사본이 존재해야 합니다.

마이크로서비스 아키텍처

연필을 깎으며

이전 페이지에 나온 문제 도메인과 요구사항을 바탕으로 모니터미 아키텍처에서 중요하다고 생각하는 **상위 다섯 가지** 아키텍처 특성을 정리하고, 그렇게 생각한 이유를 설명하세요.

☐ 테스트 용이성(테스트의 용이성과 완전성)
  이유: _____

☐ 응답성(의료 전문가가 응답을 받는 데 걸리는 시간)
  이유: _____

☐ 배포 용이성(변경사항을 출시하기 위한 난이도와 절차)
  이유: _____

☐ 추상화(시스템 각 부분의 격리 수준과 정보의 분리)
  이유: _____

☐ 확장성(더 많은 사용자와 환자를 수용할 수 있는 능력)
  이유: _____

☐ 결함 허용성(시스템의 일부분이 고장나더라도 계속 작동할 수 있는 능력)
  이유: _____

☐ 데이터 무결성(시스템 전반에 걸쳐 데이터가 일관되고 정확하며 손실이 없음)
  이유: _____

☐ 워크플로우(복잡한 비트니스 워크플로우를 처리할 수 있는 능력)
  이유: _____

☐ 동시성(동시 요청이나 작업을 처리할 수 있는 능력)
  이유: _____

➡ 정답은 338쪽에

마이크로서비스 기초

개발 팀 대화

이런 가정은 우리가 흔히 하는 실수입니다. 이제 마이크로서비스 아키텍처 스타일과 그에 따른 장단점을 더 잘 이해함으로써 이러한 실수를 줄이는 방법을 배울 것입니다.

샘: 새로운 모니터미 시스템은 마이크로서비스를 적용하는 게 적합하다고 모두 동의하죠?

마라: 잠깐만요. 그렇게 생각하는 이유가 뭐죠?

샘: 당연하잖아요. 이 시스템에는 도메인 관점에서 독립적인 모니터링 기능을 요구하고, 높은 결함 허용성이 있어야 하며, 광범위한 테스트 용이성이 필요해요. 그런데 마이크로서비스는 이 모든 것을 지원하잖아요.

알렉스: 잠시만요. 저는 마이크로서비스에 대해 익숙하지 않아서, 방금 말한 그 모든 것들을 어떻게 지원하는지도 잘 모르겠어요.

마라: 알렉스의 의견에 동의해요. 분산 아키텍처가 필요하다는 것은 알고 있고 마이크로서비스가 적합할 것이라고 생각하지만, 결론을 내리기 전에 더 자세히 검토해 보는 게 좋겠어요.

샘: 알겠습니다. 제가 당연하게 생각한다고 해서 모두에게 당연한건 아니죠. 우리 모두 마이크로서비스가 무엇인지 정확하게 이해하고 난 뒤에 마이크로서비스가 모니터미에 적합한지 결정하도록 하죠. 자, 그럼 시작합시다.

마이크로서비스란?

마이크로서비스라는 이름 자체에는 상당히 많은 의미가 담겨 있습니다. 여기서는 마이크로서비스가 무엇이고 다른 서비스들과 무엇이 다른지 살펴보겠습니다.

일반적으로 **서비스(Service)**는 비즈니스 혹은 기반 프로세스의 로직을 수행하기 위해 별도로 배포된 소프트웨어 단위입니다. 예를 들면, '모든 생체 신호 모니터링(Monitor All Vital Signs)'이라는 서비스는 환자의 심박수, 혈압, 체온 등을 측정하는 다양한 기능을 수행하지만 여전히 서비스라고 부릅니다.

← 이 거대한 서비스는 환자의 모든 생체 신호를 모니터링합니다.

이 서비스는 아주 작은 서비스이고 하나의 기능만을 수행합니다. 이를 '마이크로-(micro-)서비스'라고 합니다.

마이크로서비스의 'micro-'라는 접두사는 물리적 크기를 의미하는 것이 아니라 서비스가 무엇을 수행하는가에 대한 것입니다. 예를 들어, '심박수 모니터링(Monitor Heart Rate)'이라는 서비스는 심박수를 모니터링한다는 하나의 목적이 있으며 이를 잘 수행합니다. 이것이 마이크로서비스의 개념입니다. 반면, '모든 생체 신호 모니터링' 서비스는 많은 생체 신호를 모니터링하는 기능을 수행합니다.

마이크로서비스는 단일 목적을 가진 별도로 배포되는 소프트웨어 단위로 한 가지 작업을 잘 수행하도록 설계되었습니다.

연습문제

우리는 단일 목적이 정확히 무엇을 의미하는지 이해하는 데 어려움을 겪고 있습니다. 아래 기능 중 어떤 것이 단일 목적에 해당하며, 따라서 마이크로서비스로 분리할 수 있는지 체크해 주시겠어요?

- ☐ 영화를 자신의 '보고 싶은 영화 목록'에 추가하기
- ☐ 신용카드로 주문하고 결제하기
- ☐ 판매 예측 및 재무 성과에 대한 보고서 작성하기
- ☐ 신차 구매를 위한 대출 신청하기
- ☐ 온라인 주문의 배송비 결정하기

→ 정답은 339쪽에

여러분은 여기에 있습니다

데이터 소유권

이건 나만의 데이터입니다

마이크로서비스의 또 다른 특징은 각 서비스가 자신의 데이터를 소유한다는 것입니다. 각 마이크로서비스는 자신이 소유한 데이터를 접근할 수 있는 유일한 서비스입니다.

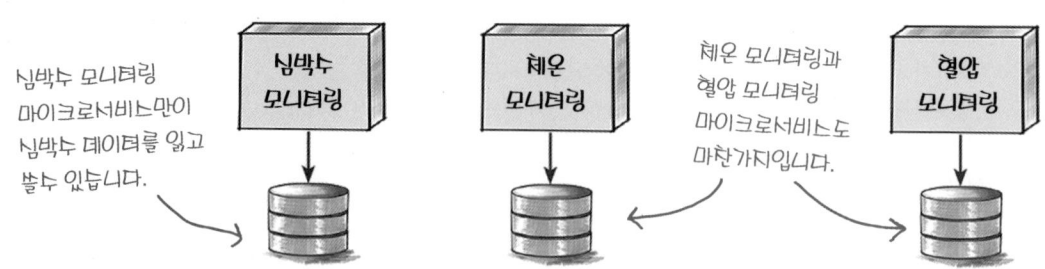

왜일까요? 가장 큰 이유는 데이터의 변경 관리를 쉽게 하기 위해서입니다. 50개의 마이크로서비스가 동일한 데이터를 공유한다고 가정해봅시다. 이때 하나의 마이크로서비스 때문에 데이터 구조를 변경한다면 그 데이터를 함께 사용하는 나머지 49개의 마이크로서비스도 모두 동시에 변경해야 할 것입니다(벌써 머리가 아프지 않나요?).

마이크로서비스와 데이터를 물리적으로 연결하는 것을 **물리적 경계 컨텍스트**를 만든다고 합니다. 물리적 경계 컨텍스트는 데이터의 변경과 결합도를 관리하는 데 도움을 줍니다. 즉, 다른 마이크로서비스가 자신이 소유하지 않은 데이터에 접근하려면 그 데이터를 소유한 서비스에게 요청을 해야 합니다.

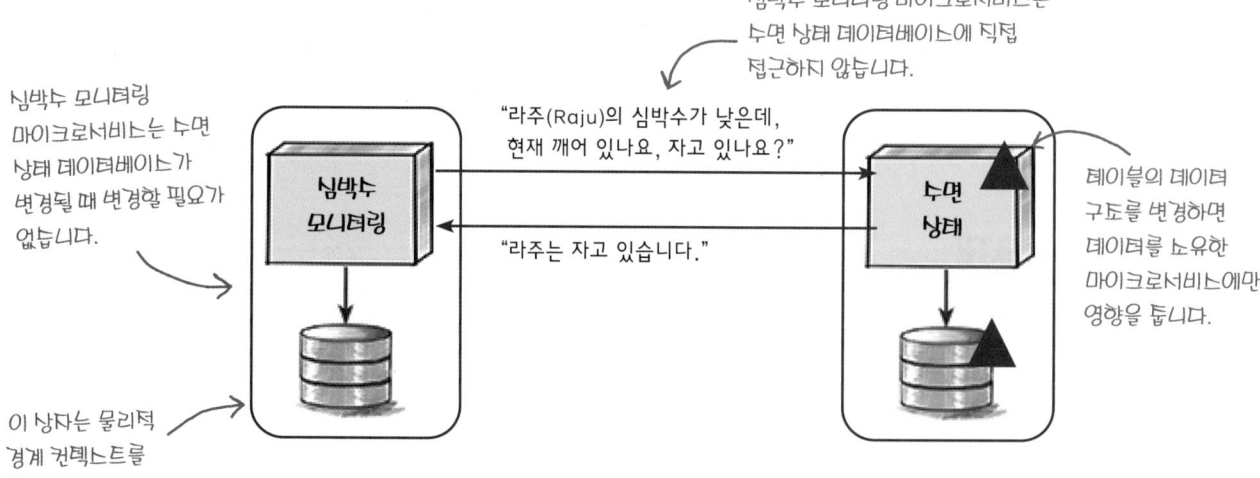

위의 예에서 심박수 모니터링 마이크로서비스는 그 데이터에 직접 접근하지 않고 데이터를 소유한 서비스에 요청합니다. 이렇게 하면 수면 상태 데이터의 구조가 변경되더라도 심박수 모니터링 마이크로서비스는 변경할 필요가 없습니다. 이것이 바로 물리적 경계 컨텍스트의 핵심 개념입니다.

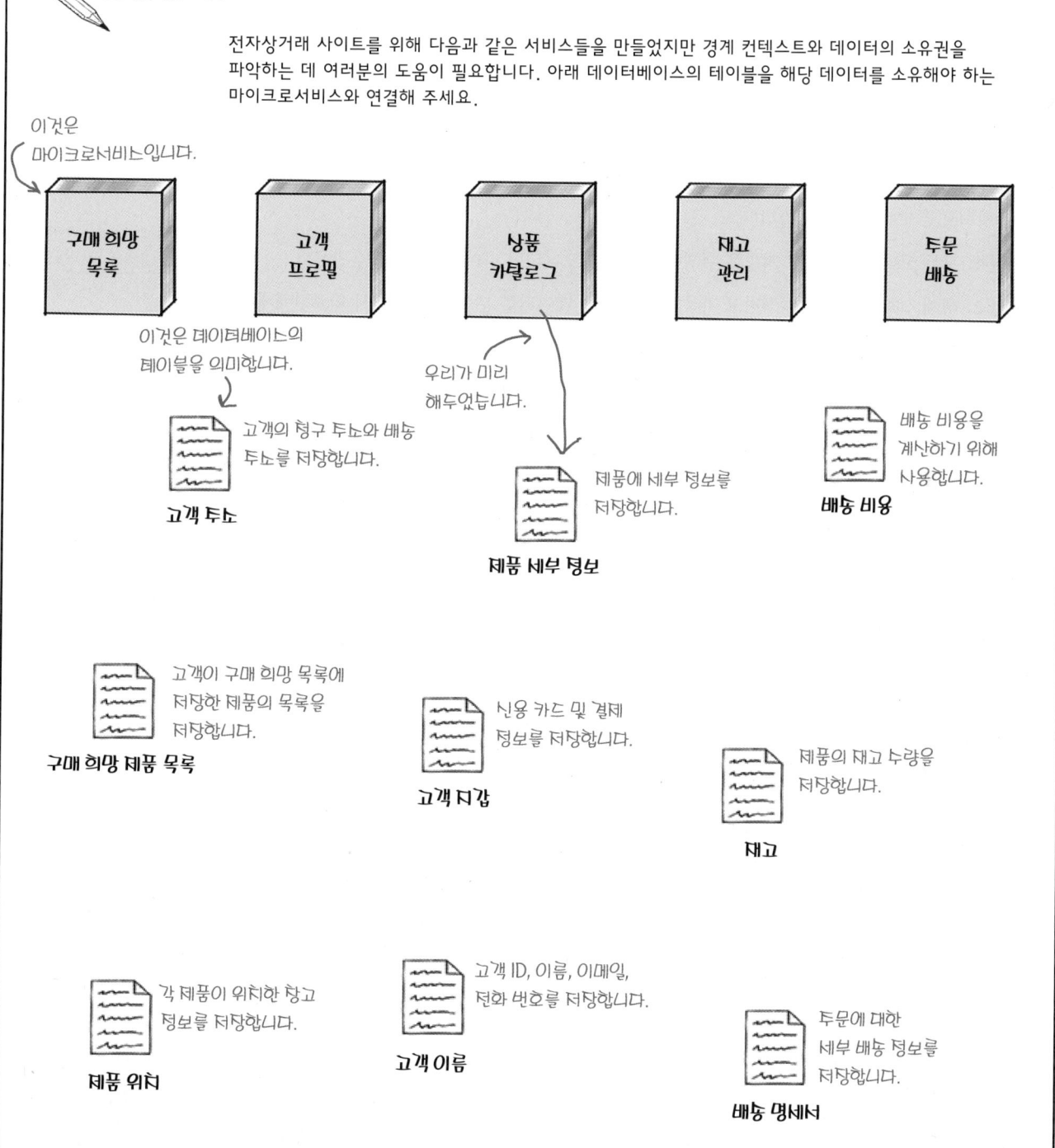

마이크로서비스 세분화

마이크로서비스에서 '마이크로'는 얼마나 작은 건가요?

마이크로서비스의 크기를 결정하는 것은 쉽지 않습니다. 마이크로서비스가 **단일 목적을 가진 서비스이며 독립적으로 배포된**다는 것은 이제 이해했을 것입니다. 하지만 단일 목적이라는 범위를 어떻게 결정해야 할까요?

모니터미 시스템의 혈압 모니터링 기능을 예로 들어보겠습니다. 생체 신호를 모니터링한다는 것은 환자에게 부착된 의료 기기에서 데이터를 입력받고, 그 입력을 기록하며, 측정값을 분석하고, 문제가 발생하면 간호사나 의사에게 경고하는 과정이 포함됩니다. 이 기능들은 다음과 같이 서로 다른 세 가지 방식으로 모델링할 수 있습니다.

- **옵션 1**: 모든 모니터링과 경고 기능을 수행하는 하나의 모니터링 마이크로서비스를 만든다.
- **옵션 2**: 생체 신호 데이터를 수집하고 기록하는 서비스, 데이터를 분석하고 필요 시 의료진에게 경고를 보내는 서비스, 이렇게 두 개의 마이크로서비스를 만든다.
- **옵션 3**: 각각 특정한 혈압 모니터링 기능을 수행하는 네 개의 마이크로서비스를 만든다.

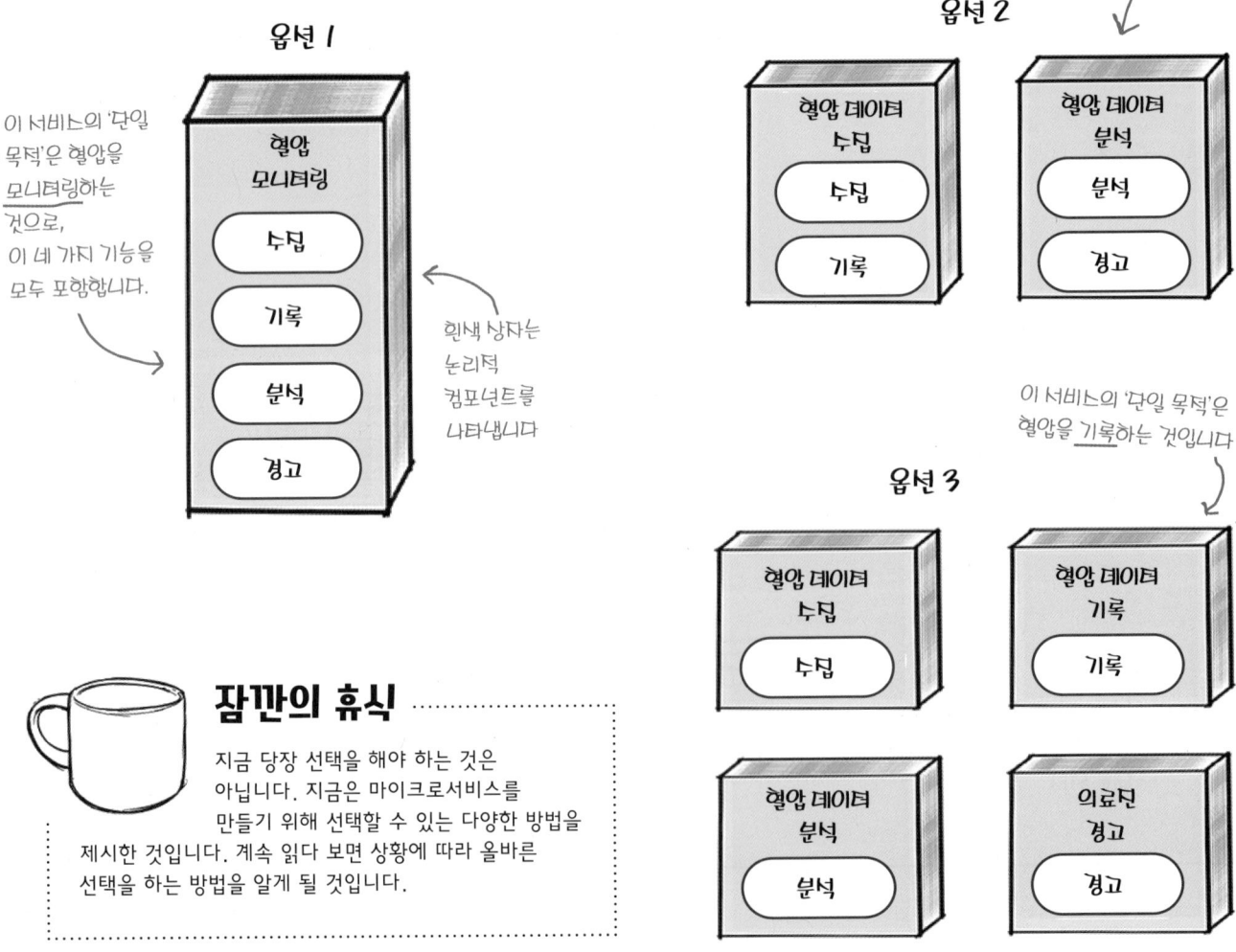

> **잠깐의 휴식**
>
> 지금 당장 선택을 해야 하는 것은 아닙니다. 지금은 마이크로서비스를 만들기 위해 선택할 수 있는 다양한 방법을 제시한 것입니다. 계속 읽다 보면 상황에 따라 올바른 선택을 하는 방법을 알게 될 것입니다.

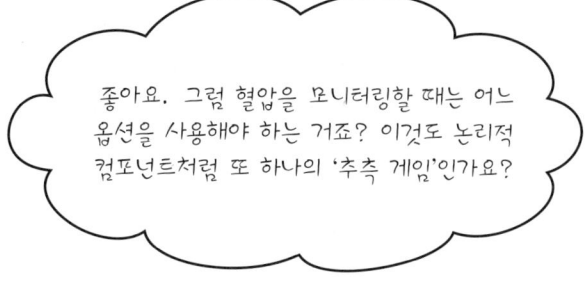

세분화는 추측하는 게임이 아닙니다.

세분화(granularity), 즉 마이크로서비스가 수행하는 일의 범위를 정하는 것은 마이크로서비스를 정의할 때 매우 중요한 요소입니다. 마이크로서비스가 지나치게 세분화되면 비즈니스 기능을 수행하기 위해 서로 간에 더 많은 통신을 해야 하는데, 이는 높은 결합도, 성능 저하, 신뢰성 문제로 이어집니다. 이는 일반적으로 '모래 알갱이(Grains of Sand) 안티패턴'이라고 불리는데, 서비스가 해변의 모래알처럼 너무 작아지는 상태를 말합니다. 반면에 마이크로서비스의 범위가 너무 크면 유지보수, 테스트, 확장 비용이 증가하게 되어 마이크로서비스를 사용하는 목적 자체가 무의미해집니다.

그렇다면 마이크로서비스에 적합한 세분화 수준은 어떻게 정해야 할까요? 이를 위해 **세분화 분해 인자**(granularity disintegrators)와 **세분화 결합 인자**(granularity integrators)를 적용합니다. 세분화 분해 인자는 서비스의 크기를 줄여 더 적은 작업을 수행하게 하고, 세분화 결합 인자는 서비스의 크기를 키워 더 많은 작업을 수행하게 합니다. 이제 이 인자들이 어떻게 영향을 주는지 살펴봅시다.

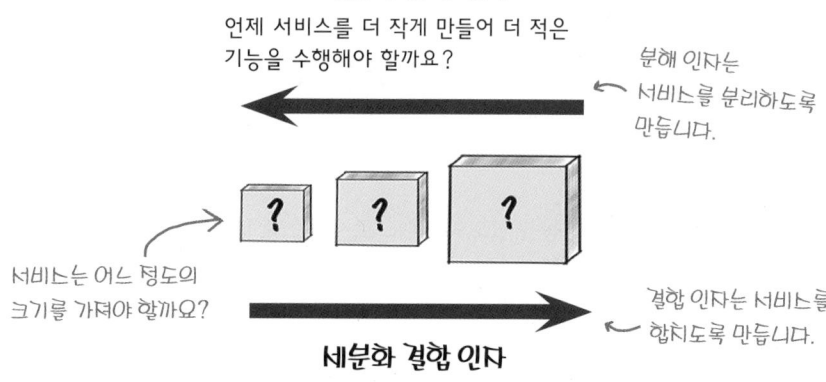

더 작게 세분화

세분화 분해 인자

세분화 분해 인자는 서비스를 더 작은 여러 개의 서비스로 나눠야 할지 판단하는 데 도움을 주는 인자입니다. 세분화 분해 인자가 서비스를 분리해야 하는지에 대한 판단에 어떻게 영향을 주는지 알아보기 위해 모니터미의 기본 생체 신호 모니터링(Monitor Basic Vital Signs) 기능을 더 자세히 살펴보겠습니다.

기본 생체 신호는 혈압, 체온, 심박수 세 가지입니다. 이들은 서로 관련이 있기 때문에 모두 하나의 마이크로서비스에서 처리할 수 있고 기본 생체 신호마다 별도의 마이크로서비스를 만들 수도 있습니다.

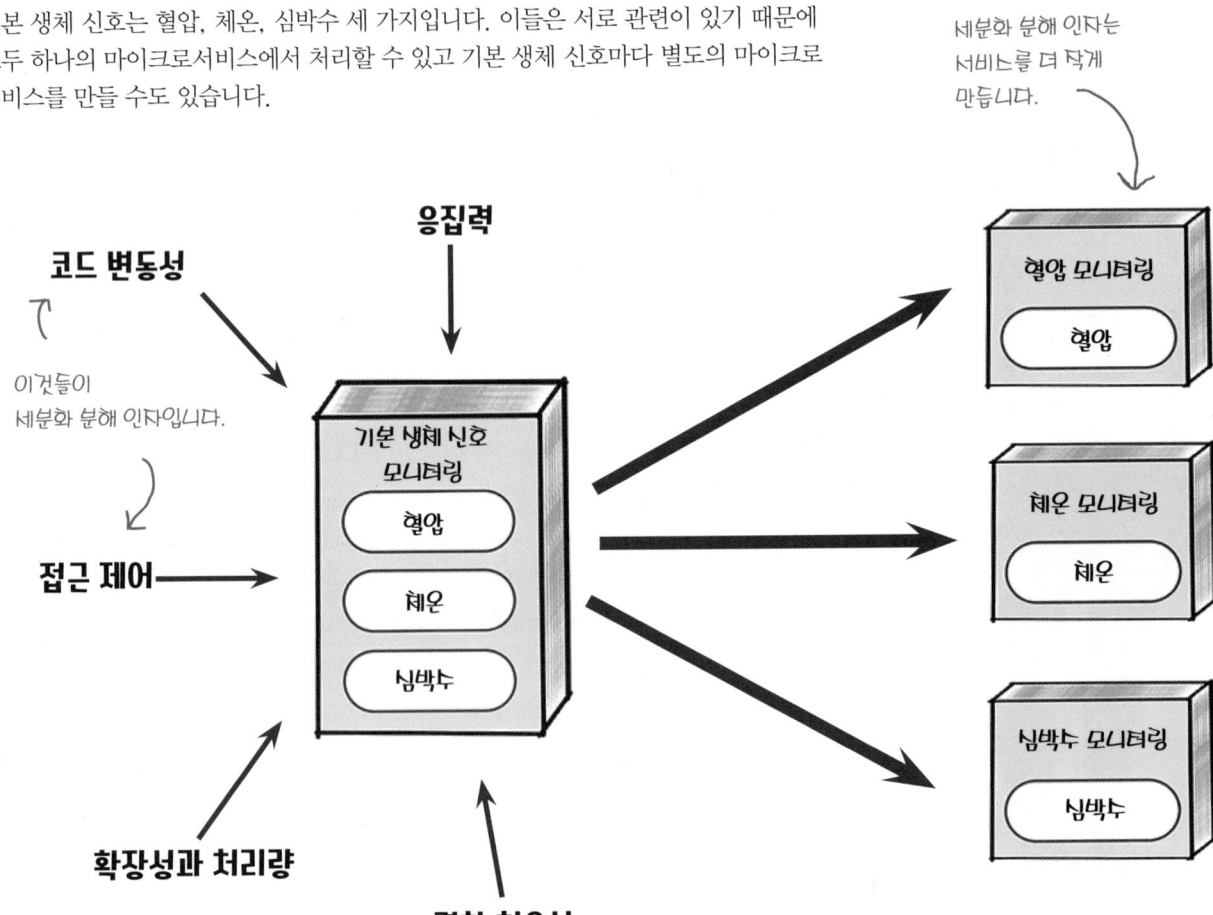

이러한 인자들이 모니터링 기능을 별도의 마이크로서비스로 분리해야 할지를 판단하는 데 어떻게 도움을 주는지 분석해봅시다.

왜 마이크로서비스를 더 작게 만들어야 할까요?

응집력

단일 목적을 가진 마이크로서비스는 높은 **응집력**을 가진 기능을 수행해야 합니다. 즉, 서비스가 수행하는 모든 작업이 서로 밀접하게 관련되어 있어야 합니다. 만약, 마이크로서비스 기능들의 응집력이 부족하다면 마이크로서비스를 분리하는 것을 생각해봐야 합니다.

결함 허용성과 가용성

마이크로서비스의 특정 기능에서 치명적인 오류가 자주 발생하나요? 규모가 큰 마이크로서비스에서는 마이크로서비스의 한 부분에서 문제가 발생하면 모든 기능을 사용할 수 없게 됩니다. 그러나 문제가 발생한 기능이 별도의 마이크로서비스로 분리되어 있다면 다른 기능에 영향을 미치지 않습니다.

접근 제어

서비스의 규모가 클수록 민감한 정보에 대한 접근을 제어하기가 더 어려워집니다. 예를 들어, 환자 프로필 마이크로서비스에 의료 기록에 접근할 수 있는 기능이 포함되어 있을 경우, 권한이 없는 직원들이 민감한 (그리고 보호되어야 하는) 정보에 의도치 않게 접근할 수도 있습니다.

의료 기록에 접근하는 것과 같은 민감한 기능을 별도의 마이크로서비스로 **분리**한다면 해당 정보에 대한 접근을 더 쉽게 제어할 수 있습니다.

이를 '변동성 기반 분해 (volatility-based decomposition)'라고도 합니다.

코드 변동성

마이크로서비스의 일부 기능이 다른 부분보다 자주 변경되나요? 한 부분이 자주 변경되면 변경되지 않은 기능까지 포함한 전체 마이크로서비스를 테스트해야 하므로 불필요한 작업이 많아집니다.

자주 변경되는 기능을 별도의 마이크로서비스로 분리하면 변경사항을 다른 기능들과 분리할 수 있어 유지 관리 및 테스트가 훨씬 쉬워집니다.

확장성과 처리량

마이크로서비스의 일부가 다른 부분보다 더 많은 확장성을 필요로 하나요? 그렇다면 확장이 필요한 부분과 그렇지 않은 부분으로 서비스를 분리하여 확장성을 효율적으로 제어할 수 있습니다.

예를 들어, 심박수 모니터링 기능은 매초마다 센서 데이터를 수신하지만 체온 모니터링 기능은 5분마다 한 번씩 센서 데이터를 수신한다고 가정해봅시다. 이러한 모니터링 기능들을 개별 서비스로 분리하면 각 기능마다 서로 다른 처리량을 수용할 수 있습니다.

규모가 작은 마이크로서비스는 규모가 큰 마이크로서비스보다 빠르게 시작되므로 사용자에게 필요한 기능을 더 빨리 제공할 수 있습니다.

더 크게 세분화

세분화 결합 인자

세분화 결합 인자는 세분화 분해 인자와 반대의 역할을 합니다. 즉, 서비스를 어떻게 더 크게 만들고 기능들을 합쳐야 하는지를 판단하는 데 도움을 줍니다. 앞서 작은 서비스로 분리했던 기본 생체 신호 모니터링 마이크로서비스를 다시 살펴보며 개별 마이크로서비스들을 더 큰 마이크로서비스로 결합할 필요가 있는지 생각해보겠습니다.

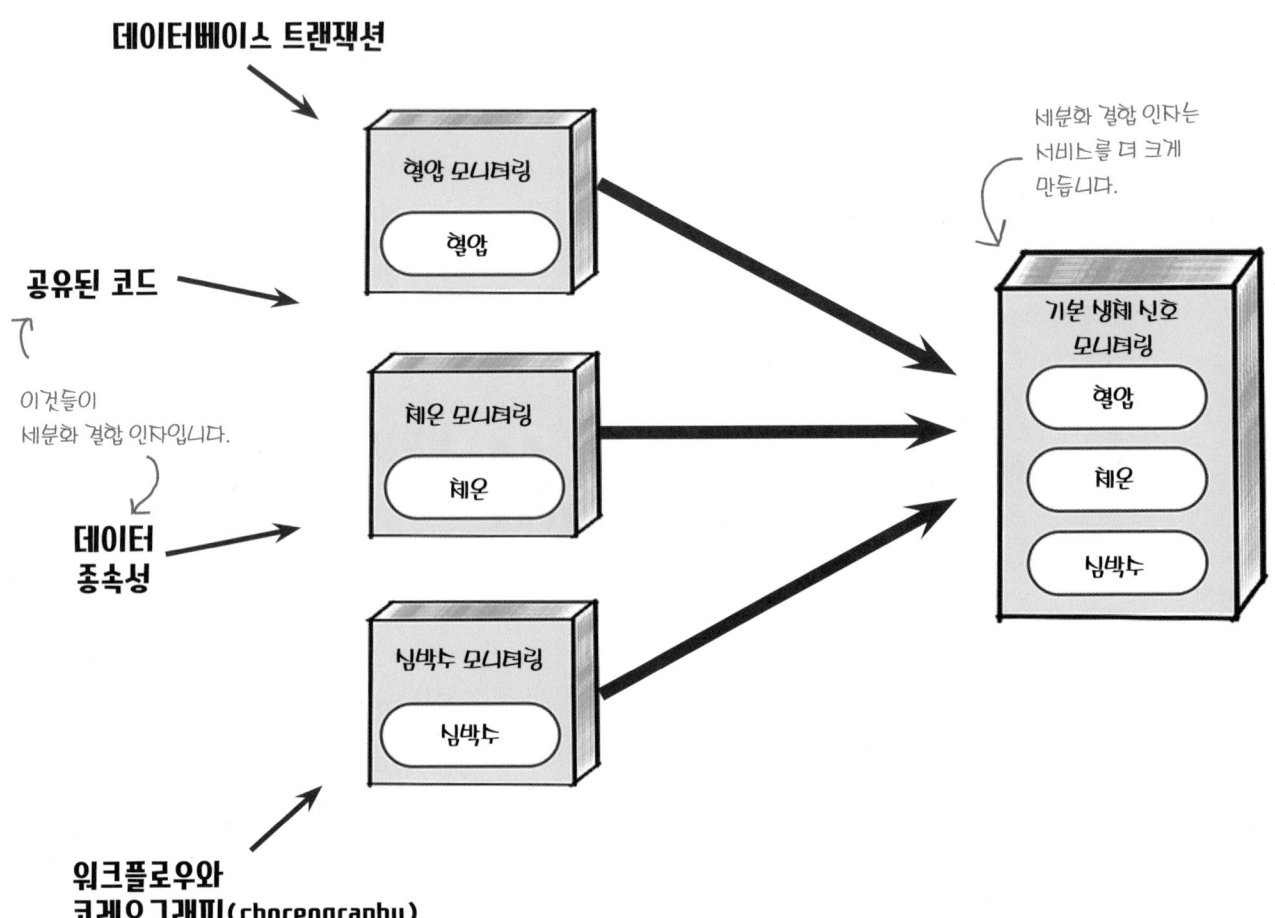

이러한 인자들이 개별 모니터링 기능들을 더 큰 하나의 마이크로서비스로 어떻게 결합해야 하는지 판단하는 데 어떻게 도움을 주는지 분석해봅시다.

왜 마이크로서비스를 더 크게 만들어야 할까요?

데이터베이스 트랜잭션

데이터베이스에 다수의 마이크로서비스가 관여하는 요청을 할 경우, 단일 커밋이나 롤백으로 모든 마이크로서비스를 업데이트할 수 없습니다. 각 마이크로서비스는 서로 다른 트랜잭션으로 업데이트되어야 하므로 별도의 커밋이나 롤백으로 처리됩니다.

만약, **데이터 일관성과 무결성**이 분해 인자보다 더 중요한 경우, 기능들을 하나의 마이크로서비스로 결합하여 작업이 단일 데이터베이스 트랜잭션 내에서 이루어지도록 하는 것이 좋습니다.

워크플로우와 코레오그래피

하나의 비즈니스 요청을 처리하기 위해 여러 마이크로서비스가 통신을 해야 한다면 **결합도**가 높다고 할 수 있습니다. 마이크로서비스 간의 높은 결합도는 시스템에 여러 가지 부정적인 영향을 미칠 수 있습니다.

이런 경우 **성능**은 네트워크, 보안, 데이터 처리 지연 시간에 의해 영향을 받습니다. **확장성**은 호출 체인의 각 마이크로서비스가 다른 마이크로서비스의 확장에 맞춰 함께 확장되어야 하기 때문에 영향을 받으며, 이는 조정하기가 어렵습니다. **결함 허용성**은 호출 체인의 마이크로서비스 중 하나가 응답이 없거나 중단되면 요청을 처리할 수 없게 되어 영향을 받습니다.

워크플로우가 여러 마이크로서비스 간의 협력을 필요로 하고 이러한 특성이 중요하다면, 이들을 결합하는 것이 좋습니다.

데이터 종속성은 가장 일반적인 결합 인자 중 하나입니다.

데이터 종속성

마이크로서비스를 분리할 때는 해당 마이크로서비스가 소유한 데이터도 함께 분리해야 합니다. 하지만 **데이터의 결합도가 높으면** 이를 분리하여 새로운 물리적 경계 컨텍스트를 생성하는 것이 어려울 수 있습니다.

데이터 결합도가 높은 예로 하나의 데이터베이스 테이블이 다른 데이터베이스 테이블의 키를 참조하는 경우(이를 외래 키 제약이라고 함)가 있습니다. 또 다른 예로는 (고객 정보처럼) 엔티티가 여러 테이블에 걸쳐 분산되어 있는 경우입니다.

데이터의 결합도가 높고 마이크로서비스의 기능이 그 데이터를 공유해야 한다면, 마이크로서비스의 기능들을 결합하여 마이크로서비스의 범위를 크게 유지하는 것이 좋습니다.

마이크로서비스 간의 통신이 너무 많을 경우 스파게티와 같은 복잡한 아키텍처가 될 수 있습니다.

여러분은 여기에 있습니다

세분화의 균형

모두 균형에 관한 것입니다

마이크로서비스의 세분화 수준을 결정하는 것은 쉽지 않습니다. 각 세분화 분해 인자, 세분화 결합 인자와 관련된 트레이드오프를 균형 있게 조절해야 하며 어떤 트레이드오프가 중요한지를 결정해야 합니다. 이는 일반적으로 제품 소유자 또는 비즈니스 이해관계자와 협력하여 결정하는데, 특히 트레이드오프가 중요한 경우에 그렇습니다.

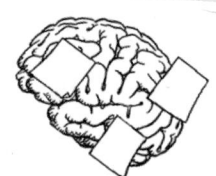

고착화 하기

마이크로서비스는 얼마나 작아야 할까요? 이 팁을 이용하면 됩니다.

처음에는 거칠더라도 크게 시작하고, 이후에는 세분화를 통해 다듬으세요!

이 두 가지 인자는 서로 간에 트레이드오프가 있습니다. 따라서 이들 사이에서 적절한 균형을 찾아야 합니다.

세분화 분해 인자
서비스를 더 작게 만들어 기능을 분리해야 할 때는 언제일까요?

세분화 결합 인자
서비스를 더 크게 만들어 기능을 결합해야 할 때는 언제일까요?

마이크로서비스를 더 작게 만들면 우리에게 중요한 **확장성**이 향상될거야.

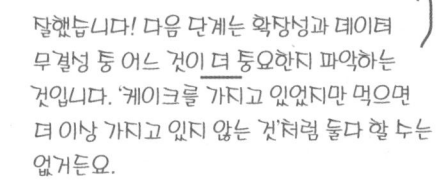

마이크로서비스를 더 크게 만들면 우리에게 중요한 **데이터 무결성**이 향상될거야.

잘했습니다! 다음 단계는 확장성과 데이터 무결성 중 어느 것이 더 중요한지 파악하는 것입니다. '케이크를 가지고 있지만 먹으면 더 이상 가지고 있지 않은 것'처럼 둘다 할 수는 없거든요.

연습문제

이제 세분화 분해 인자와 세분화 결합 인자를 적용하여 혈압, 체온, 심박수를 모니터링하는 기본 생체 신호 모니터링 기능을 단일 마이크로서비스로 구현할지 아니면 세 개의 별도 서비스로 구현할지 결정할 차례입니다. 다음과 같은 추가 정보가 주어졌습니다.

- 환자의 심박수와 혈압은 가장 중요한 기본 생체 신호입니다. 체온 모니터링에 문제가 생기더라도 심박수와 혈압 모니터링은 계속 작동해야 합니다.
- 세 가지 기본 생체 신호는 이상 발생 시 의료진에게 이를 알리는 경고 기능을 제공합니다.
- 심박수 모니터링 기능은 1초마다 센서 데이터를 수신하는 반면, 체온과 혈압 모니터링 기능은 5분에 한 번씩 센서 데이터를 수신합니다.
- 각 기본 생체 신호의 데이터는 별도로 저장되며, 하나의 데이터베이스에 단순한 JSON 이름/값 쌍으로 저장됩니다. 예를 들어, 심박수 데이터는 다음과 같이 저장됩니다.

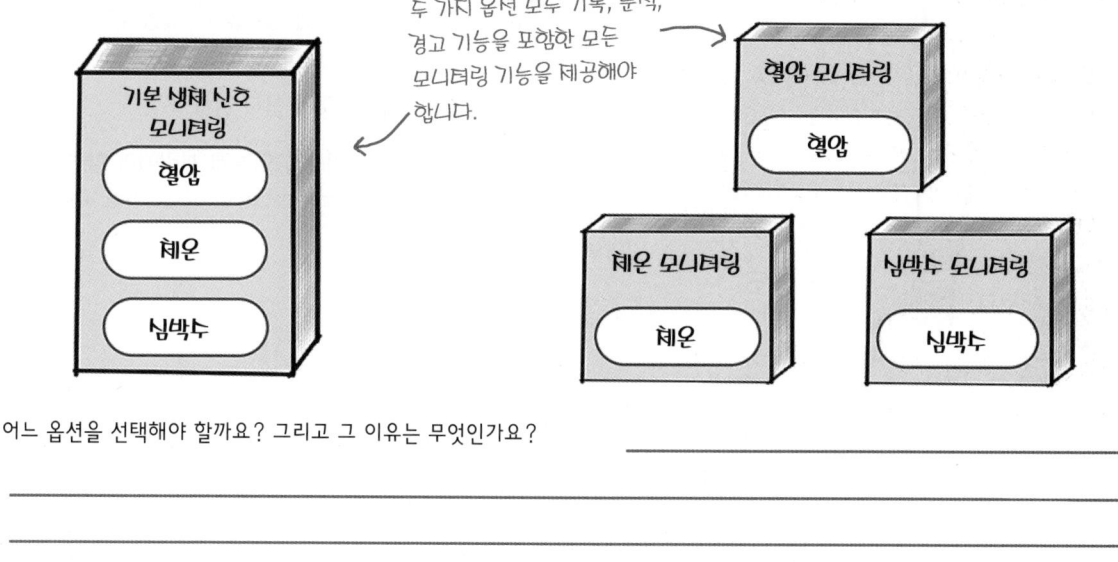

어느 옵션을 선택해야 할까요? 그리고 그 이유는 무엇인가요?

→ 정답은 341쪽에

공유 서비스와 라이브러리

> 마이크로서비스가 비즈니스 기능들을 개별 서비스로 분리하는 것이라면, 로깅, 권한 관리, 날짜 유틸리티와 같은 공통 기능은 어떻게 처리해야 하지?

마이크로서비스에서도 여전히 코드를 공유할 수 있습니다.

코드 재사용은 소프트웨어 개발의 필수 부분입니다. 코드 재사용을 하지 않는다면 시스템의 거의 모든 곳에서 중복된 기능들이 존재할 것입니다. 로깅, 메트릭 스트리밍, 사용자 권한 관리, 날짜 형식 변환과 같은 기본 유틸리티는 대부분의 시스템에서 공통적으로 사용되는 기능입니다.

단일 시스템에서는 모든 코드가 하나의 유닛으로 컴파일되기 때문에 이런 공통 기능을 작성하여 시스템의 모든 곳에서 손쉽게 사용할 수 있습니다. 하지만 마이크로서비스 같은 분산 아키텍처에서는 마이크로서비스가 개별적으로 배포되는 소프트웨어 단위이기 때문에 이렇게 하는 것이 쉽지 않습니다.

그렇다면 마이크로서비스에서 이런 공통 기능을 어떻게 처리해야 할까요? 보통은 공유 라이브러리 또는 공유 서비스로 구현됩니다. 이제 이 두 가지 선택에 대한 장단점을 알아보겠습니다.

기능 공유하기

모니터미의 모든 생체 신호 모니터링 마이크로서비스에는 환자의 상태에 문제가 발생했을 때 의료 전문가에게 경고하는 공통 기능이 있습니다. 코드는 다음과 같습니다.

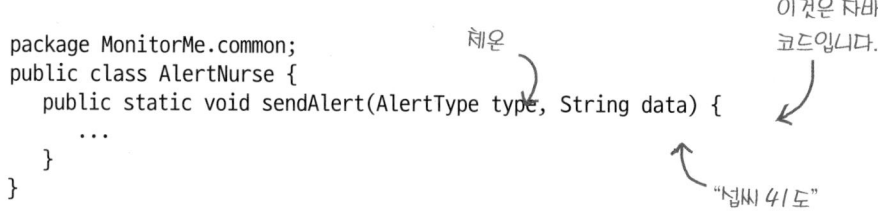

```
package MonitorMe.common;
public class AlertNurse {
    public static void sendAlert(AlertType type, String data) {
        ...
    }
}
```

혈압, 체온, 심박수를 모니터링하는 세 개의 마이크로서비스를 만든다고 가정해봅시다. 각 서비스는 모두 이 경고 기능을 지원해야 합니다.

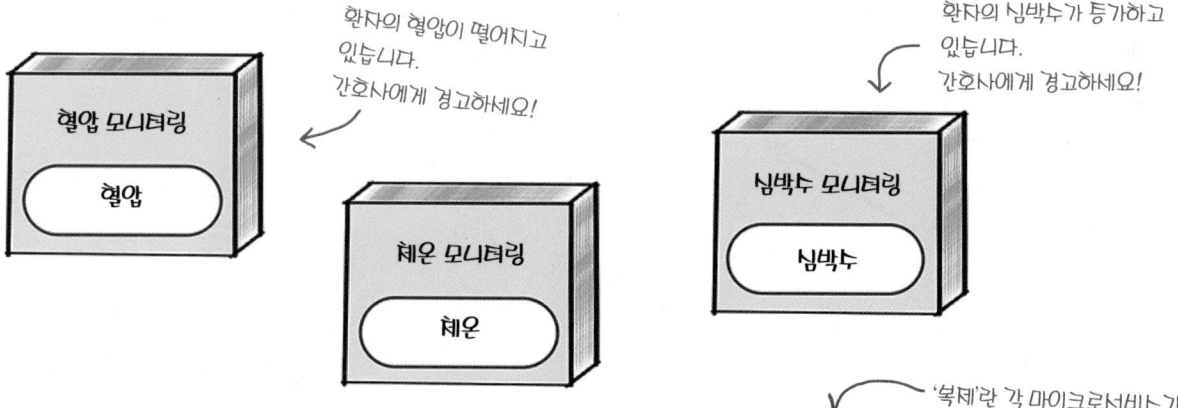

서비스에 공통적인 경고 기능의 소스 코드는 어디에 존재해야 할까요? 이렇게 하면 각 마이크로서비스에 코드를 복제할 수도 있지만, 버그를 수정하거나 새 기능을 추가해야 할 때 문제가 될 수 있습니다. 그렇다면 코드를 공유 서비스나 공유 라이브러리에 넣는 옵션을 생각해 볼 수 있습니다. 이 두 가지 옵션을 살펴보겠습니다.

연필을 깎으며

의료 전문가에게 경고하는 기능 외에도 모니터미 서비스에서 필요할 수 있는 다른 공통 기능에는 무엇이 있나요?

→ 정답은 342쪽에

코드 재사용 옵션

공유 서비스로 코드 재사용하기

공유 서비스란 별도로 분리된 마이크로서비스입니다. 이 서비스에는 다른 마이크로서비스들이 원격으로 호출하여 사용할 수 있는 공통 기능이 있습니다. 따라서 모니터미의 의료진 경고 기능을 별도의 공유 서비스로 만든다면, 각 모니터링 마이크로서비스는 환자에게 이상이 발생했을 때 해당 공유 서비스를 호출하기만 하면 됩니다.

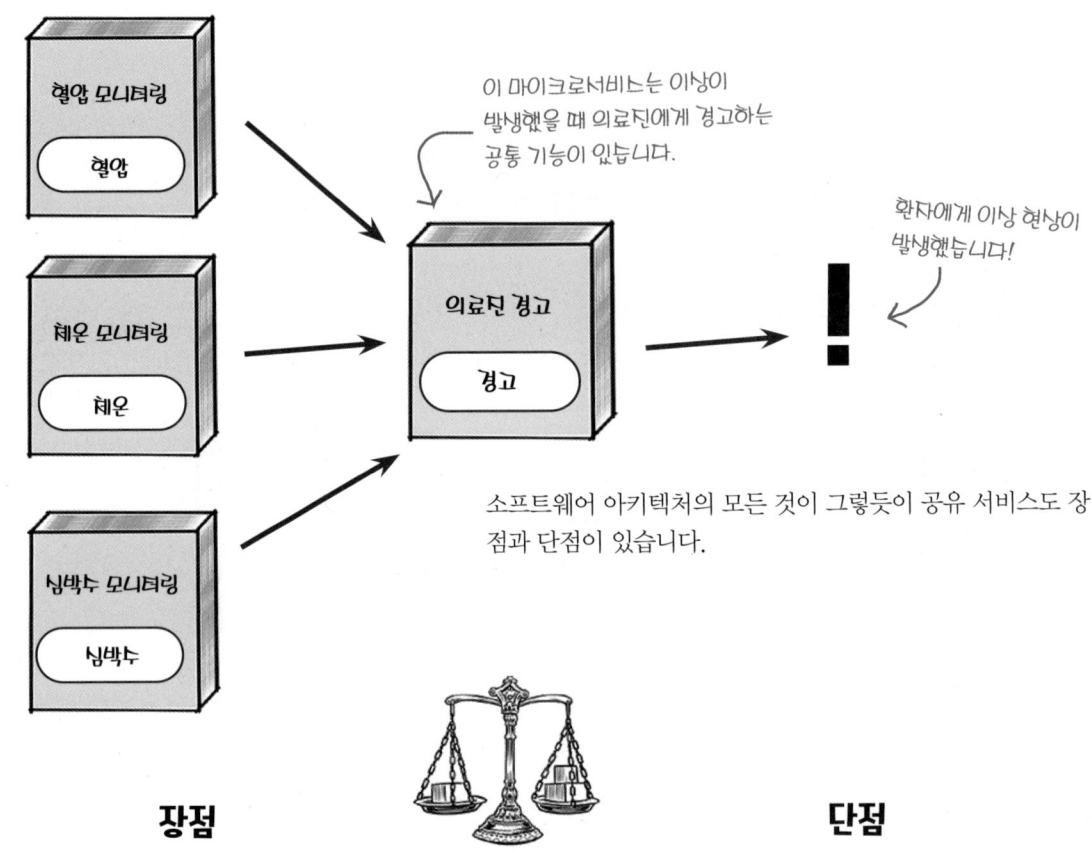

소프트웨어 아키텍처의 모든 것이 그렇듯이 공유 서비스도 장점과 단점이 있습니다.

장점

공유 서비스에서 공통 코드를 변경한다면 다른 마이크로서비스를 변경할 필요가 없습니다.

공유 서비스는 어떤 언어와 어떤 플랫폼 기반으로도 작성할 수 있어서 여러 언어로 구현된 마이크로서비스들이 있다면 더욱 유용합니다.

단점

공유 서비스를 변경하는 것은 해당 서비스를 호출하는 다른 마이크로서비스에 즉시 영향을 미칠 수 있기 때문에 위험할 수 있습니다.

공유 기능이 원격에 있기 때문에 네트워크 지연으로 인해 성능이 느려질 수 있습니다.

공유 서비스가 사용 불가능할 경우, 해당 기능이 필요한 마이크로서비스도 작동할 수 없습니다.

공유 서비스를 호출하는 다른 마이크로서비스가 확장된다면 공유 서비스도 확장되어야 합니다.

이것이 나쁜 결합(bad coupling) 문제에 해당하는 경우입니다.

공유 라이브러리로 코드 재사용하기

공통 기능을 공유하는 데 있어 더 일반적인 접근 방식은 공유 라이브러리를 사용하는 것입니다. **공유 라이브러리**는 독립적인 아티팩트(자바의 JAR 파일이나 C#의 DLL 파일과 같은)로, 컴파일 시점에 각 마이크로서비스에 포함합니다. 이는 마이크로서비스가 배포되면 각각의 마이크로서비스에 모든 공유 기능이 이미 포함되어 있다는 의미입니다.

대부분의 플랫폼과 프로그래밍 언어에는 자체적인 공유 라이브러리 파일 형식이 존재합니다.

이번에는 공유 서비스 방식이 아니라 공유 라이브러리를 사용하는 경우, 모니터미의 경고 기능이 어떻게 작동하는지 살펴보겠습니다.

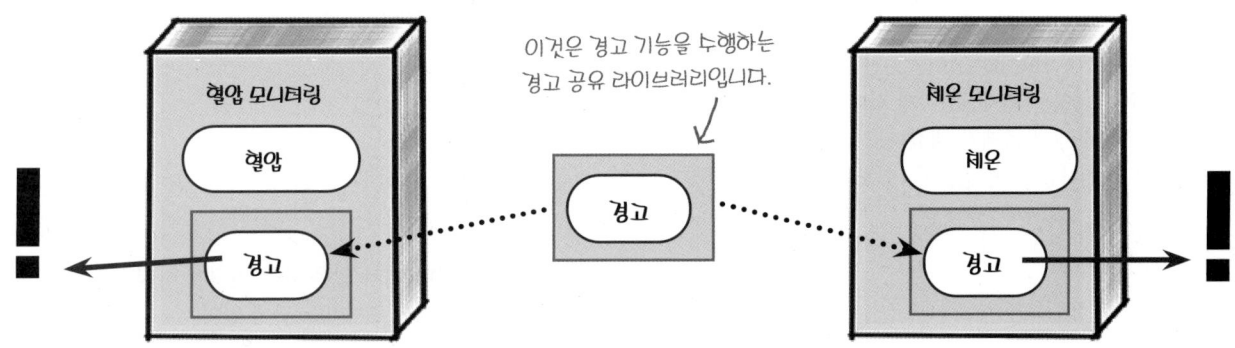

이것은 경고 기능을 수행하는 경고 공유 라이브러리입니다.

이제 이 서비스는 간호사에게 경고하기 위해 원격 마이크로서비스를 호출할 필요가 없습니다. 멋지죠!

공통된 경고 기능이 각 마이크로서비스의 배포 유닛의 일부로 포함되는 것을 볼 수 있습니다. 이로 인해 각 마이크로서비스는 별도의 서비스를 원격으로 호출할 필요 없이 의료 전문가에게 경고하는 공유 코드를 바로 사용할 수 있습니다.

장점

성능, 가용성, 확장성에서 더 유리합니다. 이는 공유 기능이 원격에 있는 대신 컴파일 시점에 각 마이크로서비스에 포함되기 때문입니다.

공유 라이브러리의 코드를 변경하는 것이 덜 위험합니다.

공유 라이브러리는 버전을 관리할 수 있어서 더 유연하며 하위 호환성을 제공합니다.

단점

마이크로서비스가 서로 다른 프로그래밍 언어나 플랫폼을 사용하는 경우, 다수의 공유 라이브러리가 필요할 수 있습니다.

마이크로서비스가 많다면 공유 라이브러리와의 종속성을 관리하기 어려울 수 있습니다(이 아키텍처 스타일에서는 마이크로서비스가 많아지는 것이 일반적입니다).

공유 기능이 변경되면 해당 기능을 사용하는 마이크로서비스들을 다시 테스트하여 배포해야 합니다.

공유 라이브러리는 버전 관리가 가능하므로 이 모든 작업을 한번에 할 필요는 없습니다.

공유 서비스 vs. 공유 라이브러리

벽난로 대화

오늘밤의 주제: "누가 더 멋진가?"라는 질문에 대하여 공유 서비스와 공유 라이브러리가 이야기를 나눕니다.

공유 서비스

안녕, "옛날 방식." 아직 살아있었어?

그렇지 않아, 친구. 아직도 모르겠어? 분산 아키텍처 세계에서는 내가 왕이야. 나를 포함해 모든 게 서비스야. 사용자 재인증이 필요해? 환자에게 문제가 생겼다고 간호사에게 경고를 보내야 해? 그냥 나를 호출하면 돼. 이보다 더 쉬울 수 있을까?

좋아, 그건 인정하지. 하지만 내가 바뀌어야 할 때는 그냥 바꾸면 돼. 아무도 관여할 필요가 없어. 그런데 네가 바뀌면 너에게 붙어 있는 모든 서비스를 다시 테스트하고 배포해야 하잖아. 넌 정말 번거롭다니까!

적어도 나는 순응주의자는 아니지. 너는 네 환경에서 사용하는 언어마다 너를 복제해야 하잖아. 나는 그럴 필요가 없어. 나는 언어나 플랫폼에 독립적으로 구현될 수 있으니까 너처럼 집착하는 문제는 없지.

어쨌거나. 그럼 나중에 보자. 순응주의자. 나는 나를 진정으로 알아줄 사람을 찾아 떠나야겠어.

공유 라이브러리

"옛날 방식?" 내가 말해두는데, 나는 아직도 건재하고 너보다 훨씬 더 오래 갈 거야.

그래 좋아. 그런데 네가 없을 때는 어떻게 하지? 너랑은 달리 나는 항상 각 마이크로서비스 곁에 있어.

그렇게 말하지마! 나는 여러 버전으로 복제할 수 있어. 그 덕에 훨씬 안전하게 변경할 수 있지. 너야말로 위험천만해. 재배포할 때 시스템 전체를 망가뜨릴 수도 있잖아! 정말 위험하게 사는구나?

집착? 정말? 아니야. 내가 서비스에 연결되어 있다는 건 내가 더 빠르고, 더 가용성 높고, 더 확장 가능하고, 더 신뢰할 만하다는 뜻이야.

그렇다면…. 넌 지금 사용할 수 없다는 거네. 무슨 뜻인지 알지?

마이크로서비스 아키텍처

연필을 깎으며

마이크로서비스 아키텍처 스타일에서 기능을 공유하는 두 가지 주요 옵션을 살펴보았습니다. 이제 모니터미의 경고 기능을 공유 라이브러리로 만들지 공유 서비스로 만들지 결정할 차례입니다. 각 옵션의 장단점, 문제 도메인과 같은 외부 요인도 고려하여 선택한 이유를 설명하세요.

옵션 1: 공유 서비스

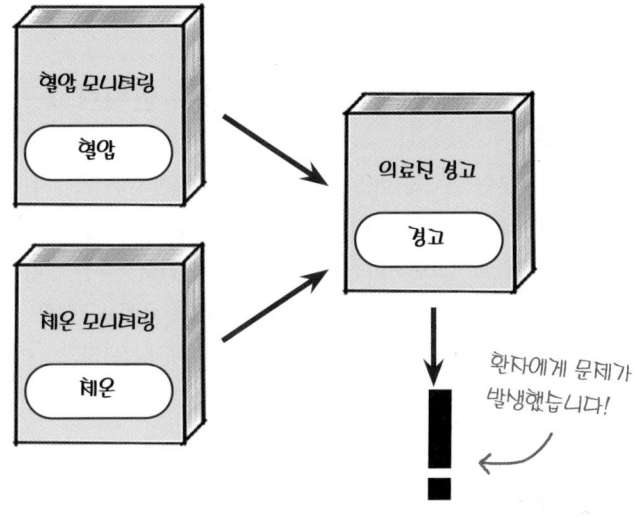

옵션 2: 공유 라이브러리

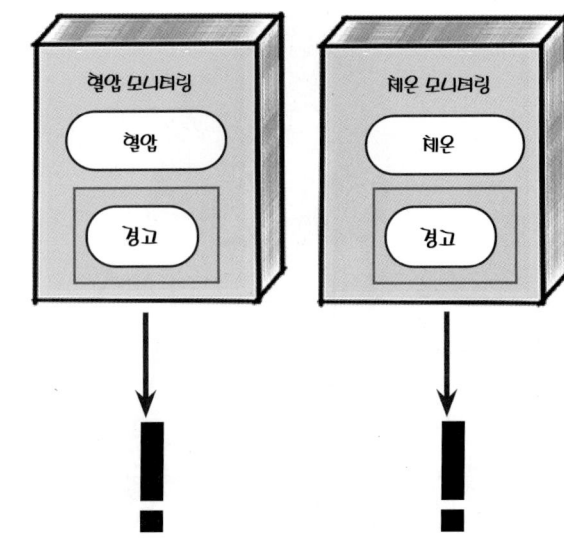

여기에 여러분의 결정과 그 이유를 작성하세요.

☐ 옵션 1: 공유 서비스
☐ 옵션 2: 공유 라이브러리
이유: _____
_____
_____
_____
_____

→ 정답은 343쪽에

여러분은 여기에 있습니다 **323**

워크플로우 관리

여러 서비스로부터 정보가 필요한 경우가 생긴다면 마이크로서비스 아키텍처에서도 이를 처리할 수 있을까?

네, 가능합니다! 이를 워크플로우 관리라고 합니다.

워크플로우란 하나의 비즈니스 요청(사용자 인터페이스에서 발생하는)을 처리하기 위해 여러 마이크로서비스가 필요한 경우를 말합니다. 마이크로서비스 아키텍처에서 워크플로우를 관리하는 방법에는 **오케스트레이션(orchestration)**과 **코레오그래피(choreography)**, 두 가지 기법이 있습니다. 다음 몇 페이지에서는 이러한 방법들이 어떻게 작동하는지와 장단점에 대해 살펴보겠습니다.

바보 같은 질문은 없습니다

Q: 여러 마이크로서비스가 함께 작동하는 워크플로우 요청이 필요하다면, 굳이 마이크로서비스를 분리할 필요가 있을까요? 차라리 하나의 서비스로 합쳐서 워크플로우를 없애는 게 낫지 않을까요?

A: 좋은 질문입니다. 앞에서 다뤘던 세분화 분해 인자를 기억하나요? 확장성, 결함 허용성, 코드 변동성, 보안성, 향상된 접근 제어 등과 같은 인자들이 중요하므로 서비스를 하나로 합치는 것보다 워크플로우를 통해 서비스를 연결하는 복잡성을 추가하는 것이 더 나을 수 있습니다.

워크플로우 관리하기

두 개 이상의 마이크로서비스가 필요한 비즈니스 요청을 처리할 경우, **워크플로우**가 필요합니다. 예를 들어, 간호사 후안(Juan)이 "오늘 환자 상태는 어때요?"라는 질문을 했다면 시스템은 환자의 체온, 심박수, 혈압에 대한 정보를 수집해야 하며 이를 위해 각각의 생체 신호를 담당하는 마이크로서비스를 호출해야 합니다.

하지만 후안은 모니터미 시스템에게 세 번의 개별 요청을 하고 싶지 않고 한 번의 요청으로 모든 생체 신호에 대한 정보를 받고 싶어 합니다. 이를 위해서는 세 개의 모니터링 마이크로서비스가 워크플로우로 처리되어야 합니다.

이제 마이크로서비스에서 **오케스트레이션**(중앙 집중형 워크플로우 관리) 또는 **코레오그래피**(분산형 워크플로우 관리)를 사용하여 이를 어떻게 구현할 수 있는지 살펴보겠습니다.

연습문제

모니터미의 환자 생체 신호 모니터링 시스템에서 여러 마이크로서비스가 포함된 또다른 워크플로우가 있을까요? 아래의 공란에 작성해보세요. *하나는 작성해두었습니다.*

환자의 기본 생체 신호(체온, 혈압, 심박수) 상태 확인하기

➡ 정답은 344쪽에

워크플로우 오케스트레이션

오케스트레이션: 마이크로서비스 지휘하기

교향악단의 공연에 가면 연주자들 앞에서 모두를 이끄는 사람이 있습니다. 어떤 사람일까요? 바로 지휘자입니다. 지휘자를 떠올리면 마이크로서비스에서의 오케스트레이션을 쉽게 이해할 수 있습니다.

오케스트레이션은 워크플로우에서 필요한 모든 마이크로서비스를 조정하는 역할을 합니다. 중앙 집중식 마이크로서비스(오케스트레이터)가 이 작업을 수행하며, 이는 지휘자가 교향악단을 이끄는 것과 매우 유사합니다.

오케스트레이션 서비스는 별도의 마이크로서비스로서 워크플로우에 관여하는 모든 마이크로서비스를 호출하고, 오류를 처리하며, 통합된 데이터를 호출자(보통 사용자 인터페이스)에게 전달하는 역할을 합니다.

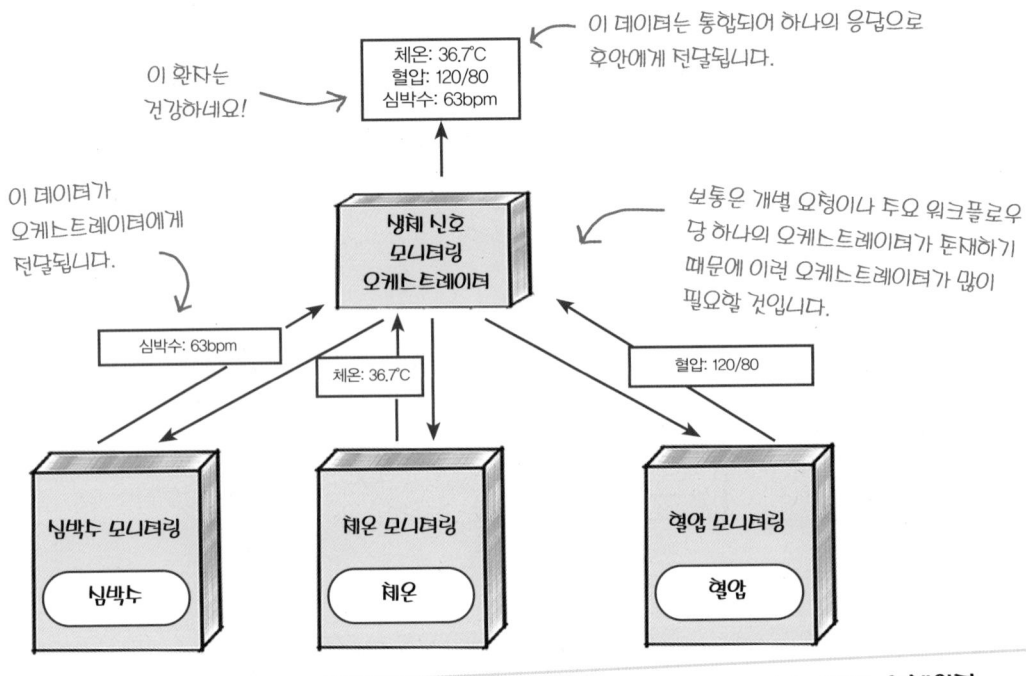

> **구인 공고: 마이크로서비스 오케스트레이터**
>
> 환자의 기본 생체 신호를 모니터링하는 마이크로서비스 오케스트레이터를 구합니다. 주요 업무와 역할은 다음과 같습니다.
>
> - 올바른 순서로 적절한 마이크로서비스 호출하기
> - 항상 워크플로우의 현재 상태와 다음 단계를 파악하기
> - 각 마이크로서비스의 데이터 통합하기
> - 마이크로서비스가 실패할 경우 이에 대한 오류 처리하기

다른 항목들과 마찬가지로 오케스트레이션에도 장단점이 있습니다. 긍정적인 측면부터 살펴보겠습니다.

좋은 점…

마치 GPS가 항상 현재 위치를 파악하고 있는 것과 같습니다.

중앙집중화된 워크플로우

요청된 워크플로우가 중앙에서 관리되기 때문에 이를 쉽게 파악할 수 있습니다. 오케스트레이터만 확인하면 워크플로우 전체를 이해할 수 있습니다.

워크플로우의 상태

오케스트레이터는 요청이 워크플로우의 어느 단계까지 진행되었는지 파악하고 있으므로, 오류가 발생하여 요청을 다시 처리하더라도 수월하게 해당 단계부터 다시 시작할 수 있습니다.

오류 처리

오류 처리는 오케스트레이터에서 통합하여 처리하기 때문에 각 마이크로서비스는 오류 발생 시 어떻게 해야 하는지 걱정할 필요가 없습니다. 오케스트레이터가 대신 처리합니다.

워크플로우의 변경

모든 변경 작업을 한 곳에서 하면 되기 때문에 워크플로우에 대한 변경을 쉽게 할 수 있습니다.

나쁜 점…

마치 지휘자가 아프면 대체 지휘자가 투입되는 것과 같습니다.

성능

오케스트레이터와 마이크로서비스 간의 통신으로 인해 성능이 저하될 수 있습니다. 또한, 오케스트레이터는 워크플로우 상태가 변경될 때마다 이를 데이터베이스에 저장하기 때문에 처리 속도가 느려질 수 있습니다.

확장성

중앙집중화된 오케스트레이터는 모든 요청이 오케스트레이터를 거쳐 마이크로서비스에 전달되기 때문에 요청이 증가할수록 병목 현상을 일으킬 수 있습니다.

강한 결합

오케스트레이터와 마이크로서비스가 계속 통신을 해야 하기 때문에 이 방식은 강한 결합을 발생시킵니다.

가용성

오케스트라에서 지휘자가 없으면 연주가 중단되는 것처럼, 오케스트레이션 마이크로서비스가 사용 불가능한 상태가 되면 요청이 처리되지 않습니다. 이러한 단일 장애점 문제는 일반적으로 오케스트레이터 인스턴스를 여러 개 생성하여 해결합니다.

워크플로우 코레오그래피

코레오그래피: 춤을 춥시다

오케스트라는 지휘자가 필요하고, 춤은 **안무**(choreograph)가 필요합니다. 클래식 무용이나 현대 무용을 이끄는 지휘자가 없는 것처럼 무용수들은 직접 자신의 역할을 습득하고 다른 무용수들과 서로 소통하며 춤을 춥니다. 마이크로서비스에서 코레오그래피를 이렇게 생각할 수 있습니다.

예를 들어, 모니터미 시스템의 혈압 모니터링 기능이 네 개의 별도 마이크로서비스로 나뉘어져 있고 워크플로우를 완료하기 위해서는 서로 통신해야 한다고 가정해봅시다.

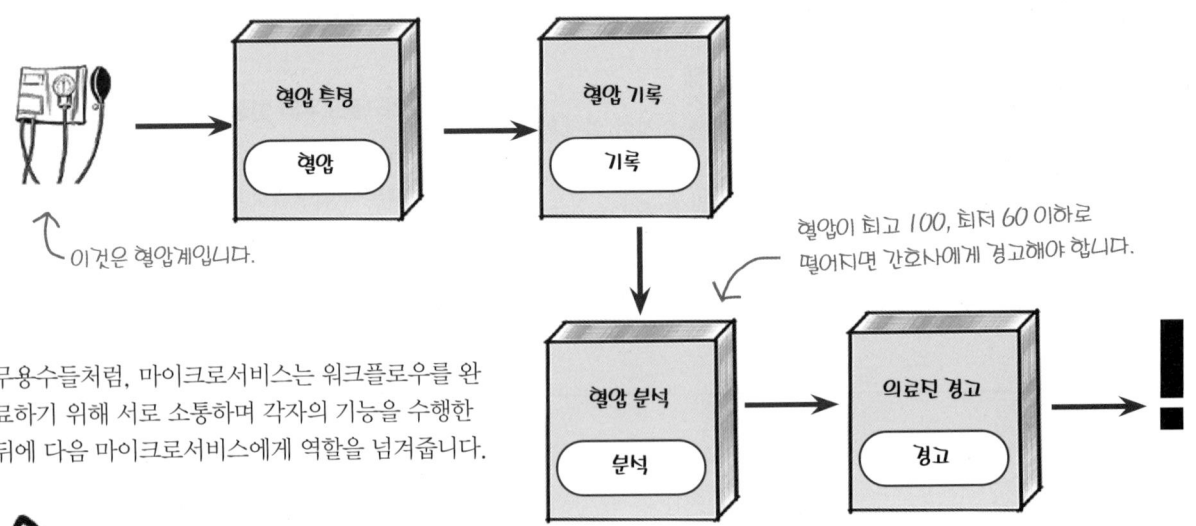

무용수들처럼, 마이크로서비스는 워크플로우를 완료하기 위해 서로 소통하며 각자의 기능을 수행한 뒤에 다음 마이크로서비스에게 역할을 넘겨줍니다.

무용수들을 지휘하려고 하지 마세요!

코레오그래피 방식을 사용할 때는 마이크로서비스 중 하나가 오케스트레이터가 되는 실수를 하지 않도록 주의해야 합니다. 이를 프론트 컨트롤러(Front Controller) 패턴이라고 합니다. 이 패턴은 오케스트레이션에는 유용하지만 코레오그래피에는 적합하지 않습니다.

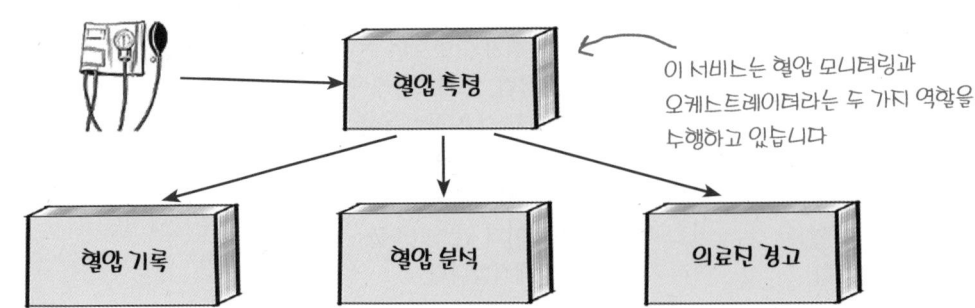

코레오그래피에도 장단점이 있습니다.

좋은 점...

응답성

한 곳의 오케스트레이터와 지속적으로 통신할 필요가 없기 때문에 응답성과 성능이 더 뛰어납니다.

느슨한 결합

마이크로서비스들이 중앙의 오케스트레이션 서비스에 의존하지 않기 때문에 시스템 결합이 느슨합니다.

확장성

각 마이크로서비스는 자신의 처리량을 요구에 맞게 늘리거나 줄이기 위해 워크플로우의 다른 마이크로서비스에 영향을 주지 않고 변경할 수 있습니다.

빠르고 확장 가능한 시스템은 보통 코레오그래피를 사용합니다. 하지만 트레이드오프를 항상 고려해야 합니다.

나쁜 점...

오류 처리

마이크로서비스는 오류가 발생했을 경우, 자신이 직접 오류에 대한 워크플로우를 관리해야 합니다. 이로 인해 서비스 간의 통신이 과도하게 발생할 수 있습니다.

복구성

사용자가 실패한 요청이나 아직 진행 중인 요청을 다시 시도할 때, 시스템이 어디에서부터 다시 시작해야 하는지 파악하는 것은 매우 어렵습니다. 마이크로서비스들을 지시하는 중앙 서비스가 없고 각 마이크로서비스는 단지 다음 마이크로서비스에게 요청을 전달하기 때문입니다.

상태 관리

코레오그래피 방식을 사용할 때는 지휘자가 없기 때문에 워크플로우의 상태를 파악하기가 어렵습니다. 호출 체인 중 하나의 마이크로서비스(보통은 첫 번째 마이크로서비스)가 상태 소유자로 지정되며, 다른 마이크로서비스들은 자신의 상태를 해당 서비스에게 전송합니다.

이러한 상태 관리는 앞 페이지의 '도전하기!'에서 설명한 프론트 컨트롤러 패턴으로 이어질 수 있다는 점에 주의하세요.

코레오그래피 vs. 오케스트레이션

연습문제

[스테이헬시]는 모니터미 시스템과 모니터링을 위한 장치 및 디스플레이 화면을 판매합니다. 소프트웨어나 하드웨어에 문제가 발생하면 의료 시설 관리 직원은 온라인으로 문제 티켓을 생성할 수 있습니다. 현장 기술자는 휴대폰으로 문제 티켓을 확인하고 의료 시설에 방문하여 문제를 해결한 뒤 티켓을 '처리됨'으로 표시합니다.

이제 여러분 차례입니다. 문제 티켓 시스템의 워크플로우를 오케스트레이션 방식으로 관리하는 것이 좋을까요? 아니면 코레오그래피 방식으로 해야 할까요? 선택한 방식과 그 이유를 함께 설명해 보세요.

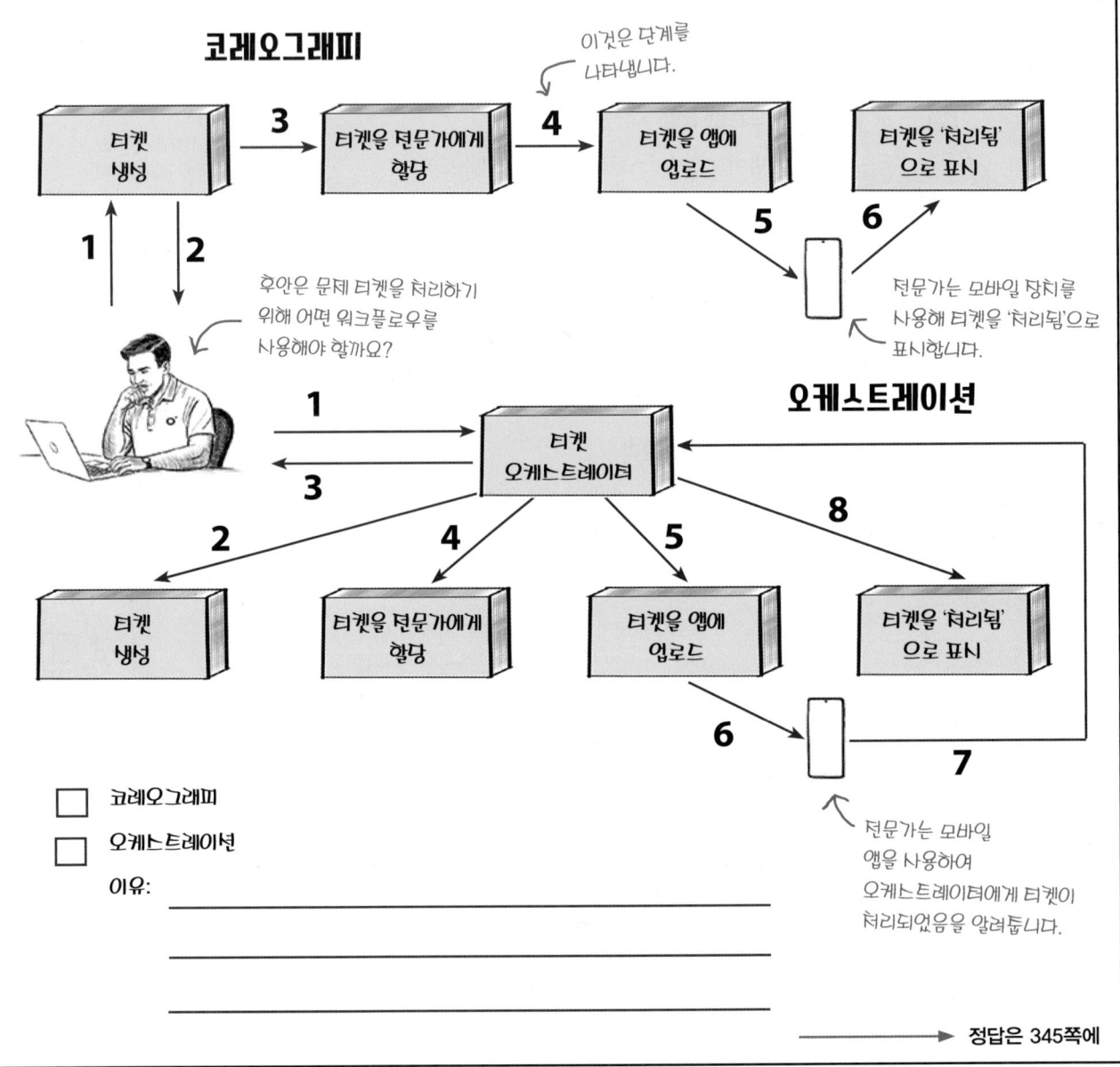

☐ 코레오그래피
☐ 오케스트레이션
이유: _____
_____
_____

➡️ 정답은 345쪽에

마이크로서비스 아키텍처

> 마이크로서비스 아키텍처 스타일은 너무 복잡해보여. 이렇게 어려운 결정들을 많이 해야 하는데 왜 굳이 마이크로서비스를 사용해야 하지?

그렇습니다. 마이크로서비스 아키텍처 스타일은 복잡합니다. 하지만 그만큼 강력하기도 합니다.

마이크로서비스를 사용하면 복잡한 비즈니스 문제를 해결하는 데 도움이 됩니다. 이 아키텍처 스타일은 확장성, 신뢰성, 가용성, 결함 허용성과 같은 특성들을 훌륭하게 지원할 뿐만 아니라, 비즈니스와 기술의 변화에 빠르게 대응할 수 있게 해줍니다. 이를 **민첩성 (agility)**이라고 합니다.

물론, 마이크로서비스 아키텍처 스타일이 모든 시스템에 적합한 것은 아닙니다. 이어서 마이크로서비스의 강점과 약점을 살펴보겠습니다.

여러분은 여기에 있습니다 ▶ 331

마이크로서비스 슈퍼파워

마이크로서비스 아키텍처의 슈퍼파워

모든 아키텍처 스타일에는 그만의 강점이 있습니다. 다음은 마이크로서비스 아키텍처 스타일을 사용하도록 만드는 특성들입니다.

유지보수성

마이크로서비스는 하나의 목적으로 수행되고 개별적으로 배포되기 때문에, 특정 기능을 변경해야 할 때 관련 코드를 더 쉽게 찾을 수 있습니다.

테스트 용이성

마이크로서비스의 테스트 범위는 대규모 모놀리식 애플리케이션이나 거대한 서비스를 포함하는 시스템에 비해 훨씬 작습니다. 그래서 마이크로서비스가 기능을 완전히 테스트하기에 더 수월합니다.

배포 용이성

마이크로서비스는 개별 소프트웨어 단위로 배포되기 때문에 대규모 모놀리식 시스템보다 배포 시 위험이 적습니다. 이로 인해 마이크로서비스는 더 자주 배포할 수 있는데, 경우에 따라서는 매일 배포할 수 있습니다.

진화성

마이크로서비스 아키텍처는 기능을 추가하는 것이 비교적 쉽습니다. 새로운 서비스를 만들고, 테스트하고, 기존의 다른 마이크로서비스와 함께 배포하면 됩니다.

확장성

마이크로서비스는 시스템 전체가 아닌 기능 단위로 확장됩니다. 즉, 사용자 로드가 증가하면 필요한 기능만 확장하여 자원을 절약하고 비용을 낮출 수 있습니다.

결함 허용성

특정 마이크로서비스가 실패해도 전체 시스템이 중단되지 않고 해당 기능만 영향을 받습니다. 사용자는 다른 기능을 계속 사용할 수 있습니다.

마이크로서비스 아키텍처의 크립토나이트

마이크로서비스 아키텍처 스타일을 사용하지 말아야 할 이유가 있을까요? 물론 있습니다. 슈퍼히어로의 힘을 약화시키는 크립토나이트처럼 특정 비즈니스나 아키텍처 특성들이 마이크로서비스의 장점을 약화시킬 수 있습니다. 이러한 경우를 조심해야 합니다!

복잡성

마이크로서비스는 가장 복잡한 아키텍처 스타일 중 하나입니다. 서비스의 세분화, 트랜잭션, 워크플로우, 계약, 공유 코드, 통신 프로토콜, 팀 구성, 배포 전략 등에 대한 수많은 어려운 결정을 내려야 합니다.

성능

마이크로서비스가 서로 통신할수록 성능이 나빠집니다. 네트워크 대기 시간이 발생할 수 있고, 추가적인 보안 검토를 해야 할 수도 있고, 더 많은 데이터베이스 호출이 필요할 수 있습니다.

복잡한 워크플로우

하나의 비즈니스 요청을 처리하기 위해 여러 마이크로서비스를 호출해야 하는 경우, 워크플로우가 발생합니다. 이때 시스템의 기능들이 너무 밀접하게 결합되어 있다면 개별적으로 배포될 수 있는 서비스로 나누는 것은 결국 큰 진흙잡탕을 여러 개로 나누는 것과 같습니다.

단일 데이터베이스

각 마이크로서비스는 데이터를 직접 소유하고 물리적 경계 컨텍스트를 형성해야 합니다.

만약, 데이터를 여러 서비스로 분리할 수 없는 상황이라면 이 아키텍처 스타일을 피하는 것이 좋습니다.

물리적 경계 컨텍스트는 마이크로서비스와 그 데이터를 모두 포함한다는 것을 기억하세요.

기술적으로 구성된 팀

당신의 조직이 사용자 인터페이스 개발자, 백엔드 개발자, 데이터베이스 전문가들이 개별 팀으로 나뉜 구조라면, 마이크로서비스는 적합하지 않습니다(콘웨이 법칙). 마이크로서비스 아키텍처는 여러 기능을 담당하는(cross-functional) 팀을 필요로 합니다. 각 팀은 사용자 인터페이스부터 데이터베이스까지 해당 마이크로서비스 전체를 소유해야 합니다.

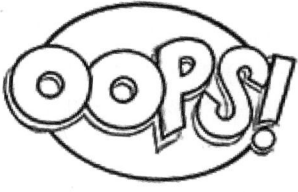

여러분은 여기에 있습니다

강점과 약점

마이크로서비스 등급표

다음은 마이크로서비스 아키텍처의 강점과 약점을 이해하는 데 유용한 등급표입니다. 별점 한 개는 아키텍처 특성이 잘 지원되지 않음을 의미하고, 별점 다섯 개는 그 특성이 잘 지원됨을 의미합니다.

← 마치 영화 리뷰처럼요!

아키텍처 특성	별점
유지보수성	★★★★★
테스트 용이성	★★★★★
배포 용이성	★★★★★
단순성	★
진화성	★★★★★
성능	★★
확장성	★★★★★
탄력성	★★★★
결함 허용성	★★★★★
전체 비용	$$$$$

- 이러한 특성들은 변화에 빠르게 대응할 수 있는 능력인 민첩성에 기여합니다.
- 마이크로서비스는 복잡합니다.
- 마이크로서비스는 기능 단위로 확장할 수 있습니다.
- 마이크로서비스 간의 많은 통신으로 인해 요청에 대한 처리가 느려집니다.
- 전체 비용은 라이선스 비용, 데이터 분리, 배포 파이프라인 최적화, 팀 재구성 등에 영향을 받습니다.

이와 같이 마이크로서비스 아키텍처 스타일은 민첩성(유지보수성, 테스트 용이성, 배포 용이성) 및 운영적인 특성 면에서 꽤 우수합니다. 하지만 단순성, 성능, 비용 측면에서는 그다지 뛰어나지 않습니다.

성능 항목에 대해 별점이 낮은 이유는 서비스 간 통신 시 발생하는 지연 때문입니다. 이 지연에는 세 가지 형태가 있습니다. **네트워크 지연**(요청이 서비스에 도달하는 데 걸리는 시간), **보안 지연**(예를 들어, 사용자를 다시 인증하는 데 걸리는 시간), **데이터 지연**(각 마이크로서비스가 자신의 데이터베이스 호출을 수행하는 시간)입니다.

연습문제

다음 시스템들이 마이크로서비스 아키텍처 스타일에 적합한지 여부와 그 이유를 설명하세요.

힌트: *마이크로서비스의 장점, 단점과 문제 도메인을 고려하세요.*

사용자들이 입찰할 수 있는 온라인 경매 시스템

왜? _____
_____

- [ ] 마이크로서비스에 잘 맞음
- [ ] 비교적 마이크로서비스에 적합함
- [ ] 마이크로서비스에 어울리지 않음

하룻밤에 국제 송금을 처리하고 청산하는 대규모 백엔드 금융 시스템

왜? _____
_____

- [ ] 마이크로서비스에 잘 맞음
- [ ] 비교적 마이크로서비스에 적합함
- [ ] 마이크로서비스에 어울리지 않음

새로운 사업 분야에 진입하므로, 시스템에 대한 지속적인 변화가 예상되는 회사

왜? _____
_____

- [ ] 마이크로서비스에 잘 맞음
- [ ] 비교적 마이크로서비스에 적합함
- [ ] 마이크로서비스에 어울리지 않음

온라인 주문을 받기 시작하는 소규모의 빵집

왜? _____
_____

- [ ] 마이크로서비스에 잘 맞음
- [ ] 비교적 마이크로서비스에 적합함
- [ ] 마이크로서비스에 어울리지 않음

지원 플랜을 함께 구매한 전자제품을 위한 문제 티켓 시스템으로, 현장 기술자가 고객에게 가서 문제를 해결함

왜? _____
_____

- [ ] 마이크로서비스에 잘 맞음
- [ ] 비교적 마이크로서비스에 적합함
- [ ] 마이크로서비스에 어울리지 않음

➡️ 정답은 346쪽에

장 요약

마무리하기

축하합니다! 모니터미 시스템이 성공적으로 가동 중입니다. 이 모든 것은 여러분이 마이크로서비스를 이해하고 이 아키텍처가 어떤 시스템에 적합한지 알고 있기 때문입니다.

마이크로서비스는 복잡한 아키텍처 스타일일 수 있지만, (함께 살펴본 모니터미 시스템과 같이) 복잡한 비즈니스 문제를 해결하는 데 도움이 되는 강력한 능력이 있다는 것을 배웠습니다. 마이크로서비스에 대한 주요 사항들을 정리하면서 이 장을 마무리하겠습니다.

핵심정리

- 마이크로서비스는 단일 목적을 위해 개별적으로 배포되는 소프트웨어 단위로, 특정 작업을 잘 수행합니다.
- 물리적 경계 컨텍스트는 마이크로서비스가 자신의 데이터를 소유하며 그 데이터에 자신만이 접근할 수 있다는 것을 의미합니다. 다른 마이크로서비스가 소유한 데이터에 접근이 필요하면 그 서비스에게 요청을 해야 합니다.
- 마이크로서비스 세분화의 크기는 물리적인 크기가 아니라 그 마이크로서비스가 수행하는 일의 범위에 대한 크기입니다.
- 마이크로서비스를 더 작게 만들도록 유도하는 인자를 세분화 분해 인자라고 합니다.
- 마이크로서비스를 더 크게 만들도록 유도하는 인자를 세분화 결합 인자라고 합니다.
- 세분화 분해 인자와 세분화 결합 인자의 균형을 맞춰 마이크로서비스에 가장 적합한 세분화 수준을 찾아야 합니다.
- 마이크로서비스는 처음에는 큰 범위로 시작하고, 서비스에 대한 이해도가 높아지면 더 세밀하게 나눌 수 있습니다.
- 마이크로서비스에서 기능을 공유하는 두 가지 방법은 공유 서비스와 공유 라이브러리입니다.
- 공유 서비스는 여러 마이크로서비스가 공통적으로 사용하는 마이크로서비스입니다. 이 서비스는 별도로 배포되며 각 마이크로서비스가 원격으로 호출합니다. 공유 서비스는 더 민첩한 특성이 있으며 이기종의 환경에 유리합니다. 그러나 확장성, 결함 허용성, 성능에서는 불리합니다.
- 공유 라이브러리는 컴파일 시점에 마이크로서비스에 포함되는 (JAR 또는 DLL 파일과 같은) 독립적인 산출물입니다. 공유 라이브러리는 확장성, 성능, 결함 허용성의 운영적 특성을 잘 지원하지만 종속성과 변경에 대한 관리가 어렵습니다.
- 워크플로우는 하나의 비즈니스 요청이나 프로세스를 처리하기 위해 여러 마이크로서비스가 필요한 경우입니다.
- 오케스트레이션을 사용하는 워크플로우는 중앙의 오케스트레이터 마이크로서비스가 필요하며, 교향악단의 지휘자와 같이 동작합니다.
- 코레오그래피를 사용하는 워크플로우에서는 서비스들이 직접 서로 간에 통신을 하는데, 이는 무용수들이 함께 춤을 추는 것과 같습니다.
- 확장성, 결함 허용성, 진화성, 민첩성(유지보수성, 테스트 용이성, 배포 용이성)이 마이크로서비스 아키텍처 스타일의 강점입니다.
- 성능, 복잡성, 비용, 분리할 수 없는 모놀리식 데이터베이스, 강한 의미적 결합성은 마이크로서비스의 약점입니다.
- 마이크로서비스는 가능한 한 독립적이어야 하며, 너무 많은 통신은 이 아키텍처 스타일의 강점을 약화시킵니다.

'마이크로서비스' 낱말 퀴즈

배운 내용을 재미있게 테스트할 준비가 되었나요?

가로

1. 마이크로서비스는 시스템이 이것을 더 쉽게 할 수 있게 해준다.
5. 서비스를 더 작게 만들면 더 _____ 하게 된다.
7. 각 마이크로서비스는 자신의 데이터를 _____ 한다.
11. 마이크로서비스들이 서로 통신하는 워크플로우 방식이다.
14. _____ 서비스는 한 가지 일을 아주 잘한다.
15. 마이크로서비스는 이 유형의 아키텍처다.
17. _____ 허용성은 문제가 발생해도 전체 시스템을 다운시키지 않게 해준다.
18. 마이크로서비스는 _____ 목적이 있다.
19. 한 가지 작업을 위해 여러 마이크로서비스가 필요하다면 그것은 _____ (이)다.

세로

1. _____ 처리는 오케스트레이터의 역할 중 하나다.
2. 마이크로서비스 내의 컴포넌트다.
3. 마이크로서비스를 더 크게 만들도록 해주는 인자다.
4. _____ 컨트롤러 패턴을 주의해야 한다.
6. 각 마이크로서비스는 별도로 배포되는 소프트웨어의 _____ (이)다.
8. 공유되는 코드 자원이다.
9. 데이터 접근을 제한하는 컨텍스트다.
10. 한 마이크로서비스가 다른 서비스들을 지휘하는 워크플로우다.
12. 경계 컨텍스트 또는 아키텍처 다이어그램의 유형이다.
13. 훌륭한 보안은 데이터에 대한 _____ 을(를) 제한하는 것을 포함한다.
16. 나쁜 디자인 패턴은 _____ 패턴이다.

➡ 정답은 347쪽에

연습문제 정답

문제는 305쪽에

연필을 깎으며
정답

이전 페이지의 문제 도메인과 요구사항을 바탕으로 모니터미 아키텍처에서 중요하다고 생각하는 상위 다섯 가지 아키텍처 특성을 정리하고, 그렇게 생각한 이유를 설명하세요.

☒ 테스트 용이성(테스트의 용이성과 완전성)
이유: 중요한 의료 시스템이므로 시스템에 버그가 발생해서는 안 된다(완전성).

☒ 응답성(의료 전문가가 응답을 받는 데 걸리는 시간)
이유: 환자에게 문제가 발생했을 때 의료 전문가가 이를 얼마나 빨리 알게 되는지는 환자의 생명과 관계가 있다.

☐ 배포 용이성(변경사항을 출시하기 위한 난이도와 절차)
이유: 중요하지 않다. 시스템에 변경사항이 많을 것이라는 요구사항이 없다.

☐ 추상화(시스템 각 부분의 격리 수준과 정보의 분리)
이유: 중요하지 않다. 추상화와 관련된 요구사항이 없다.

☐ 확장성(더 많은 사용자와 환자를 수용할 수 있는 능력)
이유: 중요하지 않다. 시스템은 단일 병원으로 한정되어 있고 병원의 침대 수는 제한적이다.

☒ 결함 허용성(시스템의 일부분이 고장나더라도 계속 작동할 수 있는 능력)
이유: 한 가지 생체 신호 모니터링이 실패한다고 환자의 다른 생체 신호 모니터링 기능이 중단되어서는 안 된다.

☒ 데이터 무결성(시스템 전반에 걸쳐 데이터가 일관되고 정확하며 손실이 없음)
이유: 환자의 건강에 대한 데이터는 가능한 한 정확해야 한다.

☐ 워크플로우(복잡한 비즈니스 워크플로우를 처리할 수 있는 능력)
이유: 중요하지 않다. 각 생체 신호는 개별적으로 모니터링되며 복잡한 워크플로우를 요구하지 않는다.

☒ 동시성(동시 요청이나 작업을 처리할 수 있는 능력)
이유: 시스템은 동시에 여러 가지 생체 신호를 모니터링할 수 있어야 한다.

마이크로서비스 아키텍처

문제는 307쪽에

연습문제 정답

우리는 단일 목적이 정확히 무엇을 의미하는지 이해하는 데 어려움을 겪고 있습니다. 아래 기능 중 어떤 것이 단일 목적에 해당하며, 따라서 마이크로서비스로 분리할 수 있는지 체크해 주시겠어요?

- ☒ 영화를 자신의 '보고 싶은 영화 목록'에 추가하기
- ☒ 신용카드로 주문 결제하기
- ☐ 판매 예측 및 재무 성과에 대한 보고서 작성하기 ← 서로 다른 기능들이 필요한 복잡한 과정입니다.
- ☐ 신차 구매를 위한 대출 신청하기
- ☒ 온라인 주문의 배송비 결정하기

여러분은 여기에 있습니다 339

연습문제 정답

문제는 309쪽에

연필을 깎으며 정답

전자상거래 사이트를 위해 다음과 같은 서비스들을 만들었지만 경계 컨텍스트와 데이터의 소유권을 파악하는 데 여러분의 도움이 필요합니다. 아래 데이터베이스의 테이블을 해당 데이터를 소유해야 하는 마이크로서비스와 연결해 주세요.

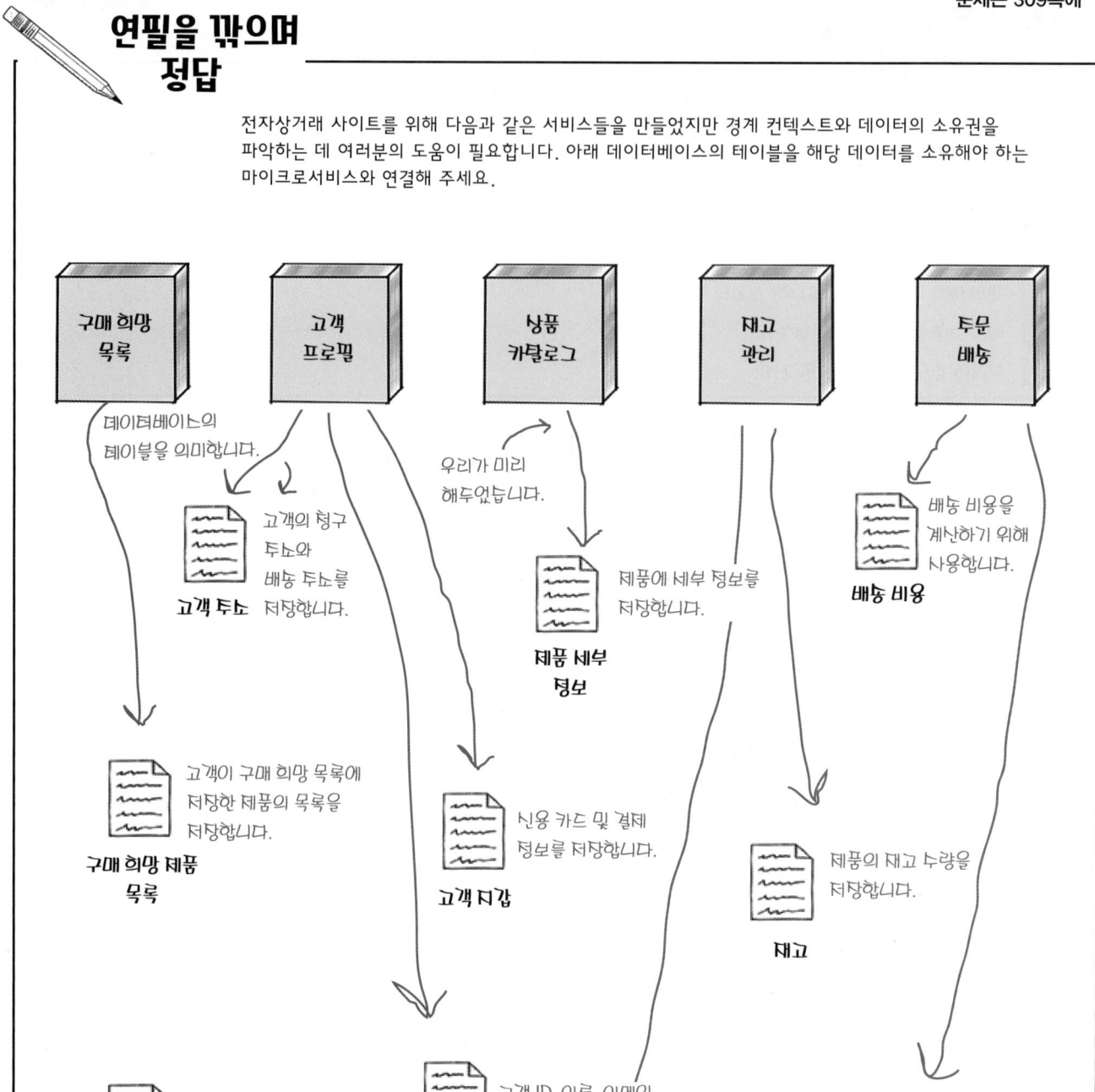

연습문제 정답

문제는 317쪽에

마이크로서비스 아키텍처

이제 세분화 분해 인자와 세분화 결합 인자를 적용하여 혈압, 체온, 심박수를 모니터링하는 기본 생체 신호 모니터링 기능을 단일 마이크로서비스로 구현할지 아니면 세 개의 별도 서비스로 구현할지 결정할 차례입니다. 다음과 같은 추가 정보가 주어졌습니다.

- 환자의 심박수와 혈압은 가장 중요한 기본 생체 신호입니다. 체온 모니터링에 문제가 생기더라도 심박수와 혈압 모니터링은 계속 작동해야 합니다.
- 세 가지 기본 생체 신호는 이상 발생 시 의료진에게 이를 알리는 경고 기능을 제공합니다.
- 심박수 모니터링 기능은 1초마다 센서 데이터를 수신하는 반면, 체온과 혈압 모니터링 기능은 5분에 한 번씩 센서 데이터를 수신합니다.
- 각 기본 생체 신호의 데이터는 별도로 저장되며, 하나의 데이터베이스에 단순한 JSON 이름/값 쌍으로 저장됩니다. 예를 들어, 심박수 데이터는 다음과 같이 저장됩니다.

```
{"patient_id": "123",
 "timestamp": "10452955668",
 "bpm": "64"}
```

BPM은 '분당 심박수(beats per minute)'를 의미합니다.

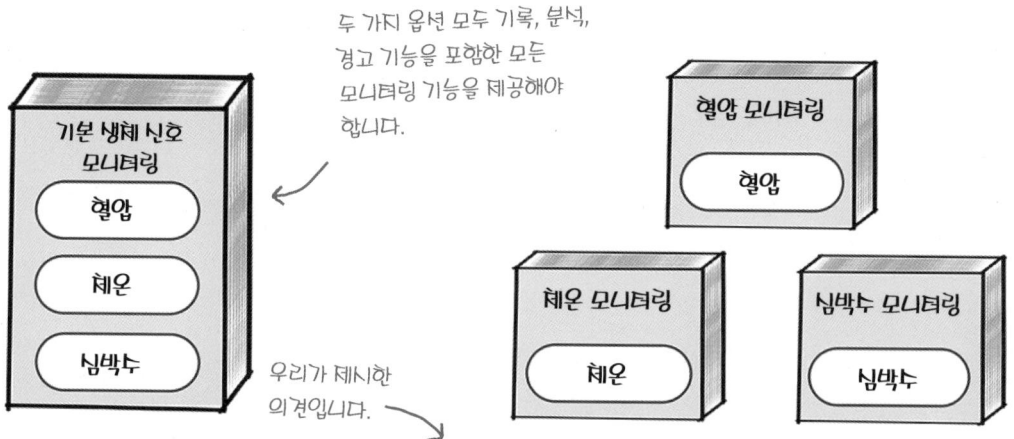

어느 옵션을 선택해야 할까요? 그리고 그 이유는 무엇인가요?

옵션 2: 별도의 마이크로서비스로 구현합니다.

별도의 서비스로 구현하면 모니터링 기능 중 하나가 정지되더라도 더 나은 결함 허용성을 제공하기 때문입니다. 또한, 데이터가 별도로 기록되고 저장되기 때문에 물리적 경계 컨텍스트마다 데이터베이스가 분리된 환경에서도 잘 동작하여 더 나은 결함 허용성을 제공합니다. 마지막으로 분리된 각 서비스는 입력되는 데이터 속도(심박수는 초당 1회, 다른 신호는 5분당 1회)에 따라 필요한 만큼 확장할 수 있기 때문입니다.

여러분은 여기에 있습니다

연습문제 정답

연필을 깎으며 정답

의료 전문가에게 경고하는 기능 외에도 모니터링 서비스에서 필요할 수 있는 다른 공통 기능에는 무엇이 있나요?

- 관찰성(Observability): 서비스 응답 시간, 오류, 가동 시간 및 기타 메트릭과 특정 값에 대한 스트리밍
- 로깅(Logging): 오류와 서비스 기능의 경고에 대한 보고
- 감사(Auditing): 경고가 전송된 시간과 해당 경고를 받은 의료 전문가에 대한 기록
- 보안(Security): 권한을 가진 의료 전문가만 모니터링 서비스에 접근할 수 있도록 접근 제한

마이크로서비스 아키텍처

문제는 323쪽에

연필을 깎으며
정답

마이크로서비스 아키텍처 스타일에서 기능을 공유하는 두 가지 주요 옵션을 살펴보았습니다. 이제 모니터미의 경고 기능을 공유 라이브러리로 만들지 공유 서비스로 만들지 결정할 차례입니다. 각 옵션의 장단점, 문제 도메인과 같은 외부 요인도 고려하여 선택한 이유를 설명하세요.

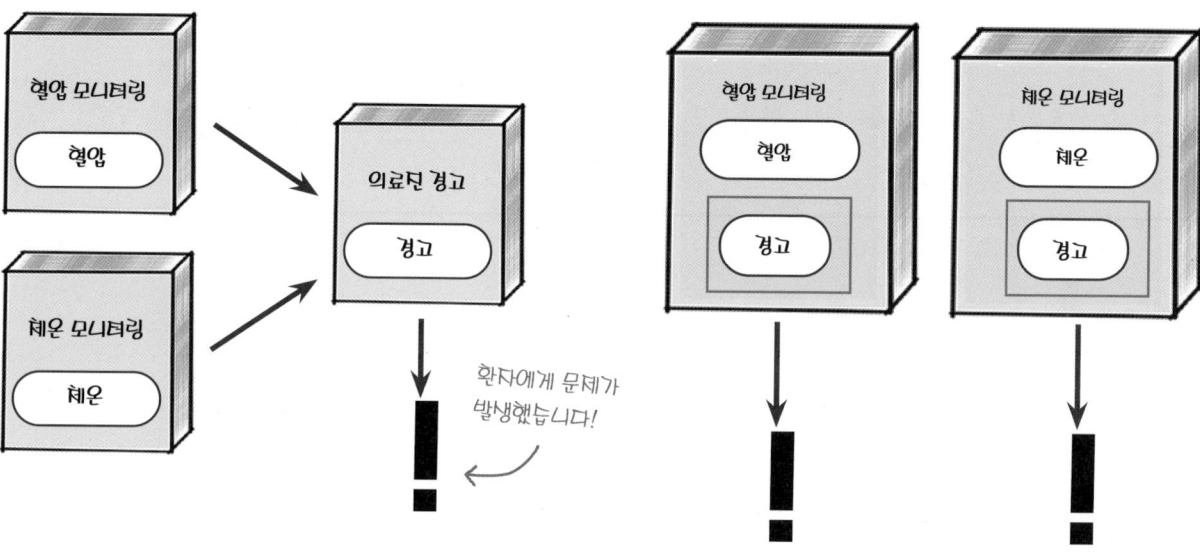

여기에 여러분의 결정과 그 이유를 작성하세요.

 옵션 1: 공유 서비스

☒ 옵션 2: 공유 라이브러리

이유: 우리는 옵션 2(공유 라이브러리)를 선택했습니다. 그 이유는 다음과 같습니다.

- 더 나은 성능 (의료 전문가에게 더 빠르게 경고할 수 있음)

- 더 나은 신뢰성과 결함 허용성 (의료진 경고 공유 서비스가 정지되면 의료 전문가에게 경고하는 기능도 함께 중단됨)

- 더 나은 동시성 (여러 문제가 동시에 발생할 경우)

여러분은 여기에 있습니다   343

연습문제 정답

문제는 325쪽에

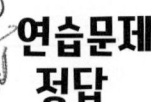

연습문제 정답

모니터미의 환자 생체 신호 모니터링 시스템에서 여러 마이크로서비스가 포함된 또다른 워크플로우가 있을까요? 아래의 공란에 작성해보세요.

하나는 작성해두었습니다.

- 환자의 기본 생체 신호(체온, 혈압, 심박수) 상태 확인하기 ←

- 특정 환자에 대해 모니터링되고 있는 생체 신호 확인하기(다수의 모니터링 서비스에 대한 쿼리 필요)

- 모니터링할 새로운 환자 등록: 이름, 신원, 환자 통계, 의료 기록 등과 같은 다양한 정보를 수집해야 하며 각 항목이 개별 마이크로서비스가 될수 있음

연습문제 정답

마이크로서비스 아키텍처

문제는 330쪽에

[스테이헬시]는 모니터미 시스템과 모니터링을 위한 장치 및 디스플레이 화면을 판매합니다. 소프트웨어나 하드웨어에 문제가 발생하면 의료 시설 관리 직원은 온라인으로 문제 티켓을 생성할 수 있습니다. 현장 기술자는 휴대폰으로 문제 티켓을 확인하고 의료 시설에 방문하여 문제를 해결한 뒤 티켓을 '처리됨'으로 표시합니다.

이제 여러분 차례입니다. 문제 티켓 시스템의 워크플로우를 오케스트레이션 방식으로 관리하는 것이 좋을까요? 아니면 코레오그래피 방식으로 해야 할까요? 선택한 방식과 그 이유를 함께 설명해 보세요.

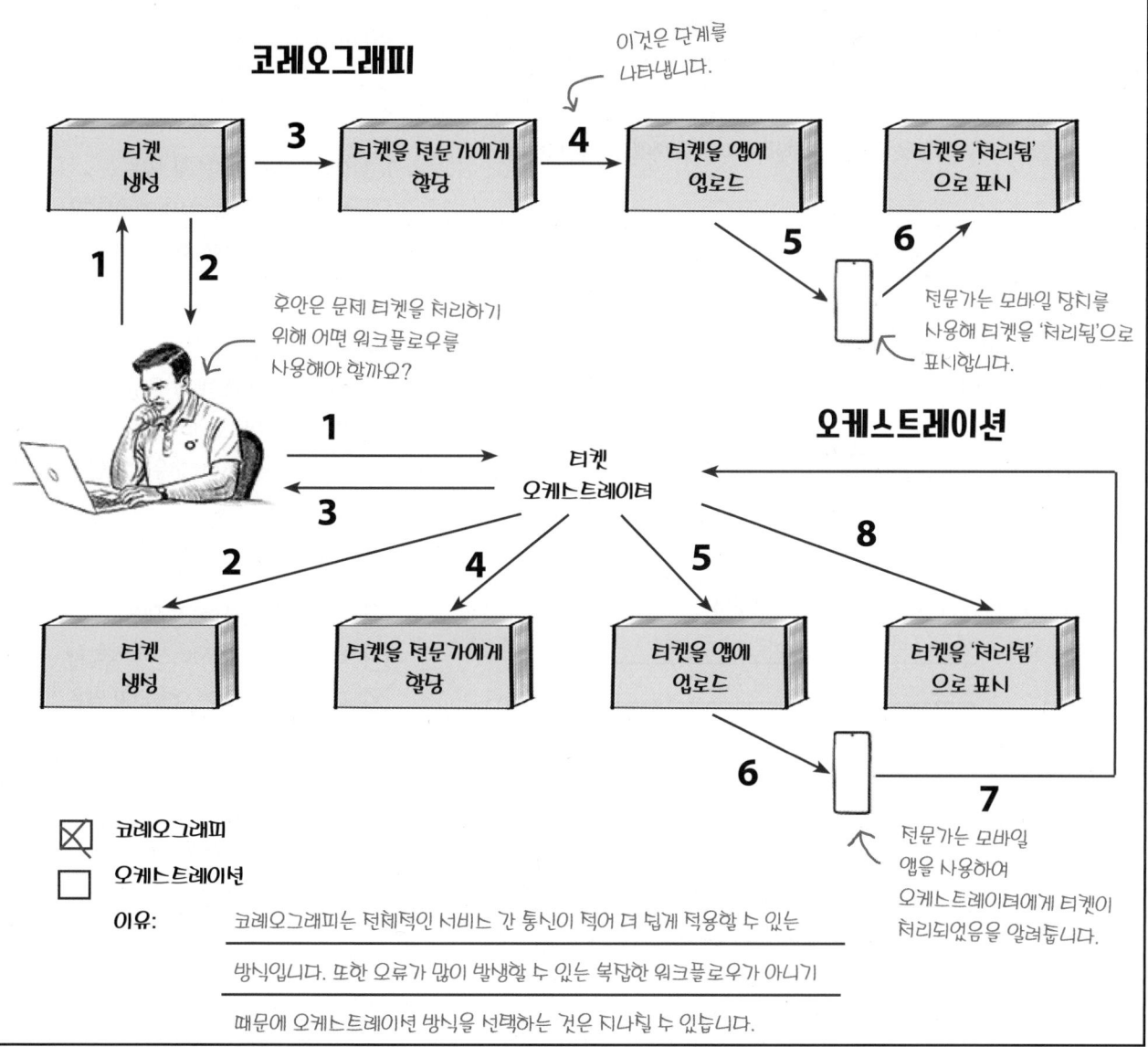

연습문제 정답

문제는 335쪽에

다음 시스템들이 마이크로서비스 아키텍처 스타일에 적합한지 여부와 그 이유를 설명하세요.

힌트: 마이크로서비스의 장점, 단점과 문제 도메인을 고려하세요.

사용자들이 입찰할 수 있는 온라인 경매 시스템

왜? 높은 확장성과 탄력성 필요, 높은 동시성, 독립적인 기능들

- [x] 마이크로서비스에 잘 맞음
- [ ] 비교적 마이크로서비스에 적합함
- [ ] 마이크로서비스에 어울리지 않음

하룻밤에 국제 송금을 처리하고 정산하는 대규모 백엔드 금융 시스템

왜? 이런 복잡한 시스템에는 마이크로서비스의 강점이 필요하지 않음

- [ ] 마이크로서비스에 잘 맞음
- [ ] 비교적 마이크로서비스에 적합함
- [x] 마이크로서비스에 어울리지 않음

새로운 사업 분야에 진입하므로, 시스템에 대한 지속적인 변화가 예상되는 회사

왜? 높은 민첩성과 진화성으로 인해 마이크로서비스가 적합할 수 있지만 추가 정보가 필요함

- [ ] 마이크로서비스에 잘 맞음
- [x] 비교적 마이크로서비스에 적합함
- [ ] 마이크로서비스에 어울리지 않음

온라인 주문을 받기 시작하는 소규모의 빵집

왜? 마이크로서비스의 높은 비용과 복잡성은 소규모의 빵집에는 부담이 될 것임

- [ ] 마이크로서비스에 잘 맞음
- [ ] 비교적 마이크로서비스에 적합함
- [x] 마이크로서비스에 어울리지 않음

지원 플랜을 함께 구매한 전자제품을 위한 문제 티켓 시스템으로, 현장 기술자가 고객에게 가서 문제를 해결함

왜? 독립적인 기능들, 좋은 확장성과 탄력성, 단순한 워크플로우

- [x] 마이크로서비스에 잘 맞음
- [ ] 비교적 마이크로서비스에 적합함
- [ ] 마이크로서비스에 어울리지 않음

'마이크로서비스' 낱말 퀴즈 정답

문제는 337쪽에

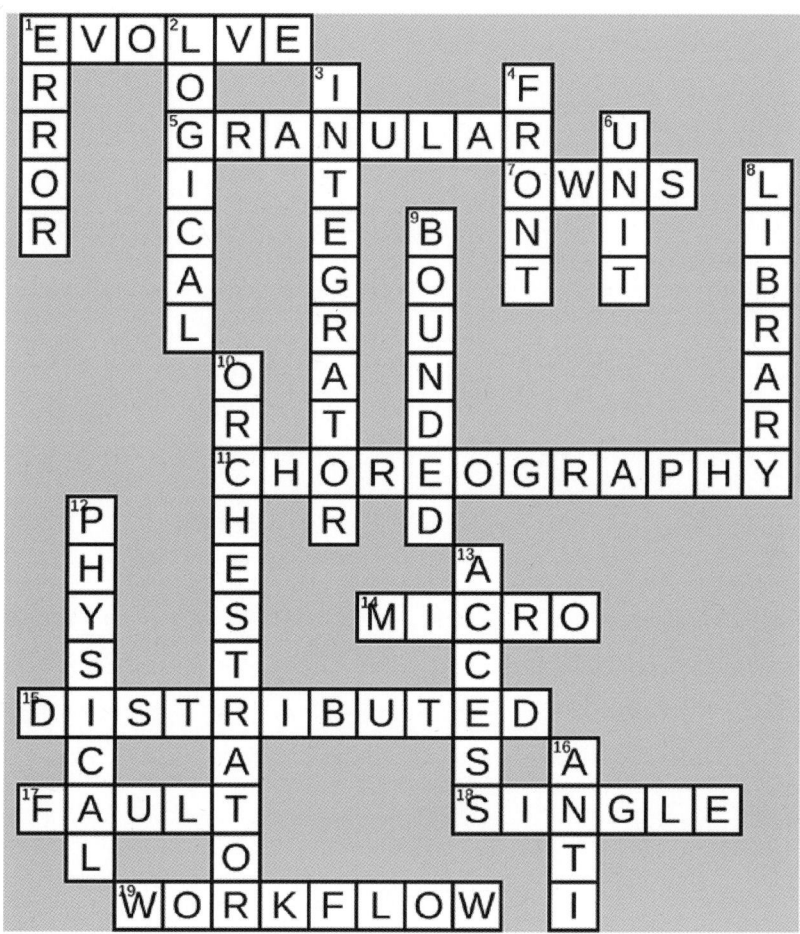

11 이벤트 기반 아키텍처
비동기 모험

만약, 여러분의 아키텍처가 동시에 여러 작업을 수행할 수 있다면 어떨까요? 비즈니스가 성장하고 성공을 거듭할수록 시스템이 느려지거나 다운되지 않고 더 많은 사용자를 처리할 수 있어야 합니다. 이제 비즈니스가 성장함에 따라 확장할 수 있는 고성능 시스템의 설계 방법을 배울 것입니다. 인기가 많은 분산 아키텍처 스타일인 이벤트 기반 아키텍처(event-driven architecture)를 살펴봅니다. 매우 빠르고, 확장성이 크며, 신장하기도 쉽지만, 상대적으로 복잡성도 상당히 높습니다. 이 장에서는 이벤트, 메시지, 비동기 통신과 같은 다양한 새로운 개념을 익히게 됩니다. 이 개념들을 바탕으로 동시에 많은 작업을 수행할 수 있는 아키텍처를 만들 수 있습니다. 이벤트 기반 아키텍처를 통한 비동기 모험을 시작해봅시다.

작은 식당의 워크플로우

너무 느려요

여러분이 좋아하는 식당에 가서 유명한 그릴드 치즈 샌드위치, 바삭한 감자튀김, 초콜릿 밀크셰이크를 주문한다고 상상해보세요. 주문하는 건 쉽죠? 하지만 주문을 받는 사람이 다른 도움 없이 하나씩, 모든 것을 만들어야 한다면 어떻게 될까요? 시간이 더 오래 걸릴 뿐만 아니라, 식당은 많은 고객을 받을 수 없을 것입니다. 이 과정(워크플로우)을 시각화해봅시다.

1. 다음 고객의 점심 주문받기(1분)
2. 고객의 결제 처리하기(1분)
3. 그릴드 치즈 샌드위치 만들기(4분)
4. 감자튀김 만들기(5분)
5. 초콜릿 밀크쉐이크 만들기(4분)
6. 음식을 담아 손님 응대하기

각 주문에 15분이 걸리니 손님이 몰리는 점심시간에 오직 네 명의 손님만 받을 수 있습니다.

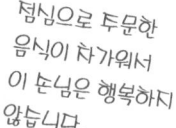

점심으로 주문한 음식이 차가워서 이 손님은 행복하지 않습니다.

이렇게 식당을 운영하면 안 됩니다! 더 많은 손님을 받을 수 있도록 응대 속도를 조금 더 높여 봅시다.

브레인 파워

이 식당의 손님으로서 서비스 속도를 높이기 위해 어떤 방안을 제안할 수 있을까요?

여기에 아이디어를 적어두세요.

이벤트 기반 아키텍처

속도 높이기

식당에서 직원 세 명을 더 고용하면(한 명은 샌드위치를 만들고, 한 명은 감자튀김을 만들고, 한 명은 밀크셰이크를 만들기 위해) 모든 음식 준비를 동시에 할 수 있어 주문 완료 시간이 절반으로 줄어듭니다. 그렇게 하면 점심시간 동안 이 식당에서는 손님을 두 배로 더 받을 수 있습니다.

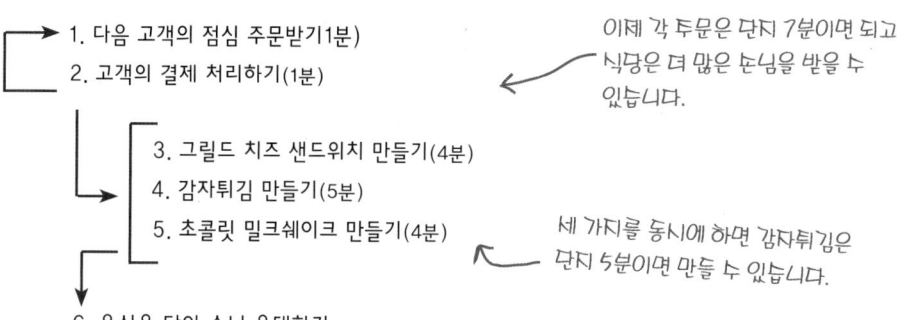

세 가지 작업을 동시에 수행하면 손님들의 대기 시간이 크게 감소됩니다(이를 응답성이라고 합니다). 또한 음식을 더 빠르게 준비할 수 있기 때문에 주문을 받는 서버는 더 많은 고객을 응대할 수 있습니다(이를 확장성이라고 합니다).

이것이 **이벤트 기반 아키텍처**(event-driven architecture; EDA)의 기본 개념입니다. 처리 과정을 각각 다른 서비스로 나누고, 각 **서비스**는 **이벤트**에 **응답**하여 동시에 기능을 수행합니다. EDA에서 서비스는 **비동기**로 **이벤트** 채널(event channel)을 통해 통신하며, 다른 서비스의 응답을 기다리지 않고 작업을 완료합니다.

노트: 앞으로 이벤트 기반 아키텍처를 EDA라고 부를 것입니다. 왜냐하면 그렇게 부르는 것이 멋지기 때문입니다 (다행히도, 우리는 단어 수에 따라 돈을 받지 않으니까요).

걱정하지 마세요. 여기에 등장하는 모든 용어도 다룰 것입니다.

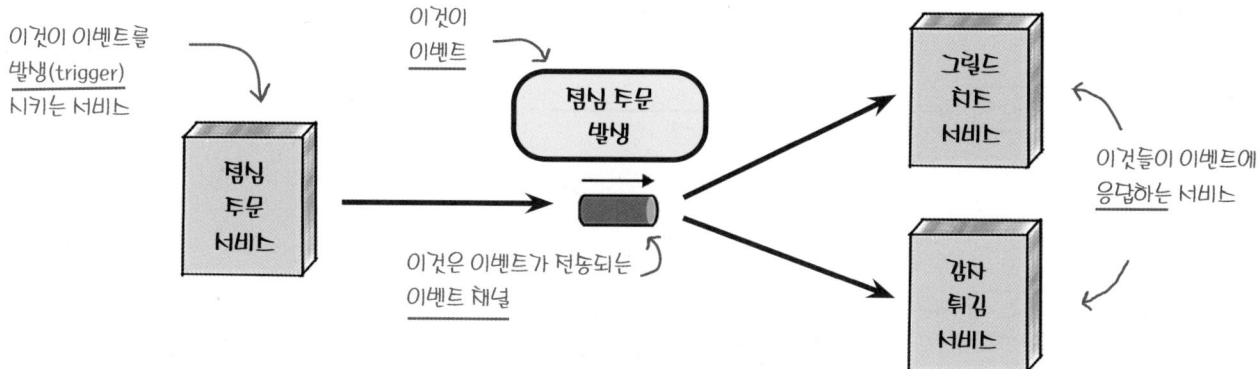

한 번에 모든 것을 이해하는 것이 어렵다는 것을 알고 있으니, 단계별로 설명하겠습니다. 하지만 시작하기 전에 성장통을 겪고 있는 독일의 대형 온라인 주문 회사인 [데어 나일(Der Nile)]을 소개합니다. 이 회사는 여러분의 도움이 필요합니다.

여러분은 여기에 있습니다 **351**

온라인 주문 요구사항

[데어 나일]은 어느 때보다 빠르게 흐릅니다

[데어 나일]은 기저귀부터 모발 성장 보조제까지 모든 것을 판매하는 독일 최대의 온라인 소매 업체입니다.

비즈니스가 호황으로, 회사의 온라인 주문 시스템이 한계점에 도달할 정도로 많은 주문이 들어오고 있습니다. [데어 나일]의 고객들은 빠른 시스템과 신속한 주문 처리를 요구합니다. 현재 시스템은 들어오는 주문의 양을 처리할 수 없습니다. 주문 처리에 시간이 너무 오래 걸리며, 처리 시간도 점점 증가하고 있습니다.

[데어 나일]은 이러한 성장에 대응하기 위해 처음부터 새로운 주문 시스템을 만들고자 하며, 설계 과정에서 여러분의 도움이 필요합니다.

현재 운영 중인 [데어 나일]의 레거시 온라인 주문 시스템의 기본 흐름은 다음과 같습니다.

[데어 나일]은 온라인 쇼핑을 재미있게 만들고 싶어합니다.

[데어 나일]의 고객이 될 애나(Ana)입니다.

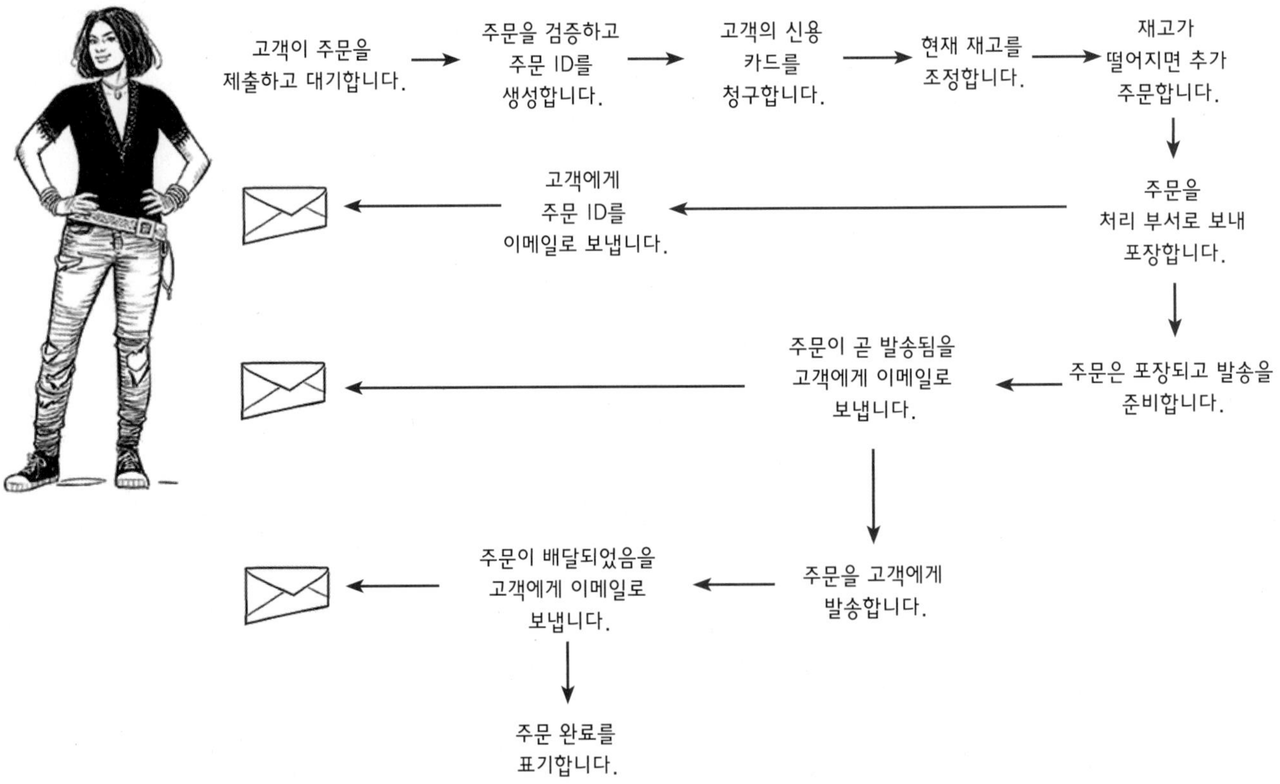

고객이 주문을 제출하고 대기합니다. → 주문을 검증하고 주문 ID를 생성합니다. → 고객의 신용 카드를 청구합니다. → 현재 재고를 조정합니다. → 재고가 떨어지면 추가 주문합니다.

↓

고객에게 주문 ID를 이메일로 보냅니다. ← 주문을 처리 부서로 보내 포장합니다.

↓

주문이 곧 발송됨을 고객에게 이메일로 보냅니다. ← 주문은 포장되고 발송을 준비합니다.

↓

주문이 배달되었음을 고객에게 이메일로 보냅니다. ← 주문을 고객에게 발송합니다.

↓

주문 완료를 표기합니다.

연습문제

소프트웨어 아키텍트로서 현재 워크플로우(이전 페이지에 표시됨)를 어떻게 수정하면 속도를 조금 더 높일 수 있을까요? 아래 공간에 새 워크플로우에 대한 아이디어를 그려 주세요. *힌트: 동시에 할 수 있는 일은 무엇일까요?*

여기에서 시작합니다.

고객이 주문을
제출하고
대기한다.

정답은 391쪽에

여러분은 여기에 있습니다

이벤트 이해하기

이벤트란 무엇인가요?

1950년대 후반, 한 기자가 영국 총리 해럴드 맥밀런(Harold Macmillan)에게 가장 걱정되는 것이 무엇인지 묻자, 그는 "이벤트요, 나의 소중한 친구 이벤트 말입니다"라는 유명한 말을 남겼습니다.[1] 이벤트는 해럴드 맥밀런에게는 문제가 되었을 수 있지만, 복잡한 비즈니스 문제를 해결하는 우리에게는 큰 도움이 될 수 있습니다.

> 이 책을 출판하는 것은 필자들에게 중요한 이벤트였습니다.

이벤트는 어떤 일, 특히 중요한 일을 말합니다. 월드컵, 음악 콘서트, 직장에서의 큰 승진, 결혼식, 생일 축하와 같은 것들은 모두 중요한 이벤트입니다.

소프트웨어 시스템에서는 특정 사용자 행동이 이벤트를 발생시킬 수 있습니다. 예를 들어, 경매에 나온 물품에 입찰하거나 보험 청구를 하거나 구매를 하는 것과 같은 일들입니다.

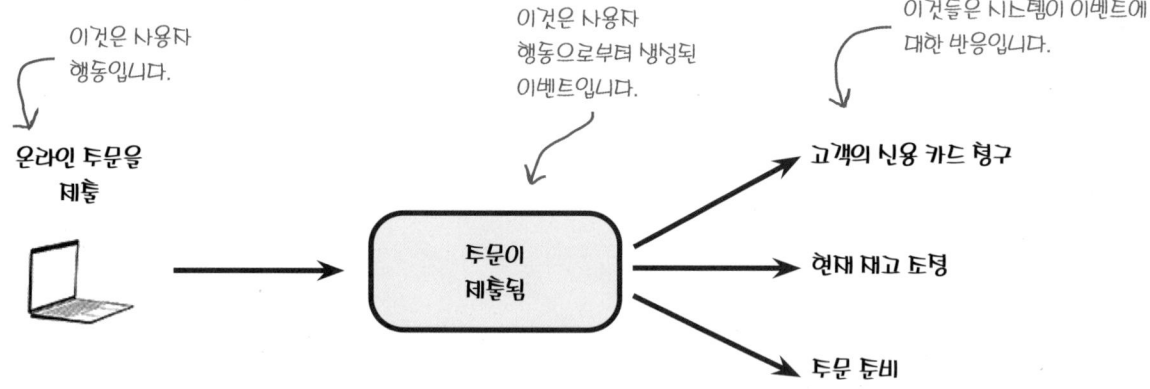

이벤트는 서비스가 시스템의 나머지 부분에 중요한 일이 발생했음을 알리는 방법입니다. EDA에서의 이벤트는 정보를 다른 서비스에 전달하는 수단입니다.

> 친절한 알림: EDA는 이벤트 기반 아키텍처의 약자입니다.

이벤트에는 보통 데이터가 포함되며, 온라인 주문의 모든 세부사항이 포함됩니다. 다만 때로는 주문 ID와 같은 핵심 정보만 포함될 수도 있습니다. 이 경우처럼 이벤트를 받았을 때 무언가를 해야 하는 서비스는 추가 정보를 얻기 위해 데이터 저장소에 접근해야 합니다.

> 이벤트 안에 있는 데이터를 페이로드(payload)라고 부릅니다.

> 이 이벤트는 오직 주문 ID만 전달합니다.

> 이 이벤트는 제출된 주문의 모든 정보를 전달합니다.

---

1. 옮긴이_ 맥밀런은 당시의 정치적 불확실성과 변화의 속도를 반영하는 의미로 이 말을 사용했습니다.

말풍선: 잠시만요. 3장에서 **메시지**를 사용해서 하나의 서비스에서 다른 **서비스**로 정보를 전달하는 것에 대해 이야기했는데, 지금은 **이벤트**를 사용하는 것에 대해 이야기하고 있네요. 이벤트와 메시지는 같은 것인가요?

이는 흔히 '파이어 앤드 포겟(fire and forget)' 이라고 합니다 (추후 설명합니다).

곧 더 많은 정보가 제공됩니다.

아니요, 이벤트는 메시지와 다릅니다. 둘 다 시스템의 다른 부분에 정보를 전달하지만, 몇 가지 중요한 차이점이 있습니다.

이벤트는 서비스가 방금 수행한 동작을 시스템의 다른 서비스에 **브로드캐스트**하는 데 사용됩니다. 예를 들어, 한 서비스가 시스템에 "고객이 주문을 했습니다"라고 알릴 수 있습니다. 이벤트를 보내는 서비스는 응답을 **절대 기다리지 않으며**, 일반적으로 다른 서비스(있는 경우)가 그 이벤트를 듣고 있는지, 또는 응답할 경우 그 정보를 가지고 무엇을 할지에 대한 지식이 없습니다.

반면에, **메시지**는 "이 주문에 대한 결제를 적용하세요"와 같은 **명령**이나 "고객의 배송 옵션을 알려주세요"와 같은 **요청**입니다. 메시지는 오직 한 다른 서비스에 도달하도록 설계되었기 때문에 시스템의 다른 서비스는 해당 메시지에 대해 알지 못합니다. 서비스는 때때로 응답을 기다리기도 하며(예를 들어, 정보를 요청할 때), 다른 경우에는 단순히 명령을 발행하고 수신 서비스가 자신의 일을 수행할 것이라고 믿기도 합니다.

다음 페이지에서 이벤트와 메시지의 차이에 대해 더 자세히 알아볼 수 있습니다.

여러분은 여기에 있습니다

이벤트와 메시지 구별하기

이벤트 vs. 메시지

여기 이벤트와 메시지 사이의 두 가지 중요한 차이점이 있습니다.

1. 이벤트는 토픽을 사용하여 다른 서비스에 브로드캐스트되고, 메시지는 큐를 사용하여 단일 서비스에 전송됩니다.

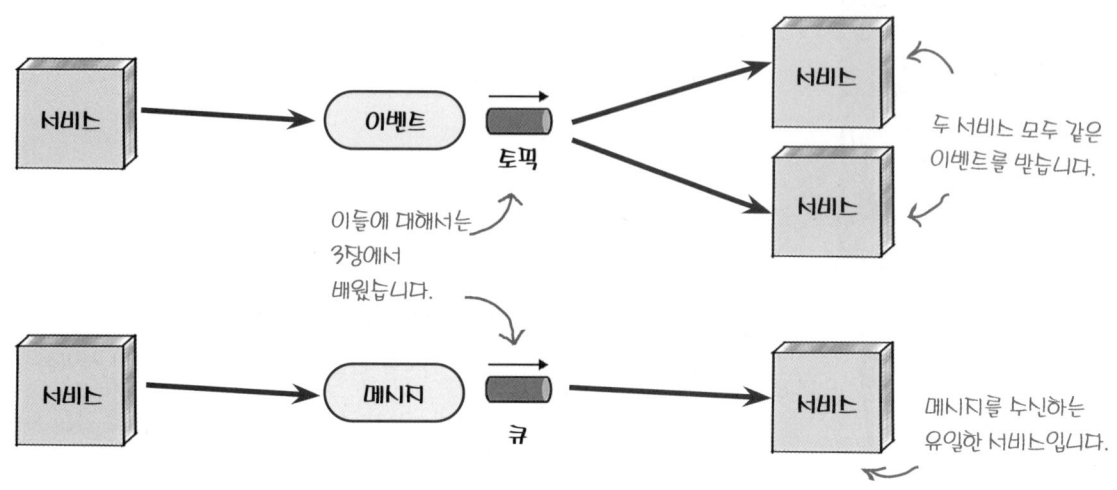

2. 이벤트는 항상 이미 발생한 일을 브로드캐스트하고, 메시지는 해야 할 일을 요청합니다.

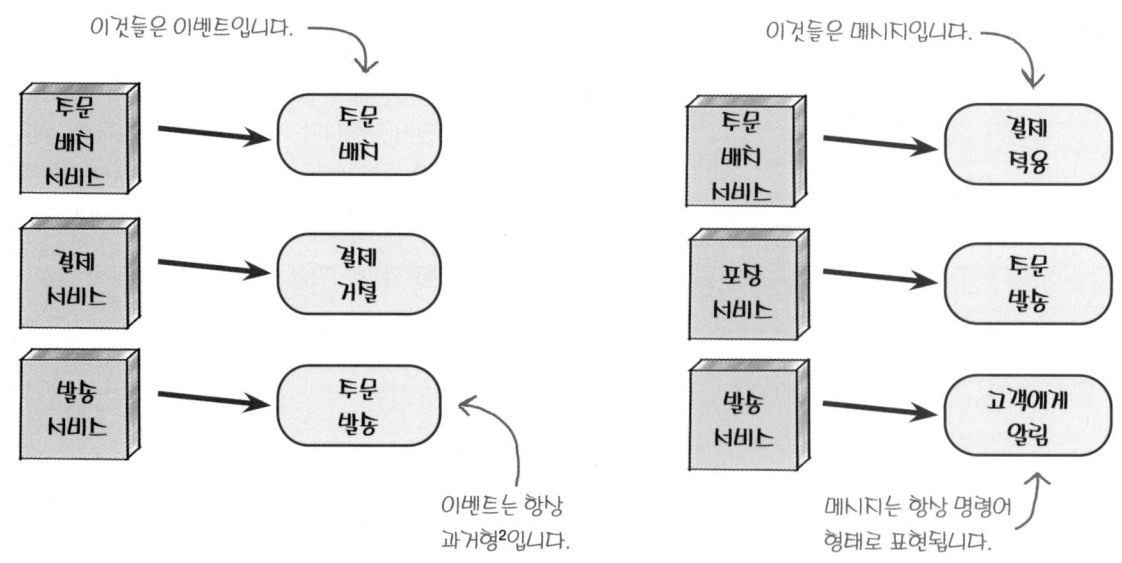

2. 옮긴이_ 원서에서는 '주문 배치' 이벤트의 경우 'Order Placed'와 같이 과거형이지만 번역서는 '주문 배치됨'다는 좀더 자연스러운 '주문 배치'로 표기했습니다.

이벤트 기반 아키텍처

연필을 깎으며

이제 이벤트와 메시지에 대한 지식을 테스트할 시간입니다. 아래의 각 인용구에 대해, 그것이 이벤트인지 메시지인지 표시하고 그 이유를 설명하세요.

"모험적인 항공사 항공편 12, 왼쪽으로 돌고, 230도 방향으로 가세요."

☐ 이벤트 ☐ 메시지

이유: _____
_____

"다른 뉴스로, 겨울 폭풍 전선이 방금 이 지역으로 이동했습니다."

☐ 이벤트 ☐ 메시지

이유: _____
_____

"자, 학급 여러분, 워크북의 42페이지로 넘기세요." ← 주의하세요.
이것은 조금 어렵습니다.

☐ 이벤트 ☐ 메시지

이유: _____
_____

"안녕하세요, 여러분! 늦어서 죄송합니다."

☐ 이벤트 ☐ 메시지

이유: _____
_____

"오 이런! 기차를 놓쳤네요!"

☐ 이벤트 ☐ 메시지

이유: _____
_____

"실례지만 지금 몇 시인가요?"

☐ 이벤트 ☐ 메시지

이유: _____
_____

→ 정답은 392쪽에

여러분은 여기에 있습니다 357

이벤트 타입

시작 이벤트와 파생 이벤트

고객이나 최종 사용자가 발생시키는 이벤트를 **시작 이벤트**(initiating events)라고 합니다. 이는 비즈니스 프로세스를 시작하는 특별한 유형의 이벤트입니다.

서비스가 시작 이벤트에 응답하면, 그 시작 이벤트의 범위 내에서 시스템의 나머지 부분에 무엇을 했는지 브로드캐스트할 수 있습니다. 이 이벤트를 **파생 이벤트**(derived events)라고 합니다. 이는 시작 이벤트에 대응하여 생성된 내부 이벤트이기 때문입니다.

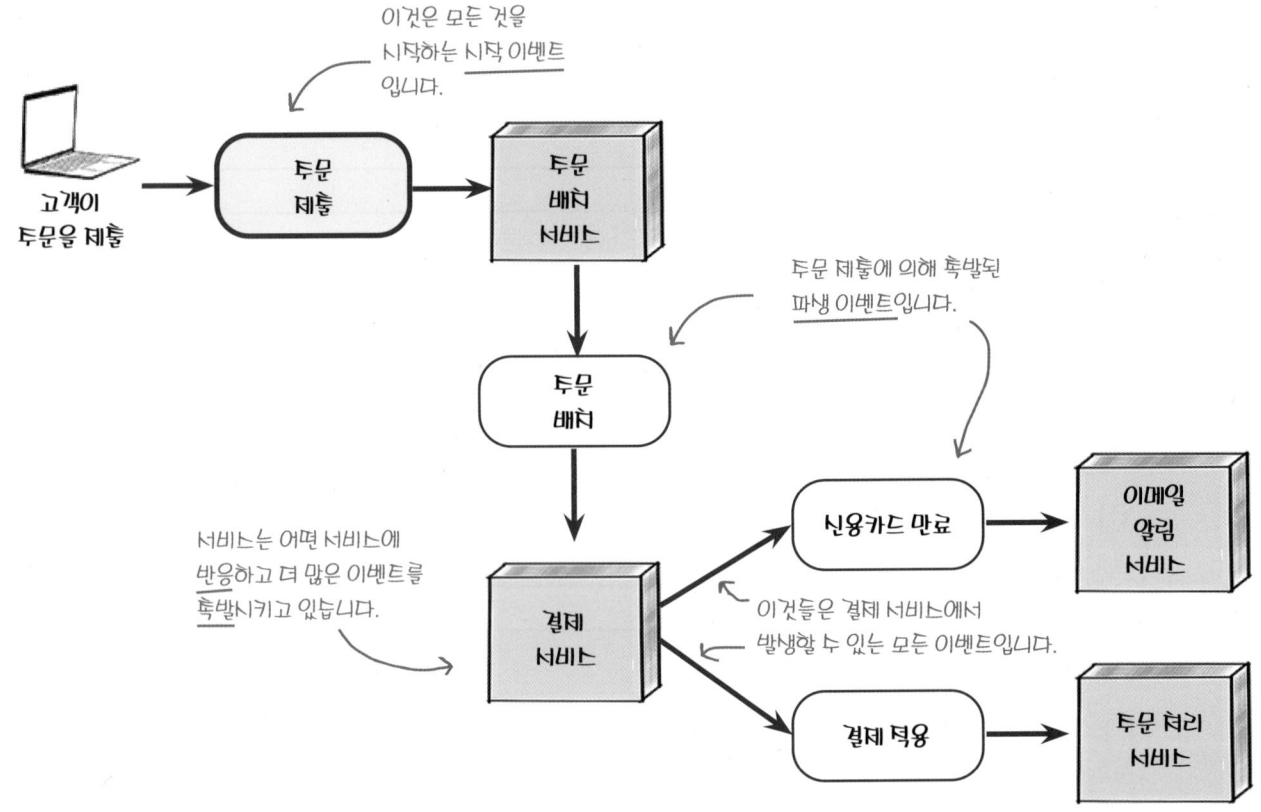

결제 서비스가 두 개의 다른 파생 이벤트를 생성하는 것을 봤나요? 이것은 EDA에서 흔히 있는 일입니다. 서비스가 생성하거나 발생시키는 모든 것은 파생 이벤트가 될 수 있습니다.

이벤트 기반 아키텍처

연습문제

신용카드 청구 시작 이벤트와 아래의 해당 처리에 따라 각 서비스에 대한 파생 이벤트가 무엇인지 식별할 수 있나요? 생각할 수 있는 가능한 모든 결과를 최대한 많이 떠올려 보세요.

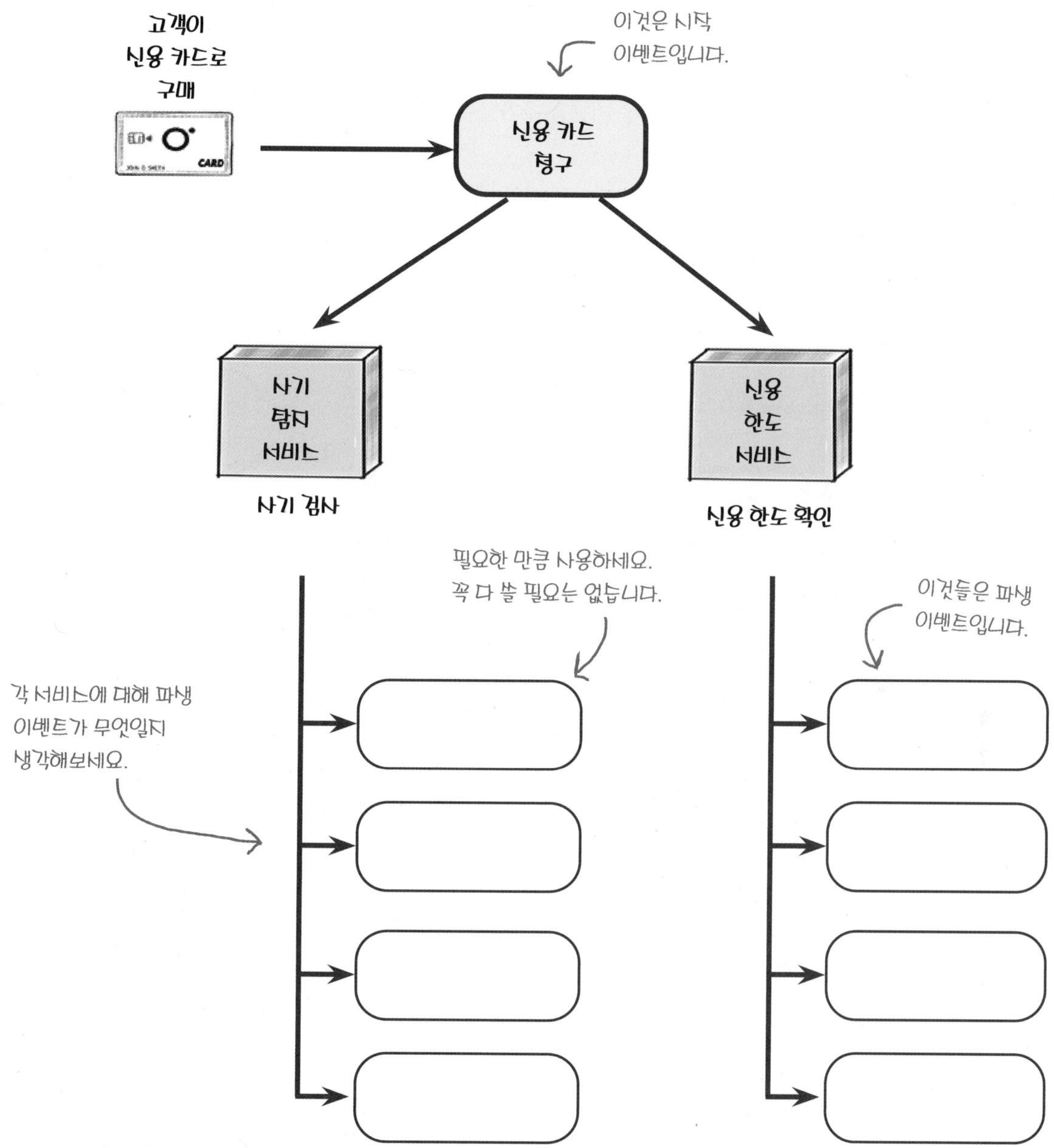

> 이것은 시작 이벤트입니다.

고객이 신용 카드로 구매 → 신용 카드 청구

- 사기 탐지 서비스 → 사기 검사
- 신용 한도 서비스 → 신용 한도 확인

> 각 서비스에 대해 파생 이벤트가 무엇일지 생각해보세요.

> 필요한 만큼 사용하세요. 꼭 다 쓸 필요는 없습니다.

> 이것들은 파생 이벤트입니다.

➡ 정답은 393쪽에

여러분은 여기에 있습니다 **359**

아키텍처 신장성

누구 듣고 있나요?

소셜 미디어에 무언가를 게시하면 종종 반응을 얻습니다. 누군가가 여러분의 게시물을 좋아하거나 댓글을 다는 것이죠. 하지만 반응이 전혀 없었던 경우도 있었나요? 아마도 여러분은 이렇게 생각했을 것입니다. '누군가 내 게시물을 봤을까?', '누군가 신경썼을까?'

EDA이라도 서비스가 수행하는 모든 행동은 파생 이벤트를 유발해야 합니다. 그러나 특정 이벤트에 대해 아무도 신경 쓰지 않을 가능성이 있습니다. 그러한 이벤트는 왜 공개할까요? 이는 **아키텍처 신장성**, 즉 시스템에 새로운 기능을 추가할 수 있는 능력을 제공하기 때문입니다.

> 신장성은 2장에서 배운 아키텍처 특성 중 하나입니다.

[데어 나일]의 온라인 주문 시스템의 고객은 주문이 발송되었을 때와 배송이 완료되었을 때 알림을 받는다고 합시다. 이를 위해 이메일 알림 서비스는 고객에게 이메일을 보내 처리합니다. 그리고 그 이벤트는 고객 알림이라는 파생 이벤트를 발생시킵니다.

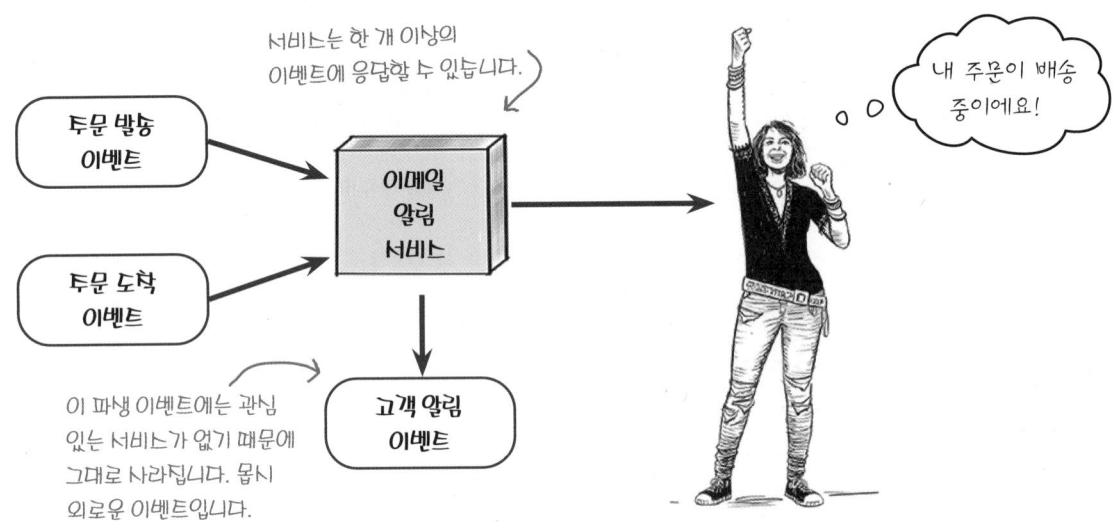

이제 [데어 나일]에서는 시스템이 고객에게 가장 많은 알림 이메일을 보내는 시간을 분석하려고 한다고 가정해봅시다. 고객 알림 파생 이벤트가 이미 게시되고 있으므로, 새로운 알림 분석 서비스를 만들고 해당 이벤트를 수신하도록 설정하면 됩니다. 시스템의 다른 부분을 수정할 필요는 없습니다.

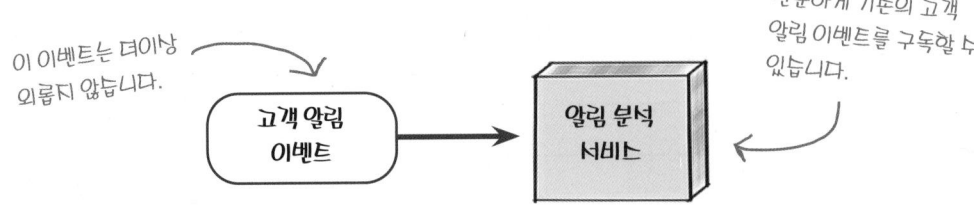

비동기 통신

> 이 아키텍처가 정말 빠르다고 말했는데, 이게 마이크로서비스보다 어떻게 더 빠른 건가요?

이벤트 기반 아키텍처는 주로 비동기(또는 async) 통신을 사용하기 때문에 빠릅니다.

여러분은 아마 REST나 HTTP와 같은 통신 방식에 가장 익숙할 것입니다. 특히 API나 다른 서비스를 호출해야 할 때 그렇죠. 이러한 방식은 **동기 통신**의 형태입니다. 동기(또는 'sync') 통신에서는 서비스가 정보를 보낼 때, 다른 작업을 하기 전에 수신 서비스로부터 응답을 기다려야 합니다(정보 수신 확인조차도 포함됩니다). 이는 시스템을 느리게 하고 확장성을 떨어뜨립니다. 친구에게 전화를 거는 것과 비슷합니다. 전화 연결이 될 때까지 기다리고, 벨이 울리고, 친구가 전화를 받아야만 대화를 시작할 수 있기 때문입니다.

비동기 통신은 서비스가 정보를 보낼 때 다른 서비스의 응답이나 확인을 기다리지 않는다는 것을 의미합니다. 이 방식은 시스템 간의 결합도를 낮추고 훨씬 더 빠른 처리 속도를 가능하게 합니다. 이는 이벤트 기반 아키텍처의 특징 중 하나입니다. 이건 친구에게 문자 메시지를 보내는 것과 비슷합니다. 답장을 기다리는 동안 여러분은 다른 일을 할 수 있는 것이죠.

응답을 기다려야 한다면 정말 느릴 거예요.

기다릴 필요가 없다는 것은 다른 일을 할 수 있다는 뜻입니다.

여러분은 여기에 있습니다 ▶ 361

동기 vs. 비동기

벽난로 대화

오늘밤의 주제: **비동기와 동기 통신 논쟁. 누가 더 유용한가요?**

비동기 통신	동기 통신
드디어 왔군요.	늦어서 죄송합니다. 제가 멀티태스킹을 잘 못해서 모든 일이 너무 오래 걸립니다.
네, 알아요. 달팽이가 땅콩버터를 지나가는 것처럼 느리네요.	지금, 잠깐만 기다리세요!
기다리세요? 기다려 달라는 건가요? 그게 바로 문제입니다. 당신은 항상 답을 기다리고만 있습니다. 제가 있으면 누구도 기다릴 필요가 없습니다. 그래서 저는 저는 빠릅니다. 진짜로 빨라요.	그럴 수도 있지만, 문제는 무슨 일이 일어나고 있는지 전혀 모르고 있다는 점입니다. 다른 사람들에게 일을 부탁하지만 실제로 그 일이 완료되었는지 알지 못하잖아요.
저는 다른 사람들이 잘 해낼 거라고 믿습니다. 당신과는 다르게요. 당신은 항상 모든 것에 대한 검증을 필요로 합니다.	네, 맞아요. 그럼 어떤 오류가 발생했을 때, 어떻게 해결하나요?
저는 그렇게 하지 않습니다. 모든 사람을 책임질 수는 없습니다. 다른 사람의 문제는 자기 스스로 해결하게 합니다.	다른 사람에게서 정보를 받아야 작업을 끝낼 수 있는 상황이라면 어떻게 해야 하나요? 그 다음에 무엇을 하나요?
아, 죄송해요. 뭐라고 했나요? 제가 듣지 않고 있었네요.	바로 그 점입니다! 다른 사람의 말을 전혀 듣지 않습니다. 저는 비록 느릴 수 있지만, 무슨 일이 일어나고 있는지 주의 깊게 보고 다른 사람들과 소통합니다.
죄송합니다. 주의를 기울이지 않았습니다. 무슨 일이 있었나요?	하아···.

파이어 앤드 포겟

비동기 통신은 이벤트 기반 아키텍처의 기초 중 하나입니다. 서비스가 다른 서비스에 정보를 브로드캐스트할 때, 응답을 기다리지 않으며 해당 서비스들이 사용 가능한지 아닌지를 신경 쓰지 않습니다. 이것은 **파이어 앤드 포겟**(fire-and-forget) 통신으로 알려져 있습니다. 즉, 이벤트가 전송됩니다(파이어 부분), 그리고 서비스는 다른 일을 계속합니다(포겟 부분). 아키텍트는 보통 서비스들 간의 비동기 통신을 점선으로 표현합니다.

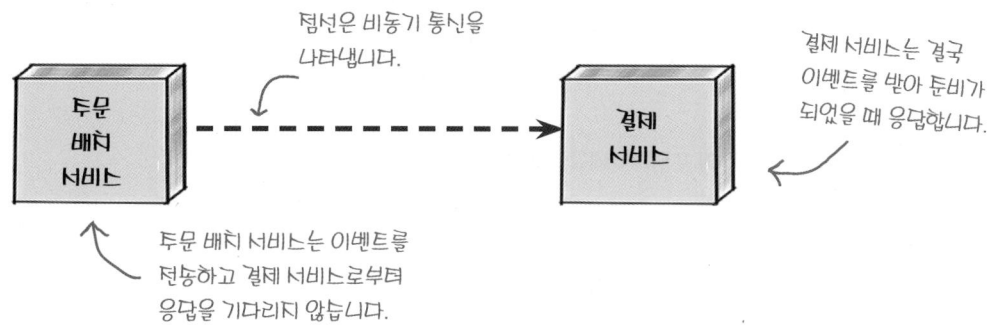

동기 통신은 반면에 서비스가 다른 서비스를 호출할 때 응답을 받을 때까지 기다렸다가 계속 작업하는 것을 의미합니다. 이 말은 호출된 서비스가 반드시 응답할 수 있어야 하며, 그렇지 않으면 오류가 발생합니다. 아키텍트는 동기 통신을 보통 실선으로 나타냅니다.

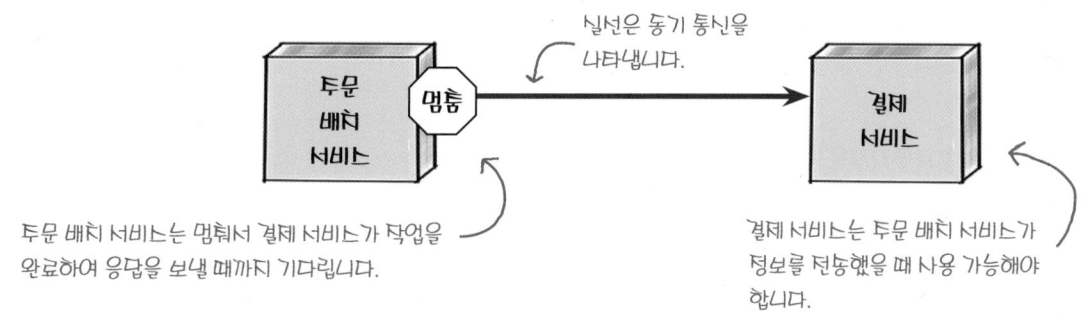

**이벤트 기반 아키텍처는 이벤트를 주고받을 때
비동기 통신을 사용합니다.**

연필을 깎으며

아래의 작업들 각각에 대해 비동기 통신을 사용할 것인지 동기 통신을 사용할 것인지 선택해주세요.

이 주문에 대한 배송 옵션을 알려주세요.

☐ 비동기   ☐ 동기   ☐ 둘 다 가능

이 주문의 결제를 진행하고 결제가 완료되면 알려주세요.

☐ 비동기   ☐ 동기   ☐ 둘 다 가능

주문을 처리하기 위해 물건을 선반에서 꺼내 상자에 포장해주세요.

☐ 비동기   ☐ 동기   ☐ 둘 다 가능

이 주문의 현재 상태를 알려 주세요.

☐ 비동기   ☐ 동기   ☐ 둘 다 가능

이 품목의 재고가 부족해지고 있습니다. 더 많은 재고를 주문해주세요.

☐ 비동기   ☐ 동기   ☐ 둘 다 가능

고객의 주문이 발송되었고, 배송 중이라고 고객에게 알려주세요.

☐ 비동기   ☐ 동기   ☐ 둘 다 가능

고객의 프로필 사진을 업데이트하세요.

☐ 비동기   ☐ 동기   ☐ 둘 다 가능

제품 페이지에 고객의 후기를 게시하세요.

☐ 비동기   ☐ 동기   ☐ 둘 다 가능

⟶ 정답은 394쪽에

… 이벤트 기반 아키텍처

비동기가 최고예요

서비스 간의 비동기 통신에는 장점이 많습니다. 첫 번째는 더 나은 **응답성**입니다. 비동기 방식에서는 요청을 완료하는 데 걸리는 시간이 더 짧습니다.

예를 들어, 고객이 [데어 나일]에서 온라인 주문을 할 경우, 주문 배치 서비스가 주문을 검증하고 배치하는 데 약 0.5초(600ms)가 걸리고, 결제 서비스가 결제를 적용하는 데 약 1.2초(1,200ms)가 걸립니다. 비동기 방식에서는 고객이 응답을 받기까지 약 0.5초(600ms)를 기다리면 됩니다. 그러나 동기 방식에서는 거의 2초(1,800ms)를 기다려야 합니다. 이처럼 응답 시간에서 큰 차이를 나타냅니다.

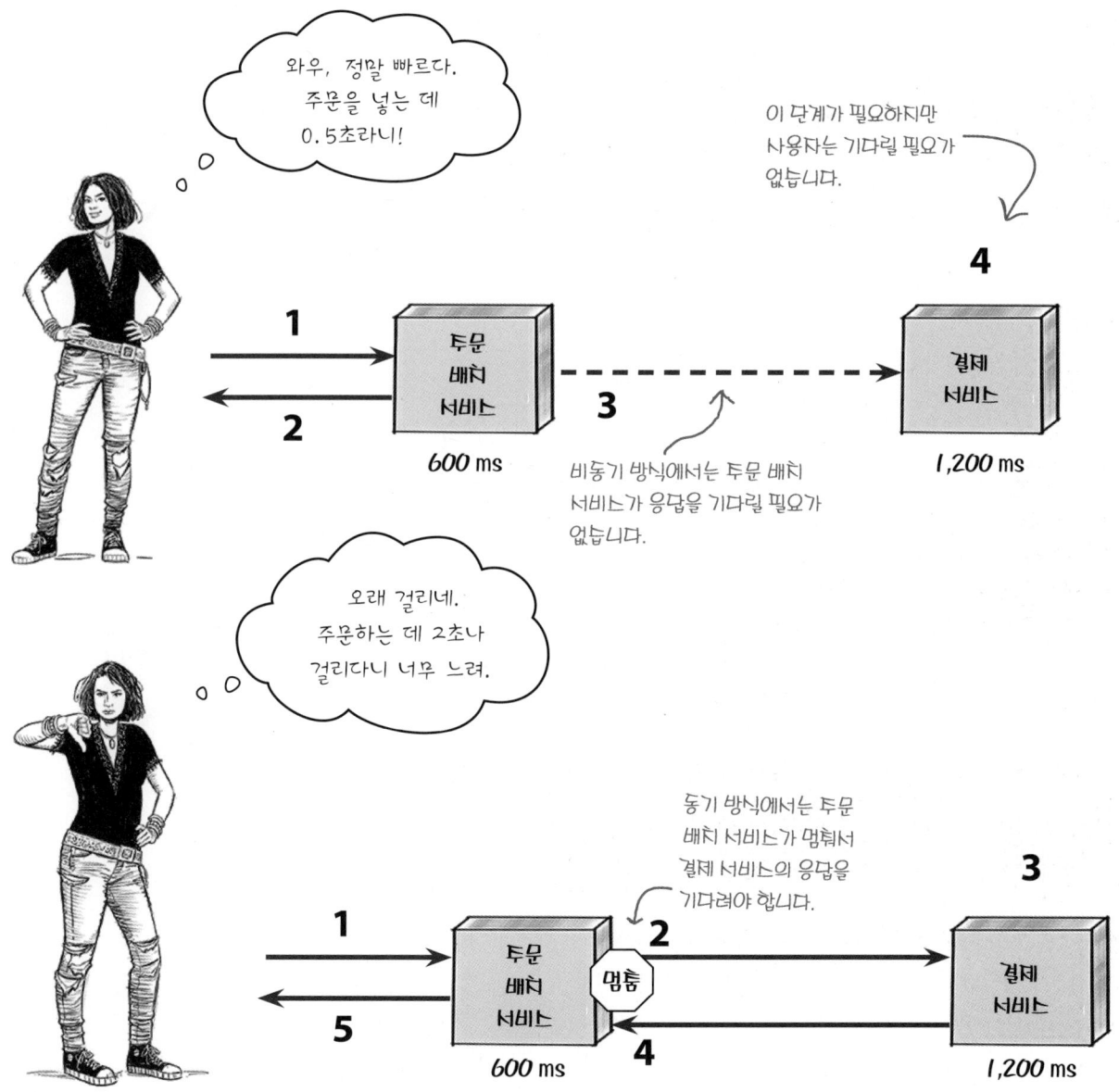

여러분은 여기에 있습니다 365

비동기가 최고예요(계속)

비동기 방식의 또 다른 큰 장점은 **가용성**입니다. 서비스를 사용할 수 없거나 응답이 없을 때 비동기와 동기가 어떻게 작동하는지 살펴보겠습니다.

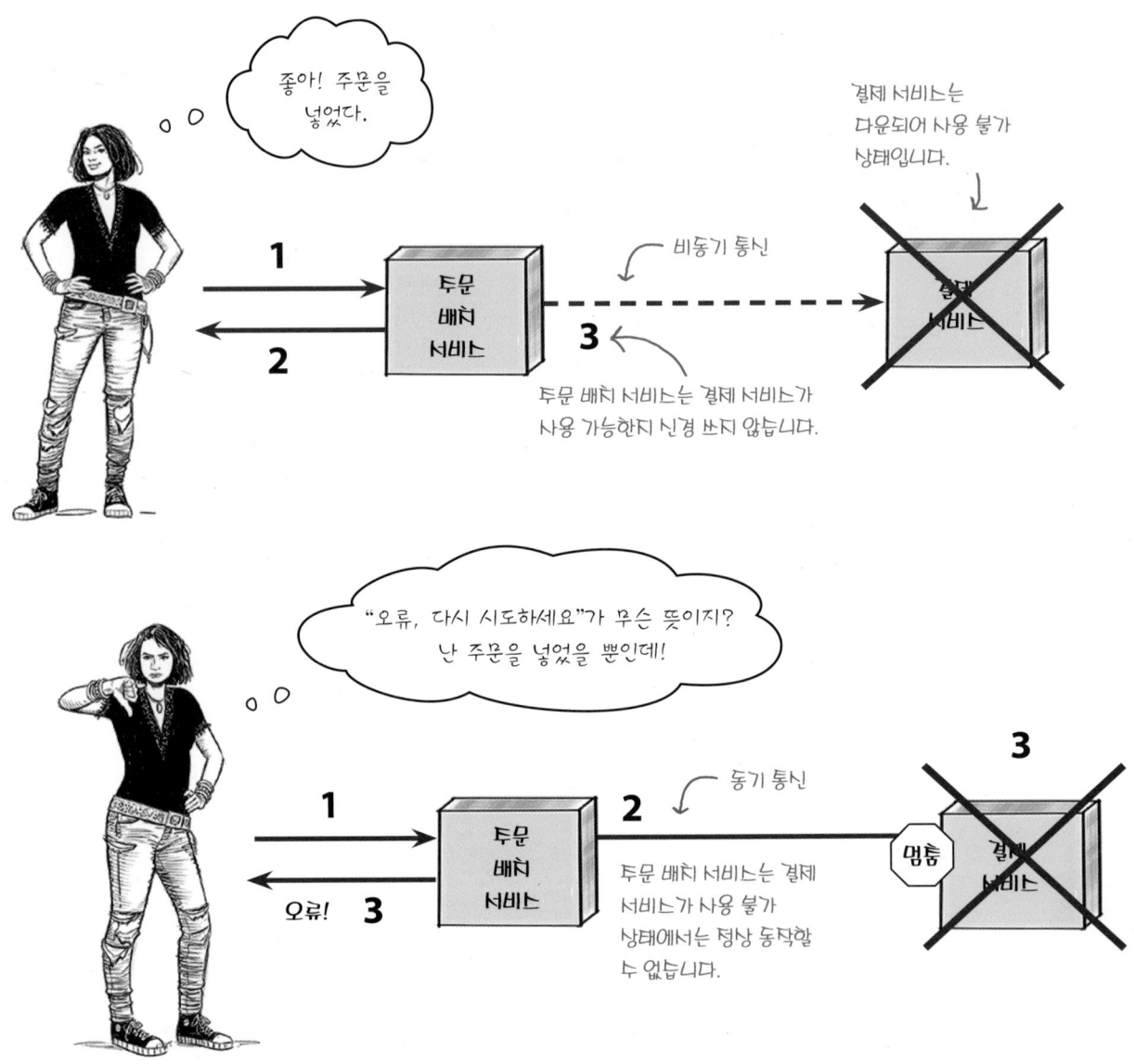

비동기 통신이 최고라는 확신이 들었나요? 그러나 비동기 방식에도 트레이드오프가 있습니다. 이제 그 트레이드오프에 대해 살펴보겠습니다.

첫 번째 법칙을 기억하세요. 소프트웨어 아키텍처에서는 모든 것이 트레이드오프입니다.

동기 방식이 최고예요

비동기 통신의 주요 단점은 **오류 처리**입니다. 동기 통신을 사용하면 결제 수단에 문제가 있을 때 고객이 바로 알아차리고 수정한 후 주문을 다시 제출할 기회가 생깁니다. 그러나 비동기 처리로 인해 고객은 시스템에서 별다른 통보를 받지 않는 한, 결제 수단에 대해 문제가 없다고 생각합니다. 하지만 결제 문제가 해결되지 않으면 주문 배치 서비스가 주문을 처리할 수 없습니다. 이로 인해 오류 처리가 훨씬 더 복잡해집니다.

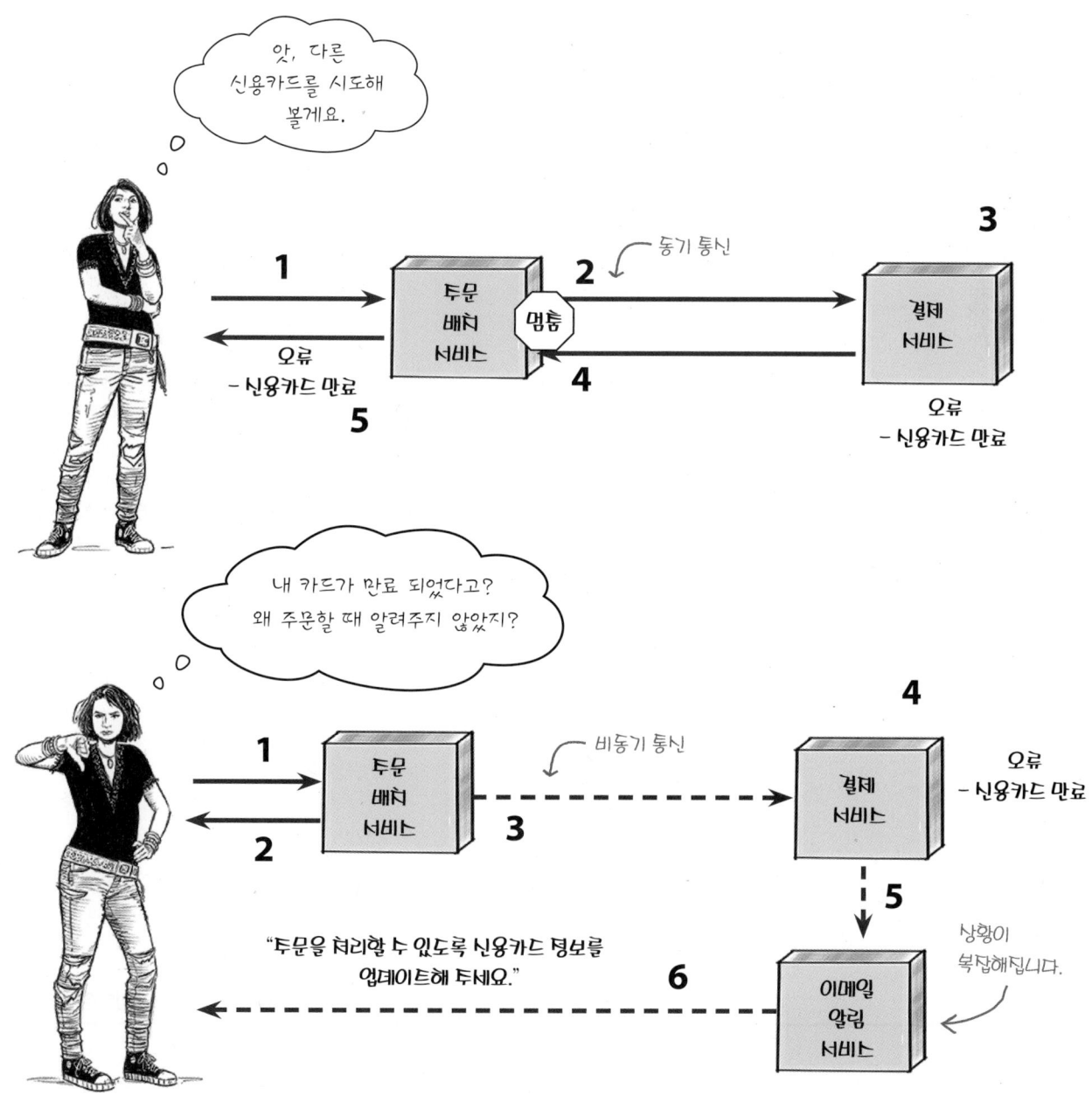

여러분은 여기에 있습니다

비동기 오류 처리

 **연필을 깎으며**

지금까지 배운 이벤트 기반 아키텍처, 이벤트, 비동기 처리에 대해 테스트할 기회입니다. 다음과 같이 [데어 나일]의 재고가 가끔씩 동기화되지 않습니다. 이런 상황이 발생하면 주문이 처리되지 않고 백오더(back order) 상태로 들어갑니다. [데어 나일]은 백오더된 상품에 대해 고객에게 비용을 청구하지 않으며, 고객은 주문 후 기다릴지 주문을 취소할지 선택할 수 있습니다.

[데어 나일]의 아키텍트로서, 이 상황을 해결하기 위해 어떤 추가적인 이벤트와 서비스를 만들어볼까요?

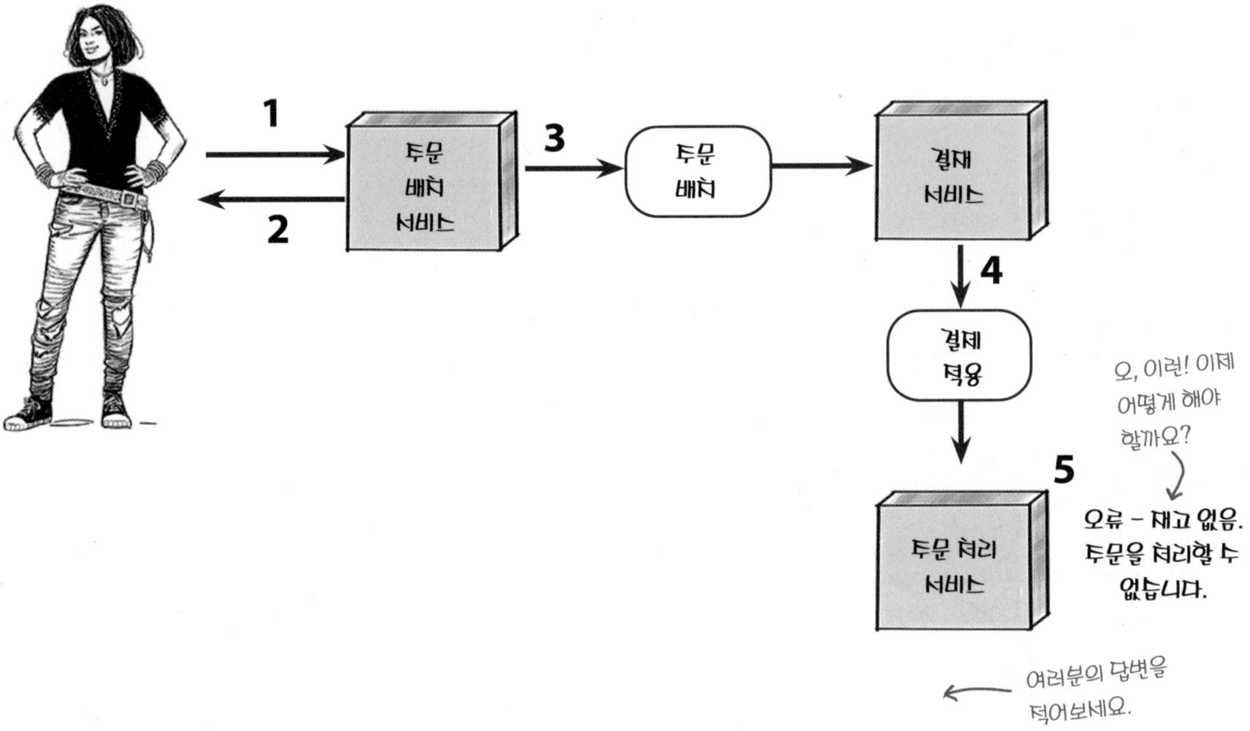

1 → 주문 배치 서비스
2 ←
3 → 주문 배치 → 결제 서비스
4 ↓ 결제 적용
5 ↓ 주문 처리 서비스

오, 이런! 이제 어떻게 해야 할까요?
오류 – 재고 없음. 주문을 처리할 수 없습니다.

← 여러분의 답변을 적어보세요.

→ 정답은 395쪽에

데이터베이스 구성

이벤트 기반 아키텍처

잠깐만요. 지금까지 이야기한 것은 이벤트와 서비스뿐이에요. 데이터도 중요하잖아요. 이벤트 기반 아키텍처에서 데이터베이스에 대해 언제 이야기할 건가요?

그 얘기를 해줘서 기쁩니다. 데이터는 EDA에서 복잡한 주제일 수 있습니다. EDA는 매우 비동기적이기 때문에 서비스는 서로 느슨하게 결합되어 있습니다. 하지만 모든 서비스가 단일 데이터베이스를 공유하면 서비스는 데이터베이스에 대해 강하게 결합됩니다. 한편, 각 서비스가 자체 데이터를 소유하는 경우(이전 장에서 논의된 마이크로서비스와 같이) 서비스 간의 동기식 데이터 요청으로 인해 서로 강하게 결합됩니다. 두 경우 모두 데이터는 결합 지점을 형성하며 이는 EDA에서 피하고자 하는 것입니다.

이어서 EDA에서 데이터베이스를 다루는 여러 방법을 설명할 것입니다. **모놀리식 데이터베이스, 도메인 분할 데이터베이스,** 그리고 **서비스별 데이터베이스** 패턴을 포함합니다. 그리고 각 상황에 맞는 것을 결정할 수 있도록 트레이드오프에 대해 다룹니다.

여러분은 여기에 있습니다

모놀리식 구성

모놀리식 데이터베이스

모놀리식 데이터베이스 구성에서는 모든 서비스가 단일 데이터베이스를 공유합니다. 이 구성의 주요 장점은 서비스가 소유하지 않은 데이터가 필요할 때 직접 데이터베이스에 접근할 수 있다는 점입니다. 이것은 데이터를 얻기 위해 다른 서비스에 동기 호출을 할 필요가 없다는 것을 의미합니다. 예를 들어, 주문 배치 서비스가 고객 주문에 대한 현재 재고와 발송 옵션이 필요하면 데이터베이스에서 그 정보를 간단히 조회할 수 있습니다.

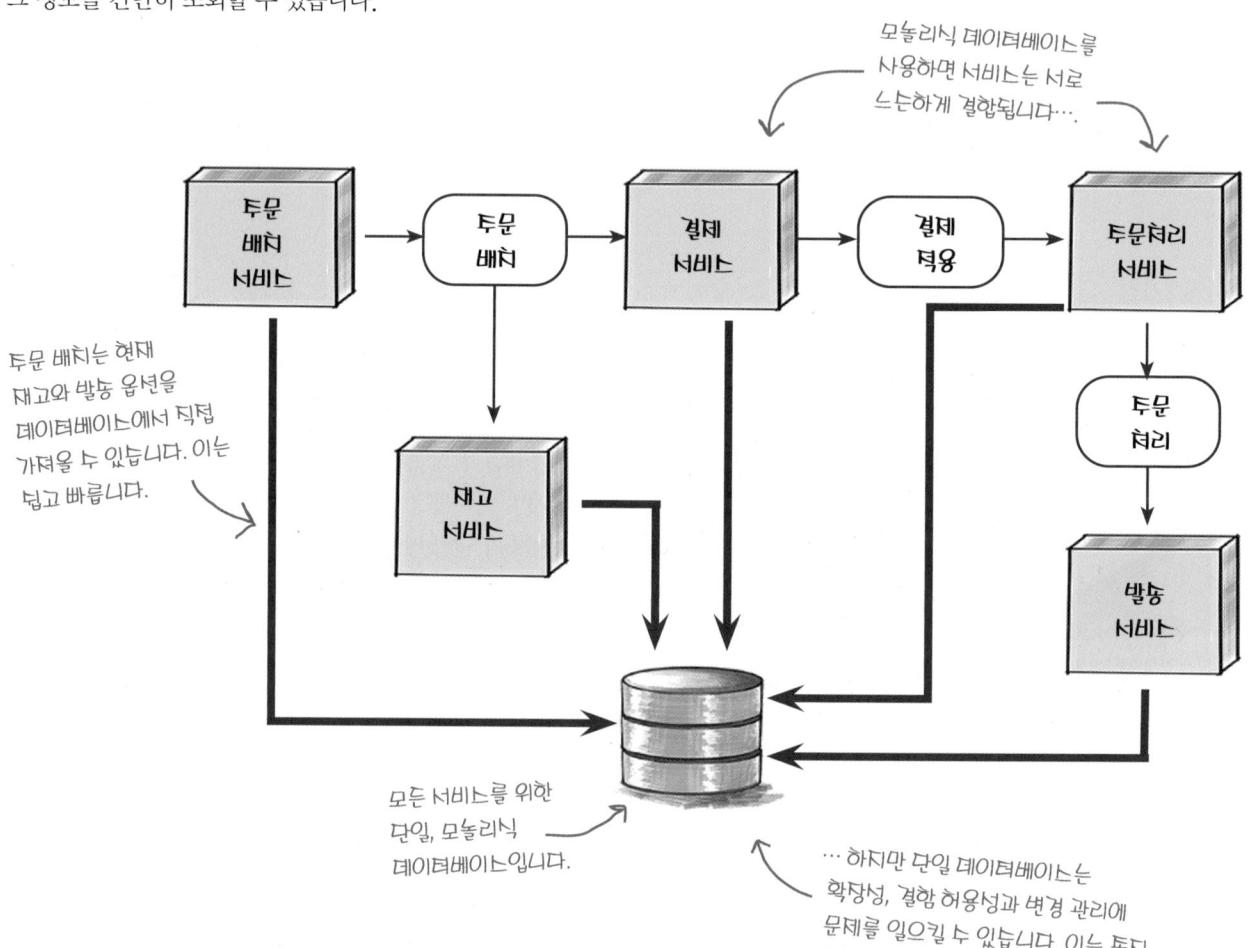

하지만 이러한 느슨한 결합에는 큰 대가가 따릅니다. 바로 데이터베이스 변경 관리입니다. 모든 서비스가 동일한 데이터베이스를 공유하기 때문에, 하나의 테이블 구조를 변경하면 그 변경으로 인해 영향을 미칠 모든 서비스를 식별하기가 어렵습니다. 테스트와 배포는 까다로운 게임이 되며, 종종 실패할 수 있습니다. 결국, 이로 인해 관리하기 어려운 취약한 시스템이 됩니다.

게다가 공유 데이터베이스는 단일 장애점(Single Point Of Failure, SPF)이 되어 시스템이 성장하는 만큼 확장하기 어려울 수도 있습니다.

이벤트 기반 아키텍처

모놀리식 데이터베이스 구성 점수표

다음은 모놀리식 데이터베이스 구성을 위한 점수표입니다.

모놀리식 데이터베이스는 그 자체로 좋거나 나쁜 것이 아닙니다. 모든 것은 무엇이 중요한지에 달려있습니다.

모놀리식 데이터베이스 구성 점수표

☑ **좋음** — 서비스 결합: 낮음 ─────── 높음
데이터를 얻기 위해 서비스 간 통신이 불필요하기 때문에 서비스는 느슨하게 결합됩니다.

☑ **좋음** — 성능: 낮음 ─────── 높음
데이터베이스에 직접 접근하고 다른 서비스를 원격 호출하지 않기 때문에 데이터 조회가 빠릅니다.

☑ **좋음** — 단순성: 낮음 ─────── 높음
모놀리식 데이터베이스는 단순한 구성입니다. 복잡한 조인과 쿼리가 서비스가 아닌 데이터베이스에서 수행됩니다.

☒ **나쁨** — 변경 용이성: 낮음 ─────── 높음
데이터베이스 구조를 변경하면 수많은 분산 서비스에 영향을 주고 시스템을 테스트하기도 어렵습니다.

☒ **나쁨** — 결함 허용성: 낮음 ─────── 높음
단일 모놀리식 데이터베이스가 다운되면 전체 시스템이 다운되고 전반적인 결함 허용성과 가용성에 영향을 미칩니다.

☒ **나쁨** — 확장성: 낮음 ─────── 높음
확장성과 탄력성을 제공하기 더 어렵습니다. 왜냐하면 데이터베이스는 서비스와 함께 확장되어야 하고, 서비스가 데이터베이스에 대한 연결이 부족해질 수 있기 때문입니다.

여러분은 여기에 있습니다 ▶ 371

도메인 분할 구성

도메인 분할 데이터베이스

도메인 분할 데이터베이스를 사용하면 시스템의 각 **도메인**은 자체 데이터베이스를 가집니다. 이것은 특정 도메인에 속한 모든 서비스가 그 도메인의 데이터베이스를 공유하게 된다는 것을 의미합니다. 예를 들어, 주문 배치, 결제, 재고 서비스는 모두 주문 배치 도메인의 일부이므로 동일한 물리적 데이터베이스를 공유합니다.

그러나 각 도메인이 자체적인 광범위한 물리적 경계 콘텍스트를 형성하기 때문에, 한 도메인의 서비스는 다른 도메인에서 데이터를 얻기 위해 직접적으로 데이터베이스에 접근할 수 없습니다. 이것은 데이터를 얻기 위해 다른 서비스에 동기 호출을 해야 한다는 의미입니다. 그리고 이제 이 서비스들은 결합됩니다.

물리적 경계 콘텍스트에 대한 자세한 내용은 10장을 참고하세요.

점선은 각 도메인을 나타냅니다.

주문 처리 서비스는 발송 옵션을 가져오기 위해 발송 서비스를 동시에 호출해야 합니다.

주문 배치 도메인에 있는 모든 서비스는 자기 도메인의 데이터베이스에 직접 접근합니다.

이 구성은 이벤트 기반 아키텍처에서 균형 잡힌 중간 정도의 해결책입니다.

도메인 분할 데이터베이스 구성 점수표

다음은 도메인 분할 데이터베이스 구성을 위한 점수표입니다.

> 도메인 분할 데이터베이스는 좋은 균형을 제공합니다.

도메인 분할 데이터베이스 구성 점수표

나쁨 — 서비스 결합: 낮음 ─────── 높음
데이터가 공유되어 같은 도메인의 서비스는 느슨하게 결합되지만, 도메인 밖에 있는 데이터를 얻기 위해서는 다른 서비스를 동기식으로 호출해야 합니다.

나쁨 — 성능: 낮음 ─────── 높음
데이터베이스에 직접 접근하기 때문에 도메인 안에서는 데이터 조회가 빠릅니다. 그러나 도메인 밖에 있는 데이터를 동기식으로 접근할 때는 느려집니다.

나쁨 — 단순성: 낮음 ─────── 높음
대부분의 데이터가 자연스럽게 도메인으로 분할되기 때문에 이 구성은 과도하게 복잡하지 않습니다(하지만 모놀리식 구성처럼 단순한 것은 아닙니다).

좋음 — 변경 용이성: 낮음 ─────── 높음
데이터베이스 구조를 변경하면 같은 도메인의 서비스에 영향을 주고, 영향 받는 서비스의 수가 제한됩니다.

좋음 — 결함 허용성: 낮음 ─────── 높음
데이터베이스에 장애가 발생되면 같은 도메인의 서비스들이 영향을 받습니다. 모놀리식 구성보다는 좀더 결함 허용성을 제공합니다.

좋음 — 확장성: 낮음 ─────── 높음
여전히 단점이지만, 확장성은 모놀리식 구성보다 여기에서 조금 더 좋습니다. 데이터베이스는 전체 시스템이 아니라 도메인 수준에서만 확장하면 됩니다.

서비스별 데이터베이스 구성

서비스별 데이터베이스

10장에서 배운 **서비스별 데이터베이스**(database-per-service) 패턴을 기억하나요? 이것은 마이크로서비스에만 국한되지 않으며, EDA에도 사용할 수 있습니다.

서비스별 데이터베이스 패턴은 말 그대로입니다. 각 서비스는 자체 데이터베이스를 가지고 있으며, 이는 도메인 분할 구성보다 더 좁은 물리적 경계 컨텍스트를 형성합니다. 여기서 데이터베이스를 변경하는 것은 정말 간단합니다. 영향을 받는 유일한 서비스는 데이터를 소유한 서비스(즉, 데이터베이스에 쓰기를 하는 서비스)뿐이기 때문입니다. 더 나은 결합 허용성과 더 나은 확장성도 얻을 수 있습니다. 좋아하지 않을 이유가 있나요?

애석하게도 좋아하지 않을 이유가 많습니다. 서비스에 추가적인 데이터가 필요할 때마다, 그 데이터를 소유한 서비스에 동기식 호출을 통해 요청해야 합니다. 그로 인해 서비스 간에 많은 결합과 통신이 발생하고, 성능도 훨씬 느려집니다.

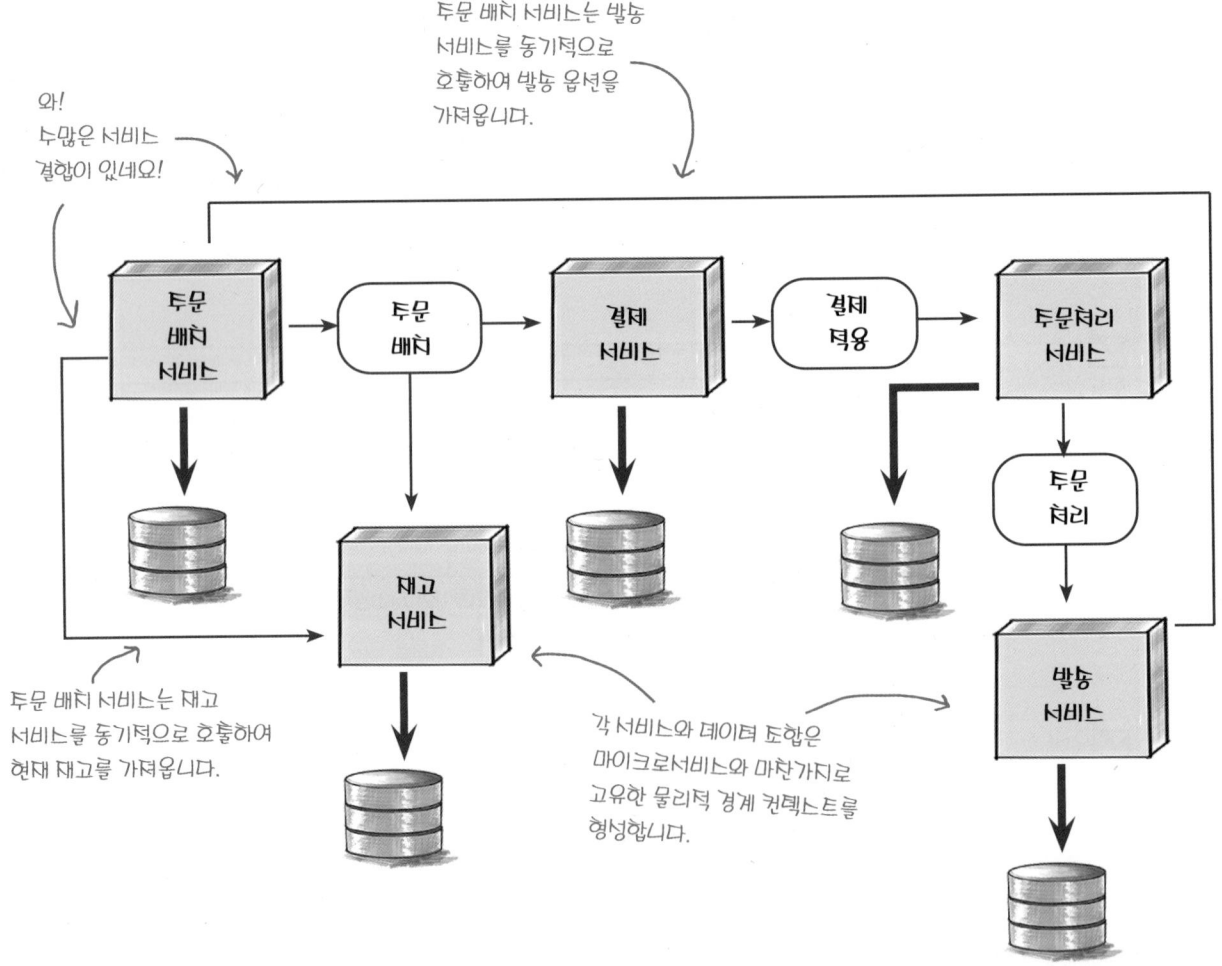

이벤트 기반 아키텍처

서비스별 데이터베이스 구성 점수표

다음은 서비스별 데이터베이스 구성을 위한 점수표입니다.

> 장점과 단점 관점에서 이 구성은 모놀리식 구성과 정 반대입니다.

서비스별 데이터베이스 구성 점수표

나쁨 — 서비스 결합: 낮음 ▬▬▬▬▬▬▬▬▬▬ 높음
서비스가 오직 자체 데이터만 소유하기 때문에 추가적인 데이터를 얻기 위해 다른 서비스를 동기적으로 호출해야 합니다. 느슨하게 결합된 아키텍처에서 서비스는 강하게 결합됩니다. 나쁩니다.

나쁨 — 성능: 낮음 ▬▬▬▬▬▬▬▬▬▬ 높음
서비스가 다른 데이터를 조회할 때 동기 호출을 하기 때문에 성능이 다른 구성보다 훨씬 느립니다.

나쁨 — 단순성: 낮음 ▬▬▬▬▬▬▬▬▬▬ 높음
데이터 테이블과 아티팩트들(외래 키, 트리거, 뷰와 저장된 프로시저 같은) 사이의 결합 때문에 데이터를 작은 물리적 경계 컨텍스트로 분할하는 것은 매우 어렵습니다.

좋음 — 변경 용이성: 낮음 ▬▬▬▬▬▬▬▬▬▬ 높음
데이터베이스 테이블의 구조를 변경하면 같은 물리적 경계 컨텍스트에 있는 단일 서비스에만 영향을 미칩니다. 다른 구성보다 데이터베이스를 변경하는 것이 훨씬 쉽습니다.

좋음 — 결함 허용성: 낮음 ▬▬▬▬▬▬▬▬▬▬ 높음
데이터베이스 장애가 발생하면 소유하는 서비스에만 영향을 미치므로 세 가지 구성 중에서 가장 결함 허용성이 뛰어납니다.

좋음 — 확장성: 낮음 ▬▬▬▬▬▬▬▬▬▬ 높음
데이터베이스는 서비스 수준에서 확장됩니다. 이는 높은 확장성과 탄력성이 필요할 때 훌륭한 구성입니다.

여러분은 여기에 있습니다 ▸ 375

구성 고르기

연습문제

각 비즈니스 요구 사항에 대해 고려할 수 있는 데이터베이스 구성을 선택하세요. 하나 이상의 구성을 선택해도 됩니다.

시스템에 동시 접속할 고객 수는 20명에서 30만 명 사이일 것으로 예상됩니다.

☐ 모놀리식 데이터베이스　　☐ 도메인 분할 데이터베이스　　☐ 서비스별 데이터베이스

시스템은 가능한 한 빠르게 작동해야 합니다.

☐ 모놀리식 데이터베이스　　☐ 도메인 분할 데이터베이스　　☐ 서비스별 데이터베이스

이 의료 모니터링 시스템은 절대로 완전히 실패하면 안 됩니다. 시스템의 일부는 항상 작동해야 합니다.

☐ 모놀리식 데이터베이스　　☐ 도메인 분할 데이터베이스　　☐ 서비스별 데이터베이스

새로운 비즈니스를 위해 데이터베이스를 많이 변경할 예정입니다.

☐ 모놀리식 데이터베이스　　☐ 도메인 분할 데이터베이스　　☐ 서비스별 데이터베이스

새로운 시스템을 가능한 한 빨리 가동해야 합니다.

☐ 모놀리식 데이터베이스　　☐ 도메인 분할 데이터베이스　　☐ 서비스별 데이터베이스

데이터 모델은 매우 크고 복잡하며, 많은 데이터가 서로 연관되어 있습니다.

☐ 모놀리식 데이터베이스　　☐ 도메인 분할 데이터베이스　　☐ 서비스별 데이터베이스

정답은 396쪽에

이벤트 기반 아키텍처

서비스별 데이터베이스를 사용하는 이벤트 기반 아키텍트는 마이크로서비스와 매우 유사하게 보입니다. 차이점는 무엇인가요?

비슷해보일지라도 EDA와 마이크로서비스는 매우 다릅니다. 두 아키텍처 스타일 사이의 유사점을 알아봐줘서 기쁩니다. 둘 다 확장성, 민첩성, 탄력성, 결함 허용성에 좋은 분산 아키텍처입니다.

다음 몇 페이지에서는 중요한 차이점을 설명합니다. 그럼 계속하기 전에 아래의 짧은 연습문제를 풀어보면서 스스로 발견할 수 있는지 확인해볼까요?

모르더라도 걱정하지 마세요. 계속 읽어보세요!

✏️ 연필을 깎으며

이벤트 기반 아키텍처와 마이크로서비스 간의 차이점에 대해 생각나는 대로 적어 보세요.

→ 정답은 397쪽에

EDA vs. 마이크로서비스

EDA vs. 마이크로서비스의 차이점 여섯 가지 카운트다운에 온 것을 환영합니다! 앞으로 몇 페이지에 걸쳐 아키텍처 스타일 간의 중요한 차이점 여섯 가지를 번호 6부터 하나씩 소개합니다. 준비되셨나요? 시작합니다!

헤드 퍼스트 차이점 카운트다운을 시작할 시간입니다!

6위. 성능

『소프트웨어 아키텍처 101』에서 저자들은 각 아키텍처 스타일에 별점을 매겼습니다. 마이크로서비스는 성능에서 별 다섯 개 중 두 개만 받았지만, EDA는 별 다섯 개를 받았습니다. 왜 그런가요?

EDA는 비동기 처리와 여러 작업을 동시에 수행하는 능력을 결합하여 매우 빠른 시스템을 만들기 때문입니다. 그러나 마이크로서비스는 경계 콘텍스트와 세분화된 특성 때문에 자주 동기적으로 통신해야 합니다. 이 때문에 시스템이 상당히 느려져 많은 지연이 발생합니다.

아키텍처 특성	등급표
성능	★★★★★

이벤트 기반 아키텍처

아키텍처 특성	등급표
성능	★★

마이크로서비스 아키텍처

5위. 물리적 경계 콘텍스트

마이크로서비스는 **물리적 경계 컨텍스트** 없이는 제대로 작동하지 않습니다.

하지만 EDA에서는 물리적 경계 컨텍스트가 있으면 좋지만, 반드시 필요한 것은 아닙니다. EDA에서는 데이터 공유가 일반적이기 때문에, 이 아키텍처는 마이크로서비스보다 데이터 소유권을 엄격하게 제한하지 않습니다.

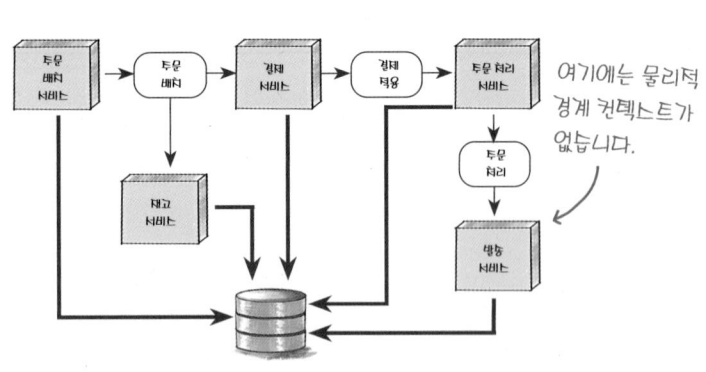

이벤트 기반 아키텍처

여기에는 물리적 경계 컨텍스트가 없습니다.

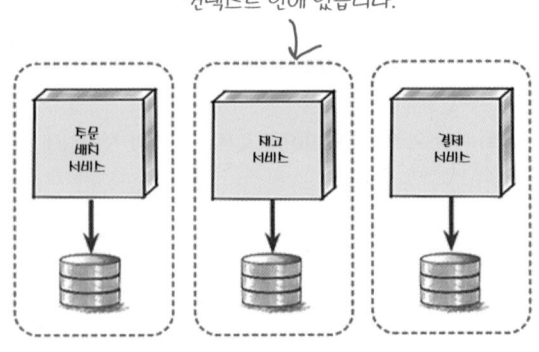

마이크로서비스 아키텍처

서비스와 데이터는 각 물리적 경계 컨텍스트 안에 있습니다.

4위. 데이터 세분화

EDA에는 없고 마이크로서비스에 있는 또 다른 제약조건은 **데이터 세분화**입니다.

즉, 마이크로서비스 아키텍처는 각 서비스가 자신의 데이터를 소유해야 한다는 것입니다. 이 말은 데이터를 세분화된 데이터베이스나 서비스가 소유하는(쓰기를 하는) 테이블 모음인 데이터베이스 **스키마**로 나누어야 한다는 뜻입니다. 하지만 EDA에서는 단일 모놀리식 데이터베이스, 도메인 분할 데이터베이스 또는 서비스별 데이터베이스 패턴을 선택할 수 있습니다.

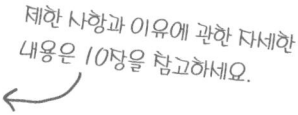
제한 사항과 이유에 관한 자세한 내용은 10장을 참고하세요.

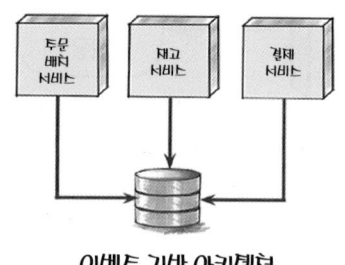
이벤트 기반 아키텍처

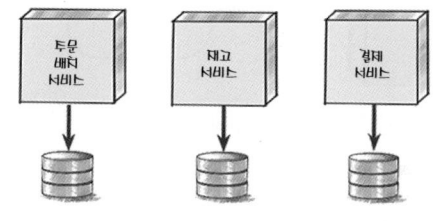
마이크로서비스 아키텍처

3위. 서비스 세분화

3위는 **서비스 세분화**와 관련 있습니다. 10장에서 언급한 바와 같이 마이크로서비스는 단일 목적 서비스로, 한 가지 일을 잘 수행합니다. 결과적으로 마이크로서비스는 세분화된 경향이 있습니다.

반면, EDA에는 이러한 제한이 없습니다. 이벤트 기반 아키텍처에서 서비스(정식으로 이벤트 프로세서라고 함)는 필요한 만큼 작거나 클 수 있으며, 세분화 여부는 중요하지 않습니다.

어떤 크기라도 가능합니다.

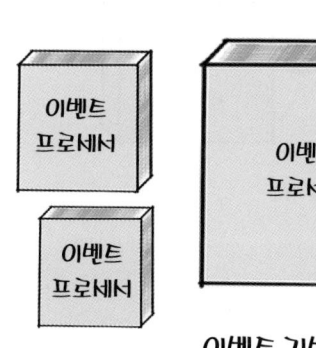
이벤트 기반 아키텍처

모두 단일 목적이어야 합니다. 그래서 '마이크로'입니다.

마이크로서비스 아키텍처

여러분은 여기에 있습니다

2위. 이벤트 처리 vs. 요청 처리

거의 다 왔습니다. 2위는 또 다른 근본적인 차이점인 '**이벤트 처리 vs. 요청 처리**'입니다. 이벤트 기반 아키텍처는 이벤트 처리에 기반을 두고 있습니다. 이미 발생한 것에 반응하고 그에 따라 더 많은 이벤트를 촉발시킵니다. 반면 마이크로서비스 아키텍처는 요청 처리에 기반을 두고 있습니다. 즉, 명령이나 요청과 같이 발생해야 하는 것에 반응하고, 그 요청을 처리합니다.

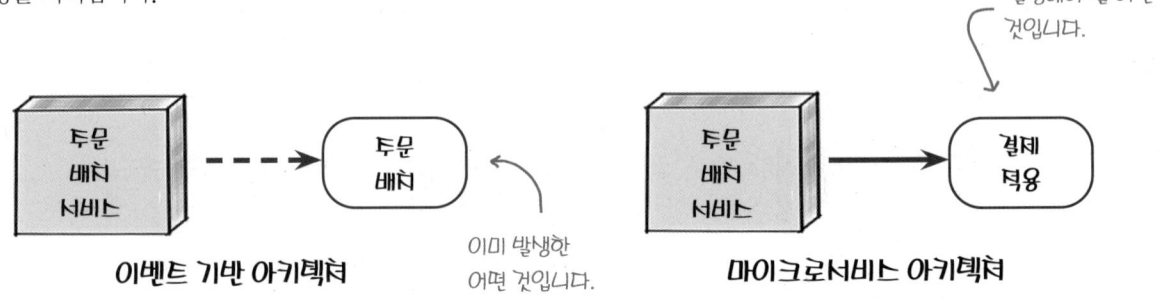

1위. 통신 스타일

드디어 1위입니다. 1위는 EDA와 마이크로서비스 간의 가장 근본적인 차이점인 **통신 스타일**입니다. EDA는 일반적으로 서비스 간 비동기 통신을 사용하지만, 마이크로서비스는 일반적으로 REST를 사용하여 동기 통신에 의존합니다. EDA는 때때로 접근할 수 없는 데이터를 조회하는 것과 같은 경우에 동기 호출을 사용할 수 있으며, 마이크로서비스는 명령이 응답을 필요로 하지 않을 때 비동기 통신을 사용할 수 있습니다. 그러나 이러한 경우는 규칙보다는 예외입니다.

이벤트 기반 아키텍처

누가 무엇을 하나요 ❓

오, 큰일이네요! 이 사실들을 정리하려 했지만, 모두 뒤섞이고 말았습니다. 어떤 진술이 EDA에 관한 것이고 어떤 것이 마이크로서비스에 관한 것인지 구분하는 데 도와줄 수 있나요? 주의하세요. 일부 사실은 두 아키텍처 모두에 해당될 수도 있답니다.

이벤트 기반 아키텍처

나는 경계 컨텍스트가 필요하다.

나는 서비스별 데이터베이스 패턴을 사용할 수 있다.

나는 확장 가능한 시스템을 만든다.

나는 주로 동기 통신을 사용한다.

우리가 미리 해두었습니다.

나는 고성능 시스템을 만든다.

마이크로서비스 아키텍처

나는 비용이 적게 들어 돈을 절약해 준다.

나는 주로 비동기 통신에 의존한다.

나는 이벤트를 사용하여 서비스와 통신한다.

나는 장애 허용에 매우 능숙하다.

나는 모놀리식 데이터베이스를 사용할 수 있다.

➡ 정답은 398쪽에

여러분은 여기에 있습니다

하이브리드 아키텍처

하이브리드: 이벤트 기반 마이크로서비스

EDA와 마이크로서비스 간의 모든 차이점에도 불구하고, 이들을 결합할 수 없는 이유는 없습니다. 이렇게 하면 **이벤트 기반 마이크로서비스**라는 **하이브리드** 아키텍처가 생성됩니다.

EDA의 서비스별 데이터베이스 패턴이 [데어 나일]의 마이크로서비스와 매우 유사하다는 것을 관찰했을 것입니다. 그러나 단순히 서비스별 데이터베이스 패턴을 사용한다고 해서 이벤트 기반 마이크로서비스가 되는 것은 아닙니다. 우리가 의미하는 바를 이해하기 위해 다음의 EDA를 살펴보세요.

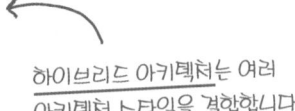

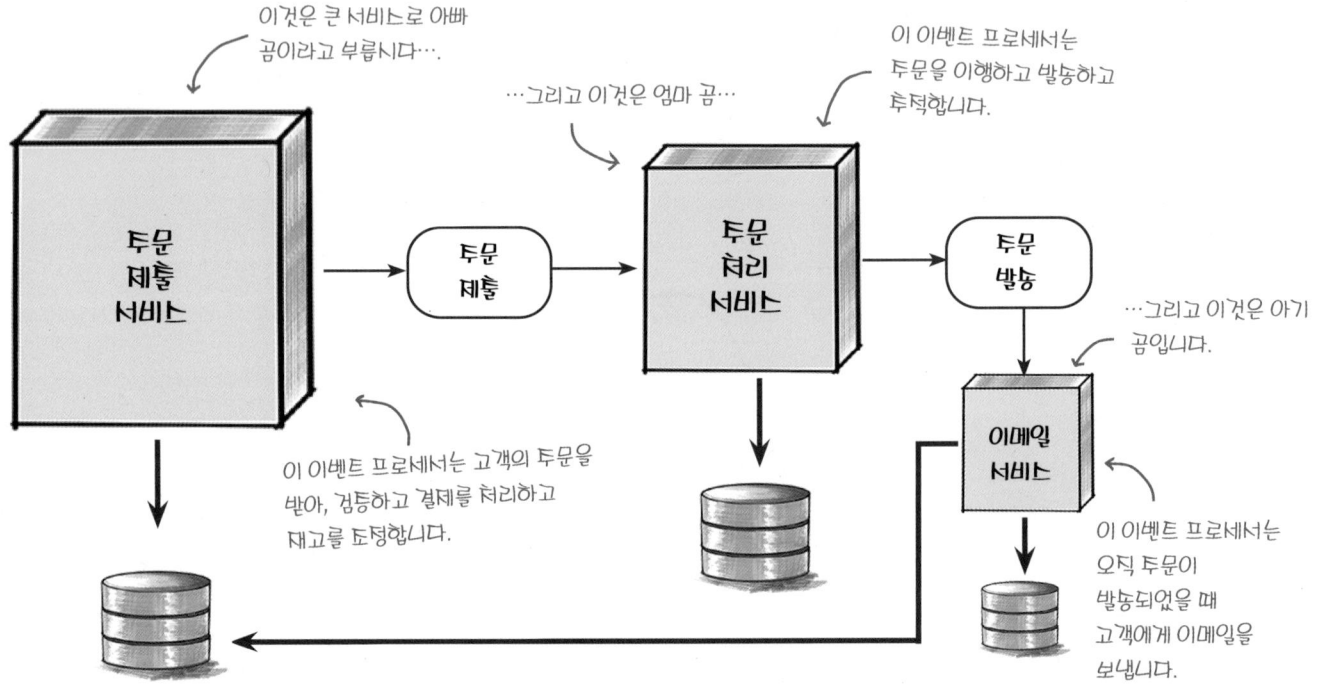

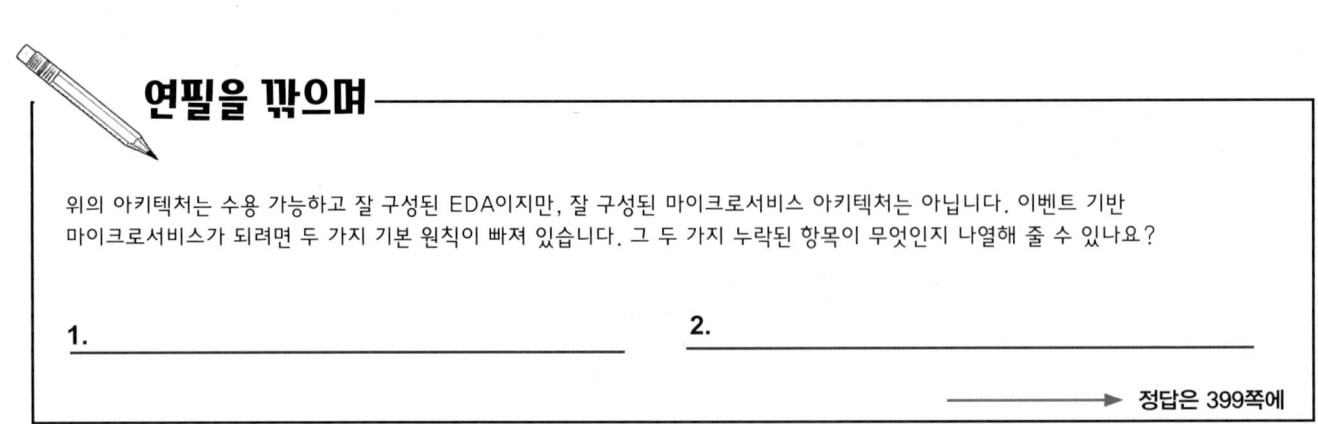

> 위의 아키텍처는 수용 가능하고 잘 구성된 EDA이지만, 잘 구성된 마이크로서비스 아키텍처는 아닙니다. 이벤트 기반 마이크로서비스가 되려면 두 가지 기본 원칙이 빠져 있습니다. 그 두 가지 누락된 항목이 무엇인지 나열해 줄 수 있나요?
>
> 1. _____ 2. _____
>
> ➡ 정답은 399쪽에

이벤트 기반 아키텍처

이 아키텍처를 이벤트 기반 마이크로서비스 하이브리드로 만들려면 마이크로서비스의 두 가지 중요한 원칙인 단일 목적 서비스와 물리적 경계 컨텍스트를 적용해야 합니다.

주문 제출 서비스는 주문을 접수하고, 검증하고, 결제를 처리한 뒤 재고를 조정해야 합니다. 이것은 분명히 단일 목적의 서비스가 아닙니다. EDA에서는 문제가 되지 않지만, 마이크로서비스에서는 그렇지 않습니다. 주문 처리 서비스도 마찬가지입니다. 이벤트 기반 마이크로서비스 아키텍처로 만들려면 이 서비스들을 각각의 단일 목적 서비스로 나누어 고유한 이벤트를 발생시키도록 해야 합니다.

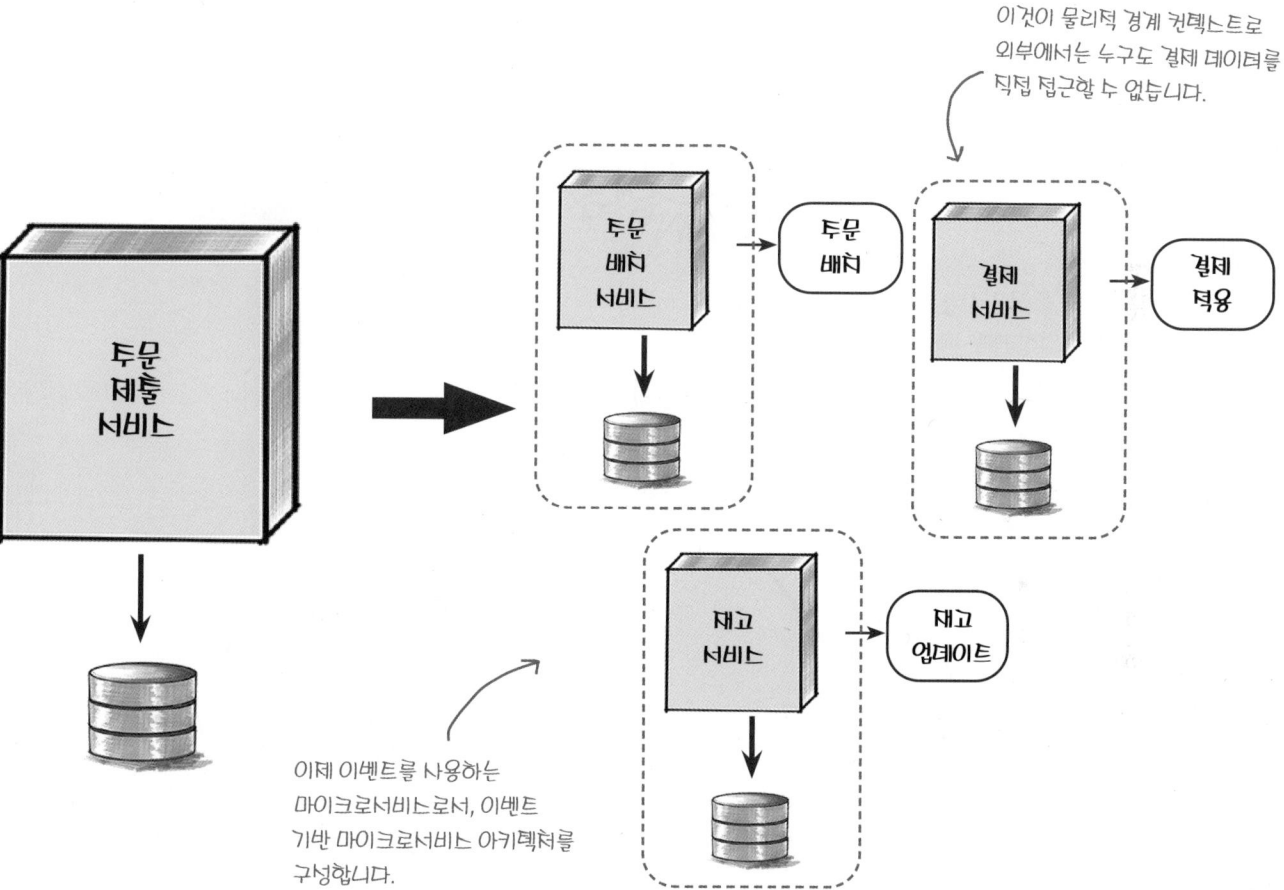

이전 페이지에서 이메일 서비스가 주문 제출 데이터베이스에 직접 접근하는 것을 눈치챘을 것입니다. 마이크로서비스에서는 물리적 경계 컨텍스트 때문에 이것이 허용되지 않습니다. 새로운 하이브리드 아키텍처에서는 주문 데이터를 가져오기 위해 이메일 서비스가 주문 제출 서비스를 호출해야 합니다(현재는 분리되어 주문 배치 서비스가 됩니다). 엄격한 물리적 경계 컨텍스트를 구현하면 데이터 접근이 그것을 소유한 서비스로 제한됩니다.

여러분은 여기에 있습니다 ▶ 383

EDA 슈퍼파워

이벤트 기반 아키텍처의 슈퍼파워

EDA 스타일의 슈퍼파워를 확인할 시간입니다.

유지보수성

EDA의 서비스는 매우 느슨하게 결합되어 있으므로, 이들은 상당히 독립적이며 따라서 유지 관리가 더 쉽습니다.

성능

EDA는 주로 비동기 통신을 사용하고 멀티태스킹을 할 수 있어서 매우 빠릅니다.

진화성

EDA 서비스는 항상 파생 이벤트를 촉발시켜, 여기에 기능을 쉽게 추가할 수 있습니다. 이로 인해 EDA는 매우 진화하기 쉽습니다.

확장성

이벤트 기반 아키텍처는 비동기 처리와 서비스 독립성으로 인해 확장성이 매우 좋습니다. 각 서비스는 다른 서비스와 독립적으로 확장할 수 있으며, 이벤트 채널은 병목 현상이 발생할 경우, 압력 완화 밸브 역할을 합니다.

결함 허용성

EDA에서 서비스는 매우 느슨하게 결합되어 있기 때문에, 하나의 서비스가 다운되더라도 워크플로우 내 다른 서비스에 영향을 주지 않습니다.

이벤트 기반 아키텍처의 크립토나이트

크립토나이트는 슈퍼 히어로의 힘을 약화시키듯이, 다음의 시스템 기능과 특성도 EDA의 힘을 약화시킵니다. 이 점에 주의하세요!

복잡성

EDA는 일반적으로 비동기 통신과 병렬 이벤트 처리를 사용하고, 다양한 데이터베이스 구성과 그에 따른 트레이드오프 때문에 매우 복잡합니다.

테스트 용이성

비동기 처리와 병렬 작업을 테스트하는 것은 정말 어렵습니다. 따라서 EDA에서는 테스트 용이성이 약점이 됩니다.

동기 호출

서비스 간에 많은 동기 호출이 있고, 워크플로우가 동기적으로 의존하는 서비스가 필요한 경우, EDA는 적합하지 않습니다.

데이터베이스

어떤 데이터베이스 구성을 선택하든, 서비스는 데이터베이스나 다른 서비스에 결합되어 있습니다. 여기에는 좋은 트레이드오프가 많지 않습니다.

우리는 데이터베이스가 필요하다는 것을 알고 있습니다. 여기서 말하고자 하는 것은, 데이터베이스가 고도로 분리된 시스템을 결합시킬 수 있다는 것입니다.

여러분은 여기에 있습니다 385

강점과 약점

이벤트 기반 아키텍처 등급표

아래 표는 EDA가 잘하는 것과 그렇지 못한 것을 이해하는 데 유용합니다. 별점 한 개는 아키텍처 특성이 잘 지원되지 않음을 의미하고, 별점 다섯 개는 그 특성이 잘 지원됨을 의미합니다.

← 마치! 영화 리뷰처럼 많아요.

아키텍처 특성	별점
유지보수성	★★★★
테스트 용이성	★★
배포 용이성	★★★
단순성	★
진화성	★★★★★
성능	★★★★★
확장성	★★★★★
탄력성	★★★★
결함 허용성	★★★★★
전체 비용	$ $ $

코드를 변경하는 것은 쉽지만 테스트와 배포에는 위험이 있고 어렵습니다.

오류 처리와 비동기 통신은 EDA를 복잡하게 합니다.

서비스 결합이 떨어지면 확장성과 탄력성이 좋아집니다.

드디어 성능이 우수한 아키텍처 스타일의 등장!

대부분의 것들이 비동기고 느슨하게 결합되어 있기 때문에 결함 허용성이 매우 높습니다.

EDA는 성능, 확장성, 탄력성, 진화성, 그리고 결함 허용성과 같은 운영 특성에 있어서는 뛰어나지만, 단순성과 테스트에서는 어려움을 겪습니다. 비동기 통신은 테스트하기 어렵고, 하나의 서비스나 이벤트의 변경이 다른 서비스에 영향을 미치지 않았는지 확인하기도 어렵습니다.

이벤트 기반 아키텍처

연습문제

다음 시스템 중 어떤 것이 이벤트 기반 아키텍처 스타일에 적합할까요? 그리고 그 이유는 무엇인가요? *힌트: EDA의 슈퍼파워와 크립토나이트, 문제 도메인을 고려하세요.*

사용자들이 입찰할 수 있는 온라인 경매 시스템

왜? _____
_____

- ☐ 이벤트 기반 아키텍처에 잘 맞음
- ☐ 비교적 이벤트 기반 아키텍처에 적합함
- ☐ 이벤트 기반 아키텍처에 어울리지 않음

하룻밤에 국제 송금을 처리하고 정산하는 대규모 백엔드 금융 시스템

왜? _____
_____

- ☐ 이벤트 기반 아키텍처에 잘 맞음
- ☐ 비교적 이벤트 기반 아키텍처에 적합함
- ☐ 이벤트 기반 아키텍처에 어울리지 않음

새로운 사업 분야에 진입하므로, 시스템에 대한 지속적인 변화가 예상되는 회사

왜? _____
_____

- ☐ 이벤트 기반 아키텍처에 잘 맞음
- ☐ 비교적 이벤트 기반 아키텍처에 적합함
- ☐ 이벤트 기반 아키텍처에 어울리지 않음

온라인 주문을 받기 시작하는 소규모의 빵집

왜? _____
_____

- ☐ 이벤트 기반 아키텍처에 잘 맞음
- ☐ 비교적 이벤트 기반 아키텍처에 적합함
- ☐ 이벤트 기반 아키텍처에 어울리지 않음

사용자가 게시물을 올리고 댓글에 응답할 수 있는 소셜 미디어 사이트

왜? _____
_____

- ☐ 이벤트 기반 아키텍처에 잘 맞음
- ☐ 비교적 이벤트 기반 아키텍처에 적합함
- ☐ 이벤트 기반 아키텍처에 어울리지 않음

⟶ 정답은 400쪽에

여러분은 여기에 있습니다 387

장 요약

모두 모으기

이제 여러분이 기다려 온 부분인 이벤트 기반 아키텍처를 사용하는 [데어 나일] 온라인 주문 시스템의 전체 그림입니다. 선택할 수 있는 데이터베이스 구성이 많기 때문에, 시스템의 핵심 부분인 이벤트 프로세서(서비스)와 이벤트에 집중하겠습니다.

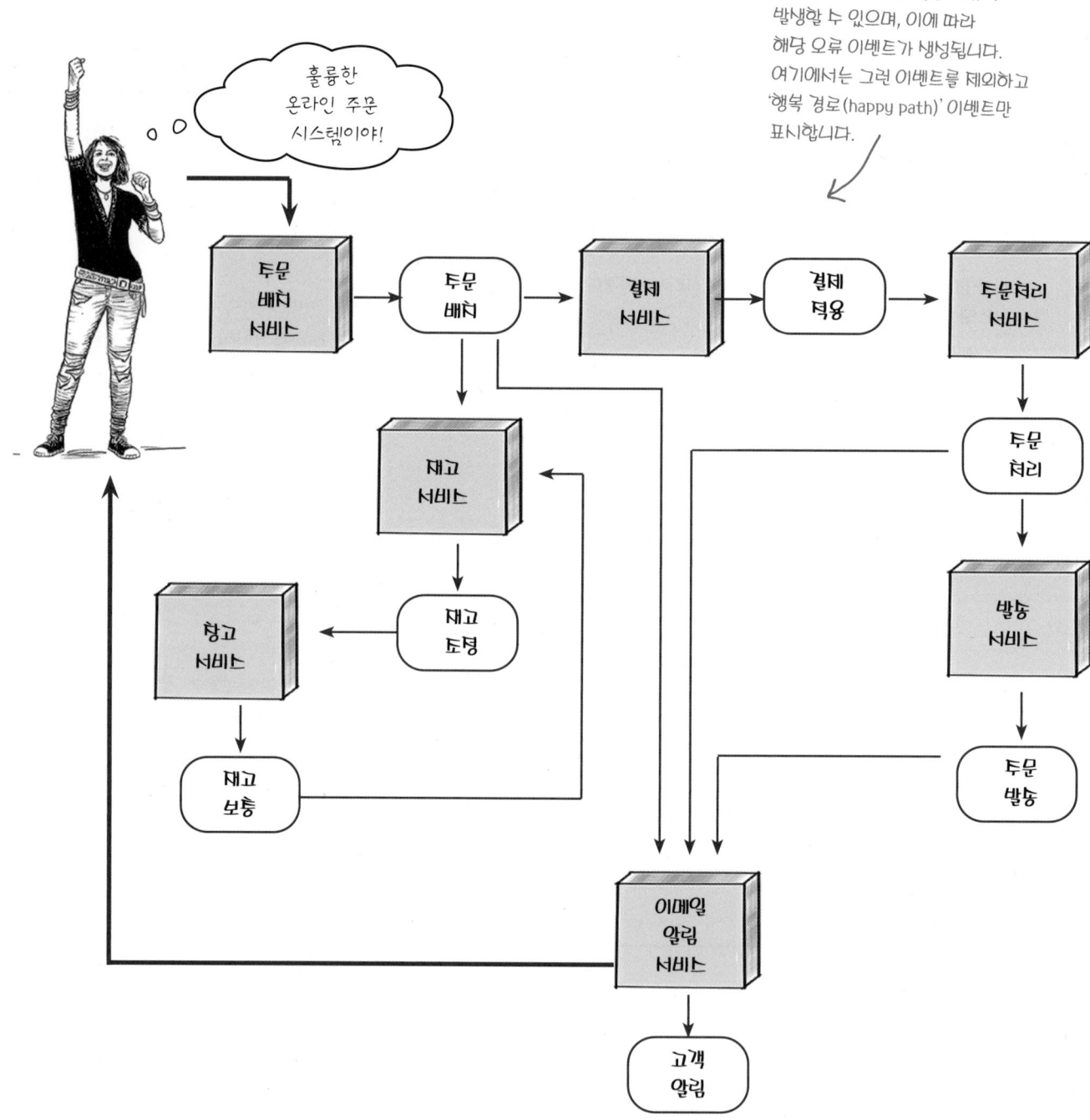

마무리하기

잘했습니다! 여러분의 꾸준한 노력과 EDA에 대한 이해 덕분에 [데어 나일]은 높은 고객 수요에 맞춰 성능을 끌어올리고 있으며, 앞으로도 더 성장할 수 있는 기반을 마련했습니다. 이 장을 마무리하면서 이벤트 기반 아키텍처에 대한 몇 가지 핵심 포인트를 검토해봅시다.

핵심 정리

- 이벤트는 시스템에서 발생하는 일입니다. 이벤트는 EDA에서 서비스가 서로 통신하는 기본적인 방법입니다.

- 이벤트는 메시지와 동일하지 않습니다. 이벤트는 서비스가 수행한 작업을 시스템의 다른 서비스에 브로드캐스트하는 반면, 메시지는 특정 서비스에 전달되는 명령이나 요청입니다.

- 시작 이벤트는 고객이나 최종 사용자로부터 발생하여 비즈니스 프로세스를 시작합니다.

- 파생 이벤트는 시작 이벤트에 대한 응답으로 서비스에 의해 생성됩니다.

- 서비스가 수행하는 모든 작업은 파생 이벤트를 발생시켜 아키텍처의 신장성을 제공합니다. 이는 시스템에 새로운 기능을 추가하는 능력입니다.

- EDA는 일반적으로 비동기 통신을 사용하기 때문에 빠릅니다. 서비스는 다른 서비스에 정보를 보낼 때 응답이나 확인을 기다리지 않습니다.

- 비동기 통신은 때때로 파이어 앤드 포겟이라고 합니다.

- 아키텍트는 보통 점선을 사용하여 서비스 간의 비동기 통신을 나타내고 실선을 사용하여 동기 통신을 나타냅니다.

- 마이크로서비스와 달리, 이벤트 기반 아키텍처는 다양한 데이터베이스 구성을 사용할 수 있습니다.
  - 모놀리식 데이터베이스 구성 사용 시, 모든 서비스가 단일 데이터베이스를 공유합니다.
  - 도메인 분할 데이터베이스 구성은 시스템의 각 도메인마다 자체 데이터베이스가 있습니다. 이 데이터베이스는 해당 도메인의 모든 서비스가 공유합니다.
  - 서비스별 데이터베이스 패턴에서는, 각 서비스가 경계 컨텍스트 내에서 자신의 데이터베이스를 갖습니다.

- 이벤트 기반 아키텍처와 마이크로서비스는 매우 다른 아키텍처 스타일입니다.
  - EDA는 주로 서비스 간의 비동기 통신에 의존하며, 마이크로서비스는 보통 REST를 사용하는 동기 통신에 의존합니다.
  - EDA는 이미 발생한 사건을 처리하는 이벤트 처리에 기반을 두고 있습니다. 마이크로서비스 아키텍처는 발생해야 하는 것에 대한 명령이나 요청을 처리하는 요청 처리에 기반을 두고 있습니다.
  - 마이크로서비스는 세분화되고 단일 목적을 가지지만, EDA의 서비스는 크기에 제한이 없습니다.
  - 마이크로서비스 아키텍처에서는 각 서비스가 자신의 데이터를 소유해야 하지만, EDA에서는 데이터 공유가 일반적입니다.

- 마이크로서비스와 EDA를 결합하여 이벤트 기반 마이크로서비스라는 하이브리드 아키텍처를 만들 수 있습니다.

- EDA는 비동기 통신과 병렬 이벤트 처리를 사용하며, 다양한 데이터베이스를 구성할 수 있어 매우 복잡합니다.

- 비동기 처리와 병렬 작업을 테스트하는 것은 매우 어렵기 때문에 EDA에서 테스트 용이성이 약점이 됩니다.

- 파생 이벤트는 기능을 추가할 수 있는 훅(hook)을 제공하여 EDA를 매우 진화 가능하게 만듭니다.

- EDA는 비동기 처리와 서비스 분리 덕에 확장성이 매우 뛰어납니다.

'이벤트 기반 아키텍처' 낱말 퀴즈

이벤트, 비동기 통신, 이벤트 프로세서 및 멀티태스킹에 대한 지식을 테스트하며 재미있게 놀 준비가 되었나요? 이벤트 기반 아키텍처 스타일에 대한 낱말 퀴즈를 풀어 보세요!

가로

2. 각 프로세스의 부분이 어떻게 완료되고 어떤 순서로 진행되는지를 나타낸다.
3. _____ 앤드 포겟 통신
5. 서비스를 데이터베이스와 결합하면 물리적 경계 _____이(가) 된다.
6. 사용자의 대기 시간을 줄이는 것은 시스템을 더 _____ 있게 만드는 목표다.
8. 비동기 통신은 응답을 _____ 하지 않는다.
12. 응답이 필요한 통신의 종류다.
13. 속도와 관련된 아키텍처 특성이다.
18. 어떤 아키텍처는 새로운 기능을 _____ 하기가 더 쉽다.
19. 이 통신 방식은 큐를 사용하여 단일 서비스로 전송한다.
20. 특정 조건은 이벤트를 _____ 시킬 수 있다.

세로

1. 아키텍처에서 데이터베이스를 구성하는 방법이다.
4. 발생한 중요한 어떤 일이다.
7. 비즈니스 프로세스를 시작하는 이벤트 종류다.
9. 다른 이벤트로부터 흐르는 이벤트 종류다.
10. 앱에서 호출할 수 있는 외부 통신 허브의 축약어다.
11. 이벤트는 어떤 일이 발생했다는 소식을 _____ 하는 데 사용된다.
12. 어떤 기능을 수행하는 아키텍처의 일부다.
14. _____ 분할 데이터베이스
15. 이벤트는 이벤트 _____을 통해 전달된다.
16. 메시지는 명령 혹은 _____ (이)다.
17. 서비스는 이벤트 알림을 _____할 수 있다.

➡ 정답은 401쪽에

이벤트 기반 아키텍처

문제는 353쪽에

연습문제 정답

소프트웨어 아키텍트로서 현재 워크플로우(이전 페이지에 표시됨)를 어떻게 수정하면 속도를 조금 더 높일 수 있을까요? 아래 공간에 새 워크플로우에 대한 아이디어를 그려 주세요. *힌트: 동시에 할 수 있는 일은 무엇일까요?*

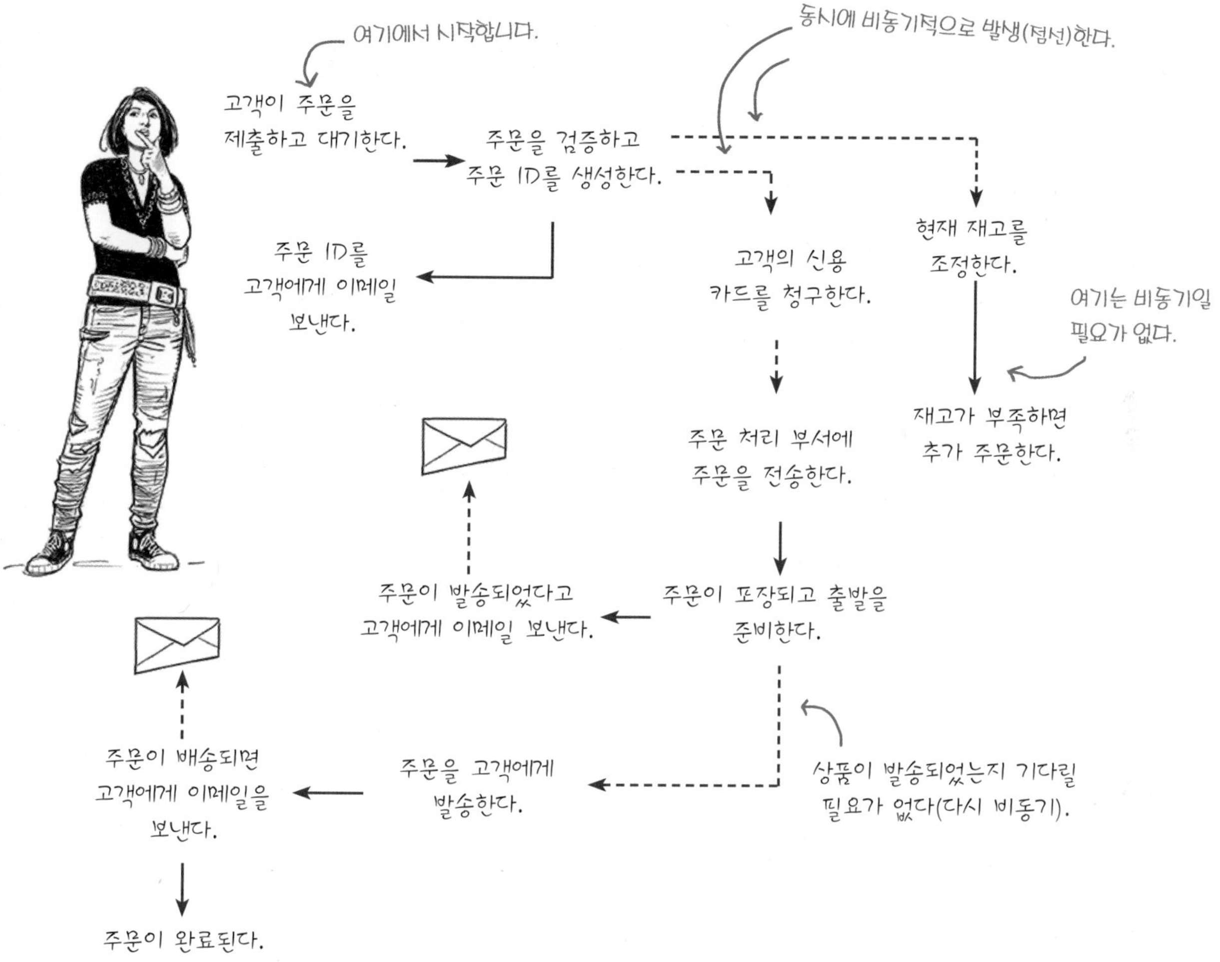

여기에서 시작합니다.

동시에 비동기적으로 발생(팀선)한다.

- 고객이 주문을 제출하고 대기한다.
- 주문을 검증하고 주문 ID를 생성한다.
- 주문 ID를 고객에게 이메일 보낸다.
- 고객의 신용 카드를 청구한다.
- 현재 재고를 조정한다.
- 여기는 비동기일 필요가 없다.
- 재고가 부족하면 추가 주문한다.
- 주문 처리 부서에 주문을 전송한다.
- 주문이 포장되고 출발을 준비한다.
- 주문이 발송되었다고 고객에게 이메일 보낸다.
- 상품이 발송되었는지 기다릴 필요가 없다(다시 비동기).
- 주문을 고객에게 발송한다.
- 주문이 배송되면 고객에게 이메일을 보낸다.
- 주문이 완료된다.

여러분은 여기에 있습니다

연습문제 정답

문제는 357쪽에

✏️ 연필을 깎으며 — 정답

이제 이벤트와 메시지에 대한 지식을 테스트할 시간입니다. 아래의 각 인용구에 대해, 그것이 이벤트인지 메시지인지 표시하고 그 이유를 설명하세요.

"모형적인 항공사 항공편 12, 왼쪽으로 돌고, 230도 방향으로 가세요."

☐ 이벤트   ☒ 메시지

이유: 발생해야 하는 것에 대한 명령으로, 오직 하나의 항공기에만 전송됩니다.

"다른 뉴스로, 겨울 폭풍 천선이 방금 이 지역으로 이동했습니다."

☒ 이벤트   ☐ 메시지

이유: 방금 발생한 사건에 대해 많은 사람에게 브로드캐스트되고 있습니다.

"자, 학급 여러분, 워크북의 42페이지로 넘기세요."   ← 주의하세요, 이것은 조금 어렵습니다.

☐ 이벤트   ☒ 메시지

이유: 비록 많은 학생에게 브로드캐스트되고 있지만, 발생해야 하는 것에 대한 명령입니다.

"안녕하세요, 여러분! 늦어서 퇴동합니다."

☒ 이벤트   ☐ 메시지

이유: 발생한 사건으로, 많은 사람에게 브로드캐스트되고 있으며, 응답은 기대하지 않습니다.

"오 이런! 기차를 놓쳤네요!"

☒ 이벤트   ☐ 메시지

이유: 비록 아무도 듣고 있지 않을 수도 있지만, 이것은 방금 발생한 사건이며, 특정 개인에게 향하지 않습니다.

"실례지만 지금 몇 시인가요?"

☐ 이벤트   ☒ 메시지

이유: 발생해야 하는 것에 대한 한 명의 개인에게 이루어진 요청입니다.

이벤트 기반 아키텍처

연습문제 정답

문제는 359쪽에

신용카드 청구 시작 이벤트와 아래의 해당 처리에 따라 각 서비스에 대한 파생 이벤트가 무엇인지 식별할 수 있나요? 생각할 수 있는 가능한 모든 결과를 최대한 많이 떠올려 보세요.

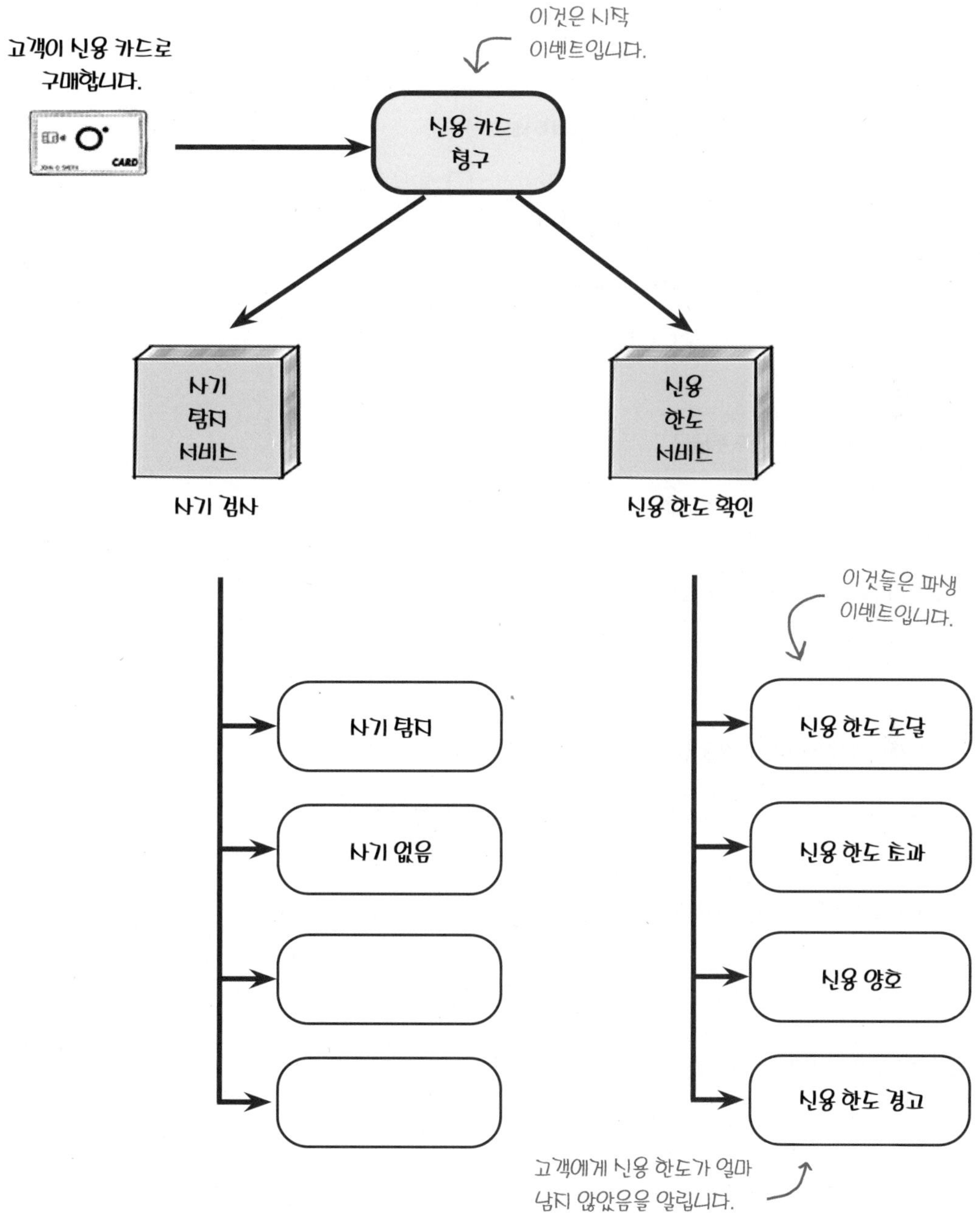

고객이 신용 카드로 구매합니다.

신용 카드 청구 — 이것은 시작 이벤트입니다.

사기 탐지 서비스 — 사기 검사

신용 한도 서비스 — 신용 한도 확인

사기 탐지
사기 없음

신용 한도 도달 — 이것들은 파생 이벤트입니다.
신용 한도 초과
신용 양호
신용 한도 경고 — 고객에게 신용 한도가 얼마 남지 않았음을 알립니다.

여러분은 여기에 있습니다 **393**

연습문제 정답

문제는 364쪽에

연필을 깎으며 정답

아래의 작업들 각각에 대해 비동기 통신을 사용할 것인지 동기 통신을 사용할 것인지 선택해주세요.

이 주문에 대한 배송 옵션을 알려주세요.

☐ 비동기   ☒ 동기   ☐ 둘 다 가능

이 주문의 결제를 진행하고 결제가 완료되면 알려주세요.

☐ 비동기   ☒ 동기   ☐ 둘 다 가능

주문을 처리하기 위해 물건을 선반에서 꺼내 상자에 포장해주세요.

☒ 비동기   ☐ 동기   ☐ 둘 다 가능

이 주문의 현재 상태를 알려주세요.

☐ 비동기   ☒ 동기   ☐ 둘 다 가능

이 품목의 재고가 부족해지고 있습니다. 더 많은 재고를 주문해주세요.

☒ 비동기   ☐ 동기   ☐ 둘 다 가능

고객의 주문이 발송되었고, 배송 중이라고 고객에게 알려주세요.

☒ 비동기   ☐ 동기   ☐ 둘 다 가능

고객의 프로필 사진을 업데이트하세요.

☐ 비동기   ☐ 동기   ☒ 둘 다 가능

제품 페이지에 고객의 후기를 게시하세요.

☐ 비동기   ☐ 동기   ☒ 둘 다 가능

이벤트 기반 아키텍처

문제는 368쪽에

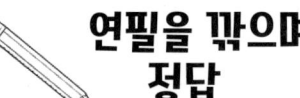
연필을 깎으며
정답

지금까지 배운 이벤트 기반 아키텍처, 이벤트, 비동기 처리에 대해 테스트할 기회입니다. 다음과 같이 [데어 나일]의 재고가 가끔씩 동기화되지 않습니다. 이런 상황이 발생하면 주문이 처리되지 않고 백오더(back order) 상태로 들어갑니다. [데어 나일]은 백오더된 상품에 대해 고객에게 비용을 청구하지 않으며, 고객은 주문 후 기다릴지 주문을 취소할지 선택할 수 있습니다.

[데어 나일]의 아키텍트로서, 이 상황을 해결하기 위해 어떤 추가적인 이벤트와 서비스를 만들어볼까요?

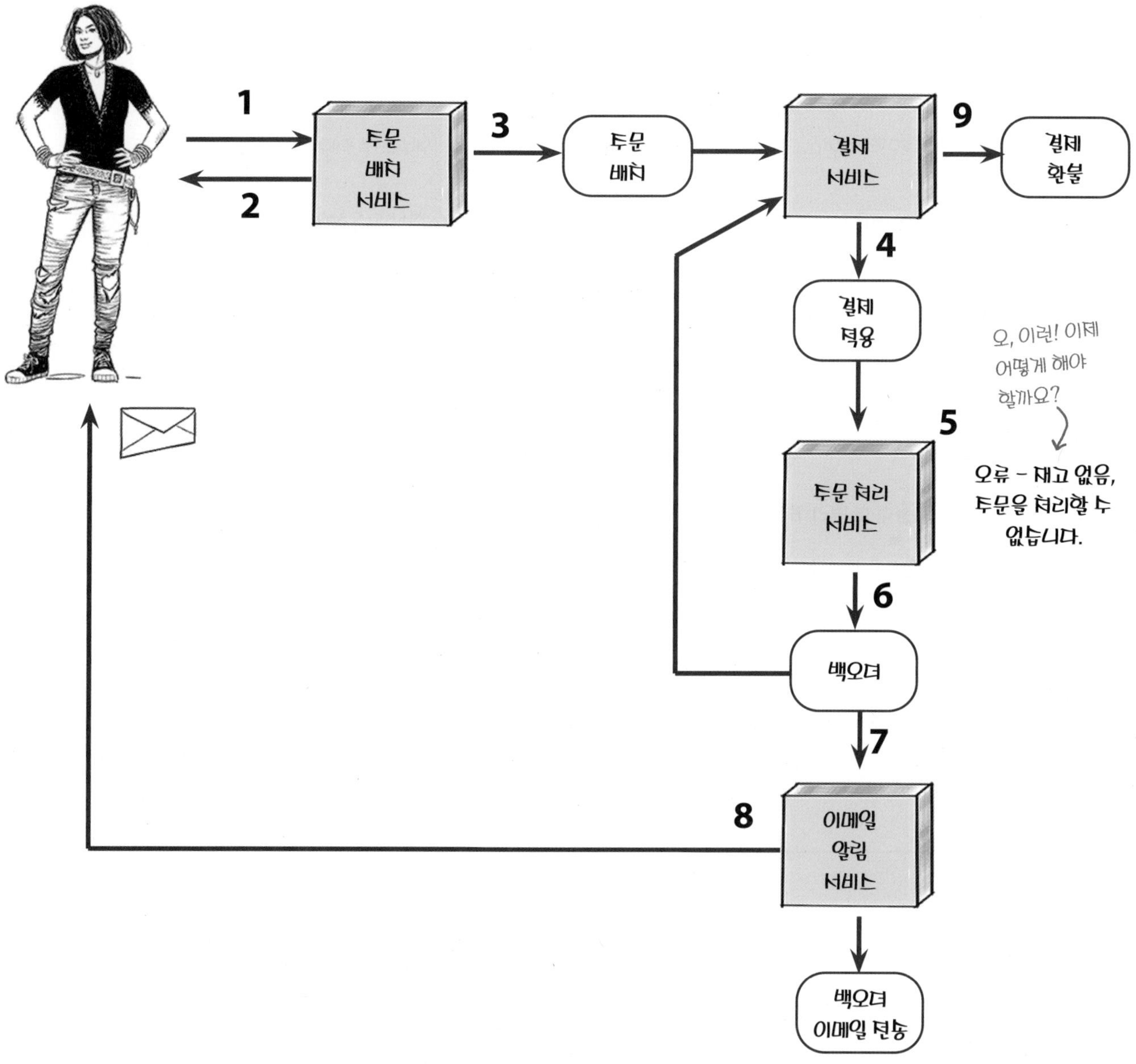

```
1 → 주문 배치 서비스 → 3 → 주문 배치 → 결제 서비스 → 9 → 결제 환불
2 ←                                    ↓ 4
                                       결제 적용
                                       ↓
                                       주문 처리 서비스  5   오, 이런! 이제 어떻게 해야 할까요?
                                       ↓ 6              오류 - 재고 없음,
                                       백오더            주문을 처리할 수 없습니다.
                                       ↓ 7
        8 → 이메일 알림 서비스
             ↓
             백오더 이메일 전송
```

여러분은 여기에 있습니다 **395**

연습문제 정답

문제는 376쪽에

각 비즈니스 요구 사항에 대해 고려할 수 있는 데이터베이스 구성을 선택하세요. 하나 이상의 구성을 선택해도 됩니다.

시스템에 동시 접속할 고객 수는 20명에서 30만 명 사이일 것으로 예상됩니다.

☐ 모놀리식 데이터베이스 ☒ 도메인 분할 데이터베이스 ☒ 서비스별 데이터베이스

시스템은 가능한 한 빠르게 작동해야 합니다.

☒ 모놀리식 데이터베이스 ☒ 도메인 분할 데이터베이스 ☐ 서비스별 데이터베이스

이 의료 모니터링 시스템은 절대로 완전히 실패하면 안 됩니다. 시스템의 일부는 항상 작동해야 합니다.

☐ 모놀리식 데이터베이스 ☐ 도메인 분할 데이터베이스 ☒ 서비스별 데이터베이스

새로운 비즈니스를 위해 데이터베이스를 많이 변경할 예정입니다.

☐ 모놀리식 데이터베이스 ☒ 도메인 분할 데이터베이스 ☒ 서비스별 데이터베이스

새로운 시스템을 가능한 한 빨리 가동해야 합니다.

☒ 모놀리식 데이터베이스 ☒ 도메인 분할 데이터베이스 ☐ 서비스별 데이터베이스

데이터 모델은 매우 크고 복잡하며, 많은 데이터가 서로 연관되어 있습니다.

☒ 모놀리식 데이터베이스 ☐ 도메인 분할 데이터베이스 ☐ 서비스별 데이터베이스

연필을 깎으며
정답

이벤트 기반 아키텍처와 마이크로서비스 간의 차이점에 대해 생각나는 대로 적어 보세요.

성능

물리적 경계 컨텍스트

데이터 세분화

서비스 세분화

이벤트 vs. 요청 처리

비동기 vs. 동기 처리

필자가 생각해낸 것들 중 일부입니다.

누가 무엇을 하나요? 정답

오, 큰일이네요! 이 사실들을 정리하려 했지만, 모두 뒤섞이고 말았습니다. 어떤 진술이 EDA에 관한 것이고 어떤 것이 마이크로서비스에 관한 것인지 구분하는 데 도와줄 수 있나요? 주의하세요. 일부 사실은 두 아키텍처 모두에 해당될 수도 있답니다.

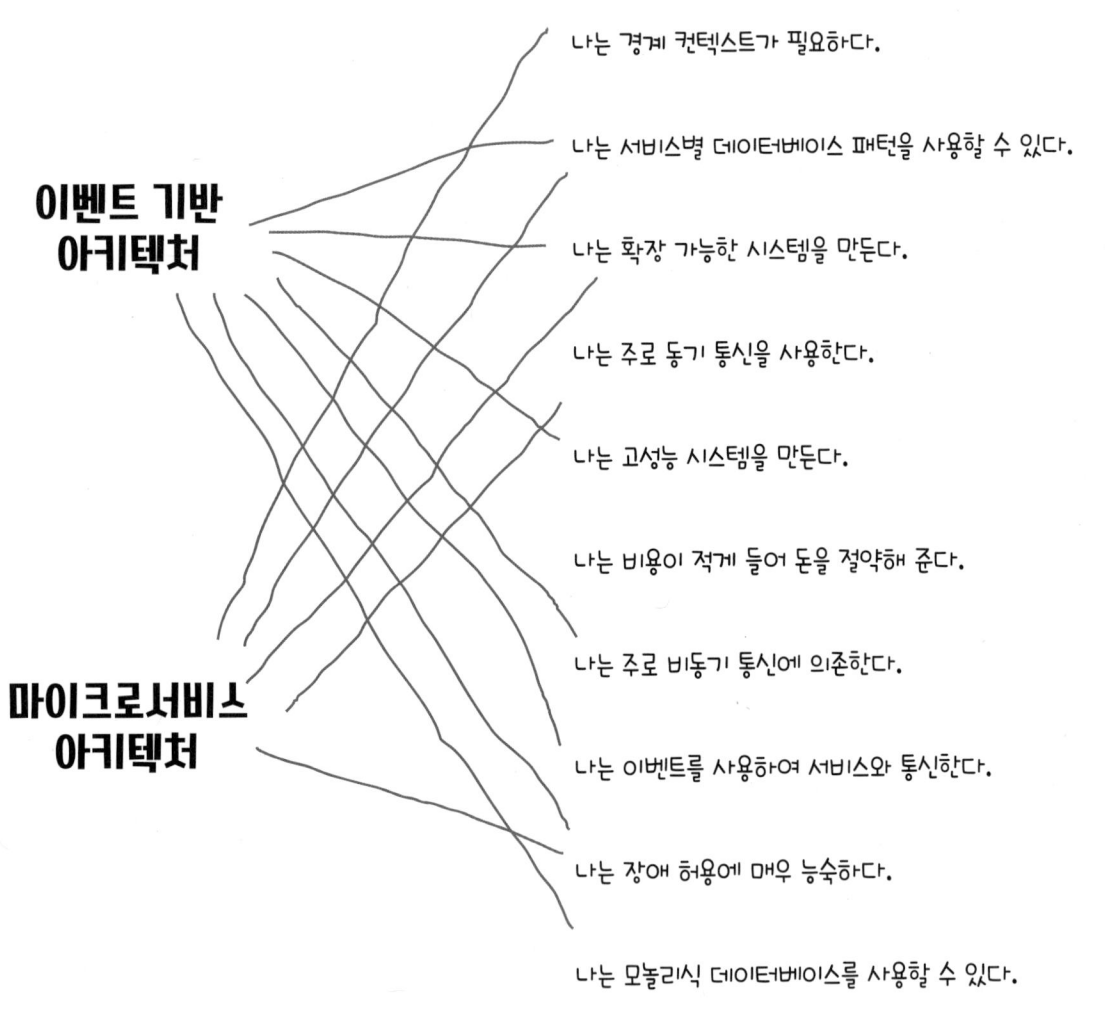

이벤트 기반 아키텍처

문제는 382쪽에

연필을 깎으며
정답

382쪽에 있는 아키텍처는 수용 가능하고 잘 구성된 EDA이지만, 잘 구성된 마이크로서비스 아키텍처는 아닙니다. 이벤트 기반 마이크로서비스가 되려면 두 가지 기본 원칙이 빠져 있습니다. 그 두 가지 누락된 항목이 무엇인지 나열해 줄 수 있나요?

1. 단일 목적 서비스

2. 물리적 경계 컨텍스트(데이터 소유권)

여러분은 여기에 있습니다 ▶ 399

연습문제 정답

문제는 387쪽에

연습문제 정답

다음 시스템 중 어떤 것이 이벤트 기반 아키텍처 스타일에 적합할까요, 그리고 그 이유는 무엇인가요? *힌트: EDA의 슈퍼파워와 크립토나이트, 문제 도메인을 고려하세요.*

사용자들이 입찰할 수 있는 온라인 경매 시스템

왜? 문제 도메인이 EDA에 적합하며, 이 시스템은 높은 수준의 확장성, 탄력성 및 응답성이 필요합니다.

☒ 이벤트 기반 아키텍처에 잘 맞음
☐ 비교적 이벤트 기반 아키텍처에 적합함
☐ 이벤트 기반 아키텍처에 어울리지 않음

하룻밤에 국제 송금을 처리하고 정산하는 대규모 백엔드 금융 시스템

왜? 이 문제에는 EDA의 슈퍼파워가 필요하지 않습니다.

☐ 이벤트 기반 아키텍처에 잘 맞음
☐ 비교적 이벤트 기반 아키텍처에 적합함
☒ 이벤트 기반 아키텍처에 어울리지 않음

새로운 사업 분야에 진입하므로, 시스템에 대한 지속적인 변화가 예상되는 회사

왜? 변경이 더 쉬워지기 때문에 EDA가 적합할 수도 있습니다.

☐ 이벤트 기반 아키텍처에 잘 맞음
☒ 비교적 이벤트 기반 아키텍처에 적합함
☐ 이벤트 기반 아키텍처에 어울리지 않음

온라인 주문을 받기 시작하는 소규모의 빵집

왜? 작은 빵집을 위해 EDA는 너무 복잡하고 비용이 많이 듭니다.

☐ 이벤트 기반 아키텍처에 잘 맞음
☐ 비교적 이벤트 기반 아키텍처에 적합함
☒ 이벤트 기반 아키텍처에 어울리지 않음

사용자가 게시물을 올리고 댓글에 응답할 수 있는 소셜 미디어 사이트

왜? EDA의 비동기 및 브로드캐스트 기능이 여기에서 잘 맞습니다.

☒ 이벤트 기반 아키텍처에 잘 맞음
☐ 비교적 이벤트 기반 아키텍처에 적합함
☐ 이벤트 기반 아키텍처에 어울리지 않음

'이벤트 기반 아키텍처' 낱말 퀴즈 정답

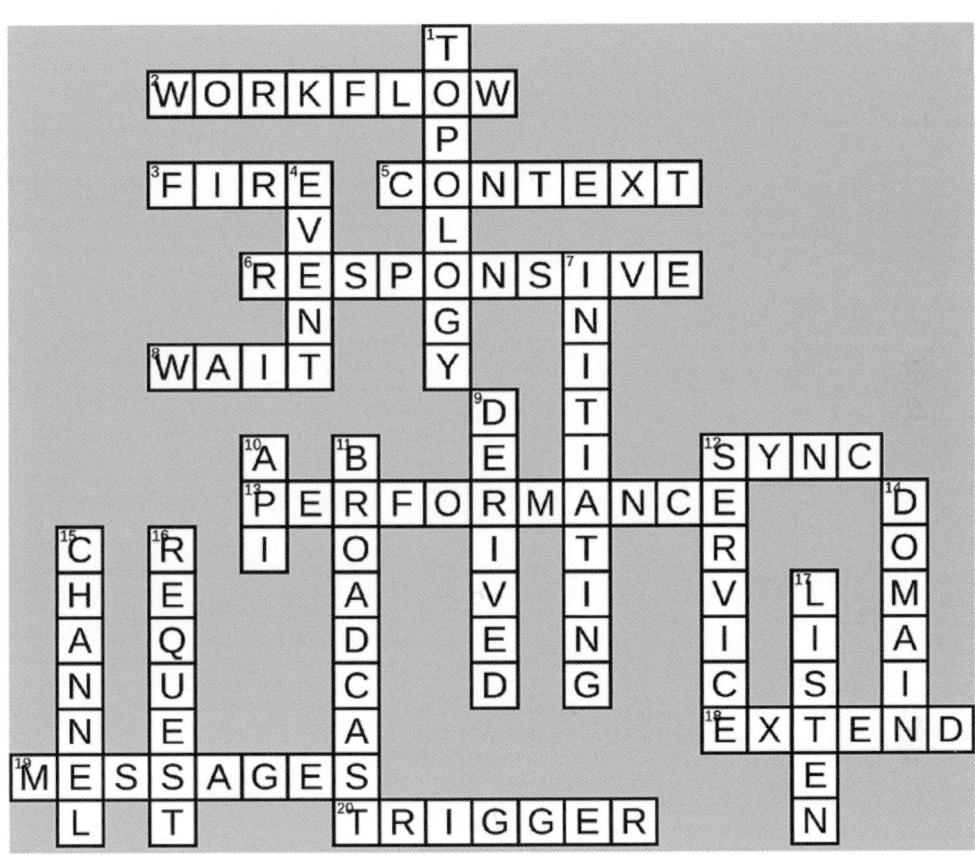

12 지식 테스트

직접 해보기

분산 아키텍처를 만드는 기술을 테스트할 준비가 됐나요? 이 장에서는 여러분이 소프트웨어 아키텍트입니다. 아키텍처 특성을 결정하고, 논리적 아키텍처를 구축하며, 아키텍처 결정을 내리고, 마이크로서비스 또는 이벤트 기반 아키텍처를 사용할지 결정하게 됩니다. 이 장의 연습문제를 통해 소프트웨어 아키텍트가 하는 일을 종합적으로 보여주고, 여러분이 얼마나 배웠는지를 확인할 수 있습니다. 메이크 더 그레이드(Make the Grade)라는 학생 표준화 시험 시스템을 위한 아키텍처를 만들 준비를 하세요. 행운을 빕니다! 여러분의 아키텍처가 A 학점을 받을 수 있기를 바랍니다.

시스템 요구사항 테스트

메이크 더 그레이드를 환영합니다

축하합니다. 여러분은 [데이터빌(Dataville)] 공립학교에서 표준화된 시험을 위한 새로운 시스템을 구축하기 위해 채용되었습니다. 특정 학년의 모든 학생이 동일한 시험을 치르게 되어 학교, 교사, 학생들이 얼마나 잘 하고 있는지를 평가할 수 있습니다.

메이크 더 그레이드 요구사항 문서

- 학생들은 담임 선생님이 감독하는 가운데 교실에서 웹 기반 테스트를 봅니다. 두 시간 동안 시험이 진행되기 때문에 시스템은 가능한 한 빠르게 문제를 제시해야 합니다.

- 학생마다 화면에 다지선다형 문제가 제시됩니다. 그리고 학생들이 그 질문에 답안하면 시스템은 그 답안을 기록하고 다음 질문을 제공해야 합니다. 학생들은 문제를 건너뛸 수 있지만 이전 문제로 돌아갈 수는 없습니다. 앞으로만 이동할 수 있습니다.

- 답안이 수집되면 자동으로 채점되고(정답 또는 오답) 그 결과는 300개의 데이터베이스 연결만 가능한 중앙 관계형 데이터베이스에 저장됩니다.

- 동시에 시험을 보는 학생 수는 20명에서 20만 명까지 될 수 있습니다.

- [데이터빌] 공립학교의 시험 관리자는 시험 일정을 잡고, 시험지와 답안지, 학생 목록(학생들이 시스템에 로그인할 때 사용)을 관리할 수 있어야 합니다.

- [데이터빌] 공립학교의 교장인 리타(Rita)는 모든 시험이 완료된 후 시스템을 사용하여 학생 보고서, 교사 평가서 및 학교 보고서를 생성할 수 있어야 합니다.

- 시험 감독(교사)은 시험 일정이 언제인지 시스템을 통해 확인할 수 있어야 합니다.

리타는 [데이터빌] 공립 학교의 교장입니다.

주목 하세요. 다음의 내용이 중요합니다.

리타에게는 시스템에 대해 다른 중요한 요구사항이 있습니다.

"시스템이 다운되더라도 학생의 답안이 유실되어서는 안 됩니다."

"이 시스템은 **다음 학기 시작에 맞춰** 준비되어야 합니다. 다음 학기는 6개월 후입니다."

"학생들이 시스템을 **해킹하지 못하게** 시스템을 철저히 보호하고 시험 답안을 유출되지 않도록 해야 합니다."

"시험을 매일 치르지는 않습니다. 어떤 날은 시험을 보는 학생이 20명밖에 없지만, 다른 날은 20만 명이 동시에 시험을 볼 수도 있습니다. 어떤 경우에는 하루 종일 시험이 진행될 때도 있습니다."

> *직접 해보기*

학생 시험 워크플로우

요구사항을 파악했으니, 메이크 더 그레이드 시스템의 주요 워크플로우를 살펴보겠습니다.
워크플로우를 보면 요구사항을 더 잘 이해할 수 있습니다.

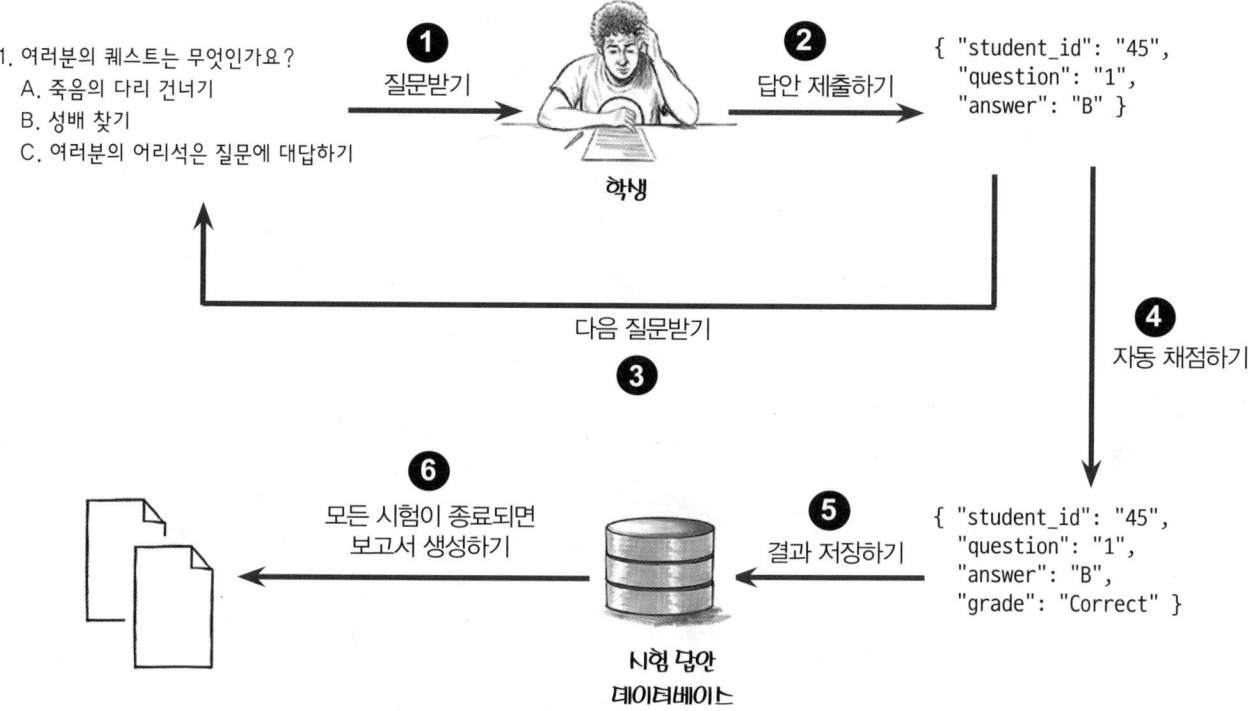

연필을 깎으며

메이크 더 그레이드의 요구사항을 고려할 때, 소프트웨어 아키텍처 솔루션을 만들기 위해 해결해야 할 몇 가지 도전 과제를 나열해보세요.

→ 정답은 420쪽에

여러분은 여기에 있습니다 **405**

아키텍처 계획하기

아키텍처 계획하기

먼저 아키텍처를 만들어야 합니다.

여러분이 배운 것처럼, 아키텍처는 소프트웨어 시스템의 중요한 부분입니다. 아키텍처가 없다면 시스템은 목표를 달성하는 데 실패할 가능성이 높습니다.

코드를 개발하기 전에 아키텍처를 만들어야 합니다. 이를 위해서는 1장에서 배운 소프트웨어 아키텍처의 네 가지 차원을 되돌아봐야 합니다.

걱정하지 마세요. 여러분은 시스템을 완성할 수 있습니다. 하지만 그전에, 우리가 무엇을 만들고 있는지 아는 것이 중요합니다.

아키텍처의 로드맵

메이크 더 그레이드의 아키텍처를 시작해봅시다. 이미 배운 단계를 사용해서 요구사항을 아키텍처로 바꿀 것입니다.

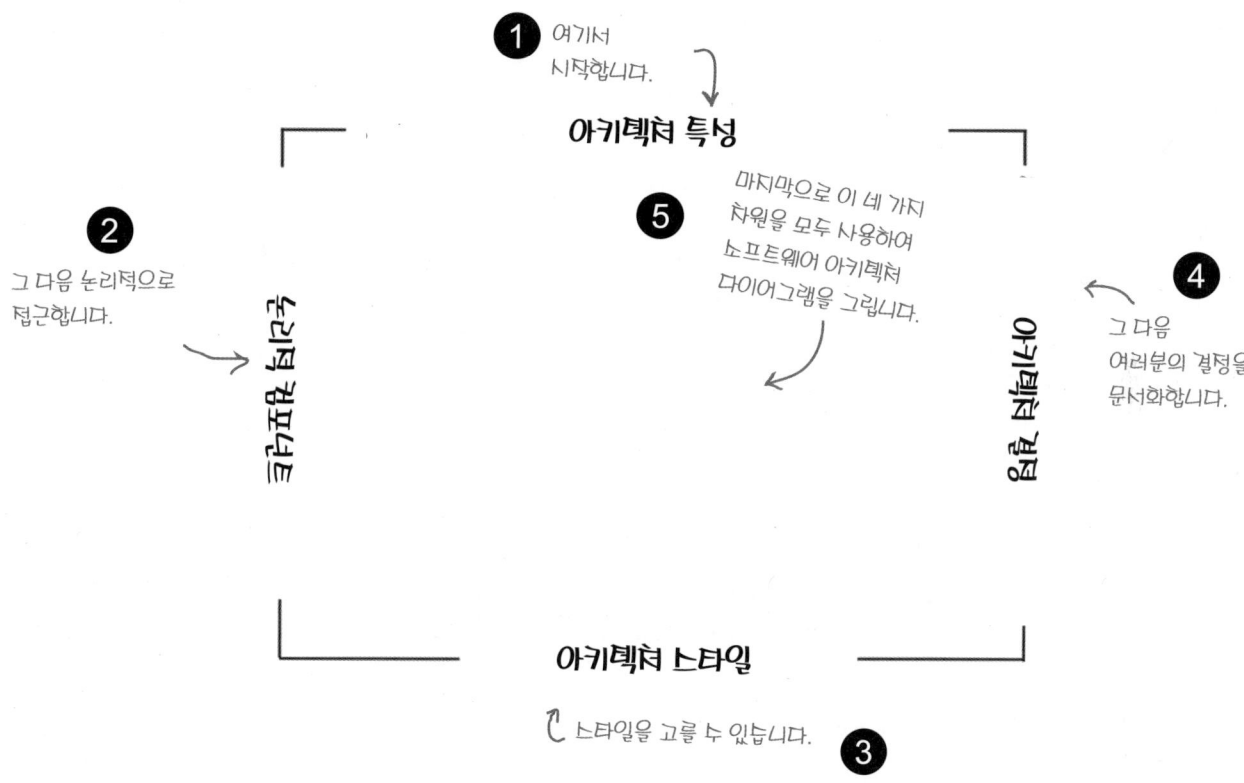

이 다이어그램은 각 연습문제를 해결하는 동안 여러분의 로드맵 역할을 합니다. 앞으로 자주 보게 될 테니 익숙해지세요. 다음 몇 페이지에서는 이 단계를 하나씩 설명할 것입니다.

여러분의 여정에 행운을 빕니다. [데이터빌] 공립 학교가 여러분을 응원합니다.

아키텍처 특성 식별

1단계:
아키텍처 특성 식별하기

첫 번째 단계에서는 아래의 요구사항을 사용하여 메이크 더 그레이드 학생 시험 시스템의 성공에 중요한 아키텍처 특성을 식별합니다. 다음 페이지에서 최대 **일곱 개**의 주요 특성을 식별한 후, 시스템의 성공을 위해 가장 중요한 세 가지를 선택하세요.

암묵적 특성은 사실상 모든 소프트웨어 아키텍처에 내포되는 특성임을 기억하세요(보안에 대해 걱정하지 않을 수 있을까요?). 시스템의 성공에 핵심적이라고 생각되는 특성이 보이면, 그것을 주요 특성 영역으로 이동시키세요.

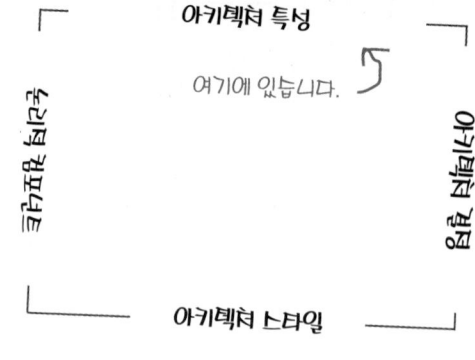

"시스템이 다운되더라도 학생의 답안이 유실되어서는 안 됩니다."

"이 시스템은 **다음 학기 시작에 맞춰** 준비되어야 합니다. 다음 학기는 6개월 후입니다."

"학생들이 시스템을 **해킹하지 못하게** 시스템을 철저히 보호하고 시험 답안을 유출되지 않도록 해야 합니다."

"시험을 매일 치르지는 않습니다. 어떤 날은 시험을 보는 학생이 20명밖에 없지만, 다른 날은 20만 명이 동시에 시험을 볼 수도 있습니다. 어떤 경우에는 하루 종일 시험이 진행될 때도 있습니다."

여기에 요구사항을 복사했으니 이를 통해 주요 아키텍처 특성을 식별하는 데 더 쉽게 사용하세요.

메이크 더 그레이드 요구사항 문서

- 학생들은 담임 선생님이 감독하는 가운데 교실에서 웹 기반 테스트를 봅니다. 두 시간 동안 시험이 진행되기 때문에 시스템은 가능한 한 빠르게 문제를 제시해야 합니다.
- 학생마다 화면에 다지선다형 문제가 제시됩니다. 그리고 학생들이 그 질문에 답안하면 시스템은 그 답안을 기록하고 다음 질문을 제공해야 합니다. 학생들은 문제를 건너뛸 수 있지만 이전 문제로 돌아갈 수는 없습니다. 앞으로만 이동할 수 있습니다.
- 답안이 수집되면 자동으로 채점되고(정답 또는 오답) 그 결과는 300개의 데이터베이스 연결만 가능한 중앙 관계형 데이터베이스에 저장됩니다.
- 동시에 시험을 보는 학생 수는 20명에서 20만 명까지 될 수 있습니다.
- [데이터빌] 공립학교의 시험 관리자는 시험 일정을 잡고, 시험지와 답안지, 학생 목록(학생들이 시스템에 로그인할 때 사용)을 관리할 수 있어야 합니다.
- [데이터빌] 공립학교의 교장인 리타(Rita)는 모든 시험이 완료된 후 시스템을 사용하여 학생 보고서, 교사 평가서 및 학교 보고서를 생성할 수 있어야 합니다.
- 시험 감독(교사)은 시험 일정이 언제인지 시스템을 통해 확인할 수 있어야 합니다.

직접 해보기

연습문제

2장에서 이 템플릿을 사용하여 아키텍처 특성의 수를 제한하는 방법을 설명했습니다. 사용 방법이 기억나지 않는다면 70페이지로 돌아가 다시 살펴보세요.

상위 세 개	주요 특성	암묵적 특성
☐	_____	타당성(비용/시간)
☐	_____	보안
☐	_____	유지보수성
☐	_____	관찰 가능성
☐	_____	
☐	_____	
☐	_____	

← 이것들은 암묵적 특성입니다. 만약, 시스템 성공에 <u>핵심적</u>이라면 주요 특성 컬럼으로 옮기세요.

← 순서에 상관없이 가장 중요한 상위 세 가지를 고르세요.

일반적인 아키텍처 특성에 관한 정의가 필요하면 2장으로 돌아가세요.

아키텍처 특성 후보

성능	데이터 무결성	배포 용이성
응답성	데이터 일관성	테스트 용이성
가용성	적응성	설정성
결함 허용성	신장성	맞춤성
확장성	상호운용성	복구성
탄력성	동시성	감사 가능성

→ 정답은 421쪽에

여러분은 여기에 있습니다 **409**

논리적 컴포넌트 식별

2단계:
논리적 컴포넌트 식별하기

잘했어요! 이제 메이크 더 그레이드의 핵심적인 아키텍처 특성을 파악했으니, 4장에서 배운 내용을 적용하여 논리적 컴포넌트를 만들 차례입니다.

이전 페이지의 요구사항과 주요 워크플로우를 기반으로 액터/액션 접근법을 통해 사용자와 그들의 행동을 식별합니다. 그런 후, 다음 페이지에서 가능한 한 많은 **논리적 컴포넌트**를 도출하세요.

이 연습문제를 위해 유용하게 사용할 추가 정보를 알려줄게요.

- 학생들은 학생 ID를 사용하여 시스템에 로그인합니다. 학생이 로그인할 때 시스템은 날짜, 학생 ID, 시험, 그리고 교사를 확인합니다.
- [데이터빌] 공립학교의 교장인 리타는 시험이 끝난 후 최소 하루가 지나고 보고서를 작성할 것입니다.
- 교실에 있는 선생님은 시험의 감독관 역할을 하며, 학생들이 부정행위를 하지 않도록 지켜보고 도움을 줍니다. 선생님들은 시스템을 사용하여 학급의 시험이 언제 예정되어 있는지 확인합니다.
- 시험이 생성되면 질문과 답안이 시험 관리자에게 전송되고 관리자는 그것을 시스템에 입력합니다. 기존 테스트를 수정하는 경우도 마찬가지입니다.

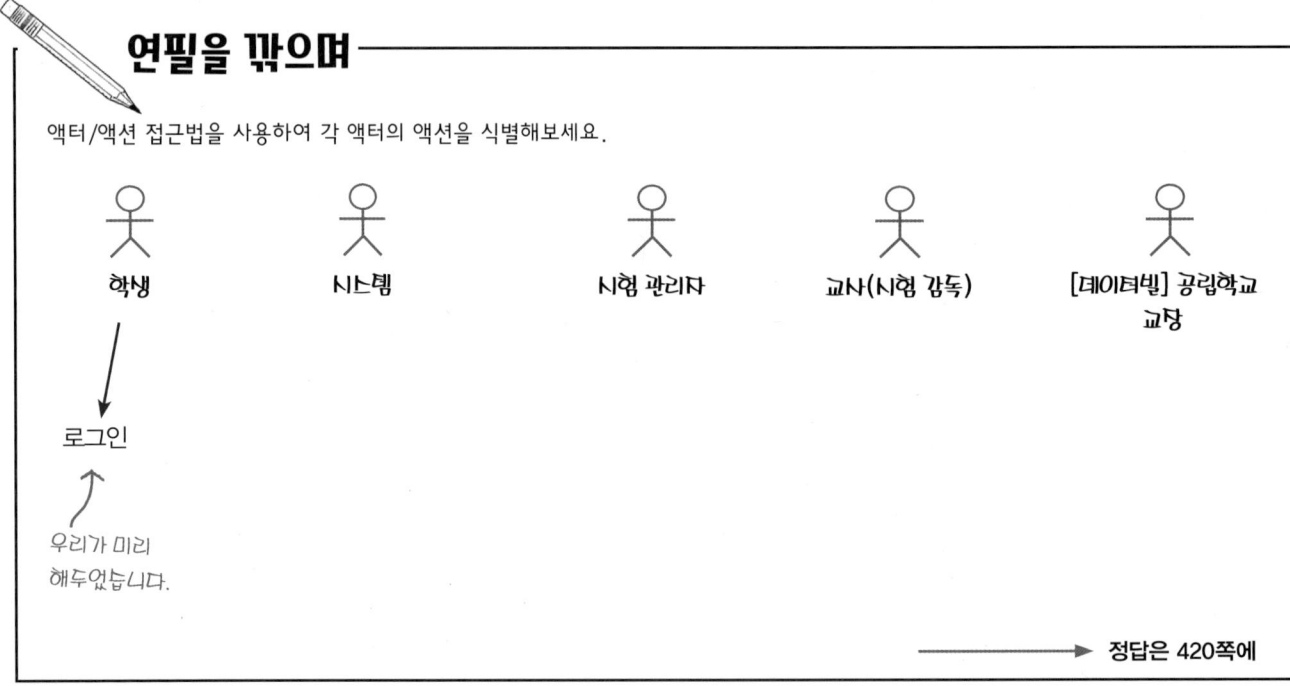

정답은 420쪽에

연습문제

아래 공간을 사용하여 논리적 컴포넌트와 그 상호작용을 그리세요.

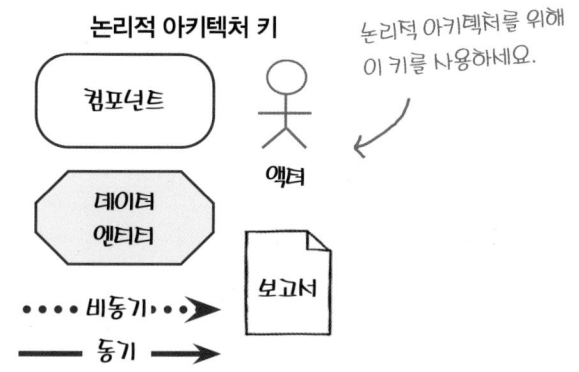

➡️ 정답은 422쪽에

3단계:
아키텍처 스타일 선택하기

이 시스템은 서로 다른 아키텍처 특성이 요구되는 여러 구성 요소로 이루어져 있으므로, 마이크로서비스나 이벤트 기반 아키텍처와 같은 **분산 아키텍처**를 사용하는 것이 합리적입니다. 두 가지 스타일에 대해 배운 내용을 활용하여 다음 페이지에서 메이크 더 그레이드의 시험 시스템과 관련하여 장단점을 분석해보세요. 이 과정에서 요구사항, 논리적 아키텍처, 각 아키텍처 스타일에 대한 등급표로 돌아가야 합니다(아래에 추가했습니다). 분석을 바탕으로 아키텍처 스타일을 선택하세요.

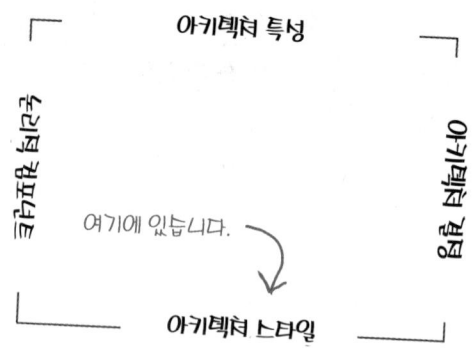

별점이 많을수록 그 특성이 더 잘 지원됩니다.

두 스타일 모두 복잡합니다. 분산 아키텍처의 세계에 온 것을 환영합니다.

마이크로서비스

아키텍처 특성	별점
유지보수성	★ ★ ★ ★ ★
테스트 용이성	★ ★ ★ ★ ★
배포 용이성	★ ★ ★ ★ ★
단순성	★
진화성	★ ★ ★ ★ ★
성능	★ ★
확장성	★ ★ ★ ★ ★
탄력성	★ ★ ★ ★
결함 허용성	★ ★ ★ ★ ★
전체 비용	$ $ $ $ $

이벤트 기반 아키텍처

아키텍처 특성	별점
유지보수성	★ ★ ★ ★
테스트 용이성	★ ★
배포 용이성	★ ★ ★
단순성	★
진화성	★ ★ ★ ★ ★
성능	★ ★ ★ ★ ★
확장성	★ ★ ★ ★ ★
탄력성	★ ★ ★ ★
결함 허용성	★ ★ ★ ★ ★
전체 비용	$ $ $

이 세 특성은 두 스타일이 같습니다.

다음은 메이크 더 그레이드에 더 적합한 아키텍처 스타일을 결정하는 데 도움이 될 수 있는 몇 가지 고려 사항입니다.

- 논리적 아키텍처 다이어그램으로 돌아가서 **이벤트**로 간주할 수 있는 동작의 수를 세어보세요. 이벤트가 많지 않다면 이벤트 기반 아키텍처는 적합하지 않을 수 있습니다.
- 시스템 내 데이터의 성격에 대해 생각해보세요. 데이터가 대부분 공유된다면 마이크로서비스는 적합하지 않을 가능성이 높습니다.
- **동기**와 **비동기** 동작의 수를 고려해보세요. 동기식 동작이 많다면 이벤트 기반 아키텍처는 잘 맞지 않을 수 있습니다.

연습문제

각 아키텍처 스타일의 장단점을 정리하여 메이크 더 그레이드에 가장 적합한 선택을 할 수 있도록 도와주세요.

마이크로서비스 아키텍처 분석

장점	단점

이벤트 기반 아키텍처 분석

장점	단점

여러분의 최종 선택은: _____

정답은 423쪽에

아키텍처 결정 문서화

4단계: 여러분의 결정을 문서화하기

메이크 더 그레이드에 적용할 아키텍처 스타일을 선택한 것을 축하합니다. 이제 여러분이 왜 이 스타일을 선택했는지를 설명하고 아키텍처 결정을 문서화할 차례입니다.

3장에서 배운 것처럼 **아키텍처 결정 기록(ADR)**은 아키텍처 결정을 문서화하는 효과적인 방법입니다. 다음 페이지에 있는 ADR을 사용하여 아키텍처 스타일 결정을 정리해보세요. 이것을 여러분의 열한 번째 아키텍처 결정이라고 가정하면 됩니다.

아키텍처 결정 기록에 관한 자세한 내용은 3장을 참고하세요.

아키텍처 특성

품질 속성 요구사항 → 여기에 있습니다.

아키텍처 스타일

> 내 아키텍처 결정이 아무런 결과를 초래하지 않는다면, ADR의 결과 섹션에 무엇을 적어야 하나요?

모든 아키텍처 결정에는 결과가 있습니다.

비용 문제일 수도 있고, 혹은 더 나은 보안을 위해 약간의 성능을 희생하는 것일 수도 있습니다. 어쨌든 **모든** 아키텍처 결정에는 결과가 존재합니다.

방금 한 트레이드오프 분석을 생각해보세요. 각 선택에는 무언가를 포기하거나 감수하면서 더 나은 것을 얻으려는 판단이 포함되어 있습니다. ADR의 결과 섹션은 트레이드오프 분석과 결정의 **결과**를 기록하기에 좋은 장소입니다.

아키텍처 결정에서 결과를 찾을 수 없다면 계속 찾아보세요. 결과는 반드시 있습니다.

직접 *해보기*

연습문제

아키텍처 결정 기록

제목:

상태: 제안 ← 우리가 미리 해두었습니다

맥락:

결정:

결과: ← 여러분의 결정이 미치는 영향은 무엇인가요?
어떤 트레이드오프를 수용할 의향이 있나요?

→ 정답은 424쪽에

여러분은 여기에 있습니다   **415**

5단계:
아키텍처 다이어그램 그리기

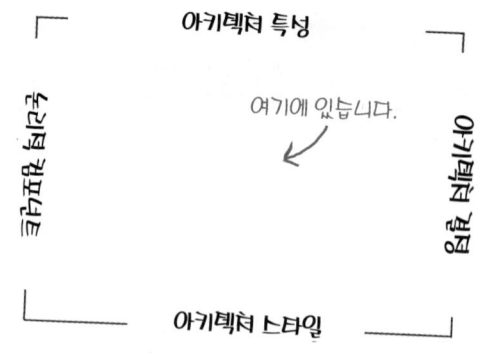

이제 소프트웨어 아키텍처의 네 가지 차원을 모두 결합하여 메이크 더 그레이드의 아키텍처에 대한 비전을 보여줄 시간입니다. 마지막 연습문제에서는 이 페이지에 있는 키를 사용하여 다음 페이지에 여러분의 아키텍처를 다이어그램으로 그려야 합니다.

다이어그램을 그릴 수 있는 공간이 많지 않은 것도 의도된 것입니다. 많은 아키텍처 다이어그램은 매우 자세하지만, 여기서 요청하는 것은 사용자 인터페이스, 서비스, 데이터베이스, 통신 유형(동기 혹은 비동기)과 아키텍처의 구성물들이 서로 어떻게 연결되는지에 대한 **고수준**의 물리적 뷰를 간단하게 스케치하는 것입니다.

물리적 아키텍처 키

사용자 인터페이스를 나타내는 컴퓨터 화면을 그리고, 어떤 유형의 **사용자**가 상호작용하고 있는지를 표시하세요. 예를 들어, 시험 관리자와 교육 부서(보고서 생성을 위한)의 사용자 인터페이스가 별도로 있다면 두 개의 컴퓨터 화면을 추가하세요. 만약, 하나의 사용자 인터페이스를 공유한다면, 여러 사용자가 상호작용하는 하나의 컴퓨터 화면을 넣으면 됩니다.

서비스를 나타내기 위해 상자를 사용하세요. 서비스가 구현하는 **컴포넌트**를 포함해야 하며, 이는 이전 연습에서 식별한 논리적 컴포넌트와 일치해야 합니다. 또한, 어떤 사용자 인터페이스가 이 서비스에 접근하는지, 어떤 다른 서비스가 이 서비스와 통신하는지를 표시하세요. 마지막으로, 서비스에 **의미 있고 설명적인 이름**을 부여하세요.

다이어그램에 주석을 추가하여 요점을 명확히 하거나 설명할 수 있습니다.

아키텍처의 각 **물리적 데이터베이스**를 나타내기 위해 원통을 그리세요. 라벨에는 저장하는 데이터의 유형(예 학생 답안)을 표시해야 합니다. 어떤 서비스가 데이터베이스에 쓰는지, 어떤 서비스가 읽기 전용인지 **화살표를 그려** 데이터 흐름을 표시하세요(쓰기 작업은 읽기를 포함합니다).

비동기 통신(예 큐, 토픽 또는 스트림)을 나타내기 위해 점선으로 그리세요. 서비스와 사용자 인터페이스 간의 **동기**(블로킹) 통신은 실선으로 표시하세요.

아키텍처에서 메시지나 이벤트를 사용하는 경우, 전달되는 **데이터**(예 학생 답안) 혹은 발생하는 이벤트(예 답안 제출)를 나타내기 위해 상자나 봉투를 그리세요.

연습문제

이 공간을 사용하여 메이크 더 그레이드의 물리적 아키텍처를 스케치하세요. 이전 페이지의 키를 참조하세요.

정답은 425~426쪽에

장 요약

옳은 답도 틀린 답도 없습니다

축하합니다. 여러분은 아키텍처를 설계했습니다!

지금부터 보여드릴 내용은 연습문제의 '정답'입니다. 여기서 인용 부호를 사용한 이유는 우리가 제시하는 정답은 많은 정답 중 하나이기 때문입니다. 소프트웨어 아키텍처에는 옳고 그른 답이 없습니다. 모든 것은 트레이드오프를 분석하고 자신의 결정을 정당화할 수 있는 능력에 관한 것이기 때문입니다.

곧 제시할 정답과 비교하여 여러분의 해결책이 어떻게 다른지 확인하세요. 무엇을 다르게 했을지 생각해보거나, 자신이 가장 적합하다고 생각하는 선택을 했는지를 확인할 수 있습니다. 우리는 메이크 더 그레이드를 위한 마이크로서비스와 이벤트 기반 아키텍처를 보여 줄 예정이며, 이 모든 스타일이 유효한 옵션입니다.

소프트웨어 아키텍처는 항상 배우는 과정입니다. 새로운 문제마다 새로운 조건, 제약조건, 비즈니스와 기술적인 관심사들이 생깁니다. 모두에게 맞는 단일 아키텍처는 없습니다. 상황에 맞는 가장 적절한 아키텍처를 찾는 것은 아키텍트인 여러분에 달려 있습니다.

핵심 정리

- 비즈니스 문제에 대한 요구사항을 분석할 때는 항상 비즈니스 이해관계자 또는 프로젝트 후원자로부터 추가 정보를 수집해야 합니다.
- 아키텍처를 만드는 데 정해진 '체크리스트'는 없지만, 소프트웨어 아키텍처의 네 가지 차원(1장에서 소개됨)은 좋은 로드맵을 제공합니다.
- 주요 아키텍처 특성을 식별하려면 비즈니스 요구사항과 기술적 제약조건을 분석해야 합니다.
- 암묵적인 아키텍처 특성이라도, 시스템 성공에 핵심적이거나 중요한 경우 주요 특성이 됩니다.
- 각 주요 특성이 어떤 요구사항이나 비즈니스 필요성에 매칭되는지 확인하세요.
- 논리적 컴포넌트를 식별하고 해당 논리적 아키텍처를 만들 때, 서비스, 데이터베이스, 큐, 그리고 사용자 인터페이스와 같은 물리적 세부사항을 추가하지 않도록 하세요. 이러한 항목들은 물리적 아키텍처에 포함됩니다.
- 아키텍처 스타일을 선택할 때는 아키텍처 스타일의 특성, 문제 도메인, 그리고 식별한 주요 아키텍처 특성을 고려하세요.
- 하이브리드 아키텍처(두 가지 이상의 다른 아키텍처 스타일을 결합한 것)는 매우 흔합니다. 하이브리드 아키텍처가 여전히 여러분의 핵심적인 아키텍처 특성을 충족하는지 반드시 확인하세요.
- 아키텍처 결정 기록(ADR)은 선택 사항을 문서화하는 훌륭한 방법입니다. 아키텍처 결정의 이유와 트레이드오프 분석을 설명합니다.
- 물리적 아키텍처의 다이어그램을 그릴 때 논리적 아키텍처에서 식별한 모든 컴포넌트를 반드시 포함하세요.
- 소프트웨어 아키텍처에는 정답이 없음을 기억하세요. 아키텍처 결정에 대한 합리적인 정당성을 제공할 수 있다면, 그 선택은 충분히 옳은 선택입니다.

> 직접 해보기

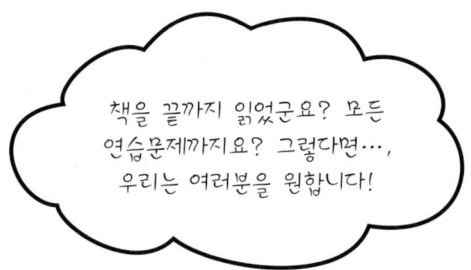

여러분은 아키텍처적으로 잘 생각하고 있습니다!

우리는 여러분이 이 책을 끝까지 읽었고 단순히 마지막으로 건너뛰지 않았다고 생각할 것입니다. 축하합니다! 잘 하셨습니다.

축하합니다!

여러분은 끝까지 해냈습니다.

하지만 아직 부록이 남아 있습니다.
그리고 찾아보기도요.
웹사이트도 있죠….
그렇게 쉽게 빠져나갈 수는 없어요!
(자, 솔직히 말해보세요. 소프트웨어 아키텍처에 푹 빠진거죠?)

연습문제 정답

연필을 깎으며 정답

문제는 405쪽에

메이크 더 그레이드의 요구사항을 고려할 때, 소프트웨어 아키텍처 솔루션을 만들기 위해 해결해야 할 몇 가지 도전 과제를 나열해보세요.

- 동시에 최대 20만 명의 학생 답안을 300개의 연결만 있는 관계형 데이터베이스에 저장하기
- 각 학생에게 가능한 한 빠르게 다음 문제를 전달하면서 학생의 답안이 손실되지 않도록 하기
- 6개월 이내에 배포할 수 있는 실행 가능한 솔루션 마련하기
- 시험이 진행되지 않거나 학생 수가 적을 때 비용과 자원 사용을 줄이기 위해 시스템을 탄력적으로 만들기

연필을 깎으며 정답

문제는 410쪽에

액터/액션 접근법을 사용하여 각 액터의 액션을 식별해보세요.

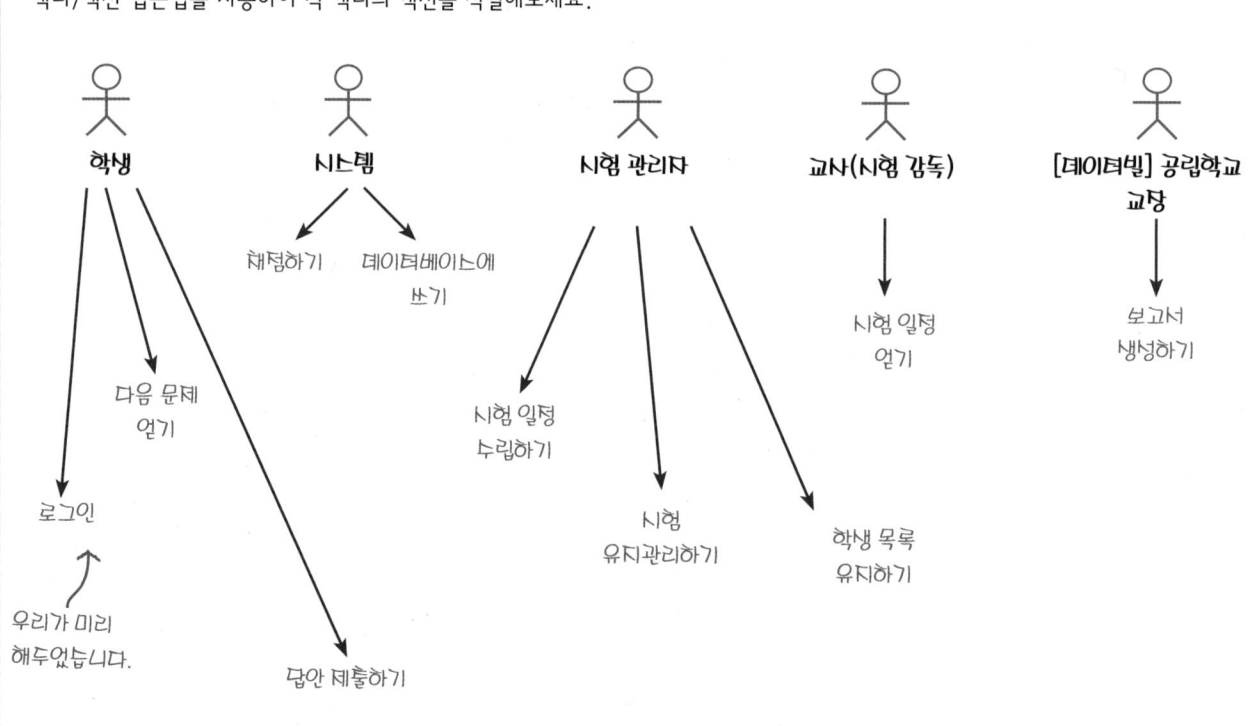

420 12장

직접 해보기

문제는 409쪽에

연습문제 정답

2장에서 이 템플릿을 사용하여 아키텍처 특성의 수를 제한하는 방법을 설명했습니다. 사용 방법이 기억나지 않는다면 70페이지로 돌아가 다시 살펴보세요.

상위 세 개	주요 특성	암묵적 특성
☐	타당성 ← 시간은 6개월뿐입니다!	타당성(비용/시간)
☐	보안 ← 시험 정답을 보호해야 합니다.	보안
☒	탄력성 ← 응시생이 20명에서 20만명까지 다양하므로 탄력성 그 자체입니다.	유지보수성
☒	응답성 ← 다음 문제를 곧바로 제공해야 합니다.	관찰 가능성
☐	가용성 ← 시스템이 다운되면 학생들이 시험을 볼 수 없습니다.	
☒	데이터 무결성 ← 학생들의 답안을 분실하면 안 됩니다.	
☐	복구성 ← 시스템이 다운되어 학생들이 시험을 처음부터 다시 보는 것을 원하지 않습니다.	

아키텍처 특성 후보

성능	데이터 무결성	배포 용이성
응답성	데이터 일관성	테스트 용이성
가용성	적응성	설명성
결함 허용성	신장성	맞춤성
확장성	상호운용성	복구성
탄력성	동시성	감사 가능성

여러분은 여기에 있습니다

연습문제 정답

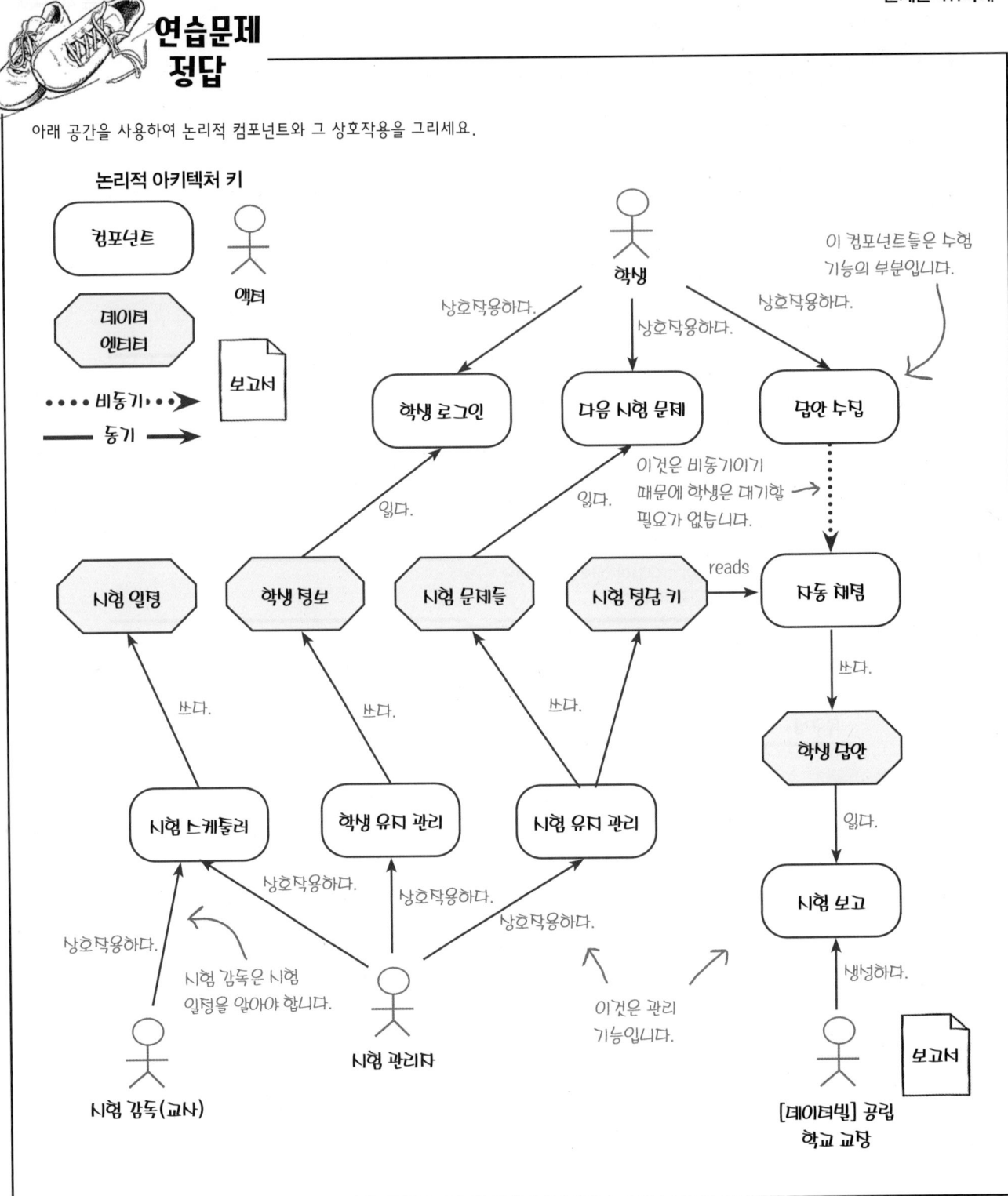

연습문제 정답

문제는 413쪽에

각 아키텍처 스타일의 장단점을 정리하여 메이크 더 그레이드에 가장 적합한 선택을 할 수 있도록 도와주세요.

마이크로서비스 아키텍처 분석

장점

마이크로서비스 아키텍처는 좋은 탄력성, 확장성 및 결함 허용성을 제공하며, 이는 메이크 더 그레이드에 필요한 요소입니다.

데이터를 분할하여 각 마이크로서비스가 자신의 데이터를 소유하도록 하면 좋은 수준의 결함 허용성과 데이터 접근 제어를 제공합니다.

메이크 더 그레이드는 시험 응시, 채점, 유지 보수 및 보고와 같은 여러 개별적이고 독립적인 부분이 많기 때문에, 상호작용이 많지 않은 별도로 배포될 단일 목적의 서비스에 잘 맞습니다.

단점

마이크로서비스는 성능 평가가 낮지만, 캐싱을 사용하고 서비스 간의 통신을 최소화함으로써 이를 해결할 수 있습니다.

시험 관리자 기능은 데이터베이스에 기록되며, 다른 서비스는 시험 문제, 학생 로그인 정보, 정답 키 등과 같은 정보를 읽어야 합니다. 이는 데이터를 공유해야 함을 의미하며, 마이크로서비스는 이에 적합하지 않습니다. 그러나 이 데이터는 비교적 정적이므로, 인메모리 캐싱을 통해 공유할 수 있습니다.

이벤트 기반 아키텍처 분석

장점

이벤트 기반 아키텍처(EDA)는 매우 응답성이 뛰어나며 메이크 더 그레이드에 필요한 탄력성, 확장성 및 결함 허용성을 제공합니다.

학생이 답안을 제출하는 것은 하나의 이벤트로 간주될 수 있으며, 이에 대한 응답은 다음 문제를 전달하고 자동으로 답안을 채점하는 것입니다. 그러나 이는 시스템 내에서 비교적 고립된 이벤트로, 사실상 유일한 이벤트입니다.

단점

시험 관리자 기능(학생 및 시험 유지 관리, 시험 일정 관리 및 보고)은 실제로 EDA에 적합하지 않습니다.

이 시스템에는 많은 이벤트가 없으며 대부분은 시스템에 대한 요청입니다. 식별된 유일한 이벤트는 학생이 답안을 제출하는 것이지만, 그 이벤트는 오직 하나의 리스너(자동 채점 기능)만 가지고 있습니다.

이것이 유일한 정답은 아니며 우리의 분석에 따른 것입니다.

여러분의 최종 선택은: 분석을 기반으로 메이크 더 그레이드는 <u>마이크로서비스</u>를 선택했습니다.

아키텍처 결정 기록

제목: 011: 메이크 더 그레이드 시스템을 위해 마이크로서비스 아키텍처 스타일을 사용함

상태: 제안

맥락:
메이크 더 그레이드는 높은 수준의 응답성, 결함 허용성, 탄력성 및 데이터 무결성이 필요한 시험 응시 시스템입니다. 시스템의 여러 부분(관리, 보고, 채점 및 시험 응시)이 서로 다른 아키텍처 특성을 요구하므로 분산 아키텍처가 적합합니다. 두 가지 선택지는 마이크로서비스와 이벤트 기반 아키텍처입니다.

결정:
우리는 마이크로서비스 아키텍처 스타일을 사용할 것입니다.
마이크로서비스는 필요한 결함 허용성, 탄력성 및 확장성을 제공합니다.
성능 부족과 높은 응답성 요구는 서비스 간의 최소한의 통신, 데이터 검색 필요성을 줄이기 위한 캐싱(학생 정보, 시험 문제 및 시험 정답 키), 그리고 자동 채점 및 학생 답안 저장을 위한 비동기 통신을 통해 해결됩니다.
데이터 무결성(데이터 손실 방지)은 답안 수집과 자동 채점 컴포넌트 간의 지속적인 큐를 사용하고, 자동 채점 컴포넌트에서 클라이언트 확인 모드를 활용하여 각 학생의 답안이 학생 답안 데이터베이스에 영구적으로 저장될 때까지 큐에 남아 있도록 보장함으로써 해결됩니다.
시험 관리 기능은 시험 일정 관리, 시험 유지 관리 및 학생 유지 관리 기능을 결합한 단일 마이크로서비스가 될 것입니다. 보고 기능도 단일 마이크로서비스로 구현될 것입니다.

결과:
기술적으로 분할된 팀은 교차 기능 팀으로 재편성되어야 하며, 시스템을 6개월 안에 완료하기 위해 병렬적으로 작업을 수행해야 합니다.
시스템의 성능, 탄력성 및 데이터 공유 요구를 해결하기 위해 인메모리 캐싱을 사용해야 합니다.
마이크로서비스를 지원하기 위해 추가 인프라가 필요합니다. 특히, 쿠버네티스와 같은 서비스 오케스트레이터와 보다 효과적인 CI/CD 배포 파이프라인이 필요합니다.

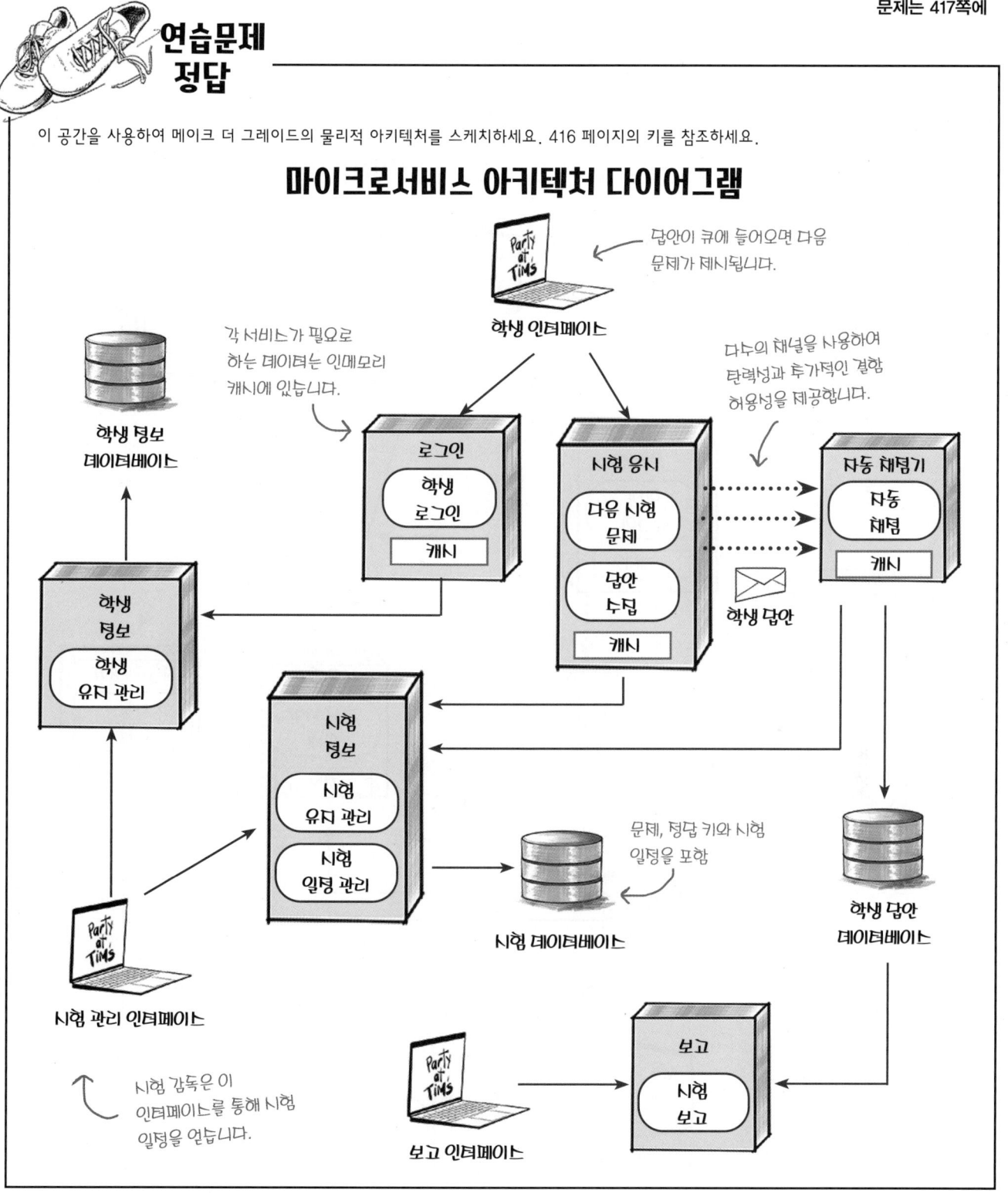

연습문제 정답

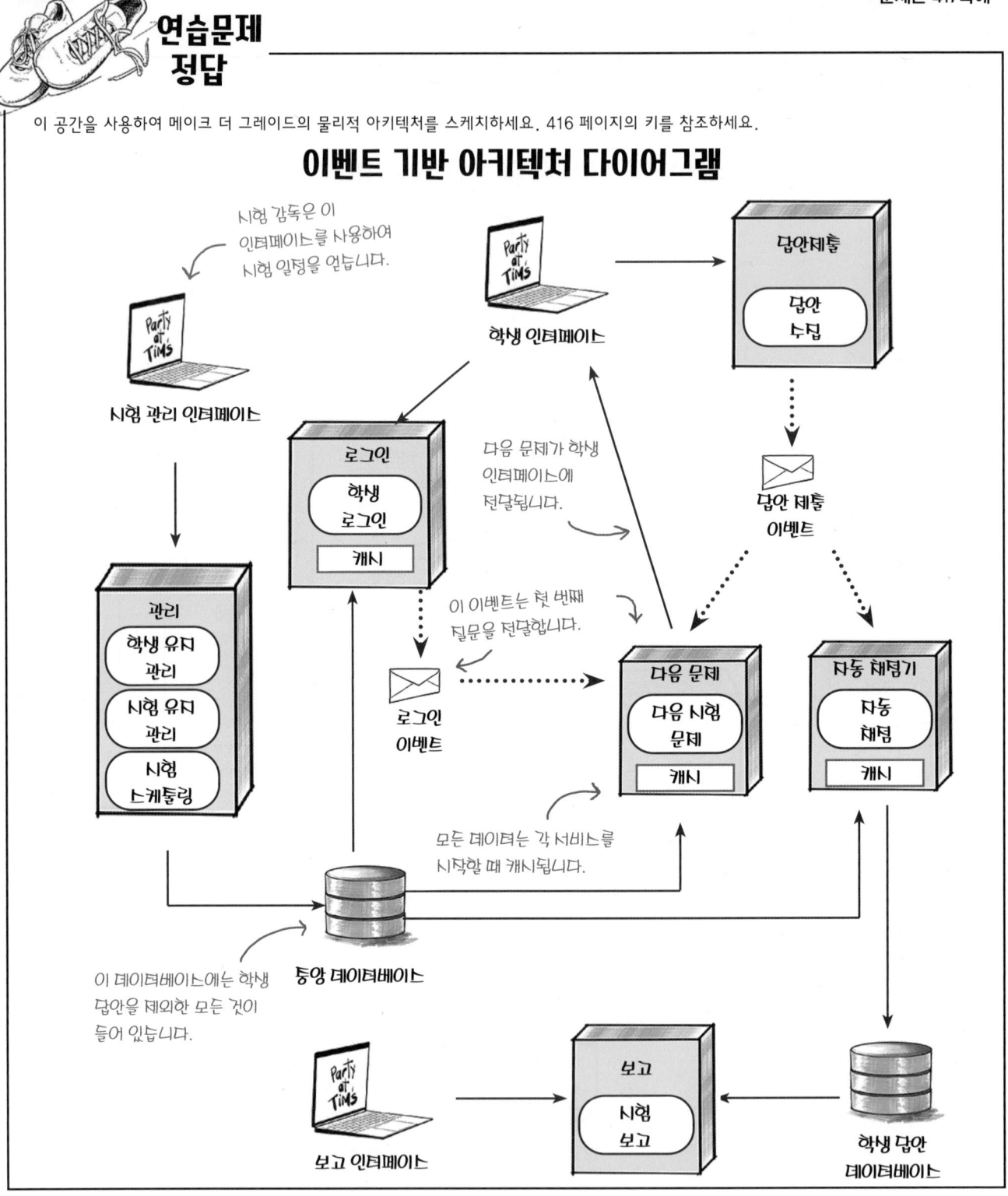

A

부록: 미처 다루지 못한 것들

다루지 못한 여섯 가지 주요 주제

소프트웨어 아키텍처에 대해 아직 할 이야기가 훨씬 더 많습니다. 이번 장을 끝으로 책은 마무리되지만, 이 책을 읽는 것은 아키텍처적으로 사고하는 여정의 첫걸음일 뿐입니다. 그래서 우리는 조금 더 준비할 수 있도록, 부록에 몇 가지 흥미로운 내용을 추가로 모았습니다. 앞으로 나오는 각 주제는 우리가 다룬 다른 주제만큼 주목할만한 가치가 있습니다. 그러나 여기서의 목표는 각 주제에 대한 높은 수준의 아이디어를 제공하는 것입니다. 그리고 이제 정말 책이 끝났습니다. 물론, 찾아보기도 남아 있습니다. 그것도 정말 흥미진진합니다!

여기서부터 새로운 장입니다

아키텍트로서 코딩하기

#1 코딩 아키텍트

이 책을 읽고 나서, 소프트웨어 아키텍트가 되고 싶어졌지만, 소스 코드를 작성하는 것도 정말 좋아합니다. 아키텍트가 되어서도 여전히 코드를 작성할 수 있을까요?

네! 우리는 소프트웨어 아키텍트가 여전히 소스 코드를 작성해야 한다고 굳게 믿습니다. 이는 기술적 역량을 유지하는 데 도움이 될 뿐만 아니라, 여러분이 내린 아키텍처 결정이 실제로 어떻게 작용하는지를 보여줍니다.

그러나 실무 코딩과 소프트웨어 아키텍처 업무를 병행하는 것은 쉬운 일이 아닙니다. 앞에서 보았듯, 소프트웨어 아키텍처에는 할 일이 많습니다. 이는 여러분의 대부분(혹은 전부) 시간을 차지할 것이기 때문입니다.

하지만 걱정하지 마세요. 훌륭한 아키텍트로 활동하면서도 코딩을 지속할 수 있는 몇 가지 팁과 기술을 공유하겠습니다.

부록: 미처 다루지 못한 것들

병목이 되지 않기

제품의 핵심 경로에 있는 코드의 소유권을 가지지 않도록 주의하세요. 기본 프레임워크 코드나 매우 복잡하거나 중요한 시스템의 부분은 개발 팀에게 맡기세요. 그래야 아키텍처 관련 업무로 인해 자리를 비우게 되더라도 업무 진행이 지체되지 않을 것입니다.

개념 증명 코드 작성하기

아키텍처 결정을 내리는 데 어려움이 있나요? 그렇다면 각 옵션을 보여주는 코드를 작성해보는 것은 어떨까요? 개념 증명 코드를 작성하는 것은 아키텍처 결정의 함의를 더 잘 이해하는 데 도움을 주며, 기술 전문성을 유지하는 훌륭한 방법입니다. 하지만 한 가지 조언을 하자면, 나중에 버릴 것이 확실하지 않다면, 가능한 한 **최상**의 프로덕션 준비 코드로 작성하는 데 시간을 투자하세요. 그 코드가 실제로 프로덕션에 반영될 가능성이 있습니다.

여러분이 병목이 되지 않는 몇 가지 추가적인 방법입니다.

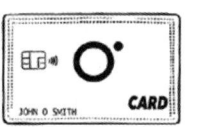

기술부채 갚기

거의 모든 개발 팀은 기술부채(필요한 변경사항을 나중으로 미루는 것)를 쌓습니다. 그중 일부를 해결해 주면 팀에 큰 도움이 됩니다. 팀은 이를 고마워할 것이고, 만약, 여러분이 자리를 비우게 되더라도 진행이 지체되지 않을 것입니다.

운영 중단 상황에 참여하기

중단 상황이 발생하면, 가능하다면 도와주세요. 개발 팀이 근본 원인을 파악하고 시스템을 다시 가동하기 위해 필요한 코드 변경을 할 수 있도록 도와주세요. 이는 여러분이 아키텍처의 세부 구현을 직접 살펴볼 수 있는 기회이기도 합니다.

지속적으로 참여를 유지하는 방법들입니다.

코드 리뷰를 많이 하기

아무도 코드 리뷰를 좋아하지는 않지만, 이는 참여를 유지하는 좋은 방법이며, 소스 코드가 아키텍처 결정과 일치하도록 하는 데 도움이 됩니다.

여러분은 여기에 있습니다   **429**

역할에 대한 기대

#2 아키텍트에 대한 기대

이 책에서 아키텍처에 대해 많이 이야기했지만, 소프트웨어 아키텍트의 **역할**에 대해서는 그다지 많이 언급하지 않았습니다. 회사에 따라 구체적인 내용은 다를 수 있지만, 모든 소프트웨어 아키텍트에게 기대되는 몇 가지 사항은 다음과 같습니다.

아키텍처 결정 내리기

아키텍트는 아키텍처 결정 및 설계 원칙을 정의하고 이를 사용하여 팀, 부서 및 전체 기업 내의 기술 결정을 안내할 것으로 기대됩니다.

지속적으로 아키텍처 분석하기

아키텍트는 현재의 아키텍처와 기술 환경을 지속적으로 분석하고 솔루션 및 개선 사항에 대한 권장 사항을 제시할 것으로 기대됩니다. 이러한 지속적인 분석은 **아키텍처의 생명력**, 즉 비즈니스와 기술의 지속적인 변화 속에서도 아키텍처가 얼마나 유효한지를 점검하는 방법입니다.

최신 트렌드 파악하기

관련성을 유지하고 (일자리를 유지하려면!) 개발자는 기술 및 산업 트렌드에 대한 최신 정보를 꾸준히 따라가야 합니다. 아키텍트에게는 이러한 최신 정보를 파악하는 것이 굉장히 중요합니다. 이를 통해 미래를 준비하고 올바른 결정을 내릴 수 있습니다.

아키텍처의 규제 준수 보장하기

아키텍트는 개발 팀이 승인된 아키텍처 결정 및 설계 원칙을 따르고 있는지 지속적으로 확인해야 합니다. 이를 **아키텍처 거버넌스**라고 합니다. 아키텍처가 아무리 좋더라도, 모든 사람이 아키텍처 결정을 준수하지 않으면 시스템은 제대로 작동하지 않습니다.

풍부한 경험 쌓기

아키텍트는 다양한 기술, 프레임워크, 플랫폼 및 환경에 익숙해야 합니다. 모든 분야의 **전문가**가 될 필요는 없지만, 어떤 것들이 있는지에 대한 기본적인 지식은 갖추어야 합니다.

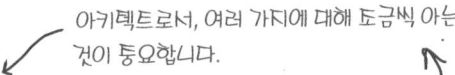

아키텍트로서, 여러 가지에 대해 조금씩 아는 것이 중요합니다. 좁은 분야에 대해 많이 아는 것보다!

비즈니스 도메인 이해하기

효과적인 소프트웨어 아키텍트는 문제 영역의 비즈니스 도메인을 이해합니다. 비즈니스가 무엇을 하고 어떻게 운영되는지 모르면, 문제, 목표 및 요구사항을 충분히 이해하여 효과적인 아키텍처를 설계하기 어렵습니다.

뛰어난 대인 관계 능력 갖추기

뛰어난 리더십과 대인 관계 능력을 갖추는 것이 중요합니다. 일반적으로 기술자, 개발자 및 아키텍트는 사람 문제가 아니라 기술 문제를 해결하는 것을 선호하지만, 아키텍트는 팀에 기술적 지침을 제공하고 아키텍처 구현을 이끌어야 합니다. 리더십 기술은 효과적인 소프트웨어 아키텍트가 되는 데 필요한 요소의 절반 이상을 차지합니다.

미국의 컴퓨터 과학자 제럴드 와인버그는 "처음에는 어떻게 보이든 항상 사람 문제다"라고 말한 것으로 유명합니다(https://oreil.ly/wyDB8).

사내 정치를 이해하고 탐색하기

많은 사람이 여러분의 결정에 이의를 제기할 수 있습니다. 프로덕트 오너, 프로젝트 관리자 및 비즈니스 이해관계자는 솔루션이 비용이 너무 많이 들거나 구현 속도가 충분히 빠르지 않다고 생각할 수 있습니다. 개발자와 다른 아키텍트 역시 자신의 접근 방식이 더 낫다고 생각하면 여러분의 방법에 도전할 수 있습니다. 따라서 제안한 내용을 정당화해야 하며, 사내 정치에 능숙하게 대응하고 기본적인 협상 기술을 적용하여 결정을 승인받아야 합니다.

여러분은 여기에 있습니다

소프트 스킬

#3 아키텍처의 소프트 스킬

앞서 언급했듯이, 소프트웨어 아키텍트 역할의 최소 절반은 뛰어난 대인 관계 능력을 갖추는 데서 비롯됩니다. 이를 통해 개발 팀을 이끌고 안내하며, 동료들의 존경을 얻고, 모두가 공통된 비전과 방향에 동의하도록 해야 합니다.

이러한 기술을 '소프트' 스킬이라고 부르지만, 실제로 습득하기 어려운 기술입니다. 효과적으로 사용하기 위해서는 수년간의 연습과 시행착오가 필요합니다. 다음은 더 효과적인 소프트웨어 아키텍트가 되기 위한 소프트 스킬 기법입니다.

논의하기보다는 시연하기

다른 아키텍트나 개발 팀과 논쟁하기보다는 **직접 시연해 보세요**. 모든 환경은 다르기 때문에 단순히 구글링만으로는 올바른 답을 얻을 수 없습니다. 프로덕션과 유사한 환경에서 여러 옵션을 비교하고 결과를 보여줄 때, 논쟁의 여지가 줄어듭니다.

"시연이 논의를 이긴다"라고 함께 외쳐보세요.

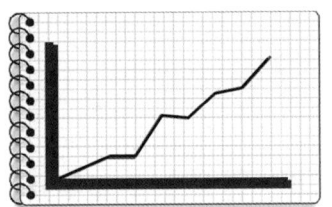

싸울 때와 포기할 때를 알기

전투를 현명하게 선택하는 것은 훌륭한 리더의 특징이며, 함께 일하기에 합리적인 사람으로 만들어 줍니다. 이는 동료들의 존경을 얻는 방법이기도 합니다. 아키텍처가 작동하는 데 중요한 것에 대해서는 죽을 힘을 다해 싸우되, 그렇게 중요하지 않은 것들은 포기하세요.

싸울 곳을 선택하는 것은 소프트웨어 아키텍처 외에서도 유용한 조언입니다. 괜찮습니다.

비즈니스 가치에 집중하기

비즈니스 이해관계자와 대화할 때는 결정이나 솔루션을 **비즈니스 가치** 측면에서 설명하세요. 그들은 결함 허용성이나 테스트 용이성과 같은 것에는 관심이 없고, 시장 출시 속도, 규제 준수, 인수 합병과 같은 것에 관심이 있습니다. 기술적 우려를 비즈니스 문제로 해석하여 그들의 언어로 대화하세요.

부록: 미처 다루지 못한 것들

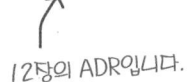
12장의 ADR입니다.

개발자를 아키텍처 결정에 참여시키기

우리는 수년간 두 가지 기본적인 리더십 규칙을 배웠습니다.

규칙 1: 개발자가 특정 결정이 왜 내려졌는지 모르면, 그 결정을 수용할 가능성이 낮아진다.

규칙 2: 개발자가 결정에 참여하지 않으면, 그 결정을 따를 가능성이 낮아진다.

개발자들을 항상 의사 결정 과정에 참여시키세요. 특정 결정에 대한 의견을 묻거나, 리스크 스토밍(risk-storming) 연습에 참여시키거나, ADR의 의견 요청 상태를 사용하여 협업하세요. 항상 아키텍처 결정을 정당화하고, 개발 팀의 모든 사람이 그 정당성을 이해하도록 하세요.

분할 정복하기

고대 중국의 군사 전략가인 손자(Sun Tzu)는 『손자병법』에서 "적의 세력이 결집되어 있다면, 그들을 분리하라"고 조언합니다. 모든 것이 아니면 아무것도 아닌(all-or-nothing) 상황에 직면했을 때 이 전술을 사용할 수 있습니다. 시스템의 모든 부분이 400ms 내에 응답하거나 99.999%의 가용성을 요구합니까? 문제를 여러 부분으로 분할하면 달성하기 어려운 것을 식별하는 데 도움이 되며, 협상이 더 쉬워집니다.

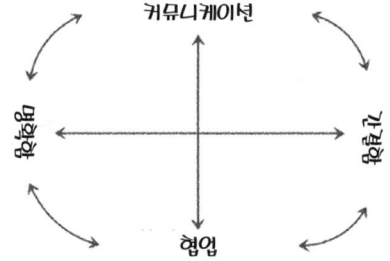

간단하고 명확하며 간결하게 유지하기

아키텍트가 존경과 신뢰를 얻는 데 가장 도움이 되는 것은 명확하고 간결한 용어로 설명할 수 있는 능력입니다. 이는 여러분을 더 친근하게 만들어 주고, 사람들은 여러분에게 질문하거나 함께 일하고 싶어 할 것입니다. 우리는 이를 아키텍처의 '네 가지 C'라고 부릅니다. 그것은 명확하게(Clear), 간결하게(Concise), 소통하기(Communicate), 협력하기(Collaborate)입니다. 효과적인 소프트웨어 아키텍트가 되기 위해서는 이 네 가지를 모두 갖춰야 합니다.

개발 팀과 항상 소통하기

개발자나 비즈니스 이해관계자에게 가장 실망스러운 것은 중요한 질문이 생겼을 때 여러분이 그 자리에 없다는 것입니다. 자신을 너무 분산시키지 말고, **팀을 위해 곁에 있어야 합니다**.

아침 일찍이나 오후 늦게는 별도의 일정을 잡지 않는 것은 하루 종일 회의에 갇히지 않도록 하는 좋은 방법입니다. 그 시간을 사용하여 개발 팀과 협력하고 그들의 질문에 답할 수 있도록 하세요. 그들은 감사할 것이며, 여러분은 많은 존경을 얻게 될 것입니다.

여러분은 여기에 있습니다

#4 다이어그램 기법

3장에서 우리는 결정에 이르는 분석 과정을 문서화하는 가장 좋은 방법으로 ADR을 살펴봤습니다. 아키텍처가 아키텍처를 문서화하는 또 다른 일반적인 방법은 **다이어그램**입니다. 아키텍처 다이어그램은 구조, 구성, 통신, 의존성 및 통합 지점과 같은 팀원이 시각화하는 데 도움이 되는 많은 중요한 세부 정보를 보여줍니다.

이 주제는 (그리고 실제로도) 한 권의 책으로 만들 수 있습니다. 여기서는 어떤 방식으로 만들든 다이어그램을 더 효과적으로 개선할 수 있는 몇 가지 간단한 팁을 소개하겠습니다.

이 주제에 대해 좀 더 배우고 싶다면 재퀴 리드(Jacqui Read)의 『코드 밖 커뮤니케이션』(한빛미디어, 2024)은 훌륭한 자료입니다.

간단하게 유지하기

모든 세부 정보를 포함하기 위해 **포괄적인** 아키텍처 다이어그램을 만들지 마세요. 그렇게 하면 다이어그램이 '헤어볼(hairball)[1] 효과'에 빠져 이해하기 어려워집니다.

항상 제목을 포함하기

대부분의 아키텍처 다이어그램은 특정 관점이나 뷰를 나타내며, 제목에 이를 명확히 포함해야 합니다.

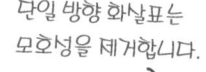

트레이딩 플랫폼: 주요 정보 흐름

다이어그램에 명확한 제목을 사용하세요.

단방향 화살표를 사용하여 통신 표현하기

양방향 화살표는 저자가 양방향 통신을 나타내려 했는지, 아니면 기본 화살표인지 이해하기 불분명합니다.

단방향 화살표를 사용하면 모든 모호성을 제거하고 문서화를 더 명확하게 만듭니다.

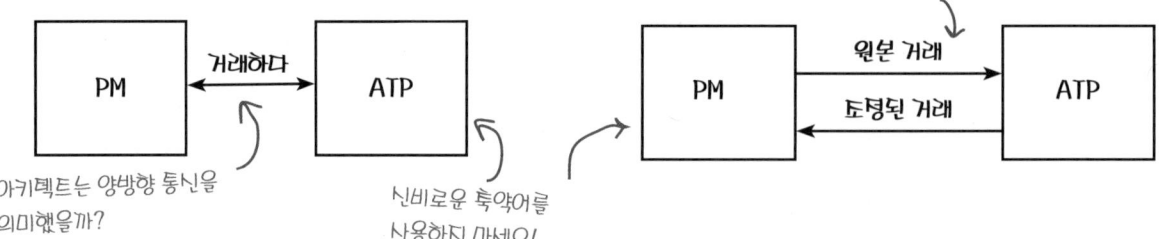

단일 방향 화살표는 모호성을 제거합니다.

아키텍트는 양방향 통신을 의미했을까?

신비로운 축약어를 사용하지 마세요!

축약어가 아닌 실제 레이블 사용하기

축약어는 내부자만 이해할 수 있습니다. 혼란을 피하고 추가 문서화의 필요성을 없애기 위해 가능한 한 **명확히 풀어서 설명하세요.**

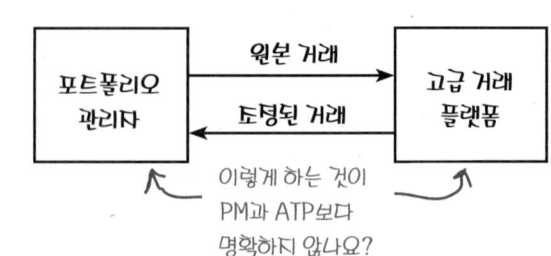

이렇게 하는 것이 PM과 ATP보다 명확하지 않나요?

---

1. 옮긴이_ 헤어볼은 토끼, 고양이에게 생기는 병으로, 그루밍을 하면서 먹게 된 털이 장폐색을 일으켜 발생합니다. 사람으로 치면 배탈과 같은 것입니다.

동기 통신은 실선을, 비동기 통신은 점선을 사용하기

아키텍트는 통신이 동기(블로킹)인지 비동기(넌블로킹)인지를 구분해 표시할 수 있어야 합니다. 일반적으로 실선은 동기 통신을 나타내며, 점선은 비동기 통신을 나타내는 데 사용됩니다.

일관된 모양과 색상 사용하기

임의의 모양을 사용하여 공간을 절약하려 하지 마세요. 일관된 모양과 색상은 불필요한 불일치로 인해 발생하는 시각적 '잡음'을 줄여줍니다.

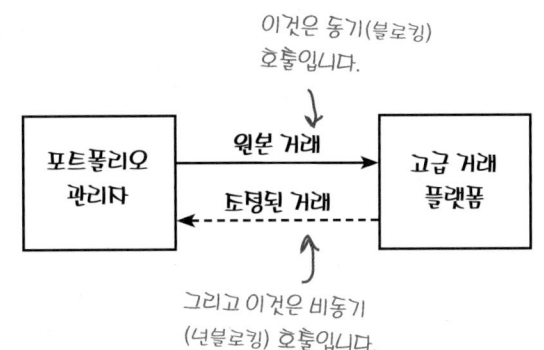

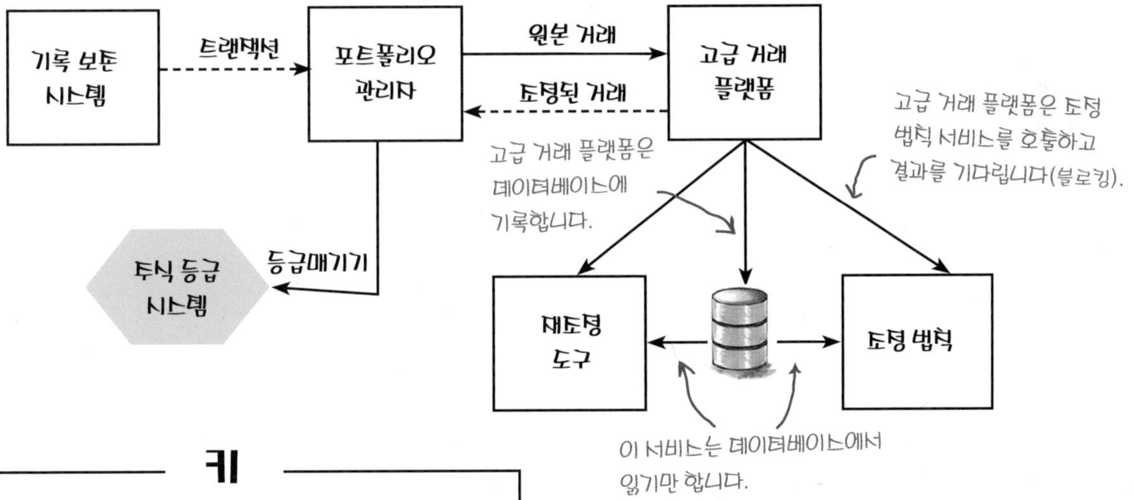

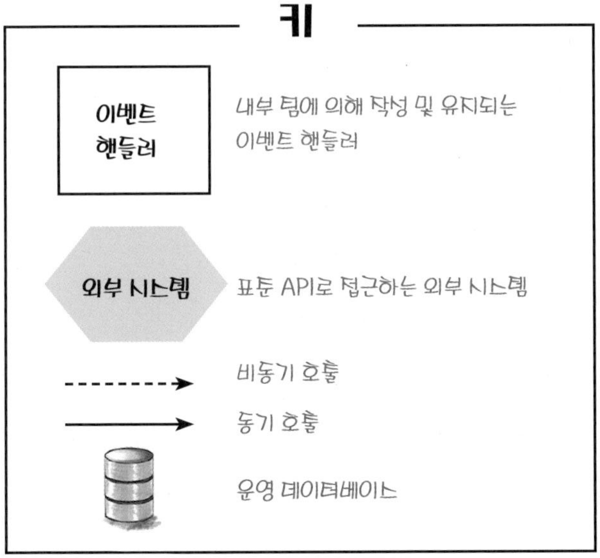

항상 키를 포함하기

소프트웨어 다이어그램에서 거의 유일하게 보편적으로 쓰이는 도형은 데이터베이스 실린더입니다. 그 외의 모든 것은 자유롭게 선택할 수 있습니다. 다만, 보는 이가 추측하게 만들지 마세요! **명시적인 키**를 추가하면 더 넓은 범위의 사람이 다이어그램에 접근할 수 있으며, 추가 문서화가 필요하지 않습니다.

지식을 성장시키기

#5 지식의 깊이 vs. 넓이

소프트웨어 아키텍트가 되면 예상치 못한 일이 발생합니다. 새로운 역할은 **여러분이 탐색하고 배우는 것의 종류를 변화시킵니다.** 경력 초기에는 세상의 모든 정보를 다음과 같은 구조로 분류할 수 있습니다.

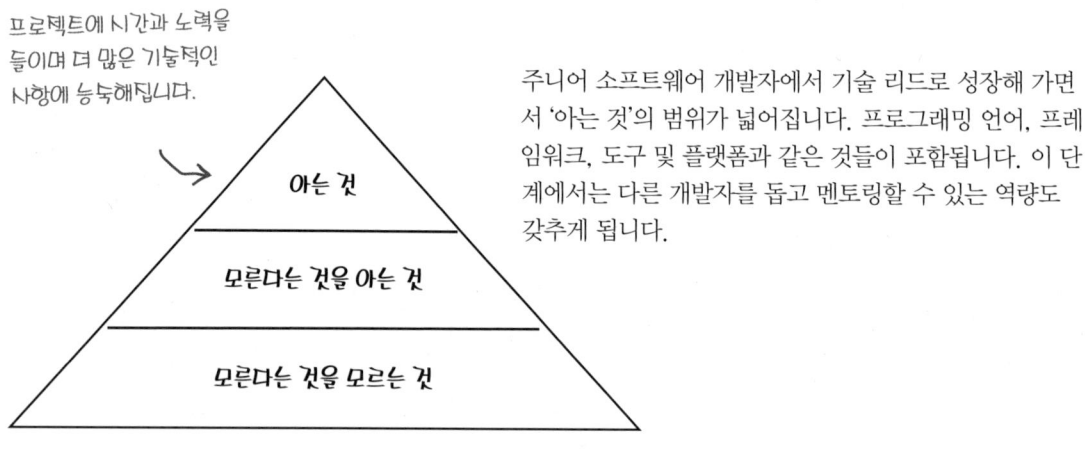

주니어 소프트웨어 개발자에서 기술 리드로 성장해 가면서 '아는 것'의 범위가 넓어집니다. 프로그래밍 언어, 프레임워크, 도구 및 플랫폼과 같은 것들이 포함됩니다. 이 단계에서는 다른 개발자를 돕고 멘토링할 수 있는 역량도 갖추게 됩니다.

시간이 지나면서 전문성을 쌓고 가장 신뢰받는 사람이 되면 피라미드의 중간 부분인 '모른다는 것을 아는 것'의 범위가 넓어지기 시작합니다. 동시에, 하드코어 기술(즉, '아는 것')을 유지하고 있기 때문에 이 지점에 도달하기 위해 많은 노력이 필요합니다. 축하합니다!

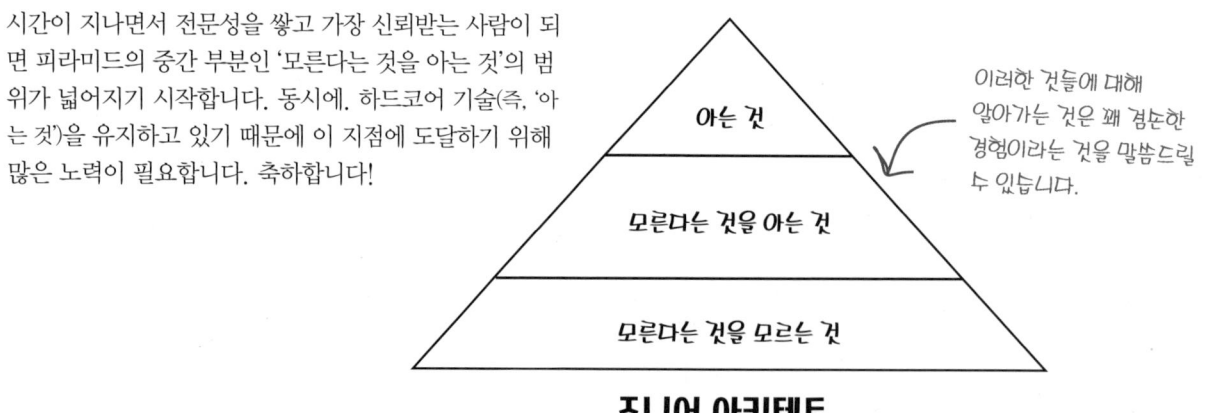

부록: 미처 다루지 못한 것들

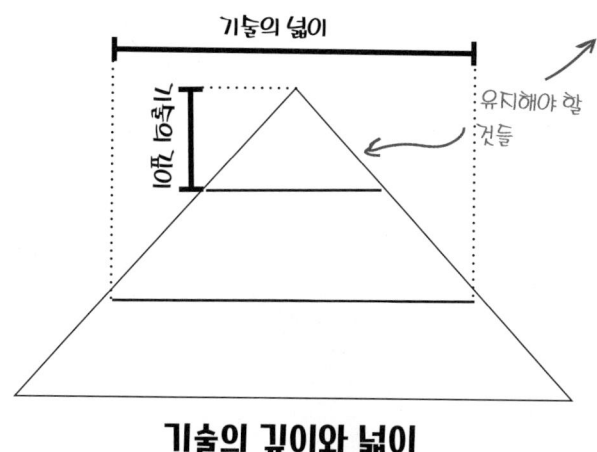

기술의 깊이와 넓이

여러분의 기술 **깊이**는 여러분이 전문성을 가진 모든 주제로 구성됩니다.

어떤 기술의 전문가로 남기 위해서는 지속적인 변화에 뒤처지지 않도록 시간을 투자해야 합니다. 따라서 기술 깊이를 유지하는 데는 많은 시간이 소요됩니다.

기술의 **넓이**는 전문성을 가진 영역, 다른 솔루션의 존재에 대한 지식, 그리고 이러한 솔루션의 몇 가지 트레이드오프에 대한 지식을 포함합니다. 아키텍트에게 문제를 해결하는 다섯 가지 방법이 있다는 것을 아는 것이, 한 가지 방법을 깊이 아는 것보다 더 유리합니다.

신입 아키텍트의 지식 피라미드는 기술 리드의 피라미드와 비슷하게 시작하지만, 경험 기반을 넓히기 위해 노력해야 합니다. 예를 들어, .NET에 전문성이 있다면 자바 프로젝트, 사용자 인터페이스 중심의 자바스크립트 프로젝트, 또는 복잡한 데이터 아키텍처 문제에 참여해 보는 것을 고려해 보세요.

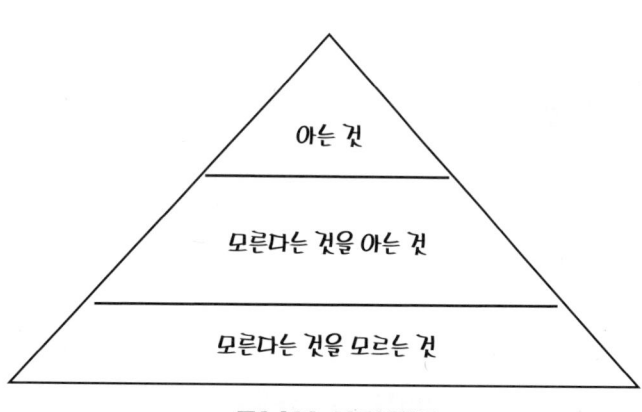

주니어 아키텍트

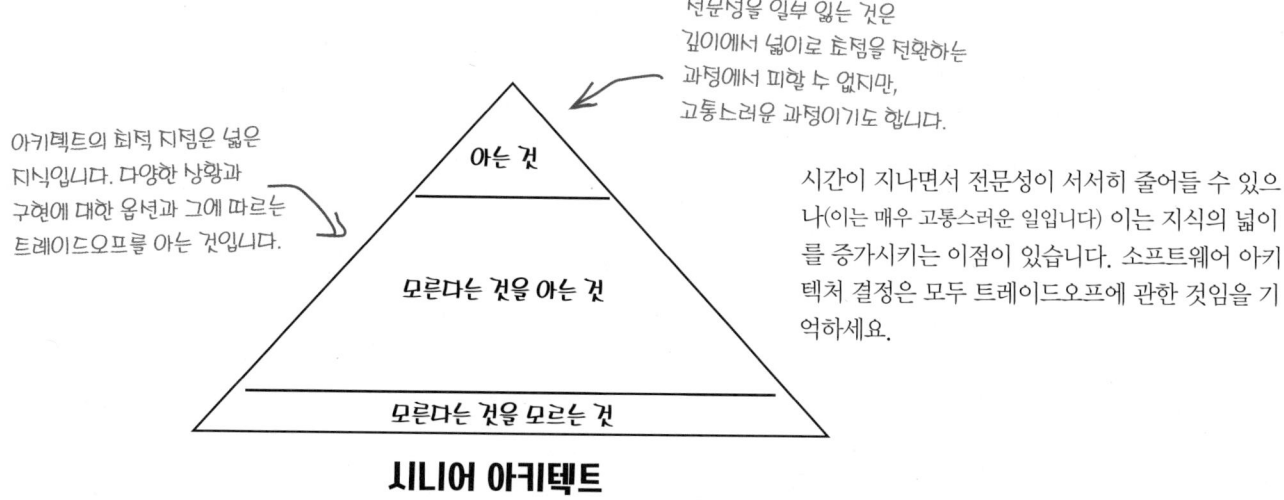

시니어 아키텍트

시간이 지나면서 전문성이 서서히 줄어들 수 있으나(이는 매우 고통스러운 일입니다) 이는 지식의 넓이를 증가시키는 이점이 있습니다. 소프트웨어 아키텍처 결정은 모두 트레이드오프에 관한 것임을 기억하세요.

여러분은 여기에 있습니다 **437**

아키텍처 카타

#6 카타로 아키텍처 연습하기

전설적인 무술가이자 배우인 이소룡은 한때 이렇게 말했습니다. "나는 한 번에 10,000번의 발차기를 연습한 사람을 두려워하지 않지만 한 종류의 발차기를 10,000번 연습한 사람을 두려워한다." 그렇다면 소프트웨어 아키텍처에서 그런 수준의 숙련도를 어떻게 달성할 수 있을까요? 좋은 질문입니다! 우리는 **아키텍처 카타**(Kata)를 추천합니다.

카타는 많은 무술에서 동작을 완벽하게 연습하기 위해 사용되는 개별적인 운동 형태입니다. 같은 맥락에서, 아키텍처 카타는 실제 아키텍처를 설계하는 과정을 시뮬레이션합니다.

아키텍처 카타는 보통 3~5명의 소규모 그룹으로 구성됩니다. 각 그룹은 하나의 프로젝트 팀이 되어 서로 다른 카타를 수행합니다(때때로 각 카타에 대해 두 팀이 작업하여 어떤 차이가 발생하는지 관찰하기도 합니다). 진행자는 시간을 관리하고 연습을 원활하게 진행합니다.

진행자는 각 그룹에 개발이 필요한 프로젝트를 할당합니다. 팀은 잠시 모여 '고객(진행자)'에게 질문하여 요구사항을 명확히 하고, 사용할 수 있는 기술 옵션을 논의하고 해결책의 대략적인 비전을 스케치합니다. 그런 다음, 다른 프로젝트 팀에게 자신의 해결책을 발표하고 도전(어렵지만 공정한 질문)에 답합니다. 전체 우승자를 선택하는 것은 선택사항입니다.

**소프트웨어 아키텍처 실력을 향상시키는 핵심은 연습입니다.
실제가 아닌, 시뮬레이션된 문제도 좋습니다.**

부록: 미처 다루지 못한 것들

카타를 수행하는 방법

카타는 상황에 맞게 조정할 수 있는 연습이므로, 아래의 규칙을 여러분의 조직, 상황 및 필요에 **적합한 방식**으로 적용하세요. 이 규칙으로 다루지 않는 질문은 진행자의 영역입니다.

준비

3~5명의 팀을 여러 개 모으세요(우리는 분쟁 시 다수결로 결정할 수 있는 홀수 인원을 선호합니다). 일반적으로 실제 업무에서 함께 일하는 사람들은 같은 팀에 배정하지 않는 것이 좋습니다. 이 연습은 처음 협업하는 아키텍트와 협력하는 데 중점을 둡니다.

포스터 용지나 화이트보드와 같은 준비물을 마련하세요. 여러분이 생산하는 산출물은 시간, 복잡성 및 투입한 자원에 따라 매우 저기술적(low-tech)일 수 있습니다.

카타 연습은 최소 45분에서 최대 몇 주까지 걸릴 수 있습니다!

저자들은 실제 기업을 위해 여러 번 카타를 수행했으며, 팀에게 해결책을 찾는 데 8주를 두었습니다.

논의

팀은 이 책에 설명된 정확한 과정을 통해 작업합니다. 아키텍처 특성 분석, 논리적 컴포넌트 결정, 아키텍처 스타일 선택, 그리고 결정 문서화까지 수행합니다.

모든 기술은 사용 가능하지만, 합리적인 제약을 존중해야 합니다(무제한 예산을 갖거나 새로운 개발자를 고용할 수는 없습니다). 초점은 아키텍처와 트레이드오프 분석에 있습니다.

발표

각 팀은 자신의 해결책을 발표하고 다른 팀의 질문에 답합니다.

다른 프로젝트 팀의 발표를 들을 때 여러분의 역할은 질문하는 것입니다. 건설적인 질문은 할 수 있도록 노력하세요. 해결책의 좋은 부분만 강조하거나 결점만 지적하지 말고, 균형 잡힌 피드백을 목표로 하세요.

여러분은 여기에 있습니다

> 더 알고 싶은 것이 많습니다. 다른 참고할 수 있는 자료가 있을까요?

> 웹사이트에 대해 알고 있나요? 그곳에는 업데이트, 흥미로운 링크와 게시물, 그리고 그 외에도 많은 내용이 있습니다!

걱정하지 마세요.
이건 작별 인사가 아닙니다.

끝까지 읽고 모든 연습을 수행한 것을 축하합니다! 잘 하셨습니다.

아마 눈치채지 못하셨을 수도 있지만, 여러분은 이 책에서 많은 성장을 이루었습니다. 그리고 여러분의 소프트웨어 아키텍처 여정은 이제 막 시작되었습니다. 여러분에게 다음 단계를 제안하고 싶습니다.

먼저, 브라우저를 열고 다음 웹 사이트로 가서 다음 내용을 확인하세요!

https://www.hanbit.co.kr/store/books/series_detail_list.html?seri_idx=11

그 다음 아래의 책들을 살펴보세요.

다음은 무엇인가요? 훨씬 더 많은 내용이 있습니다!

『소프트웨어 아키텍처 101: 엔지니어링 접근 방식으로 배우는 소프트웨어 아키텍처 기초』 한빛미디어, 2021)

여기서 시작하세요. 일부 자료는 익숙하게 느껴질 수 있지만, 이 책의 훌륭한 후속작입니다.

『소프트웨어 아키텍처 The Hard Parts: 분산 아키텍처를 위한 모던 트레이드오프 분석』 (한빛미디어, 2022) 이 제목은 매우 적절합니다. 이 책을 통해 소프트웨어 아키텍처의 정말 단단한 부분을 깊이 파고들어 보세요.

찾아보기

가

가시화 순서도 103

감사 가능성 44

강하게 결합된 시스템 150 – 153

개념 증명 코드 429

개발팀 433

개수 69

거버넌스 섹션 109, 114

건축 계획 3

견고성 54, 56, 74

결과 섹션 107, 114, 120, 288

결정 기록 도구 111

결정 섹션 105, 114, 119

결함 허용성 384

계약 264

계획 280 – 286

계획 단계 281, 286, 287

계획 로드맵 281

계획 문서화 288 – 289

공개 248

공유 라이브러리 320–322, 336, 343

공유 서비스 320–322, 336, 343

구조 3, 53

구조 설계 46

구조적 아키텍처 특성 53

구현하기 256

권한 55

규정 준수 55

규칙 대 가이드 93

균형 69

기기 평가 서비스 코어 255

기능 분리 195

기반 108

기술 부채 429

기술적 관심사로 분할 219

기술적 분할 170 – 171

기술적 분할 아키텍처 170 – 171, 180

기술적 분할 팀 333

나 / 다

내부 50

내부 결합 146, 154

네임스페이스 192

노트 섹션 109, 114

논리적 대 물리적 127 – 128

논리적 아키텍처 127, 128, 157

논리적 아키텍처에 대한 워크플로우 접근법 132, 154

논리적 컴포넌트 43, 281

논리적 컴포넌트 시스템 45

Index

논리적 컴포넌트의 동작 68
다수의 프로젝트 111
다이어그램 그리기 290 – 291, 416, 435
단순성 266
단일 목적 307
단점 235, 267, 333, 385
데이터 결합 315
데이터 무결성 44
데이터 소유권 308 – 309
데이터 의존성 314 – 317
데이터 집약적 204
데이터베이스 385
데이터베이스 레이어 189
데이터베이스간 조인 233
데코레이터 설계 패턴 262
도메인 44
도메인 기반 설계 137
도메인 변경 203
도메인 분할 372 – 373
도메인 분할 아키텍처 170, 171
도메인 요구사항 60
동기 통신 362 – 366
동기 호출 385
동물원 은유 51

등급표 236
디미터의 법칙 148 – 152, 154

라 / 마

레이어 다이어그램 그리기 290
레이어드 286 – 287, 296, 300
레이어드 아키텍처 12, 205
리뷰 429
린터 253
마이크로서비스 380, 381, 382, 412
마이크로서비스 아키텍처 12, 332, 423
마틴 파울러 22
맥락 대 정당화 106
맥락 섹션 104, 114
메시지 355
메시지와 비교 356 – 357, 389
명시적인 아키텍처 특성 50
모놀리스 256, 258, 270, 274
모놀리스 스마트폰 173
모놀리식 데이터베이스 333, 370, 371, 389
모놀리식 아키텍처 47, 169, 172, 180, 208
모놀리식 아키텍처의 장점과 단점 174 – 175
모듈 219
모듈러 298, 301

찾아보기

모듈러 모놀리스 234
모듈러 모놀리식 아키텍처 219, 224, 234
모듈성 56, 74
문서 42, 278, 282, 304, 305, 404
문서화 414
물리적 경계 컨텍스트 378
물리적 아키텍처 198, 199, 200, 255
민첩성 52, 85

바 / 사

반복적 접근 43
배포 모델 169, 180
배포 용이성 52, 56, 74
버전 관리 시스템 111
번역 66
변동성 313
보안 44
보안 53, 55
보안과 큐 90
보험 애플리케이션 253
복구성 54
복잡성 385
복합 63
복합 아키텍처 특성 63

분산 47, 257
분산 물리 아키텍처 255, 274
분산 시스템의 장점과 단점 174, 176 – 177
분석 296, 423
분할 169, 180, 266
분할된 아키텍처 170 – 171
불변성 102
브로드캐스팅 모델 86
비기능 43
비기능 요구사항 43, 58
비도메인 고려사항 46
비도메인 설계 46
비동기 통신 361, 363, 389
비용 편입 분석 방법 92
사용성 44, 55
사용자 인터페이스 193
상태 섹션 100 – 101
상호 연계성 5
서비스 별 데이터베이스 패턴 374 – 375, 389
서비스 세분화 379
서비스별 데이터베이스 374 – 375
선택하기 13, 286 – 287, 412
설계 18, 270
설계 관점 16

Index

성능 267, 333, 384
성능 6, 54, 234
세분화 314-317
소스 코드 저장소 124-125
소스 코드 저장소 디렉터리 124-125
소프트 스킬 432
소프트웨어 아키텍처 제1법칙 90, 153, 203
소프트웨어 아키텍처 제2법칙 96, 114
슈퍼파워 384
스펙트럼 18-19
승인 상태(ADR) 100
시너지 48-49
시스템 기능성 11
시스템 품질 속성 58
시작 이벤트 356-357, 389
신뢰성 44
신장성 384

아

아키텍처 280-286
아키텍처 결정 4-5, 8, 27, 114
아키텍처 관점 17
아키텍처 스타일 4, 12-13, 27, 168, 412
아키텍처 트레이드오프 분석 방법 92

아키텍처 특성 4, 6-7, 27
알려지지 않은 미지의 요인 85
암묵적 50, 292, 408
암호화 55
액터 137
액터 액션 접근법 (논리적 아키텍처) 135, 137
엔티티 함정 136
역량 68
역할 11
예시 93
오버엔지니어링 48
오케스트레이션 327
외래키 315
외부 결합 147, 154
요구사항 138
요청 191
우선순위 64
운영 54
워크플로우 279, 324-325, 333, 327
워크플로우 관리 324-325
워크플로우 레이어 189, 193
워크플로우 양 333
유지보수성 53, 56, 74, 234, 332
의견 105

이름 137
이벤트 354, 389
이벤트 기반 마이크로서비스 382, 383, 389
이벤트 기반 아키텍처 12, 351, 385
이벤트 스토밍 137
이벤트 처리 389
이점 365-366
이클립스 253
이해 관계자 292
인증 55
일관성 44

자 / 차

자바 플랫폼 모듈 시스템 229
재고 관리 26, 124
재사용 쉬움 198
저장 111
적응성 266
전략적 19
전술적 19
전술적 결정 19-21
전자제품 재활용 프로그램 139
접근 제어 313
접근성 55, 56, 74

정렬된 기능 195
정의하기 45, 46
제한 48, 70
젠킨스 CI 도구 253
주요 특성 292, 418
지식 피라미드 436
지식의 기술적 넓이 437
진화성 266, 332
청사진 3
총 결합도 148
측정 148-149

카 / 타 / 파 / 하

카테고리 48
캡슐화된 플러그인 257
컴포넌트 192
컴포넌트 결합도 144, 154
컴포넌트 배치 196
코드 429
코드 공유 318, 321
코딩 아키텍트 428-429
코어 251, 255
큐 86, 88-91
크레오그래피 328-331

Index

타당성 204

탄력성 205

테스트 용이성 4, 52, 332

토픽 86, 89

통합 282

통합 모델링 언어 클래스 다이어그램 16

투 매니 스니커즈 94

트랜잭션 314-317

트레이드오프 19, 24, 87

트레이드오프 분석 89

파생 이벤트 356-357, 389

파일 이름 짓기 111

편집하기 102

풍부함 48

프라이버시 55

프로세스 52

프론트 컨트롤러 패턴 328

플러그인 251-252, 257-259, 267-268

필드 재배치 22

하이브리드 292

협업 107

화이트보드 95, 104

확장성 356, 52, 53, 389

환경 인식 61

횡단 55

횡단 요구사항 58

A / B

2티어 아키텍처 199

3티어 아키텍처 199

abundance 48

Accepted status (ADRs) 100

access control 313

accessibility 55, 56, 74

adaptability 266

ADR 아키텍처 결정 기록 97, 114, 292

ADRs 97, 114, 292

afferent coupling (CA) 146, 154

agility 52, 85

analysis 296

architectural characteristics 235

architectural decisions 4-5, 8, 27, 114

architectural perspective 17

architectural style 281

assigning requirements 138

asynchronous communication 389

ATAM 92

ATAM 아키텍처 트레이드오프 분석 방법 92

authorization 55

balance 316, 336

behavior and 68

benefits 365-366

blueprints 3

broadcasting model 86

building plans 3

C / D

calls 259

categories 48

CBAM 92

CBAM 비용 편입 분석 방법 92

characteristics 46

choreography 328-331, 345

code reuse 320

code sharing 318-321

coding architects 428-429

cohesion 141

collaboration and 107

communication 259, 267

compared to messages 356-357, 389

complexity 333

compliance 55

component coupling 144, 154

component placement 196

components 127, 130-131, 144-147

consistency 44

Context section 104, 114

context versus justification 106

contracts 264

core 251

creating 129

cross-cutting 55

data coupling 315

data dependencies 314-317

data integrity 44

data ownership 308-309

databases 389

DDD 137

Decision section 105, 114, 119

decision-capturing tools 111

Decorator design pattern 262

defined 336

deployability 52, 56, 74

deployment models 169, 180

derived events 356-357, 389

design 270

Index

design perspective 16

development team and 433

device-assessment service core 255

diagramming 290

dimensions 4, 14

disintegrators 311–313, 316

distributed systems

documentation 288–289

documents 42, 278, 282, 304–305, 404

domain-partitioned 389

domains 11

downsides 205

driving characteristics 292, 418

E / F / G / H

ease of reuse 198

Eclipse IDE 253

EDA 384, 378–380, 412

editing 102

elasticity 205

encapsulated 257

encryption 55

error handling

event processing 389

event storming 137

event-driven microservices 382–383, 389

evolvability 332

examples 93

exercises 297–299

explicit 50

explicit architectural characteristics 50

extensibility 356

extensibility 52, 53, 389

feasibility 204

file naming 111

fire-and-forget 389

First Law of Software Architecture 90, 114

foreign keys 315

Front Controller pattern 328

gardening exercise 2

Grains of Sand pattern 311

granularity 311, 336

heterogeneous 88

holistic domain knowledge 61

hybrid 292

hybrid architecture 292, 418

I / J / K / L

identifying 284-285, 410
immutability 102
implementing 256
implicit 50, 292, 408
infrastructure and 108
initiating events 356-357, 389
insurance application 253
integrators 314-317, 336
interconnectedness 5
intermodule communication 238
internal 50
inventory management 26, 124
iterative approach 43
Jenkins 253
katas 438, 439
knowledge pyramid 436
labels 434
layered 286-287, 296, 300
layered monolithic architecture
linters 253
localization 53
logical architecture
logical component system 45
logical versus physical 127-128

M / N / O / P

maintainability 53, 56, 74
maintaining modularity 227-229
measuring 148-149
microkernel 286-287
microkernel architecture 251, 266
microservices 12, 169
microservices architecture 12, 332
modules 219
monolithic 47
monolithic architecture 47, 169, 172, 180, 208
monolithic databases 333, 370-371, 389
monoliths 256, 258, 270, 274
multiple projects 111
MVC 패턴 188, 189, 193, 198
names 137
namespaces 192
non-domain considerations 46
non-functional 43
nonfunctional requirements 43, 58
numbers 69
operational 54
orchestration 326-327, 336
outages 429
packages 192

Index

partitions 266

performance 6, 54

Persistence layer 189, 193

physical architecture 198–200

physical bounded contexts 308–309

plugins 255

portability 53

Presentation layer 189, 193

priorities 64

privacy 55

process 52

proof-of-concept code 429

Q / R / S

queues 88–91

quick builds 204

recoverability 54

relevance 178–179

reliability 44

request processing 380

requirements 138

reuse in 235

reviews, coding architects and 429

RFC (request for comment) 100

roadmap for planning 281

robustness 56, 74

roles and responsibilities 11

scalability 4, 6, 54, 56, 74

security 53, 55

selecting 13, 286–287, 412

selections and 87

services 307, 310–311, 316

shared libraries 322, 336, 343

shared services 320–321

sharing between 267

simplicity 266

single-purpose 307

soft skills 432

solutions versus requirements 62

sources 59

specialization 198

spectrum with architecture 18–21

spectrum with design 18–19

splitting by capability 195

SQL 조인 233

Status section 100–101

storage 111

strategic 19

strategic decisions 19-21

structural 53

structure 3

subdomains 238

superpowers 332

Superseded status (ADRs) 101

synchronous calls 385

synchronous communication 255

synergy 48-49

system functionality 11

system quality attributes 58

transactions, granularity and 314-317

translating/interpreting requirements 66

Two Many Sneakers 83

two-tier architectures 199

usability 44, 55

versus architecture 15

versus design 15

visualization flowchart 103

web browsers 253

workflow 324-325, 333, 336

workflow approach 132, 13

T / U / V / W / X / Y / Z

tactical 19

tactical decisions 19-21

technically partitioned 170-171

tiered 199-200

tightly coupled systems 150

title 434

Title section 99, 114

topics 89

topologies 369-374, 389

trade-off analysis 88-91

trade-offs 19, 24